中国近代
思想家文库

◎

王东杰 陈阳 编

宋育仁卷

中国人民大学出版社
·北京·

总　序

　　对于近代的理解，虽不见得所有人都是一致的，但总的说来，对于近代这个词所涵的基本意义，人们还是有共识的。一个国家、一个民族走入近代，就意味着以工业化为主导的经济取代了以地主经济、领主经济或自然经济为主导的中世纪的经济形态，也还意味着，它不再是孤立的或是封闭与半封闭的，而是以某种形式加入到世界总的发展进程。尤其重要的是，它以某种形式的民主制度取代君主专制或其他不同形式的专制制度。中国是个幅员广大、人口众多、历史悠久的多民族国家，由于长期历史发展是自成一体的，与外界的交往比较有限，其生产方式的代谢迟缓了一些。如果说，世界的近代是从 17 世纪开始的，那么中国的近代则是从 19 世纪中期才开始的。现在国内学界比较一致的认识，是把 1840 年到 1949 年视为中国的近代。

　　中国的近代起始的标志是 1840 年的鸦片战争。原来相对封闭的国门被拥有近代种种优势的英帝国以军舰、大炮再加上种种卑鄙的欺诈打开了。从此，中国不情愿地加入到世界秩序中，沦为半殖民地。原来独立的大一统的中央集权的君主专制国家，如今独立已经极大地被限制，大一统也逐渐残缺不全，中央集权因列强的侵夺也不完全名实相符了。后来因太平天国运动，地方军政势力崛起，形成内轻外重的形势，也使中央集权被弱化。经历第二次鸦片战争、中法战争、甲午战争、八国联军入侵的战争以及辛亥革命后的多次内外战争，直至日本全面侵略中国的战争，致使中国的经济、政治、教育、文化，都无法顺利走上近代发展的轨道。古今之间，新旧之间，中外之间，混杂、矛盾、冲突。总之，鸦片战争后的中国，既未能成为近代国家，更不能维持原有的统治秩序。而外患内忧咄咄逼人，人们都有某种程度"国将不国"的忧虑。

　　"天下兴亡，匹夫有责"，读书明理的士大夫，或今所谓知识分子，尤为敏感，在空前的危机与挑战面前，皆思有所献替。于是发生种种救亡图存的思想与主张。有的从所能见及的西方国家发展的经验中借鉴某些东西，形成自己的改革方案；有的从历史回忆中拾取某些智慧，形成某种民族复兴的设想；有的则力图把西方的和中国所固有的一些东西加以调和或结合，形成某种救亡图强的主张。这些方案、设想、主张，从世界上"最先进的"，到"最落后的"，几乎样样都有。就提出这些方案、设想、主张者的初衷而言，绝大多数都含着几分救国的意愿。其先进与落后，是否可行，能否成功，尽可充分讨论，但可不必过为诛心之论。显而易见，既然救国的问题最为紧迫，人们所心营目注者自然是种种与救国的方案直接相关的思想学说，而作为产生这些学说的更基础性的理论，及其他各种知识、思想，则关注者少。

围绕着救国、强国的大议题，知识精英们参考世界上种种思想学说，加以研究、选择，认为其中比较适用的思想学说，拿来向国人宣传，并赢得一部分人的认可。于是互相推引，互相激励，更加发挥，演而成潮。在近代中国，曾经得到比较广泛的传播的思想学说，或者够得上思潮的，主要有以下几种：

（一）进化论。近代西方思想较早被引介到中国，而又发生绝大影响的，要属进化论。中国人逐渐相信，进化是宇宙之铁则，不进化就必遭淘汰。以此思想警醒国人，颇曾有助于振作民族精神。但随后不久，社会达尔文主义伴随而来，不免发生一些负面的影响。人们对进化的了解，也存在某些片面性，有时把进化理解为一条简单的直线。辩证法思想帮助人们形成内容更丰富和更加符合实际的发展观念，减少或避免片面性的进化观念的某些负面影响。

（二）民族主义。中国古代的民族主义思想，其核心是"非我族类，其心必异"，所以最重"华夷之辨"。鸦片战争前后一段时期，中国人的民族思想，大体仍是如此。后来渐渐认识到"今之夷狄，非古之夷狄"，"西人治国有法度，不得以古旧之夷狄视之"。但当时中国正遭受西方列强的侵略和掠夺，追求民族独立是民族主义之第一义。20世纪初，中国知识精英开始有了"中华民族"的概念。于是，渐渐形成以建立近代民族国家为核心的近代民族主义。结束清朝君主专制，创立中华民国，是这一思想的初步实现。第一次世界大战爆发，中国加入"协约国"，第一次以主动的姿态参与世界事务，接着俄国十月革命爆发，这两件事对近代中国的发展历程造成绝大影响。同时也将中国人的民族主义提升到一个新的层次，即与国际主义（或世界主义）发生紧密联系。也可以说，中国人更加自觉地用世界的眼光来观察中国的问题。新生的中国共产党和改组后的国民党都是如此。民族主义成为中国的知识精英用来应对近代中国所面临的种种危机和种种挑战的一个重要的思想武器。

（三）社会主义。社会主义作为一种模糊的理想是早在古代就有的，而且不论东方和西方都曾有过。但作为近代思潮，它是于19世纪在批判近代资本主义的基础上产生的。起初仍带有空想的性质，直到马克思和恩格斯才创立起科学社会主义。20世纪初期，社会主义开始传入中国。当时的传播者不太了解科学社会主义与以往的社会主义学说的本质区别。有一部分人，明显地受到无政府主义的强烈影响，更远离科学社会主义。直到五四新文化运动兴起之后，中国人始较严格地引介、宣传科学社会主义。但有一段时间，无政府主义仍是一股很大的思想潮流。中国共产党的成立，从思想上说，是战胜无政府主义的结果。中国共产党把在中国实现社会主义乃至共产主义作为自己的奋斗目标。此后，社会主义者，多次同各种非科学社会主义思想的信仰者进行论争并不断克服种种非科学社会主义思想的影响。

（四）自由主义。自由主义也是从清末就被介绍到中国来，只是信从者一直寥寥。直到五四新文化运动兴起，具有欧美教育背景的知识精英的数量渐渐多起来，自由主义始渐渐形成一股思想潮流。自由主义强调个性解放、意志自由和自己承担责任，在政治上反对一切专制主义。在中国的社会条件下，自由主义缺乏社会基础。在政治激烈动荡的时候，自由主义者很难凝聚成一股有组织的力量；在稍稍平和的时候，他们往往更多沉浸在自己的专业中。所以，在中国近代史上，自由主义不曾有，也不可能有大的作为。

（五）激进主义与保守主义。处于转型期的社会，旧的东西尚未完全退出舞台，新的东西也还未能巩固地树立起来，新旧冲突往往要持续很长的时间，有时甚至达到很激烈的程度。凡助推新东西成长的，人们便视为进步的；凡帮助旧东西排斥新东西的，人们便视为保守的。其实，与保守主义对应的，应是进步主义；与顽固主义相对的则应是激进主义。不过在通常话语环境中人们不太严格加以区分。中国历史悠久，特别是君主专制制度持续两千余年，旧东西积累异常丰富，社会转型极其不易。而世界的发展却进步甚速。中国的一部分精英分子往往特别急切地想改造中国社会，总想找出最厉害的手段，选一条最捷近的路，以最快的速度实现全盘改造。这类思想、主张及其采取的行动，皆属激进主义。在中共党史上，它表现为"左"倾或极左的机会主义。从极端的激进主义到极端的顽固主义，中间有着各种程度的进步与保守的流派。社会的稳定，或社会和平改革的成功，都依赖有一个实力雄厚的中间力量。但因种种原因，中国社会的中间力量一直未能成长到足够的程度。进步主义与保守主义，以及激进主义与顽固主义，不断进行斗争，而实际所获进步不大。

（六）革命与和平改革。中国近代史上，革命运动与和平改革运动交替进行，有时又是平行发展。两者的宗旨都是为改变原有的君主专制制度而代之以某种形式的近代民主制度。有很长一个时期，有两种错误的观念，一是把革命理解为仅仅是指以暴力取得政权的行动，二是与此相关联，把暴力革命与和平改革对立起来，认为革命是推动历史进步的，而改革是维护旧有统治秩序的。这两种论调既无理论根据，也不合历史实际。凡是有助于改变君主专制制度的探索，无论暴力的或和平的改革都是应予肯定的。

中国近代揭幕之时，西方列强正在疯狂地侵略与掠夺殖民地和半殖民地，中国是它们互相争夺的最后一块、也是最大的资源地。而这时的中国，沿袭了两千年的君主专制制度已到了奄奄一息的末日，统治当局腐朽无能，对外不足以御侮，对内不足以言治，其统治的合法性和统治的能力均招致怀疑。革命运动与改革的呼声，以及自发的民变接连不断。国家、民族的命运真的到了千钧一发之际，危机极端紧迫。先觉分子救国之心切，每遇稍具新意义的思想学说便急不可待地学习引介。于是西方思想学说纷纷涌进中国，各阶层、各领域，凡能读书读报者，受其影响，各依其家庭、职业、教育之不同背景而选择自以为不错的一种，接受之，信仰之，传播之。于是西方几百年里相继风行的思想学说，在短时期内纷纷涌进中国。在清末最后的十几年里是这样，五四时期在较高的水准上重复出现这种情况。

这种情况直接造成两个重要的历史现象：一个是中国社会的实际代谢过程（亦即社会转型过程）相对迟缓，而思想的代谢过程却来得格外神速。另一个是在西方原是差不多三百年的历史中渐次出现的各种思想学说，集中在几年或十几年的时间里狂泻而来，人们不及深入研究、审慎抉择，便匆忙引介、传播，引介者、传播者、听闻者，都难免有些消化不良。其实，这种情况在清末，在五四时期，都已有人觉察。我们现在指出这些问题并非苛求前人，而是要引为教训。

同时我们也看到，中国近代思想无比的多样性与复杂性呈现出绚丽多彩的姿态，各种思想持续不断地展开论争，这又构成中国近代思想史的一个突出特点。有些论争为我们留下了非常丰富的思想资料。如兴洋务与反洋务之争，变法与反变法之争，革命与改良之争，共和与立宪之争，东西文化之争，文言与白话之争，新旧伦理之争，科学与人生观之争，中国社会性质的论争，社会史的论争，人权与约法之争，全盘西化与本位文化之争，民主与独裁之争，等等。这些争论都不同程度地关联着一直影响甚至困扰着中国人的几个核心问题，即所谓中西问题、古今问题与心物关系问题。

中国近代思想的光谱虽比较齐全，但各种思想的存在状态及其影响力是很不平衡的。有些思想信从者多，言论著作亦多，且略成系统；有些可能只有很少的人做过介绍或略加研究；有的还可能因种种原因，只存在私人载记中，当时未及面世。然这些思想，其中有很多并不因时间久远而失去其价值。因为就总的情况说，我们还没有完成社会的近代转型，所以先贤们对某些问题的思考，在今天对我们仍有参考借鉴的价值。我们编辑这套《中国近代思想家文库》，希望尽可能全面地、系统地整理出近代中国思想家的思想成果，一则借以保存这份珍贵遗产，再则为研究思想史提供方便，三则为有心于中国思想文化建设者提供参考借鉴的便利。

考虑到中国近代思想的上述诸特点，我们编辑本《文库》时，对于思想家不取太严格的界定，凡在某一学科、某一领域，有其独立思考、提出特别见解和主张者，都尽量收入。虽然其中有些主张与表述有时代和个人的局限，但为反映近代思想发展的轨迹，以供今人参考，我们亦保留其原貌。所以本《文库》实为"中国近代思想集成"。

本《文库》入选的思想家，主要是活跃在 1840 年至 1949 年之间的思想人物。但中共领袖人物，因有较为丰富的研究著述，本《文库》则未收入。

编辑如此规模的《文库》，对象范围的确定，材料的搜集，版本的比勘，体例的斟酌，在在皆非易事。限于我们的水平，容有瑕隙，敬请方家指正。

《中国近代思想家文库》编纂委员会

目 录

导　言

　　以影响力而言，宋育仁（1858—1931）在近代中国思想界或者只能算是一位二线人物。王尔敏先生 2006 年曾有一篇专题论文，集中讨论宋育仁早期出使英国的经历及其富强思想，后收入《近代经世小儒》一书。① 说宋是个"小儒"，不免有些委屈他（然王先生此书也收入论王韬、郑观应、薛福成、文廷式、盛宣怀、张謇等人的文章，比较起来，宋也算不上太过委屈），却也可以使人看出，宋育仁的确是一位长期被史家忽视了的人物。② 即使是其著作，长期以来也只有《采风记》被人注意。本书编者也是在接受了中国人民大学出版社的邀请后，才开始有系统地收集宋育仁的作品。限于出版要求，目前只能选出现存宋著中的一小部分，以供读者大致把握宋育仁思想的基本脉络。

　　宋育仁，字芸子，斋号问琴阁，四川富顺人。光绪二年（1876）十九岁（按中国传统算法），入成都尊经书院。时书院初创，学政张之洞为此投注大量精力。又两年，王闿运应川督丁宝桢请，入川就任尊经书院山长，宋育仁深受其影响。尊经书院对近代四川乃至整个中国思想都产生了重要影响，廖平、杨锐等皆是宋的同学，其他如吴之英、顾印愚等，亦矫矫之士。光绪十二年（1886），宋育仁中丙戌科三甲第四十六名进士，授翰林院庶吉士。次年，光绪皇帝大婚，宋上《光绪三大礼赋》，一时文名惊动公卿。

---

　　① 王尔敏：《宋育仁之旅英探索新知及其富强建策》，见《近代经世小儒》，239～264页，桂林，广西师范大学出版社，2008。

　　② 这一现象已有一些改变。仅从数量来讲，专题研究论文已有二三百篇，近年更出版两本传记，一是黄宗凯等的《宋育仁思想评传》（成都，西南交通大学出版社，2007），一是伍奕、多一木的《隐没的传奇：宋育仁》（成都，四川文艺出版社、成都时代出版社，2013）。唯后书是通俗著作。

但文士并非宋育仁的自期。处于近代危机之下，他对时务极为关注。光绪十七年（1891），宋写下《时务论》一文，开始有系统阐述自己的政治思想和对时局的见解。光绪十九年（1893），又在《守御论》中分析了中国面对的国际局势，提出守御边疆的建议。光绪二十年（1894），经兵部尚书孙毓汶举荐，他被派充驻英、法、意、比四国二等参赞官，从而获得一个近距离观察西洋的机会。在英国期间，他非常活跃，与日人望月小太郎、英国名学者麦克斯·穆勒（Friedrich Max Muller）①、理雅各（James Legge）等都有交往。在这些观察和思考的基础上，他写下了《泰西各国采风记》（通常称为《采风记》）一书，分"政术"、"学校"、"礼俗"、"教门"、"公法"五卷（"公法"卷未写完），对西洋各国（主要是英国）的政治、社会、宗教等情况做了广泛介绍。无疑，这些评述都是以中国为参照的，从中不难看出宋氏最为关注的问题有哪些。②

不过，宋育仁的外交官生涯只持续了一年。甲午海战期间，宋和几位洋人商议，准备向英国银行借款，购买船舰，袭击日本。此事被公使龚照瑗知悉，宋被令交卸职务回国。之后，宋积极参与了各种洋务活动，但因其不取激进维新派的西化取向，并不为维新派引为同志。刑部主事沈曾植尝戏称其为"乾坤一腐儒"，宋育仁因自名"腐史"。经川督鹿传霖奏请旨派，光绪二十三年（1897），宋回乡会同办理商务局，同时出任尊经书院山长，其间大力引介西学；又在重庆刊刻《渝报》，为四川第一份近代报纸；光绪二十四年（1898），又与廖平、吴之英等人在成都依托尊经书院设立"蜀学会"，出版《蜀学报》。

戊戌之后，宋育仁的关注点更多投入金融财政方面。光绪二十七年（1901），宋育仁在西安行在上"理教务"、"理财政"两疏，拟具币制改革纲要。光绪三十年（1904），著论驳美国"会议货币专使"精琦（Jeremiah W. Jenks）的币制改革方案。光绪三十二年（1906），应江西巡抚吴重熹邀请，管理江西财政，同时任江西造币厂总办，一清积弊。光绪三十四年（1908），入直隶总督、北洋大臣杨士骧幕，任天津北洋

① 参见钟永新：《麦克斯·穆勒与宋育仁的学术交往录》，载《宜宾学院学报》，2011（10），44～47页。

② 这一情况不同程度地表现在其时大多数使臣的相关著作中。沟口雄三就发现，刘锡鸿的《英轺日记》和《英轺私记》的记录是有高度选择性的，主要和政教礼制相关——"这是一部礼乐刑政的英国版"（沟口雄三：《作为方法的中国》，孙军悦译，258页，北京，三联书店，2011）。

造币厂总参议。此时，随着新政的大力推进，宋育仁也步入政治生涯中最活跃的时期，先后兼学部一等谘议、礼部记名丞参、民政部图志馆总纂、邮传部二等顾问、度支部顾问，以及礼学馆总纂，主编皇室典范。

1914年，王闿运主持国史馆，宋育仁应邀担任纂修。旋因上书袁世凯，要求推尊清室，而被批"妨害国家"，被遣送回乡。此后数十年，宋基本没有离开四川，而把主要精力都花在了讲学、著述上，先后担任四川国学院主讲、四川国学学校校长，发起成立成都国学会，创办《国学月刊》，主持编纂《四川通志》。其中，《国学月刊》自1922年创刊到1924年停刊，成为宋育仁论著的主要发表阵地。与此同时，宋也并没有放弃对时务的关心，除了介入地方性事业，也一如既往地关注国内政治、社会状况，撰写了大量时论。他在四川享有极高声望，是时人艳称的"五老七贤"之一。

宋育仁可谓一个标准的"士大夫"：既是实际事务的积极参与者，又是对这些事务予以反思、评价、规划的思想家。这两个身份交织在一起，使其和今天的"知识分子"区别开来，也成为我们理解其学术观念的起点。他一生的思考非常多，不能在此一一谈到，但有一个问题是他终身以之思索的：如何评估中国传统的价值，中西新旧之间如何取舍。这当然不是他一个人面临的独特问题，而是那个时代读书人共同思索的对象，但他有自己的答案，而这个答案非常复杂，无法被简单归入某一派的主张中。

早在1891年的《时务论》中，宋育仁的基本立场就已形成。他批评当时流行的两种态度：一种是"习于夷者"，一种是"拘于墟者"。前者从时变角度着眼，以为"世局之变，非圣人所及知，外国之善治，又圣人所未见"，故中国欲富强，只有西化。后者则坚持认为："中国自有法度，富强或圣人所不取"，师夷即是以夷变夏。宋育仁以为此二说皆是迷失"治术之本"之论。事实上，中国必须富强，否则，国将不立，何谈"致治"？而富强实与夷夏之辨无关。另一方面，西化论的观点也无法成立，盖中国的危机又是时代性的，自不能归罪古人："世局虽变，富强之道则不变，岂可以己之无术厚诬圣人乎？"为此，他展开了对圣人之道的再诠释：

> 以余观圣人之论治，先富而后教，由兵而反礼，其始务在富强，其术具在六经，而《周官》尤备。外国未习其书而能得其意，故专勤其始，而遂收其初效。中国蒙承平而安之既久，书生不问时务，仕者守成法又不求经术，故习其书乃反亡其意，猝见外国之

富强，震惑于心目，以为自古所未闻，圣人所不及，是非惟不知圣
人之治术，并不知外国之富强何由而致也。诚求外国富强之故，乃
隐合于圣人经术之用，则言救时之策者，孰有愈于复古乎？①

这段话的意义不容忽视，我们可以说，宋育仁的终生议论，基本不出此
数句的范围。

宋育仁首先建立起了一个新旧对立的论述结构，并将自己的论点与
此两种对立观点对比，以凸显其独特性。这种论述方式深为宋氏所喜。
他在《经术公理学》中区分"新学者"与"墨守者"、"主旧者"与"维
新者"，也是同样的理路。在他看来，新旧二派并无实质差异。"今之所
谓守旧者，护弊而已。彼惟未学于古，故不知今，以弊为旧。"② 新派
也只是震惊于西人富强的表象而不明就里，故常常身"承旧染之余
习"③ 而不自知。在此意义上，此两派实殊途同归。显然，在宋育仁的
自我定位中，他走的是一条超出新旧之外的第三条道路。

这条道路就是"复古即维新"之路。在这方面，宋育仁的论证可分
为几个步骤：

第一，"今中国之患弱而忧贫，路人知之矣"④，无容矫饰。守旧者
徒唱高调，于事无补。必须直面事实，用现实主义的态度处理问题，不
变是不行的。

第二，与旧派刻意强调中国的特殊性不同，宋育仁认为，中国文化
并不是特异的文化，相反，它最好地体现了"公理"，人类文明中那些
最重要的道理，都已被中国上古圣人说清了："公理之湮沉久矣，求知
新者，明于公理斯可矣。公理岂自西来乎？一部六经皆公理。"⑤ "'《春
秋》经世，先王之志'，实万国之公法，即万世之公法。"⑥ 中国文化的
生命力，也就建立于这一普遍性之上。

第三，西洋各国之所以富强，正是耳食中国先圣言论之故："先王
创制之精，外国得其近似，而遂以致治。"⑦ 有此预设，他于是处处发

---

① 宋育仁：《时务论》。已收入本书。
② 宋育仁：《复古即维新论》。已收入本书。
③ 宋育仁：《经术公理学》。已收入本书。
④ 宋育仁：《时务论》。
⑤ 宋育仁：《经术公理学》。
⑥ 宋育仁：《采风记》。已收入本书。
⑦ 宋育仁：《时务论》。

现西学因袭中学"而小变其辞"的痕迹，并勾勒出了一条中学西传的道路："泰西之学以日耳曼为宗师，日耳曼又以小亚细亚为鼻祖。小亚细亚由波斯通印度，实流传中土之绪余。"① 无论是天文历法，还是宗教学说，无不如此。②

第四，西洋人虽师法中国而"工于掩袭"，以求争胜，其意实"在破中国守先之言，为以彼教易名教之助"：

> 天为无物，地与五星同为地球，俱由吸力相引，则天尊地卑之说为诬，肇造天地之主可信，乾坤不成两大，阴阳无分贵贱，日月星不为三光，五星不配五行，七曜拟不于伦，上祀诬而无理，六经皆虚言，圣人为妄作。据此为本，则人身无上下，推之则家无上下，国无上下。从发源处抉去天尊地卑，则一切平等。男女均有自主之权，妇不统于夫，子不制于父，族姓无别，人伦无处立根，举宪天法地、顺阴阳、陈五行诸大义一扫而空，而日食星孛、阴阳五行相沴、垂象修省、见微知著诸义概从删灭，自不待言矣。夫人受中天地，秉秀五行，其降曰命，人与天息息相通，天垂象见吉凶，儆人改恶迁善。故谈天之学，以推天象知人事为考验，以畏天命修人事为根本，以阴阳消长、五行生胜、建皇极、敬五事为作用。如彼学所云，则一部《周易》全无是处，《洪范》五行、《春秋》灾异皆成瞀说，中国所谓圣人者亦无知妄男子耳。③

换言之，西人有意打破中国的文化自信，中国人切不可上当。

第五，古圣既已先得公理，中国何故今日落败？此皆因中国遗失了这些真理所致，而其关键是从封建制到郡县制的转变。此前中国乃"干涉政体"，"朝廷无事不干涉，所以去其害群而成其群体"。实行郡县制以后，则进入"君民上下各任自由之时代"，"君之与民，正如秦、越人之相视，肥瘠绝无相感之情"，遂致"中国日益衰微不振"④。误入歧途，偏离了古圣指示的正确道路。故中国的确应"维新"，而"维新"也就是"复古"。在论述过程中，宋育仁已把中国文化中某些令他不满的因素"他者化"了，而自秦汉以来的历史，在整体上似乎一直在走一

---

① 宋育仁：《采风记》。
② 《采风记》卷之四中多有此种言论。
③ 宋育仁：《采风记》。
④ 宋育仁：《经术公理学》。

条错路（这并不意味一切皆昏暗无比）。必须注意到，他对中国文化根本价值的挽救，是通过对三代以下历史的贬低换来的。

第六，基于以上理由，西洋的富强并不表明中国文化不行了，恰好相反，这正给我们"师古"的自信。宋育仁对西洋社会中的某些现象颇为不满，如"贫者救死而恐不赡，富者不胜其欲望之私"等，以为此皆因西人不明大道之故。他们的国家原理"不由伦理演成，不由家庭结合"，"不知公德执伦理而成规，公法自家庭而絜矩"。而要改变这一局面，"欲求国度之日进，必求人格之完全；欲求人格之完全，必明伦理之必不可易；欲知伦理之不可易，务知公理之无所逃于天地之间。欲明公理，则必求之经术矣"①。若我们真正践行上古圣人的教导，不但中国复兴有望，还可引导整个世界步入大同。②

这条思路是我们了解宋育仁观念的基本线索。站在这一立场上，他吸收了西洋制度中那些他认为最合理的部分，并一一"追寻"它们在中国经典中的"源头"，包括议院、立宪、地方自治、分工乃至国际法等。③ 他甚至声称，通过对西洋社会的实地观察，自己深化了对中国古典的理解。④ 同时，他对中国传统的辩护，也是站在这些价值立场上的。比如："中国本非专制之国体，有二帝五臣之典谟，周公思兼三王，孔子祖述宪章之书具在，其自承为专制者，习于衰乱之朝，未闻君子之道也。"⑤ 又如，中西国家性质不同，中国国家由家庭渐进而成，西人国家由契约组织而成，"故其国家所涵之分体，只有主仆性质，并无家

---

① 宋育仁：《经术公理学》。

② 《采风记》卷之四有宋育仁"引经义"以"驳正公法"的内容，实即欲以中化西。

③ 关于议院，如"《周礼》'询群臣'，'询群吏'，'询万民'，制不同而意有合。比而拟之，世爵则群臣也，政府则群吏也，下议绅则民所举也"（宋育仁：《采风记》）。论立宪，谓"今一言宪法，无新旧界皆认为异产殊方所出，不知其为国故也"（宋育仁：《〈诗·国风〉子夏传说论救国》。已收入本书）。论地方自治，"由其治法，令民自举贤能，掌其地政，国唯设官以监察其不法，余不与焉，合乎《周礼》'使民兴贤，入使长之；使民兴能，出使治之'之义。观于外域，而知王道之易易，乃悟汉制婚姻不相临，盖沿秦法之遗，非先王之旧也"（宋育仁：《采风记》）。论分工，"故《周礼》曰：'设官分职，以为民极。'古之设官者，重在于分职。"（宋育仁：《采风记》）关于国际法，"如会盟、朝聘、侵伐、平乱、行成、存亡、继绝、国等、使臣爵等、会盟班次，无事不备，无义不精，此类皆西书公法所斤斤聚讼，泛无定论者。（丁韪良作《古时公法考》，亦引《左传》数条。）《春秋》'三传'各有义例，合之乃成完备，如自治境内义在《穀梁》，交际礼仪例在《左传》，驾驭进退权在《公羊》。"（宋育仁：《采风记》）

④ "《周礼》'九两系民'：'八曰友，以贤得名；九曰数，以富得民'，最为难解。今至西国，推求其所谓社会、公司，始悟'系民'之义。"（宋育仁：《采风记》）

⑤ 宋育仁：《箴旧砭时》。已收入本书。

庭、宗族之高、曾、长老、弟、男、子侄性质。因此见中国之臣民服从君上，不能了解，莫名其故，误以彼之图腾部落为比，遂诋排为奴隶性质"①。宋育仁竭力分辨中国并非专制国家，"服从君上"也不是"奴隶性质"。其持论是否坚固，不是我们关心的问题。这里要指出的是，中国古典所用"专制"一词，与今义实大不相同②，而宋氏所取显然是翻译过来的今义，可知其无意中接受了西人的价值观③。当然，他在用中国古典比附西学的时候，也已修改了这些西来概念的本义。因此，毋宁说他既拉近了中学和西学的距离，也同时改变了它们的面貌。

宋育仁的终极关怀则落在对中国文化价值的评估上，而这也正是他对新旧两派皆表不满的原因之一："自蔽者不知政本，但护言我中国固如是，且疑不如是不能禁暴止奸；誉洋者不能难，亦以为中国自古如是。盲与盲辨，黑白终不能明，则置而不论，于政弊无救，而徒令慕洋者疑孔子之教、先王之政固如我中国今之所行，惜于未奉教于洋。此意兴而国本危，名教将为天下裂，不可不察。故言反古乃可救时，非好高谈，实不得已。"为此，他也继承了儒者的一个传统看法，在三代和后世之间画上一条鸿沟："假若先王之治狱明法，如我中国今之弊政，其去弼教不太远乎？"④

但必须指出的是，宋育仁并非故意将中西加以附会。他自己明言："昔吾从使欧，历观其政俗之善者，与吾意中所存三代之治象，若合符节，乃为记载，随事引证，以为如握左券而求田宅也。吾固先有三代之治象，久营于心，于其采风涉目而遇之，不觉涉笔而取以为证，初非见其政美，夫乃引经传之言而为之颂圣也。阅者不察，率以为以西政比附古制而成书，夫亦不善知识矣，急索解人不得，独且奈何哉！"⑤ 他真心以为西洋政俗之善者与三代之治的精神一致，也的确认为西洋的政治、社会制度并不完善，故"维新"确非"西化"，而是"复古"。显然，这和美国史家列文森（Joseph R. Levenson）笔下那种将情感与价

---

① 宋育仁：《论国家性质》。已收入本书。

② 参见罗志田、葛小佳：《中国文化体系之中的传统中国政治统治》，见《东风与西风》，56～57页，北京，三联书店，1998。

③ 宋育仁对中国文化现象的认知，有时也会不自觉地采取一种与西洋文化同构而反向的论述方式，比如以"摩西以来所传之原教"比拟道教，以"耶稣出世修改之新教"比作儒教。（参见宋育仁：《宋评〈封神演义〉》。已收入本书）

④ 宋育仁：《采风记》。

⑤ 宋育仁：《经术公理学》。

值二分的近代中国读书人形象是非常不同的。

其实，宋育仁对中国政治、社会、道德的批判之严厉并不亚于维新派，他甚而援据《公羊》义，称中国亦是"新夷狄"。但这并未危及其思想的根基，最重要的原因是，他认为中国文化面临的危机不在实质，只在现象层面。故他所谓"新"也和常人不同："世徒知敝而改为之为新，而不知涤其旧染之为新。"只要"原质"不坏，即可"自新"，而关键在于把"现象"和"原质"区分开来。在他看来："我之原质固善之善者十九，而现象之败坏原质者，其为不善亦十九。必先认明原质，而后知旧染之所由，以识其污之安在。夫而后运斤成风而垩不伤，去旧染以复原质，而文明之现象亦出焉。"否则，无论守旧还是维新，皆会使"旧染之污，复移于新制之上"。使宋育仁担心的是，当时已确有一部分人"自认野蛮为固有，而以文明属他人"。这使得他不得不予以深责："吾不咎墨守者之无知，而特咎维新者之强不知以为知以至于此也。"①

宋育仁的论述中隐含着一个看法，就是中国文化所追求的基本价值是具有普遍性的。在此意义上，他也看到中西文化相互理解的希望。他曾举例说，理雅各即曾以耶稣门徒殉教之意解释屈原之死，使"闻者称善相属"②。

除了如何对待中西文化这一根本的时代性议题之外，宋育仁还必须面对另一个课题：如何对待政治体制的变革。他认为，国家是家庭的延伸，一国犹如一家，君主和臣民的关系犹如家长和子女的关系，而"权利与义务相因"，"有监督之权利，必有扶养之义务；有服从之义务，必有受扶养之权利"③。因此，他既批判只有"监督"而无"扶养"的君权至上论④，也反对只"受扶养"而不肯"服从"、提倡"无等无差"⑤的平等论。但宋育仁在年过半百之际，却必须面对清王朝的覆灭，乃至整个君主制度的坍塌。这使他不能不做出自己的抉择。而在这一问题上，他的答案同样是复杂而曲折的。

毫无疑问，宋育仁是忠于清王朝的。辛亥革命爆发后，他曾上疏自

---

① 宋育仁：《经术公理学》。
② 宋育仁：《采风记》。
③ 宋育仁：《经术公理学》。
④ "古之人君皆要屈己求贤，后世尊君卑臣，一笔抹倒，不过拘挛之习耳。"（宋育仁：《宋评〈封神演义〉》）
⑤ 宋育仁：《宋评〈封神演义〉》。

劲，认为举朝人臣皆应对此乱局负责，而请先将自己革职，以为示范。
1914 年，他在国史馆看到劳乃宣的《共和正解》、《续共和正解》、《君
主民主平议》等文。其大意是从"共和"二字语源入手，要求袁世凯像
"周（周公）召（召公）共和"一样，还政宣统。宋育仁则上书袁世凯，
认为劳氏解"共和"二字之本义"固是"，然太不现实，没有考虑到
"民国建立之主义，并不主张中国复有君主之制发生"。故"徒欲就名词
以改政体，为事实上所决不能行，不如就政体以改名词"，而使"名实
相副，然后上下相安，新旧之意见合同而化"。具体说，就是取法《春
秋》"王鲁亲周"之义：

> 何谓王鲁？周失其政，不能为政于天下。《春秋》之意，乃托
> 王于鲁，谓以鲁为中央政府也。王鲁而鲁不称王，故曰托王。何谓
> 亲周？既已托王于鲁，则政不在周，由鲁会合外伯群侯共奖王室，
> 故曰亲周。今清室以亲贵失政，王纲解纽，群推公为大总统，并受
> 清帝逊位之托，此与《春秋》之义以东周托王于鲁情事最合，非西
> 周共和代年还政之比也。实行帝政，中国非帝政不能为政也，然不
> 称尊号，此即适合王鲁而鲁仍称公之义，是即托王于鲁也。

他建议袁世凯"援《春秋》托王称公之义，定名大总统独称公，则
其下卿、大夫、士有所统系；援《春秋》共奖王室之义，酌易待以外国
君主之礼，为待以上国共主之礼，朝会有时"[1]。如此，既维持了清王
室的崇高地位，又不损害袁世凯的实际权力，在他看来，可谓体贴周
到，较之劳乃宣的要求要可行得多。但袁世凯并未在两人之间做何区
分，而是一视同仁，皆认作"复辟"之举。[2]

宋育仁对辛亥革命和民国的看法，在他被遣送回乡之后为《封神演
义》所做批注中体现得非常清晰。此书历来被认为一部神魔小说，充满
了为缙绅士大夫所不道的奇谈怪论，但宋在这本以商周易代为主题的小
说中，找到了批评时政的用武之地。按他的看法，《封神演义》中有两
套不同的政治思想，一是道教（即是"阐教"），"以天为主体，人世任
以天演"，也是中国原初的宗教；孔子创立儒教（即是"截教"），则改
"以人为主体"。二教对"革命"的看法也有本质不同："阐教从气运劫

---

①　《宋育仁之原呈》，载《国民官报》（成都），1915 年 1 月 10 日，第 2 版。
②　关于此一事件及对宋育仁思想的更详尽的分析，参看陈阳：《共和时代的复古与建国——
以宋育仁为个案看清遗民政治诉求的思想语境》，8～27 页，四川大学硕士学位论文，2014 年。

数观念，见得一代兴亡颇轻，害道虐民者，自当诛灭；吊民伐罪者，自当受命代兴。截教从挽回气数观念，要人各尽彝伦，乃所谓尊重人道，若用兵征伐，仍是以暴易暴，且以臣叛君，端不可开，渐不可长。汤、武虽出于伐罪救民，不免尚有惭德。后世叛乱之徒，必借以为口实，世界堕落，必由于此。"①

宋育仁对这两套看法皆有同情处，唯他认为，革命的流弊过重②，故更赞同"截教"立场。他反复强调："汤、武革命，有不得已之苦心"，只有周武王这样富有仁德以安民者"方是应天顺人，乃可以言革命"；"君臣以义，君为臣纲，君既不纲，耻为之臣，本无可驳"，然"惟天吏则可以伐，有伊尹之志则可"，否则即是"乱臣"。他处处强调革命乃"不得已"之举：革命并不天然合理，它是在君上无道情况下的无奈选择，且对革命者有极高的道德要求。但另一方面，他也反对君主恣肆而为，称赞"以一人治天下，不以天下奉一人"乃"古义"，"残贼仁义谓之独夫，此尤古义也"；认为《孟子》的"革命"论可"为千古人主炯戒，然又非乱贼所能借口"③。这些迂曲往复的论说，表现出作为一个"遗民"的宋育仁如何竭心尽力在革命与忠君这两套不同的价值系统间维持平衡。

宋育仁对民国当然不满，但这并不仅仅来自他本人的政治态度。从其政论看，他注重制度，而更重经义。④ 经义比起制度要虚悬得多，解释的灵活性更强，加上宋氏本来就抱有的政治现实主义态度，都使其虽不喜欢共和体制，却也能基本容忍。对他来说，君主制既已为共和制替代，也并非一定复辟不可，最重要的是共和政治的具体实践效果。这显然是和他对西洋的评价一致的：那不是最上法门，但若真能践履，却也不错。他认为："中外古今之政治学，惟三代封建之原则，与美、德联邦之法治，可举而议，起而行也。"但若"造共和联邦，至少须以二十年为期"，因为这个制度也是西人累积了数千年的经验所得；若"复古三代封建，可期三年有成"，盖"经术今虽盲晦，而诵习其文者，亦近三千年矣"⑤。显然，他虽以"复古"为上，但并不排斥"共和联邦"，

---

① 宋育仁：《宋评〈封神演义〉》。
② "造反者必掳掠，必逞野心"（宋育仁：《宋评〈封神演义〉》）。
③ 宋育仁：《宋评〈封神演义〉》。
④ 即前注所引"制不同而意有合"也。
⑤ 宋育仁：《国是原理论》。已收入本书。

唯以为那条路实际更难而已。

　　显然，他在这方面也同样刻意跳出新旧的对立。在他看来，"旧人士惟望复辟，希恩泽之荣，敛怨以为德，至于国计民生，若秦人视越人之肥瘠也。新党界方以破坏君主国体为大功告成，任横流之弱肉强食，以为天演之优胜劣败"。他说的旧派以沈增植为代表，新派以张謇为代表。二人皆对宋育仁不满：旧派嫌其过新，新派嫌其"陈义太高"，而此二人还是"新旧之贤豪者也"，"其多数之下此者"① 更不足道。

　　其实，我们认真看一下宋育仁对民国政治的评论即可发现，他批评的不是共和原则，而是民国政治并未履行这些原则，反而承袭了帝制时代的诸多弊端。他认为，中国既改为民国，而"举国已表示承认，则须知系改变国体，乃弃中国之家族性质，而学西方之契约结合国家，则要认清人民各占全国之一份，对于国家确系主体；官吏受公众之酬报，对于国家义等雇员，绝对非民之父母，即绝对不能有为官管万民之说"。然"今我国举俗迷眠不醒，一般仍是倾向作官要管百姓，一般仍是依赖官长恩惠小民"。他注意到，"当道文电有称'小民'者"，而此实"以尊临卑之称"，非民国所当有。"若不信吾言，请试向外国人请教，通欧美百数十国，普通民俗口语，有恭维为官管万民、求官长恩惠小百姓之语乎？"他对此颇为感慨："承认民国而不敢自居国民，真所谓脱离家庭而甘投身为奴隶，是可羞也。"② 此真"日日谈欧化，而不知欧化之国所与立；事事慕民治，而不问民治之其道何从"③。新旧两失，进退无据。这里我们再次看到宋育仁在"复古"与"维新"之间建立起的逻辑统一性：不能复古，即不能维新。

　　经义是宋育仁思想中最关键的概念。经学是他最重要的思想资源。他把经学与西学融会贯通，形成一套极为复杂而曲折的思想系统，最终目的则是用它来指导中国的前途。"以经术缘饰政治"本是古已有之的思路，并无足怪，晚清经世思想的兴起，更进一步促成了这一思想倾向，康有为和宋育仁的同学廖平，就是其中两个最著名的例子。但康、廖二人的思想都带有很强的今文经学色彩，宋育仁则兼采今古文。在其

----

　　① 宋育仁：《箴旧砭时》。

　　② 宋育仁：《论国家性质》。

　　③ 宋育仁：《国是学校根本解决论》。已收入本书。

论述中，《周礼》成为"复古"的蓝本，实际成为最重要的儒家文献①，而今文经学家则把它视为"伪经"。但宋育仁用"托王于鲁"游说袁世凯，又是今文家的学说。就此而言，他的风格颇似其师王闿运，但王氏虽今古文兼采，仍以今文经学为主，和宋的取向也是不同的。

总之，宋育仁的例子展示了在近代西学东渐、华夏文化面临严峻危机的情形下，一个既反对一成不变，又反对盲目西化，而自居改革者的士大夫，怎样试图逃脱新旧对立的二元格局，而以自己界定的"复古"与"维新"之统一性为线索，以寻找一条更具"中国性"的道路，使中国不必处处步武西洋，维持自身的文化尊严和特色。在此过程中，他在不自觉的层面上接受了一些西人的看法，而在自觉的层面中却竭力延续经学的生命，以之为基调对西学加以理解诠释，而在此过程中实际既改变了西学，又改变了中学。作为一个中华文化的普世论者，他对中国文化的认知既和那些刻意强调中国之独特性的文化保守主义者全然不同，也不存在某些维新派徘徊在价值与感情间的深层困惑。显然，他的运思路径异常曲折，这和这一时期的政治、社会变幻万状以及他本人力图保持稳健、周全的思想态度都分不开。

以上所论，仅仅希望给读者阅读本书提供一些基本线索。前边说过，本书只是了解宋育仁思想的一个最基本也极为简单的文本。编者做了一些文字的校订、标点工作，由于水平和时间的限制，仍存在不少缺点和错误，敬请读者指正。

王东杰，2014 年 12 月
写于四川大学历史系

---

① 这当然也是晚清流行一时的一个看法，如孙宝瑄《忘山庐日记》光绪二十三年三月初八日："《周礼》官多法密，而民无侵扰之患者，以封建之时，人有分地，君民相亲，上之耳目易周，百弊不作，故能行之。王安石不知其本，妄欲行诸郡县之天下，宜其败也。及今如欲复《周礼》法者，虽不能反封建，然必设议院，立君民共主之局，庶乎其可也。"（87～88 页，上海，上海古籍出版社，1983）而这也是孙诒让著《周礼正义》的动机。沈学 1896 年曾注意到："今日议时事者，非《周礼》复古，即西学更新，所说如异，所志则一，莫不以变通为怀。"（沈学：《盛世元音原序》，载《时务报》，第 4 册，光绪二十二年八月初一日出版，影印本，212 页，北京，中华书局，2010）

时务论*
（1897）

与议政者言复古，则群焉舌挢而咤，且迂笑之。与议政者言救时，庸者曰，幸相安于无事；谀者曰，天下治安久矣，盖胜前古，非所得而议。夫言治者，观于目前之效则易明也。今内则国藏空虚，民不安业，会匪潜结，伏莽之戎屡起，近三年之间，前后以十数，虽旋即扑灭，而滋蔓已深。外则先亡琉球，旋失缅甸、印度。近者法夺我越南，英人进规藏卫，朝鲜叛而外附，俄坐收帕米尔地千里，藩属侵削殆尽。外国富强，中国贫弱，不可以言治。我欲无事，彼屡生衅，不可以为安。于是习于夷者未闻治道，欲一切易中国以洋法。不求其意，惟称其法；不师其法，惟仿其器。竭天下之心思财力，以从事海防、洋务，未收富强之效，徒使国有聚敛，而官私中饱，此不揣本而齐末，故欲益而反损。于是拘于墟者，闭明而塞聪，耳食而目论，以为一切宜报罢，不者以为天下殃。问何以策此时，则①乌猝嗟，诿之于无策。然则古诚不可复，时信不可救，虽有圣者，无如何哉。习于夷者曰，世局之变，非圣人所及知，外国之善治，又圣人所未见，古今变局相径庭，不能以圣人之言治治也，即有圣哲复起，亦必师于外国。拘于墟者曰，中国自有法度，富强或圣人所不取，未闻变于夷者也。二者之论，交哄于朝野，不和于中国，而臧与纥皆亡羊，其谬相等，皆亡治术之本矣。夫不能富强且不可为国，又安能致治？夷夏之辨，岂因富强乃夷之乎？世局虽变，富强之道则不变，岂可以己之无术厚诬圣人乎？以余观圣人之论治，先富而后教，由兵而反礼，其始务在富强，其术具在六经，而《周官》尤备。外

---

* 光绪丁酉（1897）夏卯月成都刻本《采风记》附录。
① 此处应佚一"意"字。

国未习其书而能得其意，故专勤其始务，而遂收其初效。中国蒙承平而安之既久，书生不问时务，仕者守成法又不求经术，故习其书乃反亡其意，猝见外国之富强，震惑于心目，以为自古所未闻，圣人所不及，是非惟不知圣人之治术，并不知外国之富强何由而致也。诚求外国富强之故，乃隐合于圣人经术之用，则言救时之策者，孰有愈于复古乎？请证其效。

外洋之富，在工者四。凡一都会，率有工作厂一区以至数区，或官督而工作，或民集股为公司，其出入一听于主厂会计，而百工服事受值焉，此《周官》考工之事也。昔者尝以《冬官》为阙矣，以余观《考工》，三十工即《冬官》事典一职，言乎审官则当，言乎出入有稽，言乎兵制则备矣。《冬官》盖未尝缺。河间所得为完书，非取而补之，盖故书然也。五官皆自卿至下士凡六等，其下乃有庶人在官；《冬官》三十工皆不比于士，而其上圹僚焉。斯读者滋疑，求其说而不得，故谓之缺耳。夫孰知事典之为职，非仪文之谓乎？司空为三公之兼官，其属士夫分领于五官之属，犹监督也，经则既言矣。坐而论道，谓之王公；作而行之，谓之士大夫；审曲面势，以饬五材，以辨民器，谓之百工。明乎百工之事，固不可以治且为也，故以别于士大夫而谓之事职。其食由下士以降，其等视庶人在官，而又日有省察，月有考工，以上下其食而诛赏，故曰以能奠食①。"以世事教能，则民不失职。""日省月试，饩廪称事，所以劝百工也。"经意甚明。其金革、羽毛、骨角、珠玉、漆枲、丝材征于九贡，与及虞衡所掌山泽之农，初不烦出帑而充牣自余焉。举诸司空，命诸百工，制以成器，诚轻入而重出，民见其利用，不见其聚财，而府库已富矣。访外洋工作厂之制，民厂多于官厂，其金革、羽毛、骨角、漆枲、丝材，集财而敛赊，与古少殊，余俱不异，其效一也。泰西诸国例皆同，平人有罪则罚令坐监工作，以国服为赎，期满而舍，此《周礼》司空之役也。《周礼》：国之有罪，纳之圜土而施职事，役诸司空。又，乡师"受州里之役要，以考司空之辟，以逆役事②"。其役自三月至于期，上罪在司圜者乃三岁而舍，言辟则为罪罚可知，言役则为工作抑明矣。此则服罪者无间民，役工者恒省费，其效二也。俄、德、法诸国有工兵、供差兵、巡捕兵，尝取马队、炮队、步

---

① 按《周礼·夏官·司马第四·司士》，当作"以能诏事，以久奠食"。
② 按《周礼·地官·乡师》，当作"以逆其役事"。

兵之羡劣以充其额，此既不能乎工作，又未娴于武艺，故用以服工作之役事，部以兵法，则仍如卒伍，亦备非常征调。此《周礼》司隶之治也。司隶"掌五隶之法，帅其民而搏盗贼，役国中之辱事，为百官积任器"。任者任重之事也，器者任重之器也，积者为之置顿收储，百官者凡百官府也，即《罪隶职》所谓"掌役百官府与凡有守者……牛助为牵傍"之属。此则民无弃材，工无冗事，意在养民而费己①节矣，其效三也。外国之车政咸画一矣，其自火车、马车、载车、东洋人车，皆作于公司，车出而税入，举国之所用，悉赁于数厂，皆有号数，以备简稽。此《周礼》巾车之职也。考工车造于轮舆，而入于巾车。夏篆、夏缦、墨车、栈车、役车，凡五等；"凡良车、散车不在等者，其用无常。凡车之出入，岁终则会之，凡赐阙之。毁者②入赍于职币。"职币"敛官府、都鄙与凡邦用财③者之币"。古者有赐车马，故其始受车于巾车，无入赍事，毁折而入赍者，为将易之也。"凡赐阙之"谓有出车无入赍，故阙而不会，明其余皆会矣。不在等者用无常，则赁之于民，随其所用，法久少变通，其民用之车，或听民贸转。故《记》申言："命车不鬻于市。"命车既数数而易，入赍自源源而来。良车、散车虽听民得贸迁，而官制精良，赁者自众，故天下车同轨而富自生。外国无仪等，车厂不掌于官，而各公司以会为联，市价不贰，有掌于官之意，其效四也。

在商者四。其都邑按户居多寡远近而立市，同一业者州处一区，分段而立市租，视市之兴替，为市租增减。古者阛阓谓之廛，《周官》建国"面朝后市"，其骈间列肆，皆度于司空，营于匠人，以授民居，而令之赋，因以廛为市租之名。孟子言许行之徒"捆屦织席"，故"愿受一廛"。《记》曰："市廛而不征"，谓惟取市租而已。廛人掌敛市质布、罚布、廛布，入于泉府。古者典质掌于官，市禁多举罚，制尤密矣。而且勿论④，第廛市之取市租则甚明。惟立市则掌于内宰，属之王后，此先王之礼文，顺阴阳之义，其实亦君主之矣。司市"以次叙分地而经市，以陈肆辨物而平市"。今外域市分地段，同业而居异市，或联为一公司，盖得其遗意。分地段则价不得私侥，联公司则货无所居奇，而亦不至踊滞。市租所入，以市业为衡，以屋舍为限，即无有畸枯，其效五

①　原文如此，当作"已"。
②　按《周礼·春官·宗伯第三》，当作"折"。
③　按《周礼·天官·冢宰第一》，当作"凡用邦材"。
④　原文如此。

也。夫商贾之事，货财所出入，非情通而事习，则干没中饱浮费之事多，不能以官法治也。外国之市利，君民共之，官商共集股而商主事。凡一市事皆立公司，数公司联为一商会，皆有首董。凡商会之程式，皆定于首董，而质成于商部。其市肆则由首董自用贾人。《周官》常用贾人矣，其次在府史之间，则官总其司，而贾为受事。至胥师、贾师至于肆长，由二十肆一人以至每肆一人，上无所统。胥师"掌其次之政令，而平其货贿"；贾师掌其次货贿之治，辨物均平，展成奠贾，则事责其成矣，而无爵等，则犹之庶人在官，可知也。此如今豪家之用主阍，举肆以付之，惟以时权其子母，稽其盈耗。胥师、贾师及于肆长，其秩为庶人在官，则禄不得加于其等，盖令其入财共贾以挚息。此既习于贾又习于官，则情通而事治，其所司又系于己利，则干没中饱浮费之弊不生，而国之生财可坐而理。肆长言"敛其总布"，则其肆不专主私财。西例，商会公司，皆民间集股；公家如入股，付官本以听于公司，如别立官肆，则稽于商部，从其商会公司之式。主肆皆用贾人，积资劳以次升为总办，得积财以附股，而不奖以官，其效六也。中国之关税似密而实疏。老子有言："治大国如烹小鲜"，鱼烦则碎，治烦则乱也。处处而几谨，步步而留难，商不困于征而困于旅，食不耗于正税而耗于中饱矣。诡漏之途愈兴，关讯之设愈密，一局则委员、管记、吏胥以数十计，既糜费正等，而侵渔又倍焉。名与实交失，其何取于此？外洋诸国，于税务惟征于所产之地，核于出关之始，税于所鬻之乡，凡三则已。与之质剂，听其行远，关则有讯而无征，取税之途，既简而易稽。司关又绝其入财之路，则诡漏者少，而中饱亦无籍而施，此于古为尤近也。《周礼·司门》："几出入不物者，正其货贿。凡财物犯禁者举之。"旧读"正"为"征"。以余观《周礼》，无假"正"为"征"，则谓正其不正。"不物者"为器不中度；"犯禁者"，货之禁出于国门者也，故其罚重，并财物而举之。则司门无征国中之所产，与若成器，既税于中国明矣。司关"掌国货之节以联门、市，司货贿之出入者，掌其治禁与其征廛"。征则关之征也，廛则市之税也。关征而及廛则何居？盖贾于国中则廛取也少，贸迁出关而行远，则廛取有加。市廛而门讯，至关乃综其出入，三者联而若一焉，故曰"以联门、市"也。然后所达货贿者，则以节传出之，犹今洋货入关，随其所往，其效七也。管子有言：古者立其君而手实，故兴盐笑之利，计口以授餐，国富而民亦足，而轻重之法亦由此行也。俄、美及泰西诸国，每一部会宽乡，其民产岁出若干磅，及先令、法郎、卢布，皆有简稽。职于总司会计度支官，而质成于户部。视今岁之所入，量来岁之所出，以为赋税增减之数，故下不得遁，而中不得饱，取之裕如。今中国乃稽于临取之时与既取之后，谓之比校，此庸有及乎？虽严罚厚赏，犹不能禁，况赏罚皆有常宪，恒不逮其所获，则何为哉？即诚有竭力奉公，而有资于上，或重困于下，何则？未得其轻重之实也。《周礼·小司徒》："稽国中及四郊都鄙之夫家九比之数"，"颁比法于六乡之大夫，使各登其乡之众寡，六畜车辇，辨其物，以岁时入其数"，而州长以下咸以岁终会成司会，以九贡、九赋、九功令财用，而听其会计，"以诏王及冢宰废置"，事事而周知，量民出以为国入，未有以国而患贫者也，况天下乎？其效八也。泉币者所以剂百物之盈虚，物产丰则钱值昂，物产歉则钱值减，故有轻重之名。有时多亦患，有时少亦患。今徒知少之为患，而未知多之为患也。外域之地产不饶，钱价常轻，物价常重，其地举财若易，而日用亦不资，此泉币浮于物力较然也。故彼虽广采五金，制钱币以徕远货，利行贾，于中国地产尤致意焉。先王之道则何术不备？乃卝人则为之厉禁而守之，非时不采；职金之掌金锡，"受其入征者"，则颁于为兵器之府。大府、内府、外府、职内、职币所司，皆九贡、九赋、九功之入，逆考敛弛而已。泉府惟取"市之征布，敛市之不售"，贸迁有无化居，而鼓铸无闻焉。夫岂缺略而无征？盖知钱币之本矣。《司市》曰："国凶荒札丧，则市无征而作布。"凶荒则地产不生，札丧则器物少成。物少则价昂，而民财将不给于用，于是乎作布以徕远货，达敛藏也。此古与夷事相反，而因时度地，以操轻重平准，其意乃㦯合，其效九也。外域刑简，民丽于法，皆罚以出财入官。其听讼也，官司重取焉，明著为令。罚之为政古矣。《尧典》："金作赎刑。"《周官》之言罚者屡。《司救》曰："民之有邪恶者，三让而罚，三罚而士加明刑。……其有过失者，三让而罚，三罚而归于圜土。"胥师之有"诛罚"也，质人司关之有"举罚"也，廛人敛其"罚布"矣，职金入其罚金矣。于后甫侯训刑，更详定罚锾之格，著以为律。夫财者民所爱惜也，而丽于刑而命之赎，方且感上之仁，耻诸明刑焉，则亦弃于人群矣。临以劓、刖之严，民知罪当而幸免，即亦不敢多方以逃罚，此与明刑、肉刑相须为用，圣人之意深远也。彼未尝知此，直以罚金为罪，尚且行之而行矣。《司寇》："以两造禁民讼"，"以两剂禁民狱"，令入束矢钧金，然后听之。今中国听讼，有司亦取财，而以为陋规，不敢上闻，则何不较然而明之为愈也。外国因此而讼转稀，常会其罚人以供役费，则相当矣，绝私贿之路，而有养吏胥之资，其效十也。外国之强在利器，水以铁船为主，陆以炮台为主，枪炮之利则水、陆共之。其修守战之备，竭力讲求，不惜劳费，务求制胜，此为古之所无。然而古之兵车，今之铁船也；古之弧矢，今之枪炮也。三代立国，皆在中原平野，有井田径遂沟恤之限，车攻而马甲，进有冲锋之锐，顿有坚城之守。两军相撞，坚韧者胜。未有枪炮，则弓矢为利兵。一将受矢，三军羽下，进与马谋，射必中贯，战陈之能事毕矣。故《周礼》射御等于礼乐，文武之用也。一物而工聚者，车为多。《考工》车人、轮人、舆人、辀人之分事，其于曲势、规菓、尺寸、水县权量，委曲而精密矣。而弓人、矢人之辨器，其于材干，角筋胶丝，漆镞羽笴，且治之以四时，审析于毫末，他工未有其详焉，谓为利器则然耳。兹事不同，而同于其意，其效十一也。兵制各国不同，英用募补额，额兵之外有备兵，出于额兵之羡与商会民团。德、法凡丁壮皆充伍，区为四等：朝暮操练者为额兵，五年后每岁入营操练一月者为备战，四年后家居习武以时赴操者为团兵，五年后在家待征者为备兵。俄国陆军名目尤多，有马队步队亲兵、步队炮队守兵、巡界稽税马兵、工兵，此皆无与于征调之事，惟马步战兵、炮队战兵为备战耳。亲兵将出则从，守兵备守炮台，巡界稽税则有常职，工兵则守官物，修铁路，传电报，造桥梁，治道路。大率萃处而用众之事，皆部署以兵法，编之为卒伍，故事不难治；习于军法，进退则气质强固，而非常征调亦可备以为资。此兵家之权谋，而管子之所为作内政而寄军令也。管子盖法先王矣。《周礼·司徒》："会万民之卒伍……以起军旅。"通率六乡，家二人，而有十二军；常所征发无过家一人，以余为羡，则六军也。此为战兵由羡卒游阙以选。六遂则以邱甸之法起军，皆为羡卒，其出长毂谓之广车。公邑家邑亦以邱甸起军，其用主守。如有征发，则县师受法于司马；稍人以县师之法治其政令，帅而至。其都家之军，则都家司马掌焉，以听于国司马，皆主于守。掌固所谓"颁其士、庶子及其众庶之守……以通守政"。举国皆兵，而调者寡，守者众，则相倚以为固，更代以均劳，其气自倍，平时皆有事守，则不致坐养其骄惰，而材力亦纾，其效十二也。工兵既同于司隶之治矣，而稽税之有兵，与通衢都市之设巡捕，于古亦有征焉。司险之为守禁达道路也，则徒四十人。司隶之搏盗贼守厉禁也，则徒二百人，每隶又百二十人，合五隶而六百人。野庐之达道路、诛相翔、禁径逾、比修除也，徒百有二十人，其事则巡界治途也，其徒视他官为众，虽不名为兵，什长以胥，犹之编伍也。常以严肃为治，则官司不觥骸，而民且相习以整暇，此亦兵强之所由，不可忽也，其效十三也。

夫外域未尝闻先王之道，而其效往往合于古时者，上下之情通，而损益之途广也。中国有首出之圣人，措正执中，一举而天下治。彼盖历千有余年，智者识之，能者行之，议非一人，行非一时，然后规模略具矣。民献其意，主决其计，官司专守，以责其成，事有不便不惮于更除，议有善者未尝不举用也。合古今众人之心思材力以兴利而除患，则必有其善之善者也。乃观其善之善者，则先得自强之本矣。彼国有上下议院，上议世爵为主，下议士民为主，两比而从其众，两持而折其中。《周礼·宰夫》：“掌万民之逆。”“逆”者，如上书矣。是民得以言达于上也。《司寇》：“询国危”，“询国迁”，“询立君”，则举其重者；而兴贤与听讼，又皆有询众庶万民之事。上下情通，则文具之法无焉，而弊之泰甚者亦去矣，即诚不恃以行政，不曰周知民隐乎？彼国之学皆出于书院、艺院，民五岁以上无富贵贫贱皆入小学，违者罚其父母。小学谓之蒙馆，年十七，期满，卒业考成，入于中学，谓之经馆。卒业考成，入于大学，分科而课业，卒业考成课最，即为其学教习。若艺科者或为官厂总办，若法科者或由刑部举为公家律师，即授以职，所教即所用。于群萃州处考校谓之成，此犹有乡询众庶宾兴贤能之意；无贵贱皆就学，此犹国子贵游与俊选同师也。虽所教不同，而同归于一道而齐俗，故古者师道立则善人多，今外夷师道立而能者众。

人情贫富不敌。十则服，百则役。贪生于不足，则处脂而思润矣。古者禄以驭富，其旨深微也，其用盖有两端：一则使夫受禄者之财，足给其宫室、车马、衣服，起居日用恒敌于富人，则持公奉法之念盛，而富者不能以财势相凌夺；一则使禄以位隆，体国而家自足，然后六计，以廉弊吏，而督责可施。故曰忠信重禄，所以劝士也。汉得其意而不得其治，源故法律贱商人，禁常有市籍者不得为吏；唐、宋则朘民以附官；明则讲以空文，而私敛陋规鬻公纳贿之风起。外夷以商立国，以富为本，乃易兴氓而选士于商，限岁入财若干、出税若干以上始得举入议院，其各部长官由相举，虽无限富明条，然贫者未尝与选。其下官司亦称事而制禄，大抵所司巨者其俸多，无禄轻而任重者。此诚不知驭富之深微，然颇简易而情得。彼国上多重敛，富人皆兼并。近者俄罗斯豪猾结党钩连，举此二者为言，煽民作乱，欲变易其君为民主；法国既为民主，而乱党日滋。然而重敛者如故，兼并者如故，而国势日兴者，重敛而能散，兼并而能施，贫民虽多而饥寒者少也。其国男女书院、工商学馆、养济院、医馆皆为之竣闳广厦，衣食饶给，贫者有所资生，艺成有以谋事，故游惰日寡。昔者文王施政，先于穷民。《大司徒》："以保息六养万民，一曰慈幼，二曰养老，三曰振穷，四曰恤贫，五曰宽疾，六曰安富。"《族师》："八闾为联，使之相保。"《遗人》："乡里之委积，以恤民之艰厄；门关之委积，以养老孤。"古之为治，先正经界，均民田，兼并稀而贫无业者少，故如此而已足。至于疾医、疡医"养万民之疾病"，非惟医之，又且养之，与彼之医院同矣。彼惟厚聚，故必厚施，且养且教，而游惰日寡，故贫富虽甚不均而民和乐。倘其重征兼并而无此剂之，将乱且不图，而又何富强之与有？

夫法之良者，美于其意也；制之变通者，因于其时也。由彼已成之效，求其富强之术，稽之于古而意不得通，则谓古今之民殊，谈经术者为迂阔。由今之治，无变今之习，即不必富强而幸可无患以长保，则谓中外之势殊，言更张者为多事。然今中国之患弱而忧贫，路人知之矣。敌国之富强，反求于古则备，用经术而富强立效，天下大安，敌国怀畏，有长久之福，圣治之名，则何所顾虑而不师于古？昔者王莽用《周官》以自亡，王安石以经术为祸于宋，议者遂以此为经术病耳，是不揣本而齐末，惩于沸羹而吹齑也；非惟吹齑，又且废食。王莽借经术以文奸，于经术未始有闻也。《周官》自治王畿千里，而王莽以六乡、六隧尽四海之域；《周官》乡隧什一而彻，其采乃九一而有公田，莽则尽天下兴王田矣。安石学本申韩，特缘饰以经术。考其行政，惟手实、保甲有经制之意，而欲以文告令天下，不习之吏无率而自从，一时而具举，先王之治如是乎？我未之前闻也。

古之为治者皆自近始矣。近者耳目先周而成效易睹，效著于近，则远者令之而见从，行之而见由。故曰："正朝廷以正百官，正百官以正万民"，《周官》之治也；故曰："内其国而外诸夏，内诸夏而外夷狄"，《春秋》之志也。故《尚书》曰："克明俊德，以亲九族。九族既睦，平章百姓。百姓昭明，协和万邦。"故《孝经》曰：本于家邦，施于四海，"推而放之东海而准，推而放之西海而准，推而放之南海而准，推而放之北海而准。"[①] 未有不通其意而能行其法者也。彼病不明经术耳，何

---

① 按《孝经》原文，"之"均作"诸"。

足为经术病？将明经术之效，先有变法之疑。公卿士夫尝摇手动色以相戒矣，谓立子孙之朝，不宜变祖宗之法。为此言者有似于忠且敬也，实则妨贤病能而不恤国家之急者也。昔三代之制度者皆圣人，前圣后圣而必有损益者，法久行而必弊，人情久习而必迁也。故文质三统，敝则又更，周而复始，因其时也。当祖宗定制时，因明之制者十九，惟去泰甚，与民臣相变革非，择而取之，亦因其时耳，曷尝命之曰"万世守之，毋少损益"哉？不宁惟是，开国之制，至圣祖始定为成宪，雍、乾之治已异于国初，嘉、道以来又数有改易，其因时推移者，且缘案增例，酌为章程矣。祖宗之朝，固因时为损益，此不宜于效法乎？不宁惟是，咸丰军兴之际，文宗显皇帝毅然宸断，易直兵而召募，破常例以用人，两宫皇太后继之，天下卒安，拨乱而反正，此不征效愈近乎？不宁惟是，军兴后而洋务起，海防战守之备，驻洋交问之使，祖宗朝所无也，因时之制，则不得已。夫外患之猝来者易觉，而内治之积弊者难知。积弊至于此时而甚，必更张者，亦诚不得已之势也。彼不疑于变法，此独疑于变法乎？

今将决天下之计，必先定天下之疑；今将定天下之疑，则莫如因敌国已睹之效，以明经术之用。初之所言十三效者是矣。在工者四，而工兵之与罚作，一属于刑，一属于兵。先言其在工科者。《周官》考工"以辨民器"，举民间之所用，皆造于工官。后世相承，袭其名而亡其意，工部所掌，惟以供御而已，无与于百工之事。古者立考工以富百官，今者立工部以耗国用，其名存实亡，与古相反，此为尤甚也。今外国凡都会皆有工作厂，皆统于其工部，事有章程，工有等饩，物有奠价，出入有会计，凡大宗器物用汽机制造者皆出于厂。凡创一机器，请于国家，给与凭据，保其专利批发，余人不得仿造，故公司虽民业，而与官厂无殊。惟作器材料，《周礼》征于贡，彼出于采买；立厂程本，《周礼》出国帑，彼则国与民集股而分财。顾《周官》所治止于畿内千里而近，材料征于九贡不为烦苛，今则郡县辽远，自以采买为宜也。材料征于贡，程本自减轻，故出官帑而已足；采买材料则程本重，非集股不为功。且古者食于工商者少，故官独治之，民以其所有交易取用焉；今世业于工商者多，不与合财而共利，则为夺民业矣。皆自然之势，推行而尽利者也。

今有工部，复有内务府。宜以供御之事，一归之内务。而变通工部衙门旧制，复《周官》之政，而参以外国之法。先责令工部司员晓习工事，若算，若舆图，若营造，若制作，若鼓铸，分其门目，务令知其所司。由一事以上，以多能为课最；不愿习者对品改官，仍归部署。国与官民共集股，首立厂于京城，统于一署，而分为数区。凡为竹木作、五金作、玉石作、织绣作、漆染作、羽皮作、陶匏作，视京师之成贾而鬻多者皆作焉。延外国艺士为师，就厂各附设艺学馆，招工以数等之价，且教且作，以时稽其良窳。而上下其奉，则官督之。每一作有都工，由洋艺师考课而升也。都工许鸠群工之股财以入于官股，欲学为徒者以都工为师，其采买则用贾人，如庶人在官，其奉与入股，视都工为例。除工贾有常职，其杂色供役，则编之为卒伍，以为工兵，月有常饷。其厂作有定价批发，与市价相平准。惟服物之有关品秩者，如章服、翎顶、貂裘、朝珠之属，则以公财占买民间所已成不法者修治之，令立厂以后皆由厂批发，民市不得私造。此《礼经》之义，既足以明制，且可以生财，兴工而其事自举矣。

兵器之与舟车，为工之大宗。宜改武备院工作厂，隶于工部，程本一出于公帑，而别设专官监督，以重其务，官督而工作，如他厂之制。湖北既立铁政局，足为工务提纲；南北洋旧有枪炮火药作厂，宜令相联为一，自铁自消。精铁良钢，入于枪炮厂，次者入于五金作。而别立察验署于京师，选明制造之员典其事，凡铁钢枪炮药弹之式，皆解署察验比较，定其良楛等差，核其价值，采买外国者亦如之。近京各省车用甚广，宜专立一厂，聚工而作。今民市所造车笨滞而无度，惟以任载耳，宜择司员通晓其务者，督选良工，因旧式而损益。《周礼》车凡五等，制可考而知，岂必寸寸而铢铢？先王之礼意，在于制足明等、器足适用而已。今外国马车行于中国者有二等，北地之后轮大鞍箱车凡三等也，比而合之，五等可备。益以东洋手车，合于良车、散车不在等者，其用无常，民间用以代步，价廉而制不侈。其五等之车，以四等为命车，以一等为庶人乘车。命车则禁民私作，不鬻于市；乘车则听民便作，随其贸转。既不夺民业，又足明等，且以生财。一举而所益者众，又非有难行也。京都、省会及通衢令先平治马路，同时立厂，国保其专利而令官民入股，工食科条一如京师之制。南省船之用广于车。长江首尾七省，南通湘而北达汉，自重庆至上海，处处皆通商马头，诚水道之交衢、商旅之富薮。湖北又当上下江之中，湘、汉之交，为诸省之会。今修船政，则必以长江为纲；规画长江，则必于湖北立厂。议造船三等：机艇一式为一等，专用设机鼓轮，不以任载，令其力专行驶，能带多舰。官舫深底高舱，大小二式，为一等。商船深底低舱俱一式，为一等。于吴淞、镇江、江宁、芜湖、安庆、湖口、九江、汉口、荆河口、沙市、宜昌皆修马头，每一马头安设机艇若干艘，官舫、商船皆五倍之机艇，不令行远，但于马头两戒往复而交替。水程既熟，无所阻滞；往返而近，无所稽留。节节传带，官舫每顿而为定价。商船以货为主，则随货所届而为定价，省登下之烦。其近游商旅则听招商轮船行之矣。江船利风，其行亦驶至彼一顿，风利则自行一顿，不需传带，常令机艇上风带下船，下风带上船，帆船常可省半程之费，则途旅悦从，而洋轮之利可夺。机艇常可得倍程之功，则往返需十艘，而减五已给用也。辅以水师舢板，化无用为有用，令舢板与机艇为联，主水程保险，仿外国保险法为之定价。官舫令舢板传递护行，而商船亦附及，杂色民船愿随带愿保险者，但出其顿价，亦得拖带保险，与商船一律。收轮船之便利，明中国之制度，习水师之劳，无烟筒爆裂焚烧之险，顿置严明，传护络绎，水盗之患自息。遇有风波骤险，停泊机艇随带舢板，赴救自易。自宜昌以上湍峻水飞，机轮不利，民船之行者又极险难也，即不为工商兴利，犹当为途旅虑患而有以易之。今既修峡路达于巫山，其功虽楛而基已立。因其址而削高埤卑，为功颇省，可续修以达宜昌，施铁轨行火车，上至夔州，率一日程，而为之野庐候馆。夔门以上水少平，然数有峻湍险矶，可揆势而修通，仍用机艇辅引帆船，如下江之制。

顾船政、车政虽同时兴工，而为之必有次第。经国自京师始，则车政为先。欲修车政，必先平治道路。《周礼》：匠人营国，度涂以轨，为经涂、环涂、野涂，至整齐详缮矣，岂有污芜不治如今日者乎？古者兴大工皆起徭役，均人所谓公旬，用民之力岁不过三日。汉、唐以来有过更、践更之制，犹行公旬遗意。夫修城郭、沟洫、道涂，与民共利之事，贫者均出其力，富民出财雇人以自代，众擎既易举，而偷工减料、侵渔克削之弊亦易清。今国之所用，亦无非取诸民者，顾所取在此，所用在彼，取之一时，用又一时，君与民隔绝不相闻，每兴一工，百蠹丛生，朝廷壅弊而不能知，民皆知之而不能过问，故惮于兴役而工官废弛。外国于道涂、沟洫皆分地段，令民自治，其地之首董自议其工段与财，关于公会。官与议院议允，以程章达于工部，工部核其工值，当保其权，则按户鸠财。举董偫工，不烦而治。故所在道涂、廛里、沟洫皆修整如一。今治道涂先自京师，宜参复徭役过更之法，分段按户集财兴工，民自举董而工官督之，道涂治而车政举矣。

在商者四，立市租、经官肆、制税则、综会计是也。《周礼》建国，"面朝后市"。市立于官，其屋舍皆司空营之，商赁居而列肆，赋市租焉，廛人掌敛市之廛布是也。今外国市场屋舍虽建于私家，而有地税、屋税、市税，分地而立则，按屋而取租，颢若画一，此经商之政最为简切，贤于关税者矣。司市"以次叙分地而经市"，市业有赢耗，即市租因以为增减，故理市政必以分地为纲，乃经之以官肆。《周礼》常有官肆矣，胥师、贾师至于肆长，其所职者皆公司也，其人皆用贾在官而无爵，其胥师至肆长令相管摄，自为等差，不用官士参焉，一皆如今外国公司之式矣。作厂虽有批发，不得遍流通，必立官肆分销，百货乃无壅滞。议于京师及省会、水陆通衢，出国财，立市廛，修治闾舍。京师则命户、工两部，外省则命督、抚，督同海关分巡道使，详议而审治之。每一货所居分为一段，官肆与民肆州处其间，皆令出市租，视屋舍多寡，定为市租平准。乃招商入股以为主阃，必因其旧业，视其入股多寡、行能良乏，以为任事等差，略如胥师、贾师、肆长之相属。专用贾人，毋参用士夫；经以商规，毋治以官体。其无财入股而能习商业者，由主阃保任，量所能而授以司，许以身俸之赢续入为股分，积年劳无失即可升为肆长。《周礼》市治于地官，而财会于司会。今外国户部外有总司度支，与古制同。我国无司会计专官，则宜悉归于户部，率以岁终稽其出入，课其赢耗而诛赏，诛以除黜夺事，赏以倍息分财。夫经商者，富国之资，古今之效甚著，而往时试之而不效者，动以官法治，既不习于商，上下情不通，而中饱浮费之弊多也。而持空文者又从而议其后，以为与民争利。夫必持天下之利权，始能均天下之贫富，此先王之政所以立平准，通百货，而抑兼并之家，而国富乃因其自然之势，聚天下之财者，亦以为天下用也。特患私其财而不知发耳，岂讳言富国乎？

中国税务烦苛，而外国税务简易，利弊既言之矣。《周礼》司关联门市掌征廛，征则关之征，廛则市之税。关征而及廛者，贾于国中则有市租无货税，所谓市廛而不征，贸迁行远而利厚，则增以货税之科，以取于所出之地，犹地租也，故亦谓之廛，此宜取于国中之市。然虑有贩夫贩妇易于市中，而豪家敛之以行远，如今收买乡货成堆庄者，则有漏税专利而商政不均，故及门而简稽，及关而征其关税，加取市廛，然后达以节而听行远，故曰以联门市，正如今海关三联单矣。外国税务取于所产之地，稽于入关之始，加取于所鬻之乡，出关则授以质剂，有讥无征。古者王畿千里，此外为他国，势不得税之于所往。今中国既广远，辗转贩鬻，道里悬绝。不取落地税，则中途贸转者利厚，道地采买者利微，本处之货不自行销，而民业为商所病。列国分疆，利在商货来集，财用始饶，故货自外来入关不税。今外洋本国小而属地远，利于揽利权，无取于徕远货，故出关不税，入关而重征，及其鬻而按取之，其实即落地税也。中国海关出入皆征，独不取落地税，无所统宿，乃步步为之关卡，局税烦苛而取多，洋关简易而取少，势不驱天下之商税尽入于洋关不止。洋关税项虽仍归朝廷，而耗于海防、出使、洋务局者大半，存者为朽蠹，不转注于别省。上徒见洋关之日益，而不问各省之日消。外省既绌于经费，又设法以别取于民，民生日困，且财入人手，把持之局已成，常则以公帑权私息，供洋党烹分，变则挑衅启戎，恫喝讹索之谋作，是我守籍而人食租也。则何不变通税局，同于海关之简易，既除积弊，又收成效？然且不能无顾虑者，局税取多，洋关取少。当患贫之世，而进寡取之计，此必不成。夫利害之相形则易明也。取多则商顾而之他，取少则商聚而归我。驱而之他，则海防殚洋关之入，实不见一钱，而且授寇柄赍盗粮也；招而归我，税轻而人不扰，则隐漏者稀，局少而事易稽，虽有侵渔者盖寡矣，税且日增，而何有于乏？且今之局务开销亦极烦，费正等矣；合各省厘局薪饷度支以千万计，税项即绌于曩时，裁撤诸局，省其縻费，补苴亦略当矣。即曰不然，两害相形宁取其轻，与为假寇柄而赍盗粮乎，曷若恤商而富吾圉也。

夫欲行简易之治者，宜先清其源也，在乎周知民物之数，定制原有户口之籍，令州县清厘增减，以岁时登下其数，亦犹行先王之道也。而积久废弛，皆为具文，其著籍与实数相差，不知其倍蓰也。《周礼》掌于小司徒，颁于乡大夫州长，登于乡遂之吏，职于司民，会于司会，其众寡、六畜、车辇、九贡、九赋、九功之式，辨其物以岁时入其数者，何为其不惮烦也？民生之盈绌，国计之丰俭，而皆从此出。量出以为入，然后量入以为出，不可不周知而审计也，岂徒为征税计？即以为征税计者，亦必如是乃可有为也。今外国凡一都会、一市场，皆有民数。凡地出货若干，会于作厂，合其都目，准以常价，计数出若干磅，以时登下其所增减，务得其实数，责成于公司，会于总司会计。若工部、商部，以民数考出货增减，则知民情好尚与其勤惰；以出货多寡定物价，则轻重得其平；以物价为税式，则取适中而隐遁者少，然后比较得其情实，而侵渔亦绝。古之为征科者如此，外国之出税法者又如此，此可不务乎？今若责成州县厘清户口，则久习为故事，必仍报以虚词，甚者局绅、保正、团董纷然而四出，借端以惊扰乡愚，开局敛财，迟久而不报；及报，则虚词，非实者如故也。积习重深，至为难治。议自京师步军统领属旗籍，内城五城御史属五城坊，府尹属大兴、宛平，仍其分治分街道为地段，每一地段自三十户至百户而差。以经界易分明为主，其户数有多寡零奇，不必以成数相限。就本段居人，择举一人为主籍，除京官私宅不在所稽外，户男丁女口、雇工奴仆，悉书其名数，以时登下，简实书其生业与其产：若士则有田若干亩，岁收粟麦若干石；若农则自田若干亩，或佃田若干亩、出佃田若干亩，岁收粟麦若干石、杂粮某若干石，牲畜丝棉岁鬻者并登；若工则治某器物，岁出某器物若干，其鬻者几，其滞不售者几；若商则收买某器物岁若干，出售某器物岁若干。并业者并载。率以春时著籍，岁终核实。主籍各以其属上于佐协、领正、副挥、大宛县，佐协、领正、副挥、大宛县会之；佐协、领正、副挥、大宛县各以其属上于步军统领、五城御史、顺天府尹，统领、御史、府尹又会之；府尹、御史、步军统领各咨于户部，户部堂司总会之。既有作厂官肆，则工商物价可按而知，乃持筹而算之，岁出若干缗举可知矣。外省则议分城、市、乡为三科，城有市统于城，乡有市统于乡，惟通衢码头乃别以为市。城则以街道分地段，一如京师；乡则令一族而为一籍，族举一人为主籍，其注籍算亩稽产辨业，一如城籍之式。市籍主工商，虽有居民无工商业者，亦统于市；就其市售之货能成一宗者，以为工商类聚之名，令一宗而为一籍，谓若金工、木工、茶商、盐商矣。一宗者，今市言为"帮"。凡帮必有会，会必有人为之首，即用会首为主籍，督清户口、成器、货居，彼固习焉，不劳而事辨。皆责成各省布政司，择委明敏能任事之员以专其任，毋定员数。惟其任使之人数，毋限班阶。惟其通晓立法之意，毋同时并举，纷然四出。即所择可任之员转移督理，仍会同该管州县以相钩考，先由近省首属州县渐推而远，讫于边府州县。率有十员，则先办十县，竟又移驻他县，度一省则一年，遍而天下已遍矣。主籍以其籍上委员，委员会同州县申于布政司，皆会计之，然后算缗，申于督、抚，督、抚以咨于户部。税务之源既清，天下之大、关津之远，征科可坐而定也。

在钱币者一。古者金三品，铜为赤金，其用施于范器为多，而铸钱盖寡。太公九府圜法，盖缘天下新定，更造钱币，以立百物平准。钱币与百物一出一入，比以九式。算以盈不足，令两适而均。以九赋、九贡入财之数，为九式用财之数；以九式用财之数，为九府圜法铸泉之数。

三而若一，足以给敛弛之用，而流通不穷矣。故攻金六职，备载《考工》，而不典圜法之事。盖初时特立之，毕铸而罢，平时但权物价与泉值低昂，持其轻重，谨其敛弛而已。惟国凶荒札丧，则令市无征而作布。夫饮食日消、衣月陈而器岁敝，泉则出入百年而不耗，转移千室而不减。惟私销者改作为成器，久久而破散，当损耗于初，而亦未有藏之者也。故流通则多，锢藏则寡；多则贱而物价为之昂，少则贵而物价为之减；物价自为低昂，则视地产民力所出多寡，而泉布居其间为之消纳。故《周礼》惟以凶荒作布，招远货之有余，补地产之不足。譬若寻常物价，斗米钱二百以至钱五百，斤盐十钱以至钱七十，尺布钱三十至六十，木凳粗具无异工，银一钱至银五钱。用财多寡不同，而饮食服用不异，迁乎其地，民不为怪，则以夫为陶冶以易械器者，其得值亦相当也。外洋用金钱，旧价金钱一枚当中国银三两有奇，今则当银七两。其贫人佣书算者月得十枚，仅给一家四五口粗衣贬食；佣工月得四枚，多无力取妻。较中国银则月入二十余两，衡以中国物价，能资中人八口之家。洋工之在轮船者受值月三四十元才足给衣食，中国之食力者月得钱五千则充绰有余焉。即小以推大，可知贫富之数在财者虚也，而在物者实也。其黄金、白金，古亦用以赏罚馈遗交质，而价不甚昂，民间用者稀也；锡以和煎佐铸器，铁之用兵为多。职金掌其征入，而卝人职卝为之厉禁，外州不得封禁则征之，畿内则非时不采，不欲与外以利权，亦不使财浮于物、末重于本也。惟列国争衡，相胜以富，始利多财。以远交而近役，故管子行轻重之法，广采铸之路。今中外并立交驰，外国物产不饶，则广铸金钱，倍值以奔走中国之民，收其地产，既不能遏止，即不得不与争利权。云南设矿务铸铜钱，广东用机器铸银钱，而无金币。外国上币用金钱，一金钱换银钱二十，以金银较重才十五换；铜钱十二枚或十枚当银钱一枚，以银较铜轻重，才十换有奇。我益铸铜钱，钱多而银值益昂。土货交易皆用铜钱，通商交易始用银钱。银聚于通商马头，不流通于内地，土货之利益微，徒役贫民以便末商之兼并，供洋人之垄断，于是中国钱币出纳之权归于洋银行数家。悉以洋商在中国贸易之赢，买中国之金，运还欧洲；而中国钱币之轻重举听命于金磅，适足为彼所役。议罢铸铜钱，以铸权量百器，专用黄金、白金二品铸金钱，以持其轻重，饼金多而铜钱不加益，久之价当自平。金银价减，则彼入货如常，而出价当增，又有金钱与之等式同重，则彼不得诡价以抑中国之银，而利权归我矣。国初时银一两值钱八百，今值率一千五百。

军务初平时，湖南金多，才估十换强，今则三十换而弱。金流于外洋，银聚于通商口岸，铜钱不利行远，但与土货自为转输，多之征贱，少之征贵，物理然也。谓宜大开矿禁，听民得自采而官收铸，驱游民以归工。用金银以制币，币愈多地产愈昂，则彼之人民为我役，而不致我之人民奔走于洋商；彼之利器为我收，而不致日输我之地产以为彼奉，一转移而强弱贫富之形立相反。夫钱币用以交易有无而无实用。古时中国一家，故捐金于山不为过；今中外交争，则广铸以遏其流而令返本，其义一也。

在刑者二，罚役与罚金是也。明刑之失官久也。古者用刑人以服力役，后世费力役以服刑人；古者有罪而罚以出财，后世出财以养有罪。我朝承用前代之制，而尤加慎焉，矜有罪重民命之意至仁且厚。然而民情日伪，法网日密，耳目所不能周，故公牍皆虚砌之词，而律例为舞文之具。古者有肉刑，尧、舜设之而未尝用。《书》曰：皋陶方施象刑。郑康成、王充皆说象刑为画刑，荀卿且备言画刑五服之制。于《书》又有征："象以典刑"者，各以其辟五等，制为罪人衣服，所谓常刑也；"流宥五刑"者，士大夫有罪当刑，乃比其罪深浅而放流之；"鞭作官刑"者，庶人在官有罪，比其刑辟，以鞭折责；"扑作教刑"者，士人在学有犯，比其刑辟，以扑折责，如官刑也；"金作赎刑"者，平人有罪，比其刑辟，以金折赎，免施象刑也。又申之曰："眚灾肆赦"，谓一犯也，一犯为眚，此在肆赦之条，记过而不科罪；"怙终贼刑"者，既施象刑而后又犯，乃加以贼虐之刑，则肉刑是矣。于《周礼》又有征。《司救》曰："民之有邪恶者三让而罚，三罚而士加明刑。"明刑即象刑，让罚至三而始加之，其又怙终以至竟施肉刑者，盖亦希矣。故曰：尧、舜画刑而民不犯。汉承秦后，循用肉刑，而不知有象典金赎、眚赦怙贼之律，故用刑过重，文帝乃起而除之。今泰西欧洲诸国律，有死刑而无桁杨桎梏，特密于罚役、罚金之律，此亦足以防民，而法乃合于古。《周官》：纳之圜土，役诸司空，复作之期自三月以至三年而舍；又有男入于罪隶，女入于舂藁，宜有复期如司空之辟。今外国民有罪坐狱，役以工作，大率粗功，如柔韦、制屦、蹋轮之属，官督作而监鬻，即以其赢给其衣食。司圜所谓罚人不亏体，役人不亏财者也①，诚虑狱中散弛，未能遽变更，既立作厂，必设工兵役劳事。议自军流以下以三等之

---

① 按《周礼·秋官·司圜》，当作"凡圜土之刑人也不亏体，其罚人也不亏财"。

罪，比其期而罚作，分隶于作厂。工兵既省军犯递解之烦，复节坐徒养囚之费，而收其用。狱隶又不得因缘敲剥，施非法之刑，致囚多死。《司救》言"三让而罚"，《职金》入其罚金，《尧典》"金作赎刑"，而甫侯训刑明定罚锾之格，见甄于《书》矣。泰西各国，犯禁争讼皆议以罚金。先王之意大可知，外国行之而又果行也，诚思明刑弼教之深远乎！谓宜尽法《尧典》也，如不肯骤更而求其次。今军台有告疾缴台费罢遣之科，在官过犯有罚俸之比，推广而增条，不为变乱法度。议自军罪以下仍以三等折赎，比而罚金；三等之中仍别公罪、私罪，以殊轻重。令刑部详议章程，增入则例。富人则罚金，贫人则罚役，又可相通而办，不致滞碍难行也。

在兵者三，变武科、修兵制、治公徒是也。铁船、炮台、火器之利与古不同者，由立国之形势先异也。古者画井分疆，以圳遂沟洫限戎马。大司马之教陈，因其径畛涂道以为偏伍行列。步步而为限，百里而一国，故为之军礼，制以兵车，取足以制侵陵而杀伤者少。非圣人不能为火攻利器也，以其地形国势之相制，为攻守者如是已足也。春秋始用步卒，战国始用骑兵，《墨子》城门、冲梯、军械诸篇，即已谈火攻机器矣。今中国为一域，四海开通，万里而趋。战者攻利猛，攻猛者守利坚，故铁船、火器、炮台之长技起于海外，而诸国皆效之，势不能遏止。昔中国之圣人，未尝自制杀人之器也；蚩尤造五兵，圣人不能禁，乃因而用之。外洋造火器既不能禁，即亦当因而用之。

开国时八旗、绿营皆为劲旅，旗兵承习骑射，将领由是拔取，武科取士亦以步箭为宗。既兴枪炮，则弓矢不为利兵。且军兴以来，将皆出于行伍，武科实无所用。谓宜停止此科，用其人于编伍。古者文武无分途，选士于射者，实造士于学。今外国若德、法，举国人皆入伍，实举国人皆入学。其为兵官者别立学堂，课业而升，以考课为拔补次第。宜就京师及各省设武科大小学，令武生、武举入各省小学，以饷为廪，由督、抚考成拔尤，以贡于大学。侍卫、武进入京师大学，由兵部考成课最而授营职，令习知舆图海线、兵轮驾驶、火器炮台施运制造之法，以收实用。其旗兵则竟易弓矢以枪炮，训练拔取一如旧制。上将伐谋，使敌不生心者，彼之长技，我国尽人而皆知，所谓先为其不可胜也。中国制兵自军兴时已不可用，于时别立勇营，事平则疲于养兵，不得不议裁减。裁则无所归，于是聚为会匪，散为劫盗。治之目前，不可胜治，积久难治，且有伏患。顷者，法人美生怀窃发之谋，结连会匪几大半天下，既约会期，一处举事，潜伏皆起，可为寒心，幸而发觉不成。而谳以英律，坐监而不诛，中国不能罪也。使我无会匪游勇之腹患，彼遽能思逞乎？我之腹患不除，而美生犹在。戎生心矣，黠桀横煽者庸岂独一美生乎？欲杜乱萌，在修兵制。《周官》之起军旅，有正卒，有羡卒，有游阙，有都家之军。都家之军起于都、家而听于国司马，游阙起于公邑、家邑、都邑而属于掌固，与国有司，羡卒起于遂，正卒起于乡。正卒常所征调，羡卒以备更番，游阙主游巡，补羡卒之阙，与都家为联，皆主于守。正卒由羡卒以选，羡卒由游阙以选；选于游阙者令移于遂，选于羡卒者令移于乡。兵将相习，文武为一，出者皆精卒，其羡三倍更番，而游阙以待补。巡徼与守者鼓鼙相闻，而达乎四境也，故兵制立而自强矣。外国兵制名目甚多，然其实亦战兵、备战兵、巡兵、守兵四等。战兵由备战兵拔补，备战兵由巡兵、守兵拔补。战兵先发，备战兵以备代更，巡兵、守兵亦备番代，非常益兵乃发。此外有亲兵、工兵、巡界稽税兵、工兵、税兵、巡捕，于古为司隶、司险、野庐之徒隶，此皆无与于战阵，惟以兵法部署之。今纵不能易召募而起徒，宜仿四等，变通旧营而为之制。议以勇营为战兵，分为正、羡。沿江滨海省分，水师为要，则以水师营为战兵，陆营为备战；东三省、北五省、云、贵、四川、广西陆师为主，则以边营为战兵，中地营为备战。令总督于巡阅时，督同提镇，核实甄别，限年五十以下、二十以上，核以身材、目力、气力、超距，如俄国选战兵之格。入格者补为战兵，不及格而合年限犹堪训练者调移备战诸营，常令备战兵两倍于战兵，多或三倍以为率，限年更代迭休，制其饷为二等。以时校阅，备战营课最者，拔补战兵营，其老弱不能训练者汰黜。选于制兵营拔补，兼招旧营所散游勇，以实其额。制兵久废弛，且其饷薄不足以养恒，操他业自给。责实训练，势有难行，加饷裁额，又纷纭而生弊矣。莫如因之，用以为巡兵，仍令甄别老弱，不任力役者汰除，招平民合于年限者充补，责以巡警道路，讥禁斗殴杀伤，捕缉盗掠财物，护送行旅。凡在途游徼之役，有官守者出则为之辟，传送交替于所巡之境，酌议规条，令其轮班值日。虽应公旬趋走之役，而间日尚多，不妨于他业，此徭役之意也。

今大小衙门公徒已多而事乃不治。地面有司之差役，驿站之邮递、长夫、马圉，其弊至深。一名著籍，托其名而食于役数十人，谓之散役。平时钩结盗贼剖分赃财，借催科联甲讹索乡愚小户，缘案四出诡名影捕，利民多讼，利讼久延，喝诈以取财，私押以肆虐，唆诬良懦，指

扳质证，虽有廉能之吏重刑严法，不能禁止。各处情形不同，而未有不
为民患。驿站则利于浮派虚支，夫常三倍，价常三折，薄与雇值而勒令
当差，名为官价，民夫以为患苦。遇有钦差大僚过境，则多方窜匿不
出。地保夫头勒取疲民惰夫充数，往往半途而遁，莫可谁何，上下交患
苦之。其余皂隶、民壮、巡更、守门之属，与各衙门鼓吹仪卫、各局巡
逻给使，虽无甚弊，亦颇杂然无章，几于省异俗而县殊治。《周官》之
卒伍起于徒役，其官府给使亦谓之徒，什长以胥，则与卒伍起徒一例。
今议以差役、驿夫二者为主，而杂色人目附焉。悉部以兵制，就该处公
私各局拨款，为饷甚易。役为役卒，驿为驿卒，杂色人目为余丁，其给
使税局者则税兵也。保甲固行之矣，不必易章，但求阅实，以当守兵。
役卒与保甲为联，驿卒与巡兵为联，平时各治所司，有事则驿卒与巡兵
共巡警而通守政，役卒联保甲相助而专主守。其工兵隶于作厂，责以治
道路桥梁，修铁路，传电报，移运作厂货物，如外国章程，则别招平人
散勇，而参以弛刑徒复作。汰于战兵、备战兵者归于役卒、驿卒、税
兵、工兵，汰于制兵者归于余丁，就其所近。其管带，若役卒则州县自
领之，若驿卒则别用哨官统焉，以属于本管兵备、知府。兵额增则散勇
可招而集，内以解会匪之连，外以杜窃发之谋，即会匪因而易治，公徒
尽为兵。既除差役、驿夫之积弊，且与勇营工兵相习，连为一气，遇有
江河堤防急功，筑城浚渠诸力政，俱可酌宜调发，相助僝功。要使无疲
倚以临之官事，无坐而游食之骄兵。即不待试之以连战，而已足知为胜
兵强国矣。

然法令之行，必自京师始也。统领步军五城兵旧为巡兵如故，大
兴、宛平县役亦更以伍，与步军五城兵各属所治编联保甲主守。惟各衙
门公人数少，不能部居。夫欲强国者，首善之地不可不严肃也。京师多
盗，民多玩法，无上下之体，此不可惜费因循。谓宜别立营，隶于兵
部，令以更日轮值，给各衙门奔走趋召之役，由兵部发给各衙门，事多
员众者给多，事稀员简者给少，以四季轮流交替。下值则归于兵部训
练，常以二时给使、二时讲武，仍限年格，厚其廪饷，详立训练。考核
章程，优者常倍饷，劣者汰除。京师一整齐，天下向风承流而听矣。

前之言十三效者，酌行为十四事，诚富强之要术，古今之明验，而
犹非所以为治本也。将求先王之治本，即繁言更仆而不能终，或且疑迂
阔高远而不切于事也。善言古者必有验于今，仍请征信于敌国已行
之效。

一曰通下情。外国凡有举废皆询于上下议院，两院议成而后谋定，国主报可而后施行，虽有植党而交讧，未有欲陈而无路者也。凡有陈告皆无所壅，交讧之久而是非亦见。夫非必能所行俱善，然两议而决所长，两端而从其众，此必有多取于顺民情者矣。其制，下议院议士由民举，权至重，临议，政府长官列坐而听，可面相诘难。上院亦如之。遇相持不下，则分曹而别其左右袒，视两袒而从其众。《周礼》"询国迁"，"询国危"，"询立君"，以为国之非常，故始谋及众庶。其平时举措皆有定制，惟宾兴贤能与治讼狱，非周咨广听则贤否相乱，是非不得其情，故有询万民之事，所谓"爵人于朝，与众共之；刑人于市，与众弃之"。不事事而询时时而议者，圣人立政惟先有以通天下之情，而遂足以定天下之志，其周咨久矣，故又曰"天下有道则庶人不议"，夫非禁之议而钳其口也，制度洽于人心，无从而生议也。然犹虑法久而或敝，民俗久而或迁，故又令太宰掌万民之复逆，俾下情得以自通而上下不得壅。四裔之兴未有首出之圣人，故合举国之心思才智，损益数百年始以成今日富强之治。

古今张弛之用不同，而其求通下情则无以异。今假令民得奏书言事，无论其语膜而言臆，即外省与京师隔越辽矣。且如外国置上下议院，官流而民主，土著两持畛域，必护私而废公，是犹筑室而道谋也。将不求通下情乎？相蒙以诈，相遁以伪，何以能振？今且不遽广求于天下，而先议京师；又且勿遽询万民，而先议官府。各衙门官属至多，然每署惟总乌布首领值堂印稿一二人，为得与闻其政，余皆陪班进退而已。隔署即不相闻。所司且不得议，以百司分理之庶务，而取用于一二人，故日奔走于簿书期会，其形鞅掌，而其实康瓠。其间散者无事而嬉游，与未服官无异。故人人视所司如寄旅，以外任为归宿，即有贤才而能其官者，虽欲自效而其道无由也。于是乎权归吏胥，各衙门乃为丛弊之府，巧历所不能算。天下政权在六部，部司之事为尤多。议令各部有差使无差使、已补缺未补缺、已奏留未奏留，郎中至主事，就本部之务条举其利弊，因议其变通，先后具呈。而堂官职其考，未奏留者因以为奏留甄别，既奏留者勿遽为等差，言可采者存而记之；且观其奉职，既补缺而京察由此选。其言利弊情形变通之法彼此不同，以相稽考而知其得失，此询事考言之意也。所议诚即善，且未遽施行，亦未尝暴赏，既防新进纷更之患，又绝贪缘干进之路。合众人之所知，则利弊可得而尽周，得失可因而参决，上之听无惑，而下亦争自濯磨矣。其余各衙门亦令各言本署之所宜整饬，以为考察，如六部之例。

惟翰、詹、科、道，朝廷本重其选，以为清要。翰、詹职在献纳，科、道职司纠举。故翰、詹有经筵进讲，轮班扈从，起居记注，书房僶直，皆常常而见，以备朝夕论思，顾问得失。因以考验其才行，上者储为公辅，次者处之文学。故中兴以前内而卿贰，外而督、抚，皆自翰林洊擢为多，非置之闲散，令习书卷折讲求文墨而已。翰林无簿书期会之司，此属以陈民隐通下情为尤便，宜令翰、詹，自正詹学士以至庶吉士，各以其耳目所知见闻甚确者，条举某地民风好尚、闾阎贫富、货财贵贱、物产盈歉、土地所宜，参以利弊兴除，敷陈为策论。就翰、詹署为陈议之所，掌院为院首，正詹副之，庭辨得失，论定上闻，毋涉于纠弹，即无避于本省，其言之可否，则听断于皇上圣聪，不以此为黜陟之条，则但收其效而无忧其弊也。给事中本掌纠各部之遗失，监察御史旧职出巡所掌诸道，故有六科十七道之名。我朝惩明之弊，少损其权，令司谏议纠正，不限所司，得以风闻奏事。官守固存，然惟事事而与闻，斯其不闻者多矣。谓宜仍专责成给事某科者，责以备陈某部所当兴除；监察某道者，责以周闻某省现时利弊。部务则与部司所陈相钩考，外省情形则与翰、詹所陈相质证，纵有辨言以惑听，罔上以行私者，彼能结盈朝之口、联众声而响应乎？如此则下之情无不通，政之得失靡不闻，不啻执万民而讯之也。

夫外洋立国之根本在议院，议院之根源在学校。其事甚明，而习于目前者疑焉，以为于古无征；谈洋务者讳言之，假谓民权太重，不可为训也，其实欲盗威福之柄以愚天下耳。于《礼》有征，《记》言：国之大事受成于学。于《诗》有征，《颂》言：在泮献功、献囚、献馘，以为美谈。于《周礼》有征，朝士掌治朝之位，有群士众庶在焉。治朝，听政之朝也，众庶入于朝，即询万民之事，非议政而何矣？受成于学者，下议士为主；广询于朝者，上议君为主。君为议主，故三公与众庶咸在，不嫌于僭逾。先王创制之精，外国得其近似，而遂以致治。今采古今中外而酌其损益，合治朝、国学两议而先询儒臣，经权至不相远。然学术之衰久矣，自以大卷试帖白折课翰、詹，而幸获者多，空疏者众，国计安危、民生休戚，或茫然而无知，言之而不切，则欲益而反损。夫欲通下情者，近臣不可不察也。计惟有令翰、詹自相推举，选于其众，始令入院议事；令不入选者，相观而兴起，且以求民隐，且以勉人才。其诸寺京堂各部司员，有明经术、达治理、周知中外情形者，由朝士若干人推举以上，得入院同议，俾相讲求切劘，而人才日出，则何政不成，岂以数千年圣贤精营之业，而屈于四裔者哉？

一曰明教典。古之为师者皆受命于国也，无私家之师。故《司徒》之纪曰："联师、儒"；而"九两系民"目言：师以贤得民，儒以道得民，别乎在朝与在野言之也。大学在国郊，其师则春官大乐正之属。《记》所谓：王太子，诸侯之世子，卿大夫、元士之適子，"国之俊选皆造焉"，谓之成均，谓教成而德均也。王宫虎门为王子贵游之小学，师氏、保氏为之师。六乡之学，为族塾、党庠、州序，以教国之俊选，其师自州长以降，而乡老大夫率焉。古者致仕归而教于乡里，大夫为父师，士为少师，各就其乡而君命之教，故乡遂之官皆致仕之任。容有在朝奉职者兼焉，要以任用致仕士夫为主。所谓"使民兴贤，出使长之；使民兴能，入使治之"。其登进由族师以三物询万民，书贤能以升于党正州长，名升于其官者身入于其学。卿老大夫考德观成，即名达于司徒，谓之进士。乃升于大学，与国子齿，司马论之，位定而受禄。《记》所谓"升于司徒者不征于乡，升于学者不征于司徒"。其国子则由虎门之学即升于成均，其外州则命之教然后学。既立学然后贡，亦进考于成均。国子、俊选、州贡凡三科而并进，皆三年而一举。所教即所取，所取即所用，教官与考官无异人异见，即无有学优而身滞、业嫳而弋获者也。今国子监，古之太学成均也；上书房、景山咸安八旗官学，则王宫虎门之学也；大小书院则古之族塾、党庠、州序也。然教官与试官不谋，司教者不典试，典试者不司教，快进于一日之长，不关于平时所学，则学者不劝，而贤能无自而兴。

外国升进举由于学。其学分大学、中学、小学三等，十七岁以前无人不入小学，操别业者或入中学而止，为士者皆入于大学。学分五科，共一院而分治业，由学院考取成名以后，多著述、有重望乃得为大学教习，命为博士。国设典试官，与大学博士参主选士。考授丞贰吏胥之属，典试官为主；考取五科之士，博士为主。于平日群萃州处，考校而以为优，即关于学部，由大学生徒得升为中学教习。其艺多者其廪厚，不名一艺者不得升，由成一艺以上，又能通达事体。凡大学得专举议员，博士与群士即得举所知以登于议院。选举议员之制，各国小有异同，然率以曾入大学、学业多通，长于笔札议论，周知国政民事，凡三者以为选举之式。限民有田产、岁捐若干磅以上，有职业、岁能自致财若干磅以上始得举人，视古制为简夷，而颇得其意。

外国得其意，中国存其制，则何不循名而责实乎？议举行致仕之典，令士大夫七十者咸致仕，其未及七十而愿致仕者、察由科目出身、曾经实任、未获私罪者亦予告休，皆令归教其乡，命主本处书院。此致仕为教官，宜待以在官之礼，与地方官晋接仪注，如所居官秩；其等威，令京外相比，总督视尚书，巡抚视侍郎，布政视三品京堂，按察视四品京堂，道、府视科、道，知府视郎中，同知、直州视主事，首领与知县同视七品小京官。秩从京官，仪从外官，令觌若画一。其与现任官晋接，尚书视总督，侍郎视巡抚，三品京堂视布政，四品京堂视按察，翰、詹、科、道视道使，郎中视知府，主事视直州，中书七品京官视知县。分省道府县书院为四等，就本处致仕人员，以朝命命之教。爵尊者主本省书院，爵卑者各主其县书院，以次而差。同时致仕爵均者以齿，爵、齿次当及，而不愿居此职者，令其自举代，然后得退休。以其岁修为之禄，专任教化，参与选举，其余皆不与。有不法者，郎中、知府以下由本道纠举，翰、詹、科、道以上由督、抚奏参，皆会同于学政。其造士，令人执专业责其实效。今府县之试学僮，具文而已，实不操进取之权，又无主教之责，徒以苦繁供亿劳敝学者，甚无益也。议移县府考试归于府县书院，由县书院课最，升于府书院；由府书院课最，升于道书院。学政分道按临，则取各道书院生徒，与各道书院院长参合同异而考其成。院长举而学政试之，各以其所业。果有成就，学僮取附学为生员，生员补增广廪膳，一如旧制。取其尤异为高才生，以升于省书院，省书院院长考其业，三升而皆课最，以达于本省督、抚。本省督、抚与学政会考之，则以为选贡。如欲规复先王造士之法乎？谓宜罢遣考官典试乡试举人之额，而合恩、拔、岁、优为一科，每岁一人，三年而一举，以贡于朝，即会试于礼部。如惮积久难更也，则姑仍旧制，而以此途选贡入于成均。今国子监考取举人、贡监为生徒而无出身，景山宗室、咸安八旗官学皆为置师，且教且养，及其进取，则一切付之考官；荫生则有出身矣，而考者徒具文。学校与仕途为二，则学者皆游惰，仕者图徼幸，天下纷然。请以官学责成管学官定格考成，拔其尤以升于国子监；荫生则核实考取，中选者亦选于监。合官学生、荫生、各省学政资送贡生、本监考录举人生员之肄业生，四者并观业于成均。三年而一大比，管学大臣职其考，祭酒司业贰焉，分其等，而同予出身，与进士分途并进。仕退而有职任，则人乐于致仕，而仕途无壅滞。官师而参选举，则教之莫敢不从，而游惰之士日少。业成而有官禄，则学者自劝于所业，人才将由此出，教化可由此兴。

夫求人才而登进之者，所以助理成化也。兴教化者，所以使民安其生，乐其业，免于刑戮，隐消兵革于未萌，而为国家保长久也。其事若为士谋，其实乃为民谋，为民谋者乃所以为国谋也。立官师于国，犹虑教不究于乡；广学校于秀良，犹虑泽不被于萌庶也。天下大矣，府州县治之外皆乡也，士之外皆民也。今州县之经野各自为治，或为乡、为都、为保、为村、为场、为集，或为之保正、乡约、都首、团董、里长、社长与若义塾之师，或由民举，或由官授，未始不言政教也，然而所在强侵弱，众暴寡，饥寒患难不相恤，死伤不相救，富者封殖，贫者盗窃，户姻田土攘夺斗殴，仇杀之讼狱岁累而月积，吏胥与绅董又因为利而肆其威，民则相率就缧绁以瘐死于狱，幸而不死，绅董借事以朘其财，更相告讦，至于不可究诘，则听其自强弱矣。会匪因缘而起，钩连横煽，小则劫掠，大者谋为不轨，可为寒心。嗟乎！以不教之民，而令理一乡之教治，又以率不教之民，是驱天下强悍之贫民而入于会匪也。天下民皆入会，则谁与供民职乎？然而反求之于古则未有其事也，近求之于外国则并无其患也。此何以故？古者士皆有宗，农皆有主，工商皆统于官，皆有分属考程，故人皆各尽其情而不敢或遁于法。外国惟有法治，而分类而居，并业而处，故人皆服于法而不得遁其情。今鉴于古今中外之得失，而求其近于古而可行于今者，则莫如推广学校于乡，而寓以宗法之意。议自一品至九品，凡致仕者，皆命为其族宗子。一族而并，有爵以爵尊，爵均以昭穆，昭穆同以齿，为其宗子者即为其族长，其族上其名于县官，县以申于藩司，达于礼部。为族之长者即为其族之师，令民合族为联，即分族而教，分族而治。每族立一塾，教其子弟之秀良，县书院之肄业，三年而一考取，由族塾而选也。则既言矣，族之师但令保结不由荐举，即私亲之弊无自而生。其余粮课、捐输、社仓、契税、矜孤、恤寡、养老、赈贫、更役、团甲诸关于乡者，皆以属其族，族长职之。尽除里长、乡约诸色人，而概令民以族治，则宗法行矣。其有盗窃、烧会、聚众为非者，族长执以付于官，相隐者连坐。命主一族户口之籍，集族之公财，以收养其孤寡废疾者，先为议定条例颁发遵行。有不法者州县得举闻，以其品秩，分命督、抚巡道查按，如官师之例。此则户口之繁可核，盗寇之源可清，困穷有所收恤，赋敛不致浮滥，子弟之游惰由此而少，闾阎之观法由此而兴。何则其情得也？乡之人势不能无所统，县之吏耳目所不能周，与若用乡人以治他族，则何如用其父老自治其子弟之为愈也？与若用乡之屠沽以治一乡之士夫，则何如用乡之士夫自治其族之为愈也？

一曰核名实。今中国官多而事乃不治者，名实不相副也。有职繁而并务，有官冗而无事；并务者劳于簿书期会而不暇思事，无事者无食则相率而营私。孔子曰："必也正名乎！"马融说以为"正百事之名也"。今谓之字者，古谓之名。先正其名，其分乃定。故曰《春秋》以正名分。名不正之弊，推之至于礼乐不兴，刑罚不中，民无所措手足。而治之之要，在乎审方策之名，如今修《会典》矣。《周官》一书，周公所以致太平者，在乎设官分职。官职所系，奉为科律者，即在某官职某事之数言。其名一定，天下晓然，然后循名责实，天下可得而理也。孔子为鲁先以簿正祭器，假若孔子为卫，亦必先修明典章以正朝廷，故曰正名也。今既诏修《会典》三年矣，率撷取已行故事，增入条例而已。谓宜考先朝定制之初意，斟酌以成一代宪章，挈其纲领，别为《会典提要》一书，专明某官职守某事，及其仪注起居服用，全法《周官》之意，颁行各署。凡实缺人员，命为法守，内自大僚至部司，去其兼理兼差官务繁多者，以埤无事之员，务令凡官皆有所职。然后大考庶官，乃命各署堂官会同，撮举《会典提要》在官之所用，参合古今学术士人之所习，析为考试若干条，令庶僚具呈各承所业。乃选大臣之能其业者，分业而课殿最，课最者视明保，课殿者降改官，一无能业者，归之于国子监，与举人住监一例，不愿住监者罢归田里。其国子监宜废举业之科，与考试庶官若干条相比，由监肄业课最，管学大臣保举，量其能，照原品与官，一考黜陟，而壅滞已疏，人才自奋。其留署效用者，京察以此为衡，某官某差第、其奉职状，皆有切实考语。其外官实任职守，考课一切如故，但令核实而已。

夫禄之与位，名实宜相因也，而禄位之与礼命，名实又不可不相附也。今或同官而差缺之优绌悬绝，有官尊而所入薄，位卑而所入丰，譬若内之六部诸司吏户、掌印、漕运、督粮、木厂、琉璃窑监督，岁入可数万金，别部堂官或不能及，诸寺京堂则仰屋而嗟矣。其余司员，自俸之外，各省自为治，岁分印结费不过能数百金。外吏同一州县，优缺岁入可十万，下缺乃一二千缗；道府优缺可岁入三四十万，下缺或二三千缗。故长官缺之贫者仰给于属僚之私馈陋规，而属僚相率夤缘长官，奔走脂韦，苟直行赂，以营求所谓美差优缺，而国计民生置于不问也。仕进之途滥，试用候补之员日增，不得已推广闲局以养冗官，而夤缘奔竞倾轧之风日炽。官方不澄，政何由举？仕版不清，官方何由澄？捐纳不停，益以滥保，一省候补道员多者以百数，州县以千计，其宫室、车服、婚丧、宾祭之用，贵贱无所限制，有财者任自为之。富者争相夸耀，而贫者勉强效尤，故虽常处美官而恒患不足。长官干没不已，下僚聚敛而供，以两求其所欲。上则交侵公帑，下则巧取民财，于是金币器物地产民力，悉率以供豪奢兼并之家，而民生困瘁。位与禄之名实不副而官方坏，禄位与礼命之名实不副而天下贫矣。古者位定然后禄，侯国自下士代耕，等而上之，至于君十卿禄；王朝自士食四井，等而上之，至于公受成国。《周官》：爵以驭贵，禄以驭富，掌于大宰。驭者，使其无过不及之差，令其爵禄相等也。有职然后设官，士进而未受位者皆返于学。《小宰》：以官成经邦治，听禄位以礼命。《典命》：掌诸臣之五等，其宫室、车旗、衣服、礼仪、度数，皆各如其命数。所谓"以平邦国，以均万民，以节财用"也。求于古之治则如此。如疑其不可行于今也，则曷观外国整齐之效乎？

英、法诸国，官制小异而大同，其世爵皆拥富资，余官率以身俸多寡为其位尊卑之等。富而有才能者得骤举为各部长官，禄给其在官之用，僚属由长官自辟，积年劳者加其俸薪，虽有夤缘干进，而无夤缘调缺。其总司会计司关税之属，所司出纳重者俸入即重，而位亦尊，故取民者皆入于公，无陋规中饱之事。凡政务官率无候补，惟议员、邑宰、水师兵官有候补，倍实任员数。议绅、邑宰候次于家，水师兵官限年仍就于学，以学之考课殿最为拔补保举，无聚冗官而仰游食之弊。惟俗尚奢侈，其宫室服用，则诚上下无度，富人皆兼并而国重征，此与古之为治相反。然颇整齐而治者，家兼并而鲜锢藏，国重征而财仍散也。其法自君以率食于官之奉，不以遗其家。国君自有私财产业，寄股分于各公司，凡出征敛统于公司，不以国君之股分而免税；画分公帑若干以为国君岁奉，此外君无所取。故相承多富而后求仕，其仕而求禄者，辟除之属吏而已。有年劳积增其俸，无所营于优缺美差，显者无以仕致富之事。国用之出入权于议院，财产多者出亦多，无能恃势以逃税。地方之兴作亦发议于议院，报可而民自董其成。凡书院、艺院、医院、养济院、街衢道路之属，率取于其民者即用之于其地。贫者借以资生，利溥而事周，有加而无已。

如不肯师古而欲取富国之近效乎，则必先置府库之财不为国所主，以与民共议而治，然后画公帑为国私财，以与民共贾而食，此中国能之乎？此如不能，而徒渐其聚敛兼并奢侈之习，用之者无厌，而为之者不给；聚之者甚速，而散之者无时，求财源之不竭可得乎？则曷返其本矣！欲正官方惩多取，则莫先于计官而制禄。国家之廉奉，势不能以自给，故内外官府所在皆有陋规，相承既久，亦无大害，但以不均为患，故贪竞成风。请定制，举京外大小衙门陋规，核实而简稽，明著于令，以为京外官养廉津贴。内则分署而计，令诸司稽合同异，条陈名目多寡，互具保结，以申于堂。堂官会议核定以闻，会计堂司所入凡若干款，有隐匿不闻者，御史得纠举，其翰、詹、科、道亦令掌院都御史具闻。外则分省而计，督、抚下诸道督各府厅州县，稽合同异，条陈名目多寡，取所治绅民干结，核实列款通详，而藩司职其总，会计一省从督、抚至佐杂凡若干款，督、抚会同核定以闻。有隐匿不实，学政得纠举，其学政校官及武营，则令学政、提督会同督、抚具奏如令。所在备闻，乃大会计于户部，计一署堂司若干员、通率入款若干数。六部则堂官为一等，实缺司员为一等，候补司员为一等，小京官以下为一等；诸寺监，则正、副堂、实缺候补司员为三等；内阁堂属尊卑相判，别分为五等；翰、詹、科、道无堂属，则异以品阶，分为三等。通率以其一署人数较其入数，有均之而犹不赡，有分计而常有赢者，即拨移此署之羡以补彼署之不足，命为协济养廉。其入款仍归本署自收而会计于户部，开支本署者由本署截留，协济他署者解入于户部。户部管其度支，发于所协济之署。外省则督、抚两司、各道、知府、州县分为五等，首领、佐贰、佐杂又别为三等而差。各道、知府、州县三等之中，又品第为上中下三等，原缺优者与上等，次者与中等，下者与下等。同官三等津贴之差，至多无过两倍，于均平之中仍寓治繁治简鼓励人才之意。既得因材器使，又以塞其诡隐乱法之源。率由州县解于藩司，藩司为之支发，上其会计于户部，以一省员数较其入数，有赢、不足过差者，亦令拨此省之羡余以协济他省之贫者。户部酌章定，去其泰甚、取之病民者，刊印章程一书，永永为式，颁发各衙门诸司各直省州县，与天下共闻知。有于令外加取于民者，民得评告，部科纠举，处以重法。

官禄既定，有以处实任，无以处闲员，听之乎仆缘、巧猾、冗食、朋比、侵夺、坏政乱纪者如故，不可为也。一切罢归田，以时资取谒选，未为非计。而愚者见目前之利，不肖者乐于乘乱以便其私，必且天下嚣然；且既命之来仕矣，不能无故而黜退。宜令督、抚严核各省局务宜罢不宜罢；不宜罢者，严核局员宜裁不宜裁；不宜裁者著为缺额，详议章程，寓辟除之意而参以考试之法。就局务之兴除利弊及洋务之制造、测算、图绘，令候补人员自呈所习，而督、抚两司参执其考，能其事者以等次分界局差，不入选者就闲局拨款为学习人员学院，仿外国水师学堂章程，以考课殿最为擢补先后。无实任班次者即令终身于此途，有实任班次者至期调补如故。捐纳之宜停，不待踌躇而决矣。保举之塞仕途，盘踞钩援，徇私行贿，坏官方，隳士节，为害尤巨，而不能悉罢。宜严立限制，非已任实缺不保过班。督、抚之用局员既如辟除矣，其有兼才知治体、由局员保授实任官者，亦依辟除之典，不称职者连坐举主，永著为令。

凡品官宫室、车服、器用、昏丧、宾祭之等差，则详著于《会典提要》，颁发所在遵行，命官时时纠察，以昭轨物。《周礼·太史》："以书协礼事"，"掌建邦之六典"。辨法者考焉。《内史》："执国法及国令之贰，以考政事。"我朝礼书亦掌于史官而统于礼部，惟考法之事缺焉未讲。雍正朝曾命儒臣出为观风正俗使，亦犹行《周官》之治，故其时天下蒸蒸，此先朝之盛典不可阙也。向既言均官职矣，今翰、詹居于无事，谓宜专令翰、詹与科、道纠察京师官士吏民车服、器用、昏丧、宾祭、礼仪等威，有僭乱者举之，咨于礼部，官则举其物入公而科以罚俸，民则但没入其物不科余罪。其外则选翰、詹、科、道为观风正俗使，或即以学政兼其职，有所纠察，咨闻礼部，其罚一如京师。如此即不虑天下骚然，而制度等威已辨矣。均官职则人人皆有事守，贤者乐尽其职，不肖者亦不敢营私以废公，明试以功，而人材自见；均官禄则人人不虑身家，取之于民，不犯赃私之罪。与之自上知感朝廷之恩，廉者保其操，贪者畏于法，而奔竞之途自息。明制度则天下皆定，其心志奢者不敢僭，俭者无所求，多财不足以夸荣，而贪黩之风自止。一举而三善附，百姓被其泽，天下称圣明，则何惮而久不为此？夫奉法行政用以共治此民者皆官也，于此不图，谁与共理？

一曰课民职。士、农、工、商谓之四民，民则必有业。今称为士者，但能挟策咿唔，曾与县府之试，托名为士，终身游食，往往困苦无聊，无所不至，其稍才智者乃为讼棍游客。乡闾子弟席有先人田产，此似为农，然实不知耕稼，甚者深居华奉，未尝一履阡陌，惟佃田与农人，坐而衣租食税。富家豪者或家承盐荚鱼陂、质肆汇号之利，此宜为商贾，然实未尝躬亲市廛，惟役使主计偻指，坐而计入。平人小户幼无力就学，至长无所业，相率游闲，久之无食，则流为盗贼，入于会匪，弱者偷窃，强者劫掠。军务既平，营勇多遣散，彼惟习杀人劫物，别无能业，则钩连会匪，相与为一，小则劫夺，大则挺走为乱。此五者皆游惰之民也，为害于天下甚巨。有知其为害而亟欲治之者，会匪与讼棍是也；有不知为害而未尝思治之者，似农而非农，似贾而非贾，二类之民是也。知为害而治不得其本，虽日事严刑重兵以诛锄之，犹之未治也。五者之患不同，而皆为游惰。民之多游惰，国之所以不富强也。今务富强而不知惩游惰，其于富强之术不亦远乎？欲知富强贫弱之分，外国人人有职业，而中国处处皆游惰，即此可知矣。昔先王之政，士与军皆选于农，故《周礼》选士谓之兴氓，征军谓之起徒，入于学则一人食于学，调于军则一人食于军，其家仍为农也。简黜于学者，仍令归农；军罢而还，复还于畎亩。惟进仕于朝，始除其农业，而举家食于官，未有进不得仕而退无所归者，亦未有聚则养以为兵、散则听其走而之四方者也。其农则计口以分田，分一易、再易、三易，等为上地、中地、下地，准之为家百亩、家二百亩、家三百亩，未有不耕而坐食者。其田主惟士大夫有采立宗，世禄之家则然。所谓宗以族得民，主以利得民也。其商贾则治于司市，而肆长以上皆著籍于官，其山林川泽则掌于虞衡，与国人共之，不为一家之利。质人、泉府，主通民用有无，则公家之事也，未有食商贾之利而不亲市肆之业者。其余夫授田二十五亩，或不肯耕作则收其田，谓之为闲民，而罚令出夫、家之征。《大宰》："九职任万民"，则曰"闲民，无常职，转移执事"。其夫、家之征，则取于其转移执事之主，有无主、无所取征者谓之罢民，执以归于圜土，督令工作，出于圜土则杀之。其责民之职业如此其严密也，则安有游惰者乎？

诚不能遽复先王之政，亦宜深鉴外国富强之故，而禁我游惰之民。彼国不必人人有家室，而责令人人有职业，其收效在所在有学院、艺院，举国无贫富贵贱。凡五岁以上皆责令就学，违者罚其父母，贫者养以公财。十七出小学，各就其所近，分业而治，士与工无殊，学此艺不成，改执他业。其国自官府、商会、工厂、公司用人，无业不出于学，无职不用其考。至于商肆、经纪、乳妪，皆有考取入选凭据，必成一艺以上，举得以谋生。故人人自勉，稍才智俱劝于能，成业以去。其兵有聚养而无遣散，限年过五十者，退而仍食半饷以终其身，故无游士、游民、游勇之患。其园主、富商诚亦役贫以自养，然国之公举出财以教养国人者数亦不资。其治与古不同，而责民以通职业、任保恤，抑犹行

《周官》之政。

　　游士、游民、游勇之流为盗匪，为患易见，而欲治其乱源，则必先责之坐食之农与坐计之贾。何故？二者皆兼并而封殖，以妨民生计。失业者众，无所赖则游惰，匪盗因缘而起。向既议令民分族而治矣，议令富民分其财产以赡族，限有田若干亩以上，十取其一，为赡族之田。即令其人主其族田之出纳，就族塾附立工商学堂，就其地产所宜，推乡之耆老知工商者为教习，与其族致仕之师与长，共议而交治之，为之养且教其族之贫无业者，亦不令坐食。若为士则教于其族之书院，限年考核，学而无成，则令改业。为农者即耕赡族之田，为工商者令学于工商学堂，务使能执业而事事。不率教者，许其族公议，去其族籍，以闻于有司。为匪盗者，责成其族执以付于吏。孤老无依，贫孱不嫁，始廪而坐养之，著为科条。限民田产若干以上为富农富商，出田产赡族若干以上乃得与民爵，凡数等。捐例既停矣，富民以为荣，风行甚易。贫者得食而教以执业，即不虑游闲流为盗匪。富者即以理财赡族为之职业，化豪强兼并为保恤之良民，一举而四患除。至于散勇之患，既议兴工作厂则有工兵，既议变通营制则可召补额兵，既议易有司公徒为卒伍则随地易于安置，就近而剂盈虚，近其乡者则令归其族，编于保甲。如此犹有结会椎埋者，缚杀若犬豚耳。

　　夫天下虽众，官与士与民尽之矣。次第举而治之，朝野安全甚易。再复因循，人方日长炎炎，而我日凌夷不振，国贫于上，民匮于下，而官中饱，民不聊生，相激相援，会匪盗徒盈天下，有如往岁美生窃发之计，潜结横煽，伏莽俱起。此时即欲偷安而粉饰，其可得乎？顾议救时而必斤斤复古者，诚见外国之盛强在于治法之密而近于古，非因循补苴之治术所能与之争。《周官》，圣人经世之术，外国略得其意而其效立睹，非汉、唐以下诸人之所及见。论者不思其本，欲举国效洋，而天下哼哼，不服其名；狃于习见，闭口不谈，而天下汹汹，交丧其实。孰明乎外国之为治有得有失乎？其失者彼夷狄之法，其得者乃古昔圣人之意也。今取证于外国富强之实效，而正告天下以复古之美名，名正言顺，事成而天下悦从，而四海无不服。舍此而再思其次，则无策以自救；用此则拨乱而反治，转败而为功。譬之夜行迷方，仰瞻斗极则误①矣。夫殷忧者，天所以启圣人也，毋亦我朝奉天宪圣经，术当兴天，故令外夷

---

　　① 原文如此，当作"悟"。

之悟我中国乎？则何幸有此万期之一时也。

　　右论光绪十七年撰，二十年从使英、法，二十一年归国，稍加点次，附《采风记》后，进呈御览。因属附进，故仍从著论之体，结衔亦未题"臣"字，示与进呈出洋记载正编区别。育仁谨识。

采风记*
（1897）

《采风记》卷之一　政术

西国分三等，有帝国，有君主国，有民主国。君主国亦称王国、侯国。英国自古相传为君主国，后开印度，君权特重，故称大英君主五印度皇帝。法国旧亦君主，嘉庆间拿破仑第一创霸欧州①，自称伯理玺天德，译义为总统。旋与俄约，俄为北帝，己为南帝。后兵败虏置穷岛，称帝号不就。先是罗马统一东欧，称皇帝。迨罗马衰，而日耳曼沙釐曼王继起称帝，皆由教皇奉冕推立。拿破仑第一既收服日耳曼列邦，与教皇相倚重，浸浸称帝。道光间拿破仑第三踵故事复称总统，寻败于普鲁士，易为民主。普本日耳曼列邦之一。威廉第三中兴，为日耳曼列邦盟主，既破法，进号德意志皇帝。当日耳曼皇既废而奥渐强盛，教皇立奥主为皇帝，以继罗马古皇之位。宋之末，北狄灭罗马后为俄所并，土宇日广，君权特重，世称皇帝。故今欧州西教各国称帝者，惟俄、奥、德三国。英君主之帝号仅行于印度，法由君主而易为民主，美自华盛顿开国即为民主，然皆在六七十年内。而巴西易君主为民主，始自光绪十五年。此外为民主者，有和兰及瑞士列邦。余皆君主王侯之国。昔君主虽无帝号，亦有重权。位世及，不传女。英自威廉第三始定传女之制，无子立女，女可传其子。君死子幼，妻代终其身，然后授之于子。君老而疾，则子摄行事。自宋度宗时，始令国中公举贤能入下议院议事，而君权渐替，惟主议院之启闭聚散，授百官之爵禄，统水陆之师旅。爵绅之有过

＊　光绪丁酉（1897）夏卯月刻于成都。
①　原文如此，当作"欧洲"。本章下同。

犯者，君得而黜之。臣民有罪当按治，法令有缺当建革，交涉有事当举措，度支有绌当征科，官司有考当黜陟，皆谳之于法院，议之自议院。政府君主能以事下会议，而不能独断。惟用首相，权在君主。然使议院不欲遇事相持，不崇朝而引退，仍无权焉。议院所议，君主虽得驳反，然三请必从。旧有仪卫冕服，今惟初立戴冕之日一陈，余时惟乘六马车，两红衣卒前导而已。宫甚阂丽，门有两红衣卒侠立，正门立红衣卒八人。君主出，遇于途者无贵贱皆脱帽致敬。君禄有常制，即位之初，议院定之，分君身之禄与宫中之用二款，常禄外有产，入租之式与平人等。

英未兴民议院以前皆世爵主政，君临议院与世爵会议。其后分世爵之大者富者为上议院，小者贫者为下议院。至宋度宗时，始令国中举贤能入下议院，而上议院之权渐轻，用世爵如故。世爵之制亦略分五等，译者即古封五等之名称之，皆有庄园如采。爵与采皆传长子，余子不与，皆有专职如世卿。自兴民议院，始由议院陟用庶官，今则由议院入，官可升显仕登政府为首相。自罗马天主教兴，分遣教士襄理诸国国政，始渐兴学校，由教士擢用如选士。今则学校日盛，由律师入，官可封爵登政府，而教士转衰。惟上议院尚有大教师二人、教师二十四人，然皆专议教务，不关庶政。自通商地广，增置官署，始由各署长官选能自佐，浐擢大位如辟除。今则由本署总办可擢长官，由君举之可即为首相。综其仕进之路凡四途：一、世爵。凡五等，皆入上议院，有才能建白，首相得举以入政府，为各部长官；举措洽于议院，君得举以为首相。一、议员。皆士商之有才能者，由民举入下议院，有才能建白，首相得举以为各部长官。顾议绅即彼国之贤能，地望甚高，视登政府不重于议院。举措洽于众望，君得举以为首相。一、学校。由法学院考成为律师，由艺学院考成为艺师。由律师，政府得举以任刑官。有才能著绩或积年劳，为本国政刑官者，内部得举以为刑政官之长；若按察司、总管大臣、巡审官。为藩地刑政官者，藩部得举以为疆吏之长；若按察司、政务司、正副兵头，译以为巡抚、总督等。为领事官者，外部得举以为公使。有才能著绩，首相得举以入政府；有才能建白，君得举以为首相。由艺师，商部、工部得举以为工商庶务官；若邮政府、兴艺官、公会善举等官。有才能著绩或积年劳，商部、工部得举以为庶官之长；若善举、总管、总税务司。有才能著绩，首相得举以为工部大臣，积年劳无失，可升授商部大臣。由文学院考成者，统格致诸科，凡五，详学校条。不必入仕途。才能尤异，由阿佳底密大学院众学士得举为学士；其入仕者，或由学部总管府举为典试官及太学大书院教习，或于学业之外兼有治事才，首相得举为学部长官正贰。英称总管府大臣兼其贰为副总管，法称学部大臣，译以为尚书。博士地望亦高，视学部大臣不措意，故多不仕。由道院考成为教师，贤能尤异，议院教会得公举入上议院参议教务，英国上议院有大教师二人、教师二十四人。上议院教师得举牧师之贤能为教务监督。一、辟荐。各署长官皆得自举其属，自最卑之秩始，积年劳可擢至属吏首领。有才能建白，属地方有司者，内部得举以为刑政官之长；属疆吏者，藩部得举以为疆吏之长；属使职者，外部得举以为总关税务及公使。有贤劳，首相得举以为各部长官。武职皆出于武备学院，考成由政府。举授武职，水师举于海部，陆军举于兵部，部大臣则举由首相。各国官制小有分合异同，而泰西制度皆转相仿效，颣若画一。

英国有大臣十八位，与君主参决政事。一曰宰相兼户部长，二曰刑部长，三曰总管大臣，四曰掌玺大臣，五曰度支大臣，六曰内部长，七曰外部长，八曰藩部长，九曰印度部长，十曰兵部长，十一曰商部长，十二曰工部长，十三曰海部长，十四曰兰卡司理事大臣，十五曰民部长，十六曰邮政长，十七曰阿尔兰参赞大臣，十八曰副总管，皆由首相荐授。诸人有过，责在首相一人。不合于首相，则其人告退；首相不合于众人，则首相退；与议院相持不合，则首相率其党俱退。两院各以其党推举，君择一人命为首相，则其党俱进为政府。法、美、俄皆有国会如军机，普、义、奥上院皆有简派大员，与君参决，皆如政府，与英制大略相同。君主择首相，命百官，聚散议院，发号施令；首相与政府主参决国事，进百官行政、用财、判狱；上议院主申驳画诺，推举首相，改定律例；下议院为一切政令所从出，其权特重。事虽由上院可之，君命之，政府颁之，百官行之，然下院议成，三请必报可。君与政府主行，下院相持，必报罢。君特用首相，下院不谐，必告退。上院依违于两间，亦有持政之权，而不能主议，由上院皆世爵，不以才能选；且世爵沿古制，主守旧章，为利于上，虽保君位，存上下，属有华风，然未闻圣人制作之典，其先掇拾唐、宋以来末治，无经世全模，夷习之旧，大半未革，故不能自立。下院虽以才能举，然岛国重通商，专言利，故趋重商人，积势使然，兼以用财皆自商出，国所仰给，商以财结人，则举皆尤众，今下议员类皆富商。西商或明制器，或多涉异国，必明事理，长算计。国无礼教，耶稣教有戒而无礼，且薄商人，故为商者往往不信教。惟计利害甚明。商多更事，有才辩，虽专谋利己，而食于此业者众，民心所仰，为利于下，而国即因之富强。故上院虽偶有诘驳，不能夺，结党相持亦不能胜也。偏重之过，则废尊卑上下，君如守府，上院如赘疣，百官如傀儡。国贵商则小贩亦酝为公司以事贸转，而事田作者日减，食物腾贵，贫民渐多。遂有一党，洋语名"鸭挪吉思"，主废国法，均贫富。分布诸国，徒侣甚众，意主先杀各国君相，废人国，然后取贫富而均之。往年俄主为其党桀石狙击毙于车，法民主被刺于路，今复刺法民主及意首相。此其治无本源，虽因民所利，而弊即因缘而起。然其先君权重时，英主则穷兵黩武，暗主则夺民财以自丰，实不如今政之整齐，民享乐利，故不但本国之民不肯易其治，即邻国亦不愿其君夺民权。察议院之制，公举于乡，进而议政，如古之乡校。但乡校不过持清议，不致持国柄，然礼有大事皆受成于学。西国议员虽举于商，缘其俗重利，才能者皆操商业，故选士于商。其实议院比于古之太学，议员乃西国之士也，其上院则如古世卿。《周礼》"询群臣"，"询群吏"，"询万民"，朝士掌治朝之位，有众庶在焉。然则《周礼》并有上议院在治朝，且令众庶得入而听政，更宽于今之西制。但圣制昭明，先定民志，不必事事交议，时时争办，以致争权无上耳。西人略得其意，而不知治本。《周礼》选举兴氓，主于乡老、乡大夫、乡吏，皆致仕之老，故能选举无失。今既用商，又一听之平民，宜其选以贿成。奥、法选政，操于教师，国学高第，近雅似矣，而与富商参选则积重，而权亦归商。其变僻陋为富强，全得力于议院。其尽变旧渐之华风，荡然尊卑之分，则由彼教导其源，而议院扬其波。深观得失，议院权虽偏重，而大通民隐，实为善政。其流弊至若彼者，由无礼教以立民志之本，故人人欲擅自主之权，视君如无，不夺不餍。即其得失以证经术之治，可悟名教之精，先定民志，民志有定，向斯议政有本原。中国民教昌明，而经术不显，民隐未通，本原浸失，误认名教为涂民耳目、束缚黔首之具，则几无治矣。彼躐等而施，尚立睹其效。中外既通，彼此相形，民志将由静而动，教猱升木，为渊驱鱼，不可不深长思也。

英格伦与维而司五十二部举一百八十七人，大邑一百九十七举二百九十五人，有国学之邑三举五人；苏格兰三十二部举三十二人，大邑二十二举二十六人，有国学之邑四举二人；阿尔兰三十二部举六十四人，大邑三十有三举三十九人，有国学之邑二举四人。今下议院员凡六百五十四人，《大英国志》：一千八百五十二年，下院六百五十六人；《列国岁计》：一千八百五十三年，英下院六百五十八人。今减四人。凡举每部无过二人，先荐而后举。荐人者无富贵贫贱，但年二十一以上皆与。举人者必土著，有田产，赁屋六十年，岁租金磅五枚以上；赁二十年，岁租金磅五十枚以上。岁一报名，有司为之登册，至秋则各部巡察官考其登下如律。有国学之邑，则由国学考奖登登第①给有文凭者始得举人。奥制：操选政者，首为天主教总监督、监督、希腊教主、大书院主教、掌教大臣，次则有田产富豪及捐款在十磅以上及由国学考奖登第者。丹制：首富户，次外国人入籍三十年、为通商各会董者。皆得操选。普制：下院议员入院逾二年者，亦得举员自代。义制：凡与选政者，须岁捐一磅十二先令以上。瑞典制：限岁出捐五十六磅、入款四十五磅以上。法制：操选者，首天主教总监督、学部大臣，次有田产富豪、工艺厂主，次由国学考奖登第及大书院教习、通商各会董，次捐款岁出□磅以上、生业岁入□磅以上，外国入籍者不与。皆限年二十五以上，诸国同。凡议绅升于政府，或过黜，身故期满，七年为期，亦有八年、四年者。下议院之首告诸总审事院，审事院选一人主选缺属某部邑，告于其地。先日其地之人两人为互结，书所知人名质于与选政者八人，取其名署于荐简如干结，然后上于有司。一日毕齐，举人者取于荐牍之中，署名独举，所举人数视所缺额之数。专举一人者，听公举之地或学校或公会之所置铁匦，使官监之举人者书所举投匦中，一日毕齐，乃启匦，视举之多者为中选。凡应举者，必本籍，年二十一以上，有家产生业，未犯监罪者，比制：限年二十五以上，或外国人侨寓已满七年、入籍，岁捐至八十四磅；德制：限年三十以上，能出捐赀已三年，未犯罪者；义制：限年三十，有田产于国中者；荷制：限土著，有产业，岁捐一磅十三先令以上；法制：与英略同。世爵、刑官、教师、职官、食俸国工司董及逋负报贫者皆不得举。下议院之权无所不统，而尤重年款，举一岁税捐所纳、俸饷所出，皆由议院定议始行。通商立埠，传教兴师，皆以财用为主，故权并议院。惟听讼不关，然亦有得执问者：一、议员阻挠大事；二、议员以未议之事先泄于人；三、登新报著私书诋毁议院；四、贿赂坏法；五、诬人以罪。有若五事，议院议之，以谳于上议院；上议院谳之，定其罪。职官虽不选于议院，而首相则由议院保荐。命由君主。或不由议院保荐，遇事而议院持之，不崇朝而告退。各部之长与其属虽由首相与各部之长指授，然议院有不足于其人，即当别举。既授官，如不协人望，议院可得诘问；有犯罪，议院得执而谳之于上议院。诸国制皆略同，荷兰别有国会十四员，出身部员，练达诸务，王有事必谘之。

---

① 原文如此。

举一人为院首，英语名"司批克"。一人副之；一人主宣读记载，二人副之。法议院一长四副，记事六人。比国一长一副，议员十人为一班，每班各有专司，院长为领班。王有交议，人有启事，先付院首。清晨入院，以新事按班付承议，继以旧议未定者询班员。班首十人，于午后各就院中精舍，各抒所见，次日覆陈，以取公断。君有所兴发，官有所建白，民有所请，皆交下议院。宣讲者读其目，众无可否，以俟再读；再读则议，众起问难。院首不议，惟定言者先后之次序、从违之多寡，计全院人数。是者过半，即为议成，则序于简，以俟三读。三读既毕，以上于上议院。上议院画诺，则上于君主。报可则颁行于行政之官。君及上议院如不可，则反之下议院。下议院曰然，则易议以进；议不可易，则再上之。君所否者，三上必允行；上议所否者，再上能罢之。或两院公举数人以平其议，下院必相持，则政府告退。上院持议者多政府中人，世爵依违而已。上议院以爵首为院首，除世爵外，有律师封爵、主上审院者一二人、教会总监督一人、监督二十四人。首相得举各部长官入上议院，无限员，数不必备，视所居署位在上议院者举之。如度支大臣、总管大臣、刑部大臣，主官法者，位在上议院；副总管大臣、商部、工部大臣，主民职者，位在下议院。首相亦得举下议院员入上议院，然竟升者甚稀，必由各部长以选。法国于两院各部外，别设一国会院，如军机。国会院二十八人，总统简派十五人，凡有未议，皆由此四十三人核转。德意志总上议院权重事繁，议员由二十五国各简派，共五十九人，分七班，一班主水陆各军务，一班主内外捐税，一班主贸易通商，一班主轮路信局电报，一班主文式律法，一班主户口田赋，一班主外部事务。普上议院亲王与前代国王长裔为上等十六侯国；次有土田世爵，次大地富户、倡兴工艺与文学有名博士，次八省各封一人有封爵者，次大书院公举者，次国王简派大员。奥国上议院分四等，首亲王，次高爵，次总监督教师，次有功于国、有名于家各绅。义国上院，亲王、世子及简派大员，限年四十，才望卓著者。荷国上院，择殷富户出捐最大者充之。瑞典限年三十五岁，出捐四千四百五十磅以上，及岁得薪水银二百二十三磅以上者。匈利牙①附于奥国，亦有上议院，亲王三人，天主、希腊两教总监督共三十一人。丹国上院六十六人，王于下院内选十二人，余由民举，与下院同。葡国上院令绅举，限考取正途、岁入能致五百磅者。西班牙由民举，限年四十，曾仕膺重任及学有素望，次则殷户多出税能助通商者。瑞士合众国三十二邦合为国会，如他国之上议院，每邦派二人入会。巴西国会上议院限年四十而土著，岁入一百六十磅以上。墨西哥十九部各举二人入国会上议院。美国国会上院由各邦邦会推选二员。日本国会分三班，中班首相、副相及大臣五员，左班即议会，

---

① 原文如此，当作"匈牙利"。

右班即正副部官。俄无议院，亦有国会：一曰国会，由王简派，似军机；一曰政会，主献可替否行政决狱，凡通晓法律者，皆与于会；一曰圣会，主此会者名教督，教内三等大员皆属焉。首相可出入两院参听，余由首相举入院，始得入上院主判诸。下院议有不当，可条驳而不能自议。其讼狱则由下院议者，归上审院判决；由地方有司谳者，在属地归按察司，在本国归巡审院或入刑部。

西人好胜，其教重权，故通国之俗最争权。百年前官权亦最重，教会既兴，人心归附。顾教会命意，特缘教皇专制威福，起而解散其权，不能自蹈其辙。因俗重利，得力通商，国有兴举，皆资于商财，爰广教会立商会，名实兼重，遂揽国权。英人转徙美洲，由耶苏教会人与商会为联，遂别立民主，乃由教会、商会推广，创兴议院。诸国相观继起，因自然之势，行顺民之令，权归议院而官权日轻。俗既重权，政府之好持权甚于中国，赖有议院相持，使不得逞。论事与议院不合，则政府当告退。是政府之黜陟，隐然主于议院，故官无怙权固位模棱苟容之弊。其议绅虽多富商，然皆少学于书院，长有专门才艺，通达事理，优于议论者始得举，实彼国之士流。惟中国贵农，士兴于氓；外夷贵商，士选于商，为异耳。英伦上下议院同在一区而分两院，下院在西，上院在东。偕议绅戈登往观，院如京都戏园，空庭覆屋，环周以楼，其下周阿列坐，三面相向。院长西位东向高坐，记事三人坐其前，共一横案。南一行近中为政府长官坐，议绅坐其后；北一行近中为建议议绅坐，不议者坐其后。楼东向一楹为妇女听议处；西向一楹为王家世爵百官使臣听议处；南楹为报馆听议处，设案置笔札；北楹则平人听议处。朝闻议则夕登报，夕闻议则朝登报。建议者先举所欲问以问政府长官，政府长官答之。见一绅举户部用人问户部长，部长不置对，言此系部权，非所当问，群皆哄堂。问者以次毕，建议者举牍宣议，是其议者同声曰唯，数称唯者其从众，部长恒视众之然否以定从违。上议院式与下议院同，惟坐移北向，南设君主坐位，正中有亭幄，爵首坐其前，大教师三人坐其右，西向记事三人共案。在爵首前对面南向东一行为政府坐，西一行为议员坐，报馆听议案在楼北楹。世爵之退于政府者，仍可入于议院。适英前首相沙侯与今外部金议一事持不决，爵首袒金，起代外部争之，手按律例，口讲指画，至声色俱厉，仍不能决，乃由爵首命分左右袒，部长爵绅毕出，分两门入，是左者入左门，是右者入右门，二人持签记数，以从者众寡决从违定议。综论大要，政府主律例，下院主事理，上院调停于事理、律例之间，故政得持平而庶务理。《周礼》"询群臣"，"询群吏"，"询万民"，制不同而意有合。比而拟之，世爵则群臣也，政府则群吏也，下议绅则民所举也。后世偏重吏，国事惟吏之问，积久而窃权怙势，蒙蔽文具之弊丛生，则专任吏而不问臣民之过也。《盘庚》、《大诰》、《多士》、《多方》，犹想见当时君相举措，与士庶曲达其隐各尽所怀之景象。彼法虽不如圣治文情之周至，然实能得治国之本源。我朝定制，尝令六部九卿翰詹科道会议，小九卿翰詹科道皆不治吏事，而令参决吏治者，良以治国与群臣共之。且翰詹科道皆取于正途，阶卑，仕未久，自田间来，与民尤近，能通下情。法古询群臣万民之意，而与时变通，至善良法。而习久成具文，翰詹既除，编检不与，得与闻者已寡，科道惟知弹劾而已。与其弹劾于事后，曷若敷奏于事前，取鉴于议院可悟矣。

法废君主，故上议院不主用世爵，仍用民举，惟限年四十以上，定额三百员，巴黎三十人，余各邑无过二十人限。各邑之举上院议员者凡三选。国家所授地方官，若府佐、县宰及大邑议院议绅，得以专举所知，余由各邑税户公推数人为举者，其人数多寡以其地民数为之制。下院议士限年二十五岁以上，无定额，每一敌朗司芒十万人举一人或三四人，除过犯逃亡与新迁其地二年内者不得与举，此外凡民皆得举。所知两院议员，除故王裔、现任武职不得应举，余无论已仕、现仕、未仕皆得举，不限资阶。宰相例得入院建言，若有专派大臣治一事者，由宰相引入议院，得与会议。伯理玺天德举于议院，秩满，先期一月由伯理玺天德谕议院举代；若无谕，则先期十五日由两院议举；若薨于位、有故辞退，则即时议举。政府进退视议院从违，与英同，而持轻重则过之。良由英存君主，上院专用世爵，保党常众，政府犹有得半之权。法废君主，舍世爵，保党甚微，政府遂成奕棋之局。伯理玺天德有罪，下院参之，上院鞫之，大臣有罪亦然。政之用舍、大臣之黜陟、总统之举废，皆由议院，实举国听于议院，势太偏重，愈趋愈远，遂有废国法均贫富之党起于其后。德国上议院亦主用世爵，略同于英而参以选举，君权仍重，故得持平。美国统由选举，略同于法而别立察院，取于律师，由考试进，任之终身，在任以才望推升，不出此途。议院主议法，政府主行法，察院主断法，议成付察院推断，断可，然后付政府施行。故察院之权足以持议院之弊，德、美之政所以优于英、法也。

政非议不成，议非众不公，而民众不能按户而说，执途而语，故由民举其能者贤者，代民达隐，陈其所利，除其所害，故议院为欧洲近二百年振兴根本。自有议院，而君不能黩武、暴敛、逞刑、抑人才、进佞幸，官不能怙权固位、枉法营私、病民蠹国。故风行景从，不崇朝而遍欧美。议院为其国国政之所在，即其国国本之所在，实其国人才之所在。顾人才聚于议院，而其源出于学校。其大学五科专门，各有出处。议士不由此选，然率以各门学业多通，而又周知民事情形，通达事理，长于议论，为选举之式。且由学院名成者，虽不必尽应举而能举人。其平人任举者，限年二十一以上，皆曾入小学肄业十二年，小学自五岁至十七岁各有次第，依年而进，不操士业者，小学期满始改习业。人皆略知学问难易浅深优绌，故所举不致大远于式。又择众而从定制，其地所举屡失实，则废其举额，故实能拔十得五。俄国民间议立议院，俄主三德第一言：我国学校未遍，民多未教者，遽令民举议员，必率意妄举，徒为乱法，无益于治。议院之根本在学校，证此益明。议院为人望所在，则以得与为荣，牢笼要结，标榜贿赂之弊，亦相缘而生。近年各国议院滥竽者颇众，然既不长学问，又不达事理，即无从置议，不过旅进唱诺而已，故于议院全局无损。然西人已窃忧其损院声，妨贤路，启政府揽权之渐。西治之最可称者，惟议院、学校二者相经纬。民为国本，士为民率，其骎骎进夷而夏，实由得士而昌。但其教陋弃人伦，无君子，故有废君主、抑父权、男女同例、婚姻自主、亲不共财、贱不下贵诸谬说，陷溺其人心，相承奉以为大律。其教书不言政，故其议政皆本民情，推求利害而出，博采中外古今良法参合而成。中国周、孔之书，政教该备，顾反奉其教而不由其政，久而忘所本。吏以政为己所得专，士以政为与己不属。不知生民之始，无所谓国，有首出之圣人，众服其教，然后聚服教之众人而成国；草昧之际，无所谓君，有立极之圣人章明至教，然后推广主教之权而立君。有教然后别于禽兽，有名教然后别于夷狄。生民之本，以教为归宿，顾民生无养不能施教，于是乎立政，归其权于君，故曰政在养民。天生民而立之君，使司牧之，作之君，作之师，君位即师位，尊君位即重教权，归政权于君，即归政权于教。君为教而设，非教为君而设；立君以保教权，非立教以保君权。经术不明，但用尊君卑臣之法，至于政敝不可收拾，官吏承风窃权，自部堂至知县皆盗有人君威福之柄。不知臣无有作福作威，特归其权于君者，以其享名教之尊，为名教之主，故曰以一人治天下。然后立公卿、大夫、士，以辅君而成化，公卿、大夫、士皆得议政以献于君。古者五十命为大夫，公卿、大夫由士以选，天子之元子皆士也。士未有行政之权，而应有议政之任。国有大事，受成于学，即此义也。中国如设议院，进士流而相与议政，先有礼义为持议之本，遇事奉经制为法守，有疑引圣言为折衷，较外国事易而功倍，三代之治可复，名教之美益彰。如复因循苟且，但逐西人之功利，而不求诸本源，西人不知中国本末，已因我之政敝，而议我之教非；习洋之徒亦不自知其本末，但觉政不如彼，以为与教不相谋，则疑经术本不能致治，愈用贪诈无识市井以从政，而摈士于门外。于采西政则买椟还珠，于治中国则饮鸩解渴。清流不深求治理，而但持名教之空文以议其后，庸有益乎？

外国皆以首相兼户部，管度支，得《周官》冢宰制国用之意。俄国有总司会计官，正如《周礼》之司会，因俄无议院，故必别设官司。欧洲诸国，皆由议院以今岁之出制来岁之入，而首相参议受成。强兵重武，将专阃外，易启贪功穷兵割据之渐，故制武官不得举入议院，兵非议允不行，饷非议准不发。此外亦不得非法横征，君主除岁俸之外不能别取公财，量出为入，会计分明，官吏不得浮冒开消，无侵渔之弊。

官禄，大僚自万五千磅至千五百磅而差，小吏至少以二百磅为断，任重职繁者俸多，任轻职简者俸少。惟伦敦地方长官一职，译以为府尹，主察伦敦地方官及各狱事，简俸少而在官应用费多，恒取富商有望者为之，俾以私财补官用。初受职日，沿古制具仪从，所费不赀，得者以为荣，一年而代。余官若部长多举于富商，由国俗同类联为协会，各于其党，转相援引。若刑名官皆举于律士，西人虽人人知书，而凡有约剂，无人不延律士，律士因此易致富，其仕财给其在官之用，无因仕致富之事。若部属由部长自辟，则不富者多有才望，例亦可举为部长，然升者实稀，率以积年劳加薪俸。每有终身于其职，易部长而不易者，故其志定，望积资劳，多能守公奉法。其部有长无贰，今译为侍郎者，乃其部总办，如中国部院之堂印、主稿耳。其地方开河造桥，接铁路，续电线，修马路街衢，浚沟渠，安设自来水管，凡兴工之事，多由其地商民自鸠财举董，议院主其议，由其会自订章程，工部考其章程利弊，报可而行。估其工程经费，为之限年而立税，则令商会自收其税而分几成纳于国家，或年限满买归国家，或国家先出财买股票，与商合本同利。其远地则各处工艺官代工部监察估工。其归官办者，惟炮台船坞耳。平时讲求于工艺院，工程材料皆有简稽，无从侵克，地方有司任轻事少，不司公款出纳，故无中国各局干没州县陋规积弊。

刑名官由律士出身，内自刑部大臣至刑曹诸司，外自巡按至季审官，不出此途。皆命于国家而进于学校，由学校考成为律师，或由官举为刑司。季审等官或由民举为各邑审事官，皆必采听其人在学校资望，以为荐格，或竟由学校推举为国家律士。凡听讼审官必有国家律士佐之，皆食于官，有俸，其资深有望，每数年推一人，君锡以爵，入上议院。其未得仕进者，为人书交易约剂，订公司协会章程，考验契券，为两造执讼，皆有入金。由律学会每数年一议定章。故律士精于业者，皆致富贵。听讼与执讼者一出于学校，譬若一师所传，是非同异，不甚相远，有繁难争执疑而后决者，会同学院、学会，关于刑部修改律例。凡内治之权衡，悉取正于律士，实归重于学校。旧译以为讼师，一字之蒙，遂无从推考其国内之治法，失之远矣。

刑官之制，分上下审事院。上审事院理国家官府议院之讼及讼狱之大者，有君主审事院、议院审事院、户部审事处、海部审事处、兵部审事处、户婚审事处，皆刑曹官为主，各曹官会谳，国家律士佐治之。下审院理民间讼狱及凡小事之讼，有季审处设于各邑之大镇，季审官由刑部大臣选授，理钱财命盗，每岁至少审断四次，国家律士二人或四人佐之，就地轮举十二公正人参断，小事专之，大事达于上。其下有月审处，一曰各邑审事署，大邑每邑一署，小邑附于大邑。月审官由民举，理钱财、户婚及捐振贫民，禁作践地域、阻塞道途，每七日一审。月审为主，季审官会谳，无律士佐治，不用十二公断人参断，其断罪至监禁两月，罚至金钱二十而止，大事录送季审官或巡审。上下审事院职总于刑部大臣，而别设巡审官主治内外讼狱，译为巡按或按察司，职专听断，上无所统，阶优于按察，权重视巡按，为律士仕宦之极地。其国家律士封爵入上议院者，亦可出为巡审。英格伦及维而司析为八处，每处官二人，律士数人，周巡各邑，治其大讼，岁或再至，或三至，旁设特命审事官二人，一鞫囚，一听讼，巡审未至，则此二人代理之。主听讼者律士也，佐听讼者律士也，代两造执讼者亦律士也，又有公断人助之参决然否，故情无不通而案无遁饰，无沉冤之狱及中国酷吏贪赃枉法、刑名幕友救官不救民锢习。惟律士唆讼舞文，积弊亦深。然事多败露，则其人在学校、学会之望顿损，碍于宦达，故律士之能者每不为，其次者为之而无害国纪。

巡捕由内部主政，与刑官相经纬为联事。始为民举，今由官选。除议士、律士、教师、塾师、文职、武弁、医士不选，其余皆选；选而不

愿充者，罚出财如捐免，惟猎户、沽贩及曾犯罪禁者不在此例。分地段①
设巡捕官分治，官有四等：一总统，二统领，三副统领，四监巡。此下
为巡捕兵，就地选平人充之。都乡村市人数多寡不同，伦敦约四百人选
一人，各邑约一千四百人选一人，市村约八百人选一人。伦敦岁费约九
十万磅，各邑岁费约八十万磅，市村岁费约六十万磅。凡村邑人过五千
以上，国助其经费四分之一，余皆就地捐集。其部署用营制，职司如公
役，而选于良民，皆有常俸。其选法则如古之起徒。《周礼》：每徒十人
则胥一人，什长以胥，犹之编伍。胥即监巡也。今地方官公役，拟于古
为庶人在官，令之给走趋公，而视之平民不齿，宜其作弊殃民，无所不
至。如能复徭役，用胥徒，部以兵制，岂徒清枉抑，省滥刑，禁斗殴杀
伤，制椎埋劫掠，整齐以作强，且以周知民数，禁暴未然，即谓由此以
致治可也。

巡捕皆戎装，更番而代。人带一哨，有急召邻铺巡捕相助，吹哨则
闻声必至。凡奉符捕人，得毁门而入，拒捕格杀勿论，拒伤巡捕至死，
无首从皆论抵。途人不助巡捕，有罚。又有包探，不著号衣，暗中伺
察，以捕重犯；或隐其职事，佣工商肆，以侦逃亡隐匿。皆请于官，得
请而行，故鲜不获之犯。各邑巡捕审事官每日听讼断，罪至监禁两月，
罚至金钱二十而止，大事则录词达于季审、巡审。

英格伦旧本十余部，各有酋长。索逊氏来自日耳曼，并为一国，其
后乃兼并维而司，又后乃并艾尔兰、苏格兰岛。今英伦三岛政合为一，
英伦三岛英格伦、维而司、艾尔兰，或除维而司，以苏格兰当之，误也。惟苏格
兰制不甚同，视属地则为国中，视国中则如属地。英君亨雷第八时，统
一三岛各部，使武将镇治之，因其旧部分疆，每部名曰康退，所辖邑镇
名曰爬理司。议院定建县治，分并爬理司，置为敌司退克。敌司退克地
方官，如中国知县，由内部选授。此外地方官有五职，一曰振恤官，二
曰保卫官，三曰学校官，四曰营造官，五曰税敛官，皆由民举。道光
中，议院定建府治，择各部大邑，名之曰汤，计三岛为汤二百。就地举
首董数人，名曰汤康喜尔，译言或为府议绅。府地方官由府议绅举，主
一邑财用讼狱。任一年满，民悦而留任，再期而代。旧译为知府府佐，
所拟不伦。外国地方官不相统属，无督察之责、尊卑之等，不能以中国
官等比附；有由国授，有由民举，更不能以进身较。论其实，此官即各

---

① 原文如此，当作"段"。本章下同。

邑审事官，主治大邑讼狱者。伦敦为英都首邑，亦有地方官一人，译以为府尹，其实此官由下等有爵者举任，亦民举也。通率英国地方官由国授者，每敌司退克一人，计五十七人；由民举者，每汤一人，计二百人。此外振恤、保卫、学校、营造、税敛官悉由民举，以社会为分治，宽乡一爬理司分为数社，狭乡数爬理司合为一社。每一社率有五官，由民举。其社分合不常，故官数难准，大约五倍于国设之官。但每社由国设一监察官，统于伦敦，属于内部。迨率民举之官，六倍于国授，而权职相等，互相维制。无论民举、国授，皆就其地取人，进退皆由舆论，无盘踞把持与贪赃枉法纵威殃民之事；不司赋税监工，故无横征浮派；食禄有定缺、无肥瘠，而钻营奔竞贿赂之风自止。中国今日地方官一切敝政皆所绝无，故其国内欣欣有驩虞之效。由其治法，令民自举贤能，掌其地政，国唯设官以监察其不法，余不与焉，合乎《周礼》"使民兴贤，入使长之；使民兴能，出使治之"之义。观于外域，而知王道之易易，乃悟汉制婚姻不相临，盖沿秦法之遗，非先王之旧也。

英伦大狱四所。往观，其一为未定罪犯颂系处。巡捕逮捕人犯至，集于一所，各置一室，扃户，通言于牖。胥一人，询其姓名、里居、年岁，书之于牍，引至浴所，令先解衣。胥一人，审其形状身材，及身手刺花纹部位、式样，揭之于牍，以验有无再犯。要囚则照影留像，以防逃匿。勘竟，入就浴。留其衣襦，易以狱中所备，衣襦如常式。引入狱室，列屋而居，室中床一，卧具被褥毕齐，凳一，沐盘一，水瓯一，方板一，灸诸墙以为案。置书三册，一《耶苏经》，一《旧约》诗歌，一异闻小说，令犯肄习修省。狱卒引入，出，键其户。食日三餐，如常食，无楛恶。狱卒传送，狱官督之。依到狱先后，以次赴审。巡捕以槛车至，按名提犯，狱官率狱卒启键，引出至一所，为一行列，稽名无误，引出狱门空院，复令为一行列，立必齐，以次引登车。车仍漆缦，但无牖，中为十数格，每格一人，狭只容身，仍有坐板。审定罪，或释，或坐监，定其期，分发各狱，则不归讼系焉。小犯二三日定狱，迟无过七日；重犯四十日定谳，迟无过两月。有医师一人，司治囚病，药物毕齐。囚有病，医验之实，移他室。数人同居，室较宽，有牖，如平常居。有按察巡狱坐厅一所，律师治事房数所，狱官如有苛待罪犯克减饮食节狱，囚得赴律师书所欲告，达于按察。按察司临狱，问之事实，狱官必咎。有探狱者，告于狱门卒，门卒白狱官，令狱卒引探狱者至一处。列屋两行，门相背，牖相向，如中国贡院号舍，两槛各不相通。探者自外入，系者自内出，记明某号，两人相对，从牖通语，来去皆有期刻。将引系者就探，先引至一所，凡若干人，某就某号，令为一行列面壁，点名记号已，乃就于探所。别有一院，常扃，为囚病死所。狱医察囚病不治，白狱官，移别狱医及他医师参视之，决不治，乃移入院。旁设礼拜堂，与狱通门，男女教士二三人主宣讲。正楹南向为供神堂，左右二楹，间以板壁，为探狱及非坐狱人听讲处，为跪坐位，如常礼拜堂式，中间以板，男在左，女在右，则常礼拜堂所无。堂南北对向有楼，司狱、巡捕之属听讲者就北楼，狱官、律师之属听讲者就南楼。早晚日再举，坐狱者非病必至，教师为宣讲，令改过自新。中国之政敝，莫狱为甚。文告既繁，相逌以伪，大讼至系，干累数年不决，小讼则一听官吏以意为轻重，听断无时。不肖之吏恃刑求狱，动加桎梏，捕役、狱卒皆借敲剥为生，相倚为奸，而狱官不诘。民未定罪，先受非法刑求，及入狱门，又有狱卒之私刑拷掠。观于外域之狱政，益恍然于中国迁流之失，大远于先王明刑弼教之心。夫制刑之意所以禁暴止奸，禁暴止奸所以弼教安民。今誉洋者不知论本，但誉其美，不问其何以能禁暴止奸。自蔽者不知政本，但护言我中国固如是，且疑不如是不能禁暴止奸；誉洋者不能难，亦以为中国自古如是。盲与盲辨，黑白终不能明，则置而不论，于政弊无救，而徒令慕洋者疑孔子之教、先王之政固如我中国今之所行，惜于未奉教于洋。此意兴而国本危，名教将为天下裂，不可不察。故言反古乃可救时，非好高谈，实不得已。五刑本兴自苗民，尧、舜因而用之，而举皋陶作士，著严法用宽意，易贼刑为画刑。《书》曰"象以典刑"，又曰"方施象刑惟明"，又曰"明于五刑，以弼五教"。象，画也；明者，表明之意。故《周礼》云"三罚而士加明刑"，《大传》云"尧、舜画刑而民不犯"，荀子书有画刑之等制，其卼[1]如肉刑者谓之贼刑。据《周礼》，推律当在四犯以后。《尧典》所谓怙终贼刑桎梏之属，古之暴君所作，殷末尤行之，故《康诰》深以为戒。穆王命吕侯作训刑，竟除肉刑而用罚锾，其法至善。秦任严刑，暂能禁奸收效，遂著为律，而汉因之。文帝除肉刑，用鞭笞。是时经术未兴，武帝始崇经术，而好严方，任酷吏，经生不敢正驳，律令依违其词，经术以讹传讹，沿袭至二千年之久。其实六经垂先王之政，轻典有画刑、有罚赎怙终之[2]，重典有贼刑决杀，而无所谓桁杨桎梏之刑也。要知先有教，然

---

① ② 原文如此。

后不率教者有刑，即知明刑乃所以弼教，自无疑于法轻不能禁奸。法外之弊，在所必除，又无论矣。假若先王之治狱明法，如我中国今之弊政，其去弼教不太远乎？中国之教本在人伦。尧亲九族，辨百姓，百姓，百官，因土锡姓。"平章"，古文为"辨章"。爰命司徒敬敷五教，乃命皋陶作士，明于五刑，以弼五教。故中国之律，虽百变而不离宗，以伦常为大例。外国之教，本在不夺人之权利，亦屡改而不易，其初以权利为大例，其教则陋于中夏，而其以刑弼教之用，则深合于先王，除苛解娆，不以禁暴安人者害人，固当取鉴以自悟中国今日之非。其就狱设礼拜堂，令狱囚诵绎耶苏经诗歌，日行礼忏，教师为之宣讲，令其悔罪迁善，又实行弼教新民之政。奈何中国弃先王之典，蹈暴秦之弊，习焉不察乎？

狱官言，有童幼坐狱所，凡十二岁以下有过犯，如盗人小物、詈人、以石桀人等事，有告者，仍由巡捐携以来狱。狱有狱官小学师，分而教之，令其知悔，不敢再犯，不率教有责掌之刑。由一礼拜以至四礼拜，察率教而舍。仍有礼拜堂，日一礼拜，教师为之宣讲。又已定罪坐狱所，由容系所赴审定谳，视罚若干先令，躬坐若干时分，遣以往。罪同一科者居集一处。狱官外有匠师，教笃工作。先缴罚款者免工作，仍坐狱。工料器具，狱中备齐。三分成器贾价，一分入官，二分归己，以当罚锾之数。其余科条，与容系狱同。刑罚，一死罪，二罚金，三坐监。非杀人无死罪，谋反渎伦皆从轻律，罪止坐监，由无名教故也。罚金与坐监各有若干条，自为差等。罚金自□□先令以至□□，坐监自五日以至终身，其监亦数等，皆役以工作，得《周礼》"役诸司空"之意。狱期短者工作轻，狱期长者工作重，由伦敦以次而远。其终身之狱在□□岛中，工作甚苦，狱舍楛暗，饮食惟给凉水面包。英人皆云，宁遭死刑不愿坐终身狱也。

讼狱公断人就其地居人选充，如巡捕之例。有三等：曰大事公断人，为季审听断囚犯；曰上等公断人，为季审听断钱财；曰平民公断人，为季审听断小事。两造或与公断人素有仇隙，或公断人素行有不善，必有佐证，始许易之，易至三十五人而止。有公断人，以防狱官之枉滥；有两造请易之例，以防公断人之褊袒；有佐证之条，易至三十五人而止之限，以制两造之狡展。敝无不除，情无不通矣。《周礼》听讼必询万民，细制不详，其端可见，孰有以平民之求理枉直而听有司敲剥者乎？

　　欧洲人皆重利，以此功能，其富强之得力在此，而悖理灭性不免夷狄亦在此。其律最重钱财，沿于罗马，其后议院律师续有增改，外国流传转相仿效。今律至繁：一曰产业。田宅为实产，财物为浮产，身死传属何人，以其人遗属为定，为皮券，延中证为之书押，或报官立案。如无遗属，实产则传子，无子传女，无女则返诸其父，或祖，或伯叔。传子则以长幼分等差，传女则均分。浮产则以三之一传妻，三之二传子女，无妻皆传子女，无子女则传其半于妻，分其半于父。若祖或伯叔兄弟诸母姑姊妹人死，选其亲族一人为之经理，先其丧葬之费债逋之用，余则遵遗属以授人；无遗属则遵定例以行其愿，施为公举。或入教堂者，必生前一年立据，必有中证二人报官立案，惟国学及白立地斯大博物院、格林尼址大医院不在此例。二曰券约。凡租地、租屋、租物、购货、运货、合股、保险，皆立约剂，依约而行。合股贸易以股票为据，合股至七人以上，请国核准乃允纠股，谓之公司。保险者，凡公司任保何险，民平日纳财于公司，如遇险，公司偿以若干倍，律有定价，以款相比，无失其差。三曰婚姻。男女过二十一岁者，听自主婚嫁，不告父母者不禁，如未及年而不告父母者，父母不给财产。夫妻反目，至控官，必断离。男死，其家产归于妻三之一；女死，生有子女，则产业归于夫。女未嫁已嫁而死，私财皆听立遗属给人。父子夫妇之间直以财相往来，兄弟则无涉矣，无所谓纲常亲爱，此谓去义怀利以相接，由其教平等根之，而其律率之，故尚诈力，轻仁义，贪险成风，人怀鄙薄之心，而貌为势利之交，其举国皆如今中国宦场之交际。乃悟圣道之立纲常名教，使人返本思诚，其道为万不可易。奈何中国之学衰，不能以明政；政敝，不能以卫教。愚者直不知其敝，智者乃震于功利，以洋为师，不知学洋必重利，重利必尚诈力，尚诈力必轻仁义，轻仁义必废君臣父子之伦，有目前救国危之近效，而隐种世道之深忧，故非明经术者不足以言治天下也。

　　外洋邮政为岁入一大宗，不特远电四达，即近都市数里十数里，随处皆置分电局，交络环通，与火车路相辅。其往还信札，皆于沿街巷口置鲼筒如短柱，信由隙投入，钥启而出。总局一所，分局若干所，量道里远近、人户众寡为分置局。用若干人司钥，晨十点钟一启钥，晚十点钟一启钥。晨十点钟前投入者是日达所届，晚十点钟前投入者次晨达所届。有信票以代信资。票出于官，资入于官。其票方半寸，印王面其上。信局入资于官，算若干票入若干磅。人自购票于信局，凡两本士半购票一签。权信之轻重，信重一两以内帖一签，一两以上加一签以至数签，此即王面税之一也。局工启钥，有签者寄，无签者置。寄由火车，迟期有罚，遗失有罚。每家门扇皆附著一鈤筒，门外从隙投入，隙有铁叶，响震满屋，门内开筒，信乃得出。省专丁送信之旷时，接信给资之纷扰，而收信资为税款，不劳而集。其远信须保险者乃入局，亲投挂号，仍衡轻重算赀加签，便由轮船、火车径达矣。

凡都会及有市之乡皆有户税，以户税多寡算税轻重，其税入即用为其地修街衢、阴沟、自来水、路灯、扫除、巡捕之费。由其地公举督工董事司其出入，量地面户口之多寡以定经费，量经费之出以为岁税之入，量岁税之入为贫富轻重纳税之差。财无遗用，帑不入官，故税甚众而人乐从，税务官惟每岁一稽其登下数目而已。远乡贫民所居，无自来水、路灯，亦修街衢，取税轻，仍归本乡举督工董事，故民不扰而地政治。此即古徭役之意，而参用过更之法。民财民用，而一切干没中饱之弊胥除，按屋租定税，而诡移飞漏之弊亦免矣。

外国税目甚多，取民亦重，有明税，有暗税。明税由官直取于民，如中国之征；暗税由商敛于民，纳课于国，犹中国之课。明税有三：一为入项税，又名进益税，视其人岁入之数，从四十分取一，至二百四十分取一；二为房税、地税，取于业主，分地段之繁寂以为税则多寡，田以丈量，宅以室数；三为奢侈税，如门设暖阁，车画王冠，仆饰白发，皆英旧时贵人居处之仪，相承以为美观，富人多用之，平等教行，国不能禁，乃定为取税，其数时有增减，无定式。暗税有三：一为海关，出口不税，凡进口货，每一宗归一公司包纳税岁若干，国为保利权禁私鬻，听取于沽贩而纳课于公家；二为内地，凡市业牧地果园麦田，有公司者，悉如充商之例，国保其利权，而公司取于民以纳课于国；三为帖税，制方帖印其王面，凡信函契约价单借券一切字据，皆签帖为信，由邮政局入资于公家，领若干帖，转售于民，违者民得相评告，察实重罚，其零奇小业不成一宗者，就其地议绅自立税法，归入杂项。此外税入，以邮政电报为大宗，又有国家地产，或属君之私财，或归国之公用。税敛繁重，与薄敛之义相反。顾能整齐而治者，由所取用于民事，君无所私，官无所蠹，议于议院，揭于报馆，上无所专蔽，下无所蒙遁，如一家酿财，一市纠股，何有扦①格无穷之弊？其役沽贩以埤兼并

---

① 原文如此，当作"扞"。

之商，治陋而无本，顾民不怨毒者，才智者尽萃于商，蚩蚩之民不觉其夺利也。中国取民甚轻，而民反逃税怨咨者，由取在于此，用在于彼，取之一时，用又一时，诚归公用而民不能知，无从过问，则各私其财而不肯亲上急公。且官之陋规，浮收干没，数倍于正征，民久知之，故相率为诡漏，以相欺遁，负乘致寇，由来渐矣。

外国算税，以通国人数为衡，衰多益寡，计一人岁出税若干，虽不取丁钱，而实同手实。居民坐贾，有地税、房税、市税、自来水火税、路灯税、街道粪除税。法国税尤重，算及门窗。英伦人烟辐辏，食物来自四乡，自然踊贵，足与百货相抵；法都人少于伦敦，而地产较饶，因加重牛羊鱼麦之税以相抵制。计英国岁入八千万磅，岁出七千五百万磅；法国岁入一万万一千磅，岁出一万万五千磅。通率每人岁出税四磅，如以中国四百兆人为衡，当入税十六万万磅，财不可胜用。诚能开矿铸币，用财兴工，财仍散于民间，无聚敛之虑，而工政自举。乃厘定税法，取于出货之地与鬻货之乡，算明程本运费及两处物价高下之差，酌为取税，轻重取之得其平，则国富而民不病。

外国富强在工，辅之以商，而提纲在钱币。钱币无实用，本为通工易事交易有无作据，与质剂无殊。但钱币之数少，一时并兴大工则周转不及，通商远国则接济有穷，故必广钱币以资周转。顾银重值低，不利行远；金值昂，运转省费。与别国通商，大宗货用金磅交易，则财力厚，足以垄断而不受制于人。用金以抑银价，则实出金币数少，而易入银币数多。凡贸易皆聚零成堆，物值不及磅金者，必以银钱交易，则用金币者出币少而入货多。今欧洲各国皆用金钱，彼此相制，惟中国土产饶而无金币，兼用生银，食物土货率用铜钱交易，银价既为所抑，土货更不值几何。洋人来中国持金磅以兑银，化少数为多数，更以银合铜钱，买土货，则本轻而利厚。以土货载还伦敦或南洋各埠，加制造，还鬻于中国，易银数十倍，悉寄于洋银行。银行以一纸汇票合金磅寄还欧洲，而用各商所寄顿之银买生金运回本国，以资铸币。彼国币愈多，财力愈厚；我国金日少，金价日昂，银价日贱，铜钱交易之利益微。是役操本业出土产之良民以益食洋业逐末利之商，复聚中国之商财以助洋人之兼并，直举国之民为洋服役耳。

英金磅一枚重中权二钱二分，换银钱名一先令者二十枚，一先令重一钱五分，以金易银，较重不足十五换，一先令换铜钱名一本士者十二枚，一本士重二钱六分，以银易铜钱，重不足二十一换。德磅与英磅轻重相若，一磅换二十马克。俄国金卢布制亦同，一金卢布易二十银卢布，轻重价值相若。法磅轻于英，亦一磅换银钱名一佛郎者二十枚，一佛郎换铜钱名一生丁者十枚，铜钱不出境。以英磅易法磅，四枚当五枚，轻重即如之；以英磅易佛郎，一枚易二十五先令，佛郎轻重之差适如之。是通率各国金银价之相差不过十五换，银铜价之相差不过二十一换。今与中国交易，一磅一钱二分换银七两至三十余换，彼国以金自易本国铜钱，一钱二分金才得二百四十铜钱，计铜五十七两有奇，以易中国铜钱，则得万钱，计铜则千两，有赢无绌，相去悬绝。就通商口岸交易为衡，则彼以三两银易七两之货；就内地土货交易融算，则彼以二百四十钱易万钱之货，中国不贫困而焉往？同治初，金价才十换有奇；雍、乾前，银一两换铜钱七百。其时地产民力丰饶，物价贱于今近十倍，无大宗海防各局之消耗，故钱币亦形充牣。今生齿日增，游惰日众，所出地产不加益于昔时，故物价日昂，商贾土货辏集于通商口岸，虽增铸银元，仅能行至通商口岸，资洋业之资转，不流布于内地，故钱价日贱。洋货与中国交易，虽以磅合银，顾其磅金成色不足，不行于中国。中国出口货交替于境，所入金磅惟一纸空券，而洋银行所取仍属中国市面所有之银，欧州金磅至洋银行而止，岁出无限之货，实未得易彼一钱，徒敛内地之银屯聚商岸，资其善贾转辗取赢而归根买金以去，故金价日昂而银为所抑。今开矿而不铸金钱，不能禁金出外洋，即不能平本地金价。彼则就中国生金换银之价，为与中国交易用银换磅之价。以别国相比，实以十五换金售我三十换，一两银化为二两，一钱易我五十钱，一交易间坐收数倍利，其垄断持市，罔利无穷，犹在次矣。如铸金钱与之等重，民采者皆纳于官铸，漏厄既塞，金价自平。以磅易磅，彼无从取赢；以磅易银，彼不能厄价。经工商则不借洋款，办海防则可省暗耗。金币充牣，则我得奔走洋人，收其利器，不必崇尚工商，以汩华风，而富强之术已得矣。

美国银元较中国所行墨西哥洋圆差重无几，而与中国交易以一圆当中国两圆，亦由伦敦磅价按中国金价以定中国银价，据为平准，实则括中国之金使之昂，抑中国之银以为利耳。今但铸银钱，弃金不收，举国钱币归权于洋银行，听命于外国，仍无所济。至增铸铜钱，尤与时势背驰，是犹人持珠玉而我多作饼饵鬻钱，冀其富与相抵，不太愚乎？中国不铸金币，又无银行，通用铜钱，三者皆授人以柄。外国铸币，邮政银行相经纬，故能长驾远御。英国属地尤广，故隐操地球利权，商之所至，邮政所达，即银行所在。商贸易于所往，但在本国银行寄存一款，银行以一纸寄所往地分行，其分行就其地商业寄顿之财，转辗挹注，商至则就其地之土货以计奇赢，就其地之银行以资程本。不必持本国一钱以去，其所获赢算亦由银行券汇，实银不运还欧洲，似乎其地之财仍未取去，但其利权在握，故所至皆坐享，而土人为服役，埃及、印度、阿州、澳州、南洋各岛即中国前车之鉴。有金币之国，则日富而制人；无金币之国，则日贫而受制。铸金钱为制外第一要义。铸金钱与设银行相辅而行，规制既定，然后改铸铜钱，令与外域轻重相比，铜钱较银不甚贱，则土货皆得易银，成器皆得易金，三品之币自流通于国中，操本业者利不微，则不必为末商奴役，而自足以资生矣。

英国不产金，其铸币之金皆取于澳大利亚及中国。俄国产金，其法听民集股自采。延矿师勘估某地约能出若干金，认输若干课以达于官，由国家矿师勘估平议，定输若干课，率十而取一，及出金，赢于估计之数若干两以上，仍增输十一之税定例。生金不鬻于市，凡矿出金，皆纳官铸，若铸钱，若备制器物，自八成至二十四成皆有分数等参。以铸钱为正宗，其余以铸钱之出入相比为平准。凡入金铸钱，视权轻重，入以一两者铸成金钱还以一两，其中取二成有奇为鼓铸程费，公家通矿税核计已取入三成有奇，而民不怨重征者，铸钱以归采金之家，一两仍作一两之用，暗取而不亏民，以故盗卖者甚稀，鬻于别国无所利也。惟中国金昂，近东三省俄民或盗鬻于中国。俄地大，金磅不给，故国中用金卢布，率以票行特票，实易金卢布则短其数，著为令式，此其实币不敷国用，较然也。英磅饶，故通行于各国，然在英换银至五磅以上，率用票行，议院定议，国家银行八成实本二成虚票，其实虚票不止此数，但银行悉属公司，无分国办商办，国办者有商家股分，商办者有君主股分，联为一气，故亏折无从。有银行而商业之在异地者可稽，民业之在本处者无遁，官之赃私行贿，其迹难掩，市价之欺蒙干没，一扫而清，利国即以利民，兴利即以除弊，且于民无损，而举国之财，通率矿课、铸费、钞票三者，已坐收其半，汇兑之人尚不在其中，孰有以大国而患贫者乎？特患治源不清，官司侵蚀，损下益上，流弊无穷耳。

欧商亲至中国，华商不至欧洲，纵使入口税彼此相当，而各国入口税为实数，中国入口税为虚数。华商在本国之出口货，即彼国之入口货，近者在上海交易，远者贩至新加坡而止，由欧商自行运往本国，其纳本国入口税，皆本国之金磅，国得其实用。中国入口税亦纳金磅，而中国不行用金钱，惟以纸票相易，通计海关税银三千万两，其目总于总税务司，其金总于汇丰银行，其出归于海防与出使经费，虽岁有余银四五百万，而卒归无有，中国不得而问焉。由海关所纳之银皆金磅，以金之成色较易则亏洋，以磅价较易则亏华，故设调停，尽以此项供海防、出使开支，期尽而后已。以今之势，假如我国别用华人以总税司，所收金磅当折耗无穷，故不铸金磅，直无理财之术。海关所进，虽未兴洋务以前所无，然自兴津关以来，内地税无不支绌，人徒见洋关之日益，而不核各税之日消，犹是民财而别立名目，岂有以此国之君而仰他国之利者乎？

英国公家岁入款，多中国五倍有奇，此光绪元年至二十年之数。今则岁入款积增十分之五，实较中国岁入款多七倍有奇，而逐年磅价浸涨至倍，以金与银出入乘除，则英国帑多中国十五倍。实款既多，虚数又倍，以轻御重，利权操之于彼，此贫富不敌之故。英、法国用常以五分之一为军用，五分之一为官俸；中国军用不及十分之一，官俸不及五十分之一。所以兵力甚薄，事务废弛，而侵渔群起，此强弱不敌之故。惟采金制币，则富可立致；更定官俸，剔除侵渔积弊，则诸务可整顿；提出岁用国帑五分之一以为军实，则强可立致也。

西国之富，以工为本。工之料必取于地产，而本国之土狭，生之数不敌其成之数，不能不取材异地。工之成器，必求消路，而本国之人少，用之数不敌其成之数，不能不转鬻四方，必辅以商，始能行其术。然工商之事，非多金银亦不能鼓动而奔走之。西土金矿少，故尤必规占产金之地，加意钱币之法，以握鼓动工业奔走商人之权。其地或远不相及，故必以轮船铁路联其脉络。工商远适，其势甚孤，易为人所遏制，故商之所至，随之以兵。商之与兵，合为一事，公司轮船即兵船，船主即兵官，水手即兵卒，无事则行海载货，一如商船，借熟海道以为操练，以兵力护商，以商财养兵，即富即强，如影之于响。中国地广人稠，产饶矿旺，但行开矿制币劝工之政，即以自保其地产不为外来所侵夺，自产自作，自作自消，财不可胜用，但于腹地险阻难通商货之路，偏僻人烟稀少之乡，修路浚河以通内地，商旅足以自相流通而不穷，不必效其争口岸、广铁路、经远商、行船政，而已足制胜矣。

铁路之利，凡十有三，而其弊亦有三端。商贾运货，往来便速，可省程本，所省运费，即以附益置货程本，增货愈多，商务愈盛，利一。往还迅速，省行路矿时，商可兼理数市；士可兼课数塾；贩可日赴远廛，便其生计；工可家食厂作，室家相依；佣可转移，执事各业，流通钱币，自无偏壅，利二。有分地，无分产，源源转注，日行为常，水旱偏灾，无须荒策，利三。百里之内，瞬息而至，水火之警，易资救护，利四。数里为车栈，每栈设巡捕，沿途罗列路灯，行旅无抢劫之患，利五。军旅征调转饷，千里之遥，朝发夕至，不虑兵单饷绝，利六。平时公私信函，利于速达，声息灵通，事机无误，利七。林园、别墅、会场距市每远，有大车便于往返，人喜出游，流通钱币，以资铁路生息，利八。城市人烟稠密，樵牧农圃，俱在远乡，利于运给，英伦三岛，牧畜不足自供，兼取于阿非利加属地，非速不济，利九。工作盛兴，成器充牣，利在远售，各国铁路，毗壤相接，便于行商，利十。风气正开，才智相角，引长较胜，事资周历，便于游学，利十一。教会分布，声气相联，便于传教，利十二。异国之人，共联社会，其人借以广声气，公家即借以合邦交，便于往来，利十三。其前七利中外所同，其后六利外洋所独然。所享之利，须在四路告成八达通轨以后。偏为一处，利只一隅，而费已不赀，既非交衢，必少行旅，孳息不敷经费，久而必废。欲全享其利，必招商股，又听民间集股，自设公司。非富有力者不能为铁路，成而利厚，商业日盛，兼并之家日多。欧洲连畛数十国，互相灌注，各欲专力称雄，相持不下，不得不重商以为工作之消路，而国政之权逐渐移于商，其所视为机上肉而共愿烹分者，惟阿非利加与中国及中国诸藩属。中国地大物博，原不必争地利于他州，惟须保有地产，劝兴工作，以塞漏卮，而令内地自通有无，其富已裕。我之一省如彼之一国或数国，彼之各国互相攫取，我之各省自为盈虚，虽铁路兴而马车不减，担负歇而仆御须人，本不夺民，且改轻业，而富人之坐享日增，贫人之艰食如故，徒益末商，有防治本，其弊一。设有兵事，我固利于征兵转饷，彼亦利于因利乘便，假如隘口失防，夺路长驱，向时相隔十程，今则一朝而至，即或轨道异式，仍虑依式造车，出我不意，其弊二。西人喜动，中国喜静，西人以行为常，中国以居为常，西人男女一律，中国女不出门，火车来往，妇女罕行，岁入生息已减其半，经费既绌，事渐费弛，如倍取其资，民益裹足，其弊三。顾此三端之弊，尚有补救之方，挈短较长，仍属利多害少，惟此事须在钱币既改，货布有余以后，又先必修平途治传舍，稽行旅之数，以权程本孳息之差，若庐舍、道途、钱币三者未改弦更张而先修铁路，则其利未收效而币[①]且在

三端之外矣。

兵制，英用召募，其额无常，由议院以今岁议定来岁之额，揆时势酌饷项，量为增减，率以十二万上下为差。三岛陆师分十军，军八十营。营有正副管带，视中国参游；军有统领，视中国提镇。此外有襄办文员参赞官，略如中国营务处，皆实缺。由武备学院考进，兵部大臣荐举，统领之属有武弁文案，由统领辟除其各营管带，亦可由统领自辟，但须取于武备学院，关于兵部。每军别有艺士一人或三人，主测绘地图，缮修炮台、营垒、汽机、枪炮，赞画军务，如古之军师参谋，皆选于学院。水师之制，以船数定兵额，议院制其经费，每岁有增率，大钢甲船一艘配钢甲快船、炮船数艘、雷艇数艘为一军。军有水师提督统领，必水师学堂出身，由海部举授，其属有参议官文案武弁，由水师提督辟除，选于水师学堂，关于海部。船有管带，若参将至千总，由水师学堂考成课最，而海部按次拔补。岁阅即出师，则合数快船联为一队，队有统带，因船大小炮位多寡分配兵额，别具水师章程。武弁以上皆出于水师学堂，炮手兵丁则募民补额入营教习。陆师率十营，置总副教习，每营置分教习；水师率队置总副教习，船置分教习。教习由兵部、海部选于学院。募兵必年二十以上，选四格：一身材，二目力，三气力，四超距，此俄国之制，英、法皆仿而行之。及格者补额就营教习，训练半年为一课，训练期满，校阅不能者汰除。年过五十出伍，计当兵二十年者食半饷以终身，十五年者食饷三分之一以终身。议院以经费赢绌时议其增减，大要以此为率。

额兵之外有备兵：一、乡勇，如《周礼》起徒；二、民马队，由有房产人岁出税□磅以上者应充，如《周礼》都家之军；三、义兵，由富商捐饷自募，平时保护商埠，有事仍备征调；四、羡卒，则备补额兵之缺，略如《周礼》羡卒与游阙矣。《周礼》起徒于六乡为正卒，起徒于六遂为羡卒，公邑以邱甸起军为游阙，都邑家邑亦以邱甸起军为都家之军。正卒由羡卒以补，羡卒由游阙以补，有事则都家之司马率都家之军，以属于国司马。举国皆兵，正羡有等，联络一气，兵制之精，莫善于此。英国备兵之制，略得其意。德、法壮丁二十一岁悉隶兵□，区为四等，朝暮拣操者为额兵；五年期满，退为余勇，岁入营操练一月；四年期满退为团兵，家居习武，按时操练；五年期满，退为备兵，在家备征；五年期满，始出军籍。计入隶兵籍二十年，实当兵五年，故人尽为兵，而不废他业。额兵余勇皆起徒，正如《周礼》正卒、羡卒之制，惟经制四时讲武与朝暮操练为异耳。世徒震外国之富强而不求其所由致，孰知其得力明效不能出经术范围。经术不明，学者不知圣人制作，□□□安在，太平治象其状若何？功利之徒更倾倒张皇，望影而躁，以四万万之众而受制于四裔，可伤已。郡县辽远，将吏浮寄，户口不能清，徒役不得复，游惰无由治，召募则游惰就食于军，以战则弃之于敌，遣散则复归于野，贫弱倾危，转相流注，外有强敌而内有乱军乱民，表里之毒，一时交溃，不可为矣。如能推广《周官》王畿之制于天下，以京畿及各行省为乡遂，以各省州县为公邑，分建亲藩功臣于边镇为都，限乡绅富民有产业十万金以上之家。乡遂用起徒，而参以英、德、法额兵之制。令各省统所属州县，稽民丁壮□，其入格者为正额兵；正兵额满，其余为羡额。兵正额朝夕操练，五年期满，退为羡额；岁入营操练，五年期满，退为备兵；在家备征，又五年期满，始出军籍。在家备征者食羡额之半饷，以次更代。公邑则仿邱甸出车之制，渐复徭役过更，计一县若干丁口，人出兵赋若干钱，通率能给若干兵饷，并器械药弹，量入而定其额，为州县备兵；都则令自出饷为团练，以所食封广狭为额多寡；家则令按产捐钱，举办保甲，财产多者自为一甲，寡者数家为联。一整顿而通国皆兵，有其自强之效，无其困于养兵之患。

德国兵皆知地舆，识书算，英国兵不能尽然，则英之学校不如德也。民皆入小学，英与德同，惟德人尽为兵，故学校之法，二十以前皆加意舆地书算；英则十七毕小学，秀者入经馆，不愿充兵，椎者略涉小学，不能通，改执他业，二十一后应募为兵，就营教习，则以步伐演放为主，虽间及舆地书算，而椎者或扞格难入矣。凡洋兵步伍，无不整齐，故不易撼，其基立于小学时。童子入塾，就坐出坐，师诏以作则皆作，离案侧立；诏以坐则疾引身缩足就坐，直体，如是者三。十二以上入馆出馆，皆令为一行列，习以步伍，进退曲跃，左右臂刺超距，如是者日再。及其为兵，步代超距，皆驾轻就熟，此亦兵强之所由。今中国募游惰以充伍，无律之师，统以不学之将，以不教之民战，是谓弃之殃民者，不容于尧、舜之世。仿设武备学堂十余年，既非学为将，又非教为兵，不求其实，惟效其名，非徒无益，而又害之也。

外国官制，各司其事，各有其权，无尊卑管辖分际，但以位之轻重限其权之大小。惟各部长于所属部司，军将于所管营职，事必禀承，势相统辖，略如中国之制。此属皆由其长自辟，故夤缘奔趋谄迎倾轧之风亦甚。特其教尚平等，治尚简易，其于晋接应对关白议事亦自进退裕如，无跼促束缚隔阂之弊。今中国议文既繁，尊卑之分太悬绝，上习以骄蹇，下承以诡随，晋见时稀，体卑志慑，知不敢言，言不敢尽，长属之情不通，军民无论矣。夫礼有尊卑，以定名分，分定然后位定，位定而礼从之。礼之大本，立国之大经。大贤受大位，次贤受次位，故贤者在位，能者在职，以次而辨等威，故曰"尊贤之等，礼所生也"，又曰"贵贵尊贤"，其义一也。今进人既不以其贤，敬上又不以其贵，惟视其权足以相辖制，势足以为祸福者，始趋奉惟谨，貌袭名教之礼文，已失"贵贵"之本义。且礼教爵位尊卑之等，不过比于家人长幼之序，原非亢坠悬绝，如今属吏之于长官，所谓失礼之中又失礼焉。而万事因壅隔而堕坏，毕由于此，反不如彼国简易通情而事治。周监二代，尚文贵爵。孔子从周。而春秋乃变周之文，从殷之质，有易爵五等为三等，去世卿退大夫之臣诸大义者，缘周衰文敝。故《春秋》经世，通三统，兼文质，以酌中为万世制作。惜经术不明，礼失其本，迁流逾远。监于外域，反而求之经术，庶有瘳乎？

《采风记》卷之二　　学校

英国英格伦及维而司分五十二部，名曰康退，或曰射尔，其下所属邑镇，名曰爬雷司，凡一万一千九十九。爬雷司皆有学堂，大爬雷司学堂多者七八所，小爬雷司至少必有一二所。除富家世爵自建学堂不计，凡官学教平民自五岁至十七岁入小学，每一小学分为五等，每等各一师，分屋而教。初入教以学字音，书字母，习歌声，记数目。教者立，学者坐，木几木凳，皆附着于地，前后次比。教者调廿六字母，幼子同声和诵，音必齐，教歌如之。粉书字母于版，幼子摹写如式。分教习课之，业娴进一等。学拼字法，辨音律八音，如中国乐律工尺。是为孺馆课。三岁皆通，年十岁外，进一等，肄书习笔算，审地图，知五州各国山川方域大略，识地球日月各行星轨道，是为蒙馆。总教习考察皆通，年十四五，进一等，学罗马希腊文、各国今文、史记，练习函札，绘地图，作论。其尤颖者，间及算格诸学，是为经馆。五等皆小学次第，或并于一院，一总教习督之，视学舍生徒多寡定分教习人数，下舍课娴，转于上舍。或孺馆、蒙馆、经馆各为一院，或附孺馆于蒙馆。十岁以下，教习皆女师。院有广庭，后园为之秋千、蹴鞠、舞干、弹棋，每日课竟，教习率而以戏。十岁以外，每日入学出学，皆按步伍，课竟教以拳技坐作进退。凡蒙馆别舍聚竹头、木屑、旧废铜铁器皿，斧斤刀错毕齐，有工师为之指授，令生徒能以废财①改制成器者，材出于公，器归于己。闾阎子弟志为工商者入蒙馆而毕，志为士者始入经馆，法国语称康缪恩学堂。女学十岁以内与男同，十岁以外以吹弹、歌曲、绘画为主。为士者由小学而入大学，总者为太学，分者为书院，课程相等，分学而治。太学之分名为院，有道学院、法学院、医学院、艺学院，书院之分名为馆，有营造馆、治矿馆、机器馆、精艺馆，或并附于书院，画舍而居，或别为一所，与经馆并立。初时一国一太学，后推广有数太学，又推广一部有一太学。一国之太学统一国之书院，一部之太学统一部之书院，或书院数所至一二十所聚于一处，而统于一太学。生徒年二十，经馆课业皆通，拔入书院太学。旧式入大学者，率以经馆为阶，重古学，近日增实学馆，重格算等学，皆有成效，一体拔入太学书院。课程以四年为期，一罗马希腊古文、本国今文、英、法、德文字，二列国史乘、舆地图说，三测算、天文、地理，论地中层次体质，为矿务博古之用。四格物、化质兼及物性、种植，五性理、公法、富国策。此条专为太学课程，书院与太学相经纬，故学于书院业娴者，亦先治此为太学之基。书院课程期满，由太学考试入选，给以文凭，如诸生入太学深造，其课各国古今文字、史乘、舆图、测算、天文、地理、格物、化质，如书院之故。此外分道、法、医、艺为四大科，习四科者，恒以书院所素学者为本，学成课最，奖给文凭。如举贡道科者为道师，即牧师亦有不从太学出身者，则由教会以劳贤推升，不在此途。法科者为律师，即律士，亦译为讼师、状师。医科者为医师，艺科者为制造师。此科亦多不由太学者。出于太学，各归其社会，同社互相切磋，至学业大成，名望卓著，复与文凭，进秩如进士，洋语称铎德，译之可为师也。道科者为道师，医科者为医师，或终其身。法科者多由此以仕。法学分四项，曰刑名，曰通商，曰纪纲，曰公法。自爬雷司审事官等而上之，月审、季审、巡审、上议院审事等官、刑部大臣皆由刑名以进，未得仕者为律师，或佐官听断，或助民执讼，皆公言之。自巡捕之官、敌司退克审事官译以为知县，实不相似。等而上之，至各康退射尔长官译以为督抚，其实亦非此，不治兵税。以及民部内部总管府若协理、总办、参赞至大臣，皆取于明纪纲法律学者；自出使总

---

① 原文如此，当作"材"。

领事、公使、税务邮政藩部外部总办至大臣，多由明公法、通商律士以进，故此科为由士出身之专途。其艺科之选，则为工艺院诸馆之师，若营造、治矿、机器、精艺、船政、农政，亦设馆分课，附于工艺院。或为工作厂、矿厂之董，富者自为厂主，公会官、兴艺官间由此以选。其士科之最贵者，有阿佳底密，此兴自法，德、美皆仿而行之。其实如中国翰林院。初时专以艺文为重，职司艺文及修补字典。近年格化学兴，因附设四科：一理法，为人之理与治国纪纲，合道科、性理、法律为一。法国太学旧分五科，曰文学，曰理学，曰道学，曰律学，曰医学，二百年前法国创始，仿中国翰林院，设阿佳底密，初以文学为主，后增科，并道、理、法为一科，其太学五科课业如故。二博古，考订各国古今文字，识古物，辨古器，译古文及别国书。三格化，译其科目名义，一曰学问，统光、电、汽、热、音、重、算诸学，合天文地理为一科，太学艺科之选，尤异者与此选。四雅意，译义又为精艺，主绘画、协律、音乐制曲、雕镂石像。与文学工诗文，编史乘，修字典。为五科，仍以文学为重选。凡优于五业者，由太学三考，名成以后，教习于各学院，有著述声名。由平时本院众博士详稽品目，期会选举，会选者人一楼，各以所业试题，众博士纳丸楼中，以定所试优绌，优者纳白丸，绌者纳黑丸，毕纳启楼，得白丸多者为中选，则为此院博士，类皆高年宿学，以此为不朽之荣。其学而未与太学之选，或与选太学生员不中举贡之选，则为蒙馆之师，别有师道馆为之教授，其程式：一、英、德、法三国今文，二、代数几何勾股算法，三、金石动植格物化学，四、地球图说各国史记，五、律吕，六、敬神修身之道。除温理诸学，每日须练习教授之方。学为女师者，但减所业，程亦如之。课程既满，给与文凭，始就馆聘。蒙馆乡学教习皆取于此，经馆书院教习取于太学，举贡太学教习取于进士或博士。经馆以下由民举，书院以上由官举，各国小有同异，而大较皆然。英国英格伦太学三，苏格兰太学四，阿尔兰太学二，共太学九区；法京巴黎太学二区；德国太学二十有四区；美国书院率兼称太学。初各国太学皆国家所设，后每有富室捐建书院数所在一处者，国赐以太学之名，惟考试取士仍归国建之太学。官建者入度支，学部主之；民建者，民捐经费，举监督董之，有成效者发公帑助之。此太学与书院之大较也。经馆经费，统于书院，蒙馆以下为乡学。英国五十年前尚无官设乡学，于民所设者发帑奖助，继而改为官设，并入度支。美国凡新属之地，除出售与民开垦、给修建铁路开掘河渠各公司，更以给本处备学校经费，计给学校之田已五百四十万顷。给地入不敷出，则按民私产征收。法败于普后，始广设乡学，建学之费二千四百万磅，岁用率六百九十万磅，教习束脩皆公费，生徒入学，率自备资斧为常，贫不能给者公赡之，不入塾者罪其父母。

学校之兴，德国最先，亦以德国为最盛。嘉庆十年，布为法破灭，有深思之士进言布君，欲振兴军事，必以乡学为始，令民间子弟无不诵读，而及兵法，迨入营之时，率皆英年稍通文字者。昔西士培根云，智则强愚则弱。即是此理。因于通国设乡学，不入学者罪之。如是五六年，乃南败奥而兼并德意志小邦，旋又西破法而称帝。今计通国小学二万九千四百八十二所，实学馆暨经馆大者八十四所，计岁费九百六十七万五千磅。

武学专以教习将弁，与船政馆相表里。武学堂为武备院，专由官设，船政馆则兼有民设者；武备专主军旅，船政兼主通商也。凡武备院皆厚给廪糈，课程与各书院相出入，如测算、火器、绘图、建造营垒桥梁，考究古今史记历代兵法，文字则稍涉罗马古文，而以邻邦今文为要，尤以本国军例与公法为急务。分门教授，以六年为期。生徒入经馆课业皆通，愿习武者入而受学，课所业有余力，始操演骑步战事。馆为广庭，后园置蹴鞠、舞干、缘橦、击弹诸击刺，以备游演。期满课最，然后入营器使，自武弁至兵督皆由此以进。其士卒则于军营设学，课以书算绘图。德、法则民间子弟既出乡学，皆入于卒伍，三年为期。惟船政馆由官设者，主练习水师将弁课程，与陆军武学相等，惟增天文、汽机、格物，因航海测算须明天时，驾驶兵轮须谙机器，故格致之学宜视陆军武备加详。期满课最，授以文凭，始入海军器使，由管驾至水师提督皆由此以进。

英格林尼址水师学堂自都司以下皆许入学肄业，先考进门试，课以算术、汽机、水、火、重、热、天文、海绵诸学，入格者与住院，或就院居，或日再至，皆听。试及某等者有奖课膏廪，循序进业，试若干题，通若干条以上记若干功，记功若干以上拔补一次。

泰西文字推法国，法文本于罗马，罗马本于希腊，希腊本于埃及，埃及即麦西，分为犹太，实西方文教祖国。过波赛买埃及古文石刻，审其文以形相合，体甚繁重。西文主音，埃及文主形；西文旁行，埃及文直行。至伦敦闻有麻翁者，为博古学士，能识埃及文。访之，出所携石刻相示，渠亦不能读其文。但言埃及字凡三类，有模绘法，如画虎示虎；有定实法，如书妃别于王；有从音法，贤异于权之类。此三体者，古人混用焉，今惟用音，令人易晓。因询以西土文字凡几变。麻举二字相示，一画蛇形，三变而成字，又三变而成希腊文，又一变而成罗马文，又一变而成今字，即二十六字母中之 F。埃及石刻，据麻称为开辟四千年前古文，以时按之，则夏末商初时也。其文三体，与古先所传六书为象形、象意、象声，而无指事、转注、假借。指事原与象形一类，而义更隐微，疑埃及古文亦有此体，而西人说字，不能通其意，遂混入模绘一类。转注、假借以体兼用，即在四体之中，亦所应有，特西士未及知耳。在巴黎观演剧，演犹太故事，歌者登场，调为三字句者二、七字句者一，如此相间，凡十二句。西国制曲者皆博士，或言学士，其雅意一科，专主绘画、制曲、协律。凡为士者，初入经馆，皆习腊丁文字，卒业考成，始各就其性之所近，分科肄业，故凡为博士者皆识腊丁文。制曲演古时事，则以古时音协律，今演犹太为一字一音，三言七言一句，则知犹太古音同于中土。后识英议士戈登，娴于掌故，叩以英文所祖，答云来自索逊。索逊者，英主之先，为日耳曼之族，千年前入主英国，故其文字行于英伦三岛。索逊文又来自印度，故从梵典旁行，以音为主。乃悟麻所云古文八变而至今文者，盖缘埃及文有从音一类，参以梵典拼音之法，以字母就方音，有一种语言即别成一种文字，文凡八变，据二十六字母而言声音，则迁地而变，故各国自为字典，而字母皆同，习其语即通其文。西士博学者皆通十数国文字，而能识埃及字者甚稀，其习中文者，仅能译公牍而已。据埃及文、犹太音与中文同例，则知埃及、犹太时文字与语言为二，知书者少变而从音，语言与文字为一，令人易晓，故举国知书。其端甚微，而变动甚大，其教之遍传国土深中人心，实由于此，不可不察。

　　语言即文字，简易易知，顾其为书，便于直陈器数，难于曲达义理。举国聪明才智注于器数，故日进富强；无深至之文，言则性情不感，而日趋诈力。其国有善著论工为诗之士，国人甚重，然不数有其教，惟以永生永罚制人，不讲自然之情义，其害在蔑伦背理而不知，不解中国父子夫妇之伦为何物，反诋中国父权过重，女性见屈，以为承草昧之余习。势强者擅权，急于起而革之，以彼之文译中国经传，决不能通其意。言如"孝"字，即西文所无译者，以顺从字当之，不知孝兼报效教敉之义，为名教根原，此义支离，说无从人。又如天之经地之义，西教言天地有造化之主，西学言地不属于天，此义难译，况译者并不通经，则支离愈远。道光末英人黎雅各来中国传教，同治中曾译《孝经》、

《论语》、《周易》、《诗》、《礼记》携归国。今黎尚存，年七十余，在英。叩以传中学生徒，答言西国无所用，习中文者甚稀。一日招赴其东方学会，列坐十余人，无识中文者，惟黎以西语译屈原，传与众演说，义多燕郢，闻者问难，不解其宗旨，以为行径太奇，恐无其人。乃告以中国名教重君权，以治民即以护教，忠君所以保民，即是敷教，譬如耶稣门徒殉教而死者十余人，屈原之死即殉教也，知彼即知此矣。闻者称善相属。如用明经术精训诂者以治译官，博采各国古今文，凑合罕譬引申，以曲达经传之意，贻彼教会、学会、学院、议院，乃可以渐引彼教之人心，而固吾名教之壁垒，实正人心息邪说之大关也。

西文起于印度，传及波斯。波斯字右行，分为阿剌伯、希腊、罗马，再分为今西洋各国。以音传意，音相近者言即同，借义多而正义少。如"天"字借喻于气，则中文言天之义不能通；"道"字取譬于言，则经传诠道之义不能达；弟兄长幼一名，诸母与诸姑同称，不能别嫌明微。中文主形，形中见义，所谓圣人见分理可相别异，故制文字。西文无分理之别，先不能立纲常之名，故不知有名教，文明未启，但畏祸福。耶苏称天之教，足以涵盖鬼神，泰西从之而化，由其文同，故教同，法律同，政俗同，好恶同，故党同伐异，而合以谋我。中国与彼文异、教异，而无所不异，所赖以通中外言意者惟舌人。顾为译者多不通义理训诂，由洋译华，则比拟多不伦；由华译洋，则训义多失旨。必学明训诂，尝考求中外政教掌故者，始能训比悉当。英、法皆有东方学馆，习印度、日本、中国语言文字，为教习者皆非通人，故彼馆生徒仅能通粗浅公牍，备其使署缮译。两国政教本源无由通参得失，名教之义，彼所未闻，以其教尝我而信从颇众，及观我政不能安人，兵不能自卫，遂抵隙蹈瑕，以我今日之积衰，并毁中教为妄作，教会乃直谓中国无教，而亟思以其教易之。国势衰微，不能不兴功利以自救，急治其标。然而士学已卑，经术不明，官方已邪，市流竞进，商势已重，本业日微，益以崇西，学尚工艺，保商权，工商日益贵，士农日益贱。环球大势，以某国商业盛即通行某国文，为便用而易谋利。中文难而无功，洋文易而有利。试士之文，既肤廓而无实，不足取重于时，儒官仅存，已成寒乞，二十年之后，无人习汉文，而周、孔之书废，彝伦之教裂，传教者乘机煽诱以称天平等，如发蒙振落，士不能自存，必且附其教以助扬其波。故广兴功利，诚可转贫弱为富强，然不力护本源，势必沦中夏为夷狄。然人情不甚相远，其国之世爵，太学之秀良，颇知慕中国礼教，教会亦间仿华风，修改教规而讳其所自。宜因以广同文之治，命儒臣取六经所有之字，参合大小篆，分部摹成字典，用洋文译古训，引申别义，详为诠释，即用其文写六经定本，以贻其议院、学院、教会、学会。彼国太学有博古一科，重埃及古文，其文主形，篆而直行，字形如钟鼎虫鸟篆，今制通行字典，须用篆文，令有形意可见，始能有所悟入。识中文自必读中书，读中书自然知名教，知名教自然贵仁义，服名教贵仁义，则夷进于夏，可以仁义之道治之矣。《周礼》外史"掌达书名于四方"，名教之兴，自近而远，其时距王畿三千里外为要荒之服，故王者不治夷狄而以同文治之，书同文则行同伦，其事相因，必然之势。洋书则罗马律例万国公法，通使指明，根于其教，发于其政，行于交涉，亟宜译订旧讹，纠绳得失。公法始于荷兰人虎哥，本闭户私书，其后讲者接踵，遂成公律。近荷兰学会复取各国律例与罗马古律，参会订为泰西通律，致书各国政院、议院，许以通行。今本经术仁义之精，为之折衷驳正，转译其文，贻之各国政府、议院、学会，则公法之权归我，交涉之棘手渐除，渐因折衷法律而讲以名教人伦，彼即不肯遽遵行，而已先摇其教本。彼教新旧《约书》推本生民，称天立约，言非而似是，法简而易从，传教者虽无煽乱之心，而实有变夏之志。非明辩正距，彼推本于天，专破名教，害将中于人心。宜详辨其非，转译以贻诸教堂、教会、学会、学院，纵不能遽变而归化，而其说不胜，传教之心自阻，从教之民日稀，其效虽缓而机甚捷，诞敷文德而战胜，朝廷不可易而忽之也。

西国小学即课天文、地舆、算术、物理，学塾备仪器为日、月、五星运行轨道，壁悬五洲舆图，置算筹、三角、光镜及动物、植物图形，分年肄业。若天文则以二至、二分、日食、星犯，令学者指拨运转，觇其所晓；若舆图则举某国某洲界线，令学者摹绘其性。近业优者以为专门始基，其次皆粗知大略。教习考成以为知及于学，始入经馆中学肄业。故凡为士及上等人，无不知日、月、五星、地球运行经纬，与五洲、南北极、赤黑道部位、大山川形势，及几何、勾股、割图、算术、水、火、气、汽、重、热、光、电诸学途径。童而习之，先入为主，就其性近者深造为专门名家，故举国除下等椎鲁不计，皆主一家之言，绝无异议。其实谈天三家，各尊所闻，不必宣夜长于两家。地如鸡子黄即地球之说，盖天家言地如覆盂，以海行极处为南极，其理至显，不必圆合如球。道书言地形如肺，滂沱下垂，即以今泰西所制地图按之，除海水不计，九州地形实肖人肺。《淮南子》、《楚词》言天倾西北、地陷东南，以今英、俄日暑东南洋水深测之，亦适吻合。本不能据一家为独是，傲中国以不知，特彼国知者多而中国知者少，非专门者无术与之辩难，方惊为所未闻，群盲相哗，以为谈天地必宗西学，且若舍西学无天文地舆。不知中国今日之衰，正由中学不讲耳。士习帖括，不知七政五纬，不辨四方九州，高引圣贤，辄持臧否。士夫习为虚憍，试之以事而立穷，此亦学术衰微之故也。《记》言小学"教之数与方名"，视智虑规矩，数即算法，方名即地舆。《尔雅》所载四荒、四远、九州镇，浸于地域，大势已明；释天星名岁阳星次月阳，于天文大纲略备；鸟兽草木，足资见闻。此宜旧皆有图，而时久散佚，不传于世。《尔雅》，古小学之书，今则非通人不能读。《考工记》言：石何以泐，水何以凝？即明指考工须知格化。特此等别有专书，与算术、乐律同列于经，但举提要数言，如学校不废，工官尚存，知此者多，何至震服于西学？故人才衰由学术陋，今不咎己之不学，而反诧为古所未闻，不亦厚诬乎？

外域限年考学，合乎礼制，得教不躐等之意。故高者进博学，次者就专门，下者亦有执业。故民无游惰，士鲜空疏。今中国学校废弛，家自为教。家自为教则欲子弟速成，未知六甲，先制五言；未辨四方，先求一贯，其要归以资试帖八比而已，以言文章已至陋，以之致用，不更远乎？上者空谈性道，举一废百；次者猎取科宦，浮沉以取世资；下者无成，欲改习他业，而时已过，则游惰终身。其弊原于违躐等之戒，其极至于人才乏而学术衰，游惰多而中国困，履霜坚冰，由来者渐也。

外国选士皆于学，博士教习为主试，教官即考官。平日课优，届期取进，故不患不明，但恐不公，设官以监之，而其弊自去。其实主试声名所系，平日众论所推，即有不公，不过略有抑扬，不敢颠倒黑白。《周礼》地官为教职，而兴贤能即典于此官。经制甚明，而后世不用，学校废而投牒赴考，糊名易书，弊未能除，徒令学者迷惑，竞一日之长，怀诡胜幸获之心，屈抑滥厕者多，无所观摩，而业荒于惰。业惰者志昏，于事理思不能入，何怪人才之日下乎？

英国报《泰晤士》最著，华国报《覃排》最著。主笔者皆必有品望学望，由学会所推，即其国之清议所在，报无不实，论必持平，余家不及。凡立报馆，必请于国家，国必允行，但由官考察章程，禁其诈索人财，有犯者本馆察知，立去其人。议院设报馆听议处，有笔札令其记闻传播，但无造言恶詈，余俱不讳。政虽不以此决从违，民得因此知国事，论洽民心，一时遍国中。百姓或即联名献议两院，议允即得施行。故国政报馆亦自重声望，不妄发言。兼及外国政事，故欧人于别国兵灾新政异闻皆知，不似中国士民茫然隔膜。事归学会，主持清议，有乡校之意，诞告多方，属民读法，其规模故远不及先王，然亦有可观者矣。此外银钱贸易之属，掌故小说之属，分门为报馆，皆各业各会人理之。

郑樵氏亟称图谱，惜为古法湮灭。欧人无书不有图谱，故辨于测算，分数甚明，而考于方域，物质甚审。太学、工艺院凡制造仪器毕齐，水师学堂有兵轮器械小式，博物院于各国名都紧要海口皆有范形，以资学者游人考镜。学业日兴，图谱之力为多，而仪器范形以相辅。如仿其水师学堂之制，考察庶官候补人员无所能业者，为设官学院，毕陈图谱诸器，如工艺院、水师学堂、博物院之式，令就性所近，分门治业；其在馆膏廪，为学次第，则兼仿格林书院政治学馆章程，以课业殿最为需次先后，不数年而人才出矣。

附：与英国麻博士议修各国通行字典说例

一、五方之音不同，由于地气所限，又童而习之，至难更改，故古人但言同文，不言同音。文者，以形相别之字也。字之形所以绘出人心中之意，凡人出言，唇齿之音有异，而心中之意相同，故音则百里不同，意则环地球无异；音则数百年一变，意则千万年无改。因人之意，造字之形，认准此一字之形何若，便知此一字意云何，虽读出口，其音不同，而入于目，则其意同达。今欲造通行文字，必须以形为主，一意造一形，一形为一字，一字读一音，所读之音，各随其方俗唇齿之便，不必强同，但须同用此文，览其文便能通其意。譬今日本与大清言语不同，日人之习汉文者，其读汉文，口音亦异，但将汉文写于纸上，便可彼此通晓言中之意，至于别国文字，则非先通其言语习其口音不能。凡人欲深通学问道理，全要明悟，不在记念。主形之字专用明悟，主音之字专恃记念。人到中年，学问有成，明悟必长，记念必退。今造通行之字，以形为主，实为各国深于学识之士便于讲习领悟。用此种字译各国书，开卷了然，由此可以遍读各国之书，信函来往，广交四海之士，不但为一国之通人，且可为环地球之通人，实同文之一大转关，宇宙之一大快事。

一、西文盛于罗马，而诸国各以其方音合字母为语言文字。中文始于仓颉帝。有二说，一说是黄帝之臣，则在五千年前；一说为颉黄氏，则在黄帝前，至今七千余年矣。夏、商之文，略有改变，今存于世者，有钟鼎文摹本。汉朝许慎所作《说文解字》中之古文奇字，存者不到百分之九。周朝太史籀作大篆，孔子作六经，用此字写之。后来秦朝李斯作小篆，省大篆之繁就简，汉朝石刻五经用之。自小篆以上，虽屡有变改，然自古相传，俱以六书之法为纲领，字有小变，而造字之法未变。六书者：一曰指事。又名象事。譬如言语不通之处，用手指一物，用手比一事，如"上"、"下"之类是也，"上"古文作 ⊇，"下"古文作 ⊆。譬为一物，一譬人手所指，指其上则意中明其在上，指其下则意中明其在下也。二曰象形。象形即绘字，凡实有其物者，皆略绘其形，即为此字，如 ⊖ 画日形、☽ 画月形之类是也。三曰会意。又名象意。凡动作字多属会意，随取象形、指事二类之字，或两字或三字、四字，合成一字，或用正说，或用比喻，令人详两字三字相合之理是何取义，便知此字是何意思，如"武"、"信"之类是也。莅篆文是一个"戈"字一个"止"字合成。"戈"、"止"两字皆是象形之字，戈是画古时勾戟兵器之形；止是画人足印，人足履地，便是停止之意，故止象足印，而意为停止。武所以戢乱，不可以穷兵，故造"武"字，取止戈之义，用"止"、"戈"两字合成。信篆文是一个"人"字一个"言"字合成。尺字是象形字，乃画人侧身之形；言字是会意字，言是"舌"字，舌上加一，取言从舌出须有条理。由人言合成"信"字，便是人言为信，凡人出言必须有信也。四曰形声。一名谐声，一名象声。如"江"、"河"之类，篆文作江河，左边是偏旁，是形以类为分别，江河皆是水名，故偏旁作氵；右边配合一音，随各地方音，呼此等水作何名，便是一声音相仿佛之字配在右边，合为一字。如"江"音与"工"相似，便从水旁配一"工"字；"河"与"可"音相近，便从水旁配一"可"字。凡金类木类鸟类虫类之字，皆如此例。五曰转注，即是实字虚用。六曰假借，即是比喻。实字虚用者，譬如云，古文"云"字，象天上之云，以云之气象纷纭，故用为纷纭之意；雨，古文"雨"，象天所下之雨。以实字作虚用，凡自上而降下者，皆谓之为雨，如雨粟、雨毛、雨花之类。比喻者，如"习"字从羽，本象鸟羽，字之本意为鸟学飞，因人之学习，无其本字，故借鸟学飞之字为比喻；又如"贵"字从贝，本象钱贝之形，字之本意为物价贵值钱，贝多因人之贵贱，无其本字，故借物价之贵贱为比喻。余可以类推。此六书者，自仓颉创此例，后来字形虽屡有更改，然皆不外于六书，故小篆以前皆称之为古文。但最古之文，其笔画减；后来所改，其笔画繁。笔画减者易于记，笔画繁者难于记。今造通行之字，须要使人易晓，宜用古文。但古文存者不全，惟小篆存者尚备。许氏《说文解字》凡有九千余字，分五百四十部，嫌其太多，难于学习；

又笔画繁减参半，其笔画繁者，又难领悟，拟设法变通。考九千余字之中有三千余同意可通之字，今删繁就简，其有数字同意相通者，但用一字，择其笔画减而形意分明者存之，余笔画烦而意隐曲者去之，则止有六千余字。以小篆为底本，而参合太古文、古文奇字、钟鼎古文、大篆，择善而从。其小篆笔画繁形意晦，而古文太古文、古文奇字、钟鼎古文、大篆四种总名。笔画减形意显者，则取于古文以易小篆，减省五百四十部作为一百二十部或一百五十部，仍依六书之例。象形一例，古文已备，有减无增；指事、会意二例，须通盘筹算，存其必用者，去其不必用者，存其明显易识者，去其隐晦难解者，有减有增有改。如有小篆繁而古文无之字，则取罗马古文合于篆文偏旁以成其字。其形声一例，所配成之小篆文一概删除，但存部首，计有草类、木类、山类、水类、玉类、金类、宀类、鸟类、虫类、鱼类、马类、鹿类、鼠类、肉类、角类、衣类、系类、食类、犬类、革类、佳类、禾类、酉类、肰类、车类、邑类、示类，凡二十七类三千五百余字。去三千五百字，则仅存三千字矣。遇有二十八类之字，则偏旁从古文，配音用罗马字母，或一音或两音，不得多至数音，以便记识，临用现配，不必别在字书中。转注、假借二例，其字即在象形、指事、会意三例之中，原不添字，但加注解，则此通行字典制三千字足矣。

《说文》小篆以形为主，其分五百四十部，亦依形相联，属次第读之，自然通晓六书之法。既解六书，又识五百四十字母，部首之字即字母。此外之字，无非由字母拼合而成，熟于拼法，六书即古文拼法。则随举一字，便知此字之取意，即知此字之用法，一见了然，自然易记。余旧著有《说文部首详注》一书教于学者，学者只须熟习五百四十字母，便通《说文》全书。今更删繁就简，减五百四十部为一百五十部，则只有一百五十字母，学者只须熟习此一百五十字母，领悟注解，便明六书之法；再认各部首字母，所拼合之字自不烦言而解，能解自然易记。其部之次第，仍依许氏之法，以字形相联属。如首"一"部注明一画在上，取意为天；一画在下，取意为地；一画在中，取意为道。次以"王"部，便知"王"字上画是天，下画是地，中画是道，王者当贯通天地人之道，丨者贯通之意。此下次第，以此类推。又古文造字之取义，凡有四端：一仰观于天，二俯察于地，三近取诸身，四远取诸物。此四类是实字。实字既成，然后生出半虚半实字，即动作字。或以两实字相合，明其动作之意；或用点画加于实字之上，则以点画形象别之。

半虚半实字既成，然后有虚字。今立部首，依形相联，犹恐分类不明，学者疑惑，更将部首分类，天文一类，地理一类，身体一类，物象一类，物象又分生成与作成为二类。点画一类。学者既观，依形相联，知其源委，又观分类部居，知其体例，则易于通晓矣。

一、会意例多半系动作字，小篆于此等字笔画繁重者多，古文此等字存者甚少，则须有改动，依部首字母生子之例，仍用两字三字凑合而成。其拼法或从左到右，或从左到右，或从上到下，或从下到上。如无次第，则阅者易迷。比如止戈为"武"，"戈"字在上，"止"字在下，如解为戈止，则其意不明；人言为"信"，"人"字在左，"言"字在右，如解为人言①，则其意大反。今拟会意字，无论古文、原文及新创义文，皆于旁加一记号，从上到下解者作ㄱ，从下到上解者作」，从左到右解者作ㄱ，从右到左解者作ㄈ。如"武"旁便记以」，"信"旁便记以ㄱ，余皆仿此，令学者开卷了然。又此类字同意而异形者尤多，今从简易，惟取其明显易知与属文必用者，每一意只存一字。如"拜"、"揖"、"撵"、"𢲸"，皆系人拱手为礼，则只存"𢲸"字，删去"揖"、"撵"、"拜"三字；"来"、"至"、"到"、"届"、"抵"、"格"，皆系由彼处到此处之意，则只存"至"字，删去"来"、"到"、"届"、"抵"、"格"五字。然有数字同意，其意虽相通，而究微有分别者，如"来"虽是至，而招之使来曰来，则其人尚未至与已至者有别；"格"虽是至，而格是神光所到，与身至其处者有别。今既删去"来"字、"格"字，属文须用"来"字、"格"字义者，势必以"至"字代之。又恐读者不明其意，遇有此等处，自度心中之意，与所书之字尚微有分别，则于其字之旁加△以为记号，凡文理稍深者一见自能通晓矣。

一、会意动作诸字有同意字，有对待字，今将同意之字删除，只存一字，原为初学通行之文，易于下手，至于通行既久，精益求精，自宜遍识古文，以征博学之能，以助文章之妙。拟于字典之外，别为一表，分为四格，以所存之字为纲，其字有两字对待者占两格，有四字对待者占四格，直看其本格之中排列同意未列字典诸字，有一字列一字，有数字列数字，横看对待之字，两相参证，其意更明。易于解识同意之字排列一行，涉目及之，渐渐能识。如阅中国古书，字典所无之字，求之于表，自然能解，此字与某字之意相同，即可用字典所存之字为此字作注解。

---

① 原文如此，当作"言人"。

一、形声例二十余类，多系物名，但存部首偏旁。学者识之，每逢用此处字之处，思是何类，即照字典写出偏旁，其右边所配之音，即取罗马古文，随其方俗所呼之名与罗马字母何字之音相近，即将其字写在偏旁之右，拼成一字。如字母一音与此物之名无相近者，则以两音拼合，不得过多，以便记识。如音不能准者，可画其物之形配于偏旁之右，则但识通行字典之偏旁者，无不一览而知其为何物矣。

一、转注例系实字虚用，虚字实用，由此一意又生一意，所以济文字之穷。如𝒟、尸是实物，因地轴自转一周，而为日光所照，故日光所照之一次，名之为一日；月轮绕地球凡三十日一周，故月循轨道之一周名之为一月，此系实字用为半虚半实字。又如𫞩，古文"时"字，象日出于天，上有光。一为天中象日光茫。古人日出而作，日入而息，故日为时，夜不为时。时者，正正相当之意，故又以日出见光之时为是非之是。"时"系从实字，用为是非之"是"，便是半虚半实字。是非之"是"言当如此之意，因而推广，凡言如此，俱名之曰是，便是用为虚字矣。由此意又生一意者，推广日之时以名夜之时，则为一日之十二时，因由一日之昼夜相推相积而成；一岁为春夏秋冬，故又以为一年之四时；由今视昔，皆四时之所积，由今视后，皆四时之所推，故又称为古时、为将来之时。又如"尸"，卧人也，象人卧形；"𠆳"，相依也，象两人相依，而𠔼象被以覆之，本为动作，半实半虚字。因人之死，卧而不动，故以卧人为人死之尸；被之依人，人之相依，犹衣之依人，故以人相依之字，为衣服之衣，则作为实字用矣。但虚字实用者少，实字虚用者多，今拟每字注明，则注文太繁，初习通行文字者，苦其读一时难遍，但于凡有转注之字，旁加丶以志之，于其字之转注最广者，发明一二余字，加志于旁，令学者因此悟彼，可以类推，遇属文用此字之转注义者，即照字典加丶于旁，令阅者分明，可以意会。其用本义，不必加丶。

一、假借例即是比喻天下古今之事。理虽繁而彼此相通、相类之情形，随在皆是，故古今立假借一例，以比喻尽文字之变。如从"犬"之字多比喻人之恶；从"羊"之字多比喻人之善；"𠃬"本"凤"字，因凤凰所至，百鸟从飞，故比喻人之朋友；"𠙻"本蚕筐，因蚕在筐中曲屈委蛇，故比喻人之私曲。凡此之类，皆于部首字母注明，学者熟习部首，使知从此类之字多取此意。其部中所拼合之字则不尽注，但于假借之义最广者，旁加〇以志之，举偶反三，以类相求，无不通矣。遇作文用假借义者，亦从此例。

一、虚字，中国言谓之语词，又谓之语助。其字不多，而属文著书随处须用，所用甚广。义文虚字有即用语助之本意，指事、会意者有假借他字代其口音者，今作通行字典，仍分属于各部字母，下详加注解，而别取此数字归为一类，分别用法前后，则文法即寓其中。其字属假借者，仍加○以为志别。

一、分部字典如一树，从根生枝干，从枝干生花叶，虽枝又生枝，条又生条，万叶千花，同根一本；又如一水，从一源分为数派支流，每支之中又分数十派，虽其流甚纷，而因委穷源，脉络分明，故乍见似难，而寻求实易。但诸国通人多熟于音学而未习古文，犹恐厌于寻求，习之者少。今拟于分部字典之外，更作一分类字训，仿唐时徐锴《说文通论》之例，不必全列三千字，惟择其要领，分类相联，以便学者依类而求，以彼证此，易通古人制字之意，与字典相辅而行。

《采风记》卷之三 礼俗

西国之上下通情，得力于协会，亦称社会。而辅之以报馆。协会者，国中同等及同业之人，相约联为一会，各有会所一区，书籍笔砚毕齐。在会者日至焉，各习其业，以时宴集，或有所讨论，或有所谋议。同在一社会人，平日则往还亲厚，庆吊相闻。上等社会皆世爵之家与律师、博士以学名家者，次等则富商大贾。其上议院皆世爵，下议院多富商。政府必有世爵数人，律师一人。世爵即取上议院中才识优持论长者。律师者专治律例，亦称为法律士，刑官皆由此以选，仕至刑部尚书，则封爵入政府，爵止其身，无世袭。报馆不一，其大报馆类有博士主之，其博士、律士等又各以所操专门学业，集同业者联为社会，皆有会所，如中国会馆。故国中凡有举作议论著述属次等社会者，下议院皆周知；属上等协会者，上议院政府无不周知，辅以新闻报，则四通八达，如在一堂。上等协会达于君主，商会之大者亦告于君主，即为公会，然皆行之而告于君主，非待君主允之而始行也。

社会与公司相表里。联交结党者为社会，酿财谋利者为公司。一社会每兼有公司数家为联，比其家产，剖为股分，亏则益本，贷则公摊，为无限公司；数人酿股，不关家产，程本亏尽而止，为有限公司。国中除工匠、佃农、负贩、小业、佣役、车夫、食于教者、牧师、教士。食于官者，巡兵之属。此外类有公司股分，如大营包小营，互相联结，故工商之业为举国身家所系，凡得与于议者皆仰食其利。通商为其国根本，故于争海口占埠头不惜全力。商之所请，公家必行；商之所至，兵即随往。其一国即是一大公司一大社会，推之则英国联邦诸岛、印度、澳大利亚、阿非利加、北亚美利加诸属地合为一大社会，德国日耳曼列邦合为一大社会，荷兰、瑞士列邦合为一大社会，美利坚联邦合为一大社会，罗马教皇与法国、奥国合为一大社会，又推之则泰西各国与南北亚美利加、澳大利亚合为一大社会也。美之开国，本为英之商会，后乃拒英，自立为国；英之有印度，始亦由于商会，初时英之印度商会得专制其地，通使出师，英主鉴于美事，急收其权，否亦化而为国矣。公司主利，社会主名。《周礼》"九两系民"："八曰友，以贤得名；九曰数，以富得民"，最为难解。今至西国，推求其所谓社会、公司，始悟"系民"之义。既裕才力，又通声气，本国之势，自然完固。圣人用之为富教所关，末世用之为纵横所本。故战国游士，诸侯倚为轻重，汉初游侠尚有遗风。所谓剧孟之来，隐若一敌国，譬如敌国之众，入居腹心之地，则其本国自然受制矣。西国之君权日轻，民权日重，其原在此；而其据人地，灭人国，夺外邦之利，得力亦在此。西人行之得计，已视为轻车熟路，俄、日群起而效尤，实彼本国之大利而邻国之大害。其于中国情形，则并通商诸国为一大公司，并同教诸国为一大社会，天主、耶苏、希腊同源，而小异其流，教旨仍同，故易相合。中国政教已弛，而孤立无助，不可不亟为谋矣。

西人书富国策，言理财之术，贵在分业。以琢针为喻，自镕铁、抽丝以至磨尖、穿鼻，如一人兼为之，则一日不能成数十针；以十人分业为之，则一日约可成万针。故西人每事皆分业，而治工业如此，推之国政皆然。一、事有专司则无所牵制；二、熟极生巧则变通不穷；三、用志不纷则精神少耗，中间无有旷时。凡人初操此事，必踌躇审顾，此即旷时。工业与官事皆是一理，其始分在几微，而因而积之，其得失所关甚大。史言：邹子之学，先验小物，推而广之，至于无垠。西学正与之合。此亦富强之根源，不可不察也。故《周礼》曰："设官分职，以为民极。"古之设官者，重在于分职。又曰：以世事教民，则民不失职。此"世事"指三十工而言，其余称氏称人者，皆世官世职。知分职之义，则无冗滥之员，而以奔走期会簿书废务之弊亦寡。

富国策言理财分三种。一种耗财于无用。譬如以千金制一衣，此人耗千金无论矣，即卖衣之家得千金，又必用八百金以为制千金衣之资本。虽此八百金仍分与众工，众工仍以易食用，然其财已分散。由此八百金分散之资本所滋生之物不多，其买衣之家则卖十领衣始能滋生一领衣，此为有利有损。如积金银不用，则此款用不滋息，此为无利有损。如积众财以为资本，若公司、作厂、舟车、运转、贸迁等业，则既以日用程本分养众工，众工以所分财易食用，日有滋生之货物，又以不动程本储作料，成百器，日进程本，增致远之力，益生财之器，一转输挹注间，程本日增，滋息日广，源源不竭，此为有利无损。故西人理财之策，专重在积厚资以为本，速转运以滋息。学者慎思而明辨之，商贾信服而笃行之，所以作厂、轮船、铁路诸公司，有加无已，争趋若鹜①。其得力在商业学堂，切究讲明，通盘筹算，证之于协会，登之于新闻，则举国上下皆知，毫无疑义，一举而众集，公家又助其力，为之护持，不似中国之人自为谋家自为计，此尚同之效也。

　　西人凡事分业而治，故其业精，然亦有辨工作，是其富强根本。且百余年来，出各国人之才力以角胜，其精于业，理所必然，此外别业不必胜于中国，而皆推行尽利，各奏尔能，不似中国一事出而众说纷纭者，其中机缄，由于文字分科发源于始，其文字各为一典，又日出而不穷，譬如天文、地舆、算学、医学、法律、兵政、格学、化学之等各有字书，不相通易。知天文者不识地名之字，通化学者不识法律之文，故以彼学名者不能论列此学之是非，惟其学术同者自相为优劣，即成定论。事属彼科，所学即听彼人而行。故议论不乱于朝野，而无筑室道谋之弊。由外观之，有似于所业无不专精者矣，亦因此学成而名立，而权利即在其中。故人得专其心思，不致中途易辙。其文二十六字母，以音相合，如中国之一语而为一字，一字凡数音。孩而学语，其音皆二十六字母之音所合而成；童而习书，知二十六母之本音，记二十六母之点画，即知某语为某之数母音所合而成，依音之次第，画而记之，即为字矣。其井市道路所通行文字即是语言，故孩提、奚竖、乞丐皆能识字。至于专门学业，则其字非通行，其属词文法亦异，且听深于此学者随事命意，造为新字典，非学人不能识，即别学之博士且不能知，同学之浅者亦不能骤晓也。如天文家新测出一星，地舆家新探得一地，化学家新分出一质，医学家新合得一药，皆自命名其属词，有难达之新意，亦可自制一字。由外

────────────────

　　① 原文如此，当作"鹜"。

观之，以为西国尽人知学，且盛称其教化之美，凡学业之精，是犹瞽者扪籥以为盘也。三十年前定制，令男女十二以上皆入学堂，贫者公家出财，不送入学有罚，是其整齐之善政。然其所重乃工艺谋生之事，至专门学业，则在小学考成以后，与此为二事。其就此选，亦国之秀良，非尽人能为之也。

外国以工商立国。工之制器，待商而行。商之牟利，宜于远适，故其工作服用，凡以备行客所需，无不周备精良，沿为风气。举国好游，无七日不出户庭者，甚至襁褓小儿，生数日，雇妪领之居于别宅，每岁再归视而已。就傅入学堂，学堂皆在远郊为多。贫者食息即在学堂，时然后一返；富贵者则竟于学堂近处，别筑一室以居之。妇人信教尤笃，即闲静不好游者，七日必诣教堂礼拜。礼拜堂虽随处皆有，而其俗瞻礼教堂以多为贵，故富人礼拜过三五安息日，辄易其处。富人必有别墅数处，以时转徙而居。英伦九月后多雾，富人世爵常以春仲居城，秋仲居乡。贫人转移佣工，视此国到彼国不过如异县。孩而离母，幼而去家，妇而健走，则壮者之远游，已成必然之势，此与中国不同之源。常谓中国为居国，外洋为行国。西人议论，亦有西人主动华人主静之说，实按情形，则西域一埠如一家，一国如一县，通泰西如一国，中国人情涣散，各自为谋，则一家各自为一国矣。

外洋虽盛兴机器，而修堤、治道、筑室仍须人工。以英国计，通国食于工者一万万人。其工价木工为上，泥工次之，石工为下。上工每日三先令，次工日二先令，下工日一先令。其日食工三先令者已为都匠，艺不及此者，木工每七日十先令为常价，在汔①机作厂经理机器者或倍之，其余肆廛佣工者称是。近年工匠渐觉富人役贫人以取厚利，其事不平，群立工匠会，议增工价；富人固持其权，迄不能增。良以工价增则商业不能不渐减，此亦工业由盛而衰之萌芽矣。

西历以整十二月为一岁，而二至、二分，因有昼夜平、长至、短至，自然之验，不能立异，无可推移，而无闰以消纳岁差余分，故创为闰日。有月卅一日者，岁当其半，盖仿中历之月有小尽，布盈于虚。其日辰无甲乙，而仍以日月五星为纪，以逢日值辰为礼拜日。无二十四节气，而有二至、二分，此历法拾中土之遗，而讳所从来，稍稍立异以争胜之。明验英国伦敦昼短至四时，夜长倍之；夜短至二时半，昼长三倍

---

① 原文如此，当作"汽"。

半有奇，几至四倍。明属地偏西，日在南陆，距光远，瞬息而过，故日短过于中土；尤偏北，故日在北陆，天西行，日没时，中土已不见日光，西方尚为日所照，故日长倍于中土。以日夜至长至短时自乘，日长多于夜长二十分之三，又立异以争胜，窃取古谈天家宣夜地圆之说，参合佛经大地随风轮旋转一义，原本推度，补截勘合，迁就乾象七政运行轨道，阐为地球自转本轴旋绕日轮一家之言，广制仪器球图演说以张其学。各国设天文台，其中仪器精良，远镜轮机，动值数千万，非平人学者所能仿造，即无人能窥其破绽。究之各国公家天文台所测，其傲人以不知者，惟见月中山涧隆窊，日面气色变动，五星地球各有两月、四月、八月绕之而行，五星外测出天王、海王二星，亦为地球数端而已。究举其大概，地球自转本轴每日一周，不过为变日每日一周天旧说，设法以合于昼夜；地球旋绕日轮每岁一周，不过为变日行在南北陆旧说，设法以合于寒暑冬夏。月绕地球，仍属浑天家言，不足争奇立异，故又创为五星皆地球，各有数月旋绕，以矜创获。五星乃谈天古候，不能自辟蹊径，又乞灵于远镜，创天王、海王二星之名，以实其行星无数之言，因以破日月五星为七政之说。至日之光气变动，月之积冰，仍本火之精为日、水之精为月古义，而小变其辞，其规合脱卸，可谓工于掩袭，而踪迹终属可寻。泰西讲天文者，推法、德为最。法初立国，称佛郎哥，本由日耳曼之族迁居拓土，立国称王，至沙尔曼王称帝，广兴学校，遂称文物之国。德本日耳曼列邦之一，日耳曼族本自小亚细亚洲迁居来因河，小亚细亚即埃及、犹太、阿剌伯之地，境接波斯，彼教由此而兴，其学亦从此而出。英之先日耳曼族撒逊人王其地，其教与文与学皆兴于此时，是泰西之学以日耳曼为宗师，日耳曼又以小亚细亚为鼻祖。小亚细亚由波斯通印度，实流传中土之绪余。故回教兴于阿剌伯，推麻罕默德为宗师，其教相承，亦讲天文之学。中国天官为史所掌，其后失官，不属史职，专用杂流，承习故法，无所研究发明，其学浸衰，守在四夷，失而求野。自有明司天监设回回西洋科，沿为故事，汤若望、南怀仁等相继起，益得考求中籍，得闻谈天三家同异。南怀仁书已有海潮为月所吸之说，即西人谈天新学之萌芽。文教渐启，才智日出，益推波助澜，影取宣夜家言，以圆其说，辅之以远镜，合之于测算，参之以光、重、电、化、汽、音诸术，所以矜奇护考者甚至。既于都会设天文台，为张学术根本；国学大书院皆设博士为主教，以考学者之成；小学及童学馆皆置球图，令朝夕常见，童而知之；又广置球图，鬻于四方，故举国之学无歧趋，覃遍欧州数十国无异议。独中国自失其元珠，不求诸赤水，亦耳食影附，惊为希有，自谓弗如。不知西人背本争胜，矫同立异，是其性然，其用心尤在破中国守先之言，为以彼教易名教之助。天为无物，地与五星同为地球，俱由吸力相引，则天尊地卑之说为诬，肇造天地之主可信，乾坤不成两大，阴阳无分贵贱，日月星不为三光，五星不配五行，七曜拟不于伦，上祀诬而无理，六经皆虚言，圣人为妄作。据此为本，则人身无上下，推之则家无上下，国无上下。从发源处抉去天尊地卑，则一切平等。男女均有自主之权，妇不统于夫，子不制于父，族姓无别，人伦无处立根，举宪天法地、顺阴阳、陈五行诸大义一扫而空，而日食星孛、阴阳五行相沴、垂象修省、见微知著诸义概从删灭，自不待言矣。夫人受中天地，秉秀五行，其降曰命，人与天息息相通，天垂象见吉凶，儆人改恶迁善。故谈天之学，以推天象知人事为考验，以畏天命修人事为根本，以阴阳消长、五行生胜、建皇极、敬五事为作用。如彼学所云，则一部《周易》全无是处，《洪范》五行、《春秋》灾异皆成瞽说，中国所谓圣人者亦无知妄男子耳。学术日微，为异端所劫，学者以耳为心，视为无关要义，从而雷同附和。人欲塞其源，而我为操畚，可不重思之乎？

闻之端木国瑚：经之言天者皆主盖天。求之于经皆合。如《论语》："北辰居其所，而众星拱之。"《易》："天行健。""天垂象，见吉凶。""日月丽乎天。""悬象著明，莫大乎日月。"《礼》："譬如天地之无不持载，无不覆帱。""天之所覆，地之所载。""日月星辰系焉。"皆与浑天家异。盖天之说，主天如覆盘，地如覆盂；天右旋，地左转；天行健，一日周天而过一度，至期三百六十六日而移所向，故有日南日北；浮出凸处为地，低陷凹处为水，故海周地之四游；天如倚盖，与地斜对，故人见日有出没。其理本精。即以今西洋所制地球为验，近南极一面亦皆为水，但其形敧哆不同。自周失其官，汉代经师不得传，而史家谈天，皆宗浑天。浑天独名于世，经生乃影附浑天家以说经，盖天之说遂无闻。古言天者三家：盖天、浑天、宣夜。宣者昼也，宣夜犹言昼夜，其说言天地形体、日月五星轨道，与盖天、浑天迥异，惟以准测为主，推积分以合昼夜，则与两家候验相同，亦占天之一术。自帝俈叙星辰，帝尧制历象，命羲和为天地官，四仲分主四时，则属六官之长所职。胤征废羲和世官。《周礼》则属之春官，为史职。史官与乐官同属宗伯，为联事。故王出，则太史抱天时，与太师同车。司马子长述《史记》，犹知天文律历，掌在史官，故有《天官书》、《律历书》。然其时已主浑天之学，此后别立司天、司历之官，渐用杂流，士夫遂废其学，承职者因循故法而已。所守惟浑天一家，未悉源流，又不深推本末，成法之外，一无所知，岁差迁移，推度渐以不密。宣夜之说，散见于诸子传记者，更未常过问。意其学古流传于埃及，利、艾、汤、南以后，始译传其学，持以与中学争胜，而秘所从来。西人学皆出于埃及，其先惟教书用古文读之，教士神副始通其读。自路得出，译教书，广传于人，于是好古者始由罗马以溯埃及，渐译教外之书传于世，去今方三百年，故高一志《寰有诠》、泛溥际《空际格致》①，犹袭浑天旧说。西人自诞，以为独得；群蒙闻声相哗，以为希有，甘自鄙弃旧闻，而争誉之，市哄耳谈，几成定论。浅人持论，以为择取其长。不知天无物，日月不丽天，则日月五星运行不能不揣拟一轨道以为准则；行星既有说以处无以解于恒星之移，则不得不说地球自转本轴，以合昼夜；地球自转无以解日南日北，则不得不以太阳居中不动，地球环绕太阳以合寒暑；地球绕日，非浑圜无自转之理，不得不说地球为一行星，无上下四旁，则水非就下，火非炎上，则创为天空压力、地心吸力以汩陈五行，而重力生热、热力生火、火力生动、动力化质诸说，辗转引申，以自圆其义。浸淫曼衍，益张其帜，以为彼学古今独绝，其实不过察验小物，推而广之，至于无垠。《史记》称驺子其说皆先验小物云云，虽未必为西人学所从出，然实不出此范围。不知天右旋，地左转，七曜运行而丽天，北辰居所而不动，理至简易。地球与各行星绕日，月绕地球，皆为日热力所摄，试问日又为何力所摄？理颇迁回。火从重力而生，试问重力又何从而有？义嫌倒置。即以征验而言，彼以三十一日为大尽，三十日为小尽，有时晦，日月见西方，则与合朔之理相悖；有二分、二至而无二十四节气，率每岁以中国之腊当彼之正，按其气候则六月熟含桃，十一月见鞠，十二月始冰，较中国迟一二月候，而四序反先一月，其历法之疏舛已见一班。世人不思，从而助张其焰，可谓无识之尤矣。要之，谈天则三家不妨并存，论理则五行不可汩乱，况彼执知天为众说之橐，捃众说为伐异之柄，可以假寇兵而赍粮乎？

　　中外之为译者皆浅涉以给公牍质剂之用，中国译官间有深于洋文者，其于中国书理必浅，学术必未闻。就其深者，亦不过洋文一端。缘

---

　　①　原文如此，按"泛溥际"三字不可解，应指明末来华的葡萄牙传教士傅泛济（Fran-cois Furtado, 1578—1653），《寰有诠》一书正是他的作品。《空际格致》则是意大利传教士高一志（Alfonso Vagnoni, 1566—1640）所著。宋育仁这里把两本书的作者搞颠倒了。

洋文各专门之学，别具字典，若格化，若地舆，若天文，若机器，若医科，若动植，其字各不相通，博学者有不能尽识。其专属文科者，亦有古文、今文分途；专属今文者，除审音作诗与译事不相涉，其在译所宜知者，亦分作论、叙史为两宗，或仅娴一宗，遂以称长，能娴两宗者盖桀出矣。洋译则以中国语言为大宗，通公牍者亦寡，进于公牍者无论，故两国之深际，彼此不相闻，则皆道听途说，臆揣目论而已。彼国自五岁入小学，十七以后考成入大学，其秀良在小学十二年，必已标颖于众，必不肯舍所已悟求所不知；且为东方学师者，其于中国学尤浅，何足使之说从？故学为译者，皆中材以下，但习语言。我国为洋学生者，未始无美材，然皆童年未尝学问，粗知文理，既通洋文，则有先入为主，于中学格不相入，又即此可希利禄，则一意以学洋习、誊洋法为宗旨。胸中本无理，求其考究彼国事理得失，固如戴盆望天，即译言亦多比拟不伦，抑扬失旨，至译其书与论，尤多郢书燕说。夫翻译与训诂是一事，故绝代语释即别国方言。必通训诂，始能译书；必译其书，始能知其政俗本末，艺术浅深；犹中国通俗文而不知训诂者，于笔札尚不差谬，于说经则徒见支离也。言意支离，则事理隔膜，故讲洋务三十年，去其精华，袭其匡廓，徒有人心风俗之害而不得富国强兵之利，其端甚微而所关甚巨，不可忽也。

梵字旁行主音，与西文为一派；中文直行主形，与埃及文为一派。埃及文，西方文字之祖，其兴在夏、商间。中国开辟最先，有结绳传音，结绳之治，当略如外国字母，以数形转移，相结传音。易之以书契；外国开辟晚，先由中国流传书契，后易以点画传音。《周礼》外史"掌达书名于四方"，即同文敷教之事。故名教之兴，自近而远。西国博士多考求埃及古文，在英识一博士密腊，与议制通行各国字典，以中国古文为主，间采合埃及古文，曾拟条例遗之，密是其言。

西教废人伦，而教士亦喜言孝友，盖人性自然，亦由教士多游中国，耳目濡染，良知不昧，则耻不若人，且既以劝人相爱为宗，即不能自忘所爱。故以其教论，宜若为教士者，视其亲较平人薄而反视平人厚，常有父子兄弟叔侄相依同居，岁时谨视所亲坟墓，以影附于重人伦，而独辟祭祀拜跪之节，以合耶苏宗旨。此外则世爵传长，自古相沿，父子之间有亲厚意。又贫人作苦，父子相依者略半，但异财耳。其次则由书院出身以学名家者，亦往往子绍父业，有箕裘之意。如律法、医、工艺皆以学名者。惟商与粗工匠及充衙署公人若司计、若工兵，为各色经手若粗房、若雇佣西俗凡一事皆有一项经手人。诸等，则各不相顾为多。其仕宦则视其出身与其境地。大要由书院出身者，气习与名教近；由商贾公人出身者，气习与名教远。其境遇富厚则有夏风，其偃塞则各不相谋矣。西俗重夫妇，以为人之本，而其说谓男女同权，女子成人，自结男友，于友中自择配，先通而后娶，中间如相弃，以女为主，妇惟食夫之食，余皆不同财，各有其所有。生子女，幼时则父食之、母衣之，至成人则例当异居，富人亦多分财与子女，且出财送而之学，如夏风；中人之家，则父母责子女月出财若干为附炊之资，不问所从来也。

谈洋务只在论今不在攻古。西国之富强首推英，而其勃兴只在百年内。道光二年，英迦宁为相，罗宾森掌度支，墨斯基逊掌商务，谋除苛政，令四方食货流通，建轮船公司，往来各国。道光十八年，轮船始渡大西洋，而商务益畅。由此极力推广，专用意于货物流通，聚他国之财以为财。美国觅得旧金山金矿，英国又于澳大利亚觅得新金山金矿，用之以招商劝工，而举国鼓动，遂为诸国之开先，蒸蒸日富，遂不可遏，则在道光二十八年，距今六十年耳。推究其前，则彼书云一千八百年即中国嘉庆五年，各式机器始具规模，乾隆十五年始制毛毡，康熙五年始贩中国茶叶，顺治八年始定市舶赋税，明万历二十二年始设银行，明洪武十七年始设商船律法，元武宗至大元年始铸银钱兴汇票，由其初草创至今六百年间耳。泰西之富强，其要领在兴工。无论街衢、桥梁、宫室、车辇、器用、服物，悉出于工；即铁路、电信、火车、轮船、铁船、海堤、炮台、枪炮、鱼雷、鱼艇、快船，凡诸守战之备，无非恃工铸精良。其事本非甚难，其效原不待久，故五十年间遍行泰西诸国。其用以铁为大宗，辅之以铜，无论铁路、铁船、铁桥、机器、枪炮、战具，皆取用于铁；即园林宫室舟船之栏楯、水火之筒管、马车火车之轮辀、炊爨粪除提汲之具，至于床椅，一以铁为之。其次则土木。石木之用于宫室楼楯为多，余略与中国相等，土石之工则胜中国十倍。无论海堤、炮台、铁路基址，不惮财力，岁岁经营，即街衢宫室处处皆求整齐坚固华美，日新月异，继长增高，时时修治，无有朽坏，故贫民食业于土工、石工者最多。次则皮毛与丝棉麻。机厂之皮带、马车之容垫与坐具、箱笼、大小夹袋、鞬鞯皆取用于皮，室中重帘、冬衣之毡褐皆取织于毛。丝棉之用与中国相等。麻取于中国，用机缲绩致者，如丝，以织地衣、卓毯、疏帘，家消户用。麻产中国，值贱而用不广；毛在中国为弃物，而彼取用广于丝棉。又次则玻璃与陶器。无窗不用玻璃，车栈园林多以玻璃为屋。平人之居，每室必有大镜、杯、盂、盘、盏之属，玻璃二之，陶器一之。溺器厕牏皆用细磁，陶之用亦广于中国，无粗陶瓦器，其楛者则以马口铁为之。惟食物最寡，远不如中国，以非工所出，农无厚利，蔬材不出，俗不食海味，海错弃而不取。其富皆出于工，劝工之枢纽在钱币。假如钱之数少，无论公家无力兴一切大工，即持钱易物，民间亦周转不及。钱币之数少，则楛窳之物应之，此自然之势。故用金为常币，银为次币，以歆动其民，令工自劝，而器不楛窳。既铸金钱，以轻御重，私采而官铸，其来益广，而事不纷。钱皆机器铸，其工烦重，安置汽机，须广场程须极大，故私铸不兴。禁用他国钱币他国金银入境，权其轻重，与采诸矿场者同价，铸场收买，煎剂而更铸之。金磅银钱皆八成有奇，以一成当工用成本，辅以钞票，虚票常当实票十之二三。公家财力既饶，始能兴举大工，鼓动民力。顾工利不厚亦不能劝，故设特许一例，令工有能新制一器，利于公家便于民用者，保其专鬻，酌定年限，至暂以十年为准。由此以工致富者多心思才力，毕萃于此，新益求新。自来水、火之便，铁路、火车、电车、电信之速，罐钢、粟药、塞门土之坚猛，各种汽机成器之速巧，各种师船枪炮之振奇，皆出于劝工之事；良工之心思技艺，实启于十年专利之心。谈西学者谓士大夫须讲求化学，乃专就艺而言，犹知彼巧而不知用巧也。今为中国策富强，但须开矿禁，听民自采金而官收买，更铸钱币，亦以金为上币，银为次币，收旧铜钱改铸新钱，令其式精良而贵其价，大约金三品，以次而差，无过十五换，以鼓铸所入为兴工官本，除用汽机之禁，举行特许之例，但仿此二事，将不出二十年而西人之长技皆为我有矣。

中国言理财，主开源节流；外国言理财，主开源畅流。假如工作精良而贾用不售，则百物壅滞，工之利日渐衰，而器亦渐楛窳。故其俗尚奢，其用有三术：一、先修治街衢道路令整洁，饰车马使华美，耳目一新，使人乐于行游。其地相距或远，往返费时，行者亦倦，转货维艰，器多滞鬻，故为之铁路电轮，使人乐其便速，数数往返，不以为难。一、修园林，设博物、油画、蜡人诸院，彩戏、踏歌、马戏、蹴鞠、秋千等场，茶会、讲会、舞会、乐会等局。局局翻新，随人所好，使人转相酬酢，输钱入会，转注流通。一、修治宫室，整齐华美。由市场最盛之区起度，以次周围渐远而差。屋皆精舍，楼皆五层，繁会之区，非富人不便居此。室既华莞，室中陈设，地衣、窗帘、帷幕、几榻、屏橱、梯毯、卓毡之属，与屋相称而用物宏。耳目相形，豪奢相竞，久而去市会远乡亦染习成风，故器物之陈愈多，而消用亦愈广。街税、铁路税、车马税、房税、市税皆取之极重，而一切皆用之于修街，治铁道、车栈、车厂，建会场，浚阴沟等。土木铁石之工，岁无虚日。公财公用，国家一无所取，故法行而俗与之化。所谓开源畅流，其注意收效者，一言以蔽，兴工劝工而已。

外国夸富尚奢，先从整顿地面起度。街面皆中为车路，两旁为行路，车路碱以碎石，行路碱以平石，行路下为阴沟。夹道屋宇，皆令平齐。遇有隙地，则为之木栏或铁楯，围作园林，中植草树。遇九达之逵中余弧角，度其地虽可造屋，而难取平齐，亦随其地形，诘屈围作园林。既取地面整齐，又便行路休憩。附近居人游衍，沿街周列路灯，遍置洒扫、点灯诸工役，而巡捕董之。比屋粪除尘秽，则有工役驱栈车，每日清晨周巡比户，为之接运，皆分地段，董于巡捕。凡造宫室，必安自来水火管，厕牏皆安磁盂，有自来水管牵机，以供涤濯，浴室亦然。公财公用，则铺张地面者，不厌其奢；私财私用，则布置宫中者，事为之制。两端既立，虽民间之贫富不齐自若，而行其途，视其宇，则殷富之象灿溢目前。况先有整洁之质地，光辉之灯火，以引民耳目，自然踵事增华，不期然而然矣。

外国之民分业而居。农居于乡无论矣，工作厂亦多在乡，工环而处。其工之居在都市者，亦别分一地段。工厂主与大商同为富人，则所居在市场盛处，皆有别墅在乡。其世爵皆有庄园，大者方广数里，有宅在国都，如《周礼》廛里之制，率半岁居乡，半岁居廛。庄园有数区者，必数易居，岁遍其处。惟贫贱者始常其居，生业饶者必以冬时徙宅，在乡休息。人自为等，居分地段，故屋租物价，易地不同，富者就饶地，贫者就俭地。入财倍蓰者，出财亦倍蓰，市业亦然。同业者并居一地段，因其业之衰旺以定市租，不能并居一地者，如茶寮、面铺之属，则联为一公司。取税均平，而贫人得以食贱，故人各安其业。

议士为彼国之贤能，文士、律士、艺士、医士为彼国之俊秀，教士则彼国之善良也。议士主国政兴替，文士主文史，律士主讼狱，艺士主制造，医士主卫民生，教士主风俗教化，国内之治，举备于此。政府百官但主参议，监察施行，以时整齐法度而已。贵士使能，如何不治？特其教无本源，无以决嫌疑，明是非，举国所尚，归于权柄，利益两途，不免鄙陋。因而举国怀利，相接无恩义可言，诈而无情，争而不让。其俗亦号称尚信，但因谋事治生，利害所系，而然非真尚也。同类共事，利害相关，则引为朋党，利害不相及则去之。其党分合无常，倾轧甚力，彼亦自知其然，则一切整齐之于外，法律特密，凡造言毁谤，恶语怒詈，其人得控于有司，按治谤詈之罪，故其人多心竞而少谤言，有争论而无怒詈。

欧人于事涉权利者，毫末不让，而有服善之公，由其法密，剖析毫芒。两人交涉，各有律师相持，以争止争，虽欲矫为不服而无所遁。视型仁讲让之风，固卑无高论，然今中国教弛俗敝，以争为已而以让责人，反不如彼之毫末必争，是非必辨也。

欧洲钱币浮于物，其金钱一枚，实仅敌中国银一两之用。国重商而俗平等，故多兼并而无豪强。敌国之富，所在常有。其弊也，通伦敦加非馆并为一公司，通英国糖厂归一家之业。国中上户、下户多而中户少。重税烟酒，名为取有余禁无益，而嗜好所在，贫人不因价重减食。户租水火税重，平人为人司书算经纪贸易者，若月得钱八磅左右，房租当费四磅，烟酒当费二磅，以二磅供一家三四口，实为艰食。再，贫者率无室家，数人共租一室。有穷民院，禁游惰行乞，诚良法，然院中饮啄亦薄，故行乞者恒有，必操风琴、吹笛、牵犬，幼子则持引光，妇人则持花以求售，为行乞。俗豪奢，贫富相形太悬绝。常有贾人小贩，生业亏折，佣工失其执事，辄自戕投海，并杀其幼子若女。于是废国法均贫富之党激于不平而起，而贫不乐生者相约有自尽之会矣。

西俗男女均权。女自择配，皆有男友。婚姻不论年，多取长妻，尤喜寡妇。平等人多娉合，即上等妇人亦不禁外私。新闻报乃有五男争娟，共杀一妇，烹而分食之异事。由彼教毋夺人权一语启之，名教之精微乃不可议矣。

兼并盛而贫民日多，此外域重商保利权之弊，不可不察。英行新法才数十年，而民部遂有贫民部之号，以除工商外皆贫民也。民举振恤，官掌养贫乏，分社而治之，英语谓之由吝爬理司，大者自为一社，小者合数域为一社。

《采风记》卷之四　教门

西方祆教，其流六七，其始同源，皆托于造化主宰，而衍以神奇。

其大宗分回教、西教两种，两种之中各分支派。西教则分天主、亦曰公教，西名加特力。耶苏、亦曰修教，亦曰救世教，亦曰辨驳教，西名罗特士顿。希腊、亦曰额利，亦曰厄勒西亚，亦曰额里士。景教亦曰波斯教，亦曰太阳火教，亦曰火祆教。西语旧称尔釐利景，入中国，以其末字为称，唐时大秦寺碑所谓景教也。四种，统名克力斯顿教。回教则分由斯、亦曰由教，即西域婆罗门旧教。马哈墨、即穆罕墨德教，亦曰天方。比阿釐三种。现时欧洲所行，惟此两教，互相仇嫉攻伐。回教诸国，渐就衰微，西教则天主、耶苏、希腊为最盛，服教者皆强国，彼教即以为神佑之征。盖其立教根原，自始相承，以敬天祈福为宗旨，以翦除异教遍传万国为归宿，故乘势煽动，推波扬澜，不遗余力。彼教既借国势以推行，诸国亦借教力为合从，巧于附会剽窃，专务其教之行，不惜其说之变。其始终不易者，惟万有全能造化主宰为立教之根，此外条律，因地推移，随时修改，务顺人情，故从之者若水赴壑。回教惟东西土尔基、阿剌伯及俄属之高加索路五部，多木斯科、日尔日亚、是尔弯等部回人奉之，不足与之抗衡。西人心果气锐，好夸争胜，是其本性；益以摩西受诫禁祀别神，耶苏及其门徒以身殉教，誓欲遍传国土，其人心聚而不散，持而愈坚，西人李提摩太书言：所传及今已二百国。西人论教书，有"请看今日之域中，竟是谁家之教化"之语。佐以天文、格物、光、电、音、化诸学，举中国古圣所传三光、五行、阴阳、四方、五官、七情、四端、五音、六律诸条，悉行改驳，而援引六经敬天事上帝之文，以为造化主宰之证，处心积虑，在行其教于中国。其源出于犹太旧教，参合波斯、婆罗门，而力攻旧教。教皇既立，遂灭犹太、波斯。耶稣本兼采佛氏遗言，路得以后，极力排佛，而锡兰、印度、缅甸次第为英所灭。利、艾东来以后，又窃取中国圣言，以攻中国名教，所谓异端之尤，黠盗之魁。今佛教仅存西藏及外蒙古诸部，皆赖中国以幸存；回教仅存于土耳其，已危不自保。知中国不能骤变，尤并力与中国为难。前明徐光启、李之藻、李天经、冯应京、樊良枢、杨庭筠、李祖白等皆习其教，为之作序著书，邪说诬民，非圣无法。今西人通汉文者，皆引申其说以排名教，其言甚辩，其势甚张，不可不拒。我朝士夫不睹其书，以为不足深辩，惟杨光先《辟邪论》、魏源《天主教考》略具梗概，然光先书未析源流，魏源书未攻要害。今至西国求得其《旧约书》，魏源《考》所列惟《新约书》，其言较雅，故译传中国；《旧约书》义多俚野，故彼教不欲令异教人见，其教根原悉具是书。参以史传及诸家所论列，分类以著于篇。

《旧约全书》，曰《创世纪第一》，其书言：神造天、地、日、月、万物及人。始造一男一女，男名亚当，女名厄辗。一作夏娃。亚当一百三十岁生子塞特，亚当在世九百三十岁乃死。塞特一百零五岁生以挪士，以挪士九十岁生该南，该南七十岁生马勒列，马勒列六十五岁生雅列，雅列一百六十二岁生以诺，以诺六十五岁生玛士撒拉，玛士撒拉一百八十七岁生拉麦，拉麦一百八十二岁生挪亚，挪亚五百岁生闪、含、雅弗。又一百年，计一千六百年，神见人心向恶，特降洪水，惟挪亚事奉神，神命挪亚造方舟，闭藏四十日，以免洪水之难。闪、含、雅弗一百岁生亚法撒①，亚法撒三十五岁生撒拉，撒拉三十岁生希百，希百三十四岁生法勒，法勒三十岁生拉吴，拉吴三十二岁生撒鹿，撒鹿三十岁生拿鹤，拿鹤二十九岁生他拉，他拉七十岁生亚伯兰，他拉在世二百零五岁。自亚当至他拉，寿皆数百岁，计二千一百八十一年。亚伯兰即亚伯拉罕，始有神显现，亚伯拉罕为之筑坛，行割礼，献燔祭。亚伯拉罕一百岁生以撒，以撒六十岁生以扫、雅各。雅各生约瑟，但言年已老迈，不计时若干岁。雅各一百四十岁死，约瑟百一十岁死，约计三百余年。自亚伯拉罕迁迦南，世代相承，俱事神献祭，受割礼，祈福。自雅各始迁伯特利，始受神传言，除去外邦偶像。自约瑟始迁于埃及，及其后子孙众多，为埃及人所嫉，役以苦工。雅各之子、约瑟之兄利未其后生摩西，不计年岁，惟有代数。利未生哥辖，哥辖生暗兰，暗兰生摩西。利未、哥辖、暗兰皆一百三十余岁，约计其时，亦不过三百年。然则摩西之出，在彼只距开辟二千五六百年。由耶苏降生逆考摩西出世，当中国商朝时。尧以前虽无年纪，而伏羲、神农、燧人、黄帝、太昊、少昊、颛顼、帝俈见于《大传》、《大戴礼记》、《史记》者，约略其世次，年代在三千年外。益以唐、虞、夏又六百余年，与彼所纪开辟年代，万不相合。其言率荒诞无理，如云：当亚挪时天下言语相同，因人作砖取石油建城筑台，神便降临，恐人语音相同，连合一处，妄有作为，遂变乱五方语音，使人散居各处。又云上帝见世人女子美貌，即择其尤者，娶以为妻。后来上帝与世人女子交合生子，即上古英武有名之人。据言，未发洪水以前，惟有彼族；既降洪水以后，惟留彼族挪亚一支，则所谓上古英武有名者何自而来？亚伯拉罕到埃及，埃及即有王，称为法老，时又有示拿等四国王，所多马等国五王争战于西亭谷，又有

---

① 原文如此，按《旧约》，亚法撒是闪的儿子。

撒冷王麦基洗德为至上上帝祭司，与亚伯拉罕祝福，皆非彼族之人，更非挪亚之裔，又何从而有？此书之作在摩西以前，或即摩西所作，不过欲以一教统一其族类，与别族争强，原不敢望以其教遍地球国土，故不妨亚当子孙之外，别有人类。其后变本加厉，至谓天下之人皆亚当子孙。中国之信从彼教者，从而附和之，乃至狂澜日肆，居之不疑。如其言信而有征，则彼教之言天所命也，虽有圣人，岂能自外于天？虽有久行之名教，岂能独背其祖？则当率天下而归之耳。是乌容存而不论乎？

《出埃及记第二》，其言记摩西领其族众出埃及之始末。埃及人忌雅各之族繁盛，令作苦工，生男不举。摩西既生，其母藏之三月，度不能隐，盛以苇箱，浮之河滨。法老之女出浴，见而收之，其母诡为乳母，入法老宫鞠养。摩西长而慧勇，为其族报仇，杀人逃之米甸，米甸人招以为婿。神从荆棘火焰中现示，命以领其族众出埃及，赐以良田美土，令其子孙众多。被神默佑，能引杖化蛇，打水变血，挥土成虱，种种异术，以警动法老。又呼风使雹，使蝗飞蔽天，伤禾拔木，扬尘着体，即生疮痏。最后使天黑暗三日，瘟疫流行一日夜，自法老至奴婢所生长子皆死，法老始允摩西领群族工人出境。神令男向其友，女向其邻，索牲畜财帛，以为祈祷。民众既出埃及，皆持兵械按队伍往红海旷野而行。其后埃及王悔，以兵追之。行至无水处，三月无肉食，民众皆怨摩西，欲叛去，皆以请命于神，离于苦难。行三月至西乃山旷野，就地安营。神召摩西上山受诫命，放大火光，发大声音，勒文石碑，藏之金匮。摩西独在山上四十日，下宣诫命，筑坛立幕，分其部十二支派，立十二石柱，设十条之约，定献祭之礼，制为奉献祭礼衣，立其兄亚伦为祭司长，是为彼教立国之始。其后寻衅侵伐邻近诸国，皆托于神命。摩西安营旷野四十年，神预示以所取诸地，未竟其言而殁。察摩西所行，实以异术佐其雄略，虐待异族，夷国类然。彼族起自衰微，服役埃及，不堪其虐。摩西既得异术，慨然发愤，起自草莽，欲振兴其族，率而他徙，求旷土而居之，以其支派编为部落，设立祭司，以为官长，定祭献以为赋税，以条诫为律例，而身托于上帝传命，自称上帝仆人。十条之诫，约首禁奉祀别神，末禁婚姻他族，此其统一部落之机权，争雄他族之胜算，盖辍耕陇上之流，而知略过之。借教以固人心，而非以传教为宗旨。其传上帝命，必先言我从若辈为奴之埃及领汝出此，即摩西自作之语，以要结人心。诫条有云：人若相争，殴仅只卧床，杖而能起，打者免死，但须用银赔补，请医调治。人若打仆婢立毙，自当偿命；如一二日方死，免偿，因是用银所买。人若打坏仆婢一目一牙，当以此故，令其脱籍。人若遇贼挖墙，将贼打死，不必偿命，若日头已出，打死须偿。如此十数条，皆其治部落律例，罗马律例即本摩西诫条，今西国通行皆罗马律。绝不似神诫之语。又行分派礼神，令凡头胎牲畜，俱当献主成为圣物，凡献祭羊牛胸与腿，归与亚伦及其子孙。行赎命法，神云清以色列人数，每人当出银半舍客勒，原注：每一舍客勒四钱一分。献与主为赎命银，汝当收受为会幕诸用。此郑伯使诅射颖考叔者，伍出鸡犬，因以犒师之故，智亦五斗米之宗风也。当摩西在山受诫，众不知其所为，其兄亚伦在山下管领。部落众欲赛神，请于亚伦。亚伦命各取妻女耳环，亚伦以之铸成一犊，正献祭讫饮酒，神告摩西，民犯诫律当诛。于是摩西下山，中营而立，告于众曰：凡事奉耶和华上帝者皆就我。利未族皆就摩西，摩西使利未族杀祀牛犊者三千人。此徙木行法之术，且因此以剪除异己耳。厥后耶苏行教，推本摩西者，以其先传十诫。其实耶苏乃参合释氏、墨氏而自成一家，专意行教，惟托名神天，兼用小术，是述其宗风，故后来传教之徒但称耶苏不述摩西也。

《利未记第三》，详言献祭之礼与祭物。分别食物洁与不洁，洁者可食，不洁者不可食。详辨人身洁不洁诸事禁，不洁者不得至会幕，而尤斤斤于癞，以至被褥、床几、宫室、墙壁，凡见斑痕皆为癞，即行毁弃。申禁与骨肉六亲淫，律禁人与兽交，禁身刻花纹。定许愿出赎身银数，及以房田献主折价收赎银数，平时树果牲畜，皆十而取一。

《民数略记第四》，言主在西，乃按数点名，凡二十岁以上能临阵者，俱为编伍，每支择一人为其牧伯，即为其军统领，共得六十万三千五百五十人，在幕四围安营。又令三十岁至五十岁凡能作工者，俱赴会幕服工役，共得一万五千一百六十人。制号筒，定军伍进退之令，遂进攻迦南等地。其间众心屡叛，神屡显灵异，天降玛喇以为粮，降火降瘟以诛叛，令枯枝生花，作铜蛇疗毒，种种奇幻。

《申命记第五》，言摩西申上帝之命，立千夫长、百夫长、五十夫长、十夫长，立士师听讼；禁阉者不入会，私子不入会，禁女为妓女、男为顽童；定弟兄同居死者，其兄弟当娶死者之妻为妻，为之立后；定新婚者一年不出兵；定收获田间遗穗不取，以给孤寡。摩西一百二十岁死在摩押，以色列人为摩西哀哭三十日。

《约书亚记第六》，记摩西死，约书亚代领民众攻取耶利哥埃城、耶路撒冷诸国，分地安插各支始末。

《士师记第七》，言彼族与别族互相仇、迭盛迭衰诸事迹，而附会于背主教，事别神，即遭神谴。俾他族诛夷，复遵主命，得神佑护，又诛夷他族。彼时其族未立王，但有士师听讼，故称《士师记》。后更衰微，有参孙者娶他族之女，邻里来贺，参孙以谜语与邻赌财物，谜为妻所泄，输去财物。参孙为神感动，即往杀与赌财物三十人。怒还父家，其妻别嫁，参孙向妇翁索妇，以此为娶妇家罪，捉三百狐狸，尾缚麻火，纵之娶妇村中，焚毁一村禾稼园舍。一村大怒，参孙逃去，村人焚其妇翁及参孙妻。于是参孙纠其族报仇，杀彼族一千人，参孙遂为士师。似此凶徒皆以为神感，诚诞妄不经之书也。

《路得记第八》，记一妇人名路得，夫死家落，始终从姑，不去其族。有富而善者，怜其志意，取以为妻，为其故夫赎田立后。

《撒母耳前书第九》，言神默示撒母耳立为先知，兼作士师。其后彼族欲立王以抗衡列国，请于撒母耳。撒母耳告主神，神命撒母耳以膏抹扫罗之首，立以为王。其后扫罗犯诫，神将降罚，心烦意乱，求弹琴者为之解愁，遂有大辟为扫罗常侍。时有非利士人来攻，一勇士身高八尺，数来讨战，无敢与斗，大辟自请擒之，遂杀勇士，非利人大败军回，男女欢歌。有云扫罗杀千千，大辟杀万万，扫罗大怒，欲杀大辟，大辟逃去，扫罗怒诸祭司放大辟逃去，杀祭司八十五人。此后扫罗不为神佑，与非利士人战，中箭重伤，令人以刀杀己，遂死，杀者走告大辟，大辟诛杀者。

《撒母耳后书第十》，言大辟攻取希伯仑地，为希伯仑王。扫罗家与大辟互相争战，扫罗家益衰，大辟遂为以色列王。其后大辟子押龙沙作乱，大辟遁于荒野，国人杀押龙沙，大辟复位。自大辟始为诗歌，王位世及。

《列王纪略第十一》，纪大辟子所罗门以降历代为王治国之事。自所罗门始为上帝造殿，其教浸昌。

《历代志略第十二》，载彼族世系支派，兼杂记列王事迹。每举其王听先知传语，毁别邦神像，则战胜攻取，或享太平；某王时民间事偶像，拜某神，则立遭异国屠戮。大略因其成败，从而为之词。至记亚撒王末年，囚先知于狱，有病但问医不求主，亦不言更降何罚，则其教之不足自信，亦难于遁饰矣。

《以斯喇书第十三》、《尼希米书第十四》，言其族被虏巴比伦，与别族为婚，文士以斯喇、祭司尼希米请于巴比伦大乌利王，听其族各回旧居，兴建上帝殿宇，重申诫约，与别族离婚始末。

《以斯帖书第十五》，记以斯帖为亚哈随鲁王后，兴复其族。彼教禁婚他族，当以斯喇时，令已婚皆离异。今以斯帖为异族王后，则侈为美谈，自相矛盾。

《约百记第十六》，记约百行善遇祸，与其友辨难之语。意以有身为患，近老氏之旨，与诸篇不同。

《诗篇第十七》，皆赞诵天王之词，或遭难吁天悔过之语。

《箴言第十八》，略如语录家格言。

《传道之书第十九》，其言与诸篇异，谓凡事皆属空虚，颇近释氏，而归结人世享用与劳苦责任，皆上帝所定，故仍列在此书。

《雅歌第二十》，则言男女之爱，如词曲之流。

《以赛亚书第二十一》、《耶利米记第二十二》、《耶利米哀歌第二十三》、《以西结书第二十四》、《但以理书第二十五》、《何西阿书第二十六》、《约珥书第二十七》、《亚么斯书第二十八》、《阿巴底亚书第二十九》、《约拿书第三十》、《弥迦书第三十一》、《那鸿书第三十二》、《哈巴谷书第三十三》、《西番雅书第三十四》、《哈咳书第三十五》、《撒加利亚书第三十六》、《马拉基书第三十七》，皆被虏巴比伦以后，先知得默示作豫言，以劝诫其族，不外诅咒异教，祈祷天主，曼衍支离，益不足观。

十诫者，一诫奉祀别神，二诫不可为神、为己及异邦之神雕刻偶像，三守安息日、一心敬主、不可作一切事业，四禁拜日月星辰、不可轻引神名发誓，五敬尔父母，六毋杀人，七毋奸人之妻，八毋盗，九毋妄证尔邻，十毋夺人之权利。

当亚伯拉罕时已筑祭坛献燔祭，由摩西逆溯亚伯拉罕不及四百年，则当夏后氏之代。筑坛燔柴，皆古祀天之礼，见于《尧典》，此必自中土流传。其书称天使，称神人，而亚伯拉罕所遇为设饮食，与人无异，后书亦称摩西为神人，则所谓神人亦祭司、先知之流传神语者，非鬼神也。考其地在布哈尔、阿富汗、波斯之间，《创世记》称五王战于西亭谷，注即咸海。去中土尤近。其时在夏，中国礼教已历数百年，其托名天帝固诬，然祷祠之始，即知筑坛燔祭，必有所以启之。神使传言，其词近实，审其教律，实与巫同。《国语》观射父说"少皞之衰，九黎乱德，民神杂糅……家为巫史……颛顼受之，乃命南正重司天以属神，命火正黎司地以属民，使复旧常，无相侵渎"，此巫教之最古者，始自苗民。

《吕刑》："苗民弗用灵。"郑康成说：苗民，九黎之君。颛顼代少暤诛九黎，分流其子孙，居于西裔者为三苗。至高辛之衰，又复九黎之恶，尧兴，又诛之。尧末又在朝，舜又款之。禹摄位，又逆命，禹又诛之。穆王恶此族三生凶恶，故著其氏而谓之民。帝典："窜三苗于三危。"司马迁云："迁三苗于三危，以变①西戎。"又曰："分北三苗。"郑曰："三苗为西裔诸侯，犹为恶，乃复分析流之。"是三苗之兴最先，独好巫鬼，至为梗化，故四凶皆只一迁，而三苗尚烦再徙，其放流之地当极远。西人纵非有苗之裔，其教确为九黎之遗。所谓天使神人者，其为苗氏之巫无疑也。分北之时，盖其族已逾流沙，析居咸海，去亚伯拉罕之时未几，曼衍流传，神人杂糅之教，遂行于西土矣。

摩西当中国商朝，而述诫首禁拜祀偶像。于时中土并无偶像，而其书言所仇之邦，有巴力、大衮、亚斯大缘诸偶像神名，又有拜蛇虫鸟兽以为神者，盖上古人形未一，如《山经》所志，神多异状。墨子称句芒鸟身人首，疑亦九黎巫教，神人杂糅，各媚所事，以求福荫。诸国所祀，与九黎并兴，或亦分北三苗时，其巫师分散行术，西戎与摩西教祖本同源而分流，争为长雄，故神巫传言，必以此为首诫。至其禁拜日月星辰、卜筮，所以坚人信心，附会证成肇造天地之说，而摩西用之，又以防入芝之招而为背水之阵也。

禁咒变幻皆古巫术。摩西领众出埃及，作各种术，而埃及法老亦有术士能作诸术，相斗不胜，则其术有优绌耳。惟七日安息，不知所本。在英有东洋人赠以西历，用日月五星注其日主，凡礼拜皆日值辰，故日本人即译礼拜为日曜。考波斯教为太阳火教，其教亦称天而主拜日。波斯在西之东，弥近中土，度苗民窜居西裔，巫教先及波斯，摩西用其拜日之辰以为燔祭之日，而讳所从来，禁拜日月，以别异于波斯之教。至其割礼，则尤为荒诞不经矣。

十诫敬父母以下六条甚合于理，原书并有详细条例，云打父母者杀，骂父母者杀，奸后母者为辱父，奸母之姊妹者为辱母，奸姊妹者为辱父母，奸父之姊妹者为辱父，皆杀之；在室奸者男女皆杀；在野奸者杀男留女；已出妇不可娶回；女在家不贞，已适人，发觉者杀女。似深明父子之亲、夫妇之别。而在摩西前载在《创世纪》者，有翁与媳生子、父与女生子，未言天神降谴，叙之世系，视若当然。可见摩西以

---

① 按《史记·五帝本纪》，当作"变"。

前，其族本属狉獉，摩西虽才略过人，仍属草泽杀掠本色，而立部旷野，首重彝伦，当必有所从受。九黎古诸侯所谓乱德，不过崇信巫尪，未常不分伦理，故其遗教未坠华风。五教既敷，早已放乎四海，特未能悉遵而行。迁流既久，彼教之邪说盛，而正理反衰。今西人无知妄作，修改律例。父子相殴，罪皆三月坐监；女子自主择夫，先淫后配，弃夫改适，不为失行，虽有淫恶，妇无出例。此则耶苏以降日出之卮言，又不如摩西之约法也。

　　巫教最古。颛顼诛九黎，舜窜三苗，而其教流传西裔，自近而远，由印度首及波斯。佛教未兴以前，印度有婆罗门天祠；转入波斯，为波斯景教；由波斯转入犹太，为犹太婆罗门教。亚伯拉罕之兴，盖在波斯之后、犹太之前。绝域自古未通，其文字八变而为今日泰西各国之文，又转译为华言，不啻重九译、三豕渡河，易滋燕郢，无从取证载籍。惟其书言洪水，回教书亦言洪水，由亚伯拉罕上溯洪水，约五百年，两教所言同时，较可征信，即为尧时洪水无疑。然则亚伯拉罕时当夏之末造，摩西时当商之中叶。夏启晚年德荒，亦崇巫术，故夏道尚忠，其失也鬼，墨子述夏道而数称天鬼。殷巫咸初作巫，盖始立巫官以司神事，与摩西之兴，相去未久。《周礼》亦有巫官，沿二代之旧典，特不甚重；又有夏祝、商祝，皆司丧事祈祷。自颛顼废九黎，尧、舜、禹分窜三苗，而巫教萌芽于西。夏、商颇崇九黎遗教，周重卜筮、修祀典，巫犹存而不废。孔子祖述尧、舜，宪章文、武，不述夏、商，故言夏、殷不足征。名教既兴，巫遂微于中邦，而转盛于西域。其书重数译，而其中事物有与古书印合者，足为教自中土流传之确证。《创世纪》以一尺为一肘。尺字从尸，以肘起度，《说文》云：中妇人舒臂，八寸为咫，证一。祭用燔柴，证二。祭天筑坛，证三。祭时取膏荐血，即《诗》所谓"血膋"，《礼》所谓合臭达阴，证四。服有比，疏注谓极细之布，贵人乃得服。即《礼》所谓"素积"、"朝服十五升布"，证五。重长子名分，即古宗法，证六。《出埃及记》制礼衣者皆大袖广裾革带，略如三代服制，证七。诫条祭肉出三日则不食，证八。新婚者一年不从征，证九。令田中收获，遗穗不取，以畀寡妇，证十。此三事一见《论语》，一见《礼记》，一见《诗》，疑皆自古相传之通例，诗人取以托咏，七十子后学笔而录之，故能吻合。树果牲畜取十一之税，证十一。禁占卜，可知其时有卜筮，证十二。禁祀日月星辰，可知其时祀日月星辰，证十三。雅各死时诸子哭泣七十日，夏丧三月，约略相同，证十四。凶事服麻衣索带，与衰经相近，证十五。至于禁人与兽交，可知旧传狼种狗种之说不诬；禁身刻花纹，可知其时雕题文身之俗犹在。亚伯拉罕时诸国已有王，约瑟时埃及有膳长、酒政，摩西时埃及有术士、议士，可见彼族之兴，较西戎诸族最后。其奉神为主，专取九黎巫教之遗，而草创制度，杂见夏、商古时之法。耶苏以前，纯为巫教。耶苏则缘巫教之事天祷疾，而兼窃佛氏之舍身度世、不生不灭、天堂地狱之说，别演新教。细考前后踪迹，显然无由遁饰矣。

巫教西行，始为印度婆罗门教，佛经有婆罗门天祠，斥为外道。此在佛教未兴以前。流传先及波斯，为太阳火教，礼报天而主日。九黎巫教本少暐诸侯，巫崇事天，仍沿报天主日之义。故波斯衍其教法，主拜太阳，谓之景教，西语称尔鳌来景，译犹言光也。由波斯转传犹太，时距不远，亚伯拉罕生于其间。由波斯传犹太时，即已覃及埃及、阿剌伯、希腊、东土耳基，其源滥觞，未分门户。当亚伯拉罕时，即有撒冷王为至上上帝祭司，与亚伯拉罕祝福。巫家拜天，原各依一神为主，因所奉之神各异，故末流之派遂分。即《创世记》所称上帝，亦每言亚伯拉罕上帝、以撒上帝、以色列上帝，而《出埃及记》言诸邦所奉有大衮、巴力、亚斯大缘诸神，入主出奴，各争灵异，以色列之族遂不容于埃及。商之中叶，摩西起于埃及，斗术既盛，遂领其众择旷地而居，至阿剌伯之西乃山，推崇主神，刻石传诫，作《创世记》以证其神为上帝，张其教所从来，专令其族信从，尚未及于他族，此天主教别于婆罗门旧教之始。佛生于周庄王时，历春秋、秦、汉，遂尽变五印度之婆罗门教，渐被波斯，而吐番、西藏等地犹奉婆罗门教。唐陈元奘使西域，经历各国之奉祀天神者，皆以为婆罗门种。自佛灭度，距耶苏出世，六百年间，西国互相兴灭，迭为分合，其间异教者反相杂糅，同原者转分流派。波斯景教本古巫教之传，为条支旧地，实回部之祖国，宜为回教所祖。而唐贞观间大秦僧阿罗本将经像来献，诏立大秦寺，度僧二十一人。阅七朝，代宗建中二年，大秦寺僧景净述其缘起，撰《景教流行碑》，所贡经二十七部无可考，而所贡之像则三一妙身无元真主阿罗诃，又有三一分身景尊弥施阿，则三一妙身之母。碑中所云室女诞圣于大秦者也，所称既为佛号，纯是梵言，而室女诞圣，乃述玛利亚生耶苏事。佛教既未入大秦景教，即太阳火教。又与耶苏为二，曼衍支离，不可究诘。西人李提摩太书言，西国当中华周朝，如波斯、希腊、埃及、巴比伦等国，皆兼并广地，互相吞夷。后有罗马崛起，乃席卷诸国而灭之。

罗马即大秦，考其席卷诸国，当在秦时，慕中国之称，以大秦为号。佛灭度后，其教浸盛，先及波斯。波斯旧教为佛教所夺，诵其说，习其语，仿行其法，故有经像赞号、立寺度僧之事。及为罗马所并，东汉之末，天主教遍行罗马，至唐时，教权正盛，罗马方兴，景教之徒因以梵语佛号加于耶苏母子，而统以大秦之国号，耶苏生于犹太，其教既行，后犹太已属大秦。仍冒景教之旧名，西人言尔釐利景，是教之古名，盖天主教原出于古巫教，亦一证也。故《景教流行碑》言气、水、火、土四行，则取于佛书；言判十字以定四方，则从天方教之说。此景教之参释氏以合巫家，由回教以入天主之始末也。阿剌伯地在犹太、波斯之间，当波斯景教传入犹太，阿剌伯同受其传，各祀主神，不名一教。考回教书云，其教出于西印度之阿丹国。阿丹即今阿富汗，则在波斯东，与波斯接境。孰先孰后，姑勿具论，要为九黎古巫氏之遗教，其出较亚伯拉罕稍前，教同源而人异族。当摩西未出以前，其教在埃及者，与以色列族为仇；摩西既兴，翦灭事别神诸国，则天主教盛而回教衰。及巴比伦王崛兴，原崇旧教，其地东至印度，西至古实，回教又盛，而天主教衰。其后巴比伦大力乌王信从以色列上帝，以色列族复居犹太，振兴神教，回族旧教由是亦述摩西。摩西上山受诫四十日，回教有四十日清斋；摩西诫不洁者不食豕兔等物，回教亦不食豕肉。此犹太教援天主以入回教，为两教别派之由来也。耶苏既兴，回教之在犹太者杀耶苏，在埃及、希腊、罗马者又杀其传教弟子。耶苏后三百年，罗马皇肯斯旦时，势最强，地最广，东至波斯，巴比伦属焉；南至亚非利加，埃及属焉；北至欧洲中界，希腊属焉。肯斯旦崇信耶苏，则回教衰而天主教又盛，埃及、希腊皆归天主教。而犹太一教，界乎两教之间，于摩西则引而同之，于耶苏则别而异之，歧之中又有歧。此犹太教影附摩西，专背耶苏之分合踪迹也。罗马皇肯斯旦后三百年，在隋开皇时，而穆罕默德出其后，别为天方教。彼书天方古史，言阿丹为治世之初祖，传二千年后，洪水汎滥，有大圣努海受命治水。阿丹传施师，师传努海，海传易卜剌欣，欣传司马仪，仪传母撒，撒传达五德，德传尔撒，撒不得其传。六百年而后，穆罕默德生。俞正燮谓，尔撒即耶苏之对音，以彼书目言穆罕默德后耶苏六百年为证。然其教所遵行有摩西旧诫，而无耶苏新律，如七日礼拜、四十日清斋、不食豕驼肉之属，惟以十字为天方交线，有疑于十字架之饰词。考《景教碑》言："判十字以定四方。"《新约书》耶苏常语使徒：须背十字架从人子，似非指被钉之十字架，言十字架为天方交线，正与《景教碑》意合，当即明造天地之旨。而耶苏被钉十字架，偶与之涉，彼徒衍说，认鼠为璞耳。其教由犹太衍传，特欲推彼族一人以为宗主，与耶苏无涉，此天方教出入依违之征验也。罗马教皇由盛而衰，在宋之末年。教皇移挪孙第三欲除异己，特欲罗马设一署，名为灭异端之署。其时希腊教众叛罗马教王，自立教会。至明末教王益杀不辜，日耳曼人路得倡明教旨，力诋教王，欧洲北半仿希腊东教故事，自立教会，名救世原教，此耶苏教由天主教而别出之缘由也。

自摩西以巫开部落，自称上帝之仆，为部长，而别立祭司。摩西卒后，立祭司为士师，传神命，听讼狱，号为先知，亦称先见，纯是巫教。至撒母耳始传神命，立扫罗为王，与祭司共治。扫罗废而大辟兴，其子所罗门继立，始造殿宇，阐教律，名闻四国，教之流传自此始。其后屡兴灭，卒后为巴比伦所虏，教中废，至以斯喇尼希米请于大利乌王，迁其族于犹太，复兴旧教。自被虏巴比伦后，国灭无王，而号先知说预言者日众。犹太旧传巫教，以色列族久居犹太，传摩西诫命之书，同原于巫，遂相合为一。其时在西汉，佛教已兴于印度，传及波斯。波斯古条支，即安息，近连五印度之西，故亦称西印度，犹泰西语称如德亚，秦、汉时属于波斯，宜为释氏遗教所及。欧洲有巴柳士艮教，散处各国，孑身修炼。西人书言古时多隐者，伏处山洞清修，不与世事，而不能考其由来。盖老子西出流沙，其教流传西域。墨氏尚俭、尚同、兼爱，数称天鬼，虽无传教西域踪迹，而自汉张骞寻河源见条支鸟卵，行已至地中海；班超使西域至安息，欲遣甘英通大秦，入海，舟人言海中有思慕之物，使人怀悲，若汉使不恋父母妻子者乃可入，英卒不能渡，此海亦指地中海。是地中海以东耶苏教之祖国，汉时已大通。墨氏之教，秦以后微于中邦，而转流于西土。埃及为泰西文教最古之国，其盛在周末至秦、汉之际，文直行，类钟鼎，而每书皆分为数格，如史表。考《墨子·经说》上下篇，有释文、释言、释名、释实诸条，皆坚白同异之辨，大意是改定名实语言文字，而语多难解。其总纲则在《经》上、下篇，篇末云："此书旁行，正无非。"谓书义旁行，而直读亦相通不背也。埃及文直读而兼旁行，正与相合，墨氏之学，盖早流埃及。耶苏生于汉哀帝时，有博士从东方来，见有星降于犹太，知生真人。该撒分封之希律王都于犹太，闻之，欲杀耶苏，神示逃往埃及。长而还乡，时有约翰在约但河施洗，耶苏从受洗礼。约翰号于众，目为基督，不敢自居于师，遣门徒相从。耶苏遂禁食清斋，登山受箓，以戒定胜魔鬼，遂著灵异。续得十二使徒，周流四方讲道，兼能起死疾，驱鬼祟，治喑聋跛躄，止风禁水，幻食变相诸神仙术，所在从者数千人。为旧教祭司诸长老及犹太不信，耶苏教人所忌，见杀。先示预言，舍身度世。三日从墓中复活，显示门徒及母之姊妹。监守者失其尸，祭司诸人以门徒窃去解说于众。其后使徒传教四方，专述耶苏，而在犹太之以色列人仍守摩西旧律，不信耶苏。原以色列神教摩西以前专治一族，尼希米以后族教合于异邦，耶苏以来同族又分为两教。顾其前分为两段：有国之际，特假巫以治人；亡国以来，始因教以收族。教始萌芽，而不外于巫。至耶苏则参合释、墨二家遗言，而推本家传世巫，仍以事神为主，专意行教，自成一家，故今天主、耶苏教皆赞述耶苏，不道摩西也。耶苏生而智慧，十二岁即能入殿讲论。长于埃及，必多识中土流传埃及之古书。故其教律训言迥异于摩西，而同于墨翟者十三。约翰衣褐，食蝗虫野蜜，创行洗礼，责以色列人不可恃亚伯拉罕，言行皆与摩西之教相背。《新约书·马太》、《马可》、《约翰传福音》传福音之约翰乃耶苏弟子，与施洗约翰别一人。皆述其事，而不言所自来。惟路加传言其母为亚伦之后，亚伦乃以色列人。而无世系，且与耶苏同岁而生，不应耶苏向其受洗；况既有出处，何得有该撒人诘所从来而约翰不答？后约翰为希律王所杀，惟门人收葬，未闻有亲属。路加此一段语，明是附会。观其刻己教人，遗亲外身，确系墨家者流，疑是中土之人述墨氏遗教者。耶苏亲从受业，故得于墨教。尤深释氏之教。由印度而西，耶苏及其门徒皆能作各国方言，意必读佛氏之书，窃取其意，故其说合于佛者十七。旧教祭司犹是平人，耶苏后教士皆出家不娶，此仿释氏出家，要人敬信而舍身度世，亦附会佛经立言。罗马自汉至唐为泰西一统之国，西并波斯。耶苏后三百年，罗马皇肯斯旦进教受礼，耶苏教盛而佛教浸衰，则当中国六朝，佛教乃由印度而东行于中土。至唐代，日耳曼沙厘曼王奄有欧洲中境，尤笃信教，命教士与百官同理国政。总教主之权尤重，奉冕立沙厘曼为日耳曼皇，并为罗马皇，则耶苏教愈盛，佛教愈衰。故唐时大秦僧贡经像，以佛号奉于耶苏，而以波斯冒于罗马。《景教碑》云："景宿告祥，波斯睹耀以来贡。"是来自波斯。不谓大秦之源于波斯，反以为波斯之出自大秦，天宝四年诏云："波斯经教，出自大秦。"盖其教衰微，为势所夺，影附以自存，不觉数典而忘祖。此天主教与佛教在西土迭为盛衰之源流也。又四百年，当五代之际，大教主始称为教皇。东至俄，《朔方备乘》云：唐初回教之摩罕默德兴于阿剌伯，新兼波斯，势张盛，欲强罗马入回教，罗马不从，于是阿剌伯数攻罗马。是时俄罗斯兴于北土，以兵来侵，罗马与约和亲，从此俄罗斯奉天主教。西至英，凡国王即位大典，皆教皇奉冕立之，然后发号境内，通告邻邦；遇两国相争，皆请教皇为定曲直，如有不服，国辄被兵，主辄被废。元末明初，传至教皇移挪孙第三，诛灭异教，一时焚死二千五百余人，减死受刑者藉家充军，又四万七千二百余人。法国承其意旨，令民自杀异教者，一日死三万人。日耳曼人路得起而攻其说，谓教不立王，以刑胁人入教，非耶苏本旨。于是取耶苏之书，译解流传，别立教规：人主入教，不夺其尊；教士娶妻不出家；祈祷上帝但自斋洁，在家如庙。其言弥近理；而教皇又重法以为之驱，故从者如归市。教主始令诸王捕杀，而其教已盛行，德意志列邦首从新教，英、荷、嗹、瑞等国次第服从。教皇令不行而势顿衰，惟意大利、佛朗西、比利时、西班牙、葡萄牙等国犹奉旧天主教。自是君与民因分教相杀，国与国因分教相攻，前后肆朝市膏原野以数百万。明天启时争教未定，利马窦渡海东来，而艾如略、汤若望等接踵而至，盖其教衰于西，而欲行之于东也。既睹中国圣人之书，知其言不易入，始窃取中国教言，变其说以相附会，而杂引经传敬天之说，以为造天地主宰之证，隐攻圣教以王者祀天之非。见佛教早行中土，则极力攻之以自见。诸人皆天主教。时有庞迪我、熊三拔明历法，周子愚荐之入局测验。于是西人之入中国者，以推算为名，而阴行其教。汤若望进天主图像，朝士相与提倡，于是畿辅设天主堂，若望与罗雅谷奉诏供事历局。我朝定鼎，若望上书，进西洋像器，得旨试行，特命汤若望、南怀仁为钦天监官。新安杨光先摘其日食交会之误，遂黜汤若望等，授杨光先监副，寻转监正。六年，以推闰失实遣戍，复用汤若望、南怀仁。光先乃为《不得已》书以攻天主教。其时耶苏教尚为天主教所遏，未畅行于西，故不遑及远。自明景泰时，罗马国亡，而法朗西与教皇相倚为重，法欲因保教而称帝，继罗马古皇之位。及普、法大战，法败而教皇顿衰。意大利王入居罗马故城，收夺教权，封禁教产。日耳曼列邦推普为德意志皇，首从新教。于是两教并立，名天主教为公教，耶苏教为修教，其统名为救世教，修教自别称为救世原教。公教斥修教为后起之异端，修教斥公教为横行之邪说，而其演说耶苏为救世之主与造化主宰，禁祀别神，及以其教遍传万国，宗旨原同，波澜莫二。此耶苏以后分为二派之盛衰原起也。

《新约书·马太传福音第一》、《马可传福音第二》、《路加传福音第三》、《约翰传福音第四》，皆述耶苏降生行教灵迹始末。《使徒行传第五》，述耶苏死后三日从墓中复活，显示使徒，降灵光于使徒身中，令辩才开朗，能作各国语言，于是有帕提亚人、米太人、以拦人、米所波大米、犹太、伊及、即埃及。伽帕多加、本都、亚西亚、即亚细亚，盖指波斯、印度。弗吕家、旁非利亚、盖即阿非利加。古利奈、吕彼亚、革里底、阿剌伯各种人，及从罗马来之客旅，闻风咸集。使徒各效其言，为之陈说耶苏生天立为基督，引《旧约》预言为证，一时感动受洗者三千人。入产者鬻产共财，如家人之义。有鬻产隐其价，为彼得呵责，神谴立死。从者日众。有司以其惑众，执而囚之，按无罪状，得释，禁以耶苏名传教。而使徒讲说如故，复遭囚禁，天使救之出狱。其徒司提反以毁辱摩西律法，为众所杀。教会危不自存，四方分散。有扫罗者请于祭司，奉文捕缉使徒，为神显示，双目立瞽。神示使徒谕扫罗受洗，瞽目复明，是为保罗。彼得能行耶苏神异，起死人，治盲跛。神示彼得，令普传异邦。希律王恶之，杀使徒雅各，复囚彼得。天使救之出狱，希律王为虫啮死，信从益众。神示使徒往罗马传教。行至马以顿时，有方伯召保罗与一术士辨论，保罗诅术士目盲，应声即验。又从女巫身逐出邪鬼，女巫之主遂执保罗、西拉讼之于官，遭鞭笞囚禁，忽然地震，狱门大开，狱卒礼闻。保罗诡称是罗马人，有司惧，礼而出之于狱。保罗传教最著，还耶路撒冷。犹太人以毁谤摩西法律、引异邦人进殿，执以为罪，将杀之，交千夫长加刑拷问。保罗复诡称是罗马人，千夫长惧，不敢加刑，令与众人分辨。保罗见公会中半是法利赛人，因自称己本法利赛人，今之讲道，为欲死人复活。于是会中法利赛人与撒都该人分为二党，互相争论。保罗故知法利赛人信鬼神，言死者当复生；撒都该主无鬼神，素不相合，于是两家争难。千夫长复收保罗容系，犹太人仍欲杀之，四十人设誓杀保罗而朝食。千夫长欲活之，以兵护送于方伯所。方伯闻于亚基帕王，亲讯保罗，解往罗马，于是其教传于罗马。《保罗达罗马人书第六》、《达林哥多人前、后书第七》、《达加拉太人书第八》、《达以弗所人书第九》、《达腓立比人书第十》、《达哥罗西人书第十一》、《达铁撒罗尼迦前、后书第十二》、《达提摩太人书第十三》、《达提多书第十四》、《达腓立门书第十五》、《达希伯来书第十六》，所谓《保罗寄人书》十篇也。《使徒雅各布书第十七》、《使徒彼得前、后书第十八》、《使徒约翰三书第十九》、《使徒犹太书第二十》，皆其门人阐扬师教，与各国人论学之书也。《使徒约翰默示录第二十一》，则言天地毁劫，救主降临，更新天地，重造人物，定永赏永罚之事。其说与《旧约·但以理书》记梦兆预言相似，其离奇光怪则佛经小说《搜神》之所无也。

摩西教只传以色列之族，禁本族人与他族为婚，其言上帝，亦称以色列之祖亚伯拉罕、雅各、以撒之上帝。耶苏则斥以色列人，不可恃亚伯拉罕子孙即邀神佑。又云：有能从我者，即能升天，上十二坐位审问以色列十二支派人。又以赴筵比喻明当传教异邦，称上帝为独一无二之神。又云：神非死人之神，乃生人之神。俱见《马太传》。摩西行割礼，别其族于他族；耶苏承约翰用洗礼，除割礼，合其族于异邦。摩西教人重守法律，耶苏申理辨非法律。《马太传》云：门徒不洗手就食，法利赛人诘以不遵遗法，耶苏喻以入口者不能污秽人，出口者始能污秽人。耶苏教人不可出妻，或引摩西法律有立书出妻相难，答以因人心忍，故设权制。《马可传》云：当安息日，门徒摘麦穗，法利赛人责之，耶苏答以安息日为人而设，非人为安息日而设。耶苏在殿讲道，众执一犯奸妇人，据摩西法律当用石砍死，耶苏问众：何人自问未尝犯法律罪过则可举手行法，于是众皆散，耶苏遂命此妇自去。摩西教最重燔祭，耶苏除燔祭。摩西设教祈祷，欲得生前之福，故重财利；耶苏教人施舍，求死后永福，言富人入天国，难于骆驼穿针孔。处处不同，故为旧教所嫉。至其徒彼得、保罗等，犹数以毁摩西法律，为众所仇，卒以见杀。摩西假教以合众，其言纯是法；耶苏用众以行教，其言弥近理。故耶苏行而摩西废，其渊源仍述摩西者，缘西裔巫教皆口传无书，摩西之书已遍传中亚细亚各国，彼族旧教居犹太久，已与犹太、景教互相参混为一。耶苏为大辟之裔，生于是邦。初时登山受录，假神术以胜群巫，为行教之助；托神子以贬诸教，为立教之基。不引《旧约》之书，无征不信。观其讲论，言必引经，而别为解难，其理弥正，而其量弥广，与摩西之用心不同，宜其为西教不祧之祖也。

佛法出家不娶，以六亲为缘为孽，一切平等，无有高下，教人施舍，心无留恋。摩西法律，则有妻妾奴婢等威，重生前之福利。耶苏承摩西之后，采佛氏之旨，酌而取中，使人易从。除出妻之律，无取妾之条，禁同族相买为奴婢，于两教为中立调停，令同教者鬻产共财，喻富人入天国难于驼穿针孔，接待门徒者必得福，则布施之义也。《马太传》云：耶苏欲渡海，一门徒求归葬父。耶苏云：让死人去葬死人，若从我去。又云：自我来后，子当与父疏，女当与母疏，妇当与姑疏。人之仇敌，即在家人。此弃妄缘之义也。又云：人不可受夫子之称，只有一师，乃是基督；不可称人为父，只有一父，乃是天父。自尊者必降卑，自卑者必升高。则平等之义也。而身自出家，门徒不娶，言灵魂升天，无配偶舍生命者，乃得生命；天地俱有毁，惟从耶苏得度者永生，不信者永沦地狱。缘释氏净业生天、舍身度世、不生不灭、死后天堂地狱赏罚之说，而变其说为尽性事天，以合应谶降生为天独子、作救世主之本旨。其法较佛氏易行，其义较佛氏为密，而始终归宿，皆由释氏脱胎，不能讳所从来也。

《福音传》记耶苏登山训众，明虚心、哀恸、柔和、怜恤、忍辱诸义，皆反证以明因果；又言遭人逼迫辱詈毁谤，当生欢喜；释律诫杀人奸淫，皆剖析几微，深诫意业；命门徒传教不必赍粮，择好善人家，受其供养；为门徒摩顶受诫，每申一义，必设譬喻。皆是释氏遗尘。《路加传》言：一财主死，入冥受苦，望见亚伯拉罕携一乞丐同行。财主呼救。亚伯拉罕语以生前享福，至死宜有此苦；乞丐生前受苦多，死宜有此福。且彼此中间有深渊相隔，无缘相救。死即入冥，一河相隔，享受乘除，苦乐循环。皆释氏之卮言，亦其踪迹之显然者也。《墨子》书亟称天鬼。《耕柱篇》言：鬼神神明，智于圣人，犹聪明之与聋瞽也。墨述夏道，夏道尚忠，其失也鬼，此九黎巫氏之遗。西教亚伯拉罕以降，相承所祖，与墨同原。而耶苏遂以神子降生，证成《旧约》，则凡言鬼神者，不能抗尊；凡言圣人者，莫能或外。墨主救人而不尸功，故摩顶放踵，杀身以利天下，佛氏之舍身度世与之同义。而耶苏自命为救世主，预言必为世流血赎罪，且勖门徒当舍生命，以传教为重。彼得、保罗以降十余人，皆为异教仇害，其教竟以此大行。耶苏之教发端于约翰，约翰不知其所自来，路加所传踪迹，不合其言，非实，辨见前。褐衣革芐，食蝗虫野蜜，类墨家行径，创洗礼，耶苏曾诘法利赛人：洗礼是从天来，抑何人所创？斥以色列人毋恃亚伯拉罕为祖。摩西法，兄弟死，当娶其妻。约翰以谏希律王娶弟妻见杀，耶苏为门徒言摩西之法，至约翰而止。其人即非中产，其教于墨家必概乎有闻，故不假神术，专求克己，而毅然破除彼族成见，创行新教，人皆听从。耶苏初起借其奖成之力。耶苏称之云：自先知以来，惟约翰最大。又云：约翰来不饮不食，人以为鬼附人子；来且饮且食，人又以为饮食之人。及耶苏教行，尚有疑为约翰复生者。西教之兴，兴于耶苏，实兴于约翰也。

墨氏兼爱、尚同，孟子斥为无父，言虽过甚，然其流弊实将至此。杨光先《辟邪论》，谓孟子距杨墨，恐人无父无君；耶苏之教，惟恐人有父有君。此亦极意深文之论。然其原取法乎墨，故流弊同归。摩西十诫，四诫事天，六诫治人，亦首重敬父母，其律法殴詈父母皆死刑。耶苏橐括其说，第一尽心事天，第二爱人如己，虽云古传律法尽此两端，实与旧诫不合。一时，耶苏之母与兄弟姊妹在户外，欲与耶苏语。人告之。耶苏云：谁为我母与兄弟姊妹？指门徒云：此即我母与兄弟姊妹。又云：人不可受夫子之称，惟有基督为人之师；人不可称人为父，惟有天父为人之父。耶苏将渡海，一门徒请归葬父。耶苏言：让死人去寻死人，若从我去。此即爱无差等、葬非利亲之说，耶苏受之约翰，闻于埃及，而摩西《旧约》之所无也。

　　合释、墨两家，尽耶苏立教宗旨，与摩西截然异道。惟称造天地主是原其家世巫传，又以托其神子降生之说，长于埃及，学各国方言，受洗约翰，是学于释、墨之渊源。佛以天地为物，顾谓先有天地，然后有诸天之神，故言三界内外，惟我独尊；墨称天鬼以贬圣人，而不言神之所始。耶苏既兼取两家，欲独张一教，适摩西旧藉，有造天地主，可以涵盖一切，证天鬼之无上，排三界之独尊。不禁犯别神，不能定民志；不并除燔祭，不能杜偶像；不兼爱平等，不能禁人不祀其先人，祀其先则与禁拜神专事主之宗旨相背。摩西教行，争杀无已，惟以祈神蒙佑、拜偶像见谴，为互相杀戮注脚，其是非概置不论。故《旧约》但言生前祸福，不言死后赏罚。耶苏欲用教以止杀，无治世之权，非平等尚同，不能破除各族畛域之见、争杀之习，不尊不信；非用天堂地狱之说，无以示劝惩。第言天堂地狱，袭佛常谈，无以胜佛教；且既有轮回，则智者或以及身之取偿易其来生之福报，故原始要终，易为永赏永罚，惕之以生时易尽，驱之以死后必由。是亦救世之苦心，而其教之所以盛行也。

　　六合之外，圣人存而不论。《易》有先天太极，乃无名无象，强拟诸形像，谓之元气。《易纬》云：“太极元气，函三为一。”《系传》：“易有太极，是生两仪。”两仪谓乾坤。元气分而为天地，元气之精为之主宰，其理固然。然元气之精，仍属天体，故文言则为上帝，质言则为天，不能分别。老子言：“一生二，二生三”，亦谓太极元气生两仪，两仪之气交，交气别为一，与原气为三，交气精者为人，烦者为物，故曰三生万物，与《易纬》旨同。惟其宗虚无，求于六合之外，故所言有与西教消息透露者。如曰：“吾不知谁之子，象帝之先。”“有物混成，先天地生……独立而不改，周行而不殆……吾不知其名，字之曰道。”“人法地，地法天，天法道，道法自然。"又曰："能知古始"，"以阅众甫"，皆求知于天地以前。《约翰传福音》云：太初有道，道与神同在，道即是神，万物乃借道创造而成，生命在道中。生命者人之光也，光能照暗，暗不见光，故耶苏降世，为世真光，光在道中，道即是神。然则光者神之分，神者光之原，合道者神之用。神即老氏所谓自然，光即老氏所谓"有物混成，先天地生，独立不改，周行不殆，不知其名，强字曰道"者也。庄子所谓浑沌氏，《山海经》所谓帝江，其实神即太极元气未分之始，即函阴阳中三气，是谓"函三为一"。已分两仪，而后有光，光即天体乾体，元气不用事而光用事。故圣人称天为帝，推本两仪，既分为名象之始，而太极无名象可言，其降曰命，其生于天；命降于人为性，率循其性，是谓法天，故《中庸》曰："天命之谓性，率性之谓道。"董子言："道之大原出于天也。"老氏欲尊道于天之先，不能禁人诘道从何始，舍自然一义，更无推本处，故曰道法自然，以道视天地，则天地亦一物。西教正同此意，谓天地由道造成于元气，直加名象，称为独一之神。《旧约·创世记》注：耶和华，译言自然之谓。而阿罗本所献天主像，亦称三一妙身旡①元真主。无论太极元气无名象可称，即从两仪天体，圣人所称为上帝者，推本为元气化身，与帝同名，与人同象，亦何能时时显示，命人祭祀，教人赞颂，导人争战，如《旧约》所云，耶苏知其于理不达，故自承为上帝之子，专行专断，禁绝指神起誓，不称神降传言，其遭忌见杀在此，其教变邪近正，令人信从亦在此。耶苏常引《旧约》解之，云《经》言以色列上帝是生人之上帝，非死人之上帝，明言神凭依在人，人在神始在。由此观之，耶苏盖实通造化之微旨，特称天以教人，并非因人以立教。惟取法释、墨，谬于周、孔，虽为父言慈，为子言孝，为夫妇言相爱相终，为主言恕，为仆言忠，为兄弟朋友言信义，于名教无违，而推本天父为一尊，以待人如己为宗旨，指门徒为母，令人专心从教，父子相疏，言世人平等，不当有尊，始终未言事君之义，则隐与名教相反。其精华在称天以教，令人敬畏修省，所谓挟天子以令天下，其所托足以攻别教，而非别教所能摇。统于一尊，则名教之尊卑几难自立。程子言：佛氏之言尤为近理，其为害尤甚。况又进于佛氏者乎？

　　明时利马窦献书，并进神仙骨，考新旧《约书》无神仙之说，利马

---

① 原文如此，当作"无"。

窦天主教士何以忽谈神仙？在英识一耶苏教士，问以此事，乃言天主教中规律颇杂，有长斋者，有谈修炼者，不知始于何时，此于耶苏无传，当是后来增窜。然老、庄之言，实有为耶苏先导者。老子云：外其身而身存，后其身而身先。耶苏谓舍生命者乃得生命，卑谦者必升高，在后者必反在前，即此意。老子云："六亲不和有孝慈，国家昏乱有忠臣。绝圣弃智，民利百倍；绝仁弃义，民复孝慈；绝巧弃利，盗贼无有。此三者以为文不足，故令有所属。"耶苏令人父子相疏，而统以爱人如己，是"绝仁弃义"之意；教人凡事不必预虑言行，皆听命于主，除悔罪祈祷之外，多言即罪，戒学伪师扬伪善，即"绝圣弃智"之意；教门徒无虑衣食，令人鬻产济贫，是"绝巧弃利"之意；所谓"以为文不足，故令有所属"，老氏欲属之于素朴，耶苏则一是属之于神。老子云："始制有名，名亦既有，夫亦将知止，知止可以不殆。"耶苏言：不可令人称人为师，惟是基督；不可称人为父，惟有天父。己为大辟之裔，而引《旧约》证摩西为仆，己为其主，言己在亚伯拉罕之先，指门徒为母兄弟，皆是毁名之意。老子云：天道犹张弓，高者仰①之，下者举之，有余者损之，不足者补之。又云：贵以贱为本，高以下为基；孤、寡、不穀，人之所恶，而王公以为称；物或损之而益，或益之而埙②。耶苏为门徒洗足，训以卑谦，尝训众云：饥者必得饱，哭者必得乐；饱者必得饥，笑者必得泣。为人毁当生喜欢，为人誉当生忧惧。又指婴孩训门徒云：凡人在中，极小者将要极大。其旨正同。老子云：以德报怨。耶苏训门徒亦云：仇汝者必爱，骂汝者须祝之。汝不道人短，人不道汝短；汝能恕人罪，人亦恕汝罪。即此意。老子云：可以长生。又云："死而不亡者寿。"即永生复活之说。庄子云：天其运乎，孰主宰是，孰纲维是，孰居无事而劝是？即造化主宰之说。庄子曰：吹万不同，而其自起也，令其自已。耶苏亦喻言：风从树吹过，但闻其声，孰知从何处来何处去。庄子言："指穷于为薪，火传也。"即耶苏言属地者必不久，属神者必长存之义。或不谋而相合，抑薪火之相传，盖不可知而可知也。

　耶苏采集诸家，而称天以为主脑，由巫而引于道，可谓取精用宏，故没后风行景从，余教莫能与抗，诚撷老、释之精华，洗巫家之积陋，良非偶然。言教不言政，有墨氏兼爱、尚俭、尚同之意，而无其用；又

---

① 原文如此，当作"抑"。
② 原文如此，当作"损"。

从佛法出家毁产，所立教王及诸神副，仍如西藏班禅呼图克图故事，矫厉而难以持久。路得创修教，颇有译改。原天主教不译彼经，仍用古文宣颂，非神副莫知，故路得诋教王以私意窜入《圣经》，乃译其书，遍传国中。其实路得由译而变其文者当不少。不出家，不行异术，弥近人情，顾足以涵盖外域，而不足动摇名教。自利、艾东来，见圣人之书，广大悉备，始稍修改其说，阳附而隐攻。于是利玛窦有《天主实义》、《辨学遗牍》、《畸人传》，庞迪我有《七克》，艾如略有《西学凡》，毕方济有《灵言蠡勺》，高一志有《空际格致》，溥①泛济有《寰有诠》，徐光启、杨廷筵②、王肯堂之徒又为之润色点定，假兵赍粮，以张其帜。《新约书》自路得译行而一改，由利、艾译传中国而再改，盖非其旧。良由语须重译，故言可遁饰。今考辨耶苏之书，姑就译文为据，其已改者无害于道，不必追求，第举其教入中国后，修改踪迹之可见者，列之如左：

《新约书》只言耶苏为天之子，以驾乎摩西称天仆、谟罕默德称天使之上。及见经传，言黄帝、尧、舜、后稷皆上帝感生，则其说不能独尊，遂附会三一妙身之像，以为一体三位，神也，父也，子也，其实一体。盖欲以天主自降生，驾乎天感生圣人之上，而新旧《约书》皆无此言。

耶苏废律法，无一语及政。当罗马盛时，奄有西土诸国，皆奉行罗马王所定之律法。及法国创霸，征服诸国，复行法王路易所定之律，以势行法，初无所折衷。及见中国圣人兼言政教，知不相敌，始推本摩西十诫，缘饰诸条例，以为四诫事天，六诫治人。然旧诫诛不孝，严主仆之分，重渎伦之刑，而今西律皆改之。父子相驱③，罪皆监禁；无主仆名分；妻可弃夫，夫不得出妻。由于摩西十诫，耶苏易以两条，四诫事天如故，其六诫统以爱人如己，则是墨氏兼爱、尚同，佛氏平等之义，可以统盗杀、妄证、贪财，而适足以灭父子、主臣、夫妇之名分。盖教化未兴，夷性尤残忍，与以名分，则逞其凶德，故耶苏设教，称天为主，不以人治人，李提摩太书云：如父等于君，有时子触父怒，命之死而不敢辞，是父权过重；夫为妻纲，倘遇人不淑，出其妻，奴其妾，是夫权过重；主仆有尊卑，或遭虐待，甚至令斗杀为乐，是主权过重。引印度焚妻殉夫；罗马用罪囚俘

---

① 原文如此，当作"傅"。
② 原文如此，当作"筠"。
③ 原文如此，当作"殴"。

虏与猛兽斗杀；麦西哥出师以罪囚俘虏杀之祭神，每岁计二万；美国买黑人为奴，蓄恶犬，有逃奴则纵犬嗅迹而觅之，立为啮死，故教会为之改律赎奴，以合天主之训。即此可见，狉獉初启，名教难施，平等尚同，亦因时势而为之也。意在废酋长以止杀戮。国无所尊则家难立主，不免因噎废食，而其说已深入人心。利、艾东来以后，渐被华风，始窃取孔子制作之意，以附益耶苏。教士法师因而引书解律，以张其教，讳其草昧之习，隐攻名教之非。其实父子不别尊卑，夫妇不相统属，是其国之本俗。大辟为其子押龙沙所攻，大辟出奔，押龙①入居大辟宫，奸其妃嫔十人，押龙沙旋为兵帅所杀，大辟犹悲思不已，诸妃亦不加罪。即此可见摩西律法逆亲渎伦之刑，特有空文，其族初未遵行。摩西法律，传自中邦，非彼族所原有，此亦一证。抑或《旧约》本无，而译书者增人，以文饰其教，亦未可知。《新约》耶苏诘众云：摩西律骂父母者死刑，汝众未尝遵守。又众执一奸妇以难耶苏，耶苏云：众中有自问未尝犯律法者，可举手行刑。于是众皆散去。是耶苏之背于名教，亦因其时俗本草昧，未足骤语文明。路得以后，渐被夏声，而智慧不如耶苏，又以先入为主，乃矫其说，谓天伦有六，以排名教，知末忘本，明有朱维城书即发此论，近西人皆阐其说。此为贼道之大端，滑夏之要害。父子天性，圣教之大原，颠扑不破，君臣、夫妇皆由此起例，虽释氏之汪洋恣肆，道流之微渺超虚，皆至此而穷，不能不影附而立。惟彼教握定天生人为根本，用爱无差等为转关。有天父在前，则父子之亲为枝叶；神为天主统万国，人皆当一心事神，则君臣之义为等夷。而其流论至于驱②父无刑，谋反不诛，西律皆以谋反为公罪，如逃往他国，则不能执，他国必护之。弃夫无过。法人著论，欲尽废天下君主，诸国公党群起和之，至著为诗歌，欲遍地球君主之血，流洗遍地球国土。其教普行各国，实有大效。风俗全主于教，政治半出于教，其半不出于教者，亦皆推本于教以为言。以富强为教之征，即以富强助教之势，羽翼已成，持之甚坚，并力思以其教易中国，不可易而忽之也。

　　耶苏降生，博士言星降伯利垣。耶苏言天地劫毁，日月无光。《默示录》言：末劫时有一妇人戴日踏月。言星降、以日月并称，仍是浑天之说。明西洋人高一志《空际格致》，以气、水、火、土为四大元行，驳五行兼用金、木为非，则袭佛书地水火风之说，而其推测天文，仍本五星，并未指为地球。彼学最重天文，开宗明义，即言神造天地。耶苏

---

① 原文如此，当作"押龙沙"。
② 原文如此，当作"殴"。

自神降生而言天，仍拾浑天遗说。高一志测天不外五星，论地分为四行，不过中邦陈法，释典唾余，其学术由来，已可概见。西人好胜喜新，是其本性。且其教托天主，不合谈天，反随人后。故自汤、南以后，智者辈出，极力推求，务变旧说，以夸饰其教为天教，独能知天。于是窃地员、宣夜家言，言地轴自转，绕日而行，诸行星皆为地球，各有月循绕地球轨道。于五星外，用远镜测出天王、海王二星，然不能算其轨度，则虽有苦①无。斥浑天为无征，又于五行去木加风，诋经传与佛书但不得当。耶苏医疾，是古之祝褊②，至彼得、保罗犹能行其术，再传以后，其术遂失。而借医行教，是其授受渊源。故传教士皆习医科，刳死人以观藏府，见心为血所出入，执以驳经传言心为身主之非，以神其灵魂为主之说。然耶苏述诫，首言尽心事神，其余说教言心亦不一而足。耶苏不谈物理，而艾如略《西学凡》述其国建学育材之法，有文科、理科、医科、法科、教科、道科，其致力以格物穷理为本，引而归之于尽性致命，提要称其所格之物皆器数之末，即今所谓格化学。分为光、电、热、音、力、化，亦统名格化学。西人自言化学由中国道流炼丹点金之术推阐而出，则与教无涉。原艾如略得读中国书，见朱子释《大学》"格物"为穷物理，遂以其国制器分质诸艺，附会格物，合之于教，推究于造天地，以证人无所能神无不能。耶苏语。盗取"格物"一言，以攻中学之理有未穷、知有未至，可谓黠贼。中国习而不察，推重西人天文者十九，称西医者十五，确信格物为制器分质者十七八，不知其用心专在争胜，而欲以其教折我，奈何操戈而授人以柄乎？

《采风记》卷之五　公法

《万国公法》所称引，有虎哥、宾客舍、霍毕士、布番多、莱本尼子、格不兰、俄拉费、发耳得、海付达、得哩等十余人，称为公师，皆西国讲学之士名望最高者。其学分性法、公法两端。性法者揆之于心之是非，公法者揆之于往来交接之公义。其书始于虎哥。虎哥主公法从性法而出，分性法为第一种，公法为第二种，意在抑公法之主利而不合性法者。虎哥原书名《平战条规》，主于抑强扶弱，推本于良知，谓出于

---

① 原文如此，当作"若"。
② 原文如此，当作"由"。

上帝之禁令。此西士之学最醇正者。惟其无禁战息争之权，故不免依违其说，谓各国治法以利国为尚，诸国同议以公好为趋，此乃万国之公法与人心之性法有别。后来诸家，或推本一源，或截然分性法、公法为二事，而皆失其本旨，遂流为法律之学，所谓铢铢而称，寸寸而度。故近来西士为公师者少，为律师者多。西学之源皆出于其教。摩西之教，本自东来，尚为醇正，无有诡说。自耶苏之徒叛摩西旧教而自立，遂造天主降生之说，以揽教权，然犹分传教者与受教者为二，传教者为教士，出家不娶。路德之徒叛天主旧教而自立，则不出家传教，教士与受教众人无异，其品不分，其学愈歧愈远。主平战者转而言战，主均利者转而谋利，主抑强扶弱者转而助强并弱，则耶苏之徒入室操戈，路得之徒假粮借寇也。在英识一上议员公师吴留顿，语及西国言修身治国以何为主。吴留顿言：皆本摩西十训，其四训以治身，其六训为治国，一切法度之原本。可证彼国之言理，皆以教为依归。近百余年富强之策骤兴，由于路得之徒变宽戒条，广译教书，于是不为教士不守戒条者，皆得以析言破律。仍依附摩西十训，以涂民耳目，其守教笃者亦震于功利而依违其词，其守教不笃服教不深者反附于功利以张其焰。故公法出入，语持两端。其教究属草创，未得精微，所谓择焉不精，语焉不详，而意主于平战息争，抑强扶弱。今各国交涉，虽不尽遵从，然不敢显然不顾，由于欧洲皆同教之国，公法皆敷教之言，创公法诸家本意不过望同教诸国不相侵害，不敢望异教诸国奉为指归。然彼教推行益广，赖国之兵力相辅而行。教皇失权，无力自制欧洲大国，欧洲大国反持此柄以制异教各邦，土耳其、印度等国为所胁服。且其本教亦与同源，遵从公法，犹有可言。至中国与之交涉，亦援引支节两歧、理义不精之公法，束身归狱，是诚不揣本而齐末矣。但既与交驰，自当同禀公律，以为议事之制。彼教之流虽异，其源不甚相远，至于是非曲直人心大同，特彼方所闻，无有进于摩西十训者，故竭其人之心思，不能折衷一是。"《春秋》经世，先王之志"，实万国之公法，即万世之公法。如会盟、朝聘、侵伐、平乱、行成、存亡、继绝，国等、使臣爵等、会盟班次，无事不备，无义不精，此类皆西书公法所斤斤聚讼，讫无定论者。丁韪良作《古时公法考》，亦引《左传》数条。《春秋》"三传"各有义例，合之乃成完备，如自治境内义在《穀梁》，交际礼仪例在《左传》，驾驭进退权在《公羊》。修明此经，以为公法，是至当不易。然内其国而外诸夏，内诸夏而外夷狄，须先自治，始能治人。必以为迂远，则宜取彼公法之书为之驳正，一禀《春秋》之律，判其疑义，斥其违反，译而行之。彼国公师既明其理，必相附和，教势积重，人情所向，即彼武臣富商交持国政，亦不能夺也。圣教阴行而夷患自免，遇有交涉亦不难为，非迂谈也。

外国之并力以图中国，固由于彼教之尚同，而我国之独异，亦有一名一实有以招之。实者中国之地产富饶，弃而未用，西人所亟垂涎；名者华夷之界限，中国拥其尊名而事或废弛，民多流徙，宜为外人所不服。《春秋》最严夷夏，而自来注解皆失其旨。此解一差，汉以后夷祸相寻，至于今日。经言夷夏之辨，以礼义为限，不以地界而分；传言降于夷则夷之，进乎中国则中国之。倘如旧说，分以地域，则降于夷者必徙而之夷，既无是事；进乎中国者必进而据地，进而据地，灭人之国，方讨之不暇，反视同中国，又无是理。且杞降为夷，未闻迁地；狄入成周，不闻进之。执此以谈，不通明矣。又公会戎于唐，传为晋献；戎执凡伯于楚邱，实乃卫人。贬绝之义，于此可见。又若楚之先为帝师，初见《春秋》乃称荆；以州名之，夷狄进退七等，最贱之称。吴为泰伯之胤，初见《春秋》仅称人，其后俱进而称子，许以为霸。论其初则族类未改，论其后则国地未迁，而进退迥殊，夷夏相反，明是因其政教不由礼义，则谓之降于夷；政教改从礼义，则谓之进乎中国。《公羊传》云：斯世愈乱，《春秋》愈治。又云：《春秋》贵义不贵事。意谓以《春秋》治世，则夷化为中国。明乎此理，则"内其国而外诸夏，内诸夏而外夷狄"之义，一以贯之。法国议和条约一款云：以后凡中国自行一切公牍，自不得以夷相称。约虽施行而其意终疑忌，此即各国与中国隔阂之情。可见人之好善，谁不如我；争名之习，人情大同。但彼知夷为贱称而不知所以贱，中国知夏为大称而不知所以大，徒拥虚名，以招攻射。其几甚微，始于经训不明，而贻害至于中外交乱。今于修订公法书中，辨明此理，俾知圣人之书，一无偏倚，夷夏之名，非可力争。听命于道，自察于己。既释猜嫌，渐慕名教；既慕名教，则中国实为名教宗国，未有不推服钦崇。今之外域，实同春秋之局，非复犷榛之时。观于罗马、日耳曼为泰西文教祖国，当时群往朝觐，戴为共主，久而后灭，而其帝位犹空而存之。及教皇奉冕，立奥主为皇帝，继罗马古皇之位，以奖其护教之功；奥既不振，日耳曼联邦始推戴德意志君为皇帝，以继日耳曼古皇之统；法以力征，欲为南帝，而旋黜尊号。所谓地丑德齐，莫能相下也。被之以教化，讲之以仁义，及其合同而化，推原宗国，舍中国安归乎？又不徒泯夷夏之猜嫌而已。

　　欧洲大势如战国，而公法欲反之于春秋。耶苏欲以教废国，故但言天命，不论治理。自埃及、罗马、希腊皆立国数千年，教力所不能废；其余诸国并起，争杀相仍。教皇既立，因以教辅政，而仍不能禁杀胜残。教士虎哥乃创为公法，初名《平战条规》，既无禁战之权，又无礼教以为持论之本，惟推原于性法与上帝示命、善恶之别是矣。惟蔽于功利之恒习，囿于权势之俗见，不敢直断争城据地之非，故说多依违持两端。霍毕士、布番多以降，言公法者十余家，其说愈纷歧，正如书吏舞文，出入失律，欲以止争，而适以启争。不知中国圣人制礼，即以性法为本；《春秋》进退，即以礼教为衡。礼与《春秋》乃真万国之公法也。西教未闻，无所依据，故后学之徒，支节而为之。丁韪良略读中国书，知公法起于《春秋》，刺取《左传》为《中国古时公法》一卷，但引传而未尝知经，窥见一斑而已。窃观今日之西国，有制度文章、聘盟朝会，俘人之君必加礼，灭人之国必复封，与水草游牧蛮夷无道者迥殊，但可视为春秋之吴、楚，不能待以春秋之潞狄。国富兵强，人和政理，正宜进之以礼，不能威之以兵，因其公法，引经为之正定，明其所疑，译而布之各国。西人好胜，亦好精微之思，必能由攻生悟，不令自行，所谓不战而屈人之兵，经术之用也。谨引经义，驳正公法如左：

　　第一条　莱本尼子与根不兰言：公法之出于利者则归实际，若徒以人人相待之理范围诸国之公事则不可。夫国即一家之义，故两国邦交，即两人相待之理。所谓利者，通商也，占地也。譬如两家比邻，有无相易。彼家有旷土余材，弃而不治；此家善治生，无旷土弃财，欲得邻之旷土弃材以利于己，则必出材，佃其旷土，收买弃材，然后合义，不可巧取豪夺，以诈力谋之。今西国于商利地利，每挟兵力以要必行，甚或因胁之不行，竟用兵以灭人国，此与劫盗何异！皆公法出于利者归实际之言有以助之。《春秋》贵义不言利者，以列国分土而居，分民而治，以此土养此民，但当自利其利，不当更求他国之利。人之欲利，谁不如我？两起相争，则争强者胜，迭相仇，复效尤，反复推刃，无已时也。《春秋》："晋侯使韩穿来言汶阳之田，归之于齐。"《左传》云："汶阳之田，鲁之旧也。"《公羊传》云：胁鲁使归之。曷为使鲁归之？鞍之战，齐师大败，齐侯归，吊死视疾，七年不饮酒食肉。晋侯闻之曰：奈何使人之君不饮酒食肉，请皆反其侵地。《穀梁传》曰："于齐"，缓词也，不使尽我也。汶阳本鲁地，故其前经书取汶阳田无贬词。而晋为盟主，不应取人之地以与人，悔而返齐侵地。汶阳虽鲁之旧，而亦鞍之战败齐师时所取，故胁鲁使归之。《春秋》嘉晋之返齐侵地，以明不夺人地之义，而以汶阳本鲁旧田，齐不应先夺鲁田，故加"于"为缓词。《穀梁》所谓"不使尽我"，犹言晋当返齐侵地，鲁不当归齐汶阳。明列国有疆，不得以强凌夺。又，"邾庶其以漆、闾邱来奔。"《左传》云："邾庶其以漆、闾邱来奔，季武子以公姑姊妻之，皆有赐于其从者，于是鲁多盗。季孙谓臧武仲：'盍诘盗？'武仲曰：'子召外盗而大礼焉，何以止吾盗？'"《穀梁传》曰："来奔者不言出，举其接我者也。"明《春秋》讥鲁不应接盗。明乎此，然后可与议公法矣。

霍毕士云：论礼，敌人可杀，原不分其杀之之方。但公议条规，或许此方而禁彼方，战者杀敌，如非共许之方，则不得用。以此为公法，非尽据理之证，不知其理先不明，故言皆支叶。两国相争，理直者欲伸其理，理屈者恃强不服，于是以兵戎相见，各欲人服，非志在杀人。其临战杀敌者，以敌将杀我，即以其道治之。如临之以兵，敌人望威而服，原可不戮一人。不得已而杀，乃推刃而杀之，譬如其自杀。故王者之师，有征无战。《春秋》："王师败绩于茅戎。"不言战伐，以自败为词。《周官》军礼救无辜，伐有罪。九伐之法，必内外乱、鸟兽行，然后灭之。礼不重伤，不禽二毛。《春秋》之义，师胜不追，入国不杀。结日者为偏战，不结日者为诈战。偏战者书"及"，许之。如"晋侯及楚子、郑伯战于鄢陵"、"宋师及齐师战于巘"，晋侯、齐师等及楚人战于城濮之类，皆无贬词。诈战者书"败"，如"公败宋师于乘邱"，"公败齐师于长勺"，皆不书日，以危之意，在由兵而返礼，并非专志于杀人，如此然后可以议公法论平战。今泰西火器未及交刃，已先杀人，至凶残不仁之器，其初意不过欲以此逞强，其卒也各国皆有，则不足以制敌，徒足以相残耳。

虎哥以国使权利出于公议。布番多云：敬其君以及其臣，固本于性法。至其利益，或本性法，或本默许，许与不许，原无强制。二说皆非。《周官》五礼，其三曰"宾"。《春秋》书朝聘最多，皆有褒贬。良以通使所以治邦交，昭文治，明礼让，息争端。臣不贰君，自不能受所使之国管辖；既不受治于所使国，则所谓利益者，皆其本国职分所应有，何待默许？更何能不许？如或不许，则不成宾礼，当绝邦交。故有别邦之使，来即有一定之宾礼。彼未闻礼教与君臣之义，故以一原而歧为二本，但知权利，遂从权利，推求出入，支离无有是处。宾客舍云：公法之原有二，理与例也。论战时局外之权不可助此害彼，理也；各国君长平时立约，战时申法律，定局外者之往来，例也。此尤生乱，不足为公法。谨案：《春秋》之义，惟助义以讨有罪，不能徇私以伐无罪。约非信则无约，假有约之国理屈而亦助之，是助乱也。又如一国与两国俱有约，而两国兵事，则当谁助？其说立穷。正当用公法以禁私约，何得引私约以为公法？今各国之私立约，正如春私之盟。盟者，末世之事，《春秋》所恶。故于公会一二国特盟，皆书日，以讥不信于公会；诸侯合盟，始书时，以示信，而特褒"胥命于蒲"为近正，明众盟始可为信，私盟不可为信也。《左传》曰："信不由衷①，质无益也。"《论语》曰："信近于义，言可复也。"明昭大信者，不必盟约，信而不近于义者，其言不可复也。如其扶弱抑强，助义诛乱，则不必立约，而可以相助。傥唯利是图，而公法乃迁就立说，是公法乃助豪强兼并之书，去君子之道远矣。

海付达谓：公法局于欧洲崇耶苏服化之国，或行于奉教人迁居之处，此外不能通行。孟斯得云：各国自有公法，即夷狄虏人而食者亦有公法，互相遣使接使，并有和战条规，并无遍世通行之法。天下共信谓之公，至当不易谓之法。今称公法，而言仅行于崇耶苏之邦，又自比于食人夷狄之法，陋矣。盖人群萃处，无不立一条规。草昧愚顽则其条规背谬，非其族类断不遵行；文明渐启，则条教日新，推行亦必渐广。以此较彼，即知治分夷夏；由此推例，即知义有精粗。西人未尝不自知，惜乎文不同中国；经义渊深，又无人为之传习。至于交涉，反援引彼之公法，自入其纲，龃龉不合，无所从适，从则势强者胜，由辨之不早辨也。

第二条　新立之国，自主之权行于外者，必须他国认之。旧国内变，他国或旁观不与其事，仍以国主视旧君，或视其叛民为俨然一国，或择理直者助之。诸国之公法，不审曲直，助之之国，攻敌即可享交战之权利，但叛民与属国攻其本国，其得用此权利与否，必视其本国与外国所立盟约而定。西班牙在美之属部叛而自立，西班牙固辞不认，而美、英及他国皆认之，则一国省部叛而自立，他国认其自主与否，惟视与己国有益而定。西俗尚同，君臣无等，易君甚易。所谓新国，一则武将功高权重，逼其君避位，令众推立为民主；一则国教与民教自生歧异，其民不服，拥众自立；一则远处属地，异种之民，自别为国；一则

---

① 按《左传》，当作"中"。

国属省部，或因君有失政，叛而自立新主。不外四端。《春秋》之义，人臣无将，将而必诛，况逼君自立？当目为贼臣，邻国义当致讨。属地之民，本非其有，然既被征服而复叛，《春秋》恶之，"齐人歼于遂"是也。不言战，使若齐人自歼，不许遂为成国。但欧洲吞并成习，本以诈力取人地，初无名义可言。省部叛君，虽或由君有失政，然未举国皆叛，则非民不聊生揭竿亡秦之比，特亦枭桀之才，乘机煽乱耳。《春秋》之义，亦诛乱民，责于其首，书"三叛人以地来奔"是也。西域未被名教，不明义理，惟视与己国有益，即认为新国。夫所谓有益者，通商耳，赂地耳，杀强邻之势联己国之援耳。通商，《春秋》无文；赂地及纳贿，皆《春秋》所贬。赂地即"三叛人以地来奔"。纳贿者，桓公二年二月①，"公会齐侯、陈侯、郑伯于稷，以成宋乱。夏四月，取郜大鼎于宋"。《公羊传》以为遂乱受贿，桓之大恶。作者亦知于义不安，不着断语，但引故事为证，而以"或择理直者助之"一言了此公案，此亦遁词所穷矣。夫果君虐民不堪命，则邻国可起兵灭之，岂一二省部、一二权臣独声其失政足为信谳？舍虐民乱政，则无曲直可言。况诸国公法，并不审曲直，甚至其乱未定，竟视叛民为一国，或助叛民以攻其君，惟斤斤计较交战之权利与外国所立之盟约，其词甚鄙，何堪称法？此所以未能进乎中夏，而均贫富废国法之党起于其后也。

又云：邦国易君变法，其于公法可论有四。盟约一也，国债二也，国土、民产三也，他国被害四也。公师论盟约有二种，曰君约，曰国约。君约者指君之身家，如保其身家在位并私亲等情，若君亡家灭，其约自废；国约者专指所议之事在其事不在其人，虽易君变法，其约仍存。本于发耳得。近来公师多有评其于理不合者，盖约之行不在约之具文，而在两国所以立约之故；变法易君，已失其所以立约之故，则约可废。彼学持论无本，故锱铢于盟约与所以立约之故，而不知推本于何以立约之故。如定界何以立约？因两国不共一主，各治其民，非立界约不能正两国疆域。此约为国所应有，虽易君改法不可废。如通商何以立约？或两国交欲得利，互埠通商，已是由一时之议而定，可有而非必应有；或一国恃强，争彼国之埠通商以为己利，尤不应有而有。此等盟约，原依势而存，易君变法，其约自废。其余若于商埠置官设兵，在他国建堂传教，以此例推。《左传》云：盟可寻也，亦可寒也。君存尚可

---

① 按《左传》，当作"三月"。

寒，君亡何不可废之？有论民产云：国法既改，国土归新君管辖。叛民之败事者，新君可将其产入公；倘变后又变而复旧政，民产凭国权而入公者，则夫该地之新主能坚守与否，未易断也。此由无礼义以决是非，但凭权力为予夺，故其词依违。夫新君之所谓叛民者，必旧君之义民也。新君将其产入公，是诛其异己，乃国主之私权，非天下之公义。至又变而复旧政，则所谓其地之新主者即与改国法之新君为敌者也，既不承其国，即不奉其权；既不奉其权，即不能守其所夺于人以为己有之地。如因利于己而欲守之，是与彼同为劫盗也。至夺人地之君，至此国已非其有，权将何所丽？公法谓凭国权而入公，其词自枝，又焉能断？《春秋》："晋侯使韩穿来言汶阳之田，归之于齐。"《左传》："汶阳之田，鲁之旧也。"《榖梁传》："于齐"，缓词也，不使尽我也。《春秋》嘉晋之返齐侵地，明不夺人之义，而汶阳本鲁旧田，齐不应先夺鲁田，故加"于"为缓词。以例正比反比，则公法此条，所谓新君所夺者不当夺，其地之新主虽能守亦不当守也。此狱易断，而公法如此依违。故曰：夫礼者，所以决嫌疑，定犹豫，明是非也。

二十年十月方著《公法驳正》，未成，倭警日甚，遂辍业。明年还自欧洲。十月，检行箧记载付印。惟此类未完，举所已成附入，见例。臣育仁谨记。

复古即维新论[*]

（1897）

今天下竞言变法，不必言变法也，修政而已；天下竞言学西，不必言学西也，论治而已；天下竞言维新，不必言维新也，复古而已。

变法何以故？则将曰：其政不修也；学西何以故？则将曰：治不若人也。然则枝节而变法，铢寸而学西，其效安归？则将曰：国富强而民乐利也。谈者曰：此维新之事也。夫使我中国数千年世局于富强乐利未始有闻，如非洲、南美之伦，则变法而学西是也；顾求所谓国富强而民乐利者，先哲王亲行之，我孔子详议之，而且国不仅富强，民不仅乐利，其后积久，凌迟衰微，乃至于今也，则何不反而自思变之？为用有益有害，图其益，祛其害。言变法宜何所法？不修先王之政，即不得不学于西。西之为学，有得有失，甄其得，砭其失，必有所师。不师孔子之论治，即惟有傀焉称曰：维新尔，维新尔。新之为义，有涤染，有惊奇，维新不在惊奇而在涤染。与民更始，不待智者而辨，然则维新为言筌，其中有物，舍复古安归乎？

谈者又曰：此政之事也。若天算、格化、光电声力、动植、制造、贸迁，为士为农，若工商之所执，当学于西者种种。政诚可以师古，学则何师于古？安在其复古遂无慊于维新？为此言者，犹是铢寸而学西之说也。夫西学之振兴于百年间者，其政足以劝也。无论政未修举，学不能兴，甲论变科举，乙论正文体，事格不行矣，今日设学堂，明日裁经费，化为异物矣；即使智创巧述，一倡而天下从风，人人能执西艺，操西言，而达于事理者已稀，胶于锢习者如故，亦惟有各怀攘夺，群相嘻沓而已。

夫西之所以富强而乐利者，亦自有其本也。言法则近矣。议者蜂起，修海防、练陆军、造铁路、广电线、经商务、举邮政、厘税则，变法也；少进者，开矿产、更钱币、设银行、行币票、广农利，变法也。本末少殊，而皆不可废。一言变则入于西，乌在维新之必复古乎？执此以为得者，亦犹枝节而变法之说也。无论政非人不举，袭其法而亡其意，非徒无益，适以蠹国扰民；即得其人，而一市之哄议，百端之掣肘，事多败而少成。即幸而有成，夤缘之仕盈朝，游食之夫满路，陋规之习，流毒遍天下，群起而姑嗫。法初立而弊旋生，百孔之漏，一丸之塞，国不能恃此而立也，况欲持此以保富强遗乐利，岂可得哉？议修政者有以兴学校、急人才、清仕路、裁冗滥、厚饷俸、稽户籍、督游惰之说，进则弥近矣，此无待学于西，乃变而复其故。论治者当何所学，修政者宜何所法？如曰富强乐利之道不在是，必古今之大愚；如曰先王先圣不足师，又必天下之狂瞽。然则维新之实用，舍复古安归乎？

谈者曰：此政之事也，在野谋则言学。方将与天下言新学，奈何以复古锢天下之聪明，为守旧所借口？此则大惑终身不解矣。夫今之所谓守旧者，护弊而已。彼惟未学于古，故不知今，以弊为旧。吾所谓复古者，正欲启其聪明，乃所以维新也。

且夫今日中国之大患，不在艺术不精，而在事理不明。艺术日新无穷，而事理终古不易。吾非谓艺术之不必讲也，知其所要患，急其所先务。千目之罗，必有一纲。伦敦有浮图，叠甃而能峙者，重心得也。夫艺术专门而易精，事理交持而难辨。今持艺术语人，或谢不能；持事理语人，则胥曰：余既已知之矣。初未尝究事理，而人人自以为明，则是非相乱；是非乱而贤否淆，贤否淆而名实谬，名实谬而道不明。教衰政敝，学术冥冥，士之为学者，相率为苟且卤莽灭裂而已。农工商无所率，而相承为偷惰楛窳奸鄙，以苟便其私。上下交煽成风俗，相为蒙蔽欺轧诡饰，棼如乱丝，此不待证于西而知其不能国。徒求于法，又知其不可矶，舍复古安归乎？

故学术者发于上为政教，渐与下为风俗，而士者他日之从政，今日所以率民也。未有不学无术而能从政美俗，亦未有士学衰陋而秀氓、良贾、国工接踵骈肩，而国蒸蒸，而民皞皞者也。政之事即学之事也。故曰："学无当于五官，五官弗得弗治①。"欲兴其国，先修其政；欲修其

---

① 按《礼记·学记》，当作"五官弗得不治"。

政，先论其治。论治之纲在治官，治官之实在用贤，用贤之源在造士，造士之枢在讲学。学术晦盲久矣。举古今中外，民于天地必有与立，其依在教。我欲不易教而治，讲学必依教为根。君子反经而已矣，经正则庶民兴，岂仅富强而乐利？反经即复古，复古即维新。世论分教与政与学为三，我不敢知。与士言：士欲为国策治安，必自明学术始；欲与士明学术，必自讲政教始。政教明而人才出，明农、通商、劝工悉寓焉。故今日救时之务，必先复古学校之制。复学校，下无权焉，请自联学会；始联学会，不能家喻而户说，请自开学报始。

经术公理学[*]
（1904）

序　言

　　有空虚而无涯垠，有悠久而无终始。离朱所不能视，巧历所不能算。索隐者必欲穷之，穷之而终不得其朕，则鈲析琐微，立名以辨而已矣。有不物物，有非非想，有未始，有夫未始，有无，有非，有非非有。旋螺其词，古称螺蛤之属为互物，故词之复沓相交者为互文，喻互物之旋生也。而须弥于芥，其实不过名诠。归于不可思议，以为究竟，此庄生、乔达摩之所主也。夫空寂能仁，空非真空，寂非真寂，所谓本无一物，即是其中有物。此驰思于造物之先，而欲复根于无名之始，诚出世之高言，特非有身诉合以来，生于空间、长于时间、物我兼营、与众共喻之事。故六合之外，圣人存而不论。如云日局太始，乃为星气，名涅菩剌斯，布濩六合，渐由吸力，收摄成珠，太阳居中，八纬外绕，此挽近斯宾塞尔之徒所执也。就人意识所及，以窥造物天倪，亦复数言可辨。特此涅菩星气，何自而生？其质点本热，从而何有？且涅菩剌斯之名，非星气所自表，乃人心所影造，究所由来，仍归意识。万物之象，既由见触而知，止于意验与心相符，则夫见触不及，即意验无征，云何有象？特加尔云：积意成我，我为非妄。赫胥黎乃设喻赤圆石子，以申其义，谓意物之际，尝隔一尘，本体莫见，纯为意境。此足以破前说，而又独执我见为真，则何能断彼见为妄？今思无我之先，意又安在？孰主宰是，孰纲维是？圣人有所不知焉，诚可以存而不论也。星球运行，热力

---

　　[*]　光绪甲辰（1904）秋上海同文社铅印。

牵引，此处辟以散力，彼处聚以成质，为声为光为动，日耗其本力。天行所演，万物芸芸，众庶品生，或今有而古无，或昔盛而今灭。斯宾塞尔以天演之理，推测地球日缩，彗星渐迟，八纬周天，皆将日缓，久且进入与太阳合体。霍得耳测彗星与地球同轨之期，将为彗星所灭。马尔达以万类生生之数，用几何级数相乘，使灭亡之数不远过于所存，则瞬息之间，地球乃无隙地。达尔文以象之孳生最迟为例，赫胥黎设植物出子最少之数为衡，皆以万物并育为疑，大地畐满为虑。夫天道有恒，而变动不居；其物不贰，故生物不测。人心之动，止于所见与意识相符。故朝暮寒暑之运行、日月星辰之隐见，以浑天推测可得，以周髀、宣夜推测亦可得。而岁差之度，已古今不同。如谓物曲有力，人官有能，不关于天行之所演，则太极元气，只如霉菌微生之物，悉可由人力以化分化合、举重升高，不难预创未有之星球、别循独行之轨道，如所谓断鳌足以柱天、溃炉灰而止水，而何以极竭人官之能，仅能求千岁日至之故，而不能测其未来；凡测天地未来诸说，皆就过去已然之迹，以积算求之，即孟子所谓“苟求其故”也。仅能验三十里空气之差，蒙气折光、热力距离、光线速率诸说，虽出乎三十里空气之外，然均无准数，无从测量，则属理想。而过此以往，未之或知也。然则恒沙星球，与九重圜则，皆生于意验相符，适然近合，未知其孰得而孰失也。如以意为因，以验为果，因果循环，仍不出天行所演，则天演为原动，物生为受动；天择为牵机，物竞为傀儡，是孰使之然哉？天演之论，亦自有云，人巧夺天工。其说固非诞，顾此冒耏横目、手以攫而足以行者，亦彼苍所赋与。且岂徒形体为然，凡所谓运智虑以为才，制行谊以为德，一一皆秉彝所畀，无所逃于天命而独尊。则知杞人之忧天，不自觉为积气之微动力所使耳。夫物论既齐，则可名非名，形象非象，空间之所见触，时间之所近合，不妨就意验以为真，庸讵知意验之非妄耶？观于两力相抵，则两力相消，可悟万物并育而不相害。试思无质之力，何自而生？虫臂鼠肝，何缘而赋？证以天地间之原质，无一物能使之灭。二理异唱而同途，知原质之不能使灭，即知原质之不能使增。夫既力在质先，而不增不减，则知其物不贰，周流六虚，在天成象，在地成形，此盈则彼缩，甲满则乙亏。故曰：阴阳消息，而易行乎其中矣。今乃虑孳生之速，而消灭之迟，忧夫积块抟抟，不足以容所生之万物。建宇宙之宏议，唱物竞之冤词，而欲与天对狱者，是未知两力相消，已为生物不测之现象；原质不灭，实为其物不贰之原理也。天地之间其犹橐籥欤？橐则无底，有物入焉，彭然而充矣；籥则吹而高下成声，其吹者一也，而出万不同。新旧更代乎前，而各如其量，此犹天择之所与，适各如其物，乃善喻者也，非物竞与天行为对待之说也。人世代谢，相推于六合之内，如乐之出虚，蒸之成菌，就其意验之所符，可以测天行而推物理，是诚可立论，而不可穷之于思议也。故曰六合之内，圣人论而不议，即释言"不可思议"之谓矣。

空间曰宇，时间曰宙，统宇宙而立为名称则曰世也。庄子所云"有实而无夫处"，"有长而无本剽"；横为世界，纵为世代，自近而远，皆人群更代乎前，而以人群之所至为界。孔子之作《春秋》，其地则内九州，其时则二百四十年而止矣，而曰"《春秋》经世，先王之志"，则何居？人群之自狭而广，人事之自简而繁，此天行之自然。其在先觉之伦，固所共知之公理也。禹使亥、章步地，极于大荒，而三代相承。王者所治仅五千里，此何以故？未至其时，则就所见之世代，以为所治之世界。顾自家庭而演为宗族，由宗族而演为国家，由国家而演为天下；自元系天端而演为四时，自四时而演三世，自三世而演为万世。跬步而知千里，须臾而测万期，亦先觉之伦所共知之公理也。心之所之谓之志。时尚未至，而志先及之。孔子奉天道，明王政，法先王，以作《春秋》，托之于二百四十年之史，以备人事。明王政，著天道，知分土而各治其民，为宇宙一定不易之公理，则据公理以治邦交，为宇宙合群之大事。顾必本公理以正人伦，始能据公理以治其国，推而据公理以正邦交，推而据公理以大一统。故曰："广鲁于天下。"六合之外，有未始有夫未始有者焉，非人之所得知也，即非人之所得而论也。六合之内，有未始有夫有物者焉，非人之所得而治也，即非人之所得而议也。至于世之立名，则就人群而立，虽有万形经、希夷名，疏仡、循蜚、因提之纪，人非人、想非想，忉利、少广诸天，姑勿论其信否，第就空间时间，霉菌、微生、胶质、粒点积而成体，动而生觉，起灭万殊，因果相续，尘念相接，可得名言者，则未有灵于人者也。故谓人为万物之灵，而天地之生，以人为贵。其自命为人，则有名之始；其命名百物，则持世之符，不容疑也。故于人类之中，而出乎其类者，当其世皆有经世之权；与不当其时者，并有经世之志，是其应有之责任，以为德充之符，乃天择之所与，而物竞之所不能夺。自无始以来，阅人成世，就人世意识所界，含生负气之伦，所得与知与能者，范围不过于此斯已矣，毋庸其辨也。故"《春秋》经世，圣人议而不辨"。夫积意成我，意本天倪，积我成家，即入人群交际，由是而家、而族、而国、而五洲环球，举不外于公理，即不能别有天倪。虽言语不通，好恶不同，而啼笑出于一情，哀乐感而一致，此人之原质，为天演之流行。所谓元系天端，即西域竺乾所谓婆罗门、阿德门同出一原之义也。特竺乾之法以出世为宗，流转六合之中，而游心六合之外，以刻苦为薰修，则厌世与度世两妨，舍己与为己相缪。释迦唱论，本自同归，徒以空非真空，寂非真寂，标示涅槃，扩充识界，故以舍身度世，表其无我，其视欲立立人、欲达达人异矣，乃出世者之转语，诚何当于经世之公理乎？耶稣晚出于佛，乃言入世教民，而不与立国同情，则仍以出世为教。其先立教者，专求之造物之先，其后言学者乃求其生物之故。自德黎逆笑日食，毕达哥拉斯以律吕言天运，芝诺芬尼始创名学，额拉吉来图首言物性，德摩颉利图倡莫破质点，苏格拉第始专言道德，亚里大各最号理家，伊壁鸠鲁、芝诺倡斯多噶学，此欧洲学派，由宗教而递嬗为哲学、文学、物理、论理之渊源。其间新旧之转关，以哲理与论理相杂糅，为学界之过渡。当时号为理论，其支离破碎，与周、秦诸子同符相望，而破宗教之迷罔，启后学之新知，实为其进化之所始，所谓科学进而宗教退也。其后学者皆研物理以诠名象，据名象以辨是非。物理之学日推而浸广，哲理之界为物理所范围，遂以物理之声光电化专科学之名，非其本义然也。自特加尔倡尊疑之学，而培根以自信为宗，推本于额拉吉来图，引足长流之喻、万物火化之谈，而德谟吉利图继之而作，至斯宾塞尔，乃推生理而致于群学，达尔文承风先趋。顾其所执之理，率出入于婆罗门、乔达摩、斯多噶三派之间，不外于厌世与乐生之两途，斯宾氏为执中矣。然皆据意验所经，以名象相权，纷纶于六合之内，以窥测于六合之外，甲以此立论者，乙可立说而破也。其实厌世与乐生，皆人情之田，善治者均当酌而措之于最宜，而莫之夭阏。其物竞争存，适与厌世、乐生为反对，乃弱肉强食，草昧之余习，动于知觉之已具，而昧于意识之未全，其不得为完全之人格明矣。进言群学者，则几于经世之志矣。自身而群，以至于国，夫非谓治人乎？斯其为经世也。然则经世之大经，其不在人民资格与国家原理乎？人民资格，必有其重心；国家原理，必有其要素。执其枢者安在？其必在于公理矣。不明公理，虽涕泣而日号于众，曰合群合群，人将曰不胜其为己；虽日讨国人，而训曰爱国爱国，人将曰不如其爱身。今持科学进步而人群进化之理，以求民格，未始为非也。无如贫者救死而恐不赡，富者不胜其欲望之私，其不肯舍己芸人，而姑置自营以求学，则断可知矣。而董劝强迫者谁乎？则将求之于政治主义，求之于国家原理，为陶成人格之模范，以启合群爱国之通途，夫乃可为也。庶几矣，乃立国家原理之名，政治纲要之义，求其主名而不得，方且归之于神权，方且归之于贵族，方且推本于契约，取譬于机器，归重于保人民之财产，放任人民之自由，曼衍支离，适足以启谈士之纷，而致后生之惑。挽近东瀛学者，亦颇有言立国之原，属于道理者，顾谓不由伦理演成，不由家庭结合，其与愚以疑之故，由于公德、私德之界不明，析言破道则日兴。以国与民之交际属公法，民与民之交际为私法，则家庭之为私法，伦理之为私德，又何论焉？不知公德执伦理而成规，公法自家庭而絜矩，一本于公理而已。循公理为公德，衍公德为公律。欲求国度之日进，必求人格之完全；欲求人格之完全，必明伦理之必不可易；欲知伦理之不可易，务知公理之无所逃于天地之间。欲明公理，则必求之经术矣。六经皆据公理为元素，以经世为主义，不独《春秋》为然。而庄生发明孔子制作，独举《春秋》，以《春秋》有大一统之微言，与六合内外为三等，广鲁于天下者，广中国于五洲之义也。六经之垂宪，将期推而放之于四海，顾宗国乃忘焉。抑亦思夫公理者天下所同归，而圣人先得我心同然之故乎？顾其元系天端，显仁藏用之旨，似与阿德门之宗旨无殊。要其推而致之天下国家，放诸四海，由亲及疏，自近而远，皆有绳迹之可寻，而非空寂能仁、天演物竞之说所得而与，则其途绝异。公理明而合群之德箸，然后爱国之心生。吾尝叹学术衰而天下乱，为经术不明言之，为经术之公理不明言之也。诚见经术之纷纶葳蕤，而同条共贯，无往而非公理也。乃撮述所闻，为《经术公理学》。宋育仁自序。

明德第一

古今之通言曰：智愚贤不肖。智与愚反对，贤与不肖反对，平分为四列，不可误合为两端。愚近于贤，不肖近于智，但相似而迥不同。俗语有曰：教愚化贤。此言极浅而理深，至近而旨远。缘设教之意，皆主化愚为贤，因其质地相近，由此引而进之。今世论动言开民智，其意反对愚黔首而言。且今之民，愚者实十居五六，任举一事，民莫之知。故百废不能举，户说不能悟。骤闻开民智之言，似属对证之药，遂群相倡和，以为得之矣。不意治丝愈棼，去道愈远，此由误混贤智为一途。不知智属于聪明之用，贤属于学力所成，智以生质加人一等为主名，贤以随事出人头地为标目。故智与愚反对，愚为生质，非学而后成愚。贤与不肖反对，不肖为习成，非生而为不肖。惟下愚不移者，乃属生而不肖，此别为特别，不在施教之科。故设教之义，在于教愚化贤，非能教愚化智也。所谓因材施教，非对证发药之喻也。贤者以明公理为主，智者出入于公理私智之间，不肖者以背公理得名，愚者并迷惑于公理私智之数。惟其为本质也，故可贤可不肖。即新理家所谓元素，亦曰要素。知智者不能使之愚，则知愚者不能使之智。尧、舜之民，比户可封，所谓时雍于变，又曰民成者，乃由"慎徽五典"、"敬敷五教"。悉化为贤，非悉化为智也。又以实事证之，各事其事为义务，推己及人为公理，是贤者之所为，愚者可强而至。夺人之权力，非有私智不能为；损人以利己，非有私智不能济。是不得谓为非智也，即谓之不肖亦宜。若使愚者效所为，不足以达私智之能，而适足以驱之于不肖之路。由前之说，是谓化贤；由后之说，是谓开智。夫明与智尤相似而又不同，则公理与私智之辨也。所贵教民者，教以成民格而各得所安也，岂教之为比户可诛之民哉？说者以为物竞争存，优胜劣败，不知以此为外交之策则可矣，如以此教民，而国中自相为竞，则智者固胜矣，不肖者亦同出其间，而反居必胜焉。认弱肉强食为公理，反忠恕为非彝，推其所至，必且如粤巫之养蛊，不容二虫之能虫也，岂不可哀也哉？今日中国民固多愚，而察识所为，诈伪百出，所谓今之愚也诈。以迹而言，又未尝不智也。今新学家日以开民智为主义，其将导其私智，而益令诪张为幻乎？抑将喻以公理，而求其归宿也？试问其重心安在？其极点安在？其要素安在？其所达之目的又安在？其基础将何所立？其积极将何所止？吾将尽举所谓名词者，而合为一问题，知其必无词以对也。我请为天下正告之曰：不可言开民智，但可言教民成。民成者，成乎其为民格也。夫既谓成民格矣，重在贤乎？重在智乎？且愚正可化为贤，而未易变为智也。贤为愚之积极，不肖为智之消极，此理易见而甚明。《记》曰：古之为教者，非以明民，将以愚之[1]；又曰："欲明明德于天下"。两言相反。世学不解，而大惑以终身。不知明德为定名，明为虚位，空举其目曰明民，犹之世言开智也。公理私智，皆囫囵槩括于其中。为公理则益矣，为私智则损矣，不可以为教也，故曰"非以明民"。至揭其要素而标之曰"明

---

[1] 按此句不出《礼记》，出自《老子》："古之善为道者，匪以明民，将以愚之。"

德"，则其为公理不可移易，不得以词害意也，故曰"明明德于天下"。明其明德于天下，犹曰明其公理于五洲；欲明公理于五洲者，非先明公理于其国，则其道无由也，则学校是也，正以化愚为贤也。化愚为贤为积极，教愚成智为消极。若从消极而引之，其去贤路也愈远，而不肖之途，尤易于入矣。故不可言开民智也。中国公理，发明最先，圣人之书具在。而数千年来，私智日行于世，公理仅存于书。天演家将谓孰为优而孰为劣乎？以公理为优，则公理常败矣；以私智为劣，而私智常胜矣。今益言开民智，其为私智乎？教化未遍之世，教育久敝之国，私智之人，已处多数，虽互有优劣，而要归于各用其私心，无待于劝也。其为公理乎？言公理必先认义务。舍己之义务，而日号于众曰公理公理，夫先未识公理之所在，而何足以明公理？又安望以公理觉斯民哉？且如果知公理也，则不当以开民智为目的也，化愚为不肖，相去其几何。

士、农、工、商，犹是古之四民也。而所谓士者，仅能执笔为文，或兼工书画，已为优矣。最上者，多览古书数卷，其程度及文科之高等普通而止，进求所谓专门，则程度不至焉。又旁求他科普通学，其于天文、地舆、算术，间有及程度者；若教科，若政科，若心理、哲学、公法、理财、经武之术，则概乎未有闻也。其不墨守者，往往阅新报，时见一班，饾饤以为学，亦能掊扯以成文，属之文科之著论，则程度有余，衡以别科之普通，则程度不足。总而论之，考中国今日士学之程度，惟文科之普通，及格者为多；其于人世最切要，而暗蔽最甚者，则于政科之事理多茫然。甚有服官多历年，而不知各署迁转之故事、各省差缺之大凡、各口通商之原委、近年财赋之大率，其详无论矣。此于掌故仅涉记问之初程，而犹不能知，若问远焉，其何能知矣。顾皆自文科出身，类能执笔发论，故每有一举措，发言盈庭，高谈惊坐，其实多隔膜之言，皆影响之论也。其公卿执政，或多更事，而从来于政学未尝究心，望其衡众说之长短、决事理之疑难、审得失以定从违，吾斯之未能信也，况兼簿墨填委，无暇致思乎？欲救此失，在使已仕之官、未仕之士，先习闻国故；就令无缺之官、已成之士，补习普通。不遽望其能谋，在先使其闻言而善听，则言尨之祸渐戢，浮伪之患渐止，建白者乃有可见施行之路。此非为之开智也，而实所以愈愚，于化贤之意乃近矣。日人尝喻一国为舞台，为剧场，曲喻而惟肖。顾有登场而演者，有临场而观者。古今中外之事，除任事之豪杰数人外，则皆观场者也。观者不知音与节，演者或倦焉，而神形顿减，甚或不识为何剧，则虽有王豹、绵驹、优孟、偃师，亦且废然中辍，宁为南郭之吹竽矣。夫豪杰之士，虽无文王犹兴者，不借于学校之作育而成也。学校之所成，期于及程度则已，皆中材可勉而至。豪杰譬则演剧，多士譬则观场，登场者为少数，观场者为多数。于多数之中，索解人不得，则引商流征，属而和者，并无此数人焉，此伯牙之所以绝弦，一齐之钳口于众楚也，甚者偃师见辜而卞和刖，谁为为之，孰令听之哉？夫使众知国故，然后能知国忧；知国忧，然后能设心以图国难；图国难，然后能鉴谋国之善言。"倡予和汝"，"是用大谏"，庶几哉，乃有成事矣。由前之习，人皆曰予智；由后之议，未知其孰贤，然而有程度矣。"具曰'予圣'，谁知乌之雌雄？"怨诽之言，吾从《小雅》。

农则愚矣，而贫且久。今欲开其智，将毋逋租乎？将毋抗粮乎？将毋攘畔乎？教以机代力耕，则谢曰无赀；教以肥料变土性，则谢曰无赀；教以牛羊蹄角千、泽中千足彘，则又谢曰无赀。千石鱼陂，粤有之；千树桑，苏湖所在多有之。举《货殖》一传，有赀者自为之。海门云台之报垦，有志者醵公司且为之。然此皆农之中之少数也，所贵教农者，岂不重在农之多数乎？农之多数，贫者久。为多数谋者，仅能保其衣食之足资，不能祝簏车之皆满，则其为程度也有限，在知土宜而勿失时，能通力而谋合作，如是焉足矣。此为开智乎？亦曰勿惰而已矣，勉为善良而已矣。

舜陶于河滨，而器不楛窳者，其制造精良。所居同业以为法，故所至成邑而成都。利之所在人趋之，善与人同而人自乐于从之学，俗学肤见，以为德感之耳。无论德不虚言，因事乃见，且天下熙熙，皆为利来，使无利益及于人，蚩氓独何心而远从转徙哉？唐、虞为中国开务成物时代，其时圣哲，皆以俊德而擅专长。如帝尧则精天文，大禹则精舆地，稷则专门农学，垂则专门工艺学，益则兼长畜牧学、商矿学，详见所著《经术政治学》。大舜耕稼陶渔，则农牧工学兼擅其长。民用既备，此后为守成时代。农工商虞各务，皆以创始诸贤之裔，世掌其官。稷之后世为农官，垂之后世为工官，皆有明证。三代相承如故。故《周礼》云："以世事教能，则民不失职也。"器非求旧维新，经有明训。宜其今日欧美工艺之兴，日新月异，而未始有穷，理化制造之科学，亦方日进而尚无止境。中国工日楛窳，不但无增于旧，并且不逮其前，以言教工艺之事，则谓为开民智，宜矣。夫精求分质，推广化合，增益马力，加进速率，若斯之类者，智之所为也，教之学以益其智也。至于材求良而不楛，工求坚而不觳，则非智之所为也。今中国陶漆绣琢范铸诸作，皆日敝于曩时，诘所由然，无非偷功减料，凌夷而渐至，乃至丝茶亦多杂伪之巧，日有就衰之势，此岂不智之为患哉？不肖之为害也。日本仿欧美诸作，皆具体而楛，故其工业仅在下中，其弊亦犹是也。故造伪票，铸私圜，赇印教科书，以牟专利，其案屡起。中国之私铸尤甚矣。今将维国本，必在造良工，先令其器不楛窳，然后求艺之精进；先谋其食业于工之多数，而次及聚业于工之少数。所重仍在求善良，而不徒开民智也。

　　外国重商，夫人而知之；中国尤重商，夫人而不知也。各国之富在商，夫人而知之；中国之商尤富，夫人而不知也。各国大商，得举为议绅，及大公司商董，得主议于商会，与议于商部，如此而止。中国则奖叙可给一品封典、二品官阶，近且有给侍郎衔三品卿者矣，其报效而赏四五品京堂者，不胜缕指。各国之重商，不至于此也。外国富家，累赀或多至三四千万磅，顾如此者，通欧美计不数睹；其家赀自百万磅以上者，已称巨富。金与银之值，前后数十年间，相差一倍。今一百万磅当中国银七百万两者，计其本位实当三百万两。夫财币之较，当以物价为准，而数家产之富，当以占本国通国之财积分之几为率。若徒以彼磅数合我银数，非持筹而善计者也。古今货财民产之计亦然。春秋、战国之季，所谓千金者，当如今十万金之较。秦益铸钱而币增，故汉时较战国之季，财币之值为减于前，所谓千金之家，当今二十倍有奇，则如二三万金之较。今各国财币，浮于物产，日用十倍于中国，通计其国中财币之数，与其人数、物产之数，自乘反比财币所浮于物产之较，又约当五倍于中国。率其财币之数，恒以十五当中国之一，则累赀一百万金磅之家，值华银三百万两，以物产和较，才当中国二十万银两之实；一千万金磅之家，才当中国二百万银两之实。中国之家赀累百万两者，当其五百万磅；二百万两之家，当其一千万磅。其大较则巨富次富之实约略相等，惟其钱币之数较多，故见者以为夥颐，闻者以为河汉耳。然则商之富不逊于彼，国家之重商且远过于彼，而公司不能兴，大工厂不能举，铁路不能自修，银行不能自设，则何以故？欲优异以劝商人，商人已尊贵矣；欲助豪强以厚其力，商人已兼并矣。然则其患安在？患在与国离心，各自为谋，不为大局计，又不为贫民计。夫是以举国多商，遍地皆财，正如满屋散钱，不能成贯，则仍受洋商之操纵，为外国之经纪而已。今设商部，立商会，举商董，入会而与商务之议，使商知大局，不专私殖以自封；国知商情，不致扞格而丛弊。其要领既得之矣，然而犹有虑。银行之设，商之得利颇微，而责任繁重；公司之举，商董之垫款巨，而与众共享其成，不得独专其利。并附《银行公司章程议》。此则有学之良贾始乐为，无识之奸商所不愿。中国之公司，其成于先者，惟轮船、电报，然食其股息者，仅豪家数十人耳。今湖北四厂，则出单招股矣，而未有应者。吾逆知过此以往，食其股息者，将无异于轮船、电报也，积习使然。官与商，商与民，彼此不相信；公益之事，公理之宜，知之者鲜。懦者望之而却步，豪强兼并者出而专其利而已矣。其名公司，实非公司。又华商之眼光短而希利厚，朝种树而晚欲成阴，操豚蹄而祝篝车皆满，此欲速见小，圣人所以深诫。凡事皆然，于商为尤切也。故司马子长之论货殖曰：良贾三之，奸贾五之。[1] 原大则饶，原小则鲜，成本多寡，取利厚薄之分也。取利薄者，利人而利己，日计不足，岁计有余，于多中取赢焉，如为众人服公役而受值也。取利厚者，利己损人，而诈巧由此生。市价多贰，国中多伪，卒至跌价争销，私为充斥，损人并不能利己。然四民失教久矣，商尤近利，尤为杂伪。见眉睫而不睹泰山，虽户说以眇论，恐难速化。此非不智之为患也，实不肖之为累矣。故今日谋教商，在使之明公理，而不可导以矜私智。公理何在？商律是也。明商律而服行之，能举公司办银行，大商任其劳，而众人沾其益。有公利于财政大局、民生实业者，国家始从而旌异之，则良贾劝矣，不可以其自富而旌之也。此商民风俗之原，不可不察也。所谓发宪虑，求善良，其道如此也。徒言开民智者，非也。

附拟　设银行以筹商本简明章程

理财之要策，莫切于经商；经商之关键，首重于成本；商本之来源，取资于钱币；钱币之作用，总握于银行。无银行则各私其财而力不厚，各限于地利而利不通。力不厚，利不通，则商业不能举。中国之财，本不患寡，患在有私藏而无公积。有私藏，故各人自为计；无公积，故各省不相通。譬如有一款于此，积之一处，而只属一分，周转数次，则化为数分；又如有一款于此，存之数家，则每家只得所分之数；集存一处，则此处实存所积之数，每家仍得所分之数。故理财之要，须化涣散而萃为整，又须变滞塞而使之通。其作用机关，专赖设银行为销纳。

---

[1]　按《史记·货殖列传》："贪贾三之，廉贾五之。"

前于光绪二十二年、二十七年，再上理财之议，以开矿产、齐圜法、设银行、币票，分为四纲，而联为一气。意在使凡矿产所出三品，皆归于铸局；凡铸局所出三币，皆入于银行。就矿场以设铸局，就铸局以布银行。仿外国国家银行之例，就银行以行币票。举民间之私藏，悉入于铸局；举公家之出纳，悉典于银行。则财不可胜用，而兴工经商诸政，皆借以为资。初次部议，以开矿为先，而铸币、设行、行票，暂从缓办。二次政务处议采用画一银圜，试行铜圜之策，均未议及银行。窃维银行为国财出纳之总司，即商本转输之通汇，实理财之管钥，而国家应收之利权也。伏闻谕旨注重理财，拟开商部，裕国之至计，诚莫善于此。但部务经费，商务成本，在在需财，又须源源接济。如仰给国帑，则收效尚迟，而度支易匮。如全仗招商，则希望者厚，驾驭綦难。谨拟简明办法章程八条，开陈于后。

银行简明办法八条：

一、总行宜隶商部也。外国国家银行，或商本，或官商合本，皆隶于商部。修订商律，由商部主政。推择行主，由商董用人。商部但按一季年终，稽核账目，遇有章程不便，准由商董禀明商部，公议修改，交由行主照章办理。商部主断法，商董主议法，行主主行法。今宜悉仿其例，则纲举而目张，有条而不紊。

一、分行宜就商埠也。银行为铸局之消路，实为商本之来源。无银行，虽铸币日增，仍虑不能行用；有银行，虽商本未裕，可以就地转输。今议开办银行，原为筹措商本，故宜就各埠商场，分别缓急，次第开设。除京都为总行，附设商部衙门外，以天津、上海、香港、牛庄、芜湖、汉口、宜昌、重庆及各海关，凡商务较盛之处，即设一分行，遇有应行举办之商务，可以移缓就急，挹彼注兹。凡所需成本，如商股一时未集，即借资于银行；如本处银行一时不敷，即借资于他处银行。如此则流通不窒，不待仰生活于富商，而事无不举。

一、经费借助公款也。钱币之作用，只在足敷周转，不在实计盈虚。多一分出纳，即多一分成本。以上海一埠商务之繁盛，实计存在该埠银根，为数仅二百万两。今拟请拨官本五百万两，招合商本五百万两，合成一千万两，此为实本，以作银行起根。虑其不敷分布，致形支绌，则一蹶不振，关系全局，拟请将各省按年赔款，概交由银行司其出纳。向例赔款在限期三月前交海关道，此三月中，可以生息，计又得虚本银一千万两，如此一周转间，银行之根基已立。

一、出纳代理民财也。民间有财，民间需用。查外国财政之例，民财可以交银行积存，亦可以向银行借贷，其数目自一元起码，其期自半月起算，均许生息。为数愈多者，行息愈轻；为时较短者，行息较重。其向银行借贷，如田房契券以至贵重浮产，均可向银行押借，由银行估计，借给本钱，按本行息。存入之息轻，借出之息重。存入数多，则举国之财皆其财；借出利重，则放债之利皆其利。一出一纳，已操其赢算。银行寄存之款，凑少成多，暗添成本，贫民亦赖有寄款之处，积本权息，有裨资生，贸易不患无资。此条最为法良意美，筹国计而兼顾民生，国财流通，而民财亦资挹注矣。

一、掉换兼平银价也。今各省银钱，平水不一，足百扣底，参差不同，随处纷歧，随时涨落。查各国金、银、铜元三品之币，均有一定价目，故商务但权物价低昂，不计钱币涨落。凡大庄交易，皆以银作价，而土工所出，日食工资，皆以钱作本。故外消之货如丝茶，自消之货如盐布，常年之价，涨落不甚相远，但视银价昂则大商获利，农工受亏；银价低则洋商获利，华商受亏。银贵则病本，钱贵则病末。商务日开，钱币益不敷周转，赔款日去，银根日紧，食物日贵，钱荒日甚。比年增铸铜圆，各省畅行，而江苏岁铸千余万圆，本地并无一圆，皆被钱店运往芜湖一带滨江商埠。今将兴商务，必须平银价，欲持银钱价值之平准，必须自主银钱兑换之权衡，非一纸文书一张牌示所能令市价不贰。拟请定章，就现在各省各埠平色高低银钱价值列为一表，由商部总银行发上海银行，转发各处分银行。其银钱价值，由上海总银行电商商部总银行，转电各处分银行，分饬各处钱店，一律照价兑换。国家银行出入兑换，占市面大宗，市价自由之而定。此系寓常平之意于平准之中，在银行初立之始，恐未能遽行划一，先行权宜定价，偶有涨落，不得逾十分之一，借此可以平银价，救钱荒。一俟圆法整齐，钱币渐广，即全照各国圆法，永定划一价目。如此，则商民交易，但凭物价贵贱，以求贸易之盈绌；不虑银钱涨落，致有无形之亏累，使业商者不致动其疑，阻而不前，兼顾利害而不决。

一、汇兑带行钞票也。非设银行，则币票不能行用；非有币票，则圜法不能流通。查欧洲各国，通计本国钱币之率，币票占十分之三，俄国大率占十分之五，日本则较钱币实数多加一倍有半，均由币票周转于外，则实银存储于行，此中生出之财以数千万计。宜仿各国造票，发交国家银行行用，为专许之利。定法而约其中数，如银行成本三千万两，可造票一千万两，与实币相辅而行。今议划一圜法，铸局总于京师，定期尚未开办，或谓须俟银圜毕铸，币票始可施行。其实金圜既未议行，则整顿者惟银圜而已。旧铸墨西哥式之银圆，既议停铸，则新铸者惟一两至一钱重之银圆而已。然则一两即一圆，无有出入，先行币票，后出银圆，亦无须更改明矣。拟请准公法平色银两，制造夹花印纸币票，从一两至一万两，以备本地兑换。及转汇别省，凡有官银行之处，皆一律通行。其实银换票，或票换实银，平色不同者，照补平色，并准其剖票分换铜圆，惟不换制钱而已。银圆未铸以前，就各处市面所有各色银两，银行皆应储备调换。惟币票专以公法平为准，以便汇通。银圜开办以后，陆续以所储各色银两，拨缴铸局，掉换银圆。迨银圆毕铸，银行所积，已尽换银圆，自然画一矣。

一、补助以维公司也。商务不举办公司，则惟仰生活于外人，而利权不在我；公司不修明律例，则徒助豪强之兼并，而公利不在民。查外国公司，有有限、无限之别。有限公司，成本有止限，从无国家之补助；无限公司，成本无止限，每赖国家之维持。查西律，七人以上，共议章程，呈请招股开办者，始谓公司。所谓七人，系该项公司创首承办之商董，其所招股分，则以票数银数为限，不以人数为限，非谓七家合办者，即可以谓之公。其每项公司之商董，即创办之人。由此数人创始开办，即责成此数人筹本垫办，其招集散股，中外情形相同。凡初创一公司，请准出票招股，附股之家，必迟回观望；及至办有成效，始行踊跃争先。故须创始商董筹款垫办，订定章程、合同、字据，其所垫之款，以若干作为商董永远股分，若干作为公司息借垫款，陆续收入散股，陆续抽还垫本。从无专恃收集零股，始行开办公司；亦无数家合办公司，不许众人附股者。为其数人创始，力任其难，众人附股，均沾其益，始可名为公司，乃能许其专利也。其已开办以后，未收效以前，则有大小银行、大小捎客，向公司趸买股票，如中国之囤货，待价而沽。公司自量其缓急，可将所出股票，减折出售于银行。银行捐客，计其奇赢，可将所囤股票，增价转售于股友，此所以各谋所利，而能通工易事，众擎共举。其无限公司开办以后，未收效以前，商力不给，由商、工部考察得失，准拨国帑，以补助成本，交银行经手，照垫本行息，亦陆续提还。华商每冒公司之名，而尽亡其实，故百举无一成。拟请订银行之例，并由商部颁定公司章程，则有限公司招股，有银行为之销纳；无限公司借助于国家，有银行为之经手。然后公司可成，商务可兴矣。

一、扩充以通商旅也。洋商亲履华埠，华商不至欧洲，故进口之货，能按照磅价以易银；出口之货，不能按照银本以定价。进出口货，均由外人操定价之权，故洋商坐操奇赢，而华商常有亏折。由于出口之货，在上海交替，譬如半路而转售，自不能待时而善价。而推究其故，由于外国银行进设于中国，中国汇号不达于彼都，兼以金价无交易之行市，彼日昂磅价以仰①中国之银。以少数之金，易我多数之银；即系以少数之货，易我多数之货。往返乘除，华商之暗中亏折者千万人，即国财之暗中消耗者千万计。洋商至中国，以金易银，日用但觉其轻；华商如至外国，以银易金，日用但形其绌。所以视为畏途，绝无远志，非华商之眼光独小，实事务之相逼而然。拟请俟本国银行设定，先行推广，分设中国驻日银行，再推广于欧美都会。如此则银行可营运本国之银，与驻洋华商，自为挹注，并可存储本国之币，与该国银行，通其有无，则虽未铸金币，而金有行情，不抑金价，而商旅自至于欧美矣。

一、营运弥补国债也。赔款本属银数，又折合磅价，转而偿金，此中暗亏以数千万计。今既不铸金币，不能以磅易磅，又不能照银还银，不得已，惟有权采赫德之议，时其磅价稍平，收买金磅储存，备还国债。在彼原属解纷之末策，不过少取以还之于中国，而仍保其本国之利权；但为今之计，赔款少出一分，即财源多留一分。赔款交由国家银行出纳，所议收买金磅，储备偿还，亦应由国家银行一手经理。其收买金磅之银本，拟请准由上海银行随时查明价值，禀请商务部饬下税务司，分批划拨，交该银行收买存储。俾周知磅价涨落情形，则中国未铸金磅，已得用金之情形；银行未至外邦，

先习外邦之交易，仍以银行应出之利息，给还税务，以免挠阻。

官吏之等，至多方矣，然皆为国与民治公事者也，其为民之表矣。乃今各署诸局，皆为丛弊之府，而百司执事，皆仰食于弊之人，岂不殆哉！岂不殆哉！若工程，若报销，若羡余，若规费，食于公者万千人，费于公者千万计，而按其名，则薪俸之外，不名一钱也，明教作伪矣。若工程，若报销，可剔除之，而弗除也；若羡余，若规费，可以明著之，而弗肯著也。可以除而弗除者，愿作弊者多，一举而牵涉众，虽贤者亦有惮而不敢更也；可明著而弗著者，明著则服其事者公均其利益，不明著则同一事而巧者取多、拙者取少也。巧者既不愿与拙者同功，工于作弊者，尝以捷足先得、垄断独登为快意。此非不智之为患也，不肖之为累矣。京师之工程及各项羡余、规费，司员无不取，堂官之廉者或不取，而其弊固在也。莫敢剔除，恐继此者以为咎也；莫肯明著，恐于前此者有所碍也。吏则专缘此以为奸，其所不取者，亦终归于无何有之乡矣。外省达部之报销，其于实数，本不能刻舟而求剑，其挪东补西、挹彼注兹、兼前搭后，为事所应有，核实奉公者，但求以公济公则已，而其下员吏借以侵渔者，犹不得免焉。其大吏不廉者，假公济私，似难染指，而诈取甚易。所司揣摩而进奉，外人实无从过问也，则任人之自为贤不肖而已。其下各局报销，与行省之达部款目大小不同，而情形相等，亦不能刻舟而求剑。大吏耳目较近，核察较严，然各局情形不同，局外者殊隔膜，局中者扶同隐匿矣。常有巧者多取而见功，拙者少取而或见过，其实不可究诘。大概习于弊者，侵蚀愈多，则扶同愈众，求真际于耳目，必不能得，故亦听其人之自信为贤不肖而已。要之，惟取薪俸自给者，无其人焉。无论薪俸不足以给所司之事，且其旧有羡余、规费者，莫敢剔除，不能明著，则无处而置之也，谓相沿者，斯受之而已。故公卿大僚，督率百司官吏者也。其豁达者，则曰有一缺，有一差，俾一人往足矣，无所谓人材也；其号认真者，则任察察，凭访问，或寄耳目欲左右，参毁誉于同列。任此数者以为政，适足以尝巧耳。诚于任事者，拙于谋己，左手画圆，不能右手画方也；工于作弊者，巧于夤缘，驾轻车者，易于就熟路也。在上者未尝不求人才，而所取皆私智，从未有以公理为言者。愈进任私智之人，而官方愈坏，公事愈不治。中州余炳文之言曰：人才易知也，明公理者乃人才，用私智者非人才。余尝绎其言，反覆思之，而无以易其言也。至于吏胥，其人正与公理为反对，借律例以练其私智，用私智以舞乱宪纲。已议除之而弗能除，今其为舞文弄法，又加甚焉，曾莫知其故。自大僚以至小官，治公事，则皆舍公理而任私智，其衡论人才，亦舍公理而奖私智。然而借法律以行私智者，以吏为最娴也，则安得不堕其彀中？臧孙有言：子召盗而赏焉，其何以弭盗？今京外各省设仕学院，其学课程度始萌芽，吾愿于专门讲业之外，亟以公理学进而教之，慎毋虑朴诚者之不足以治事，而见私智之才为有余也。为政者不以私智为低昂，则发宪虑，求善良，举直而错罔，将于是乎在。人才之分定，而小人之道消，其庶有豸乎！

实学亡而文胜敝，前哲以经学为朴学，斯有见之言矣。顾观乾、嘉以来之为经学者，数名物，穴训诂，考方隅，校章句，所事犹之乎文也；进而言制度，释大义，则近之矣，而未尝贯通。故公理政治之学，为经术之大宗，迄无能明之者。孔子有言："质胜文则野，文胜质则史。"史则何辜焉，而等之鄙野？今谓之文者，古谓之史。因事而敷言，强词以夺理，是文家之通弊也，而时文尤甚。其理想寻源于语录，依托于讲章，其佐证见闻，取材于类典，饾饤义理以为学，捃扯经子以为言，断章取义，相题涂抹以成理，理未尝研诸虑，言不必尽由衷也。观其文，于天地名物兵农礼乐，似无所不通；究其实，于德行、言语、政事、文学，皆不求甚解。惟其储作文之料，每事皆求略知，其究每事皆不深知。卤莽耕者卤莽获，涉猎而得之者，移时而蹄筌忘矣。习惯于易言，则遇事而好议，强不知以为知，实不自知其不知也。及其从政，多私智者以私智自用，庸者胸无主宰，惟步趋时尚，从风气为转移。身当事中，则推诿而取巧；身在事外，则望影而噪声，无非道听而途议。此群言之所由淆乱，而人才所以日消也。"人之云亡，邦国殄瘁。"不其可悲乎！学者日众，而学术日消，文日胜而日敝，其所由来非一朝，岂其有他故哉？经术不明之故也。侍郎清锐为余言：世人谋己甚聪明，及其遇公事，则若束手无计，此其何以故？余思其言，反覆验之，而卒无以易其言也。嗟乎！此非任私智而不明公理之所致乎！何患中国士夫之不智？然则今日中国人才之乏，不乏于私智之不足，而乏于公理之不明。质之新学家，亦将无所用其持异议也。吾独怪新学家，其言重公理则既知之矣，而一若其理甫从天降，忽自地出，微特中国终古未有闻焉，即生同此世者，非禅顿悟则他心通，舍是即无从悟入也。异哉！异哉！异乎吾所闻，亦异乎吾之撰。夫公理者，天下之公器，惟分先知先觉与后觉后知，而尤必以先觉先知觉后知后觉，无私垄断焉，亦无妙秘密法，尤无所谓顿悟禅也。今新学家浅见寡闻，乃拟之为顿悟，不自知堕入顽空耳。夫公理亦随事而见，如水之载舟，若舍水而论舟，则昇之为术，终古登陁也。绝于世者久矣，当复何说？当复何说？今朝廷废科举，兴学校，千载之一时也。顾有言重科学者，以实业为主；有言重哲学者，以公理为主。二说皆是，而二说皆偏。夫科学实业，所以课民职也；其学公理，所以成民格也。知职业而不成乎人格，诪张攘夺之事，日治而日梦；然舍其职业，而相与坐谈空理，则夫以干戈为儿戏，清谈为庙略，南朝之已事，可不为殷鉴哉？慎毋言科举之失，而复蹈其文胜之弊；标学校之帜，而仍拾夫史家之尘；发公理之萌芽，而又以私智为息壤也。

附　厘订学校议

夫治世之纲维，在于政治；政治之枢纽，在于法律；法律之得失，出于人才；人才之盛衰，由于教育。则治乱兴衰之故，系于学校，明矣。

朝廷轸念时艰，力筹宏济，为天下更始，先天下而忧，求上下同心，与臣民交儆。从下之请，稽古所先，慨然兴学。求治之方，莫切于此，亦莫前于此。此非一人之私愿，实亿兆人所同怀；又非一人之私言，实亿兆人之公论也。然开办学堂已二年矣，不见人才之收效，且贻君父之隐忧。议者斤斤以筹学堂出身，为鼓舞人才、收拾士心之计。窃考之经术先王之治，证以各国学校之规，以为差之厘毫，谬以千里，譬北辙而南辕，乃郢书而燕说。古者家有塾，党有庠，州有序，国有学。由州序以下，则中小学校也，举出于其乡者，始入于国学。所谓升于司徒，称为俊选，乃大学校之士也。凡在学皆为士，而由国学与乡学分途。国学为大学，其在大学考成者，始进于朝；其在中小学卒业者，仍安于亩。进于朝则士从公、卿、大夫之后，谓之四选；安于亩则士居农、工、商之首，谓之四民。由大学而上，论于司马，始以预备百官之选；自中学校而下，掌于乡吏，乃以养成万民之格。备官材之数少，而成民格之数多。故立学校之宗旨，为教民而设，非专为备官而设，教成为士者，不必尽服于官也。查新出学校讲义，胪举欧美东洋各国大小学校教育原理、学校制度、学科次第，至为翔实，皆小异而大同。其标揭宗旨之最为扼要者，有云：大学校以成就高等专门博学，及预备为国家效用之才为宗旨；中学校以造成高等师范教员，及预备入大学校堪胜研习程度为宗旨；小学校以造成民格为宗旨。此皆合于经术之治，注重教民，不专诱以利禄之路，所以定民志也。三代之政，民皆归农，农皆分田，家有恒产。五家为比，五比为闾，四闾为族，族一百家，所谓家有塾者，即族有塾也。凡百家而立一塾，此为小学校之蒙学堂，课程学期俱简，农事毕登，余子皆入学是也。一年凡三阅月而毕业，其年分无明文可考，大率课程及格，始升于庠。五族为党，党则有庠。凡五百家立一庠，则如各国之高等小学校，其学课则习射、习御、习舞，其学年则至十五成童而止。以上二等，皆民学校也，举国之人皆入焉，今各国谓之强迫教育是矣。由此而上，五党为州，州则有序，凡二千五百家立一序，其制如各国之中学校，而无教课学年之等。故孟子言："序者，射也。"古者射以选士，兼于此考校小学之学程。及选者升于司徒，入于太学；不及选者成其民格，仍归于畎亩。一乡凡五州，则每乡凡五序，乡无学校，而云乡有学者，即以所统之州序为乡学，有考校而无学程，故又谓之乡校也。自此以下为乡学校，成民格之事毕，乡大夫以下主之，故名为教职。由此以上为国学，则乡老书其贤能而宾兴之，司徒、大乐正之教，益加详焉，如各国大学校之研究科、补习科也。古时之中学校，为甄别国学、民学之途；今各国之中学校，为由民学入国学之预备。故各国之恒言，指中学校为大学校之预备科也，此其未尽合于经术，而亦不甚相远也。其教员，考《周官》之政，乡学教员，即其乡吏，掌制民之产者，即司教民之责；司其教育者，即典其考试，权重而与民亲，不仅优以久年之廪俸。国学教员，则学正司成，位尊而品亦愈重，不徒酬以博士之虚荣。此为在位之教员，则兼校长之任；其分教教员，则致仕者归教于乡。大夫为父师，士为少师，已仕与未仕，均有典教之一途，造成于太学。既仕而优者，仍趋重于教，故登进之途，不嫌于隘，而人才之路，自觉其宽也。今各国教员，皆由中学校、高等师范学校、师范学校造成，分致其程度，而各授以堪胜之教职，教员安其位，而久至十五年者，退犹给俸以终身。大学无教员，惟有博士之选，为荣誉最高之职。二者皆终身于学校，无预于仕途，为民格最高之选。士为民表，以法律学政治科专备官政之材，而不仕者仍归律学博士之科，以及执辩护律师之业，此诚未及经术之深微，而亦自成简易之治法者也。《周官》之政，先治民产。卒业于乡学校者，仍服于畮；考成于国学者，任职于官。故无虑士之不安其业。食于工商者亦有工田、贾田，给其家人之耕作，均于农隙就学于乡。《记》言："曲艺皆誓之，以待又语"，即于学校附讲工商之学也。处农就田里，处工就官府，处商就市井，处士就燕闲。管子之书，皆仿行《周官》之政。三民之事，皆就地因事而教之，所谓种植、畜牧、制造、贸迁，皆令相观而善，管子言之甚详。其业优者，奠其食而世其事，《周礼》所谓"以世事教能，则民不失职"也，故有田畯、良贾、国工之名。惟士就燕闲，乃习业于学校，各有所宜，非故生分别也。今各国重工商，美、日兼重农牧，故大学于旧制五科外，增农、商二科。其艺科即工事，为原旧五科之一。其在小学校习业者，本属三民之职；其在大学研究而成学者，亦得膺农工商学博士之选。习业则皆就于学校，考成则胥命为教员，此与经术重农为本之制不同，而其授民职则一也。然则九两系万民者，订教员之律也；九职授万民者，标乡学之旨也。考之于经术之治既如彼，证之以各国之政又如此。然则学校之宗旨，先于课四民之业，而后以备百官之材，而使民兴贤，出使长之；使民兴能，入使治之。致仕而退者，仍归教于乡里；备百官之选者，亦归重在课四民之业。学校为教民而设，授民职者，所以定民志。先为多数之人计，而后为少数之人计。究其为少数之人计者，仍属为多数之人计。选之为士者，为其可以治民也，学校之旨，岂不明哉！孟子言"有恒产者有恒心"，如此而已矣。秦灭王政而后经术绝，汉兴学校而不知本源，班固言利禄之路然，已叹之矣。后世踵讹袭谬，贤如唐太宗，乃有英雄入彀中之言；明如宋艺祖，又曰以此与天下豪杰共之足矣。岂有诱天下奔竞于朝，而置民职于不问？无人供民职，则谁与养豪杰乎？夫既无以定民志，则人无恒产，而救死不赡，即教育且无所施，况诱之以利禄之争，则人人皆愿入英雄之彀中，而思与豪杰共其利，又岂能遍给哉？反是思之，可为寒心者矣，尚以沾沾自喜乎？然则学校之宗旨，系天下之安危。国家之安与不安，在民志之定与不定。民志不定，而教以艺能，诱以仕进，犹治丝而棼之也。宗旨既定，等差自明，然后其间次第分合办法，纲举而目张，有条而不紊。以京师大学堂为准，揭示宗旨，载入章程，京都及省会建大学，各府建中学，各厅州县建小学。循名然后核实，名正而后事成矣。

一、分等级。大学校为预备百官之选，高等学校为预备大学之选，小学校为教课四民之职，中学校为高等学校预备之科，高等师范学校为成就中学校及师范学校教员之材，师范学校为成就小学校教员之材。其中学校之已卒业而不愿入大学者，为小学校教员之选；大学校之实业科，学治专门而不习政治者，为中学校及高等师范学校教员之选。拟请明发上谕，颁布章程，使天下晓然知学校各有主义，不专为仕宦之出身；科学各有专途，不专为服官之借径。分等以考其成，始能分门而专其业。否则人人视学校为利禄之路，本欲改科举为学校，反致化学校为科举；有学校之名，仍科举之实；来学者皆望出身，教授者无非借径，不但政治之人才不能出，即实业之科学必无成。拟请以京师大学堂为国家大学堂，各省会各立一大学堂，与京师大学堂为两等。各省之大学堂，即今之各省高等学堂也。京师大学堂但立学程，不设教习。京师大学堂肄业者，分为三级：一级庶吉士新进士，二级各省大学堂卒业生，三级大学预备科卒业生，课程相同。仿各国章程，分别随习、必习两科，视其进身之等差，区别卒业之年限。各省大学校分三级：一级由举贡注名，挨次补额，二级由学政调进高材生咨送，三级由各府中学校卒业生注名挨补，亦分别必习、随习两科，学年则概归一律。

一、分课程。分途以造士，所求之作用不同，课习之程度自异。普通之学，四民皆所须知；分门之学，中学所当预备。拟请定章，以浅约普通学为小学校课程，小学校卒业者，给与文凭，准其赴中学堂、师范学堂投考；以高等普通学为中学校课程，其收考入中学校肄业生徒，为士民之分界。于高级普通及学年而仅能及格者，不入高等，于卒业之日，给以文凭。治士业者，准充小学教习；治农工商业者，作为农工商学生。卒业考试，及于优等，别给优等文凭，准赴大学堂注名挨次补额，如国子监南学注名传到之例。入大学堂肄业者，以专门学为课程，学门约分五科，课程酌分两级。五科之目，欧美各国大同小异，一曰教科，二曰政科，三曰文科，四曰艺科，五曰医科。日本无宗教，故大学不专设教科，惟以伦理学列于中小学课程之首。中国自有宗教，孔子之教，以伦理为大纲，非设科专门研究讲明，当此横流，不足以收拾人心，维持国本。此宜添设专科，特重其选。本朝科举，沿于唐之进士科。有唐科目极多，而以进士为仕进之专途，宋、元、明相沿，至今最久。无论经义、策论、诗赋、八比，所设之文格不同，其为凭文取士则无异，其实即文科也。此宜仍其旧贯，而减其中额，与大学五科平列。政科即律科，亦谓之法科，主讲求政治之学，以研习律例为课程。中国定律例专指刑律，其实法律二字，兼一切宪章典制之名，其刑律不过法律中之一部分，则政治家之一分职而已。如本朝官书，应合《大清会典》、《通礼》、《大清律例》、《六部则例》，始成为一朝《会要》。西人政治学，约分四目：曰纲纪律，则治在官府，制度典章之属也；曰民商律，则治在村市，钱债、田产、户婚之属也；曰刑名律，则治在法司，即中国相承刑罚之律例也；曰交涉律，则治在邦交，和战、保护、防禁、条约之属也。中国自有政治之精义，六经皆言政之书，顾后世取士，无其专科，汉、唐、明习吏治，明体达用之属，有其科目，无其常举；宋司马光议分四科，朱子议分十科，亦皆托诸空言，而未见诸行事。今就大学堂设科研究，备国家之效用，则庶政可得而举矣。欧洲大学校有医科，无农科；日本大学校有农科，并有商学。中国本重农，出地产以生利源，重于商之分利。政纲未举，民志未定，治生犹恐不赡，尚未可言卫生也，拟不设医科，易以农科，其矿学则附于农科，即《周礼》虞衡之掌也。艺科即工科，理化制造之学，则教科专用西书习之，令其专业，则用之别以专途。斯大学校之规模略具矣。

一、分流品。小学校为课民职之事，西人所谓强迫教育。卒业而愿上进者，准其投考中学堂；不能考入中学堂及师范学堂者，准民设之小学堂延聘为师，官设、私设之工商厂用为工头司事，如此而止。只能人人责以职业，不能人人为谋出身也。中学堂为大学堂预科，其卒业者，准赴大学堂注名，不必投考；其有愿就教员者，呈明本省大学堂，由大学堂考试一次，分为两等，高等派充本省各师范学堂教习，次等派充各州厅县小学堂教习。夫见异思迁，以学校为借径，此士风之所由日坏，而学术之所以日衰也。拟请仿照各国教员久于教授、优给终身廪俸之例，定章凡充教员十五年以外，无过失而辞退者，照所食学廪，按年给以半俸，身殁后给与原俸四分之一，限若干年而止。如此，则士不奔竞于宦途，而专力于学业，尽心于教授。仕途不拥滞，而学校收成效，士心有恒，而民志乃定。生徒幼学，皆知民职之当尽，人人皆学治业以安其生，此政治之源也。惟进于高等学堂者，乃备士选。及于专门预科之格者，当予以出身，然当分途而劝职，不可令其博学而无成。固不可使科目之士，视学堂为畏途；亦不可使躁进之徒，视学堂为捷径。上年翰林院奏请编检习律例，本年大学堂奏请新进士入学堂。此各员由科举而来，皆文科之选，自童蒙以来，皆诵习六经，虽不能求甚解，亦粗知大义，稍雅者颇能考证义法，兼通子史，间闻掌故，宜令分任教科、文科、政科，但加研究、补习，即已差堪致用。各员皆已有出身授职。《记》曰：君子不以无故去人之爵。应照旧升转，即以学科程度之高下，为其升转之先后。文科与教科皆儒臣之职，可以互相迁转。各国皆以律科为仕进之专途，如其所习属政治学，以明法律为宗旨，实国家之义务，名实最为相副。政治之分门最多，法律之精微，与经术相表里。文科进身之员，令以分治法律学，授之经术，以立其本；参之史事与外国政书，以通其变。大学堂政治科，与翰林院律例课，互相观摩，则人才自当奋励。此外惟农、工二科，皆居实业专门科学。言乎实业，则其出路不在服官；其督劝农、工之务者，则已统于律科，为政治学之一部分，与农、工本科之自精其业者不同也。其专门实业，按外国之例，则学优望著者，命为博士；次者给高等文凭，备各工厂矿务聘为艺师、矿师、厂主；又次者退为高等师范学堂、中学堂教员。拟请仿照其例，以清仕途而重专业，定按年考成之格，约分三等：优者奖卿衔，令久于大学校，优其廪禄，如钦天监监正、监副，太医院院使、院判之比；次等派充铁路商矿局为考察官、顾问官及主办；又次派往官办工矿厂为监督帮办，及派充高等师范学堂、中学堂为教习，则成学者出路自广，无事纷更，而各收实效矣。

一、分资格。中学校生徒，专以小学校卒业主①为来源。一府所属之民，皆州县之民。府有附郭，故无须设小学，直隶厅州县无附郭，故县必设中学，统于一道，即在府治之中。师范学堂亦由小学卒业生投考，别无来源，以杜躐等、关求诸弊。惟高等学堂为大学科之预备，大学堂为造就国家效用之人才，所课在致用之学，注重在已成之士。京师为国学中之大学校，有庶吉士新进士及大学堂之预备科、卒业生三等，已有出身各员，虽难与无出身生徒较学年久暂，然既经科举上第，应在特待之科。拟请分别学年，以为资格。其有出身者，以二年卒业；由各省省学校咨送，及由预备科卒

---

① 原文如此，当作"生"。

业序补者，以四年卒业。查各国学校制度，有特待科、补习科、研究科、委托科之各例。特待者，不限学年；补习者，别业已通，补习其所未足，不照分班课程；研究者，无所补习，但就已成之学业，精益求精；委托者，因教员乏人，以他职之优于一业者，兼任其事。今欲建学校以励成才，则必先纳成才于学校，为天下观听。拟请仿行特待、补习、研究之例，庶吉士、部曹入学校，令其分别自认补习研究，各占一科，仍较分数，二年卒业。内官小京堂、讲读至科道编检、外官道府，愿入学校观业者，行特待之例，由其自择科书，研究或补习，不立分数课程。其有宿学著名、著作行世者，由管学延请入学，行委托之例，不必设为教习，但就其所长何学，按期演说，管学以时与之参订学程。学中有愿从之讲习者，告知管学，著明允许，然后教授，以当各国博士之选，寓先王教学相长终始典学之意。必如此，始能示大学之重。而治官皆受成于学，出无异议，而入有观摩，此辟雍之所以为成均，致治之源，不可忽也。

一、广教习。简厥修以率其或不修，举直措诸枉，则民服。学校之地，尤以尚贤贵学为先。士不虚立，名不虚附。《周官》九两系民，一曰"联师儒"。师以贤得民，儒以道得民，非高行则硕学，始足以教民而正官。大学为天下视听所属，不可不慎也。今议学堂者，动称延西教习，不知其为政科钦？为教科钦？为艺科钦？但闻圜囷言之曰西学。三者皆可统言之曰学。其为艺学，诚当学而不能有异议也。今按大学堂课程，名学、法学，皆西教习讲授，此正属于政、教两科课程。虽有经史，但属之文科。名法科教习，但以西律逐日讲授一章，不过如报章之按期出书而已。以此授小学，则犹仅可；今大学预备科，由普通以进专门，入学者文理皆通，足以阅报而有余，乃一日九升堂，疲精散神，但听演说，而无时研习，不如其自行阅报之为愈也。何必设若干教习，为学者讲报章乎？且政教为国本，其学所关至巨。西人之为公理、哲学、政治、法律、经济家者方庬言日出，彼此各一是非，赖有学会讲会，同业者互相辨难，以求一是，明乎其不可守一先生之言也。今无教科书，但有西教习，其间教习之演说，非卢梭则赫胥黎，无论所学不能以推行，亦且不足为高等；但凭口耳，不用心思，且不足以为学。又西俗教习，与学者无师生之义，今延之太学，俨然为师，适足以损学者之志，辨之宜早辨也。前议大学科、专门科之教习，拟以征聘之名宿，为委托之典教补习研究科、预备科之教习；拟以特待最高程度之学员，为委托之助教。此二等当属师儒。名科、法科之书，但令译书局精译善本，文理较深者皆能读，曾治子史留心经济者参考而易明，无论治经者矣。固无须乎教习，又何待口讲指授乎？中小学师范学教习，只须及普通程度，先以预备科卒业生及新进士学馆，及仕学馆考成及格者，为委托之兼职，不碍其仕途，稍与之优异，而人自乐为之。迫各省高等学校、师范学堂卒业及期，而教习不胜用，固无取速成也。

一、行特待。查各国学校制度，有特待科、补习科、研究科、委托科各例。特待者不限学年；补习者专业已通，补习其所未足，不按常例，分习课程；研究者无所补习，但就已成之学业，精益求精；委托者因教员乏人，以他职兼任其选。平列为四科，而统名为特待。今大学堂附设仕学、师范，统名为速成，又别立新进士学科，名实不相附，条理不相贯。仕学属政科，师范属教员，教员重在普通，与中学校之程度相等。今令举人投考大学堂附设之师范，而大学堂预备科之卒业者，又作为举人、进士出身人员，已入仕途，入学三年，仅得本阶；仕学馆人员，不必进士出身，入学三年，即得保奖。且同属专门政学，则考校之分数相同，宜令萃处而观成，不宜分途而竞进。本欲变科举为学校，不应以学校为科举；本于纳仕途于学校，不应以学校为仕途。夫建学校，欲以励成材，则不如先纳成材于学校也。拟请推广学校特待之例，注重补习、研究二科，合新进士学馆与仕学馆为一，令各员自认补习，或研究两科，不设教习，但立课程分数，一年期满，而考成业优者，奏请分途擢用，不及格而愿留学者，以待卒业再考。

为学日益，犹长日加益而人不知，惟有铢积寸累而成，绝无七宝楼台，弹指即现之喻也。其真积力久，而一旦贯通，则有之，得力仍在于平日之积。其一旦贯通者，积久之力通之也，仍属铢积寸累而成也。积累而无所悟入者，记问之学，不足以为师；由生质而猝有所悟者，一知半解，未可以言学，使由此而之焉，思而不学，则殆矣。今士夫缘学校兴学会，诚千载之一时，将以砥砺人才，有朋自远。然窃察所以为学，其宗旨必曰自由民政，其自课必曰国民责任，其所掊击必曰专制政体，其归结不过曰破坏主义，曰过渡时代。问其破坏以后，究竟如何？则曰古今皆过渡时代，过此以往，未之或知也。悲夫，此足以言学哉？此煽乱而已矣。其煽乱者，岂其性与人殊，不聊其生而已矣？天下不聊其生者多，故煽以叛乱而易应，此非无心者也，然其志可哀，而其识则尤暗也。圣道明而万物睹，何取于破坏乎！自三代学校之制废，而战国游士兴，全以口舌智诈取卿相之位，与人国家事。兵家、刑法家、名家、墨家、农家、阴阳家、纵横家相沿并起，各以其学争胜显能于诸侯王间。驺衍、田骈、慎到、惠施之流，又其别派者，而苏、张纵横愈无宗旨，专用巧诈以惑世。公理之学，亡于此时。先王之遗泽，孔子之再传，仅有孟子、荀卿、庄生、鲁连、屈原五君子存焉。孟子、荀卿以所著书发明最显，其学传于后世；庄生述道家，其文深隐，不干世主，独存其真；鲁连不著书而称五帝三王，令田巴终身杜口；屈原遭国恤，以大义死，述小雅之音为二十五篇，以贻后学。荀卿明性恶，法后王，违先师之训，以启李斯助暴秦变古今之局。名法诸家，积毒已盈，必待达于颠顶，而毒始发于一身，夫乃得渐尽而形死，而李斯适为之应。学之关系宇宙治乱、万民生命，其机如此，可不危惧也哉！而今之学者，奈何其易尔言也。今之所谓公理者，古人以为大义。孟子称仁义，放淫辞，独明公理之学。其发明伦理，则特搞杨墨，后儒所见及，犹知而称之。其曰"善战者服上刑"，"率土①地而食人肉，罪不容于死"，斥兵家也。"连诸侯②者次之"，论张仪、公孙衍比于妾妇，斥纵横家也。"辟草莱任土地者次之"，许行之徒，科以夏变于夷；白圭之术，穷"以邻国为壑"；二十取一，例以貊道，斥农家也。陷罪从刑，断以罔民，上慢残下，许民得反，斥刑家也。后学浅识，徒见为与诸家争短长，而不知其据公理以明是非也，失圣贤之心矣。详见所著《经术政治学》。《孟子》七篇，实尧、舜、周、孔伦理政治学之代表，即公理学独一无二之宗师。后有述者，莫能与京也。周、秦诸子，已成定谳之要囚。而笛卡儿、兰么克、孟德斯鸠、陆仙罗之属，特见一班；要当与达尔文、卢梭、赫胥黎等日出之卮言，同归于取正，而有待于听断者也。新学者流，诵言而不思其旨，譬饮食而不知其味，乃欲扬诸子之死灰，奉欧洲哲学为鼻祖，不亦陋乎？秦灰以后，汉禁初除，大义之易解者，学者尚能守之，公理犹十存四五。自大桁头之伪书出，而空虚倡；释教流东土，学者但

---

① 按《孟子》，当作"土"。
② 原文如此，当作"侯"。

知敷文考典，公理遂湮。隋氏草窃，文典荡然殆尽。至唐而释、老持世，迨五季乱离无象，承学空无人，而圣道绝息矣。陈图南、邵康节乃守道家一线之传，以遗周、程。宋学浸兴，持世近千年，惟传性道而公理废，以至于今。望古遥集，而不闻足音，悲夫！天牖民聪，将复于今日，学者承绝绪之后，不妨旁搜西域，以资博证，但须知远绍宗传，尤须知公理学之精微，非学思并进，随处证诸事实，则仍入于虚无；若凭空托于理想之家，则与晋人清谈、宋人性理无异。今不闻发明确义，但闻陈述言荃，则又不如清谈性理之为高矣。《诗》云："听言则对，诵言如醉。"可不戒哉！

　　人格成于公德，公德原于公理，是之谓明德。《大学》言："明明德于天下。"宋学演释、老之余尘，以无同净妙释明德，则何以直接新民？信如所诠之义，则"明明德于天下"，属于空寂能仁，而令众生自性自度，则佛即众生，众生即佛，自示无余涅槃，以对大千世界；天下之与其国，有何界限之足云，更何从推本于家，自生枝节？固知明德即言公德，断非净妙元同之论也。理学家主正心诚意为宗，而不记本经之言，乃曰"一是皆以修身为本"，徒据"欲修其身先正其心，欲正其心先诚其意"二语为注脚，不知以言递推归源，则当有致知格物，而知止有定乃离格物而别为第二根源。譬如播冢①导漾，东流为汉；岷山导江，东别为陀。有溯源于最初，有表微于已著，此西方学者所以每言界说也。往日余浩吾编修以《周礼》学相质，名为界说。余以经术不托时论而立名，评之云："非所知也。"今忆其言，附箸于此。"致知在格物"，而"其次致曲，曲能有诚"。故从知止起点，不必从格物借根。《大学》本义，"格物"之诂，读为"乡三物"之"物"。"格"者，由此而知彼，《小疋》训为"至"，又训为"来"，犹言自此处至彼处，自甲处来至乙处，即"通"之义。声入心通，澄澈明悟，明则诚矣，其次致曲，乃由事理物理推求而得，即多学而识也。由修身而上，则自修之道，入圣之基，慎独之事，属乎隐德；自修身以始，为立法之事，人世之符。修身以上为精微，修身以下为粗迹；精微为消极，粗迹为积极；消极为道之事，积极为学之事，即孟子所论始终条理，老子所谓"为道日损，为学日益"，《孝经纬》所云：置法众人，议道自己。议道自己，以出世为极功，孔子与古传之道家无异，即与外域之婆罗门、阿德门、乔达摩、梭格拉底，挽近之斐洛苏非相为影响；置法众

① 原文如此，当作"冢"。

人，以经世为大用，则断自唐、虞，祖述尧、舜，且不道黄帝，何论神农之言乎？所以能曲成不遗，所谓"与众共之"、"人皆可勉而至"，则以专明公德为宗旨，故曰："自天子以至于庶人，一是皆以修身为本。"就其位等以立人格，因其交际以立人伦，皆本公理为元素，而化合以成为《礼经》，循《礼经》而由之，则各就其位等，各叙其彝伦，而皆具有公德。其原理为通功易事，其应用为以功奠食，其效果为交易而退，各得其所，易简而天下之理得，故能明明德于天下。而层层归纳，滴滴归源，则"一是以修身为本"，揭明其为公德，故申以厚薄之言，又明其为公理也。

孔子言："行在《孝经》，志在《春秋》。"孔子既作《春秋》矣，何云"志在"？然则《春秋》之用，在于范围天地可知也。《春秋》为群德之积极，《孝经》为群德之起根。无论父子至亲，然既分形别体，即属人与人之交际。人有受施而不肯言报，惟有报答亲慈，则无有不顺其词者。故曰："至德要道以顺天下。"而亲厚之义以起，然后亲疏厚薄之等差乃见。不爱其亲而爱他人者谓之悖德，即于所厚者薄而于其所薄者厚，未之有也。孝道既立，乃由全体抽象。由同胞先生后生之长次，以制兄弟之义。不能外于孝，即无所逃于弟，而长幼之义以起，尊贤之等由此而生。亲亲之杀，与立爱自亲为直接；尊贤之等，与立敬自长为间接也。父母严君，为君起例；长为家督，为长起例，即为立政设官尊贤起例。家人定位，必有内事焉，则男女分内外而治其相生养之事，于是姑、妇、娣、姒、女兄、娣侄，秩序相比而成，家道备矣。实由孝弟以表仁义，而制为政体。由是孳生日衍，则推同祖之嫡长而立宗，由亲亲、尊贤二质化合，而君臣之道益明。合群之公理，积微成著，据公理以定秩序，由秩序以明公德，推公德以合群体，而国政之象成矣。故曰：孝乎惟孝，友于兄弟，是亦为政。

明德与隐德为对语，明德即公德，隐德即私德，此无可疑也。顾隐德出于自然，人性相近，不言而共喻，此凡言教者所同。明德则因事而制，习尚相远者恶其害己，或疑不能明，故言私德则义隐于仁，言公德则仁掩于义。仁之实，事亲是也，言下立解；义之实，从兄是也，往往难知也。故浩生不害、公都子之伦，皆以义为外铄。不知群体非公德不合，人格非公德不成；不明公理，即不能循公德；公理之元枢安在，则义是矣。义之名实至显，而世或以为难知，则义务是矣。言义务而权利自在其中，正惟人与人相接，自父子之亲、家庭之近，而即具通工易事之理，施报是也。有应尽之义务，即有应享之权利，天下断无专服义务而不享权利之人，更无专享权利而不服义务之人。以浅言明之，即公道也，其即公理矣。顾人情于应服义务，恒由遁思；而于欲享权利，不胜奢愿。如不以公理为之制，则于人必过望以分外之义务，而妒其应得之权利；于己必过望于应享之权利，而放弃其应尽之义务。必其于亲疏、厚薄、报施之分数甚明，始能于人己义务权利之界限无越。非权之于人己对待之际，则权利、义务之界无由明；非炼之于家庭居处之间，则厚薄、报施之数亦不可得。故伦理者，公理之形模，即家庭之教育也。公理者仁义也，仁义者孝弟也。弟为孝道之抽象，而孝者德行之原也。故曰：圣人之德，无加于孝；故曰："尧、舜之道，孝弟而已"；故曰："孝弟之至，通于神明，光于四海，无所不通。"推而放之东海而准，推而放之西海而准，推而放之南海而准，推而放之北海而准。

人格非公理不成，国家非公理不立。明公理然后各知其分职，不致放弃义务，逾越权限。圣人据公理而立名称，据名称而制礼度。公理即礼之原质，礼由公理化合而成也。故曰："必也正名"。马融说："正百物之名"，即文字是矣，即今人所谓名词是矣。天下归往者谓之王，发号施令尹正天下曰君，执天下之公曰公，折冲斥堠不失正鹄曰侯，宗族嫡长曰伯，抚宇百姓曰子，任治田亩曰男，执节不回曰卿，当户治民曰大夫，自下上达曰士。推十合一，义精而隐，兹从近人说。顾名而义可思，循民而实可责，各任其分职，则无有放弃责任者矣，自无有逾越权限者矣。故《传》曰：百姓不亲，五品不逊，则责在司徒；土地不辟，民居不奠，则责在司空。故曰："禹思天下有溺者，由己溺之；稷思天下有饥者，由己饥之。"孟子称颜子乃云与禹、稷"易地皆然"，世或疑焉，不容疑也，分职明而已。曾子居武城为师父兄，则寇至先去，寇退可返；子思居卫为臣，则职当主守，不得避难。易地皆然，其义一也，公理固如此也。《记》曰：四郊多垒，大夫之耻也；地广大荒而不治，此亦士之耻。世学多不得其解，以为空文，不知此就其分职言之也。天子之大夫视侯伯，侯者明斥堠于外以守封疆，四郊有侵陵，责任在大夫也；天子之元士视子男，助天子字民力田劝农者也，田野荒芜，则责任在元士也。

"天下之本在国，国之本在家，家之本在身。"此不易之言也。国家成于公理，公理之生起于有身矣。自有身为主观，而知生我字我者为父母，先我身而生者为兄，后我身而生者为弟，与我身胖合者为夫妇，而九族六姻之例起焉；自上溯祖原兄弟长次之例而立宗，而君道明焉。是即由民族以成国家之原点，立宗以自治民族，合数民族共立一宗焉，是犹算家之点线引而成体积，制造家之点质化合而成体质也。由施报之情而生公理，由家族之治广而通工易事之义明，以衍为公义，据公义而衍为公例，此《孝经》之所以云广孝治也，此董子之所以明通国身也，即国家之原理也。东西学者既设国家学骈支之名，求原理而不得，乃属之于社会，属之于契约，属之于公司，未尝知本。

原律第二

上古之主政教者，皆明天道以治人。自轩辕氏垂衣裳，制书契，而人道渐就文明。而其时蚩尤即起，作五兵；苗民继兴，作五刑。礼乐与兵刑，相因为缘，与接为构，释氏所谓因缘即是障孽。《易》古义：氤氲为吉凶。"氤"，古文作"壹"；"氲"，古说如"瘟"。"壹"之为字，壶中含吉，譬如心含喜念，不见端倪，是之谓吉；"氲"之为字，亦取譬从壶，而其中含热，"昷"即古"温"字。热满于中，稍过必裂，是之谓凶。天地壹氲，而吉凶生焉，人事缘此而兴，与天地为消息。故《易》主乾坤消息。凡天地间之生物，本乎天者亲上，本乎地者亲下，故日月丽天，百谷草木丽土，水则流湿，火则就燥，惟人本天地之中，受天地之气各半。开辟之初，地心热重，去日之度近，所生人类，本乎天之魂气分数较多，故人神道近，首出庶物者，皆生而灵异，气与天通，故明天道以治兆民，不设法律，无所谓兵刑。人类渐繁，地心之热力，递抽递减，地球离日度逐移渐远，人所受天降中之气较差，则本乎地之魄质分数较重，其时首出庶物者，究神明之用，以庄严地球国土，乃垂衣裳，制书契，显天道之下济而光明，礼乐由此萌芽，而地心热力，亦同时发达。人心之思想，属乎魄质者既重，则物竞争存之念甚，而恶其害己之意识愈生，兵刑之事，即相缘并起。黄帝收五兵以制魔力，用五刑以警非彝，师法天道之光明，以提运地球之热力，亦体道之自然，而人功有能，愈推愈广，遂不免人神争能之事。帝颛顼作，见九黎之乱德，悟人道之消长，乃命重、黎绝地天通，专明人伦之教，以发达世界之文明。譬如修炼家所谓夺造化之权，由我自主生死，不为造化所制。帝尧格于上下，明天人之际，使契为司徒，皋陶作士，明刑弼教，始以教与政刑合为一贯。故《记》曰："契为司徒而民成。"而《尚书》之赞皋陶独为"迈种"，至与帝同称"粤若稽古"。马氏说"稽古"为同天，如后世之尊号徽号也。后世失其本旨，专以士为刑官，律为刑律，不知《帝典》命官之词，"汝作士"以下，举全体政治为言。《皋陶谟》一篇，兼选士用人之制。故子夏称："舜有天下，选于众，举皋陶，而不仁者远。"教育为立政之原，法律为立政之体。皋陶作士，为虞廷首辅，盖与司徒之敷教者，参订出入。故曰：明于五刑，以施五教。而其后周公制礼，则以属民读法、就乡选士之政，皆属之司徒。其源流制度，朗然可见。故法律者，政治全部之范围，而丽于刑法者，乃政治一部之分司也。自吕侯训刑，始属分门刑律，第因疑赦，以定罚锾，为除肉刑，而修改律例，别有命意，不与后世刑律同科。其后郑铸刑鼎，邓析为竹书，乃有专门刑家之学。商鞅习刑，用其术以治秦，始专以刑求政，而其法在必行，故有暂时之效。秦政相沿，重治狱之吏。汉收图籍，得秦律而遵用之，则惟有刑书，而无政典。后世踵讹袭谬，遂以律为刑书。两汉断狱，犹知引经；六朝议礼，原属政典。凡此皆治律之事，所述皆法律之学，而数典忘祖，援儒入墨，视礼为不切之务，以律属刑家者流。俗吏不明经术，书生不达时务，致君无术，以吏为师，茫茫终古，孰知其故。昔郑康成注六经既毕，乃取汉律而释之，其已知之矣。唐置明法之科，与士流别进，固已失之；及增改刑律，纯任法吏，不参士流，尤亡所本。承用至今，繁乱无纪，即此刑律一端，已非秦、汉之旧。尚不及秦、汉，何论三代乎？自有明士学空疏，始专有治刑名之家，为诸司之幕。其人类皆学仕不成，去而学幕，自督抚至州县，凡有讼狱，皆取决于幕友。然则讼狱之大政，悉受成于游食之客、不学之徒，何怪天下多枉民，而吏胥多玩法哉？其与外国之律师，最相似而实不同者。律师自学校而考成，由国家之选派；幕友自其党之援引，由各官之私聘也。世徒知讼棍之害政，而不知幕友之殃民尤甚也；世徒知胥吏之舞文，而不知幕友之弄法尤甚也。然则惩讼棍，裁幕友，除胥吏，遂足以为政乎？不足以为政也。乱法之事多，而知律之官少，终必委重于人也。然则将奈何？征明经术通掌故之士，然后有修订法律之人；有修订法律之典，然后能立政治专科之学；取政治专科之士，然后有通晓法律之官。此不独为刑律之一端而言，即刑律之一端，亦非此而莫能理。其始在使士习律，其终在使民知法，则其要在令民读法，乃作原律。

一、法律为全国行止之范围。古人所谓三尺法，上与百姓共守之者也。自大义之学不明，视法律为上治其下之事，执法司法之人，反不守法；其下受治之人，又不知法。于是法律乃为法吏舞文之具，任意为轻重出入。民不知所向方，冥行摘①埴，愚者苦于不知，黠者幸其可免，则皆易罹于法而莫之能止。故世说譬喻以为法网，最为曲肖。全失立法本旨，而民为鱼矣。孔子为政，必也正名。名即法也，律者以名为主，每事正其名，然后每事循名而核实，始能下令如流水。所谓言顺则所事成，民皆听从，众擎共举，无事而不成也。礼乐在法律之先，刑法在法律之后。法律有禁有令，礼乐有令无禁，刑法有禁无令。于有令有禁之事，尚不能令行而禁止；其于礼乐之有令无禁者，自然虽令不从；于刑罚之用禁不用令者，自然施而不当。至于刑法不当其罪，则立法实以罔民，而乱由此长，民无所措手足，势所必然也。

二、法律者，为教化公同之演说。世但知有学校中一人之演说，而不知有国家公共之演说。法律者，国家公共之演说也。日人法制大意云：人者，社会之一动物也；国家者，社会之一进步也。又曰：法律之说甚多，有言自然者，有言命令者，有言进化者。葛冈氏曰：法生于自然，成于命令，而终于进化。诗云："有物有则"，即法之自然也。然听其自然，亦不成法。故何兰氏之说曰：法律者，国民行为之规则，依节制而行者也，即命令之意也。近世生物学科进步，以法律为人类与国家生存之必要，即进化之义也。总之，法者，准天理人情一定之公理，无人不当遵守。其所谓自然，即准天理人情之公理，而发为命令，所以使人群进化，而成其人格。公理为法律之原体，命令为法律之运用，进化为法律之归宿。公理即明德，著为命令，即明明德以新民，进化即期以止于至善。是则法律者，发挥公理之章程，即演说公理之讲义。法律为教化而设，系奉行教化之公理，而宣布于人群，非教化为法律而设也。俗学阿世，倒置其义，误认教化为保护法律之私理，见法律所有者，则附会圣人之言，以颂当世之圣；见法律所无者，则破析圣人之道，以就时尚之言。譬如解"其为人也孝弟"，圣贤之意，本为人生有父，视父如路人，则人同于畜道；既知有父，则同父所

---

① 原文如此，当作"摘"。

出，先己而生者有兄，侵犯父兄，即是犯上，教以孝弟，所以别人类于畜道。教孝弟譬于法律之令，戒犯上譬于法律之禁，必先之以令，而后申之以禁，使民从令，自不至于犯禁；即偶有逾闲犯禁者，群皆知为非。因人群之中，从令者多，则犯禁者自少。故曰："其为人也孝弟，而好作乱者鲜。"此即务本之义。由此推勘，乃晓然于乱之所由生，始于好犯上者多，乃至有一人倡乱，而从之者众。故揭其旨以诏示人群曰："君子务本。"本者，原来所应有，非因事而添设，即东人译语谓之元素，亦谓之要素是也。曲学谬解，以为孝弟为禁民作乱而设，又误认禁民作乱为保存一姓之君位国祚而设，于是有放任自由，以求进化极点之说。不知禁犯上，系使人伦自别于物类；禁作乱，系使人群各安其生理；而国必立君，系为保护公理之章程，主持进化之运力。如数易其主，乱必频兴，所以立公理之章程，有保护君权之专例。法律原教化之公理而出，演教化之公理而成。故谓法律为教化之演说，即公理之演说。合人群之识见，归重于人群之最宜，以勘出人事之定理，乃成为公理；据公理为尺度，以订为共守之章程。故曰非一人之演说，乃公共之演说也。视学校中一人演说，独擅己见者，去路较严，而来源较广。主自然之说者，专重在民；主命令之说者，专重在君。皆离教化以言法律，不足为知法律者也。罗马学者言法律者，所以分邪正之途也。葛冈氏言，法制即道德之一部分，法制学亦学问之一部分。其言得之矣。

三、法律为界画权利之证据。世界上之人，均各有应享世界上一分之权利。其应享之一分权利，起于何处？起于其人在世界上所应尽之一分义务。占一分之义务，即占一分之权利；多占一分之义务，即应多占一分之权利。义务与权利，在其人之身，自为施报，于世界上与人群之交际，又相为施报。自天子以至庶人，皆属彼此通工易事。孟子所论"劳心者治人，劳力者治于人；治人者食于人，治于人者食人"。揭明其旨曰：天下之通义，譬之陶冶，以器械易粟，农夫以粟与百工交易，其义一也。故天子以不得贤臣共治为己忧，农夫以百亩不易为己忧，但各求其应尽之义务，而其应享之权利，自相因而至。譬如一农治田百亩，此百亩之工作，由其人主之，即其人应有之权；百亩之获，归其人收之，即其人应享之利。如无此百亩之田，则无此项应尽之义务，即无此督作百亩主收百亩之权利，欲求以粟易器械，如何可得？应享之权利，何自而来？所以圣贤立言，以义为的，而不以权利标名，虑其惑天下之听，而生僭夺之心也。今新学家竞言权利，而不察权利之所由来，则且与之言权利，未有无应尽之义务，而能有应享之权利也。西人专重权，而必言权限，即义务中所应有之权，为义务所限制者也。法律者，因人情于争权利之心必过于其服义务之心，则竞用诈力，以夺人之权利，于是事为之制，画分各人应得之权利界限。与人立约作据，有违犯者，依约科断，予以应得之罪。孟子所论瞽瞍杀人，及封象有庳二事，可为法律之根证。虽天子之父，无杀人之权，不应享杀人免抵之利。皋陶为士，治杀人之罪，是其应有之权，故执之而已。虽天子无庇私废法之权，亦不应享枉法庇亲之利，故曰："夫舜乌得而尽之？"至逊帝位，逃海滨，是舜自有之权；越境去位，以求赎罪免抵，是舜应享之利。至于海滨，不与同国，则皋陶所不应穷治；而被杀者之子，所不应复仇，公理然也。自凡民言之，则破析权利，究其指归，无非公理；自君子言之，则无非义而已矣。至象日以杀舜为事，立为天子则封之，疑与瞽瞍杀人之事相反。不知象所谋杀者，在舜为家事，为己事；家事、己事，舜有自主之权。不为天子，可得而恕之者；既为天子，可得而赦之。既赦之矣，则为兄弟如初。舜为天子，则有封弟为侯之权；象为天子之弟，则有享侯封富贵之利。关涉于一己之事，一己可得而舍之；关涉于众人之事，天子不得而赦之也。象无德能以任治民之义务，故仅予以享侯封之利，而不与以治吏民之权，此又公私之分数明也。瞽瞍与象，所犯不同，科断故异，无非断以公理而已。

　　四、法律为联合公私之条约。近律学家区别民与民之交涉为私法，国与民之交涉为公法；分齐家以下之事为私法，治国以上之事为公法。于名则为未安，于实则有出入。据所谓私法者，如盗骗财物、强占房产之属，似于朝廷无关。不知此风不止，则无人肯为善良，黠诈者习为巧取，骁悍者必起而劫掠，治人之官，皆成虚设，立国之法，悉属具文，民必归怨于其上，而相率离叛矣。此私法之不能离公法而别行者也。据所谓私法者，譬如处家孝弟、持身介洁之类，似于国事不涉。不知此风一泯，则世无所谓善良，忠厚成无用之名，奸贪塞尊贤之路，是非既乱于人心，任爱憎为贤否，刑罚则无所措手，因情势为推移，言伪而辨之流，抵隙蹈瑕，析言破律，而民相率不知所往。此私法之不能与公法歧而为二者也。要之，公法为私法所推广，私法为公法之起根。不丽于公法，则私法有所不行；不溥为公法，则私法亦可不设。然使不为成全私法、护持私法起见，则人自野处而丛生，禽偶而兽散，且无须立国，又何必为国立法乎？人为生物之一种，亦自生自灭于天地之间，且无须问何者为法，又何论其为公为私乎？挈其要领，一言以蔽之，统以公理而已。始于家庭，施于学校，成于民与民之交涉，广于国与民之交涉，再广为国与国之交涉。公理之学，至于极点，各国法律，自必大同。此非可以力争，自不能以力压。其得失之故，关涉在学术，不在朝廷，但问学术之明与不明，不问朝廷专制与不专制也。

五、法律为保护民生幸福之章程。生民之幸福凡两端，一为生计，一为人格。生计以食货多者为富，人格以名誉重者为荣。于两端条理得宜，则其民丰衣食，而其国多善良。此《南风》之歌，以解愠阜财为旨；而尧、舜之民，称为比户可封也。管子云：衣食足而知荣辱，仓廪实而知礼节，内服度则六亲固；四维不张，国乃灭亡。服度即服法度也，欲张四维，在修明法度也。俗学不察，欲以空言劝勉，由不知孔子之书为垂世之宪典，而徒见为劝世之善言；向壁虚造不经之言，创为三代以后道与权分之说。不知道与权分，则学者惟有自修之事，而其时代已成无道之世矣，尚何斤斤道统之足言乎？立宪之政成，而民生之幸福立致。质而言之，只在讲求政治；约而言之，只在修明法律而已。法律之范围，总为二纲，一曰制民之产，二曰禁民为非。制民产，以计口分田为王政第一要义，而分处工商次之。俗学茫昧，泥于井田一语，乃有三代立国中原，始能画井分田，后世断不能行之说。不知井者，法也，立法分田，正其经界，不必定画为井。就以古制而言，乡田为井，以九夫起算，其赋九一；国中遂外，皆用沟洫，十夫起算；漆林园囿薮泽，别为山泽之农，原有因地制宜，变通之成法在。所谓"九职授万民，一曰三农生九谷，二曰园圃毓草木，三曰虞衡作山泽之材，四曰薮牧养蕃鸟兽"。法度分明，条理细密，包括靡遗。俗学未尝读，读者又不能甚解，俗吏更何知焉！群盲论古，偶然扪籥，指以为楑，大惑终身不解。昔有游泰山者，人问之，云"但见乱石而已"。正如此之喻也，岂不哀哉！二纲之中，又分条目，撮列如左：

制民之产凡五条：

一、民数。户田分合以时登下。

二、分田。

三、课业。九职授万民，处商就市井，处工就官府之属。

四、禁游惰。宅不毛者有里布，田不耕者出屋粟，不树者不椁，不蚕者不帛，不绩者不衰，闲民出夫家之征，无则纳之圜土，役诸司空。

五、均徭役。用民之力，岁不过三日，以兴大工。其舍者：老者、贵者、有罪者、服公事者，所以均劳逸。富者不舍，盖令出财。

禁民为非凡七条：

一、伦理。即人伦之理，所以立人格。尧命司徒"敬敷五教"，帝舜"慎五典"，即孟子所称"教以人伦"数语，是其纲目，于今属学校德育伦理科。

二、宪典。《尚书·帝典》命官，《周书》立政，《周礼》序官，及天官所掌、内史所诏之属，又《皋陶谟》所称"询事考言"，《帝典》所称"敷奏"、"明试"，《周礼》司徒所掌书贤能，《礼记》所陈论选俊各条取士之法，均属宪典，于今西律属纪纲律，于学校内属政治学科，此门约三条目，列之如左：

一、立政之法。此于西律属宪法，英语谓之康斯居熏，德语谓之非阿厚斯，分形式、实质二纲。形式谓之成文法，实质谓之不成文法，其文不备。经术则悉属成文法，其文皆备也。

二、设官分职之法。此条与立政相出入，西律属行政。

三、取士之法。西律属行法。

三、礼乐。司徒修六礼以防淫，所以教民成俗，以礼为经，而乐为之纬，施无形之禁于未丽刑罚之先，所以养成有道德之人格。今西律属私法，法制大意云，如定长幼、尊卑、婚娶、丧葬、承继、分产等，谓之民法是也，于学校教科兼体育、德育、智育。

四、宪令。朝廷与民关涉之条件，西律分国法为法律、命令二义。其法律由国议会参比旧案而定，故分别随时裁断者为命令，属通行者为法律。

五、宪禁。有违乎令而未丽于刑，二者交关之间，设为之禁，有犯于禁者，即入于刑矣。西律属私法，曰为裁制，一属强制履行，一属无效。日人法制大意偏注于犯禁之后，因误合刑罚、赔偿为一科，失之，有干于伦理，违于宪典。出于礼法，背于宪令，犯于宪禁，皆入于刑罚，西律属私法。《书》曰"非汝封刑杀人，毋或刑杀人"，孟子曰"国人杀之"，其义是也。约分五条，列表如后。

六、刑罚。

古今中西刑罚异同表

四代唐、虞为一代，合夏、商、周称为四代	汉至今中国文帝除肉刑用笞、杖，至今相沿为一律	欧美、日各国
大辟	死刑斩、绞	性命刑即死刑
肉刑宫、墨、刖、劓、刵，亦谓之贼刑	无汉有髡、墨、后除髡，今有刺面字比于墨	无
流宥	军、流	自由刑禁锢、流
鞭扑	笞、杖	体刑日本有笞、杖，各国无杖有笞
金赎	无	财产刑罚金收没等
圜土罚役	徒汉有城旦、鬼薪、春橐，晋以来坐徒无役	罚苦工

唐、虞之制，死刑一；肉刑二，流宥附于肉刑，减等放流之，故曰流宥；鞭扑三；金赎四；圜土五。后世析死刑斩、绞为二，合军、流三，杖、笞四，坐徒五。今各国律，死刑一，合禁锢、流二，体刑三，罚金四，苦工五。但其苦工之罪，附于禁锢为一科，不备五刑之目。日本刑律，分名誉刑为一条，谓褫职及停止之属，以足五刑之目。其实此如中国降革、罢休、夺俸、记过诸处分，专属官刑，与民法名实不附。其籍没财产，虽可附于金赎，然无定格，则属特别专条，隶于民法，亦未允当。其笞罪甚微，但施于未成人者，不得名为一律。约而论之，各国治简，刑律只属三条，一死刑，二禁锢，三罚锾。其流罪附属禁锢，意不在流，特就禁锢之地耳；罚苦工则包于禁锢之中，亦不得别为一律。中国刑罚沿唐律，名虽有五，亦只三条，死刑分斩、绞为二，减死一等，分军、流为二，笞、杖均附系于徒，则名分为三，实合为一。约而言之，一死罪，二减死流罚，三寻常徒罪，以笞、杖重轻别坐徒久暂而已。论其迹不甚相远，论其意则大有径庭。先王之制刑，主于彰瘅；后世之用刑，主于抵偿。四代之制，立刑之法多方，而用刑之意一贯。先世比刑之法不一，而用刑之意各不相谋，圣人刑犯法以惩将来，后世诛有罪以偿既往而已。古者肉刑五，除大辟为极刑不数，譬如《周礼》有臡辜之典，亦不在五刑之例。然大辟亦有疑赦流宥八议诸条，故大辟虽不与常刑并数，而亦议刑所必及。兹举四代刑律一贯之例，列表如左：

四代刑律表

正律					
大辟	宫辟	刖辟	劓、刵	墨辟	髡刑
除大辟不数，劓、刵为一刑，通率为五刑，经师家说，或以髡附墨刑，析劓、刵为二，或仍并劓、刵为一条，兼数大辟，亦合五刑之数。要之其重在制刑轻重之差，不在刑名出入之目，尤重在用罚浅深之宜，不在系事轻重之比。					
减等 罪疑惟轻，谓狱有疑，则从减等也。列减等。					
减等：流、放、窜、殛	减等：同上	减等：同上	减等	减等：同上	减等：五刑合大辟，即不数髡刑
折赎 吕侯训刑，皆言疑赦。古所谓疑者，如今律之不入情实、失手误杀之类，非谓诪张狡展，狱不能具也。疑则有赦，准其折赎。列折赎。					
折赎：罚锾	折赎：罚锾	折赎：罚锾	折赎：罚锾	折赎：无、折责、鞭卜。墨刑轻，无折赎，官士则折费	折赎：无、折责、鞭扑。髡刑轻罪，无折赎，官士则折责鞭卜
缓议 八议：一曰议亲，二曰议贵，三曰议贤，四曰议功，五曰议能，六曰议故，七曰议勤，八曰议宾。大辟不入此条，然亦揆事理之轻重，故《易》曰"议狱缓死"。					
缓议士大夫入此条	缓议：同上	缓议：同上	缓议：同上	缓议：同上	
三赦：一赦谓之眚灾，再赦谓之蠢愚，三赦谓之遗忘。大辟不入此条。					
肆赦①					
无肆赦	肆赦：庶人入此条	肆赦：同上	肆赦：同上	肆赦：同上	肆赦：同上
象画 狱成定谳，则施明刑，即象刑也。《书》曰："象以典刑。"又曰："方施象刑。"惟大辟既谳则施之，余罪三让，而士加明刑，在三赦之后。					
象画：赭缘	象画：艾毕	象画：菲履	象画：草缨	象画：幪巾	象画

---

① 原文如此，以上两行似应倒置。

坐役

　三让而罚，纳诸圜土，役诸司空，期满而舍，由减等折赎不入情实者，始坐罚役，即不入流宥，以代折赎，计期以当罚锾之数。西律与此同科，但与体刑为一条，不相比为异，其罪民入于圜土者，不比五刑，与西律相类，别为专条。

圜土：罚役，坐役终身	圜土：罚役，坐役终身	圜土：罚役，坐役终身	圜土：罚役，坐役终身	圜土：罚役，坐役终身	圜土：罚役，坐役终身

　怙终贼刑，谓于肆赦缓议减等折赎诸条，皆不能援，则入情实，始决死刑，及肉刑。

本罪：大夫赐死，士庶杀	本罪：公族，加等磬	本罪：大夫，折赎	本罪：士庶，定拟	本罪：官士，折责	本罪：官士，折责

　　刑者所以范天下于轨物，其用主于无刑。先之以礼教，曲为之防，事为之制，使不致有犯法之路；又不幸而民犯矣，则求其可免之路。公子、公族、大夫、士，则引八议为之缓，庶人则引肆赦为之让，可出则出之；如不可出，则正谳而士加明刑。所谓"象以典刑"，象，画也；《书》曰：皋陶"方施象刑惟明"是也。既施明刑，以待再谳，不入情实，谓之疑，则入减等，士大夫以上，分别为流宥、金赎两条。罪轻者，大夫以下有折责，庶人在官，俊选在学，同此比例。庶人坐役，则无流宥、金赎之科；大夫流宥、折赎，则无躬坐之役。此谓"刑不上大夫"。其不能入减等者，始在怙终之律，如今律入情实矣。所谓"求其所以生[①]，不得其所以生，乃刑之"。《尚书》曰："怙终贼刑"，谓缓议、肆赦所不能为之宽，流宥、金赎、折责、坐役所不足蔽其辜，然后按本罪定拟而施贼刑。贵者丽于罪，有缓议则无肆赦；贱者丽于罪，有肆赦而无缓议。贵者有流放罚锾，即无躬坐罚役；贱者有躬坐罚役，即免流放罚锾。非宽于贵者而严于贱者也，其等不同，其科断亦各有特别。故刑为举国共遵之公法，实上下共守之公理。后世徒见有八议之条，而不知有肆赦之律，以致民犯法则无所免罪，在位者司法而不知守法，甚者曲法受赃，任情纵庇，而民亦相率诡遁，以幸逃于法。不知徇情曲法者，夫先自犯法矣，何以能治人乎？流俗耳语相传，又言"王子犯法，庶民同罪"，上与下皆昧于立法之旨，不知既别尊卑，尊者有尊者应享之权利，八议之条是也；卑者有卑者应享之权利，肆赦之条是也。各就所宜而施之。分之，各有其明条；合之，乃成为公理。即刑罚

---

　　① 按《孔丛子》，当作"求所以生之"。

一端，而可见先王经世范民之精意。

西律谓法律上之制裁，约分为四：一刑罚，二强制，三赔偿，四无效。日本改订律法，多仿西律，而申其义曰刑罚者，按其所犯之大小轻重，或取其性命，或禁其自由，或收其财产，大抵于侵人权利，及妨害国家治安之人。夫禁抑侵人权利，妨害治安，即制民之产，禁民为非之意。无论公法、私法，悉裁制于公理，故曰经为古今之通律，即中外之公理。其言强制及无效二例，乃先施禁于未然，应属宪禁之条。日本律例：入刑罚之科者，因既犯宪禁以后，仍勒令还其本位，别无科罚，故析为刑罚二条，中律勒令亦归入罪名。其实勒令之外，如别有科罪，则应归入刑罚各条；勒令以外，如无科罪，则勒令仅与无效一律，应入未丽于罚以前之条禁，不应入既犯以后之刑科，特既犯以后，仍令守其前禁而已。其赔偿即科罚，不应别为一条。罚例分有限、无限，有限罚例，分为三条；无限罚例，分为三条。备列如左：

一、有限罚例三条：

一、赎罪。照所科之罪，定所罚之数，自大辟不入情实以下，皆准折赎。其定拟何罪，决罚若干，即《帝典》"金作赎刑"、《吕刑》罚锾之律也。

二、赎役。三代徭役，除贵者、服公事者、有废疾者、有罪者之外，皆更番受役，无过更之法。秦坏法以后，民贫富不均，汉以来始有过更之律，富者出财，纳于公家，雇人代更，以求免役，其实与罚赎同科。后世河工协饷，皆援此起例，由派捐而奖叙，而鬻爵，乃由于法令不行，役民不均，而言利之臣，乃设为巧取之法，非律所宜有，兹故置之不论。

三、罚税。古者税则至简易，惟廛、市与门关，凡三而止。廛者货聚之处，即出产税；门关乃出口进口之处，即关口税；市者所售之处，即销场税。周以前尚无关税，故《记》曰："古者关讥而不征。"孟子云："征商自贱丈夫始"。此孟子谈掌故，举关税创设所由。然则征商之主义，与今各国设奢侈税之命意相同，主于整齐市政，均平民业，意不在于筹款。咸丰之乱，胡林翼始创厘金，以济军需，乃一时权计，后遂以抽厘加税为筹款之大宗，由于政治之学不讲也。今中国关税、厘金，有充公，有加几倍罚税；各国有奢侈税，有邮政罚。皆属罚税之科。

二、无限罚例三条：

一、籍没。《周官》八柄，"夺，以驭其贫"；《洪范》六极，"四曰贫"。即后世籍没家财之律所缘起。籍没者，尽其所有，不从本罪科断，与罚锾之律，轻重悬殊，乃本律以外之科罚，非本罪以内之折赎也，故别为无限罚例，不入赎刑。

二、勒偿。如毁人器物，占人财产之属，勒令赔偿。其赔偿之数，与所毁所占之原价值，不能相准，约由行法者意为轻重出入。又如赔偿讼费旅费之属，更无一定准则，故附入无限罚例。

三、捐罚。此例应入赎刑条，但据中国现行之律，此条为不成文法，多由行政司法者就所司公事，要需捐项勒令罚款充公，率属碍难定拟之案。又有原告因追索赔偿无效，自愿以所应得追偿之款充公之类，更无一定准数，故附入无限之科。

法律之用，至刑罚为极点，刑罚至决杀贼刑为极点之极点，故曰：刑者型也，型者成也，一成而不变。故君子尽心焉。其用意之初，无非为制民之产，禁民为非而已。禁民为非，亦为保护制民之产而设，去其害群，以保民之产。保民之产，所以厚民之生。故《易》曰："天地之大德曰生，圣人之大宝曰位，何以处①位曰仁，何以聚人曰财。理财正辞、禁民为非曰义。"知理财必正辞，然后能理财也；知正辞之为理财，然后能正辞矣。其斯为一以贯之矣。自学术不明，说经者耳食相传，有如呓语。夫制民之产，非理财乎哉？且理财之事，孰有重于制民之产者？而禁民为非，非正辞何由而定？既不能定辞，且不知何者之为为非也，又乌从而禁之？天演家徒知物竞争存，而莫知其究，徒欲任其优胜劣败而已。夫且未辨何为优而孰为劣，是将以助民之为非，适成为胜优败劣耳。夫物之竞也无涯，而所赖以存生也有涯，今欲从其胜以为优，因其败以为劣，以暴易暴者，不知其非矣，与之为无涯，岂不殆哉？圣人知物竞争存之故久矣，先为之礼，以明是非，而乃据是非之端，以别其优劣。知其物竞之故，起于争存，优劣之所同情也，固不能不令优者常处于胜数，而亦不可使劣者之不可以图存，乃为民制其生产，而为之定其优劣之等差，使各足以遂其生，而得其所，是体天地大德之生，而以仁垂万世之宪。有圣人之位者，遵其成宪，而处位以仁，所以诏人主者尽矣。明王不世作，学者守先抱道，怀才以辅世，经训之所诏，至深切著明。乃方今圣上诏修法律，此真明良千载之一时，而学者莫名其事，天下无有应者，可慨也。稍稍鉴于西，始有悟于政治之学，为学堂社会者，稍稍注念焉。顾未尝讲学，但欲议政；又不成议政，但欲各起而为政。其近正而求实者，不得乎所宗，方且求之汉、唐历代之故，方且求之周、秦诸子之学，方且求之欧美各国近年之史、政治公师哲学论

---

① 按《易·系辞下》，当作"守"。

理之家，方且言物竞争胜而排忠恕，方且言平等平权而毁彝伦，方且曰我爱自由而废国法，方且倡破坏主义、谋民政自主、执过渡时代而非尧、舜，薄周、孔，岂知圣人之垂宪立法，固尝本诸身、征诸庶民、建诸天地，固非无知妄作乎？制民之产者，与四民之多数者为计，而非为君卿大夫之少数者计也；禁民为非者，为其有妨于多数人之生计，据公理而见以为非，而非为其有碍于少数人之愿欲，任私见而断以为非也。而岂料后世以法律为有国之私物哉？而岂料议政行法者以为礼法不为我辈而设哉？而岂料迷信者流误认人伦公理之学为一先生之言哉？

法律之学，始于人伦，终于邦交，即《孝经》所云推而放之四海，又曰"光于四海，无所不通"。由家庭积而为社会，由社会积而为国家，由国家积而为方州。社会为家庭之进步，即国家之一部分。余尝论井田即小封建，封建乃大井田，即此义也。其间经纬，由西学之言，不外权利、义务两端。权利则制民之产也，义务则禁民为非也。各国律皆有亲族权一门，日本律尤为详备，其先渐于中教故也，中律则当以此为基本。日本律云：一家之中有家长，属于其下者，皆称家族。家长于家族，有监督扶养之权利、义务；家族于家长，有服从并受其扶养之权利、义务。推之而社会、国家可知。有监督之权利，必有扶养之义务；有服从之义务，必有受扶养之权利。质而言之，犹之通工易事之理，恢而弥广，则范围而不过，曲成而不遗。斯其为公理，岂有几微之可疑，丝毫之可议？若使为家长者，有监督而无扶养，是有权利而无义务也；为家族者，不受扶养，而但服从，是有义务而无权利也，其不合于公理，路人知之也。今之号为守旧者，所见毋乃类是乎？而自表为维新者，所见又适反其道，而倒行逆施，则又何为者也？是皆可怪，而曾何足怪！不明公理之故，不明权利与义务相因之故。夫制民之产，先自家长与家族立其程；禁民为非者，亦以家长与家族为之准。一国之形模具于此，其受扶养之权利者，即有效服从之义务者也，此庸得不有等差乎？失其义务者，夺其权利；与以权利者，令从义务，此庸得不守约戒乎？今乃曰平等自由始为公理，则何为者也？日人法律大义云：自由者，法律上所许之自由，非法律外放任之自由。斯虽曲为之解，而义尚不悖。今人曰"我爱自由"，由其言之意，似于尽去其法律之范围，而以从我之所爱，岂不怪哉！如曰我所爱之自由，仍属合于公理之自由，则未知法律本起于公理，所以禁非公理之自由；如其不原公理，横施禁令，是谓不任公理之自由，即谓之违于公理之乱法，乃公理之公敌也。

法不法，律不律，可以名之曰不律之国。可号于众曰：我欲正无公理之乱法，正背公理之人心，申自由之公理，明公理之自由；不可号于众曰：我爱自由也。一知半解，贻误后生，此其尤大彰明较著者也。

一家则有家督，为家人所服从者。《易》曰："家人有严君，父母之谓也。"又曰：家人，女为奥主，妾媵称嫡曰女君。《传》称大夫妻为内主。《周礼》闲民"出夫家之征"，闲民无常职，转移执事，不受廛田者也。其夫家之征，取于其所服役之主，载师以时登其夫家之众寡。夫者当户之名，犹言家督也。通证大义，夫者家督之名，即主之义。夫于妇为之主，故对妇称夫，有爵者称大夫，大夫妻称内主，其妾媵称之曰女君，国主之妻为小君，其称亦曰夫人，自当一户至临一邦，皆君道也，故曰无往而非君也。明乎圣人正名之义，由夫妇之名以起其义，而家道由此正，推其义而国正矣。是故自内而言，对娣侄妾御，则嫡为主道；对妻妾，则夫为主道；对子妇，则父母为主道。自外而言，对余子亚旅，则当户者为之主；对群从兄弟，则宗子为之主；对采地之氓、执事之仆，则大夫为之主；对诸宗国人，则国君为之主；对列邦诸侯，则天子为之主。妻之言齐，嫡之言敌，显然平等。妇者服也，夫者扶也，而犹有主道焉。兄弟之义，报反而行，而君之宗之，兄犹有主道焉。则伦理之义，绝无平等可知。夫岂圣人好生分别，而造此一家之言乎哉？人既不能无群，群则必通功易事。其通功易事，各有分任而不能同，使不相属焉，则物竞之心生，而必致相害，故其合群而通功易事者，必使各有其分属也。因父母亲生膝下之严，以教其敬；因女嫁于男之明而易见，以教其顺。由是立为程度，先于亲属推长以立宗，自宗统族，合数族以成国，而立大宗焉，即西学家言社会之义也。西教无亲，求之不得其原，故由社会以起例；圣道先以人伦，故从宗族以起例，此为尤亲切也。族犹家也，国犹族也，正惟欲其通功易事，而为之称物平施，故设为差等之教，演为差等之政。非若名家之言，辨黑白而定一尊；又非叔孙之朝仪，取悦人主，重于天子之贵也。周公曰："有德易以兴，无德易以亡。"孟子曰：君不仁而辅之，是辅桀也。可以知之矣。吾不解今之言平等者，何以徒欲废君之位，而不思务民之义也。务民之义，其道至广，而其言至约，在于就社会以明公理，就学校以明法律而已。士皆明公理，民皆知法律，立宪法何难？而天下从此治矣。如其未明公理于天下，而徒浮慕宪法之名，亦长乱而已矣。公同利益，为法律主义，此五洲之公言，万古之通义也。葛冈氏有云：古时按官职、身分与人民阶级，以定法律行为。今则范围较宽，无专制之体，无奴隶之制，然必不违公共之秩序，不害善良之风俗，始许焉；不然，则仍执法以科之。盖各国皆以公同利益为法律主义也。彼所谓古时者，指其国幕府专政、诸侯专制之时代而言。日本地小，而众建诸侯，其幕府专政，不过如三家擅鲁、田氏擅齐；其诸侯专制，不过如佛肸之于中牟、阳虎之于费、汉时豪宗之于其乡，贪黩作威，鱼肉编氓耳。初未备三代侯国之制，而亦无立学兴氓之典，故其民之志意行为，无由发达，视今日维新之政，变更甚巨，而进步甚猛，故数数以专制奴隶为言。中国则自虞廷登十六族，皋陶制取士之法，民间之俊选，已与帝室之亲贵并进。汉以来，虽尚苟且之政，但取士而不教民，然第就平民志意行为之发达一事而言，则未为失道也。布衣之士，可骤至公卿，为宰相；一勇之夫，可进操专阃，位为侯伯。降而内居清秩右班，得以图议国政；外为牧令，得以为政治民。不仕之士与有业之民，安富荣誉，有志有力者，任自为之。其下亦只有转移执事之役夫，而无鬻身老死之奴隶。明代家奴之制稍苟，然亦只及仕宦之家，而非通常之法。夫何奴隶之习？夫何专制之弊之有？以言变法立宪，与日本情事，正自不同，楚病而越呻，是犹公孙悼欲倍偏枯之药以起死人也，为知医者笑矣。日本维新之速率，在于专制政体之日非，而非专制政体之反动。夫今日中国之患，在朝廷与百姓不干涉之为患，而非朝廷于百姓专制之为患也；是不行干涉政体之过，而非专制政体之过也。夫所谓干涉政体之名，就今日西学家所谓名词问题之标帜，而姑妄言之，其实以言有政则无不干涉者也，非干涉则不足言有政也。干涉者为政之别名，而凡为人群合众举事之公理也，非谓居人上者，必行干涉于其下也；居人下者，亦必行干涉于其上，始足以为政也。特因其居人下者为多数，居人上者为少数，必其居于多数者之事纷，而委任于居于少数者之人，以处于无事；而干涉是，必其居于少数者之人智，而代表于居于多数者之人。以执其至简而主宰是，必其专于劳心者，代劳力之众人居于无事，而纲维是也。此绝不能倒置，而亦不能兼营也。倒置而兼营，必诪张而为幻，大乱之道也。

然则法律者，顺众人之情，为众人之计，因众人之议，合众人之约，然后执简而书之，然后就众人之中，推择贤者而任之。有义务之责任焉，则有专制之权利矣。其放弃责任而亡其义务，即不得享其权利可知也。载舟覆舟之喻，岂不至明切深著乎哉？而何必曰"父母何算焉？"作鄙人之语，为都士所羞称也。且夫所谓公共之秩序、善良之风俗，非谓教化而何谓？吾谓法律为教化之演说者，执以证之东人，而无异词也。既为教化之演说，斯必有其听演说之人，而后谓之演说也。世未有演说于空堂、于荒郊、于苍莽，而无令听之者也，则《周礼》之属民读法可思也。非但为之演说，又为之悬象绘图以揭示之。正月元旦，悬象读法焉，浃旬而敛之，开大讲会者十日也。四孟月之首日，属民读之；每月初吉，属民读之；每旬之首日，又属民读之。计一岁之中，凡开读法讲会者六十二日，其殷勤教民知法，如此其甚也。如此而犹犯者，已非不教而诛也。而且八议以待有官，肆赦以待氓庶；在八议者为之流宥，在肆赦者为之役赎，故曰"刑赏皆忠厚之至"也。尧、舜画刑而民不犯，非德政之颂词也；尧、舜之民，比户可封，非史臣之传赞也，自然而必至之效也。

日本律私法例有曰：归化人于所入籍之国，亦有权利，然可与从来臣民一体者，但私权也，其公权则必与以限制。日本律所限之事有五：一议员，二裁判官，三枢密院官，四国务大臣，五海陆军少将以上等官。夫限此五者，则真奴隶而已矣。所谓平民志意之发达，则真无从发达矣。而不学者流，致痛怨于无形之奴隶，似乎执义甚高，而独慕外域之政，不恤宗国之危，随所往而皆愿外向，则又何也？是未涉心于古今中外法律之科也。诚使知孔子垂宪之法、先王经世之律，又以中外之教化人心，求之国故而相较焉，其爱国之心，有不油然而生者乎？有不悔其平等自由之说，而泚然流汗、潜焉出涕者乎？吾知其非人心也。《诗》曰："不自为政，卒劳百姓。"伤天下之无王，伤天下之无伯，而"沦胥以铺"也，不能"覆狂以喜"也。又曰："听言则对，诵言如醉。"伤天下之无学，而嚅沓背潜，执竞犹人也，不得无知而妄说也。此皆学术不明，而民未读法之害也。

西学之言，析亲亲之道为私德，吾谓圣人之教，人伦一本于公理；世论各国政治与其宗教，不相为谋，吾谓各国政治，皆原宗教，而演以为事例。各教皆推本公理，而惟人伦之教，为公理之天则。人必有亲，亲必有等，各教不主亲亲，而及其治人，不能废伦理。无伦不足以立教，无伦不足以立政也。惟其政为二本，故不能无所出入。日本旧被伦教矣，及变法从西，修改律例，势不能尽弃伦教，又不得不参合西律，徒增骈拇支指，歧之中又有歧焉。今观其律所定亲族权，形迹犹可证也。婚姻条增入者，男女过二十五岁，可以自由结婚；财产增入特别主义；父子条增入服从其亲之期限，以至成立时为止。知其说之不安，乃曲为解曰：若成立之后，能自立事业，则此时亲权，非法律上亲权，而道德上亲权也；遗产条增入女户主无子而招婿者，则赘婿亦可相续数端。本于西教，即不合于伦理。此外各条，皆从伦理演出，即不悖于《礼经》。又遗言条云：如财产相续，遗嘱以给他人，则无以处定法相续之人，故法律所定，遇有此种情事，则以财产之半，与法定相续人，以其余三分之一与本人之妻，三分之一与正亲，余三分之一，始以与其遗言所嘱之人。西教以毋夺人之权利为大经，故于其人之财产，俾其人有自主之权，专以遗言为准。日本原教不同，而新学家言日炽，故为此首鼠两端之律，亦为不善变矣。又身分条云：人之权利、义务，乃由法律所定之地位而生，非由人之意志自由而生。以略言之，法律既定父子之地位，即生父子之权利、义务；定夫妇之地位，即生夫妇之权利、义务。然则法律为人伦之范围，教化之演说，不信然乎？其不能离宗教而立法律，抑大可见矣。夫伦理之教，似专为禁民为非，不甚关于制民之产，不知圣人谆谆于伦教者，亦为民生相生相养之道，得此而后成也。财产继续、牉合服从之条，无往而非相生相养之道也。

法律之范围，极于邦交矣。自一国言之，条约是也；自天下言之，公法是也。于一国之内，则受法于主权；两主权之相遇，则何所受治焉？则受治于公理矣。世论谓两主权相遇，则受治于强权；不知两强权相遇，又将谁胜？夫主国之自强，无论何等国，皆有自主之权，非强国之所得而禁；其不能自强，而屈于强权之下者，国失其政也。好其所以弱，乐其所以亡者，不足以图存，不足与之言治也，即不足与之言法也。能修明法律之国，即能修明政治矣，是能自致强权矣。固不能禁敌国之强，而两强权者相遇，必受治于公理，无疑也。临外交而始计内政，如临渴而掘井，自不得水饮，而曰水可见而不可饮也。然则谓公法无所用，万国不能遵者，犹临渴掘井之喻也，非通论也。明乎公理之深微，凡两国相遇之交涉，共立之条约，皆可据公理以为断，此《春秋》之志也。约举重要交涉各条，列之如左：

七①交涉凡七条：

一、攻击同盟条约。《春秋》会师，有义有不义。

二、防御同盟条约。《春秋》师次无贬。列国有强军旅主守，故无贬。

---

① 原文如此，疑为衍文。

三、保护同盟条约。《春秋》胥命，为近正公法，以维太平之局，互相保护为得礼。

四、缔交条约。《春秋》及某国平之属，由兵而返礼，止争而相睦，无灭国之理，有缔交之道。

五、境界条约。《春秋》归汶阳迁纪之属，重在守先王之典。今五洲列国，不同奉一王，而当遵其开国之旧；掠地占领，应为公理所禁。

六、货币条约。

七、媾和条约。上无天子，下无方伯，诸侯有相灭亡者，桓公耻之。方伯之业，以兵力止兵争为主，故兵车之会，仍主媾和，贱搂伐也。

正辞第三

宋学之源，出于陈邵，本道家也。其学以《易》为主，专重修性命之理。《记》曰："絜静精微，《易》教也。"得圣人之一体，原不可厚非，特其于经术之全体大用，概乎未有闻焉。与世运为变化，视政治为土苴。周茂叔、李延平之流，皆守此宗传。至程正叔始遍诵经传，见圣人于经世治人正伦之事，持之甚重，语之甚详，乃本其所心得以说经，既有先入为主，故所见无非心境。圣言语语著实，诸贤所见，念念皆虚。由是化笔墨为烟云，指文章为性道，玄珠一失，七圣皆迷。世重其人，并崇所学，拟其道于孔子，遂专原性理以释经文，大半郢书而燕说，托源于伪《尚书》之"人心惟危"十六字，衍成于释《大学》"格物"之七十家。语录兴而经术亡，不独辅嗣《易》行而汉学废，学者见有语录不见有经，心有语录，视经无非语录。夫说经者述先师之言，非从己出，今曰"六经注我"，岂非以私意解圣人之言乎？始试学童，高谈性理帖括俗学，臆语治平，教育失其原旨。童蒙未解，即已诵经，博览多通，始求识字，于初学则欲速不达，于成学则泛涉无归。其高者乃矿求性理，又空疏寡要。推其原起，实由程正叔引道家以兼并经术，故自谓得绝学于遗经。其言本不诬，特所得者圣学之一体，如庖丁之解牛，未尝见全牛也，此正道家之喻也。《宋史》立传称为《道学》，亦至当不易。后学因尊其所闻，遂易以理学之名，而天下愈惑。于是世之理想哲学家竞起，俱原佛理与圣人争教育之长，而圣学熄矣。孔子曰：述而不作，信而好古，窃比老彭。又曰：学《易》无大过。其内修性命之事，原述相承之古教，无所制作于其间。自天降中，而人返本，所谓原始返终，即《庄子》内篇所发明之理，不必专名为道家；从后溯前，姑名之曰道家，以为志别。此内修之事，无论黄帝以来，孔、老至于庄、列，其道一揆，即佛氏、耶稣，亦同归不二法门。惟持世之法，各限一天，孔子为独一无二之宗主。近西人称孔子为文明制造家，是谓天牖民聪圣学将昌之机缄，众中现示之语证也。夫电气空气流质，植物动物定质，盈天塞地，虚空皆满，必得制造家分化切合，始能各得成就，以互相为用，而不相为害。制造家叠出心思以前民用，然必有最精制造者，尽化裁之妙，始能成世界最胜有形之文明。有形之文明为器，无形之文明为道，专属内修之道，与散为形下之器，界限甚明。其界在两间者，即从内修之理推勘，而合之于世界所最宜。则为教育政治，自己身分界，属于形下；自外物对观，属于形上。故亦名曰道。譬之实验学亦由理想而生，及其成就试验，成就制造，则别为学门之一宗，不得仍名之曰理想。顾形下之器，非有形上之道以董理之，则散乱无纪，不相为用。孔子亟称天下有道无道，学者信口成诵，率尔操觚，误以为立言区别两端之记号，于是视六经之言，不过如文家之议论而已。不知一部六经，凡言"道"字，皆有落点。《记》曰："为政在人，取人以身，修身以道，修道以仁。仁者人也，亲亲为大。义者宜也，尊贤为大。亲亲之杀，尊贤之等，礼所生也。"然则道之注脚在仁。犹恐"仁"字未落实际，训者望文生义，闻者与愚以疑，大道之歧，生于跬步，不可不慎也，则又释之曰："仁者人也。"谓如果实之人①。果实之有人，传种所以生，类族所以辨。人之种族，由亲而推，即借果以喻。故曰"亲亲为大"。由亲而推其爱力以仁民，又推其爱力而广之，乃能爱物，未有爱力不生于内，而可以外铄者也。故曰："于所厚者薄，而于其所薄者厚，未之有也。"《孝经》曰："不爱其亲而爱他人者，谓之悖德。"如无爱力，即不成人。爱力所施于最亲近者力厚，渐远渐薄，出于自然，即今西学家所谓私德。如其倒施，必将外取；假如外取，则是本无爱力。故曰"未之有也"。顾人之受生，因分族类而相养以生，义必合群，群则必有公理，此公理缘私德而起，与私德为对待，即西学家所谓公德，圣人所谓精义也。仁、义必须切合，始能成为公理。故立义以审切合之最宜，随时有化裁切合之用，则随时须有化裁切合之人。故贵贵尊贤，所

---

① 按此"人"今通作"仁"，下句同。

以扶持仁道。由亲亲、尊贤之两质化合，而制造已成为六经，则王道行乎其中矣。王道上合乎天道，故董子曰："道之大原出于天。"即《春秋》所谓"元"也。凡孔子所言有道者，指合乎王道之世；所谓无道者，指不用王道而言，非如文家泛论治世乱世也。

孔子经世，不述黄帝。司马迁曰："百家言黄帝，其言不雅驯。"上古人神相近，颛顼之代，九黎乱德，家为巫史，人神杂揉，颛顼乃命重、黎绝地天通，命南正重司天以属天神，北正黎司地以属地祇。其时首出庶物者皆神人，颛顼绝地天通，而人神道远。当黄帝时人事已渐备，而其治主天道，任民自然，人类愈繁，事变日纷，始作书契以代结绳记事，而古俗未改，其流失已见于颛顼之代。尧、舜氏作，亲九族，慎五典，敷五教，辨百姓，而人伦道备，舍羲和世官，进用元恺十六族，分命五臣，广工虞之政，开务之基已立，百度之纲具举，亲亲尊贤之道洽而礼义兴。虞、夏共为一代，有殷损益甚微，周公思兼三王，监于二代，修明故典以教天下，遂擅制礼作乐之名。孔子师法周公，即宪章文、武。《中庸》言"文、武之政，布在方策"，即指《周官》；又言"周公成文、武之德"，周公之政，即文、武之政。孔子言"吾学周礼"，"吾从周"，亦即指《周官》而言。故七十子述源流，则举"尧曰：'咨！尔舜！'"，终以天下之民归心焉；赞孔子则曰"祖述尧、舜，宪章文、武"，譬之天地四时日月，而归于道并行而不悖，物并育而不害。孟子赞王道曰"上下与天地同流"，盖其内修可以出世，与诸教为同源；外法足以持世，为生民所未有。其删修六经，专为修明王道以俟百世之有明王作，实为文明制造之独一无二家。故博施济众、修己安百姓，尧、舜犹病，子再言之。而孟子称智足知圣，则曰"夫子贤于尧、舜远矣"，其义甚明。后学者隘于所见，囿于所闻，视如文人考订，通人论古，信如所言，则周、秦诸子皆可并驾齐驱。惠施五车，骈衍数十万言，吕不韦千金一字，非博雅之雄乎？亦何贵乎孔子？故《论语》屡表其义曰：君子不多、"不试，故艺"，非多学而识之。乃后学日诵其书，而仍以博学测圣，岂不异哉？圣人往矣，其书具存，实为政教合一之书，而非性命圭旨之论。惟《易》明天道，而夫子之《十翼》，皆推衍于人事典礼，故曰"《易》本隐以之显"；《春秋》为笔削专书，特为经世而作，而推本于元系天端，故曰"《春秋》推见至隐"。前于孔子者有黄、老之道家，后于孔子者有佛、耶、谟罕之异教，以言内修之理则均不相妨，以言持世之法则均不能越，故曰并行不悖。其以水土天时为比者，即孟子所谓上下同流，犹佛书言金仙历劫长存、金刚久劫不坏也。六经为维世之玉律金科，经尧以来见知、闻知之数十圣哲竭其心思，孔子取帝魁百代之典，求百二十国之书，得三千余篇之诗，合文、武两朝方策之政，而成此简练之一书，所以范围天地而不过，乃伦理政治之专书。特患后人之不能甚解，勿患圣人之有所不知。学者慎勿震于汗牛充栋之列国政书，厄言日出之诸家哲学，而买菜求添也；又慎毋视其书为性理论，为题目牌，为旧簿记，为陈宪书，为徇曲学，为兔园册，而买椟还珠也。信道不笃，焉能为有？圣言已著深诫，而乡愿患失与曲学阿世者，又涂饰经传，粉饰文具，视弊政为当然，持旧法为已善，谓皋、夔、稷、契所读何书，舜、禹之事吾知之矣，则吾不得而知之矣。

孔子曰："吾志在《春秋》，行在《孝经》。"心之所之谓之志，志者，未行之事也。庄周曰："六合之外，圣人存而不论；六合之内，圣人论而不议。《春秋》经世，先王之志，圣人议而不辨。"六合指上下四旁，则经世举地球为义。王者不治夷狄，而曰"先王之志"，何也？《传》称王者"治五千里"，又曰德广者其治广，明言三代所治，不越五千里，故帝降而王。后学昧于此义，不过为秦称皇帝，后代相沿，耳目习闻所误，证以今欧美各国帝国、君主国、民主国之自别称谓可悟。夫谁禁之？有公理之时代，自不能违公理之名称，毫无疑义者也。先王之德犹未至，而知其义不可以智取力征；至于志欲范围而一之，所谓"中天下而立，定四海之民"，固凡有忧天下之心者所当与圣人同忧也，尧、舜犹病。故孔子祖述宪章，本先王之志以为志，因鲁史而加王心，其曰"广鲁于天下"者，即广天下于五洲也。然则《春秋》者，外交法律之范围，即万国群分之公例也。荷兰虎哥以私家著述为平战条规，尚推行为万国之公法，何况《春秋》经世，圣人之志哉？《诗·卷耳》传云："后妃之志也。"妇无外事，求贤审官，非后之所得为；而辅佐君子，不可无其志。《记》曰："官先事，士先志。"士未受职，事非所得为也；而预备为天下用，则不可无经远之志，故又曰尚志。《论语》曰："隐居以求其志。"隐而未出，则无事可为，而其志必有所属。皆此"志"也。黄梨洲论臣道，统之于以道事君。于臣无等差，于人无等级，其说固已误矣。今浅学之徒，崇奉其言，牵合于范希文作秀才时以天下为己任之说，不求甚解，而无所适从，乃阑入新学家国民主义，由不知志与行之分也。天下汹汹，群起而噪，学术将为天下裂。不知梨洲所主，不过待天下过高，犹谓不可则止也；希文之言，伊川所称，亦谓储以待用也，与国民主义渺无涉焉。望治殷忧，伤乱怨诽，平民可以此志也；许身稷、契，望世唐、虞，有席珍以待用，勿怀宝而迷邦，庶士可以此志也；蒙耻以救民，三黜而不怨，《离骚》以悟君，九死而未悔，小臣可以此志也。至于段干藩魏国、展季救鲁人、弦高犒晋师、鲁连却秦军、墨翟重趼而救宋，上说下教，强聒而不舍，此不惟其志，而且见诸行。凡为草野市井之臣，有志者任自为，而非名义之所能禁也，则吾何必断断于志之与行，而必与古人对狱哉？吾恶夫今之不学者，朝闻一说，未究于心，则无论心之所之矣；夕发一论，不由于衷，则无论志之所在矣。今日不知其所志，明日乃欲起而行；且非欲其说之行也，见当道之权利，而思借一说以夺之耳。道听而涂说，德之弃也，况但闻其说而未见其听乎？如此者适足为亡国之民，夫亦居亡国之臣之下矣。顾亭林曰：天下之亡，匹夫与有责焉。世士闻而歆之，余屡诵其言而悲不自胜也。亡则与有责焉，谓同其罪，非谓同其权也。世流不察，以为同权之证，其无心肝乎？何以明其然，权固各有限也。今有一家于此，被盗劫伤其事主，而室且焚如。诘盗之状，则主不恤其子弟、臧获以至亚旅，又多慢藏而悖入；其家人奴隶各异心，相率而钩盗；有刺其隐者告变焉，刺其隐者，亦且谋钩盗者也。其家方勃谿反唇而不能明，盗至各怀疑，无肯赴难，而室空巢覆矣。则试问鞠狱之吏宜何词乎？吾知必曰：举其家长幼皆有罪焉。其邻有相类者，子弟仆隶闻之曰：与若事至而同罪，曷若先事而攫之？呦呦焉日恐其家以寇至，谆谆焉日伺萧墙，谋胠箧而窃钥，以为与有责焉矣。不知其亦自思所职何居，所责何事乎？公卿大夫之腐败，世所竞谈，然且曰此其少数也，姑置勿论；占天下之多数者士与民耳，农之愚，工商之偷惰，一时无可为计也，姑置勿论，曷先论士乎？士无事，曷先论志乎？人必先有所志，然后能推所志而见诸行，未有初无所志，猝闻而斯行，而克有济者也。吾固自居于士也，吾敢曰今之士皆无志也。如其有志，必先有识。月晕而知风，础润而知雨，见被发而识为戎，谋徙薪而先曲突，明者见微而知著，仁者先天下而忧，国之沦胥，非一朝之故，况雨集之为霡，更近于履霜之坚冰乎？何以发乱初平，未有为民生谋善后策治安者也？甲午之先，未有忧国家危乱将至者耶？且国之治乱，在于朝野之自镜，不在于敌国之相形，今言政者不知我致乱之由，而徒慕人自强之效，是见鸡而求夜也，可谓智乎？平日无所识，至今日而始有所闻，其为无志不待辨。且即今日始有闻，必将悔其闻之晚，知中国之不振，由于政教之消沦；政教之消沦，由于人才之匮乏；人才之匮乏，由于学术之衰微，宜当自思，所居何等，所明何学？兢兢求志不暇，而惟恐一朝之责及，欲补救而无从，而安有道听而涂说，朝闻一议，而夕欲起行者哉？

孔教重在人伦，以五伦为纲领，各分义例。其德育之规，按照各人所应服之义务以立为准，则如为人君止于仁，为人臣止于敬，为人子止于孝，为人父止于慈，与国人交止于信，又如君义臣行、父慈子孝、兄爱弟敬之属，皆对待之文，专属其人各尽之义。其文至多，不可枚举。譬以经为法吏执律，则各按其应守专条，按律定拟；譬以经为教师演说，则各按其应尽义务，因事立言。所谓民不得而非其上者非也，为民上而不与民同乐者亦非也；又所谓为人父言慈，为人子言孝。假如曰民不得而非其上者非也，为民上而不与民同乐则无非也，是一偏之论，即道学家"天下无不是底父母"之说也，即世俗相沿谚语"君命臣死不得不死"之说也。又如对人父言孝，对人子言慈，则为倒置之论，即道学家"宁人负我，无我负人"之意也，即善书相传格言"君不仁，臣不可以不忠；父不慈，子不可以不孝"之意也。皆不通之论也。人生万事，始于有身。身从何来？受于父母。故夫子手著《孝经》，为立教之本。其言曰：亲生膝下以养父母日严，因严教敬，因亲教爱。因严教敬，则资于事父以事君；因亲教爱，则事兄弟敬，可以移于长。由广孝敬之义，因以有事君、事兄之宜，而礼由此起。所谓"父子亲然后义生，义生然后礼作"。正大义之名，则曰推亲亲以仁民；由公法家之说，则曰推性法以立法；拟以政治家之标目，则曰据私德以准公理；比于教育家之名词，则曰就家庭之范围为社会之范围。今新学家所谓理想，即圣贤所谓"思则得之"也。既竭心思，自有不谋而合之处。《孝经》为政教发源，譬于法制大意；未订专科之律，故尚无对待之条。譬如欲制法律，先颁告戒，但明大意，与众共知。此外群经，则分为政、教两科。教科明义，政科定律。《易》明天道，以推人事所本，不设义例；《诗》则专属教科，主于文言；《书》则专属政科，主于事理；"三礼"则《周礼》属政，《仪礼》属教，《礼记》演说两科，其中有政典有教典；《春秋》属政而丽于刑，所以弼教，则为政教之指归，与《易》象之为政、教探源，两相应合，天道洽，人事备矣。人之有事，始于有身；身之有事，始于有行。故《经》云："人之行莫大于孝"，又曰：天之经、地之义、人之行也。夫子本身之所行，以课之于民，此即万殊之一本。孟子驳墨以为二本，即阐此经之义。《记》曰："物本乎天，人本乎祖。"自浅识观之，似本乎天于义为广，本乎祖于义为狭，疑有倒置之嫌，此称天之教所以易入人心，而从其教者之如水就下也，其实所言乃天之所以生物，而非天之所以与人也，则人、物何择焉？近之黠者，又窃附经义，于五伦之上加以天伦，不知适为二本。何则？人自有身，始生知识；由此知识，散为万殊，生死相续，以成世宙。人受体于父母，父母又受于其父母，其原自始祖以来，据己身所从出，而知父母之身所从出，是为一本。维皇所付界，乃生人所共知，非索于幽渺。如必推本于天，则安知象帝之先，不有谁氏之子？此非理想推测之创言。老子所谓："吾不知谁之子，象帝之先。"即其语也。而道生天地，乘愿再来，肇造洪荒之说，虚凭思想，相引无穷，皆足淆惑性明，无有究极。故须先明孔子"行在《孝经》"之义，以言德育，始能据百行之原以明厚薄之等。世之命为教育家者，未能知本，铢铢而称，寸寸而度，至乃欲援理化以立教根，就释氏以求因果，贻误后生，无有是处。

一贯之旨，忠恕而已。曾子之注解至明，而宋学家必求之幽渺，此何以故？由其视忠恕之义太浅，而不知一贯之旨为公也。中心为忠，犹俗言心放当中，恒言所谓良心也；如心为恕，犹俗言将心比心，所谓公道也。心放当中，则所居何位，所司何事，必如何自尽而后得其心之所安？即尽己之义务也。故《传》曰："上思利民，忠也。"《语》曰："为人谋而不忠乎？"又曰："臣事君以忠。"忠之为义，兼临下、平交、事上三义而言，后学所解，独以忠属为臣，浅人以为陈义甚高，而不知于义为隘矣。将心比心，则欲立立人，欲达达人，所欲与聚，所恶勿施，通德类情，而万物各得其所，所谓勿夺人之权利也。贯者通也，经之纲理政教，无往而不通，皆同条而共贯。析言其制度，如分地则天子一圻，诸侯一同，大夫一成，士四井，庶人百亩，其宫室服物，皆以是为差。其位尊者其分地广，其分地广者其用物多，适如其财之所能给。天子世及，诸侯世封，大夫世采，士无采者有圭田。士有圭田以上，即立宗以统其族；大夫有二宗，得统其小宗；诸侯于其国为不迁之宗；天子为天下之大宗。宗者始于士庶，而推之于天子。虽天子之尊，不过如宗子之义。宗有君道焉，君亦宗道也。支子不祭，祭必告于宗子。其位尊者其礼盛，其礼盛者其祭远，故天子祭始祖感生之天帝；诸侯不得祖天子，而得祭始封所自出之先王；大夫不得祖诸侯，而得祭别子所自出之先公。推其义，则天子不祖天而得以祭天，明乎其追远之义无穷，而报本之礼有尽，亲尽则祧之义，由此比例而可知。亲亲尊贤，为礼之所生。尊贤之等，由平心而出；亲亲之杀，由如心而施，为忠恕之发现。顾尊贤无所依著，则何以辨贤？故以贵贵为之等，命爵之本义，所以选贤。大贤受大位，次贤受次位，以次而差。故孟子曰："天下有道，小德役大德，小贤役大贤。"又曰："贵贵尊贤，其义一也。"世学不明其本，反以周人贵爵为疑，夫亦未思删《诗》、《书》订礼、乐之何居，孔子乃不如后儒之善辨而知礼，岂不异哉？期之丧达乎大夫，诸侯礼绝旁期，为其伯叔兄弟众多，生既臣之，则殁从臣礼，以明尊君道之义。贵贵之义，即尊贤之等也。天子服十二章，诸公服九，诸侯服七，大夫服五，士服三，上得兼下，下不得兼上。诸侯之瑞玉，公孤瑞帛，卿羔，大夫雁，士雉，皆因其财之给，以为其制之差。然则爵等即人格，虽天子亦爵也。因其等而事为之制，无往而非辨贤，随事皆有等差，无所用其逾分。君道即宗道，虽天子亦宗也。尊祖故敬宗，敬宗故收族。天下之大宗，统同姓、异姓、庶姓、侯国之诸宗；侯国之大宗，统群公子、大夫之别宗；诸大夫之大宗，统其小宗；士有大宗，别立小宗；其庶人无宗，亦莫之宗者附属焉，所谓"因不失亲，亦可宗也"。宗法上达下达，无往而非亲亲，小宗合属大宗，虽天下亦一民族也，今天下哓哓言社会主义者，独不知辨贤；言民族主义者，偏不道宗法，抑独何心哉？是知二五而不知一十也，持此一贯以语之，将求十一于千百乎？

官天下与家天下，其立政不同。而先王之意皆本于公，不得以公天下、私天下目举而立论。黄帝以前不必稽，高辛以来皆世及，其分地者皆民族自治，而人主所命者皆世官相传焉。及帝尧欲推贤，乃畴咨四岳，得五臣十六相，改厘官制，申命羲和，世官与选贤并用，而四岳之群后守国如故，未之有改。其后舜、禹相继陟帝位，而稷之后乃世其官，东楼则就封于国。舜、禹之有天下而不与焉，尧以不得舜为己忧，舜以不得禹、皋为己忧，凡以开务成物，期于地平天成，黎民于变而已。其后启嗣禹而王，唐、虞之侯伯如故，惟是十六相之贤胄，能世其官者，相与守之而已。尧、舜官天下之为公，不自知其公也；禹、启之家天下而与群后世臣共守焉，乃见其为公耳。世学浅见寡闻，乃耳语相促剌谬，以家天下为私天下，言社会主义，言国会主义，言民政主义，言民族主义，口沫华盛顿，怀倾拿坡仑，迷信于平权，归咎于专制，不惮为破坏，必欲易为民主而始快，曰此其为官天下也，此乃为公天下也。不知古所谓家天下者，天子世及，诸侯世封，大夫世官，士世采，庶人世业，能以天下为一家，夫是之谓家天下，三代是也。自秦废封建为郡县，独帝者一人世及耳，而尺土皆归于民，得以自相买卖，天子曾无一圻之地以给百官，所谓县官衣租食税而已。天子且未尝有土，谓为世世宰制天下则然矣，何所谓家天下乎？且夫尧、舜之官天下，陟帝位者终其身，服藩封者守其旧，此不得译以伯理玺天德之名，亦不得妄喻于法兰西旧爵之飘沦异国也。美之立总统，比于古世民族之自治，宜若相似；然法之易为民主也，无异周人之流王于彘也，而且无共和之内安。则唐、虞以后，安见今五洲之内，更有官天下之唐、虞乎？故论政者不必言官天下、家天下，且第言公天下、私天下。公私之辨何辨乎？亦辨于其政而已矣。政之公私何辨乎？辨于平心与不平心、公道与不公道而已。与百姓同之，是公道矣。

秦开阡陌，建郡县；听民占田，自相买卖；严圄圈，重治狱之吏，为古今转关一大变。开阡陌，夷沟洫，废井田，无人过问矣；易封建为郡县，俗学犹称之；严圄圈，繁刑狱，流毒至今，相习而不觉。其上行一切专制之令，新学家起而非之；其下听民一切自由，贻害于后世尤烈，乃无人知者。新学者流，不揣本而齐末，益煽自由之说，为祖龙附翼而扬其波，将不至洪水滔天而不止。秦有四患，钩连为一条，瓜蔓二千余年，今学者但知其一，而犹且扪籥以为榠，吾知其未闻治道矣。夫秦虽暴无道，然其法未尝不首尾相顾，有说以处之。欲专制以威海内，乃废封建以收全权，既无分国而治之君与卿大夫、士，则往时数百十人分治之土、分属之民，今以一守、一令长、一尉治之，势不能计井分田。家稽而户按，劳劳于闾里，虽并日穷年犹不暇给也，则有听民占田买卖，许以自由。蚩氓则何知，惟知目前近利，开阡陌、夷沟洫以斥广田亩，见利三倍于旧井，一夫之获，岁增数钟，自不崇朝而遍域内，况秦又先以尽地利率之乎？民自占田，互相侵夺，则诪张讦讼，益日不暇究。彼又先自纷其籍，不知所源，非繁刑钩刺不能禁末，则惨礉少恩，号能治狱之吏日显，而带目捕人、数囚诈贿之蠹役狱卒，相缘而作，圄圈则不堪问矣。此皆由废封建所致，而患中于听民占田，自相买卖，置民事于不问。于是天子无广土，诸侯无尺寸之封，卿大夫士无半菽之采，而富民田连阡陌，贫民无卓锥之地，饥馑盗贼，横数十郡县，纵三千余年，连绵相望不绝。郡县之吏惟典催科听讼，上与其民漠不相关，民与其上渺不相属，民惟知遁科赋以自封，诡讼狱以求胜。户口无由清，奸盗不可诘，失业游手，流亡日益众。愚懦者丐死于野；黠者投役隶，恃官符，习敲剥，鱼肉贫民为生计；稍强梁者结为会匪，莫可谁何。间数十年，不定从何处发，必有兵革起相残杀，数十万或数百万饷糈焚掠所耗，间阎为一空，搜括补苴，波累及无事之处。民财日匮，积不能支，则朝更一姓，而又踵其覆辙如故。嗟乎！孰知亡秦之毒，不在居上之专制，而在听民之自由乎？彼欲废先王之良法，行一切自由之政，不得不听其民为一切自由之事，貌名为专制主权，而实与民间无所干涉，上与下分离，其群涣而天下裂。夫孰知听民自由之贻害，发而不可收拾，一至此乎？新学者流乃亟称自由，又亟曰民政自治。不知黔首之愚久矣，其为自由又久矣，如其能以民政自治也，其乡间民俗之间，可得自为之事亦多矣，能自治其乡者尚有人乎哉？正惟自由而无所归，则欲令其结为群体而不可得。亡秦之流毒最深，存于今日者，不在朝廷之专制，而在草野之自由也。

秦之专制者，不过赋税、征调、刑讼、官吏而已。征调之事，唐以后已无之，而大工不能举，侵耗由此作，其得失略相当，所以殃民者，徒有间接、直接之异耳。爵人、刑人，与众共之。以今岁之稔，量来岁之出。先王之政至平均深远，今欧美民政之善者，尚无及焉，中国尤失其本旨。患在事不师古，舍三代而法后王，非专制之弊。专制主权与民族主义，相济而不相悖。三代之政，圣人之义，重君权所以务民义，无往而非专制主权，即无往而非民族主义，君为民之表，即无往非代表政体也。惟官吏之横恣、赋税之冒滥、刑讼之繁苛，与夫图圄之残虐，则秦有十失，其三尚存，即今中国所行。其去欧美之政尚远矣，时流执此以为专制政体之咎也，不知郡县之治，则其势必然也。然则英、日诸国不亦有郡县者乎，而何以无此弊也？不知所谓汤也，维而司也，爬雷司也，皆国以内分治地段之表名，译以郡县，比附以为称，其实非郡县之治也。日本邑郡之名似郡县矣，顾考其制，郡与市为平列，居商者为市，居民者为郡，其下有村町。政之属于民者，乡官主之；政之属于国者，朝之长官主之。市郡之长，权轻而治事少。其称县者，与英之所谓汤规制略同，视秦、汉之郡守、县令，举一郡县之事无所不受治者，大有径庭。若举古制而况之，乃适如三代时畿内国中公邑之制耳。美之各部一总统也，惟易封国世及之邦君，为民举之总统，其实乃封建之政也。德之联邦，各一邦君也，则纯乎封建之治矣。且夫善觇国者觇其国之政，善论政者论其政之实，而不在比附封建、郡县之名。异乎封建、郡县之治者，在深观其规制离合得失之故，不问其立君与不立君，尤不关于世及与不世及也。法为民主，而其实君政也；英为君主，而其实民政也。论政者可参观而得也。吾甚咤夫时之影附于政党，自号为政学者，眼光惟注于君权，而思有以攫之。何也？鼓舌第称夫民权，而实不知民政何由而致，又不知民政之权限何施而可也。吾之必标举封建、郡县为论政之两端者，为考其规制之离合，以辨明其治法之孰为善、孰为不善，以庶几当国为政者，改其不善而就其善；不重在分土而世君，亦非欲夺官权以要民政也。如其政治合乎封建，虽合众之国犹封建也；如其政治不合乎封建，虽建国亲藩，仍无易于郡县之世。汉之分王子弟，唐之重建方镇，明之诸藩就封，岂得比于封建乎？夫封建与郡县得失之分，关乎治之理乱者甚巨，而关于国之兴废者在次焉。曹元首、柳子厚之论封建，皆注目于一朝之兴废，宜其彼此各一是非，适成文人之掉舌而已。孰知夫封建乃百政之原，安民之本，先王之精意，曷尝先自为计乎？不重在分土而君，乃重在分民而治。生民之初，先有民族，为其不能自治也，合数民族为一国，就其地而施治焉，所谓以殷民七族封康叔于卫是也。建侯以为之首领，使举其地之贤能为大夫若干人，以自治其地，自长其民。首领为其上国所建，则联属于上国；贤能为就地所选，则联属于齐民。凡与民交涉之事，民约主之，与所举贤能参听，而首领裁断焉。民与其国交涉之事，国之宪令主之，与所举贤能共议，而首领裁判焉，所谓上剂下剂也。国与上国交涉之事，首领为主，其国之贤能与议焉。夫是以上下通情，无不达之隐；耳目周及，无不举之事。先王能以天下为一家，其立基在此，非分民而治，则其道无由；非就地选贤，则其事难理。正经界，制谷禄，立学校，皆由此一以贯之，是即民族自治与专制之君权交相济而不悖，岂相厄哉？且正惟有专治之君权，始能统民族之自治，而无争民施夺分崩离析之患，乃所以保民族自治之长久也。顾亭林、王船山有言：亲民之官多则天下乃治。学者多称述斯言，独至诵《周官》比闾族党邻里酂鄙诸职，则又以官多为疑。世言儒者是古非今，吾谓今之学者正患是今非古耳。欲亲民之官多而难其制禄，则可知非就地选举不能行；如就地选贤，仍未分土而治，使流官选乡官，或令民间自推举，仍受成于流官，则贤者不屑为，为者必非贤；假令与流官分事平权，则官吏之弊习，必尽相传染，遍增官弊，并无民政。其与外国情形不同者，各国本国方域小，去朝廷近；中国方域大，去朝廷远也。欲乡之与朝廷近，非就民族以建分治不能也。其与今之牧令分治情形不同者，一州县之大如一国，牧令以一人治一国，一身兼卿大夫、士、乡吏数十人之事，势不能不用私人以代官政，何能不亏公帑以养私人？即不免戕公法以徇私弊。建国之制，虽以一人主一国，而有卿大夫、士、乡吏数十人分治一国之事，又以卿大夫、士、乡吏数十人夹辅主治之人，任公人以服公事，视公事以给公财，自无俟持私弊以养私交也。民族自治者，《周官》先王之良法。九两系民，所谓宗以族得民也，非专制政体之下，不能有民政自治。乃郡县时代之制，势不能有民族自治也。今动归咎于专制政体者非也，秦为郡县之制，贻害至于今也。

吏胥之为害剧矣。自士大夫至编黎，凡有与吏胥涉者，无不频蹙瘁嗟，诚天下之众恶哉！世以为桂生而自蠹，而不知空穴之来风也，则郡县之为空穴，城社圮而狐鼠之所为栖也。《周官》府、史、胥、徒，庶人在官者也。有藏者为府，如今之库吏；执文告者为史，如今之书办；给趋走者为徒，如今之差役；其稍才智为胥，胥为徒之首领，则在吏与隶之间。此皆选于良民，非今日之自行充役者也，其实大有径庭。今第沿其名，统而曰吏胥矣。自秦贵吏而重隶，定律：凡郡县上计，皆遣吏上于京师，凡有告者悉付吏，使隶捕之，以下于理。故其时事曰吏事，书为隶书。天子所用以亲民者，惟州县官，州县官所用以亲民者，此辈而已。赋税刑狱，悉委任无贰，而吏缘为奸、隶缘作恶自此始。夫朝廷君人者与平氓之相接，仅赋税刑狱耳，于此任用良能之士，就选其地之贤能，犹虑苛扰之丛生，而威福之易作；况任法而不择人，纯以惨礉少恩刁猾无耻之氓隶专司其事，岂不殆哉？古之言者数暴秦之失，恒曰天下重足而立，欲叛者十家而九，而莫明所以欲叛之由。以吾所见而推之，则其败于吏隶者乃十事而七也。秦史不具，据汉事观之可知也。萧何、萧望之、周亚夫之事，司马子长之书其下吏按狱之事，犹可想见。又观于汉高之初起，萧何为主进，则亭长贺钱且至万数，一人率数十囚而众莫敢动；乃一旦欲自逃亡，而曰"诸君请去，吾亦从此逝"，其索赃怙势，已无所不至。秦之为吏与隶者，其作恶殆有甚于今日也。今吏之所司，得以舞文乱法者三事：谒选也，治赋也，录刑也。自吏部核奖、叙铨、议处，以至县吏升送县考，具报丁忧，皆谒选也；自各部核销，以至局书核报，皆治赋也；自刑部大理朝审、秋审，以至州县刑作填伤，皆录刑也。无不经吏手，而未有不作弊者也。堂司持正者，据空文以自正，于其积弊，无可究诘，亦莫可谁何，于是天下政权归于吏胥之手。隶之所执，得以作奸犯科者二事：催科与拘人也。专为闾阎害苦，于都邑则稍敛辑。至入讼狱，则鱼肉不少异焉。贤有司惟持正法以绳之，伏堂皇，毙杖下，枉死者无数，而曾不足以一动其心。于是隶役之流毒遍天下。昔人喻以纵虎狼于人群，窜荆棘于天地，诚非过言。但为吏胥与徒隶者，犹是横目之民，岂生而肝人之肉者哉？蓬生麻中，不扶自直，其居使之然也。秦之为此，亦岂性与人殊，食痂而癖者哉？中流失船，一壶千金，其势使之然也。既示闾阎以隔绝不相亲，又责令长以纷烦不能理，民陷于罪乃从而刑之，闾阎则不知免咎之何从，令长则惟有救过之不暇。上下之情暌绝，终古不得相闻，而吏胥则为鼠为狐为风，而凭社依城充穴，亦相与为终古矣。然则吏役之流毒至今，非专制政体之为害也，实郡县时代之必然也。非吏之吏，非胥之胥，非役隶之役隶，凡仰食于官署者，皆盘结钩连为一气，互相心腹爪牙，以钩距而肉攫，民则抢攘不安而讼繁。狱卒尤无良，益无所不至，圄圉之情，更不堪问。悲夫！不教民而虐之，谓之殃民。殃民者不容于尧、舜之世也，况奸狱敲剥之私刑，又不关于其罪之科断哉！此纵改定刑律，三宥从轻，而本非朝廷之法，犹不能令行禁止也。圄圉之酷，缘于隶役之奸；隶役之奸，因于讼狱之繁；讼狱之繁，起于教养之失；教养之失，成于郡县之制。财赋之乱，缘于吏胥之蠹；吏胥之蠹，由于文报之繁；文报之繁，苦于上下之隔；上下之隔，成于郡县之规。综此刑讼、财赋两端，归于吏胥一弊；推原吏胥一弊，归于郡县一因。故今日言弊政，动归咎于专制者非也，秦设郡县之制，流毒至于今也。

郡县时代者，君民上下各任自由之时代也，与干涉政体为反对，与君民共主亦为反对矣。干涉政体者，先王三代之成模，生民立君之定理。朝廷无事不干涉，所以去其害群而成其群体。《尔雅》曰：群，君也。立君者所以合其群体，保其群体乃所以成其为君也。自浅者视之，以为言群体则当放任其群之自由；不知放任自由，必有害其群体者矣。自由之文义，正属群体之反对，群则不任自由矣，自由则不能群矣。今谈者相聚，亟言欲结群体，又亟称曰我爱自由，何其矛盾，岂不谬哉？虽然，自浅识者视之，不放任自由，斯其为干涉也，即其为专制矣。秦之为郡县也，所以行其专制也，其于君民共主之义，执柯伐柯而犹远。今以为各任自由则何居？不知专之为义，擅独一之权，而不参对待之义；制之为训，任独断之我，而绝无强恕之行。先王之政，固绝无此情也，即秦之为暴，亦似此而非也。彼于朝廷之自由，而先自为计，不考诸先王，不征诸庶民，惟一任其私智，以达其自由为目的，则诚可谓专制矣。特其于民与民之交涉，则不如前之多行干涉，而特许以放任自由。民田得相买卖，户籍任其转徙，此为最放任之大端，而其余无论矣。其所与民交涉者，惟有两事，一则赋租而代听其讼，一则抽丁而使服我役，如是焉已矣，此外皆不与焉。伊古以来，五洲之内任民自由者，莫此为甚也。其焚坑销筑，无非全其自由而已。何则？推其设心，以为六王既毕，四海既一，书籍之与兵刃，民固无所用之也，是君与民各自为谋也，即君与民各自为主也。吾固知其与君民共主之治为反对也。自此而上下相离，不祥莫大。故二世而土崩瓦解，鱼烂而亡。其上一切放恣而不恤其民，其下一切自由而不卫其国，大义人彝，澌灭殆尽，几于无人知，朝更数十姓，惟身任其事者共其忧乐。君之与民，正如秦、越人之相视，肥瘠绝无相感之情。自由之害，直至于今，而犹未已。汉兴以来，累朝贤哲有心之人，颇欲掇拾遗烬，考诸先王，征诸庶民，以冀复联群体，延国故于已灰，收民族于将坠。而冥行摘①埴，失道俱迷，卒未能断鳌柱以承天，溃炉灰而止水，乃天牖民聪，王道之行，萌于四裔，中国日益衰微不振，学者始恍然有悟。顾经术久湮矣，莫能举其主名，以质而言，知为君民共主，求其词而不得，则设为干涉政体主义，矜其创获，日附卮言。不知先王之纲纪天下，以分地治民为基本，以就地选贤为要术，别详《周官精理学》。即所谓民族自治也；托宗鲁以明王政，进桓文以奖霸功，即所谓代议政体也；以本俗安民，以下剂致氓，即所谓民族主义也；以八柄诏王，以九两系民，即所谓社会主义也。此二条最要而至隐，一进一退，或官士，或商贾，其事至不伦类，而所用同涂，详别著《周官精理学》。民族自治，即宗法之政，由立宗广为建侯，其义一也；代议政体，即王官之政也；孟子所谓"天吏"，后人不得其解，详别著《六经义》。民约主义，即乡吏之政；社会主义，即学校之政。以民族自治为本，而统以干涉政体为归。干涉政体者，立政体之原质，非干涉则不成政体也，言立政则具矣，无所谓不干涉之政，本不应立干涉之名。故就言荃，以期共喻，请明干涉之故。民不能自治，众不可户说，群不可无首，故立政以主治焉。无论何人代议，要以体天道之元，施王者之心，为立政之本。如合数人代表，即所谓共和，其黜陟取舍，亦以体王政为断。王政者为民之政，主权者代表民政之权，君相者代表之人，故无所不用其干涉，非干涉不能合群，非干涉不足以为政也。王政之于民，自宗庙以至鸡豚，巨细必计，然后无旷土，无游民，无冻馁；

---

① 原文如此，当作"摘"。

自始生殇以至期颐，皆为之所，然后无作好，无作恶，无作慝。民族自治者，譬如小宗受治于大宗，以各有分职，非可离大宗而独立。假如离而独立，则亲尽又将如之何？族繁抑又无以自为计，自穷之道也。譬如群体乃公理之讲场，公理乃群体之讲义。讲场演说，一人引去，则群皆解体；一人逾公理而置不问，则群起效尤。公理原为保斯人应有之自由而设；干涉之政体，又为保公理之现象而设，无害于群之自由，为公理所应有，无待标名，反生惑乱。有害于群之自由，为公理所禁，自不得言我爱自由，而欲暗干公理也。故干涉政体，系保其群体，即保其群体之自由，而不得曰放任自由也。今谈者动曰我爱平等，我爱自由，是与干涉为反对，虽千人倡，万人和，犹之一人之私言也，奈何其不思乎？

不平等者乃平等也，以不齐为齐，乃可以为齐矣。夫墨者夷之，主墨学者也，其言曰"爱无差等"，而犹曰"施由亲始"，有其始焉，则无能平矣。惠施多方，其书五车，强词能夺理乎哉？白马非马，吾终谓为马，故子穿曰理胜于辨也。摩西、耶稣之言曰：无夺人之权利。夫曰人之权，则固有其多寡矣，而将焉取平？今乃由平等之说而演为平权，其由不平而鸣耶？则仍曰无夺我权斯可矣。今为此言，察其所欲攫者，国权也，君权也。国权岂其所有哉？浸假而化左臂以握地球矣。君权岂其所有哉？浸假而化右臂以承王冕矣。抑人将攫之，而将焉取平？庖人不善治庖，尸祝越俎而代，庄生犹曰不可。未能代德，而又焉取权？于是词穷。又遁而之他曰：此固民权也。合群攘臂而俱前，将取而复其故，自为标帜曰国民，猪①揭于通衢，以为固有之责任也。夫所谓国民责任者，非数万万中之一分子乎？就子之矛以陷盾，其为权限，曾不当九牛之一毛，太仓之稊米矣。足下持此将安归？亦惟曰自尽其一分之义务，而更不能以他说进也。天下之亡，匹夫与有责；苟无人焉，而夫子不式。诚足悲乎！如忧中国之危，虑栋折于及身，而贻责于没齿，则当竭其应尽之义务，以自证于天。此《离骚》之怨诽，君子所伤心，不得以为出位也。第吾闻之：师箴，瞍赋，蒙诵，工商执艺以谏，庶人传语，无待于民权也。抑又如弦高犒晋师，鲁连却秦军，童锜执干戈以卫社稷，子房东求仓海，赵整鼓琴以悟君，安金藏自剖以明太子，自古贞臣义士，侠烈畸行，在人耳目，有心人任自为，而莫之谁禁也。奈何不闻匹夫之慕义，而惟闻庶人之议政乎？是则可哀也。民权之说，吾已不知

---

① 原文如此，当作"橐"。

其所税，又演其说为民政主义，则犹是民主之蛙声也；又广其说为政党主义，其狐鸣之篝火乎？又闻其语曰国会主义，每下而愈况。是未尝忧宗国之沦胥，而徒欲踵法兰西之覆辙。所讲者何学，所学者何政？暗经术之大训，昧箕子之明夷，轻背君亲，入于幽谷，是何异鬼聚而谋曹社？吾恐梁本不亡，而日讹国人以寇至，鱼烂之祸，将成于诸君之手也。

干涉者立政之本义，而立宪者先圣之大训也，是即明王之取法，非乱国之訾言也。新学者流，摭名词而不知为古义；墨守者恶其为名词，亦忘其为古义也，则举国哗然，群言淆乱矣。今方兴学校，将以励人才，成教化，正人伦，明古义也。其主开通乎？则恐士横议而煽民作乱也；将主抑制乎？则化学校为科举，朝四暮三，虽群狙之大悦，无取乎立学校之虚名也。乃多方为之范围。为之范围诚是也，然使典学者各用其私智，此亦一是非，彼亦一是非，当局者筑室而道谋，局外者道听而途说，竞论者未休，而白驹如过隙，东逝之波，已流而入海矣。词不可以不正，言不可以不顺，义不可以不明，是非不可以不察。夫炫服丛台之士，坐淄中，议稷下，浸而曼衍支离，荒唐谬悠，非尧、舜，薄汤、武，可谓危矣。然鲁连一说，而使田巴终身杜口者，其公理得也。今日是也，新论家言民族自治，言代表政体，言民约主义，言社会主义，言帝国社会，言干涉政体，是求其说而不得，又从为之词。君权重于上，群策效于下，上思利民，而下亲其上，死其长，为下为国，为上为民，二语旧简倒置，言为上当为民，为下者当为国也，今订正。结为一体。间阎之疾苦，无不周知；民间之养生送死，无不为之计。先以制民之产，继以禁民为非，是即所谓帝国社会，无处而非干涉政体。无他焉，古义固如此，伦理固如此，先王之道固如此，无用此骈支之名词也。乃浸假由民族民约之义，误认为民权民政；由代表社会之义，误认为政党国会矣。夫民族则宗法，而民约则族治也，代议则古之共和。桓文代政，小宰、内史诏王，而今各国之上下议院也。社会则古之受成于学，而今之学校进步也，无用骈支之名词也。民权民政，则民自为政，上无所统，而邦分崩离析矣；政党国会，则处士横议，纵横捭阖起，而天下将为道术裂。差之毫厘，谬以千里，由辨之不早辨也，此皆由学术不明之故。浸假影射三世之说而言排满，浸假附会素王之义而言民主，浸假穿凿九世之仇而言光复。夫既言三世，独不知逮高曾之世恩义浅，而逮父身之世恩义深乎？何为溯远祖而忘其及身之世也。同为黄种，则同种矣，何以于满洲则区而远之，于日本则引而近之，为虎作伥，认贼作子，怒于室而色于父而未之觉乎？素王之义，谓王政也，曷尝曰有代表之一人，居素王之位乎？托王于鲁，犹曰箸平战条规，行于同教之国云耳，立议政院于柏灵国都云耳；因鲁事而加王心，犹曰就柏灵、巴黎议院以议公约云耳。要之，既引《春秋》之义，则断无民主之说。九世之言，词有所指：齐之先君受酖而死，是为枉狱。今无先君之可称，无枉狱之可讼，有明之恩义在民者安在？其亡于流寇久矣。我朝入关，为万民平寇难，抚其残而有之，非力征经营之比，与明尚且无仇，于民可谓有造，故我臣民服从至今日，宜也。乃从数百年后，遥接前稿，自比遗民，然则自斥高曾以来服从皆非，其何以自解？至于满汉之界，非兴于今。入关之初，固事势所不得已，而不见欧美、日人之收别部，其钳制羁勒为何如哉？孰仁而孰暴？当何去而何从？乃欲背其久服之本朝，而向谋我之日本；摘开国之旧案，炼故人之深文。是诚何心哉？国初顾、黄诸遗老，哀故国之墟，不甘臣服于征服之际，志在光复，则义不容已，使生今日，其必不设此心矣。第就梨洲、船山所论，亦据仁暴为予夺之词，明之失政当亡，固已言之不讳矣。夫天下者，天下之天下，非一人之天下。无道当亡，古今通理，安有私于一姓者哉？其亦不达于理矣。如谓满汉之界，示天下以私；创造之权制，非宅中之远谟，则忠言也。是望吾君以干蛊，而为祖宗计深远，将必有至诚惨怛之言，罕譬而曲为之喻。外家车马，见而寒心，持踵泣下，必勿使返，此明德之所以称贤，而左师触詟之所以喻威后也。今乃不释阋墙之衅，而操同室之戈，豆其本同根，终且桃僵而李代，仁者宜战栗，能不为之抚膺哉？乃至无可奈何，而曰破坏主义、过渡时代，斯亦诐词所穷，而不值与辨矣。若此者，凡皆学术不明之故。学术不明之祸，至今日而途穷，曷亦途穷而思返矣！此吾所以不惮舌敝唇干，纸疲墨悴，而言之不足且长言之也。芜枝一翦，嘉卉乃见，子之为政，必也正名，立宪是矣。时人胪传曰立宪主义，而不得其主名，则求之西欧，求之北美，求之东瀛，亦迄无定论。彼以为新也，吾则以为古也。或主君立宪，或主民立宪。欲君立宪，恐朝廷之自私也；欲民立宪，虑朝廷之见阻也。仍纷纷然以朝廷为射的，将然而又疑，疑于君之与民孰主之。吾则谓君与民者共主之，其实君之与民皆不主也。夫宪者何物也哉？宪之名又何自防哉？由是可以知之矣。《周官》言"宪令"，言"宪禁"，言"邦宪"，言"常宪"，曰"宪于王宫"，曰"宪于北宫"，宪为法律之名古矣。"文、武之政，布在方策"，即文、武之宪也。仲尼祖述尧、舜，宪章文、武，损益四代之制，以垂万世之宪，为后王制作，亦久矣。明乎古今之公理，非一人之私断，虽圣人亦不得独专，故曰"述而不作"，盖有不知而作之者，我无是也。上焉者虽善无征，无征不信，不信民弗从；下焉者虽善不尊，不尊不信，不信民弗从。故君子本诸身，征诸庶民，考诸三王而不谬，建诸天地而不悖，质诸鬼神而无疑，百世以俟圣人而不惑。三十年为一世，由孔子而来至于今，百世之期至矣。时乎时乎！故又曰："由百世之后，等百世之王莫之能逾①也。"世无立宪则已，夫天如欲平治天下也，我朝将应百世之期，而经术将立五洲之宪，吾可决其必然。人道之成，而福幸之备至，其不在兹乎！其不在兹乎！宪者礼也，礼者律也。今将修律而定宪，是明知历代相承之为，未为尽善也，将旁求之西欧、北美、东瀛不完不备之政宪历史、不精不详之心理智学，而不返求之四代稽古之圣哲，生民未有之孔子，将谓政教一贯之全书，不及卮言日出之哲学乎？吾非谓博采群言，必无所取。众智生明，不能继照，正谓圣人既竭心思焉，先得我心之所同然耳。尝论人之性光心力，至于极点，则俱合为一辙。所谓道揆，许鲁斋谓人心如印板然，即其理也。昔吾从使欧，历观其政俗之善者，与吾意中所存三代之治象，若合符节，乃为记载，随事引证，以为如握左券而求田宅也。吾固先有三代之治象，久营于心，于其采风涉目而遇之，不觉涉笔而取以为证，初非见其政美，夫乃引经传之言而为之颂圣也。阅者不察，率以为以西政比附古制而成书，夫亦不善知识矣，急索解人不得，独且奈何哉！此亦学术不明之故也。自甲午以来，恒论学术不明而天下乱，闻而能解者稀，至今垂十年间，新旧迭讧，而天下愈乱矣。夫皆学术不明之故，而时人未之知也。旧者所守，非守先王之道；新者所新，非新民之理。余视新旧，谓臧穀皆亡羊，而自表以复古即维新，为立学之宗旨。以为处于木雁之间，而翔于寥廓之上矣。乃不意风尘反掌，事与时移。离朱之视，昧者以为欺；徐邈之通，时论忽以为介。新者目以为旧，旧者目以为新，众不可户说，孰察余中情？此屈原二十五篇之所由作，所谓其人意有所郁结不通，故述往事思来者，孰谓以不遇而湛身哉？自维志学以来，稽三代之治道而哀末流者久矣，极论通经致用，三代可复，世以为迂阔远于情。忽观于外域，反证于时论，则见世论久目为迂阔不能行于后者，外域

---

① 按《孟子·梁惠王上》，当作"违"。

乃行之十九，益决然自信平生之稽古，所见为不诬。因缘时变，而思以所学用于世，陈经术以贬时，引西政以为证。尝譬曰假西政为电线，用以通经术之语言，而输古之文明于今世；又譬经术为天文经纬之密度，假西政现象为代微积分之演草，因以输入新测之经纬密度于旧学天文之家，非贿改漆书以合秦文，亦非曲学阿世，指《春秋》为刘制作之比例也。谓为以西政缘饰经术，犹得仿佛其十三；谓为以经术缘饰西政，则大相径庭。盖难以庄语。主旧者扪籥而喻楽，固终身未尝见日；维新者见鸡而求夜，亦曷尝知日之有昼刻哉？是皆学术不明之故也。上无道揆，斯下无法守矣，不输入三代之文明，道术终为天下裂。学术明而天下治，圣人复起不易斯言。夫所明者先圣之书，非从己出，岂故自贤于人哉？窃取论衡，比于执柬而已。

学术何以自贤于人哉？明先圣之道而已。先圣之术何以贤于众论哉？治国莫善于礼而已。夫礼经国家、定社稷、序人民、利后嗣者也；又曰：夫礼所以定亲疏、决嫌疑、别同异、明是非也。礼之用如此其重且远，故孔子曰"毋轻议礼"，不专以礼许人。亲亲之杀，尊贤之等，为礼所由生，而《记》曰：其不得与民相变革者，亲亲也，尊尊也，长长也。然则礼之大纲，是为垂宪，历万世而不易，放四海而皆准，不得与民变革者多矣。俗学不察，动引三王异代不相袭礼为言，以阿世而乱德。不知亲亲之杀、尊贤之等，皆从事例而见，如任变其事例，则安存此空言？何所指而据为不与民相变革者哉？故礼之大经，原于亲亲之杀、尊贤之等之两端，而发为成宪者，统以制民之产、禁民为非为二例。所谓范围而不过，曲成而不遗，凡皆谓礼例也。例也者律也，律也者宪也，不得与民相变革者也；其异代不相袭者，专属于礼之文仪而已矣。其言与乐对举者，大半属于仪，如乐之声容，凫氏能记其铿锵而不知乐意，犹之徐生善为容，而不能通经也。乐意在于《礼》，乐章在于《诗》，其别在《乐经》，而不得与民相变革者在于六律。由律而衍声歌，蕃变无方，不可以胶柱而画物矣，以其皆得与民相变革者也。窦公所存之《乐经》，乃《周礼·大司乐》一章，别无书可知也。律存而乐由此演，乐未尝亡也。后儒感叹于乐亡，是未明学术分合之数与形上形下之分也。礼之仪文，与乐之声器为对待，皆因时变革而不相沿袭者也，故空其文于经，而存其声于器，今之乐犹古之乐也，六艺所存为完书，乐未尝亡也。其举礼之大名，则统政教而一贯，考诸三王，俟诸百世，则万世之宪，而非一家之言矣。《仪礼》主仪而亦为经者，七礼为教育人格之纲领，可以损益，亦不得变革，别具详论。孔子政教之学，所存皆完书，未尝有残阙，舍此不讲，而铢寸求之，亦异乎智足以知圣人者矣。夫宪法律例，章程条约，同质而别名，凡举一事，其审定章程者，必钩索曲微探综终始而始成，成则相期为久远法守而不易。及其奉而行之也，固不能无推迁，而因以参损益，然而所损益可知也，不得谓非原定章程也。夫制民之产与禁民为非，举古今中外政治教育之家，而皆以为重心，莫之能逾也。七十子之言，譬仲尼为日月。日月有明，容光必照，无大而不周，无微而不入，水银泻地之喻，岂不潭潭而浅乎？故曰：百世俟圣而不惑，明王兴而天下宗，圣人作而万物睹也。宪法立即圣人作，天下宗即明王兴，经术明而天下宗。明天子在上，必来取法，其在本朝乎？其在我圣君乎？

文明者，孔子系《易》之词，赞尧、舜时代政教之语也，今外人乃窃取此言以表异而自鸣；野蛮者，夷狄之异文，孔子修《春秋》，明王道，进退七等，殊于诸夏之言也，今外人乃影射其名，反唇而相稽，岂不异哉？人之欲善，谁不如我？吾不异其以此自鸣而反舌也，吾异夫我国之人，亦同声和歌，前者呼于，而后者唱喁也；亦不异夫同声而唱喁，独异夫终始参差，苍黄反覆，而四时易方也。《诗》有之曰："百川沸腾，山冢崒崩。高岸为谷，深谷为陵。哀今之人，胡惨莫惩。"春秋至今三千年耳，反覆易位，俄焉而至，岂惟履霜知坚冰之将至哉？任此以往，又将何如？则宜如何思来日之大难，轸殷忧于天保，雪此大耻，复我本然；而一若呼马应为马，戴盆无望天，野蛮不妨受其名，而文明决非吾故物。哀哉中国！亦新夷狄也。《春秋》曾贬诸夏矣。夷狄进而中夏也，固亦《春秋》之志也。然一正其罪，一许其进，而其本质未亡也。今人方日进于光明，而我之本质乃自亡之矣。夫就我今日之现象，诚有其实，不能逃其名；然固当自认原质，而求所以自新也，不得即认现象为原质也。世徒知敝而改为之为新，而不知涤其旧染之为新。吾之言新，主于涤染者十九，属于改者不过十一。何以故？我之原质固善之善者十九，而现象之败坏原质者，其为不善亦十九。必先认明原质，而后知旧染之所由，以识其污之安在。夫而后运斤成风而垩不伤，去旧染以复原质，而文明之现象亦出焉。新沐者必弹冠，新浴者必振衣，始不致旧染之污，复移于新制之上。乃墨守者认旧污为原质，而怙之至深，不肯涤染；维新者指现象为原质，而不恤破坏，欲一切改为，又变而非法，则旧染之污，复移于原质之上，适为改者所乘，而怙旧染者益牢不可破，是孰使之然哉？夫皆自认野蛮为固有，而以文明属他人之故。生于其心，害于其政，不可不察也。吾不咎墨守者之无知，而特咎维新者之强不知以为知以至于此也。

知新第四

《大学》之义，合伦理政治公理以为学，其纲领曰："在新民"，而《传》释之曰：自新以新民。今学者不求自新，而动曰新民，夫先未知新矣。欲自新者，先新其知。《诗》曰："缁衣之宜兮，敝予又改为兮。"此改革而新之义也。《书》曰："旧染污俗，咸与维新。"此涤其旧染，怀襁益新之义也。世徒知改弦更张之为新，而未识涤其旧染之为新也。于是破坏之说出焉。夫必已敝而后改为，未有敝而故为破坏者也。如其旧染而污也，茅菖恶草，犹将怀襁益新矣；况乎原质之美，而现象之恶，乃不求复其本然，而徒羡人之外饰，譬新沐而不弹冠，新浴而不振衣，则旧染之污，又将移于新浴之体，则何为哉？《中庸》曰："温故而知新"，而继曰："敦厚以崇礼"。然则知新在于温故，温故在于崇礼乎！敦厚与崇礼，其义相衔。崇礼者，所以敦民德而归厚；敦厚者，乃使之崇奉礼教，而无敢越思也。即新学者流所谓"崇拜"。知新由温故而发达，温故以崇礼为指归，约两言而为确诂，则谓之为"稽古"是矣。即新学家言所谓"发达之目的"。知新为温故所达之目的，崇礼又所以达知新之目的也。吾尝著论，以稽古即维新为标目，即新学家所谓"问题"。闻者疑信参焉。不知凡载籍所言，皆以及身以后为今，而其前为古。孔子遗经所谓"古"者，不独非定、哀之世，而且指春秋以前。自春秋时已失先王之道，未之能行也。秦以来至于今，不知凡几劫灰矣。今之所号称为守旧，实守今之道，非犹行古之道也。是未尝知国故，则何从而温故？求中国之国故于孔子之书所陈三代之政，正如彝鼎之新出于土，将谓识今字典、工院体书者为旧乎？抑亦能识古籀者为知新也？故今之言"旧"者，今也，非古也；吾之谓"古"者，新也，非旧也。今之语维新者，盖未尝稽古，或误以秦、汉至元、明，顺、康至咸、同，当稽古之名，又自悟其无以异于今也，则且舍是而外求之别国之书，耳语相沿，以先王为不足法。孟子曰："为政不因先王之道，可谓智乎？"圣人既竭心思焉，其所述政治之学，实缘公理化合制造而成，非一家之私言也。公理之湮沉久矣，求知新者，明于公理斯可矣。公理岂自西来乎？一部六经皆公理。求知公理者，温故焉可矣。蒯礼卿曰：荀子有言，"法后王"也。取其切近而著明，非必后王之与先王绝异也。今法各国者，法后王之义也。其言是矣。抑吾见今各国之行政，不稽古而暗合于三代者，更仆悉数难终也。昔吾记采风，论时务，略引其端，以质海内，而今日江仲容作《周官政要》，偻指能言之。其书已行世，学者取观而知，毋俟赘言费词也。则何新之非古欤？今之为学者，舍是而泛营焉，譬若求佚书于海外之本，以证异闻，而终非足本，曷若返而求之藏书之家，原本居然在笥，独抱遗经，推究终始，其要可思而得之，又何羡于辑佚乎？日人变法，犹与国粹三致意焉，何渠不若汉，乃数典而忘之耶？乔茂宣曰：国粹者，正其名当为国故。其言是矣。抑吾谓国故当求之三代，为其为造成之原质也。《记》曰："生乎今之世，反古之道。"注家误说，以为生今不能复古。是何言！是何言！

道者自古而相传，非今之与古，各有一道，明矣。唐、虞"粤若稽古"，《传》说释"稽古"谓"同天"。道相传自古，而大原出于天，故曰："天不变，道亦不变。"《中庸》所述孔子之言，谓生古之后，而背古之道，是谓不从，宜有灾及耳。故上言：愚不敢自用，贱不敢自专。有其位无其德者，不得自诩为智而非愚；有其德无其位者，不得自冒为贵而非贱也。盖有不知而作，夫子自谓我无是焉。垂宪已定，以诏后人，若谓非天子固无敢作，居天子之位，而无圣人之德，亦无敢作，禁其无知妄作，而示以稽古承天也。孰有温故而与古异道者乎？察往而知来，温故而知新，其义一也。

器物虽万变，而规矩方圆独不变。政事穷万端，而不外制民之产与禁民为非之两端。政俗虽万殊，而立国必有体。体者，礼也。礼之用日月常新，而不外亲亲之杀与尊贤之等。以礼统伦理政治之学，犹以规矩为方圆。文不在兹乎？而西学者方且支支节节，而验诸物理；而新学家方且铢铢寸寸，而问于路人。《记》曰："记问之学，不足以为师。"又曰："温故而知新，可以为师矣。"温故者，指礼而言，以为国故。天不变道亦不变者，谓人类既不变其食味、别声、被色之情，是天之所命者，未尝变也。则其所以治其情，尊尊、亲亲、长长也，不得与民相变革者也。今中国守旧与维新交哄，而深识者察其所以，皆出于私。轻薄者谈笑而道之，谓旧为患失，而新为患得也。敦厚者恤然戚嗟，以为人心之忧，则虽有明法不能行，虽有善政不能举，则仍将返诸宋人之道学，以正人心。谓若圣人之道在是矣，而究之无效，曷不返求之礼乎？
夫国有礼则安，无礼则危；上无礼则下无学，其事如影响。顾言乎礼，
则世以为空言，高而不切；言乎明公理之学，则闻者当知为近实矣。言
乎礼则世论舌挢而不应，心惑而不解；言乎明公理于天下，则闻者当瞿
然而有悟乎？言乎礼则时人以为旧，言乎公理以立宪政，闻者得不以为
新乎？礼者，圣人之宪法，而公理之代表，存之于书为古，荐之于教育
则为新；布在方策为古，施于政事则为新；传之于学问为古，纳之于人
心则为新；非仅存之于一二学者之心，将使存之于千万众人之心也。公
理入于千万人之心，宪法发于数十学人之虑，政治举于行政司法群策群
力之手，而天下安有不治乎？我亦欲正人心，而非守旧者仍崇道学之论
也，又非维新者别求心思理想哲学之论也。其下手在正人心，其作用在
明公理。道学家之言曰：吾心正而天下正，此謷言也。不惟高而不切，
亦且浮而不实；不仅空疏而无补，抑且其言倒置而不自知。天下有道则
见，达可行天下，而后行之。斯言何谓也？正谓天下正而吾心之正，乃
可行于天下也。圣哲不遭时，与凡民无异也。傅说刑于靡胥，伊尹负于
鼎俎，吕尚困于棘津，夷吾桎梏，百里饭牛，叔敖三已，柳下三黜，至
于以孔子之圣，而接淅、伐檀、厄匡、饥蔡，虽有七十子之弦歌，为朋
来之应，而其观效乃俟诸百世而遥，此其述往思来，亦与学者不得志于
时，退而箸书之志无以异，乌在其吾心正而天下正乎？故隐居惟志之
求，而穷者惟身之独善，兼善其家，尚不敢必，而何以遽望于天下哉？
正己而物正者，为大人言之也。有圣人之龙德，而居九五之尊位，尧、
舜、禹、汤、文、武其人也；其次若皋陶、伊尹、周公，居相而摄政，
始足以当大人也。虽然，龙德而隐者，有守先待后教育英材之一途以自
处，此道之所以不终穷也，而其用多方，教亦多术，亦非不言而化也。
吾故曰：必使公理明于天下，而人心自正；必使公理入于千万人之心，
而天下自正也。

公理何由而得入于千万人之心哉？其作用在于教育矣。教育何由而
遍于天下之人哉？其代表在于学校矣。学校安所得多明公理之人，而分
司其教育哉？吾之苦思而得，困学而知者，在于发明经术矣。今天下竞
言兴学校，诚千载之会，万事之原，而维新者日言新而不知新。议兴学
校，是也，而所主学校之宗旨，则非也。或重交涉，主于为国家储效用
之才；或重实业，主于为国家广富强之术。是不求立政行法典学之实
用，而为之谋出身；不明通商惠工劝农之所以然，而先为之开仕路。求

教习不得，稍取之旧学之闻人与新学黠辨之士。中国文胜之弊，积已深矣。无论新之与旧，所学专主博闻强记，所习无非文笔议论。昔之隐几、今之隐几者，皆非其好学深思者也，又皆口谈学问，心怀利达，手操一枰，而心以为有鸿鹄将至。此其人使之学奕犹未可，而可使之教奕乎哉？守旧者窥其所为，无以远异于众，不过别立名目，为进取之资，仕宦之捷径耳，则群起而持科举，以平正文其浅陋，结党相排，目为新政，欲一切报罢，此患得患失之说所由起也。诚哉其患得患失也，鄙夫不可以事君，而况开务成物，经纶屯难之会哉？《诗》云："人之无良，相怨一方，受爵不让，至于以斯亡。"① 受爵不让以斯一事而足以亡，而况膺公卿大夫之选，居师长之位？而盈庭满学，群以患得患失为心，可痛也，又岂可谈笑而道者乎？非使公理入于人心，人心之陷溺不可救；非使公理入于学者之心，谬种之流传不能止；非据学校与为更始，公理之教育无由施；非据经术为公理代表，群喙之纷歧不能息；非诏征经术之士，专为典学之官，学校之本源不清，百世之冥冥长夜如故。四维且不张，无问百废之莫能举也。

何由见公理明而人心自正哉？其患得患失之见，先无之也，患得患失谬种之流传蟠结孔深矣。何由见公理明而即无此患哉？百亩之分，农夫所以治生也；九等之禄，卿大夫、士所以为家也。其受禄多寡之差，比之于食九人至五人之分，以次而差，犹之乎四鬴、三鬴、二鬴。每人之食，皆量而后与之，各适如其应得之数，非予取予求，任善自为谋者之各自为计也。故曰：大贤受大位，次贤受次位；小德役大德，小贤役大贤。其治人居多数者，其食人亦受多数；其治人居少数者，其食人亦受少数。等而下之，至于下士与庶人在官者，同受代耕之禄，则如农夫所受百亩之分，足以供其食八口之家。譬以最切而易明者，如今工厂之工头，管领百人者，以百人之薪交与领发；管领十人者，以十人之薪给与收支。其所旌异于众者，比次其礼命，以为之宫室车旗服用之节。其身所入之禄，足以给其身所应有之仪，谓之曰仪等，又谓曰等威，西人所谓应享之权利也，盖亦无多矣。即诚曰多，西人应对语，每曰麦池，即曰多也，此字为古义。亦属其人而居其位、治其事者所应享，而无从为奢、为僭、为俭。凡此皆以位为差，而当其受位也，率有一定之程度，分别之部居。故《尚书》曰：日宣三德，浚明有家。日严六德，亮采有邦。

---

① 按《诗·小雅·角弓》，"人"当作"民"，"以"当作"已"。

九德咸事，百僚师师。又古《传》曰：知地道者为三公，能九能者命为大夫。《书》① 六德、六行、六艺者，由庶氓而升为俊选，一如今国学校之考成分数，有加密而无较疏，有取精而无失当。凡有其应得者，不求而必得之也，则何为而患得之哉？《帝典》所言三载而一考，三考而黜陟；《周礼》所著三年而大比。凡在四选者，任用必十有二年，此以前则在学校之学年也。其初进之三年为试用，又三年而考绩，记功注过，迨九年而始行黜陟之典。故尧用伯鲧，必俟九载绩用弗成，始放而流之绝域，必如此而始能确定其功罪，非故为之宽缓也。世或疑进人易而退人难，不知其立制之密也。夫或以德进，或以事举，或以言扬。其初分途而进，分职而用，以德进者不责以能言，主纳言者不服其劳事，居政地与言职者，但求能举其官，第不至有败行，亦不苟其盛德，则各奏尔能，而不任其职者，固已稀矣。夫衡鉴人才之难，难于知其所长，而易于瑕其所短，圣人知之矣。故举贤才与纠官守，其制不同科。必其先以德进，而其后以骄盈恶终；先以言扬，而其后有莠言致败；先以事举，而其后以贪惰废官。严其察记，而宽以自新，迨三考而不变，始废其昔日进修之善，而被以不肖之刑。如此其详慎也，夫安有枉滥者哉？岂若后世举劾出于一朝，毁誉凭于一口，臧否决于一事，言行求备于一人，或甲是而乙非，有朝拜而夕罢，是自乱其例也，则何怪是非乱于朝野，而贤奸乱于史册乎？凡有其应失者，逐久共明，而与众弃之，无有触一时之喜怒，而致一朝之得罪者，则何为而患失之哉？公理明于天下，有贤者能者于此其应得之权利，众人惟恐其不得之，又惟恐其或失之，有众人心中之公理，代为患得而患失。夫是以能公尔而忘私，而自足以养其私，固毋庸一己之患得之而患失之也。进贤退不肖，为一国公共之事，使如学校之程度分数，不差累黍，其欲得之者，求及程度之分数而已；其恐失之者，求不失所认之程度而已。救过之念少，而求是之念多，则公理之分明，而作伪之途绝。故曰：“无有作好，遵王之道；无有作恶，遵王之路。”此之谓也。后世作好作恶之事多，而公理之分数愈晦，不知其所谓好恶者，一人之私好私恶，无当于公理也，不得谓为好恶也，谓之作好作恶而已也。

“汝无面从，退有后言。”此议政之法也。“毋欲速，毋见小利。”此干事之能也。俗学浅识，以为劝勉德行之空言，非知言者也。今每议举

---

① 按当作《周礼》。

一政，盈庭皆意见。自王言以至县令下教于邑中，其下皆唯阿，而退皆有异言。或一事而交会议，则群视居首者之所向，而退皆有异议也。说者以此为专制之患也，其近似之矣。孔子曰："一言而丧邦"，"为①其言而莫予违也"。如不善而莫之违也，不几一言而丧邦乎？顾观于礼制，王者有专制之主权，及其论说，又与所定制度有若相反者，此何以故？《诗》曰："周爰咨诹"、"周爰咨询"、"周爰咨谋"。《书》曰："谋及卿士，谋及庶人，谋及卜筮。"观于《帝典》之用人审官，吁咈之词，多出于臣下。夫五臣十六族二十二人之圣哲，不及尧、舜；二公十献，百司职事，不贤于周公，而《诗》、《书》所载乃如此者。周咨尽于事前，而裁断乃所以决事也。非周咨博谋，则无以尽人情事理；非专制裁断，又无以决事而严威。恩威并用者，万事之所以成也。故曰："天聪明自我民聪明，天明畏自我民明威。"自民聪明，周咨之事也；自民明威，贵命之义也。故为之议事之制，以诏天下，曰汝毋面从，退有后言；于周咨之始，而各尽其意，服从于事理，即服从于主权。主权者，公理之所与，所以持决事之平，犹之汉家言"廷尉者，天下之平也"，非谓惟君之言而莫之违也。无论卿士庶人，均有从有逆，故《周官》小宰掌万民之复逆也。周询于事先者，正欲闻复逆之言也，亦既从矣，则是谓君之言为善也，是臣民之意与君意同也。故《尚书》曰：王曰从，卿士从，庶民从，谓之大同。孔子曰："如其善而莫之违也，不亦善乎！"有周咨于先，而后有专断于后。无周咨而专断，必不免面从而后言也。及其行事，则阳奉而阴违，必至反其举事之初意而后止，此又名为专断而实不能专断，则何以故？不周咨于前，自不能专制于后。不轻用威者，乃能养其威；不轻于断者，乃能专其断。明诏以毋许而从，以塞后言之枉路，乃能令出必行，而无反汗，以成专断之主权也。故《洪范》曰：惟辟作福，惟辟作威；臣无有作福作威，臣之有作福作威，害于尔家，凶于尔国。周咨于众，则不患其不明；专制于其君，则不患其不公。至权移于下，则各为其私，而倾轧争夺僭忒欺诈之弊，相缘而并起。君与民远，而官与民近，故权移于下，而分执于有司。天下事皆坏于金人之手，不得其主名。于是乡愿鄙夫之流，乃乘其间而揣摩利达之垄断，以盘踞卿相之尊位。其实彼于国家之安危治乱，曾莫知其故，亦遂无可如何。责备徒空言，无从而实指也。此失专制主权之过也。无专制之主

---

① 按《论语》，当作"唯"。

权，万民之诉，孰令听之？万民之询，又谁为主之哉？欧美民议之得行，亦由各有分事耳。惟君言而莫之违，一言而几于丧邦者，守旧党之意见是也。"匪先民是程，匪大猷是经，惟迩言是听，惟迩言是争，如彼筑室于道谋，是用不溃于成"，维新党之议论是也。

欲速则不达。新学家言发达，言达其目的，是经言之义也。中国之敝，中于欲速，始自学者，终于有政。人人欲子弟之速成，则教子弟为躐等。持空疏之理、饾饤之学，而遽以临民，未有学而后入政者也。遭国家之多故，群起而议维新，当惩前而毖后，宜若知求才之难，而举事之不可苟。乃议兴学，议经商，议劝工，议理财，议振武，率卤莽而用人，仓卒而举办，旋踵而责效，不知速则速矣，而如其不达何也！粉饰取巧者，甫经开办而告成；实事求是者，未及进步而报罢。此何为者耶？大事对小利而言。利益之小者，见于眉睫之前；利益之大者，收于成功之后也。若商，若矿，若银行，若制币，凡以权举国之轻重，为多数之民生计，而国用即在其中。其政效责之二十年以内，其盈虚制以三十年之通，其利益计之以数千万家，其出入权之以数万万计。今为政者于此数事，言官办则惟朝夕子息之是求，言商办则问国课矿税之所在；其绅商之为此者，亦为少数之人计，而不愿为多数之人计。密于计私利，忽于计公益；急目前之小利，而惮久大之远图。此皆承旧染之余习，未尝知新者也，不明公理之过也。

禹、汤罪己，其兴也浡焉；桀、纣罪人，其亡也忽焉。俗学浅见以为天道恶盈而福谦，不过徒存其理耳。新学者流，忌言天道，则并其理而非之，谓夫"物竞争存，优劣胜败"，忠恕且勿道，而何福谦之足云？夫陈义高而言深远，浅人终不能喻，其号称守旧者流，肤受以隔，郑人谓"鼠璞"，闻周人曰"璞"，则心以为鼠也，即仍引道学感应之言，以为予既已知之矣。不知此非道学家之言，而公理家之义也。请以权利、义务两端喻，其当知之。罪人而不罪己者，知有权利而忘义务也；罪己重于罪人者，知义务之重于权利也。旧者一邱之貉，讳权利不言，而以义务互相诃责，然不能辨淄渑，实相率而为伪；新者起而矫其失，宜先义务而后权利，先诸己而后求诸人，乃日言义务、权利，沾沾自喜，及临义务、权利之交，则若惟知有权利之在己，而专以义务责诸人，亦犹行旧之道也。且居下位则不以责之于其等，而专以责之于其上；居上位则若忘乎其与有责焉，而专以责之于其下。何以明其然也？今有位行政者，言兴学则视成于学生，而典学教习考官之能否不问也；言治军则视成于材官校士，而将帅之能否不问也；言经商劝工则视成于商利工艺，而督劝之官政能举与否亦不问也。一若在位者皆贤，而无所于择；又若不必其贤，而无所不可也。无位在下者，报馆学社为尤著，但日闻非毁君权，訾謷政府，排斥将帅，讥刺官吏，其于士之不求实学，商之不重公业，工之不能合财进步，多田翁之厚殖自封，钱贾家之重入轻出，公司之章程无人知，银行之艰巨无人任，学校之经费无人举，凡此皆在下之责任、民格之所关，而举国成败兴衰之所由致也，乃观于报馆之言盈天下，曾无一言半词之及此。日讨而罪责者，易地则皆然。吾思之思之，不禁悁悁而深悲；吾言之言之，不禁涔涔而泪下沾衣也。岂天之果欲亡我中国乎？迷阳迷阳，毋伤吾良，而何其似夺之魄而死其心也。哀莫大于心死，此岂无心之人哉？夫果有心砥行砺能者，必自近始也。在上者当先注意于治人之人，而后措施于受治；在下者当为人父言慈，为人子言孝。必先于其多数，乃推之于其少数，未有上说而下不教者也，又岂有知远而不知近者乎？交失其道，而各惟权利之求，忘其义务所在；交讦不已，而争权谋利之谋作；交夺不已，而同室操戈之祸成。在上者操固有之权利而麾之，守旧者推波助澜，而惟恐失之；在下者逆流横决，而处心积虑，务求所以破坏之，至于分崩离析而乃止。大愚者终身不灵，大惑者终身不解。吾窃为天下痛之也。《书》曰：尔有嘉谋嘉猷，入告尔后于内，尔乃顺之于外，曰此谋此猷，惟我后之德。《传》曰：善则称君，恶则称己，非朕文考有罪，惟予小子无良。此臣子之义也。一人有罪，无以万方；万方有罪，罪在朕躬；百姓有过，在予一人。此君上之义也。为人父言慈，为人子言孝，此无他，义务而已也。王曰"何以利吾国"，王惟知有其国，而不问士庶之存亡；则士庶惟知有其身，而不问国家之兴败。故曰：上下交征而国危，不相夺而不餍也。《传》曰："上思利民，忠也。"即孟子所谓"仁义而已也"。而俗学乃以不言利解之，岂不谬哉？岂不谬哉？

世言维新，其言本不必非也。"旧染污俗，咸与维新"，"周虽旧邦，其命维新"，《诗》、《书》之言也。顾守旧者闻之，乃掩耳而疾走；维新者则目逆而笑存，以为此顽固耳，此未尝开化耳。抑知顽固诚有之，抑岂维新之二语，曾未之闻乎？其或者非恶其名，乃恶其实耶？姑勿左袒于旧，而先借箸于新。有居间而排难者，宜如何评其曲直耶？必将曰：维新者天下之公言，亦古先之遗语也。闻此言者，宜平心而审理，循名而责实。旧染果有污乎？抑所谓维新之设施何在也？不得闻声而恶之，掩耳而疾走也。闻声而恶，掩耳而走，不惟不足以服言者之心，抑且非听言之义也。听言则对，犹且为讥，况听言而不思，即不肯置对，又从而肆诋乎？虽然，旧者固失矣，而新者亦未为得也。新者之为此言也何为也？非为立学途之标准，即新词"目的"之义。而期与天下学者豪杰共勉之乎？其非设为谀词谜语，惑人之思，令人难解，以取笑谑，明矣；又非探钩射覆，矜其创获，傲人以不知，明矣；抑非锻炼狱词，故入人罪，盖又甚明。则何为一闻反词，则失其本心，不求理吾之枉，而惟执人之咎，呼我为牛者，反之曰马，如伧楚之相詈，姑妇之谇语，是诚何心哉！孔子之教曰："有鄙夫问于我，空空如也，我叩其两端而竭焉。"又曰："不患人之不己知，患不知人也。"又曰：可与言而不与之言，失人。孟子自谓知言与养气为两重心。时人之智，岂贤于孔子？旧者所执，岂不如鄙夫？乃不以不知言、不知人为患，并不以失人为忧。其为无与学问之事，无关学界之人则已耳，如尚欲合群而共学，与豪杰为伍，而当世为心也，则毋乃卤莽灭裂，为贤者笑乎！诚即其所持建诸天地而不背、质诸鬼神而无疑，犹须郑重而分明，辨之弗明而弗措。昔孔子之遇荷蓧丈人、长沮、桀溺、楚狂，皆遭挫辱，不得与言；而七十子之徒，著之《论语》，不以为耻，称为美谈。降而墨翟上说下教，强聒而已，其说卒有所施，诚有肫肫爱人之心，固蟠结于中而不能自已，斯其流露于外而不自知。今学者日号于众，曰同胞同胞，明乎自表为贤，爱人如己，无所于让也。乃闻旧者之相非，而不闻解说，惟闻笑诋。迷阳迷阳，其伤吾良乎！四万万同胞之中，岂其去异己者不数，而顽固者乃出于四万万人之外耶？且夫是非者，天下之辨囿也。庄生言"彼亦一是非，此亦一是非"，则主于无是非。信如庄生所持，则是非无定，随心所造，心止于符，当任人之各为是非而已。则己所谓是者，庸讵知非非耶？己所谓是者，适当为人所非；人所谓是者，适当为我所非。摄力与距力，并举于大气之中，而亿万星球，浮游虚空，终古不堕。动物呼出炭气，吸入养气；植物吸入炭气，呼出养气。互相吐吞，以为消长。天地之橐籥，一出一入，自无始以来，不增不减，此谓各一是非，即各是其所是，而各非其所非，即不得谓孰果为是，而孰果为非，可命之曰无是非，固不得是我而非彼也。如犹欲切而求其真，求之于公是公非，则非一己所能武断，必归证之于往古来今，考之于九州四海，衡之于哲理之家。哲理之家，则经术为渊薮。纵是非之所在，谓宜求之公是而公非，不愿惟孔子之言是听。要不能于哲理之家，独除孔子不数；又不能于学界之说，独于经术之语，塞耳不闻也。既曰公是而公非，则不得言"我爱"而已。吾之所主，非彼所知而已，求之公是公非，以折衷于一是，则舍公理何以为凭矣？公理则有其共喻者存乎其间，而与彼一是非、此一是非之说为反对，明是非则孔子之所主也。借曰吾斯未信，曷亦姑降心以听其所论列之是非乎？公理者何？精义是也。精义者何？最宜是也。何以明其为最宜？人与人相处而成群，人与人相续而成世，宜于此人、不宜于彼人者，非其最宜也；人己彼此之交，各得所宜，斯其为最宜也，即其为公理矣，斯之谓精义矣。夫礼者，所以定亲疏，决嫌疑，别同异，明是非也。如其非公是而公非也，则亦同异而已，各执一是，不可谓明。既曰明之，则期与天下共喻，固不得从旧者之意曰"我恶维新"，亦不得从新者之意曰"我爱维新"也。必确指夫旧之何以不善，而始能指定何事之必舍旧而谋新；亦必确见夫新之何处不善，而始能执事之宜以决旧之何事当守。求公理之较，而精义尚焉，无新旧之见存也。犹凿粢播舂之相循，而精粲出矣。其新旧之号，乃标识之设名，如代数之借根命名，而非正负之实数，又断可知也。

《国学月刊》绪言[*]

（1922）

　　自曾子以来，即曰"上失其道，民散久矣"。庄子称内圣外王之道不明，道术将为天下裂。回头是岸，而数千年一劫尚未回头，又变本而加厉。旧政界苦于护短，旧学界苦于未闻；新学界苦于无所适从，新政界苦于无从说起。同堕苦海之中，致为潮流所荡，中流飓作，为之奈何。国学会同志发起大愿，为法布施，出《国学月刊》，分八门。此有四种特色：一于学说，则发前人所未经道；二于时论，则道国人所未及知；三艺文谈苑，均取其于国家掌故有关；四社记选言，必择其于人群心理有裨。其编辑又有一特色，各门不必一期全备，从二期起，每期只列四五门，而每门必令首尾完具，或二三期接续完成，然后更端，俾阅者满足，作一卷书观，即可分售作一卷书购。学界不可不看，讲学者尤不可不注意细看。何则？政教二纲，尽古今中外世界之事业，世道人心，皆由政治教育所造成。一，学说为政治教育事业之原母；二，今世纪政治教育世道人心确系为学说所乱，还须以学说救之；三，五洲今日同一糜烂现象，皆由相传学说一一试行无效所致，必有破天荒之学说出焉，非吾辈学者所能戛戛独造。如指心为师，庄子已诃之于数千年前，谁独且无师乎？未师成心而有是非，更进而加以鄙薄不屑置词曰：无以异乎鷇音，蛋中将出之雏，啾啐作声云尔。必也返求之中国圣人内圣外王之道矣。本报抱定宗旨，述先圣先师之言，非从己出。欧美成专门有用之学，皆成于学会，非成于学校。学校之专门，尚属专门之普通，出学校再由学会讲求增进，始成为专门之专门。有高深之学理，始能支配浅近之教科；有精微之理论，始能发生国家学、政治学专家之学业事

---

* 《国学月刊》，第 1 期。

业。此西人所恒言，奈何吾人充耳不闻也！彼谓学者为世界之主人，而旧译误以学生当之。今新译渐开通，宜若知其谬误，而察其所趋，似尚知而未知也，惟广学校，增学费，学生多之是求，而不问校长、教员之学业何如也。是所厚望于有学者与讲学家，姑且降心思"学，然后知不足"之一言，澄心而进加研究，与学会互相切磋，则以此为发轫乎？

学战概括论 *
（1922）

中国自春秋时代，入阳九百六之运，兆龙战于野，其血玄黄。起于国与国之交战，迄战国终于秦，蜕为君与民之战。至王莽篡位，翟义起兵，则君臣之战始萌；汉季分为三国，乃蜕为君臣之战，篡弑相继，终结于隋。其先秦筑长城，汉与匈奴、西南夷构，已萌中外之战局，至南北朝拓跋、宇文一现，唐回纥、契丹再现，驯至辽、宋，而中外之战局遂成。于后胡汉迭主中国，胡者佛种，汉者黄种也，白种乃婆罗门种。种者教之所生成，亦为教之所限制，教同则种自然而同，故孔子曰"有教无类"。族即民族附属于种，《传》所谓以殷民七族封康叔于卫是也。自有种族之见，而国战蜕为民战，四海交通，而此局成。其终始次第，若有公例，其理深微而可以推知，由履霜坚冰，积渐而来，通乎昼夜之道，而知贞下起元之理。此何以故？即《华严经》说世界转变故，法应如是故。过去既如是，其今世纪之现在未来，俨有程序，可以推知如左：

初期为商战，以财力争胜故；次期为兵战，以火器发达故；三期为农战，以生命争存故；终期为学战，以法应如是故，有如实知故。再征佛经《华严偈》云：始于一念终成劫，皆缘众生心想生。缘器界尘根，自然因缘和合而发生意见，抟结而流转虚空，蜕觉成识，由七大真妄和合转变以发生世界，有成住坏空之程序。《道藏》说则于成住毁空之际，分出始之一劫，实际则同。抑亦即通乎昼夜之道而知，法应如是故，有如实知故，可以断言。惟《法华经》说劫无长短，则一

劫之缩短延长周期，律由人定，可以胜天，所以教思无穷，诲人不倦。《楞严》说根大见大亦等于虚空，与四大合名七大，与正觉之广大如虚空相等，转识成智，由正觉摄服七大，即是圆遍法界，故名为无上正句等正觉。以浅显易知者为言，即是学也，后觉效先觉，先觉觉后觉，所谓觉也。

今世兵战将终，农战将起，即劳农、劳工党之祸是也。其中本含有学理性质，故决知学战当复萌于此际。吾愿吾人发心起而共学，其始不能免于学战。学战渐盛，农战自归销陨。迨学理日进，学说大明，则《易》之"万国咸宁"，《春秋》之"文致太平"，复返于《礼运》之"大同"。但非浅人所称之中西文化，效外国之选举总统、国会，可望大同耳。

储备学战请自今始。《易》曰"彰往察来"，乃学理之精要。请推原其始。《易系》举庖牺、神农教佃渔稼穑，迄黄帝、尧、舜垂衣裳而治，由创造而文明。删《书》始唐、虞而终《秦誓》，明示帝降而王，王降而霸。订《诗》始二《南》，明周监二代，文明之极盛；终以《匪风》、《下泉》，伤天下之无王无霸。故曰："王者之迹息而《诗》亡，《诗》亡然后《春秋》作。"自庖牺迄三代，其间有小阳九百六之运，为短劫之厄。但周期不远而复，及时入春秋，入大阳九百六，延至二千余年，战局乃将终结。素王既没，为学战初期，开战局之始。五洲大通，演成大战国，为战运之终。始于学战，终于学战。学理战胜后，然后贤否之辨明，人人有服善之公德。夫然后能举而措之，行远自迩，登高自卑，累阶而上，由霸而进而王而帝，夫然后能使菽粟如水火，比户可封。夫然后自近而远，内外、大小、远近若一，人人有士君子之行。《易》曰："君子以教思无穷，容保民无疆。"法当如是故。学之升降，造成世运之升降，学界进退之程序，即世界进退之程序也。请言学之程序。孔子没而微言绝，七十子卒而大义乖。庄子所云内圣外王之道不明，道术将为天下裂。其自序为一家，并叙关尹、老聃，学者不得其解，亦即不求甚解。其次关尹在老聃前，正为老子将隐，强为关尹著书，已非老子之全体，只属关尹所传之道，与己同科，故同其词曰："古之道有在于是者。"某子闻而悦之，其语惠施曰：儒、墨、杨、秉四，与子而五。圣人之与儒家，其间之异同，譬犹佛法之与比邱，道家之与方士也。圣学之嬗为儒家，"君子以教思无穷，容保民无疆"，为世界谋普及；不能普及高深，不得不范以儒行，立君子之达道。如佛法以传比丘为直系，孔子亦以传儒家为直系，法如是故。自周、秦诸子，异学争鸣，至汉而道家之传未失，先显于代，高、惠、文、景尚黄老以为治，其效优箸，百余年间，家给人足，几致刑措。及武帝称用儒术，而国体因沿已久，难于改制，贾生众建诸侯之议不能用，董子限田均产之法不能行，又首先误解攘夷，而《春秋》之大义乖，生心害政，致开边以勤远略。不知《春秋》之大义，在先自治而后治人。故《论语古义》说：躬自厚而薄责于人，谓《春秋》也。《传》曰："内其国而外诸夏，内诸夏而外夷狄。"谓先内而后外，由近而及远。"攘"读为禳除不详①之"禳"，谓以次被除其凶德陋俗，使之同化，即用夏变夷之义，所谓因鲁事而加吾王心焉，非后世攘夺其国、攘夺其民之说也。故《春秋》大例有七等进退，据政教之良否为进退，故曰：进乎中国则中国之，降于夷则夷之。又曰："中国亦新夷狄也。"自武帝后，宇内骚然，民生销②耗，虽崇经术，人才不乏，顾自夏侯谓经术取青紫如拾地芥，已失之诬。宣帝杂用名法，又误认进贤共治，于以化民之学校，为广利禄之路。博士选中江翁与王式同称；有朱云之折角，而犹称五鹿之岳岳。至于鸿都尺牍，贿改漆书之士进，而积重难返矣。此何以故？由于国体制度，因仍秦法之故。自叔孙生杂采秦典，尊君卑臣，而曲学阿世之习起。至张禹、孔光之流辈进，而刘向见摈于时，王莽假儒术以篡窃，亦误解《周礼》，无封建而兴王田，轻农食而重制币，是以大乱。东汉光武，貌崇儒术，实重名法。安和以后，人竞仕宦，互相荐引，则诈伪朋兴。王符、王充、仲长统号称三贤，亦且愤时嫉俗，而隐退不仕，至于名流硕学，不容于朝贵，致兴党锢，人才失职，以演成三国之国度。以后愈趋愈降迄于唐，唐以后迄于今。

综而论之，学术约分四纪。两汉为儒学持世，魏晋至唐为文学持世，五季学绝而宋之理学兴，为理学持世。四书出题考试取士，亦属演理学语录之绪余，故由宋至于光绪朝废科举，始为理学持世之终期，科学复显人官物曲之能，而异学与之俱来。老子有云："朴散则为器，圣人用之则为官掌③。"人心意识所造，仍当以转识成智之正觉觉之。《孝经》引《诗》云："有觉德行，四国顺之。"以是推知内圣外王之道，晦极将复显，以持将来世界，则孔子圣经昌明之期至矣。今之持旧学者，

---

① 原文如此，当作"祥"。
② 原文如此，当作"消"。
③ 原文如此，按《老子》，当作"长"。

乃欲仍持理学、史学、词章之学以慑服之，不知新学初起，即为反对理学，因理学自承为孔子之道统，经学又只囿于章句考据，因而毁及孔经，以空疏无据，故新学力诋数千年历史，但为一姓皇帝作贡献之记注，以造成奴隶之性质，实由史学家发其反动，黄宗羲《明夷待访录》已直揭后世君臣失道，新学虽误解妄称，而黎州①之言，实尽而不诬。两力相抵，以真理未明，政教交丧，故词章不过鼓吹学理，等于美术，尚复何说？然则欲发皇国学以救新学之横流，必在讲明经学以通经术，断可知矣。

---

① 原文如此，当作"梨洲"。

君子、小人界说[*]
（1922）

君子、小人者，两等之名词，非反对之名词也。在位为君子，在野为小人。君子固为美称，而小人非恶称也。在孔子修订以前之典籍，君子、小人对举者甚稀。欲明古义，先释名词。君子之释词，曰：成其父为君而己为之子也。然则君子之名，犹世称公子也。君也者，群也；公也者，背私为公也。有能群之德而出于其群，故曰君也。仓颉造字，自营为私，背私为公。自营者，小己之事也；背私者，舍小己之私图而谋大众之公务，是以称为公也。然则在位之称为君、公者，以此也。犹之贤与贵，皆从贝得义。深察其义，则贤如物之经价，而贵为物之市价也，犹今语之云有价值云尔。君子之名其为贵也，以其贤也。然而君子之称，固表其贤，而小人之称，非以名不肖也。贤与不肖为反对，不肖者不似也，犹世言无状云尔。小人之义则不然。小者细也，物分之则小，即其细也，人者民也，小人谓细民也。合其群则大，一分子则小。然则小人也者，一分子之齐民也，其非恶称也明矣。在其《诗》曰：“周道如砥，其直如矢。君子所履，小人所视。”又曰：“君子有徽猷，小人与淑①。”谓君子始能履道，小人则有所观感而已；君子始能出猷，小人从化而已。故其进贤宾，与之乐章曰：“示民不佻，君子是则是效。”自《论语》以来，七十子后学所记，君子、小人对举者，乃屡见其词。后世学者不明古义之正诂，误认为绝对反对之名词，而学说乃大乱。以余观，《论语》之词，如“君子周而不比，小人比而不周”，“君子泰而不骄，小人骄而不泰”，“君子和而不同，小人同而不和”，“君子

---

　　① 原文如此，按《诗经》，当作“属”。

坦荡荡，小人长戚戚”，"君子喻于义，小人喻于利"，"君子易事而难悦，小人难事而易悦"，"君子可大受而不可小知，小人可小知而不可大受"……凡此诸科，世学皆误解小人以为反对君子之恶称者，其究名实相谬也。君子从公群之务，故常周遍于同群，而不阿比于二三之同类；若细民，所营者狭，故常阿比于二三之同类，而不能周遍于同群。君子居位受禄，常处于泰，无所骤得而骄；若细民常处不足，有所骤得而骄，不能泰而安之位。君子学而从政，各有政见，而事出为公，故处同列不失其和，而不嫌其不同；若细民则惟同业相接，知识从同，而争得争失，故不能和洽。坦荡即泰而不骄之义，长戚即同而不和之解，喻于义者为治公务也，喻于利者为治私计也。董子曰：皇皇求仁义，惟恐不得化民者，君子之事也；皇皇求财利，惟恐不足者，小人之事也。扬恽引曰：皇皇求仁义，惟恐不得化民者，卿大夫之事也；皇皇求财利，惟恐不足者，庶民之事也。即此章之确诂。君子为卿大夫之代称，小人即庶民之通称也，非恶名也。其所居之职地不同，而所营即因之而异也。今使责庶民以皇皇求仁义，将舍业而游谈。无野人，何以养君子？使卿大夫皇皇求财利，将廉耻道丧，四维不张，何以治野人乎？易事难悦，难事易悦，亦因处境广狭之不同。大受不可小知，小知不可大受，良由操术大小之各异。至于君子学道则爱人，小人学道则易使；君子乐得其道，小人乐得其利；君子贤其贤而亲其亲，小人乐其乐而利其利。此正君子、小人之界说也，亦小人即庶民之确诂也。

其曰"君子上达，小人下达"，何谓也？自天子以至于庶人，一是皆以修身为本。修身者行也，虽行有大行、细行之不同，安行、勉行之差别，至如曾子所述为人谋而忠、与朋友而信、传而必习，则随其所处至尊至卑之地位，各有其高下浅深之程，其为修身固同也。然而谓之上达、下达，何谓也？上达者穷理尽性之途，下达者人情世故之理也。君子惟皇皇求仁义以化民，其所注意皆形而上之事，故由此上达，可以尽人伦而达天德也；小人惟皇皇求财利以自给，其所注重皆形而下之事，故由此下达，周世故而通物情也。即学成而上，艺成而下之理也。其所习使之然也。若夫《春秋》传说太平之世，人有君子之行。此则驯而致之，徐而俟之，非草偃风行之事也。故必立君子之道，别小人之分。所谓"君子之德风，小人之德草，草上之风，其偃必也"。其在《易》曰："负且乘，致寇至。"夫子系之曰："负也者，小人之事也；乘也者，君子之器也。以①小人而乘君子之器，寇②斯夺之矣。""《春秋》以道名分"者，正为世衰道微，而公卿大夫渐有小人之行，不以义为利，而以利为利，由是而负乘之寇炽，攘窃奸宄之祸兴，邦分崩离析而不可止矣。故修君子之法，拨乱世而反之正也。夫凡厥庶民以利为利者，是其正也，其分然也，公卿大夫士则受养于小人，而为国治人者也，以利为利，则非其正矣，分在则然也。故《大学》之记引孟献子之言曰："蓄马乘，不察于鸡豚；伐冰之家，不蓄牛羊；百乘之家，不蓄聚敛之臣。与其有聚敛之臣，宁有盗臣。"而结论之曰："此谓国不以利为利，以义为利也。"故曰："长国家而务财用者，必自小人，彼为善之。"世或疑此小人为恶名也，而不知非也。谓夫市井之贾，其持筹而算，皇皇求利，惟恐不足者，是其分也；若使为国家理财，亦必惟知聚敛也，彼以为善，是其所长，不知由此上下交征而国危矣，不可不察也。

　　自学者误解君子、小人之名义，而名分大淆，以致名实大乱。凡厥庶民，皆欲避小人之恶名，而慕君子之虚称也，乃正中于"小人闲居为不善，见君子而掩然掩不善而著其善"之戒矣。夫修身之教，固不遗乎庶民，但进化有序，知识不齐。匹夫编户之氓，其闲居为不善之因，无非为乐利而生也，为财而起也，苟不犯刑，固无责尔也，其分然也。故曰：何以聚民？曰财；禁民为非，曰义。今由学界之误说，不核名实。其君子则外君子而内小人，而莫为之绳愆而纠谬，其初苟相讥曰：某小人某小人，而若人者居位持禄怗权如故也。而负乘之寇洊至，反使其小人以小人为恶名而巧避之，苟以君子为美称而浮慕焉。士君子不能职思其居，而小人乃不安其分，于是上下交乱，名实交违，盈天下皆伪君子，而君子之道消矣。不知夫君子之道，治民之务，必自六计尚廉始也。孙叔敖拔园葵而弃机妻，若以施于一命之士，禄才足以代耕之家，则谬矣。冉季有司空之才，而夫子乃有鸣鼓之责，若不察其为季氏之私则惑矣。夫子为之委吏，亦曰会计当而已。此有公私之别，而损上益下之权衡也。要之，皇皇求财利，惟恐不足，无所责于庶民，而悬其厉禁于君子。欧风之重言衣食住者，教庶民之教也；夫子之言"食无求饱，居无求安"者，教士君子之教也。故孟子曰："无恒产而有恒心者，惟士为能。"欲为政者，又不可以不察也。

---

① 原文如此，按《易》，"以"字当为衍文。
② 原文如此，按《易》，当作"盗"。

君子、小人界说与经术政治直接关系[*]
（1922）

　　君子、小人乃经传以来通传于学界之名词，而为古今学者未发之隐义。由于汉师未经意，无专诂，魏、晋以降，遂无人知。《书》无君子、小人之对文，《诗》有对举，仅再见，皆王在位与庶民。夫子系《易》，始对简君子道、小人道。"小人"名词，下系"道"字，即分别王政与狄道之界说矣。中国明人伦，有君子为夏道。夏，大也，《左传》所云"能夏则大"。夷，易也，谓其简易。"狄"、"貉"同字，本用庶民自治人群之简易法，故曰"小人道"也。小人道为财利治生产，是其本等。故曰："阳一君而二民，君子之道也；阴二君而一民，小人道也。"《礼记》惟《大学》、《中庸》对举君子、小人者屡见。首见于"君子贤其贤而亲其亲，小人乐其乐而利其利"，即是君子乐得其道，小人乐得其利。末章"小人之使为国家"，正谓居君子之位，为国理财，而以小人谋利之所为者为之，故曰："与其有聚敛之臣，宁有盗臣"。此谓国不以利为利，以义为利也。其释"诚意"之言：小人闲居为不善，见君子乃自厌其形，掩其不善而箸其善。又正谓居于民上者修君子之行，以正俗化民，不得如小人之掩饰，是以重言之曰："故君子必慎其独。"曾子引"十目所视，十手所指"，曰"其严乎"，即下章"赫赫师尹，民具尔瞻"之喻也。《中庸》之对举"君子中庸，小人反中庸"，乃举德为言；引夫子之言，乃夫子设教正名以后，孔门学者标宗之词也。子思厄而作《中庸》，在七十子共订《论语》之后。《论语》开宗第一章曰："不亦君子乎？""亦"者，承上转注之助词。若云君子为在位之称，兹修学以行教，亦得为君子也。次继以有子之言曰："君子务本，本立而道生。"谓立教以孝弟为本，义等为政。或问子奚不为政？夫子引《书》"孝乎惟孝，友于兄弟，施于有政"，是亦为政，正谓教为政之原母也。其他章对举君子、小人概略，已见于《界说》篇，参观即可得。故曰：小人樊须、铿铿小人"女子小人，毋为小人儒"，皆非贱恶之词，是庶民之本称。凡厥庶民，终身之志行，不出于衣食住之外，即终身不出于谋利之途，是平民之本位，亦生人之本质然也。故今之谈西学者，所陈皆小人道也。彼自未进于君子道，而中国乃为所夺者，君子、小人之界说不明。为士夫者，不知求仁义以化民，而惟势位富厚荣宠之是务。自张禹、孔光、胡寅之流日进，而学者迷不察，孔光亦以《论语》起家。积渐既久，至于士夫以升官发财之鄙语，正告昌言于大庭广众，而君子之道消极矣。或问今之从政者何如？子曰："噫！斗筲之人，何足算也"，正谓此辈，深戒而痛言之也。斗筲者为利禄之谋，而此外非所求也，故曰斗筲之人也。然又非宋学家之责人无界也，故又曰："事君，敬其事而后其食。"仕非为贫也，而有时乎为贫。又曰："邦有道，谷。邦无道，谷，耻也。"孟子之发义至明，而贾、董之引说，此义为备。孟子曰："有大人之事，有小人之事。"无君子莫治野人，无野人莫养君子，互文见义。董子曰：皇皇求财利惟恐不足者，小人之事也；皇皇求仁义惟恐不得化民者，君子之事也。贾子曰：皇皇求仁义，惟恐不得化民者，卿大夫之事也；皇皇求财利惟恐不足者，庶民之事也。君子即公卿大夫士之尊名，小人即野人庶民之通号也。君子学道则爱人，小人学道则易使。此义尤明。小人进之以学道，则亦渐于士君子之行矣，非限庶民之进化也。

君子、小人界说，如前所说，仍属讲书，与政治无涉，似不必求其甚解。即曰与人心风化有关，仍属间接关系。必也正名，毋亦子之迂也。《论语》本义，系子路闻夫子为政必也正名之语，河汉其言，故云："有是哉？子之迂也，奚其正？"迂，大也。谓正百事之名，乃制宪定律，为政于天下之事，故诧言"有是哉，从何处取正？"迂拘，古无此训，其迂远之义则作纡。曰非也。君子、小人之名与政治为直接之关系，且属全体之关系。不宁惟是，君子、小人之界说，其量充分于政治之范围，若规矩之于方员也。何以故？请明其故，即无君子莫治野人，无野人莫养君子之故。一则重职业以课庶民，一则严品节以责君子。今农工商贾，所谓庶民也。如教农工以不谋利，将令彼何所事事？抑导以不事其事，则农日偷惰，工日楛窳，其小人衣食之所出，无以为资，而君子之车服器用必将日渐因陋就简，无以章施文明之治。如教商贾以不谋利，是无异命之食而塞其口也，则将绝商贾之一民业乎？故曰"小人喻于利"。小人怀惠，是其本位，皇皇求财利，惟恐不足者，庶民之事也，顾安得而加以贱恶之名也？

　　且今之不士不农不工不贾，亦多数矣。世守多田之粮户，多财放债之资本家，皆长日坐取租、赢之所入，锦衣玉食，华居美器，且有金玉玩好，妾婢臧获，以供其坐享之消耗，而无所事事，其实皆无业之游民也。其次则似士非士之学生官亲，似官非官之管事司事，此其人皆游手好闲，谬托于君子，而窟穴于士民之间，役使劳力之佣，以恣其奢望之愿欲，圣王之世，所必禁也，况乃从而奖进之乎？举天下之财，不外斯密亚丹所分别名实，租、佣、赢三端尽之矣。租、赢皆分利，惟佣为生利。分利者二，而生利者一，夫安得不金钱万能，而五洲鼎沸乎？故务平反小人之名分，而教之以安其分业，而正告天下以贱游手之民，不得谬托于士君子之列，舍业而嬉。故我必曰：小人者为劳农，为劳工，为廉贾之良民也。公卿大夫，古所谓君子也，今犹是公卿大夫士之名也。而为公卿大夫士也者，不自知其何所事，一若行所无事，亦举国无人责问以所学何事。在科举世，则读书为资帖括作文以取进身；自设学校以来，则圈所闻以为耳学，取得积分文凭，以谋猎取世资，均以作官为目的。而作官唯一之目的，均以肥家保妻帑、积财遗子孙为不易之标准。试问以"君子怀德"、"君子喻于义"，于谊何居？则于外必践小人掩箸之习态，于中则其意若曰："此讲道学家之所常谈，风吹过耳者久矣"，然则此犹是孳孳为利也。审夫士君子之名实，如斯而已乎？我故曰：民国本无君子，不得有借称公卿大夫之民人也。若士、农、工、商四民者，则中外同之。民国之士，犹是民也。夫士君子之职，非从政则教学，是举国政教之责任，皆责于士君子也，况公卿大夫为执政典教之长乎？故为之猪揭①曰：无君子莫治野人。君子喻义，君子怀德，皇皇求仁义，惟恐不得化民者，卿大夫之事也。世徒知君子为美名，美名顾可冒称乎？亦知公卿大夫士为尊称也，曾亦诵"士而怀居，不足以为士"之言也，况公卿大夫之尊称，顾贸贸然觍颜以居之乎？吾闻士君子之义，量而后入，惟有辞尊居卑，砥砺廉节，无升官发财之可言，而国家之公理，必察其贤能，出之于齐民，登之于朝列。大贤受大位，次贤受

---

　　①　原文如此，当作"揭橥"。

次位，贤者在位，能者在职，进贤受上赏，蔽贤蒙显僇，务使野无遗贤，朝无幸位，而后即安，若是者皆名也。然而有其实也，名位不同，礼有异数也。惟其礼有一定之等数，故其禄以其等数相次而差，斯无事皇皇求财利，而不必为生计忧，乃责以勤求仁义以治民化民也。此其为直接之关系也。

《礼记》有言：贵贵，为其近于君也；老老，为其近于亲也。又曰："亲亲之杀，尊贤之等，礼所生也。"孟子曰："用下敬上谓之贵贵，用上敬下谓之尊贤。贵贵、尊贤，其义一也。"正谓贤为贵之本位，贵乃贤之代价也。即诠释礼之名词，以涵义明其界说也。民国平等，无所谓贵，固不得有公卿大夫之名，更无所谓爵等也。而今之为三阶九级之文武吏，五等之勋位，皆不学者之所为，而犹且斤斤争营，以为荣辱。孟子所谓"无耻之耻，无耻矣"，斯之谓矣！不宁惟是，今之学界，已无师道。《学记》有言：学也者，学为君。君为专名，亦可为公名，本属静词，此用为动词，其义则庄子所谓无往而非君也。立宗固有君道焉，为师亦君道也。今若干教员，共教一班学生，是二君而一民，小人之道，外域之道然也。本无所谓师徒之谊，不过教员卖艺以为职业云尔。又不宁惟是。普通之称为官者，其初非贵贵之称也，由于旧学者之误解名词久矣。"官"字从屋下堆者，指一公署之下，所部有多端之事、多数之人也。故于文，官与师同意，皆以合群共治为名也。《记》曰："在官言官，在府言府，在库言库，在朝言朝。"皆目其地，非目其人，故有庶人在官，鞭作官刑。"官"之正诂，本为在公之通称，非贵贵之尊名。晚出俗诂，移以称人，积习相沿，为贵称者久，遂不识庶人在官之义，视流官甚贵，而视乡官甚贱。汉为近古，三老、啬夫犹有秩，明以来，则乡约、团保、甲长、衙役贱于齐民，不知于古义皆庶人在官，即乡官也。论民国之原理，则总统、内阁部长同属庶人在官，而省长以下无论矣。乃积习相沿既久，又移庶人在官之视线，为帝国朝命之品官，于是乡官皆化为贵贵之阶级，而所谓法团议会，悉自居于行政之官厅，迷谬莫甚焉。于是言自治者，争本省人作本省官，仍是本地官管本省百姓，而联省自治、民举省长、国会组阁，种种臆造政体，妄谈法统之说繁兴，芜杂而不可致诘。津津而道，断断而争，不知彼所崇拜效法东人之子、西人之师，久识盲人瞎马、夜半深池，陷于破产地位，窃笑于其后也。今为正告之曰：地方自治者，纯属于乡官，即庶人在官之本位。民国政府派委之监督，仍是流官，乃庶人在官之变相也。等是平民，无所谓尊贵，惟权责有广狭焉尔。至于议会为国民代表，尤当受监督于国民，神圣庄严之渎语，何从而出诸口乎？流俗之昏迷至此。不宁惟今之□旧学学理不明，道学家普责人以君子之行，旧士夫各营其小人之事故，此又何以故？非一朝一夕之故。名不正，言不顺，则事不成，礼乐不兴之故。大臣宰相退位则等于齐民，公侯之封岁不过千金之俸，其下无重禄劝士之典，更不待言。此其皇皇惟恐不足者，亦恒人之情也。况又益以女教绝响，垂二千年为仕宦之母若妻女妇者，皆坐享消耗之人也。相与辅相而劝勉之。① 故孟子墦间之喻，至深刻矣。而箴砭无效，卒中金钱万恶之毒，以至病入膏肓而心死，岂不可哀也哉！今学战始萌，吾见辜鸿铭与西人言国学，名经传所传，为贤人政治，而未知何由进贤；梁漱溟与新界辨国学，知孔经所主在孝弟礼乐，而未能举孝弟礼乐之目。孝弟之元素，化制为礼乐，要以宗法受采为之枢；礼乐之推行，广孝弟于天下，要以建国亲侯为之纽；而凡学为士者，必以执礼为治学之纲。皇皇求仁义者，于此求之，学之不已，乃成为君子也。其斯为君子、小人界说与政治之直接关系欤？抑亦于斯为君子、小人界说与经术政治之直接关系也。

---

① 原文如此，疑有佚文。

国是原理论*

（1922）

今天下汹汹，百姓啍啍，何时已乎？吾初不料党人政客之惟知破坏而不知建立也；吾初不料革命之破坏层出不穷，共和之建立盲行无路也；吾初不料改革之变相，愈出愈奇，建立之问题，愈离愈远也。昔尝戏倒《南史》沈庆之之言曰：诸人耳学，不如下官读书也。又初不料竟死于句下，不幸而使赐多言也。

夫国于天地，必有与立，此所谓原理。由其原理，而发生设施，是为原则。统而言之，在于学矣。由学理发生学说，演为政纲条目。故法律学有逐条发明理由，而于法政纲要，关系尤重。非深通其原理，不能解其原则；非会通其原则，不能发为政见。无原理之政见，是为无见；无原则之政策，是为无策，又可断言者也。

往者严复译《天演论》，时流奉为圣经贤传，南皮曾属不佞签驳之。见其累牍连篇，皆用中国书籍典故，知其以意为之，非正译也。签条简括不详，南皮不悦而置之。后阅斯宾塞尔法政公理学，言近正而理较密，然皆理论，未成原则。益览梭格拉底、柏拉图、亚理斯达德诸学说及达尔文《人群进化论》、卢梭《教育史》等书，皆据其所见之学理，发为理论，欲破其部落酋长专制之锢习，而袭言谓之君主国体。当时新政初起，阅此者多，实不过空疏理想。惟孟德斯鸠《法意》分国体为三制，伯伦知理《国家学》分独治、共治为两种，共治之中又分寡人政体、庶建政体为两等，与那特硁、市岛谦吉政治学四氏之书，可称清通简要，而司密亚丹《原富》、《国富策》特有真理实用，此外如《法制大意》、《生利分利之别》、《欧美教育史》之类，虽短书浅说，而有可观察考镜者，尚数十种。

原理与应用错综而见，要其政见，皆原于彼中之学理；而彼中学理，又有其根原，则根于其国教，入于人心，演为习俗。彼旧教标宗之言曰：无夺人之权利。新教标宗之言曰：爱人如己。其学说由此两条原理发生，百变而不离其宗。故欧国持权利主义，而咸知两力抵制以剂其平，习尚最重财，则债务无遁情，而施舍亦豪快，此其国教之原理制造以成学界之心理，发挥为学理，为第二根性，以造成国家体质，而物质发达，亦足以助学理之原动而为政治之转补。

培根、笛卡儿晚出学说之惟物派，主昌科学以求哲理者是也。其演成国体之现象，可分为四种。甲种君主宪制，从前耳语所传君民共主者是也，英国与前之德国为最著。乙种又有二例，一为君主或民主联邦宪制，美与德为最著；一为君主或民主领土宪制，此例于本国属宪制，于领土非宪制，法、葡、意、奥为最著。丙种民主不成文宪制，墨西哥、菲津滨、南美洲诸国皆然。丁种君主国不成文宪制，比利时、瑞典余诸小邦所在皆是。惟瑞士、俄罗一治一乱，日本且乱且治，为特别现象，然亦皆根于国教，发于人心习俗，成于学理，演为治象。瑞士本希腊古教之遗，国小寡民，相安而治；俄罗兼并，无特立国教，故未尝治，而乱至今；日本先渐华风，后改欧化，由无特立国教，而于华风欧化所渐不深，可以置而不论。

中国国教一系，历史一系，演成之国体，应分为四期。尧、舜、于①三代，孔子论定为四代，为第一期；时入春秋，迄秦终汉，为第二期；南北朝迄于残唐五季为第三期；宋、辽、金、元、明、清为第四期。三代以上之治象，在经不在史。战国诸子争鸣，与经术角立，汉始萌芽经术，而仅及儒术，故其治未成。南北并立，篡窃相仍，皆假托于禅让，学理已乱，而学界人心心理亦乱，故唐本可以称吊伐征诛，宋亦可托于胜残取乱，乃俱假道于伪禅让之篡位。学者之陋，心理之蔽，于斯可见。其间惟汉、唐、宋、明、清典章文物，粲然可称一代，余皆乱世草窃，无足道也。汉文、景，唐贞观，前清康熙，可谓致治升平。顾文、景系用黄老之效，因时为治，不肯更除建置，故贾、董不能见用，三代之治不复，而经术日微。贞观任魏徵之言，以德抚四夷，而诚心爱民，实心行政，旋为武氏所破坏，迨张九龄、陆贽晚出，而国局已非，

---

① 原文如此，当作"禹"。

不能复返。康熙朝惟熊赐履、李光地学行可称，而皆不闻经术，并非公辅，则有君而无臣，为可慨也。惟其国教之原理尚存，故哲王时复一现；惟其立国之原则，学者不讲，故无圣贤之群辅，而治功不成。夫所谓四代立国之原则安在？则封建、井田之制是矣。建国亲候，分土而治，然后能亮采惠畴，分田而食。经术荒无，驯至否塞，学者莫名其故。自叔孙生曲学阿世以来，而柳宗元以降，文人掉弄笔舌，又以荨言乱之。至王安石君臣相逢，而不敢道及此荦荦大者，乃捎扯经说之一鳞半爪，欲以补苴而致治，是诚不可得之数。

原则一失，无所取裁，亦惟有苟且操切为政而已矣。犹幸学界家传户诵，有三达德、五达道之原理，入于人之心理，故二千余年，尚不越于人伦政治之范围。自元魏以迄辽、金、元，其入主中国者，皆四裔之进化，而同化于诸夏也，非今日欧化东渐，志在中国与之同化，而我诸夏退化，转欲乞灵于欧化也。

吾昔与李傅相论中西之政。李悟曰：主复古乎，岂不甚善？但圣祖在可商量，余不必言矣。李相不学，犹能见此，今并此无矣。即降言之，诚欲与欧美同化，则当谨取其国故，以知其国体之必有与立，岂可盲动盲从？如见以为后世不足取法而自求进化，则当谨求国故，知中国之于天地，必有与立，岂得轻言轻举？

今又且降言之，合古今中外演出之国体，作平等观，分之为四制：一、中国三代以上，系上国封建列邦之制；二、秦、汉以来，系郡县行省统治之制；三、外国之善者，系中央与联邦约法之制；四、其不善者，系国都与领土演成之制。取法四代之制，翻强秦郡县之案，此须讲明经术，从根本解决。有明王作，然后举而措之，不可以枝节为也。如复郡县统治之制，注意振刷于行政用人，可以补苴罅漏于一时，而无望于长治久安也，况又乘以敌国外患乎？则且言欧美联邦。彼中学说谓国家由契约结合而成，无俟根本讲求，可以参考而得，尚可枝节为之，本属枝节合成之政体也。虽然，不可无辨，彼由契约结合，较分茅胙土之封建，虽程度尚远，而已粗立其基。或疑汉之分王子弟，唐之藩镇割据，则试问今欧美之联邦，与汉、唐之事，似乎？不似乎？可不必再言而决矣。虽然联邦之与联省，尤不可无辨。邦既是国，国有其国政，上及上国，或中央协约政府之政，下及其地方人民自治之政；国有国防，下次地方自治之团防，上次中央或上国国际交涉之联防，虽较易为，而以今日之法学幼稚，任举一事而皆颠倒错乱，亦不可为也。

吾观中外古今之政治学，惟三代封建之原则，与美、德联邦之法治，可举而议，起而行也。夫欲上法三代，必须切求经术体制，包括法理，然后有所损益可知也。如欲急就联邦，必须厚积法学，契约结合，纯任法理，然后有所依据而不乱。今以法统号于众者，亦知欧洲法统之由来乎？罗马勃兴之代，共建法典，即立梅特涅、申苏尔、夏律芒之名义，为行政、司法、议政之三权。于后英君约翰演为大宪章，拿破仑规为宪法，以威令行之于所征服之国，于后法国革命，始加入巴力门，以补助法司举劾检察所不及，而维持随时政界之现状。是国体变而法界未尝变，国度改而法制未尝改，历数千年皆以罗马法典为根本法，其所持法理，体大而思精，法学人才接踵相续，学会通行于欧美，盘结孔深，一遭举劾，政府不得而宽解也；一入法庭，议院不得而干议也。所谓三权鼎立，其实以法权为重心，故至今英制，每年尚有法学界推举学优一人封爵，列于贵族。如欲急起直追，厚积法学之力，以造共治联邦，至少须以二十年为期，以彼中所积，垂数千年也。如欲讲明经术之治，以复古三代封建，可期三年有成。经术今虽盲晦，而诵习其文者，亦近三千年矣，将何去何从乎？愿以质诸国人也。

至于世所竞言，认国会为主体，组阁须得国会同意。联省自治，民选省长，若楚王之妻媚，无适而可也。国会系监督随时行政之得失，于议定国是无与焉。吾已屡言之，再四长言之，可以取证，不必赘言。政府得国会同意，是闭其举劾之门，而便其寡头专制之荼毒苍生也；省长由法团推选，是何异于指纵劣绅钩结衙门，以鱼肉乡里乎？行省者中枢政府，统治机关之分体，因沿习为统治分域之名称，是机关自治之代名，正合于官吏专制之锢习，于是筹备处则军部领之，筹备员则官厅委任，以至省议会则包揽省宪，行政官又包揽法权，种种谬举，悉数难终。吾初不料吾国法学之薄弱，见闻之孤陋，一至于此也。此何以故，曰：耳学而未读书之故。此犹可原曰：新学法界于国学根柢不深，习法学为时不久也。法学学校林立，生徒动数百人，而所授同此口耳四寸之间，所课只此二三钞胥之本，所习共限几何钟点而毕。此固可原曰：学生原在公知界，未足以言成学，斯无预于议法也。吾初不料出洋学法政者，毕业而返，居校长、校员，若议员、法股，若厅长、庭长，会无人再研法学原理，补读法学专书，以至于此也。如谓不然，则何以联省自治之言盈天下？试问政纲与及条文，有不先解释名义，而能说明理由者乎？如将解释名义，则此言作何解夫？联邦之与联省，不可同日而语；

省会自治之与地方自治，绝非同等之谈。邦制与省制之下，各有其等处地方。主联邦则竟说联邦，主省制则竟言君宪，以二者乃国体之变更，而于地方之自治无甚出入也。

请证于英伦三岛，苏格兰法制，略异于中国，与今所云五族共和之蒙、藏依稀近似，此外无联邦而多领土。今日联省，将以何种省分为领土乎？抑举二十二行省皆以英之苏格兰为比例？又以联省自治属词，是误以省长机关治民政，为地方之自治民事。英国固君宪之国，而地方之自治密如。其译名曰汤者，旧误以比于府，不知其为市府，乃管子古语云有市之乡也；曰爬雷司者，地方巡警区也，旧误以比于县，无市之乡，以地方自治之保卫区为区域也；曰维而司者，旧误以比于省，形式相近，而其制不同，若行政司法、上级官厅、行政、巡警、教育、交通支部，及若军区，若国家收税，或舍或置，皆因地制宜，绝非如行省之制，以一长官统治，为中枢之分体，又非如领土之制，军民合治，以兵头统握全权也。今民国以领土待我人民，而人民亦自甘居于领土。夫领土之民，乃征服野蛮归化之人，不得享国民同等之权利，今觍然为国民，以不知自重国民之身分，渐自沦于奴隶，甚至京都亦建卫戍之名，哀哉，不能言也！吾昔从使英、法、意、比，考察政治，于英、法加详。彼以工商立国，则重在市民，故汤以市为主，市长由民举，以市政统民政。市长由民举，权在国家所设监督之上。在伦敦为都府，谓市府之都会处也，亦仍由民举市长，但因君主所都，内外各部政府所萃，其市长权较轻，而其就职设仗升旗，结彩鼓吹，以表民选之荣，旧译误比于顺天府尹，此种译误，不胜枚举。试连类而略举以证。外国各部无次长，译误以其总科长，或书记长，比为侍郎；律师以学鸣，资望颇重，译误为状师或讼师；艺士、医士由大学考成得选者，声价亦高，译误为机器匠、医生；领土设兵头，制如明之挂印总兵，兼治民政，如前之绥远将军、黑龙江都统，译误为总督；领土有巡审，略如明之巡按，而专用法学高俊，主听上诉，不于①民政，旧译误为按察。及民国则先以将军，后改督军；先设巡按，后改省长。举俗昏迷，同一视线，确认为总督、巡抚，是国体变而政体未常变，官名改而官制未有改，今始闻地方自治，而不知所从，乃倡联省自治；闻人民主权，而不知所在，乃争民举省长。是殆误以民举市长，为民选长官，又误以监督市政，即揽办市

---

① 原文如此，当作"与"。

政。据英比例，地方自治，以爬雷司之巡警区为初级，执行地方自治之权，分为巡警、教育、实业、慈善、地方收税凡五项，皆由人民自行推举；推广有市之乡为汤，于五项增一市业，市长以次皆民举，国家于汤若爬雷司各设一官为监督，再上级为维而司，则有所部，而无直接之地方，有国业、邑业而无野业，人民殆误以以联邦自治为联省自治，官司则竟以自治地方为割据地方。

昔者元二革命，袁氏篡形已露。蜀人谢无量问余政策，乃舍于其家，三日脱稿，发联邦之议，为抵制袁氏，分抄致汤蛰仙、张季直、伍秩庸。汤报书云：自在浙承赐书见规，报言在先，为解满汉仇杀，权受民推都督，俟有政府，即行告退，终老渔樵，不问事矣。张怀疑，无报书。伍报书云：精理长策，但在美习闻其故，初创时仍有多处用省部治法，今或未之能行。但此篇甚佩，不奉还，留为研究之资也。谢转致蔡子民一通，蔡覆书赞成。杨啸谷与闻其事，致蜀首领一通，无效乃罢。而及门二刘，从京来书，力言深触忌讳，恐罹大祸云云。及次年袁氏削平革军，通令首举此议为言也。当日如汤蛰仙能受规，若伍秩庸尚虚己，安有居之不疑，如今日比比政客衮衮诸公乎？如以由君主改为民国之法、葡为比，则彼无联邦而惟有领土。地方之自治未成，今持此两说以求同于欧化，本属不粮①不莠，真成非马非驴。吾初不料革命十年，于法治国再不研求法理，信口开河，师心自用，以至于今也。吾愿主张白话者之断绝文言，以免引喻失义，拟不于伦，汩乱国人心理也；吾又甚愿主持旧学者勿师心自是，而虚己以容，一研求国家之原理也。

---

① 原文如此，当作"良"。

箴旧砭时*
(1922—1923)

今天下人心陷溺极矣，栋折榱崩，而举国不知谁职其咎。《传》曰："国家之败，由官邪也；官之失德，宠赂彰也"。试质史学家，何代国家之败，非由此乎？宠者谓任用私人也，赂者谓政以贿成也，宠赂彰者谓徇私不讳而贿赂公行也。自昔诸葛君叹息痛恨于桓、灵，直至米脂为官差激乱而流寇作，质言之，无非官逼民反耳。而旧学曾是不悟。文学者流，但知感慨歔欷咏叹于一代兴亡，而希有责言于亡国之大夫者也。理学家但知责人以死，而不究其殉死之原理。未学者耳语相承，以为死乃为名耳，不知夫圣贤经传之古义：谋人之军，师败则死之；谋人之邦邑，危则亡之，为其受任于前，不能挽救于后，卒陷军国于败亡，义当连罪坐死，乃有罪不逃刑之义。即《论语》所载子路之论成人曰："见危授命，久要不忘平生之言"，乃子路为自身写照也。非以为名，故有可以死、可以不死二义。是以卒甲七十，谏而去纣，文、武以为贤；太师疵、少师疆，抱礼器以归周，良史不以为过；曹沫志雪三败之辱，劫桓公于坛上，还鲁侵地，而不敢以为功；范蠡既复其国，犹请从会稽之诛，卒辞位以去。其以死难为名者，乃如王彦章云：人死留名，豹死留皮。此原属中下流社会中人，未尝学问，又为战将，责任甚轻。所谓匹夫慕义，何处不勉，君子犹许其为一节之士，若为士大夫，而所识止此，其不免心底糊涂之考乎？

辛亥难作，祸伏于甲午、庚子，而积患酿乱于四十年前。党人为袁氏所提挈，乃以建立共和民国愚黔首，并以愚士大夫。学界久已不明大义，罔知所措；百姓啍啍注其耳目，莫可谁何。至今犹有昔日候补闲

* 《国学月刊》，第5、6、7期。

员，自以为当死未死者；有封疆重臣，委而去之，而毫无悔词愧色者。此无他，皆由于学理未明也。直至今年两军突起，拥兵十万，流血千里，明明为争国体也。吴之意不可知，张所主无庸讳也，而君主国体之名，不敢揭之于言，出之于口，此何以故？军官多数所不愿闻，军士纵闻亦不乐道，党人政客防之惟恐不深，又多方以惑之也。初时不侫犯袁氏之难，识者犹或觑之。缄默者八年，澄观深念，月异而岁不同。愚懦者已与之同化，黠桀者仆缘取利，亦利于逐□林之劫掠，饮东郭之馊余，其俱默许矣乎？太史公曰：何知仁义？以享其利为有德。故盗跖暴戾，其徒诵义无穷。非空言也。危矣殆矣！

旧学误执纲常与宪政为反对，新界牵合复辟与篡位为一谈，其谬相等。旧学认宋儒道学为孔子道统，则二帝三王只有心法，并无治法。孔子论一言兴邦、一言丧邦，斯言何谓也？举"惟其言而莫予违者"，此不立宪之说也？举为君难，为臣不易者，此立宪之原也。若如宋学所云，忠君而不必恤其民，戡乱而不必修其政，孔子何以曰君不君则失其所以为君，孟子何以曰"不以舜之所以事尧事君，不敬其君者也；不以尧之所以治民治民，贼其民者也"。光武、昭烈同继汉统，光武何以曰"成帝复生，天下不可复得"，昭烈何以与诸葛相叹息痛恨于桓、灵也？昔刘裕以至杨广，朱温以至郭威，篡弑相承，视民如土芥，而称之为正统，是真为后世失道帝王之辩护，而且为亡国大夫之辩护也。则何怪新界浅见寡闻，归怨于孔子相传之道统为帝王之辩护乎？以史学为中国之治统，曹丕、朱温等，皆尊之为帝，为之志郊祀，载册典，称功德，诸王贵戚传记连篇，而其时之民生盛衰疾苦，则从略焉，又何怪彼诋排数千年历史为一姓所贡谀之记注乎？朱子知《通鉴》帝魏之非，而《紫阳纲目》乃推朱温、石敬瑭、刘智远、郭威等为正统，岂不异哉？学者之心理由此乱。中国本非专制之国体，有二帝五臣之典谟，周公思兼三王，孔子祖述宪章之书具在，其自承为专制者，习于衰乱之朝，未闻君子之道也。王莽谋篡，摹写法圣，粉饰施仁，极惨澹经营，杨子云亦为所愚，以有《剧秦美新》之作。而当时经明行修之士，谭、蒋一流，不仕莽者数十人，鲁恭、卓茂、郅恽，学行尤箸于世，遂发其覆。至曹丕时，学风已乱，直曰"舜、禹之事，吾知之矣"。由学者之肤说，与俗宦之常识，两相化合而成，积久而忘其本也。今当痛惩前非，何意习非成是，新政界更踵前非，以非为是，卒之互诋为非，各是其是。天下汹汹，何时已乎？此无他，皆由于学理不明之故。旧学之行己有耻、读书有得者，知其故矣，但于孔子虽极尊崇，第知主教化一方，尚未寻得孔教之纲领统系也。

夫天子不能以天下与人，总统非易姓而王天下。袁世凯利用革党，以倾覆朝廷，恫诈深宫，伪以人心已去，以主少国危之故，委托国政于全权内阁总理大臣，人民自无从参预末议。既而袁氏辞封侯之命，以南方既拥立总统为言，朝廷不欲抗兵相加，诚以天子无仇视百姓之理，举国以听总理而行，不知堕其术中，里应外合，孙文以总统让袁，皆伪托于民意，遂改为共和民国。国人罔知所措，固无可置词，而故家大臣，望风解体，少数怀节之士，误于史家之遗传，仅知宗社之狭义，不足动天下之人心。仅一升允，举兵向阙，执义正言，而贼臣挟以太后传旨之严，勤王之师解散，而篡局成矣。及袁氏果欲帝制自为，党人乃有二次革命，不数月而为袁氏削平，遂乘战胜余威，急图篡位。当是时，旧界服习国教者，咸知为乱贼，人人所得而诛。新界逞豪当世者，切恨其叛党，为民国之公敌。同床各梦，不谋而合，群起亡袁。一旦魂断，亦由天谴。旧人固无功可言，亦并非党人之力也。党人日益骄恣，旧人习为聋瞽。新学界幼稚寡闻，道听途说，妄谈军国民主义，倚仗武人政府，一听政客之所为，或有拥财自卫，托名于高，不知望治于君相，难进而易退。不在位不谋政者所谓有君之国，国由君相主之也。今既称民国，是示以无君。虽清室帝统尚存，所谓君位若缀旒，王室同守府，古之喻言，今为事实。为旧臣者，若心存君国，当如何居乱而思危，惩前而毖后，前车之覆，后车之鉴；前事不忘，后事之师也。试历观前史，国有长君，朝无幸位，安有坐致天下大乱至如今日者乎？

昔在光绪朝，大臣擅政，政出多门；宣统朝，亲贵攘政，政由贵出。而且人由贿进，政以贿成，党人始得借口改良政治为名，推倒朝廷，如摧枯拉朽，发蒙振落耳。以改良政治号召天下，谋得外交使团之赞助，既又易其标帜，为种族革命者，本习见末流之巧宦，无非乡愿，谷吏尽属鄙夫，凡所以猎取富若贵者，彼可取而代也。其始阴谋诡说，本无非谋攫权利之私，若仍持政治改良，虑西邻之责言，故遁其词为种族革命，且以掩天下之耳目。夫种族革命，本无充分之理由，不能以对于天下。不但违背同化之公理，且就事实而言，如英之与苏格兰，西班牙之与匈牙利，皆满汉同国之比例。十年之久，曾无人辨及种族革命之非，故不敢正言中国有君之义，所谓邪说诬民，充塞仁义，举国心理，已为所乱矣，岂第默许矣乎？吾意为将帅者，当思雪曹沫三败之辱；为大臣者，当请从范蠡会稽之诛。昔舅犯之教晋文曰："父死之谓何？又因以为利。"据此而思，主辱之谓何？又因以为名也。抑闻君子之义，量而后入，不入而后量。数十年国步艰难，坏法乱政相随属，虎兕出于柙，龟玉毁于椟中，是谁之过与？危而不持，颠而不扶，则将焉用彼相矣。"陈力就列，不能者止。"诸臣皆读孔子书，岂未之闻乎？既失败于前，又就列于后，一筹莫展，而扬扬以去，更宜引罪之不遑，益复无功之足录。乃不闻罪己，只见责人；不矜为名，即因为利，始终惟一念，全家保妻子之心；同出于一途，为积财贻子孙之计。四维不张，廉耻道丧，以至今日。新政府军阀，无一非旧官吏之谬种流传，特不过变而加厉耳。宜乎孔子射于矍相之圃，而扬觯宣告偾军之将、亡国之大夫，不得入焉，乃痛绝而戒之。痛乎其言之也。

当日流言，谓人心已去，固伪造民意之诬词，而商民与学生以先入之言为主，一部之人心离叛属实。吾闻王者之道，先自治而后治人；《春秋》之义，躬自厚而薄责于人。奈何不思！源源而来，惟贪人败类之竞进，而贩夫马弁，乘时接踵攀援，浸致当路。至于末职下僚，后生小子，利于从乱幸进，谋一己之私，固无责尔矣。惟党魁数辈，蟠结孔深，譬之鹿不择音，势亦骑虎不下。独不解者，屡易之总统、内阁，居然以建立民国为己功，承认作乱议员为法统，舞文弄墨，倒行逆施，觍然居之而不疑，数数言之而不怍，竟无人词而辟之者，举国人之心理乱矣。其殆丧心乎？

请诵《难蜀父老》之文，我先自责，次蜀父老，再次及于旧公卿。将毋父兄之教不先，子弟之率不谨，而寡廉鲜耻之罪多也；将毋昔之忠君爱国，官话即是诳词，今之言国利民福，何渠不若官话也？哀哉不能言也！良由学理不明，而人心乃陷溺至此，责在旧官大吏，问政治而不知，而自以为知，迄今亦无人问也；责在旧学名流，持口谈之道学，曰"余既已知"，而至今犹不悟也。旧流皆人人自贤，以致新流皆悻悻自是。旧流而多贤也，则何至有今日也？新流而有是处，何以十年之久，万事瓦裂，而一无建立乎？各据其一知半解，而平均之程度相等，乃至陈炯明自鸣有建国之谟，而不通联省自治之见；徐树铮且有建国之书，推重孙文、段祺瑞为民国大老，而自称军政府，乃有制置之名。夫行省与制置，皆帝国之名称，若言联邦，则容可为复古封建之基，亦或属止沸抽薪之计；以言联省，则实行藩镇割据之事。制置开府，则承制之上有君：今日民国无君，则制置何从而出。悲夫！学说为天下裂矣，天下为学说裂矣。

虽然，新旧之所争执，有可以相提并论者，立宪与地方自治是也。无论何种国体，皆殊途而同归。谨按，经传之大训曰："慎乃宪钦哉，屡省乃成钦哉。"又曰："天生民而立之君，使司牧之。"又曰："天之爱民甚矣，岂其使一人肆于民上？"地方自治者，宪政国家题中应有之义，所以谋长治久安之策，是专制与宪政之分界，而非君主国体与民主国体之问题也。立君所以为民，保国亦以为民。尊主所以庇民，苟无民，何有国？苟无国，何有君？而旧政界讳疾忌医，旧学界专己守残，蔽前护短，皆以为非，曾是莫听。大命已倾，犹不知恐惧修省乎？中国之大义，亦惟有两条，可以正告于天下，乃嗫不敢言。惟夫圣人人伦之至教，"国之本在家"。家不可无父，则国不可无君，乃国学之真理，即国教之大防。大防既破，则无所不破。次则袁氏本谋篡位，结革党以夺政权，辞封侯以易总统，指纵国民代表，步步而进，无耻之徒，起而劝进，由终身总统推为中华大皇帝，党人布满要地，攀龙不得，为虎作伥，追论前由，是皆与闻乎篡也。此即国人之公敌，国教所不容。据外国之前事，为争国教而兴十字军者十次，与其如时流谓必经之阶级。引法国之八十年革命为先例者，毋宁引耶路撒冷之十次兴十字军为先例也。然而中国圣人所不道，仁者犹不为也，而乃效拿破仑、爸亚、麦马翰之相卖相图，安心乐道八十年之革命流血，以易法国民主以来之败俗乱政乎？法之不足法，稍阅外国史者皆知之。而旧学政界，乃塞耳以为聪；新界时流，乃指盲而引路。苴无人矣，欺诬乃至此乎！

且夫天子不能以天下与人，孟子论之详尽至矣。总统代表国民，代行国政，非代德而有天下。当日是逊政，而非禅位，天子虽仅守府，犹若缀旒。据中国圣人《春秋》之义，上无天子，下无方伯，苟可以利国家安社稷者，有伯者起，专之可也。伯者之道，所谓以力假仁，故必凭借有大国之自力，始能崛兴。故孟子曰：以力假仁者霸，霸必有大国，然必翊戴王室，以召天下。世不解其所以然，请明其事实。乃援周班二伯之制，外一伯领诸侯，故虽自起勤王问罪之师，而仍请命于朝，托为王官，遥受朝命。守府之共主，自必因而授之，此《书经》所以载文侯之命也。世徒知曹孟德之威震人主，权令天下，不知桓、文二伯，当日之威权，十倍于曹操、司马昭诸人也。特以其事近正，可以拨乱，由兵而返礼。故儒者虽不道霸功，而《春秋》则特彰霸讨。后世学者，只闻史家之故事，不求绝学于遗经，于三代之盛时治象，固不闻焉。即其衰时之现象，虽日读《左传》，而不知也。但习后儒之常谈，不求圣人之精义。故有谓今日虽孔子复生，亦不能为治。恶，是何言？诚可谓腐败不可向迩，岂尚可与言哉？伊周圣人，后世无敢望，只须有前如管、乐，后如诸葛之贤，一得君而天下定矣。夫勘定天下非难，而治天下为难；吾不忧世乱无勘定之期，而忧夫天下长治久安之无日也。此发明经术政治之学说所由作也。文中子执《周礼》而言曰："如有用我者，执此以往。"夫三代以上，皋、夔、伊、傅，是何等人物，世固莫知焉。管仲为天下才，乐生通王霸略，见《国语》、夏侯泰初《乐毅论》。后生陋儒习于策论，学者所不能知。文中子又曰：诸葛君不死，礼乐其兴乎？诸葛自比管、乐，不知管、乐，且视诸葛观于泰初之论曰："致其主于盛隆合其趣于见王……乐生之志，千载一遇也。"迂回难通，然后已焉，可以思矣。

请问今日何时乎？一切破坏而一无建设，不得谬称为国体成立也。人发杀机，天地反覆，业已构成天造草昧之时，而正待有人开物成务之际也。值此之际，如游吕梁之上，而下临飞瀑不测之溪，足二分垂在外，既无列子御风而行之可能，则惟有夸父逐日之病暍而就死地耳。夫值此之际，按之元会运世，正当贞下起元，乃再造玄黄之会，而殷忧启圣之期也。自命豪杰者，宜反躬自问：是否经天纬地之才，有无旋乾转坤之手？如其有命世安民之大才，必须用开诚布公之政策，天下大事，公之天下，国体大本，决之兆民，求贤与能，犹惧不获，集思广益，惟恐未周；若犹恃间间小智，沾沾自喜，弃法言为刍狗，视舆论若蚊虻，如幻戏法之裈下演禽，侩牛者之袖中捏指，颠倒于朝暮调狙之术，曾不知群狙亦已渐悟也，群狙怒而桀石，狙公岂不危哉？而乃人人自贤，师心自用，谁独且无师乎？庄子之言，谓人人皆随心所想，任意自为，则人人身上皆各带有一师，即是自心，故云谁独无师？旧人士惟望复辟，希恩泽之荣，敛怨以为德，至于国计民生，若秦人视越人之肥瘠也。新党界方以破坏君主国体为大功告成，任横流之弱肉强食，以为天演之优胜劣败，圣人治世之大经，彼闻之而不解所谓矣，则姑与言史乎？昔自齐田氏、晋三家，始开篡国之局。庄子所云：盗圣哲之法者至矣。此局迄宋而终，今自推倒朝廷，国纲解组，化为异物，圣哲组成之法既已不存，盗法之积案破于今日，人民平反大盗移国之狱，亦正在今日。吾见当世之豪士，左手据天下之图，右手扼吭而死也。袁氏之前案，是其铁证。吾国人虽善忘，其事不远，可思而得也。何则？縢缄局键之固，已不完全，纵有大力者，不能夜半负之而趋，则惟肱箧而已尔。夫岂不知总统不得比例于天子，夫亦当知民选总统、责任内阁、全权国会，合之仍不得比例于朝廷也。无滕缄局键之固，任有大力不得负之而趋。窃钩者诛，窃国者不侯，又危不安也，则终归于肱箧而已也。

旧派之主张，沈子培可为代表，改革后子培为余言：乃反商政，政由旧，虽当典填票式亦不可易。意盖箴余，余咤而无言。新界之主张，张季直可为代表。昔季直设苏政治学会，延余为都讲，有日为余言：今日讲政学，譬之治肴，通用之参鱼，作得可食足矣，何必求龙肝凤髓乎？盖嫌陈义过高，今庖人之治肴，乃不能下咽。两公皆余自使间归国时共谈新政之故交也，所见各持一极端，异乎吾之僎，此乃新旧之贤豪者也。其多数之下此者，则适如梁漱溟《哲学文化史》所云：学西者猥琐卑狭，守旧者荒谬糊涂而已。悲夫！

论国家性质[*]
（1923）

　　国家为有机体，故名为国体。国体各有性质。中国国体，由家庭进为宗族，由家庭、宗族演为乡党、国家，故其国体，即是家庭性质。其所涵之分体，若君，若大臣、封疆大吏，即是家长、族长、房长性质；小臣、百司、执事、士民，即是弟、男、子侄性质。外国之国体，由契约结合而成。西人所恒言，常识所公知，由么匿即个人。进于图腾即部落社会，由图腾演为国家，本无家庭。故其国家所涵之分体，只有主仆性质，并无家庭、宗族之高、曾、长老、弟、男、子侄性质。因此见中国之臣民服从君上，不能了解，莫名其故，误以彼之图腾部落为比，遂诋排为奴隶性质。而中国上失其道，大义不明，学界于学理日就晦盲，众人之心理日趋迷谬，竟自承为奴隶性质，以致新旧界无理之争，如水火之不相入。生于其心，害于其政；发于其政，害于其事。今病入膏肓，而证现霍乱，濒于危死。深言之文言之，恐不能破，则请以浅俗譬晓之。

　　家庭之性质者何？长老有扶养子侄之义务，即应享管束子侄之权利；子侄有受扶养之权利，即有受管束之义务。惟其原理如此，故自上下下，以尊临卑。人君抚有亿兆，设官以管万民，久久养成人民服从之性质，即养成依赖之性质，而其实乃天然之模型。家庭即一小国家，国家即一大家庭也。何以征之？又以浅譬晓之。自汉有部民之称，六朝土断之法，本州不得相临。积渐相沿，以防弊之消极主义，为政治之主体，至明朝乡绅对于本境之官，乃称父台公祖。此虽属中国之不成文法，习惯相承，而亦有理由，根源于为民父母。民之父母之古义，亲民之官。为民父母，则其上有临之者，尊加一等，故尊称之如大父行；再有位近于君而临治其上者，则尊称之为曾大父行，曰公祖，曰大公祖。此虽似浅俗，而原理颇深。张子西铭曰：乾称父，坤称母；大君者，吾父母之宗子也。《尔雅》：父之父为王父，王父之父为曾祖王父，曾祖王父之父为高祖王父。称祖仍缀父名，称父又加王号者何？明乎父为宗长之定名，王乃国君之比例，故《易》曰"家人有严君焉，父母之谓也"。《尔雅》：子妇之称舅、姑曰君舅、君姑。子妇自别家来归，譬于臣出身而事主，于义犹为显而易见。然则据此理以推例，则西铭所云"乾称父"者，高祖王父以前大父之大父；"坤称母"者，高祖王母以前大母之大母。亲不相见则名无所别，统以父称为至尊。据此理推例，则所谓"吾父母之宗子"者，谓最尊行之总族长焉尔。其次之分体，有房长、家长，家长之下有长兄，长子为家督。而其旁支分体，尊行有从高祖祖父、从曾祖祖父、从祖祖父、伯父、叔父，其卑行有弟男子侄、幼子童孙。以此譬晓旧来大公祖、公祖、父台之称谓，有如家族于族长家长之尊行，称之为大祖、二祖、三公、四公、五父、六父云尔。抑犹族众行多，子侄众盛者，虽尊行伯叔亦称子侄曰大爷、二爷，即同班昆弟亦曰大祖、大公云尔。此即乡宦大绅亦从庶士谦称，而尊重临民在位，以表示服从之喻也。欧美之国家，由契约结合而成，则纯全为法治国体。其始由强种智种，虏掠弱种愚种，已成其部落。即男女之匹合，亦由掳掠压制而成聚成部落，惟以权利相制。其中所涵分体，只有主奴性质，至今其所谓小家庭者，并非家庭，乃一夫一妇同居，受制于法治国家，应尽其扶养未成人儿女之义务，在尽扶养义务时期，应享有管束儿女之亲权；及子女成人及岁，即亲权丧失，是为契约结合之铁证，不容异言。昔在英使间，洋参赞马格里为言西俗以同席奉盐为致敬。古代主仆同食，俗以仆奉盐于主人为礼也。故无君臣之名，并无其字，译人以中国君臣之字代其主仆之名词，故中国学者迷而不悟耳。既为契约结合之国家，则其国家法律，仍从个人起点。其人应享之权利，与应尽之义务，两比以为平衡，故最重权限，是其国政得力之处；而一味争利，即其国俗之败点所在。无家庭性质故也。惟其无家庭性质，故不解中国之服从性质，是何理由，从何而起，则直诋为奴隶性质而已。

今既改曰民国，举国已表示承认，则须知系改变国体，乃弃中国之家族性质，而学西方之契约结合国家，则要认清人民各占全国之一份，对于国家确系主体；官吏受公众之酬报，对于国家义等雇员，绝对非民之父母，即绝对不能有为官管万民之说。其国法之规定，官吏机关，虽有阶级之表面，实只以权限为骨干，所以民国之官僚，不但对于人民不得误认为父台公祖，并且对于下级亦不得误认为大宪上台。今我国举俗迷盹不醒，一般仍是倾向作官要管百姓，一般仍是依赖官长恩惠小民。小民系以尊临卑之称，非民国所有名词。旧谚云一品大百姓，若民国乃真正一品大百姓。昔常戏嘲当道文电有称"小民"者谑之曰：当称"国民"，须照例抬头敬写。冤哉！若不信吾言，请试向外国人请教，通欧美百数十国，普通民俗口语，有恭维为官管万民、求官长恩惠小百姓之语乎？此类语言，若出于家族演成之国体，则向觉寒村；若对契约结合之国体，斯不能免于奴隶性质之鄙陋矣。又以浅譬晓之。中国圣人所缔造贻留之国家，系由家庭、家族演成，全国即是一家，所以国体之尊卑上下，完全比照家族之王父、王母、父母严君、君舅、君姑、宗子、家长、长兄、众弟、家督、冢妇、介妇、世父、叔父、伯兄、仲弟、弟男子侄、幼子童孙，建为名教，以立制度。一部《孝经》大义在此，经传所云："尧、舜之道孝弟而已"，此之谓也，非空言也。若乃契约结合国家，正如组合之大托辣斯，中国译为公司，而其实未完成。人民为株主，实系主体，而不能人人管事；政府如总理，以次执行人员，在事一日，则管事一日；国会如董事局，亦占株主之一份，只能监督公司弊害，不能执行公司事权。所以西学说揭明总统为公仆，不得冒认为元首之尊；其次政府人员，更万无以尊临卑之义也。承认民国而不敢自居国民，真所谓脱离家庭而甘投身为奴隶，是可羞也。

《孟子·王霸》章斠解[*]
（1923）

　　孟子曰："霸者之民驩虞如也，王者之民皞皞如也，杀之而不怨，利之而不庸，民日迁善而不知为之者。夫君子所过者化，所存者神，上下与天地同流，岂曰小补之哉？"

　　自孔子祖述尧、舜，宪章文、武，传政治之学，其政之大源则出于教。政者所以治人之生命身，专为现在世；教者所以正人之心性命，通于过去、未来三世。以三为五，以五为九，京《易》所谓五世、游魂、归魂加本命，为佛书所言之十地，政治之大源出于此，其归宿亦在此。七十子后学均述孔子，所谓"粹而王，驳而霸"，荀子语。本属一源，而治有精粗。治之粗者仅能范围现在世，为国富强，与民乐利，故其民驩虞，于世界所补甚小，故曰"小补"。闻政之精者，所述必合政教为一贯，故孟子道性善，言必称尧、舜，而所述之政皆陈王政，黜霸功。譬如佛子习中乘可进上乘，自不屑转习下乘也。治如禹、汤、文、武、成王、周公，始为小康，经有明文，乃所谓王政。其间有一治一乱，为小巡环。此一治一乱在小巡环为政治退化，在大巡环为伦教进化，即《春秋》三世，斯世愈乱《春秋》愈治之理。故孔子奖霸，为其卫教，是以称管仲之仁，有"微管吾其被发左衽"之惧。而孟子述桓公葵邱之会所陈五禁，皆在注重伦教，三命以上只参"毋忘宾旅"一条，余皆属教，四命以下政教相参，其所以黜霸者，以其仅能奉守保存，不能实行进化故也。《诗·民劳》"汔可小康"，即王政之证。"惠此中国，以绥四方"，即"内其国而外诸夏，内诸夏而外夷狄"之义也。"毋纵诡随"即严伦教之防，不与夷狄之勤中国也。"式遏寇略"，即由兵而反礼，止争而相

睦之义也。"如有王者，必世而后仁。"此称王者之民，乃《春秋》已入所闻世，治箸升平之验；至入所见世，文致太平，则由文、武之政进于尧、舜之治，由是驯而进于大同。进化之阶级，必自王政始也。有虞氏禘黄帝而郊喾，祖颛顼而宗尧，舍其子而禅贤，即"不独亲其亲，不独子其子"；画刑而民不犯，即"外户而不闭"。特其时治化未被于十二州之外，名教只暨溯南，声教乃讫于四海，于变甫及于黎民，三苗尚烦于分北，未能内外大小远近若一，人人有士君子之行。故知夫子贤于尧、舜，有乐乎后之尧、舜之知君子也。

此章并论王霸，正今日醉心欧化废弃国教之顶门一针。观于王者之治象，其民皞皞，即顺帝之则。夫世界无杀而不怨之事，惟束身名教有杀身成仁、舍身取义，是见杀于名教而无所怨也。世界亦无利之而不以为功之情，惟有井田并耕，公其地产，均其民食，功成事遂，百姓谓我固然，忘帝力于何有。《记》曰："礼之近人情者非其至者也。""礼，释回，增美质。"其意难知而可知也，即气化抽换，改种留良，无形而致有形之理。故云："民日迁善而不知为之者"，礼之释回增美为之也。如有以一人而博施济众，尧舜犹病诸也。孔子广帝王之道，立君子之教，是为君子之道。《中庸》谓"君子之道造端夫妇，及其至也察乎天地"，孟子他章言"去人伦无君子"，互相发明，此外之称君子皆其注脚，《礼运》之称六君子者，即其继往开来之过脉也。下文乃特提"夫君子所过者化"，谓君子血肉之身亦与众人随化归尽，旧说大误。而惟神气长存，上下与造化同气流行，而更变其质素，岂仅为国富强，与民乐利，小补于世界而已哉？

　　读《不忍》报第五《孟子释性命》，引董子、《论衡》、《京房易传》，证以新学理无线电之传浪、日光之到地，至曰："若夫造命、造因，则当积仁积知，以流恩泽，发光明，成浩气，与造化相流通而更变之，此君子所以日从事仁、义、礼、智，以同流于气运之中也。"旧有诠解《孟子》论王霸之民一章，录出以相印证，因以遗之。

四川地方自治筹备会宣言[*]

（1923）

共和民国，以国民为主体，系民选总统为执行全国政体之总机关，谓之中央政府。总统为政府之首领，有任免文武官吏之特权。但官吏为总统所选任，而总统由人民所选出。所以全国官吏，对于总统应受直接之管辖，而总统对于全国人民，应受间接之监督。是以总统名为公仆，其所辖之官吏，名为服公役者。国会由国民选出，即代表全国人民，以监督中央政府；各省议会，由本地人民选出，亦即代表本地人民，以监督本境行政官厅。自袁氏以来，总统对于人民，俨然仍是皇帝；官吏对于人民，依然纯用专制。如加粮加税，各项抽捐、提款种种，且加倍用其专制。司法权乃附属于行政厅之一部，省议会则居然又一官厅。旧名词所谓官官相为。人民习惯，不知所措，惟有俯首帖耳，受其铃轭。九年于兹，始略有觉悟。各省发起地方自治，遂引起吾川之包办地方之治。推原其故，由于不明法治国之法理，所争者系本省人做本省官，仍旧是本省官管本省百姓。颠倒错乱，始而以讹传讹。因而将错就错，久而习非成是。如换言之，即是旧名词所谓包揽公事，武断乡曲。殊不知地方自治，系人民自治地方，正是分行政之事权，以求减免于军阀官厅之专制。须要认明非从前地方劣绅奔走衙门，倚仗官势，擅作威福；乃系地方公民，各就各团体各区域，对于军民两政官吏，划分权限。（例如教育、实业、保卫。教育即有学会为民立学校之提纲，今所办之属行政教育一部；实业则有民选市长以主持市政，今所办只有通信机关之商会；保卫则有乡野巡警，乃所谓地方巡警，由人民轮班换值，与保甲性质略同，与警卫队办法绝异，今所办亦只属行政巡警之一纲。）其划分

权限之点，法理深细，故须得公民提倡，始能研究法理，讨论政体，规定自治草案，向中央政府要求请愿，再向本地行政官厅订议决议，分出地方自治人民应有之权限。但所分出之权限职务，皆属平民职业财产之关系，其执行此种职务之权责，悉当付与平民之代表。故须就现无官阀，素有职业之农工商贾，各推各街镇、各村区、各会帮代表，始能征求真正民意，以资规定地方自治法案，利于各方面之执行。今日距此程度尚远。吾人拟一路讲求，一路试验。先建立一二处模范村，组合五七村区，为模范团，以冀渐推渐广。惟是四民失业，不保身家，既不能自卫，当然不能自保；既不能自保，又何从而自治？曷亦思所由来乎：富者田连阡陌，豪室积赀千万，而贫者无卓锥之地，此兵之所以日增，而匪之所以日炽也。厚藏殖以自封，假营公而中饱，过激党激于不平而起，现虽未成事实，后将何以御之？奉劝富翁豪家，幸勿苟且偷安，巧取豪夺，坐召后祸之来。吾人愚见，先提倡自卫团，望各境群起响应。如荷赞成，鹄盼答覆。

倡兴普及教育，改良学制方法[*]
（1923）

宋育仁既倡设宗族自治，草创设宗族自治小学校，益联同姓联宗会，欲广宗族自治之教而未能。宗人有请曰：先生于学，邃且勤矣。抑闻西学者，言有高深之学术，始能定浅易之教科。信斯言也，宜莫如家先生矣。曷为教育诸级示以程范，及某科某级何书主课，何书参考，若何讲贯，岂非救世良方，一举而万善归宗者乎？闻而惕惕然动于中，因举昔在江南有《南菁学约》一编，后还成都，有《函授社分配学科书籍》一则。宗人学者金曰：此为高等课最。《南菁学约》表中虽兼及初程，但皆学为士者所储备。顾今世所患，在未有通涂：将从新学教法欤？以作官为去路。然虽得毕业，及至作官，仍非所用。将从旧家塾教法欤？仍以作官为去路。第有终身于治学之一途，其于学无成而年已过，欲改为农工商，则所学亦全无用，为之奈何！育仁闻而惝惝然思，触念而来者，皆优深之学程，其于蒙诵之年龄、心理、资性，混同与差别，未敢一二言也，即未敢武断辄为规定支配同一之教科也。虽然，不能不致思焉。请就所见，约举其凡，且俟旧家宿学多年授课者，出其经验相参焉。吾自知其言仍属原理居多，庸备讨论之资云尔。

约拟改良小学女学方法如左：

初发蒙仍以读《三字经》为主。此书为宋王伯厚先生应麟所箸，应知之公知尽有，但须加注，为童蒙演说，亦可绘图。其朝代一节炎宋兴以下，后所续加，见点勘记。旧编《二十四孝》，及林同《百孝诗》，去取次叙均未当，应斟酌损益，以天子至庶人分次，仍各系以五言绝句一首，作《孝经歌》。《百家姓》须读，重字既少，兼知中国姓氏大凡。取《尔

雅·释亲》一篇，课诵上口，略与口讲大意。《千字文》虽属文言，但无重字，亦可次读，以资识字。

此外无识字之普通课本，应取《急就篇》作底本，存其普通常用之字，去其僻字，另编作四言、三、七言，按照韵本，分平、上、去、入次叙，间句押韵，作《急就新篇》。

《弟子职》虽属古书，但亦可加注，作今释，一便讲读，取高厚蒙求，删繁就简。附《步天歌》，亦章删其句，但存常见星名，如十二宫、二十八宿等。附以六十甲子、十二月建、二十四节，刺取《礼记·月令》、《时宪历》本所载七十二候。附后珠算归除法，加注说明，兼习笔算。

右蒙课两年可毕，此后约分四民预课。

第三年农课：

取《大学·齐家》章、《孝经·庶人》章、《豳风·七月》一章，印为一册，照旧背诵，便与口讲大意。次取《农桑辑要》、《三农纪要》，合纂删节，并作《农桑合纂》，为主课。

参读《幼学琼林》、《简略》为副课，《廿一史弹词》太繁，南刻有《读史简略》，或即称《简略》，蜀刻有《读史及幼编》，酌用。《幼学琼林》删其增者，就注讲说。

第四年工课：

格致入门，生利分利之别。新教科卫生学、地舆、历史、数学至归除代数，为主课。学习建筑、绘图、开方、算亩，为副课。练习手摇脚踏机，学制模型，学习规矩画，为选课。

演习歌唱，支配中西乐器。另组。

第五年商课：

《原富》、《富国策》、《续富国策》，均须删节、讲解。新教科外国舆地、历史、形学、代数、加地文学，兼习簿计学，参考中西度量权衡表。《万宝全》、《官商便览》、《通天晓》、《新科物理学》，均可作工商课参考书。

右略举农、工、商三课，但每课以一年为限，由农科预课转学进工、商预课，亦以一年为学期，俾知识渐进。商须兼知农、工，农不必兼知工、商。不转学者，即连蒙学三年四年，自出校执农、工业。五年课毕，始得进于士科。

一年读《孝经》、《论语》、《孟子》，讲贯为主课。

参考《文字蒙求》，诵古文选本，《龙文鞭影》、《古文苑》、《古诗源》均不必背诵。读《夏小正》，兼讲解文句之法。阅《纲鉴易知录》，取旧缙绅官制、省府厅州县制度，及原载丁粮物产，删繁就简，合为一编参看。

二年至第三年上期，读《诗经》、带小序。《礼记》初编及《左传》，可用节本。择读《昭明文选》，读唐诗成诵，讲解。认篆文，分日课字，讲问琴阁《说文部首笺正·按语》以前注说，参阅《通鉴辑览》、《唐宋诗文醇》。

三年下期至五年，读《书经》正编、《礼记》中编，成诵。

补诵《尔雅》、《小尔雅》，参看《礼记》终编，通看《仪礼》、《周礼》点句，不必背诵。讲贯《孝经》、《论语》、《孟子》，用旁训本改订。《孝经》用黄氏《集传》，略解大意。读《楚词》、《国语》，参看《荀子》，约解篇次目录，不必成诵。

从蒙课至士科，一年级为普及教育，出校，即可为小学教习。加士课三年，九年以后，入专门，参《学约》、《函授支配》各书。

自汉以来，兴学皆为取士，于是士林之为学，皆志在作官。其于圣制之原理，本非不合，但只属造士之抽象，未及教民之全体。于孔门设教之主旨，虽不甚差，但孔子系不得为政于天下，始退而设教，只得直接教士，间及教民；但明箸"从周"之训，则使其得位行政，自必首举司徒之官，敷设直接教民之政，所以屡梦见周公，曰："如有用我者，吾其为东周乎？"教民一大部分，具详在《地官》司徒之职，专以教民为主，而就中取士，先书其敬敏有学者，再书其孝弟睦姻有学者，系就教民具体中抽象为别科，不以取士为主体也。此处一误，全盘皆错，直误到今，离而愈远。穷则反始，乃发现于西裔，正是"天子失官，守在四夷"之应。所谓普及教育是也。乃势位富厚之陷溺汩没人心学界已深，自公卿至士夫皆不解此为何物，真我所不解。静言思之，人情莫不好逸而恶劳，畏难而趋易。仕宦而致富贵，无农桑居积之劳，而享受华膴，始终逸乐，避专门治学之难，而可凭小慧以矜夸智能，人皆以为荣宠。谬种展转，互相陷害，互相夸耀，牢不可破。男子一入学校，便持作官思想，纵有天资高尚者，亦不能自克。由于女教堕落又久，家人母妻妇女，但羡荣华，怀安逸，不明礼义，所属望勉励而逼迫之者，同出一孔，以富贵为目的，不问所从来。孟子所喻一段东郭乞余，其妻妾不但不羞也，独有守身守节，为中国女教特色，不但合于妇义，并无愧于守身弗辱之孝，且合于士行移孝作忠之忠。故连称其名为节孝，此乃圣人伦教久道化成之效。所可惜者，除服习于此条不言之教，其他之知识，皆不及男子，而贪吝于财，又加甚焉。由于坤性本偏于吝啬，而未尝学问，其势易于迷入此途，正宜今及兴女学导之以明礼，即从守节立根。约举女学支配教科，及其应用效果，如后。

《礼》有师氏、傅姆、保母，今徒醵公财养恤贫嫠，既不足以养赡，且视之又甚轻，无益教化。据《礼》之遗训，有德义者为师，明道艺者为傅，保身体者为保，见《礼记·保傅》篇。男女尊卑一例，皆以此分别名义。今守节可旌者，即是有德义；通文理有学业者，即是明道艺；学卫生知医方者，即能慈幼稚，保其身体。应易女校校长名为师氏；延聘五十以上，守节无玷者，充之教习，易名傅姆；延择旧学通文理能书算，新学学堂师范毕业有考成者充之；监学管理员易名为保姆，旧家能持家有经验，及习专方能治小儿妇科，新界曾学幼稚园滕司者，分充之；师氏、保姆，皆以孀妇为宜。如不得其人，但择年在五十以上，亦不拘定一格。原理其说甚长，约言之，即古者择嫠妇老而不嫁者采诗，率同巷相从夜绩之法。进而求之，则诸侯公卿家别置师、姆，所谓祖庙未毁，教于公宫；士夫家立宗，亦公设女教，置师与姆，所谓"祖庙既毁，教于宗室"。女子十年不出姆教，婉娩听从，治丝茧麻枲、织纴纰组诸教科，宗祠富厚，及大家义庄，可仿行之。女学教科，婉娩听从，即妇德、妇言、妇容、妇工。德、言、容即伦理修身科。妇工分丝茧、麻枲为两科。织、纴为两科。纰组，纰如绦缠打线，组如刺绣，亦为两科；烹饪别为一科。十岁以前，家庭教育，男女同教，数与方名，书计，即书算，为父母者自教之。男子十年出就外傅，女子十年不出，受姆教。今当为失学者谋补习，则文理数学，亦必设科，仍设丝茧、麻枲两科，合纰组为一科，烹饪兼酒浆为一科，绘画、音乐与女学最宜，设规矩绘图为主课，兼毛笔水画，设音乐，以操琴、笛、洞箫近雅乐者为主课，参合风琴。计凡十一科，统以两级校，增减支配足矣。其他非女学所应有事也。

保姆一科，附设以教中流未受教育者，别延西女为师，为专门别学。女科补习，与初级合并，教法先取《诗经》二《南》、《豳风·七月》、《尔雅·释亲》，合刻为一册，再刺取《礼记》中妇礼，仍按篇次合纂为一编，讲解代诵；次取《读史》及幼编《千字文》、《龙文鞭影》、《幼学琼林》参看；《月令粹编》，亦可带阅。

再进设专门一级，由师范选科升学，以备女史、女祝为女官之选。

师范修身伦理科即须读经，一课《论语》、《孝经》，二课《礼记》初编，三课讲《孝经》、《论语》。至选科，入专门，加《诗经》（或并加《左传》），习作诗文、楷篆，附加历史、舆地课本。女学高级，亦须有国家知识，始能知礼制之原理应用。观《左传》敬姜之论，原原本本，岂今之欲争参政权者所能梦见！不必参预其政，要须共闻其理也。

今世学修佛、道出世法者，亦有优秀，备为女祝之选，别说于他篇。

更化篇议学制[*]

（1923）

揣摩事势，赴机应变，旧官吏皆优为之，而治事每无条理。治薄书、办章程、析议案有条理，议士、律士新人物则优为之矣，顾不知持大礼，不及旧政界人程度尚远。法政学林立，而议员之俊，口若悬河，何渠不若旧？而校以成绩，实如江河流日下，而无可讳言。吾始诧焉，久乃由阅报往往见议案，始悟新法政学所习者皆条文。因忆三十年前，自使职归，发起学校，在《采风记》中，乃撮举其荦荦大者。箧中携有西人所赠各国学堂胪例科目程课，约已十数种，梁卓如见而悦之，索赠以去，是所采之余也。鄂生有潘晟之呈所著乞鉴定，开篇序述如有得，下行历若干行，则钞成文也。比年有外孙卒业于法政，持其校长某箸作《地方自治方案》一编求定，视之则全钞普通条文。今成都建女学法政，犹女欲问学，取其伦理、宪法授课两编来请质然疑，乃阅两册，觉宪法开首释名义即游移其词，囫囵强解，所谓开口便错者耶！因又回忆五大臣出洋，泽公以进呈草宪相属，爰撰一编请题名缮进。泽公初推重甚至，既而进呈事寝。乃有人持此编来礼学馆，风示同事为签驳。同事谢不能。问云何，乃曰：有留学生在公侧毁之云"开篇便错"也。王纂修以告余，咤叹而已。今按此通行课本，节目犹是，而杂引各国条文孤章断句，百漏千孔，不胜条驳。约其言以为评语，则列举者其词离，同条者不共贯，并理者不相属，牵合者又名实相乱。要之，由于译学太浅，而习见太深，杂引分权之学说，以附会集权之习惯，归于不知法理但习条文，剽袭条文，不通法理云尔。恍然于吾之谈法理，与时流如凿枘之不能相入，而孙文之帝制考试、参劾两权，青年皆闻而悦之也，不亦宜乎，不亦宜乎？再按通课伦理，竟一编无涉及中国人伦者，其解"伦"字之义，如《穆勒名学》之十伦、五旌，谓伦类耳，自始至终，皆胪举某家云何，其分别门类，如旧日作文类典、对策纂钞，惟中间利己利人一则，乃其到题扼要，有纯全外国欧化之伦理，属于耶稣国教之绪言，与中国渺不相涉。

教科既蔓引名学之伦理以窜合人伦；宪法则杂纂权限之条文以涂附统治。孙文又沿袭帝制之思想，以支配共和。各人师心自用，以意为之，乃又不约而同，同归于米盐凌杂一篇之簿计，是何以故？吾今乃知其故。天下之心在势利，中国之势利在作官，作官之来源在考试，考试之凭准在作文，作文须赖兔园册子为应用之资粮，学校则造兔园册子为作官之预备。五里之雾，七圣皆迷。旧人于新造兔园册子，目所未见，耳所未经，宜其闭目不观，闻而却走。诸书坊为此以射利，诸教员挟此以谋生。新学生开首，即听受惠施之多方，灌溉群言之淆乱，宜其心理凌乱，不知所从。吾始怪旧人之何以墨守胶柱，而鼓瑟自如；新人之何以牛鬼蛇神，中风而狂走。今乃见十数年来，卷牢天下之图，而收纳于兔园册子者如此。建章千门万户，旧人不得其门而入，新人则入百门而杜以一门焉，不知门之从何而出，不亦宜乎？不亦宜乎？旧官士原挟有兔园册子，自不为舍旧而图新；新政流先入此兔园册中，又岂肯舍长而取短耶？是以各趋于一极端，背而交相诋而已矣。危哉！待此以往不变，其不至于举国昏愦糊涂如梁漱溟所云"沦为黑蛮奴隶"不止也。然而犹幸有所恃而不至于此也。

夫所谓犹幸有所恃而不至于此者，非西人所誉二千年之美术，乃在孔门礼教遗传性习五千年载纲常也。吾向怪墨守旧学，既侃侃而不惮为矫枉之言，闻者掩耳而走，吾亦咎心。何则？善善从长。今执责备尽言之义，而昧隐恶扬善之情，毋乃邻于谿刻之论乎？世无天吏，吾不愿附和用兵复辟；今居中国，自不解何谓巩固共和。夫律己者不可以律人，律人者当各视其分量，论人者又当论其世也。向既揭言，自魏、晋以来，学已失其统系，无一定之学说可守。而节义之臣，孝义之妇子，犹代相望于史册。自黄宗羲氏未发明君道臣道学理以前，举国上下，因承秦、汉流传，视国为人主之私产，则视君臣之义为私恩，亦老子所云"失仁然后义"也。义亦何可少哉？昔吾犯袁氏之难，亦为自行其义也。自维疏贱之臣，遭逢不幸，如此一生已事了，即当遁世无闷。今闻张忠武之丧，为文以哭而哀，称之甚重者，为夫将帅之臣，职在封疆，而朝政之兴替得失，非其职也，武臣如此，诚属完人。过去生中有香火缘，今见其终也，吾是以哀也。若文臣则有缺焉。虽然，追溯其前，经术已绝，文论本无宗旨，一部史所持以奖励忠孝节义之人物，皆主于私恩。夫眷眷私恩，而始终不背，亦纲常之所系也，又曷可少哉？论世以知人，世犹此世，学止于此，艰难守节，亦即不负所学。吾于避地海上诸公，亦无间然矣。颠顸之复辟，固不敢苟同，守节不忘义，亦无敢自异。论世固如此也，而敢忘异量之美乎？"不忮不求，何用不臧"，子路终身诵之，子曰："是道也何足以臧？"向也为此义作疏证，诚虑不直则道不见也，愿听言者勿误会为露才扬己也。向又常怪新人之狂惑，极言竭论，痛下箴贬，不讳其为发愤而作，宁不知直言以翘人过，处乱世而不逊，为不可为，无伯夷之高节，而敢以举世为非耶？徒欲以苦言之药，治甘言之疾，而不饮奈何！今即果以求因，从学校发念，乃见夫伦理、宪法之至重教科，又一兔园册子。夫此兔园册子之教法，承习者千余年，为学者无非为作官，求官者即不外掺兔园册子，一朝而欲易之，而谁与易？则无怪苦言之药，如仲景之灸甘草汤，酒客勿与，酒客恶甘故也，酒客之恶甘，其饮酒在前也，不亦宜乎，不亦宜乎？虽然，犹赖有诗书之泽，讽诵流演，以寓于文字美术之中，传为种性，成为习性，存于父子夫妇之伦，吾后生子女由种性与习性合化以保其良性，日荡汩于横流愆浪之间，而如水之有静性，涓涓相续，日见其漩澴既沉而尚不得遽以沦胥也。文学之美术，又曷可少之哉？然而长此终古，持兔园册子之教法而不变，则必终古登陀也。其为消极而不能进化又明矣。

俗言进化者，雅言更化。董子之在汉初，黄老之治方奏效，民乐休息，惟独有富者田连阡陌，贫者无卓锥之地，秦之十弊，与治狱之吏，一弊尚存耳。而董仲舒已慨然奏书，欲改弦而更张，且曰"进而更化"。夫董子之时，犹汲汲乎谋更化，而我乃以不更化为守旧，亦异乎董子矣。董子之守旧道古，而汲汲乎更化，而我乃日日号国人以维新，而曰学洋已足，勿求进化乎？我旧学所称为盛汉之隆者，董子见为秦余之毒也；我新知所刻意摹追求为巩固共和者，在欧美已成为衰败之蜕也。旧学乎？新学乎？守末汉以降之旧，而讳言师古，持政党代议之制，而不愿维新，其为学识之陋，何可遁词，又岂能曲饰？何况旧界且高谈佛乘之无相，新界更欲超越尧、舜之大同，又从何说起？不思而已，思之，当如齐王对孟子之自笑曰："是诚何心哉！"我非爱其财也。泛览流观之旧学，口耳四寸之新学，纵博极《四库》群书，历遍五洲学校，其仍不免挟兔园册子欤！夫改进学制与审定教科，为天下更化进化之谋，即为吾人子孙万世之计。此新界之所不介怀，旧学者不得曰无预乃公事也。学制之主点在教科，教科之主点在伦理、宪法，此理甚明；群起融合而编定二科，其业又甚简。闻此而河汉斯言者，吾不知其何心；闻此而土苴斯言者，世当问其是何居心也。

国学研究社讲习专门学科 *
（1923）

　　北京大学立经学专科，外国学校有历史分科，讲求国学者，因此遂以经、史、子、集四部之名，分配为教科。孔经为欧美所无，而彼中大学五科，有道科，以其教经为主课；日本大学立哲学，以孔经立为哲学教科。夫四部乃分部书类之名，非支配学科之目。外域教经，专修宗教；所谓历史，专载事迹，犹且教经不标为专门之科，历史亦只为预科之助。日本支配孔经为哲学大科研究书，知其一端，推例可悟。中国经、史，组合专门各学而成，今立学会为研究专门，自应以专门学业标名，而指定某经某史及子家某家书为研究所占之专课，列目如后：

　　伦理学：中国宗教即在伦理中，不别立宗教。

　　《诗经》、《礼记》、《孝经》、《孟子》为主课。各家经注经说，各附本经，问琴阁《群经大义·诗经义》附。

　　《论语》、《荀子》、《说苑》、《新序》、《韩诗外传》附之。《仪礼》、《白虎通义》为参改书。《仪礼》即圣教之科仪，《司马书仪》、《朱子家礼》附《仪礼》。

　　哲学：

　　四书为主 课。理学家书附之。

　　《老子》、《关尹子》、《孟子》、《荀子》、陆贾《新语》、《董子》、《扬子》、《论衡》、《昌言》、《潜夫论》、《文中子》为参考书。

　　政治学：

　　《尚书》、《周礼》、《礼记·曲礼下》、《王制》为主课。诸家注说附，问琴阁《尚书古今文分编》、《周官古义举例》、《周礼表》附之。

　　《管子》、《孟子》、《司马法》、《董子》、《贾子》、《昌言》、《潜夫

论》、《国语》、《史记》、《汉书》为参考书。《采风记》、《时务论》附之。

法律学：公理、公法、法学统入此门，不别立科。

《周礼·秋官》、《春秋公羊传》、《汉书·刑法志》、《唐律议疏》、孟德斯鸠《法意》为主课。问琴阁《经术公理学》、《采风记·公法》篇、《礼律根本解决论》附。

《律例统宗》、《罗马法典》、《英律全书》、《法国律例》、伯伦知理《政治学》、《日本刑法志》、《法规大全》、《民事专门》、《公法会通》、《通商条约》、《出使指明》为参考研究书。那特砭、斯宾塞尔、市岛谦吉法政学法制大意附。

财政学：

《周礼·天官》、《地官》，《史记·平准书》、《货殖传》，《汉书·食货志》、司密亚丹《原富》、《国富策》、《续国富策》，《各国币制纂要》为主课。问琴阁《经世财政学》附。

《列国岁计纂要》、《交涉税则》、《中国海关税则》、《公司章程》、《铁路章程》、《工商业史》、《农业史》、《生利分利之别》、《海关税册价值》为参考书。

教育学：

《周礼·地官》、《春官》，《礼记·王制》、《学记》、《文王世子》、《曲礼》、《小仪》、《内则》，师范讲义为主课。《群经大义》、《采风记·学校》篇、《经术公理学》附。

朱子《小学》、《四礼翼》、《五种遗规》、《学校统系》、《教育原理》为参考书。

训诂学：即古教科六书，汉以来称为小学，演为名学，即东瀛名词之"论理学"，标名六书小学则嫌限于狭题，为论理名学又嫌于偏，今定为"训诂学"。

《尔雅》、《夏小正》、《说文解字》为主课。《尔雅讲义》、《夏小正文法今释》、《说文部首笺正》附之。

王氏《说文释例》、《说文句读》、段氏《说文注》、《小学汇函》、《汗简笺正》、《尹文子》、《经传释词》、穆勒《名学》为参考研究书。问琴阁《同文解字》附之。

文史学：统纪事发论无韵之篇与诗赋歌辞有韵之体皆在此科，如以孔门之"文学"立科，则范围过大；以晚近之"词章"标目，则界说太狭；攀新学界之"国文"为称，又与六书训诂、论理各学名实相混，宾主不分。文之古谊专属于字诂，史之通义兼统夫文词。欧人著书多名之曰"史"，即谓修辞学家也。"修辞"二字本出自易落之文，即称为修词学亦得。今以文史代修词之目，并史学亦属此科。

《诗经》、《国语》、《左传》、《孟子》、《庄子》、《楚词》、《史记》、《汉书》、《史通》、《文心雕龙》、《昭明文选》、《古诗选》、《八代诗选》、《七十家赋钞》、《唐宋文醇》、《诗醇》为主课。问琴阁之《唐诗品》附。

《礼记·檀弓》、《文王世子》、《学记》、《吕览》、《淮南子》、《贾子》、《国策》、《后汉书》、《三国志》、《通鉴》、《三通》、《八代文萃》、《古文词类纂》、《全唐诗》为研究参考书。

女学教科书目录：

《诗经·国风》、《正风》、《周南》、《召南》读本带全经小序。

《豳风》之什读本。

《礼记·曲礼》上下、《内则》、《昏义》附《尔疋·释亲》纂妇礼附刊。

刘向《列女传》古本有绣像佳，宋本最佳。

明解缙《列女传》坊本附《幼学订》正同刊。

女四书坊本《女诫》、《女训》、《女论语》附《列女传》。

《读史》及《幼编》重加订正刊行。

《古诗源》、《玉台新咏》、《唐诗三百首》合刊。

《古文苑》

《汉书·列女传序》

《六朝文绣》合刊。

附《华阳国志·士女志序》

论世变[*]
（1924）

今日之世变，众人所不识。深识者始知为学说乱天下，顾犹未识其原。邪说所以横流，由于正学之先自消铄。不但空穴而风来，直是虫生于物腐。人心之妄动，亦是天心之所启，即是天心惮怒，《诗》所谓"我生不辰，逢天惮怒"。昔在辛亥国变，曾语人云：自古易代，无今日现象，天心怒矣，故普降罪罚。天子去位，文武百寮，一齐革职，褫去冠服，人民无少长，一律宣布髡刑。妇女人人带孝。一时女界皆尚好素色，不约而同，故云。其时语此，意含悲愤，非出笃论。比再至京，同馆有为予言，于晦若屡称此言，叹服甚至。其初袁氏尚制有冠服，而久之无人用。三年以后，兵祸日炽，死亡枕藉，家家妇女连及无不有期功之丧，其言竟验。伦教道消，始于出洋者先薄视父子，是以决去君臣甚易，婚姻之礼日废，自由结婚者日多，而自由恋爱，并欲废结婚之说起。《易》所谓履霜坚冰，由来者渐，非一朝一夕之故也。后世君臣之恩义已薄，由于不能隆礼由礼，而君臣之道亦衰。孟子之论臣道四等，大人则兼君与臣而言，天民社稷，臣事君人，实为臣道三等。天民在师臣之间，三公之选，其惟一之臣格，以安社稷为主。一部廿四史之无愧名臣传者，皆此一流人物。其滥厕于其间者，亦依附于有关社稷之重，连类而书。后来史家无识，误认君臣之义为感恩图报，则以孟子之事君人为臣道之则，不知以事是君为容悦，则高不过张禹、孔光之流，卑者至于佞幸传，恩泽侯，其去社稷臣之人远矣。称社稷则重在为民，而主于为国。孟子又云，欲为君，尽君道；欲为臣，尽臣道。二者皆法尧、舜，不以舜之所以事尧事君，不敬其君；不以尧之所以治民治民，为贼其民。两

条系归纳于一条，故曰："民为贵，社稷次之，君为轻。"非一偏之义，又非两歧之论也。此属经史学理深义，此但略说，别出讲义。今世巨变，视前朝易代之关系为重，而于君臣去就之关系较轻。何则？世道日即凌夷，既与外域之初进化国度平等，而又有种族之普通心理，发为常识学说以间之。化合于史家之宗社，狭义恩泽所结合，打穿后壁，则与权利主义不甚相远。至于异代，质言之亦犹是两家权利之争也。是以旧学家无已而求其辩护，则称扬先朝之德泽，即不得不讳言末叶之倾颓，而弊政乱略，贪人败类，亦既积久而播于民心。本欲援先德以掩后愆，谁识后愆之不可掩，反以累其先德。以本朝而论，同、光之政，已不逮嘉、咸；乾、嘉之际，已远游康、雍；雍正之朝，不逮康熙多矣。乡土编氓，闻不能以及远，知不足以藏往，所见不逮所闻，所闻不如一见，则且疑伊古以来亦若是而已耳。昔周公营洛有言："有德易以兴，无德易以亡。"此圣人之心远矣，不足为世士道，非众人所能共喻也。其有可以共喻者，臣与民之义，固自不同。臣不可以贰，民非不可贰也；臣不可以叛，而民非不可叛也。圣贤所恒言也。降及史家言，亦惟有贰臣，而不得讥贰民也。外邦既有庶建民主之国，党人借为口实，假定为民国之名，明其非前代易姓而有天下之比也。是诚猪①而揭之曰：天下者天下人之天下也，为旧臣者，既已悉罢职而为民，且非服从谁氏之民，乃共为地主占有一分之民，直下承担，而为国民，亦自仰不愧而俯不怍，进退绰绰而有余地。惟谋人之军师邦邑者，上至封疆，下至知县守土，有连坐之责焉。此外则有自矜名节之士，贤于众人，义不愿与民国齐民为伍，望望然去之，若将浼焉。黄冠披缁，岩栖瓢饮，任自为之，诚不可不称为高节卓行，加人数等，而不得以此责望于人也。非通义也，为民而不仕，即已完旧臣之义也。民国虽无所谓臣义，亦不投身于公仆也。夫不投身公仆者，与易代之守臣节有异，而不为势屈之义则同。何也？所食之粟不属之何王之庭，而应占有其一分先畴之亩也。

---

① 原文如此，当作"橥"。

《诗·国风》子夏传说论救国[*]
（1924）

　　及门孙倬章有《论中国可救不可救》，拟节采入学刊。适有印度诗人泰戈尔来游于华，南省欢迎，殆如汉经师门藉万人之市。于文朋说曰：凤鸟从飞以万数。余闻而叹，为戏论曰：有朋自远方来，其斯为预言之验欤？听其言谓东方文化其来久，如欧美之物质文明，直为世妖，不足效也，且当反而求之中国国故，俟其祎而国人可以闻声顿悟矣。

　　顾孙生之论，题作问难曰：中国终无救乎？观其所图议极于求新，而归结乃主于县自治，则中国古时之国域也。印度诗人泰戈尔则曰反求其国故。国故莫古于《诗》，子夏传曰：国史明于治乱之故，即六艺之兴于《诗》矣。吾为之两比而折其中，物从主人，名从中国，"名物"二字，互勘对文。今名词既译为华文，则解释名词当然从中国之故。"宪法"二字，为中国政治学之特制名词，东洋取其训义以诂欧美政治，成文法治之物。"宪"字屡揭于《尚书》，而布宪、司宪，胪传于《周官》，厘而为八法。今一言宪法，无新旧界皆认为异产殊方所出，不知其为国故也。既不知为国故，则不解由此政纲之最名，以循名而核实。新学者力求之西，而枝节不合，则攘臂而仍之，再进而求新，乃岐之中又有岐焉，莫测所由，寄之理想。旧学者则力持立宪为不可，抑思夫法也者，无古今中外，公共之名。今新学不研求法理，而但学条文，是以举条件则纷然前陈，彭亨而笥富，一究理由，则茶然而中枵。是以议员、政客、法律家若而人，统而名之，如折袜线。

　　物质之文明，举世所歆羡夸荣，自泰戈眼光视为斫丧文化之妖。时则有木妖，时则有服妖，时则有脂液之妖，以至时则有诗妖，又岂不然

哉？吾再为平心而亭之。物质文明发生于科学，旧学文弊流于玄虚，新学竞称科学，亦犹之文质相变也，未始全非也。然而我国改建学校，驰鹜①于科学已十二年，科学无一成。不但声光电化、工艺制造，属于实科，无郊人之选，即如财政专门之属在文科者，又征论本国学校，且并数出洋留学，迄今币制尚无人通晓，中西物价泉币之比较统计，尚且目迷五色，不得其和较赢缩之数，直不足以言科学，又何从语物质之文明乎？则降而切近，求之新学所倡导社会环境、常识公知，中外交通近百年，而环球列国之政教俗尚，人生境象，志淫好辟，经文语，问琴读为蜀谚之好撇。开口咙胡，类阳明谵语。如自由平等，即是取消家庭之注脚；婚姻自由，无异废除夫妇之代名；至于恋爱自由，已彰明女无节操之可言，男无钻穴逾墙之可耻。乃新学界崇拜自由平等，而争承世守之财产，兢以积财遗子孙；极张男女平权，而偏责重女子以贞操，犹讳言男子之外遇。见想颠倒，无有是处，以绝对冲突之主义而并为一谈，乃欲合一炉而治，其为不祥金矣。所求乎社会环境之常识公知，又安在也？

善乎！何莫学乎《诗》矣。今之一县，古之一国，小有分合，而亘数千年，地域山川未之有改，其民之习成根性，至今证于《国风》而可知也。《礼》：男年六十，女年五十，无子者，令其服采诗之公务，所以太史出使于列国，陈诗以观民风，以知民之所好恶，志淫好辟，谓采其国民间所传之诗歌，以见其一域之中，人民习尚之正邪好丑也。《国风》之诗，即后世相传诵之歌句也。歌句必须有情有理，成句成文，合腔合调，始有人辗转传诵，此所谓“志足而言文”。又曰“言之不文，则传之不远”，换言即是志不足则言不文，言成文则传之远。例如旧俗谚云“八字衙门大打开，有理无钱莫进来”，又云“好人不做兵，好铁不打钉”，又有一谚云：人到公门正好修，好汉不吃眼前亏，好马不吃回头草。吾昔在欧，交教士路光邦，时出其手册记中国歌句五七言夥颐，凡谚语成词者，皆是歌句。即古所传民间采风诗之流也。第举一例以概其余，俯拾即是，其词意相反者甚多，若深看一层，两方所表，皆是民意，面②两意均不满足，人意各走一极端，无充分之理由，只可云各有一番情理而已。须知即此可观民风，由此可以推知其民风之志淫好辟。各方国土有各方之志淫好辟，绝不可误认误解为此也志，某也淫，某也好，某也辟。凡天演种性根性所传，总而评之，均杂有其志淫好辟。故子夏序《诗》曰：

---

① 原文如此，当作“鹜”。
② 原文如此，当作“而”。

"以一国之事，系一人之本，谓之风。"风，风也，以风雨之风，解风雅之风，正谓风俗所传演不过一国百十里之地域，不能再广及远。是以由此进于《小雅》，再进于《大雅》，所谓以一国之政，形四方之风谓之雅。由此可以推知，人情民俗限于方舆，即今语所云环境观念、社会心理，彻地见到世界国土起根原点，始能悟得孔子立教，必兴于《诗》，而《诗》必始于《国风》。又以反词明诗之体用，如钉定木，如土委地，曰："诵《诗》三百，授之以政不达，使于四方，不能专对，虽多亦奚以为？"又正言之曰："赐也，可与言诗。""赐也达，于从政乎何有？"於乎何有，犹俗言不在话下。

孙章悼之极求诸新，反而致役乎县，则可以悟诗教之始于《国风》矣。抑夫诗也者，天地人文，合而发生自然之声乐，无古今中外殊方别教，凡有文字之界皆所共有之，且至未兴文字①之时间空间，亦先有之。史称葛天氏之歌，操旄牛尾而舞，千人唱，万人和，今蜀之高腔接后场，犹传其遗意也，即蜀楚连江榜人邪许相和之音，不必成文字，而已成歌唱，其中亦自有声有词，即乐语之粗浅谣谚，志淫好辟，皆有焉。有大夫之九能者，闻而志之，勘合于采风所陈之诗，触类旁通，岂独举隅反三，不止闻一知二，能于乐谱因而谱入弦歌，遂成为乐。是以《礼记》有云："商人识之，故谓之商；齐人识之，故谓之齐。"

欧之文字，从印度传来。吾卅年前闻之英牛津毛勒博士。泰西之为诗，始自荷马、诺德，吾国人于乞灵于欧化，乃盛称之。旧学又坚持声律对偶之诗，以相喜怒，而恣毁誉。其实不必相难，诗乃公器，吾中国之文化，自孔门而大成，以绪余传于后世，其传授先以《诗》，迄衍于汉、魏，盛于唐，流溢至于今。人学为诗，工于诗者不知凡几，自当从其朔，以风、雅为宗。欧为印度转传，印度之有诗姚矣，佛经之颂偈皆诗也，以文法音读之主音，与华文两派，故其音韵初不能明，而言必整齐，语必结束。要其与诗同科，可以断言。且断自唐以前译颂偈无韵，至慧能六祖，翻用神秀法师一偈，即系用韵。坛经之偈，皆属韶②文，此后禅偈悉为韵语，其为诗之明征也。又溯其前，《华严》之颂，七言为多，侔色揣称，累如珠贯。曾见《道藏·太霄琅书》，全作五言诗，为六朝气格，且用韶③皆依唐韵以前。

---

① 原文如此，当作"字"。
② 原文如此，当作"韵"。
③ 原文如此，当作"韵"。

泰戈诗人，是即良史。予①夏序《诗》，称良史，明于治乱之故。今来游斯土，其必有所述印度国故，与所采欧美国故，将以饷我国人乎！吾国人忘其国故久矣，是以有望于泰戈诗人，印度之良史也。抑印度为欧文之初祖，泰戈诗人出印度，印度诗为欧诗祖师。今人称欧诗，有训诗、史诗二种，又有情诗一种，以吾所见，尚有哀诗存于《旧约》，时人未之称也。其情诗之近雅者，亦闻存于《旧约》，其外所传者，则无界说之情诗，不足观也。哀诗之作，出于教界衰废之时，亦犹风雅陈古谏今之意，而参以预言，谓后出将复兴也。吾孔子诏门人以学《诗》曰：可以兴，可以观，可以群，可以怨。先师说《诗》四字真言，后师说此四字，多涉于惝恍无箸。育仁谨按：兴者主正风而言，即"兴于《诗》"之兴，故诏伯鱼为《周南》、《召南》，知礼教兴于家庭夫妇，又必始于宫庭，然后诸侯、公卿、大夫、士，以相形而兴起。观者即子夏传云：国史明于治乱之迹，属变风变雅，与正风正雅对照而观。群者情也，由夫妇之情以起家庭之礼，使放逸之人情范归于正，而恩义之作用极于远迩。怨者哀也，夫子说《关雎》，即云："哀而不伤。"传释曰："哀窈窕，思贤才。"家求淑女，国求贤才，其事一也。欧之为训诗、史诗、情诗、哀诗，亦与兴、观、群、怨之旨有合，请以质之泰氏可乎哉！

---

① 原文如此，当作"子"。

国是学校根本解决论[*]

（1924）

　　中国今日之乱，为数千年一系不断之历史所无。高掌远蹠、识时忧世之士，共叹为五季之乱世云尔，不知此仅属于一方面、一部分割据纷争现象，而非全体。至于举国之颠倒迷离，乃不可思议。日日谈欧化，而不知欧化之国所与立；事事慕民治，而不问民治之其道何从；纷纷道科学，而不计科学之所用何途；人人矜智能，而不究智能之所营何事。总挈而言，由于根本错误。交通数十年，游历千百辈，迄无人通晓外国国形与中国根本不同，一切误认第二根性之异点，为自然原人之同点，实以父子平等，夫妇平权，为烧点之焦点。彼欧化数千年印入人人脑筋之训词，曰毋夺人之权利，曰一心事天，爱人如己，并无孝弟廉节之名词。父子平等之原因，约可分为五层说法：起根于无祖宗之统系，所以无家庭之关系；由于无家庭之关系，所以无亲眷之牵连；由无家庭、亲眷之两因，所以成其各人独立之效果，实行个人集合之社会，人占有国家之一分子，所以当然父子平等。其得在彼，而其失在此，祸福倚伏如循环，吉凶一门如转毂。但各就所立之方，权其轻重，不可得兼，而取舍可知也。其夫妇平权之前因后果，亦可分五层说法：起根于各人自营其职业，各人自有其权利，所以男女平权；惟其无祖宗子孙血统香烟之关系，所以无家庭弟男子侄诸亲六眷之牵连；惟其男女自有其财产，当然财产自由自主；惟其财产自主，所以婚姻自由；惟其男女平权，夫妇各有其财产，所以夫妇平权，理所当然，事所必至。又正惟其夫妇平权，无有财产之倚赖，家庭之关系，所以必定结婚自由。结婚自由，缘生于恋爱自由，又属顺于人情之大宝，天下无男女不相恋爱而自愿结婚

之情理；正惟欲遂其恋爱自由，所以必极成婚姻自由；又惟其自由结婚，所以必发生自由恋爱。五层互为其因果，而以父子平等为其主点之大原因。总之，归于欧洲文化，未立人伦，无祖先传代之贻谋，因之无室家财产之维系。彼中所谓小家庭者，上无奉事之父母、舅姑，下无管理之弟男、子侄，旁无伯叔、诸姑、兄弟、姊妹、妯娌，更无所谓舅甥、婚姻兄弟及往来之诸亲六眷，子妇、舅姑不相见，伯叔兄弟姊妹离散。上不见祖，下不见孙，男不承先代之家财，女不受父母之资遗。并无子孙为之后，自无所谓积财贻子孙，自营之财自用，其于男女之恋爱自由当然无遮无碍，夫谁得而非之？所谓结婚离婚者，适如上海之姘合，折姘行所无事，视若固然。其扶养未成人儿女之义务，乃由国法之强制履行，为父母者固无利于养子，为子女者亦不倚赖父母赀财，特以肉欲不能离男女之情，强迫养子不能不受国家之法制耳。我国陵夷至今，万事破裂，惟独此拜祖宗之特色，西人所称，看似礼文，而传血胤，续香火，鬼不馁而神罔时恫，关于尊重人道者至大。由是之故，女界咸知守身为孝，有嗣为荣，所以国家旅[①]表节孝，累累若若，溢卷阗间，志乘胪传，都邑相望。此由圣人人伦之至，设不言之教，久道化成，百姓日用而不知，视为原人之自然，心理已糊涂，而偏欲谬称欧化，涂附国文，削踵以就履，不自知其纳履则踵决，自不觉其捉襟而肘见也，岂不可哀也哉！既欲涂附欧化，又欲绳以伦教，何怪女界之反唇相稽，男则女界以贞女，訾男妒为媚耳。夫贞淫之名，本属男女并重；"媚妒"二字，古义男女同词，而皆欧文字典所无。今第勿深论，试思既知恋爱自由之不可，则当力辟婚姻自由之非；既知婚姻自由之非，则当深辨夫妇平权之谬；既辨夫妇平权之谬，则当切究男女平权之所由；既究男女平权之由，则当审处于财产独立之故。今不求其财产独立之故，但于二门听鼓，既慕其财产独立，势必于男女平权拱手受教；既受男女平权之教，势必于夫妇平权望尘下拜；既崇拜夫妇平权，势必于婚姻自由从风而靡；既风靡于婚姻自由，势必至于恋爱自由，无词可说。乃何独于恋爱自由知其不可，深恶痛绝，而于婚姻自由、夫妇平权，不但不深闭固拒，而且鼓掌欢迎？不知男女无所谓不平权，男女平权之语，后果为夫妇婚姻说法，前因为职业生计说法，相缘而生，不能凭个人思想，见以为利于己者则取之，见以为碍于男者则拒之也。近见社报

---

① 原文如此，当作"旌"。

载男女界辨论，有引胡适之言，宜若可以关其口而夺之气，然犹似是而非也，所谓言弥近理而害尤甚也。何则？我国人之职业财产生计，以作官为最优胜，男界之号称知识阶级，能作语言文字者，悉归于此之一途，则何怪女界之群起而嚣，斤斤而争作官参政权也。中国圣人人伦至教之原理，因承先传代，养生送死，慎终追远，而建立家庭，乃因家庭关系而发生财产关系，后世已渐忘其本，而犹齐其末。乃因财产关系以维系家庭，此中惟一败点，即是养成多数之倚赖性质，不得讳言，除此皆善，必不可改。然此倚赖性质，由积习而成，非原理所有，正当修明其教典，以行其政典，为之限制，强制履行，断不能因此破坏家庭以就欧化，如新流之默许父子平等，欢迎夫妇平权。夫父子平等、夫妇平权，即使立致人人爱国，其结果亦必致如欧洲今日，是直同少迫于饥寒，而服毒自尽也。此由不知欧化之国形故也，所谓日谈欧化而不知欧化之国何以立。

国人之倚赖性成，非但愚惰者倚赖祖父之遗产家赀，即俊敏者仍属倚赖国家之威权势利，人人各顾私其妻子货财，连及惟有诸亲六眷，无人注重自立思想，自无从发生爱国观念。或有深思过度，以为废弃家庭，恢张民治，庶望人皆爱国，不知我以家庭教育养成为第二根性，彼以共治国家之法治养成为第二根性，各有一定之轨道，驾轻就熟，不可推移。今欲借径欧美，以望提高人民程度乎？必由法治之轨道进行，断可知也。闻其风而悦之，尽弃其学而学焉，殆矣。盖有不知而作者，殆而已矣。今闻欧美三权鼎立，即亦效之曰三权鼎立，不知三权鼎立，首以司法独立为中坚，彼法学界历数千年之基础，非我所能一跃而升也。法学界不能独立，即司法界不能独立，三权自不能鼎立。闻欧美为代议制，我亦效之曰代议制，不知彼中言无代议士不出税者，正谓代议士监督行政，首重在监督收税财政也，非人民倚赖代议士以倚赖民政，更非代议士倚赖政府以行使民权也。我之国省议员，于法理多未闻焉，代议不能成立，三权亦无由鼎立也。闻欧美有总统制，有内阁制，我则效为似总统非总统制，似内阁非内阁制。闻欧美曰宜建强有力政府，宜当出狄克推多，我则效为似强有力政府，似狄克推多，不知无论为强有力政府，为狄克推多，皆必先决定为总统制为内阁制。总统制则政府首领属总统，内阁制则政府首领属内阁，今俨然视总统为元首，视内阁为股肱，则是帝制之君若臣，而非代人民行政之首领也；视督军、省长、师长为封疆，视厅长、道尹、知事为命吏，则是人民胥受治于官吏威权，无所用其自治程度也。欧美之习成第二根性，即毋夺人之权利，亦不受人之夺其权利，所以无论官吏与人民，皆最重权限，无论国家与官吏之交涉，最重债务债权。中国习成之第二根性，即注重家财以遗于子孙，所以身家念重，倚赖性成，人民惟知倚赖官府压力，官僚惟知倚赖国家威权，无所谓之爱国，即无所谓之民治。总挈而言，欧美系法治习惯，中国系官治习惯。惟其系法治习惯，所以人尊法律，重视权限债务；惟其重视权限，所以官吏不敢滥用职权，人民亦不致动于非分；惟其重视债权债务，官吏不敢贪赃枉法，人民亦不易作奸犯科；惟其于权限债务法治严明，所以个人之公权私产能以独立，实以个人之分子，直接结合以成之国家，所以人民知爱国由此而生，地方能自治由此而致。中国惟其系官治习惯，所以人忽法律，轻视权限债务，遇事侵权，见利中饱，所以升官发财之路广，而奉公好义之意微；本非个人分子直接结合之国家，当然人自为谋，家自为计；财产非由个人自立，与国家无连带之关系，与地方亦无连带之关系，当然无心于爱国，所以无求于自治地方。正惟不知欧美民治系纯全之法治，所以举国昧于法理，而财政紊乱，但谋苟得以为贵；职权滥用，惟知上级之为尊。于此而欲提高人民程度乎？其必自澄叙官吏法权始矣，以法治官吏而已矣。

夫法者，中西民治、官治两方轨道出门合辙之交点也。三代以上皆宪政，"宪法"二字，即《周礼》特出之名词。俗学不知，吾书具在，请留更仆，未可终也。就论汉、唐以来，儒臣学者尚犹称曰：三尺法，天子与万民共之也。梁、章辈所误指为专制者，乃有其现像，而非其国体也。况既言立宪矣，岂有不治官吏专治百姓之宪法乎？纵官殃民，在中国政治原理，暗君庸相大臣上司且当负其咎责，而不见汉诏之屡问"其咎安"在乎？又况今已号为共和民国十三年矣，而民气一息仅存，民隐一毫不问，况曰民治？况曰民权？民无逃死，惟知倚赖政府，官吏亦惟知包办自治，不如两从所愿，竟以民治之法治官吏，而民治在其中。今上不在天，下不在田，但见官府专横，百姓莫敢出气，团长以上各部，皆开府辟除官吏；知事以上各官，皆操生杀之权；议员放弃其监督行政，妄议例外之条；学生逾越其学业范围，多干非分之法，彼亦行所无事，视若固然。而且我自用我法，持其非法之法，动欲绳人以法。试问何恃而不恐？其所依赖者，仍是盗圣哲之法，袭国家之余威，拥兵自重耳，谓拥兵者能举兵反耳。服习于官治之民，幸福已足，治乱何关焉？惟独怪搢绅先生，甘心为局部之顺民；言论机关，亦窃比辕门之舆诵，全国有知识阶级惟搢绅先生与伟人政客、青年学生相对待，政府若能信赏有功，重惩不法，宣布功罪分明，咸使闻知，令人民通过，于此有举兵反者，亦天下共击之耳，何故秘密乎？诚如西陲报社所称：只许州官放火，不许百姓点灯，殊堪骇异，实深骇异者，则何不正告天下曰：三尺法，总统与万民共之者也。此由不知民治之原理也，谈民治而不求诸法，言法治而不肯公开，以至于此也。所谓事慕民治而不知民治之其道何从也。

如此易明，而迄不能明。即果以求因，凡有二因，一曰习根之官癖太深，一曰天才之神经过敏。

何言乎习根之官癖太深也？欧美之为学校，非为作官之源地；西之设为学位，非为作官之出身也。吾国人据我之习性，辄引理学家之言曰：人同此心，心同此理，以己之心，度人之心，未有不同。不知习成之第二根性，正自不同。例如彼之医科，与我似同，而卒业文凭，则为营业价值，与作官之出身无涉；彼之艺科，非我所有，而技师、技士虽为学位名称，仍与作官之出身无涉；法科、文科，我与无异，而硕士、博士，译以为进士、翰林，殊不知与考试之科第似同而非同，与作官之出身似涉而不涉。吾人习根成癖，耳谈科学，心醉作官，误以为猎取科名之资，运谋官阶之地，曾不知欧美之主张科学发展增进文明者，乃以造成博士，绍隆学术，为学业之告成；造成民格，增长国度，为学校之谋始。所以有西洋学者，谓东瀛学校，志在造就多数博士，不及欧美学校主持造就全国人民为讥。我既蹈袭东瀛，益以胸中官癖，更进一尘，风斯下矣。欧州之博士，学专而选难；东瀛之博士，学博而选滥。自美以来，日渐不竞，自日为始，假伪滋章，以博士作为赠品者，亦将以售欺也。日本原属半中国文化，昌黎所谓佛于晋、魏、梁、陈之间，欧洲乃罗马、希腊嫡传，始自成一家之学。我今又受半东瀛文化，而间接于欧化，非乎，此又不可以不知，不可以不察也。质直言之，中国之于科学，不过于旧称博学习尚，增一种多闻，适如帐中《论衡》一部，以资谈助；中国学校，亦不过如信陵所笑：孟尝君之游，徒豪举耳。欲重科学，必求所用何途，若犹是考试求官，则必须脱胎换骨。非倍偏枯之药，可以起死人也。亟宜去者，此病是也。所谓纷陈科学，不计科学之所用何途也。

何言乎天才之神经过敏也？夫人情皆矜夸智能之荣，此古今中外之所同，而史迁所叹"使俗之渐民久矣，虽户说以眇①论，终不能化"，

---

① 原文如此，当作"眇"。

是以老子重不言之教，而释迦开方便之门。中国男诵诗书之译，知奉先传代；女重守身之洁，血统不乱，而神明之胄，一系至今，此孔门所传方便不言之教。诚然得天者厚，天资优秀者极多，甲于五洲，胜于古代，然而是美疢也。诚有出众之天才，因而自负天才者众，西之学而易能者，似可不学而能；欧之学而难能者，视若易学而能；究之一无所能，一知半解，终于不求甚解，实属急难索解。例如兵制、币政、哲理之属于半科学者，新旧人物未有成家，经术政治之阂深，声光电化之微至，更无论矣。察在国在野之所谋，无非植党营私，行以机巧变诈，静为钩心斗角，动则吮血磨牙。有卷娄者，不顾豕虱之焦，为啮甘乎？无非蛮距之比，人人矜夸智能，而程度大概相等，一彼一此，蚁如旋磨，貉本一邱，终日营营，终身汲汲，究其智能用于何事，实皆误用聪明也，此英才失其教育之过也。夫英才始堪教育，惟英才则必须教育，非教育即不成英才。世论所云，神经过敏者，即神经病之别名也。夫未学而教人，不学而为政，犯圣贤之大戒，而国人乃以此自豪，岂不殆哉？是以王者必有师，仕而优则学，抑旧人之隐情，惜己自同寒蝉，与新人之大言不惭，辄负建国方略，热心毅力，动诩教育人才，同一矜夸智能也，适以证成其神经过敏矣。不可为者，此病是也。所谓人矜智能，不究智能之所营何事也。虽然，老子有言：惟其病病，是以无病，因果环相生也。诚知父子不可平等，夫妇不得平权，由此以改良学校，斯即吾人之药石也，而国是之根本解决，归纳于此矣，归纳于此矣。

国是之问题广矣大矣，而此篇乃归纳于学校，闻者或以为迂谈，读者必疑焉，谓仍不过空论一篇，持之有故，言之成理耳，岂亿万人持议数十年不能解决者，如斯而已乎？若是其易乎？毋乃太简乎？嗟乎！此即吾国人之习惯败征，不知循名而核实也。亿万人之众，与闻国是者，数十辈军民长官也，又益以数百辈议员政客，又益以数千辈青年学生也。此外教员宿学，及法团有数人物，就言论机关出而宣言发挥一二政见者，多不过百数，曾不得要领，不过天下谈士相聚而言，乌睹所谓亿万人乎？就所举人数，多不过万数，概括其所标之最目，无非欧化也，民治也，科学也。民治、科学，其归纳即是欧化。吾尝亲历遍考欧之为学校者，注重科学，即所以预备民治。须知科学者，为分门之任务，而非建国之提纲；为学校所支配，而非所以支配学校也。况以作官观念谈科学，以行政教育讲民治，性质全非，根本错误，不于此对证下药，更从何救治乎？故曰：改良学校而国是即归纳于此也。且各矜天才，人皆予智，此种习性，尤与科学方式、民治轨则，背道而驰也。欲从欧化，即不能仍守故我；仍守故我，即不能盲从欧化。欧人之智能所营者，一己之权利；吾人所营者，携带一家之权利也。

孔教真理[*]
（1924）

　　世间通行者五教，中国三教并传。天方自鸣为清真，今耶教徒皆欲研求真理所在，而"真"之一字，道家恒言以真人为称，佛乘亦谆谆于如来真实义。然则真理者，凡言教公共所求。所求者，须得实证之理，惟一不二，始得为真。六合之内，宇宙时间空间，佛经所名为阎浮提世界，婆娑国土。六合之外，释典所云三千大千世界；《道藏》说三十三天，上有种民四天，归总以人世界为中界。各教所说皆同。二氏为世出世间教，虽注重在出世，然必曰借假修真、与道合真。曰借假，曰与道，是以报身之人身为主点，自必是以阎浮提国土为中心点，无贰无疑。

　　吾述孔教。庄子云："六合之外，圣人存而不论。"圣人专指孔子而言。今欲明孔教所传之真理，即是各教所共求之真理，原是一物，不得不旁证于别教之真言，以破流传之疑惑。今谈佛者，人人皆称真空妙有；谈道者，各各秘传金丹大道，不思真空之实有。佛每譬言兔角，强字强名之大道。老子不说金丹，言下可悟，金丹实有其物。即非莫名之大道，真空妙有，谓一切所有出于真空不空也。

　　然则何以明之？即孔子之《易》理明之。《易》本隐以之显，且就《易》理之浅显者明之。《易》有太极，后人画为太极图，须知此太极图并非实有其物，乃据人心理所到达状况太虚之境，想像成图，即是无象之象，无状之状。是谓不可得而名，字之曰道，强名之曰大。但既画成太极图，即是有物。所谓"有物浑成，先天地生"。若持驳议云，太极图是人之心想所虚构，不足以为道之代表，则且以再浅显人体、地球、天体之构造明之。人身地体悉是粒点质结成，而悉是旋螺形包裹，团结一多，相容积微成巨。又如电行之线路，天空日月运行之轨道，无往而非太极图圈之现象。故后儒所发明天地万物一太极，物物又各一太极，其理实精，颠扑不破，特非可囿于道学，以为悟得此理，即完事耳。又譬如周天三百六十五度四分度之一，算理之公例，一定不移，一切推步依据立根，无有不合。然此天图所绘之经纬度数，并非实有其形，仍是无象之象。

道，古文作衍，从行，中画轨线。行，是人行路，而行文、行道、行教，皆谓之行。非行即行，此即大道之解诂。老子所谓假名强名之大道，庄子所谓道行之而成，谓由自然而审定，由审定而合诸自然之轨度也。孔门遗书，"道"字之涵义界说，亦复如是。是谓同出异名，是谓玄同，是谓众妙之门。在《易》即是太极，佛语喻曰法轮。其玄功一事，所云盗天地造化之机，亦实有金丹铅汞之物，乃教人寻求策源地，指引入道德之门路，比于佛家之宗门，非太上贵德所称之大道也。

真空妙有，又问是何物，但问德是何物。德之为物，不能执持以示现；真空之妙有，亦不能执持以示现。然则无物而又实有，德因事而显；真空之妙有，亦因相而见。妙有，即指德而为言。彼物即此物，此物即彼物。"德"，古文作"悳"，字从直心；直者，十目视矩也。各教千言万语，惟一不二。究极世间出世间，尽头极顶，除却贵德，别无可贵。而究极德之本，有生于无，言至于无而词穷。求无之源，渺不可得，则惟表之以无名之道。然无而实有，所以图为太极，为无象之象，即可以赞之云："有物浑成，先天地生"，是为真空不空，妙有实有。《论语》有①一章，至为难解，于此得解。假如旧说所解，正属语录所云，恁地是成甚语。空如之学理，自古有之。庄子所云"古之道有在于是者"，是其征也。夫子欲为彼一家解决障惑，先提出扼要两语云："吾有知乎哉？"乃自设问云：吾既有我身我心，究竟为有知乎？抑或虽有吾身吾心，而无知也？所谓念无念者，仍遂是念。再出有鄙夫以空空之妙，问难于我，我即扣其自心，为有知乎、为无知乎之两端，而彼之词竭。是以孔子又郑重而言曰："执德不宏，信道不笃，焉能为有？焉能为无？"欲求世间之真理，求之于德，而道在是矣。字之曰道，而德可知矣。而老子之言"上德不德，是以有德；下德不失德，是以无德。上德无为而无以为，下德为之而有以为"，孟子之言"由仁义行，非行仁义"，皆可解矣。

---

① 原文如此，后疑佚一"知"字。

达　诂[*]

（1924）

上　篇

　　世间有放之弥六合，而卷之不盈尺素，此物不亦灵怪矣哉？问是何物，正襟而答曰：《尔疋·释诂》。闻者掩口卢胡而笑，彼未知其然，兹断然，云胡不然！道之所传者言也，言之所传者自有始以来，而所传之道在无始之始。后圣逆推而得之，非后圣之能创之。《易》曰："神也者，妙万物而为言者也。"又曰："帝出乎震，齐乎巽，相见乎离，致役乎坤，悦言乎兑，战乎乾，劳乎坎，成言乎艮。""悦言"、"成言"，斯言非穷天地弥六合乎哉？而两举重言之者何谓也？老子曰：犹①兮其贵言，功成事遂，天下谓我自然。耶教经开首即曰："太初有言。"言即是道。佛说观音楞严义，文殊树义独选耳门。人但知心音从口出，不知从手出者为最精乃久。箸于竹帛谓之文。悦言尚易知，"诚"于文从"成"言，更难知矣。诚者天之道，思诚者人之道，字从"成"言，义若甚浅，岂不异哉？"艮者，万物之成始而成终也"，而审其字之涵义，乃曰"成言乎艮"，在可解不可解之间，岂不异哉？《易》曰："修辞立其诚。"又曰："闲邪存其诚。"老子开宗两言曰："道可道"、"名可名"。孔子曰："名之必可言也，言之必可行也。"然则修辞者必则古昔，推进而求之最初第一义，是之谓立诚；而邪惑之外来，以时闲而不使入，则因所述之，言中有物，其诚存焉，真积力久，久而诚矣。故庄子云："闻之

雏诵之孙"、"闻之副墨之子",由此以溯闻之疑始。谓庄言而口诵者,在于手墨所写,有口耳相传所自来;语其究竟,则自无始以来,故曰:"闻之于疑始"。故《天下》篇序各家源流,又曰:古之道有在于是者,某子闻而悦之。严岳莲能说此,谓道皆传自古始,无能创者,观于老子即可知,何论余子。谅哉如斯乎!

鲁哀公问学,孔子教以学于《尔疋》,则能辩言矣。谓《释诂》及《释训》、《释言》也,而《释诂》为最明。《诗》、《书》、《礼》、《乐》之经言,与天象日躔月宿、飞潜动植物状之纬说,略例具于是,而尤重在诂以诂经。绝代语释,即别国方言,翻绎是也。故曰:圣为天口,贤为圣译矣。经纬即织机之经纬,释氏之云契经,地越万里不相闻,而命名同。顾吾人所诵者已译之华文,则其解必稽之汉诂,是以《一切经音义》,为《法苑珠林》,而仍属中国字书也。海流渊纳,不可殚论,论其主要,析疑举隅而可知也。

"佛"字仅见于《诗》"佛时仔肩",而三宝称首以此字,译家何所取于从人弗弗人之字而诂之?毋亦不知其名,字之曰道,强名之曰大欤?然义必有所取。从可推知大自在天身,即人非人等身,谓人中狮子,非同有情世间之所谓人也。"僧"之为净,与从人曾,声义不相附,抑与比丘之译为"开士",等有差别,而涵义亦不同科,训义究何以称焉?"菩提萨埵",诠为觉有情、大心众生,有情即众生,大心乃成觉,涵义相符矣。顾遍证群经文句,"大"云"摩诃",菩提萨埵不含"摩诃"语音,则当不见"大"义,犹之"三",此云"正",随文具同一解,而"三昧"之云"正定",或云"正受",究以孰为确诂?例以三菩提之云"正觉",迁地而不异其训,兹则尚有待谊正者犹多。四果之名,称其说为"入流"、"七还"、"一还"、"不来"者,为是演讲之义,抑为释训之诂,尚未有切实之证明也。

中国之玄学,固出于道家"玄牝"及"玄之又玄",称为黄帝之经,其原最古。经传不言"玄",惟《易纬》有"谓之玄文"一语,子云《太玄》之所托,始以名其拟圣箸作之书。张平子重称之,乃启六朝玄学。《法华》、《楞严》说元明本觉,皆不道玄,独《华严》以十玄门为奥旨。此唐时崇尚《道德经》,法顺取《老子》微义,以诠华严宗门,科踪显然可见。

要之,昔之治译者,以华译梵,必取词于经传古子及《老》、《庄》,而皆必治训诂。龙树、梦英、玄应其最箸,译为上乘者说,其理微细,尤必取于经子之微言，以为切比。故大乘至中国始显，文句训义，为最大原因。读译书治佛学且必求之诂，而况读圣书诂古言为直译者乎！

下　篇

《易》曰"成言乎艮"。"艮者，万物之所以成始而成终也。"《中庸》曰："诚者，物之终始，不诚无物。"为问诚是何物，而云"物之终始"，则曰："艮者，万物之所以成始而成终也。"艮即其物也已。然则艮又是何物？则非求之于据形之文，正其训诂，此物无由知也。按"艮"于文从"目"从"乚"，然艮卦之名，出自伏羲，决非合体会意相挈之字也。"目"者古文"具"字，画立乘方之体，义即为算术"点线面体"之"体"。下画根须之形，即后起演为复体，箸以木旁之根矣。万物之根，亦名为"种"。言"种"，似前于根，而具体始传其种。修辞立其诚，立言各有体。无论梵与佉卢、沮诵、仓颉，中西音系、形系各派文字不同，而此之原则，演为公例，则无有不同。是故孔经之微言，不甚可解；急难索解者，穷究古文，得其正诂，往往旁证于佛典奥旨，如印合符。换言之，则佛乘奥义，至难索解者，亦证之孔经微文，如符之合节。

《华严》义连类而称曰："有世界种。"其云有世界种，依金刚手住、有世界种、依菩萨宝冠住、有世界种依佛声音住，为是何物？而所依非依，所住非住，不穷于言思拟议乎？吾参证在近三年，恍若有悟，不敢断为可以共证；复次思维，佛尚隐而不发，似未可遽启机缄，遂亦嗫而不敢轻言。夫三界维心，万物维识，为是认色为心，认空为心，为是色、空并出一门为心耶？为是五识、六识、七识、八识耶？识可以杂八，而心似不可二门也。今夫五蕴之色受想行识，与十二因缘之色、受、行、识，缺其一蕴，而色增以名目为"名色"，又似若次叙颠倒，不得契合，而即是合契，实非颠倒。吾言至此即不敢进有再言，而亦既尽言矣。

且夫《中庸》又言曰："诚者，非自成己而已也，所以成物也。成己人也，成物智也。性之德也，合外内之道也。"斯言何谓也？证以佛说。微细智，究竟智智，即一切种智，多深湛之思者，由此闻、思而修焉，可以悟入矣乎。根即种也，种即根也，万物之所以成始而成终也，其斯之谓诚也。故曰"诚者，物之终始，是谓物之终始"，修之立于言诠，词之达于正诂，亦止于此焉已矣。夫以此微妙难识之言，何从而达于闻、思、修也？我乃竟言曰：此有其下学上达，显示之程，亦即理学之家耳熟口沫，反覆而道之数十百千万言。

今吾犹是述此陈言也。何以异于前？而其前有一间之未达者，训诂句义之未明故，其明白显示之旨，要仍即在理学家所举《礼记·大学》、《中庸》两篇之中也。尚有《乐记》、《学记》之二篇，惜乎其未知取证。第勿具举，仍举旧学童而共习之《大学》、《中庸》，抑又仍不外乎理学家所举之"慎独"，要言不烦矣。《中庸》首章言"慎独"，《大学》诚意章亦言"慎独"。《中庸》"慎独"之注脚谓戒慎恐惧乎不睹不闻，《大学》"慎独"之证词曰"十目所视、十手所指"。旧学于此误认为退藏寂照，周子遂教人以观喜怒哀乐未发时气象。不知此退藏寂照，属正心之一境，已为上达之程功，而慎独临以指视之严，惕以戒慎恐惧，为筑基下手之工者，乃下学之始基也。何以断之？慎独之功严以戒慎，重以恐惧；而正心之境，乃诏以"有所恐惧，则不得其正"也。欲其中心无为也，以处至正。故继次曰："心不在焉。"直捷而言之，曰：故正心修身。诚意之与正心，如乐节之始终条理；致知之与格物，如享礼之献酬交错。故经文揭曰："欲正其心者先诚其意"。不曰"正心在诚意"；曰致知在格物，不曰"欲致其知者先格物也。"君子与圣人之程度，固自不同。君子之极诣，乃为圣人，其下学必先学为君子。是以《大学》、《中庸》指示慎独，又必目言"故君子"也。后世学者欲躐等妄作，自命圣人，则非我所敢知。而其次致曲，从有诚以企及至诚，则退藏寂照之功，亦圣门所自有。故《易》有曰："圣人以此洗心，退藏于密。""《易》无思也，无为也。寂然不动感而遂通天下之故"，非夫达天德者其孰能之哉？"事有本末，物有终始，知所先后则近道矣。"分晰甚明，愿重思之。

《春秋》大义 *
（1924）

上　篇

　　《春秋》推见至隐，所谓以元系天，以天治春，以春治王，以王治正。公羊子谓："王者孰谓？谓文王也。"宋仲子所传以元、春、王、正、公即位为"五始"，杜元凯所传"微而显，志而晦"诸旨，皆不易明，非入经学专门者不能解。孟子所说大义云："《春秋》，天子之事也。"司马子长所述，董子所传：为人君者，不可以不知《春秋》，前有谗而不见，后有贼而不知；为人臣者，不可以不知《春秋》，守经而不知其权，处变而不知其宜。弥近按切事理，然究其体用所在，仍隐曲难知。

　　明末石斋黄忠烈公，生于道学持世、姚江学盛之后，是时王世贞以古文漫衍其议论，陈继儒以博学眩售其给辨，李赟①以理学博垸其禅藻，石斋所云，王汝中、李宏甫之言盈天下，而奏疏中尚称及博学多通，不如陈继儒以特出之贤才，生于礼乐沦亡教衰末世，独先忧天下将亡，称述王道，求绝学于遗经。今读其书，于群经皆有所发，在顾亭林之上，学案仍列之姚江学派，非也。其与及门讲学，证阳明之学仍出于象山；于元晦与陆、王之异同，亦主调停，而谓元晦之学可以通行，见极平允。其所学实独得于经，不入理学门户也。其学邃于《易》、《春秋》，遗箸有《春秋揆略》一篇，参于天人之际、治乱之数，窥见微言，

与于天道，推见至隐之旨，然亦非专门治《春秋》学家，莫寻其涯涘。

今学衰又极，因反覆于最前之说《春秋》者，有庄子云："《春秋》以道名分。"又曰"《春秋》经世"，先王之志，复按《礼·中庸》郑康成说："惟天下至诚为能经纶天下之大经，立天下之大本"，指制作六艺。大经指《春秋》，大本谓《孝经》，"志在《春秋》，行在《孝经》"也。以此合于公羊所传"内其国而外诸夏，内诸夏而外夷狄"、"七等进退"大义，深入而显出之，似可以使浅学即质美而未学者，言下立晓。

此经全体大用，以正名分为体，建国亲侯为用。昔在三十之年，已窥见《春秋》为邦交公法，自觉已深入显出，说见《采风记》中。江苏张菊生编修、吾蜀蓝子彦大令，均本此意，作有专书。及今思之，尚未知得全体。何以称为天子之事？何以为后圣制作？传之后王可以立下承当？经纶天下，即是以名分、建国为纲要。据二百四十年顺数三世之变迁，逆推三世之进化，知后世天下之交争，在国际与其国度，由于乱名改作，名分相乱而起，乃因修鲁史而加王心，为后王裁制建国之方略也。天造草昧之际，宜建侯而不宁，又从何措手？即是以名分为建国之提纲。名是名，分是分。分者其所原有占有之分数，名者从而加以名称。按"七等进退"，谓州、国、人、氏、名、字、子也。州不如国，国不如人，人不如氏，氏不如字，字不如子，内其国而外诸夏，内诸夷①而外夷狄，内外是亲善与防制之注脚，谓次第组合之手续也。俗说误说为攘夷，则外诸夏又如何解？三世文致太平，使内外大小远近若一，又作何解？其国、诸夏、夷狄，系之三际，正谓改造国度，须先名后实，因实假名，此名学之作用，所以号召天下也。例如今有人于此，有人与之交涉而语人曰：此南美、非州、藏番，则疏远之词；自不如称美国、法国、德国、英国之相亲善。又如当日未通专使之国，若西班牙、荷兰，中国即不见有西班牙、荷兰公使名目，不如直接邦交之称美、法、英、德公使为亲善。其邦交事少之国，中国固不见其公使之名，自不如朱尔典、宝纳乐以及威委马、赫德之为亲善。至国内则名达于朝者，必属贵官；字闻于君者，必属近臣；称子则为有功、封爵者矣，自然愈进一等，愈加亲善，即可因而利用。此其亲疏远近之分数，出于自然；而其进退之权，须操于天子，是即议礼、制度、考文之事。证以史事，如韩信欲定三齐，请为假王，张良为画策，竟立以为王，汉

---

① 原文如此，当作"夏"。

业成败之关即系于此。《中庸》言："非天子不议礼，不制度，不考文。"
又云："虽有其位，苟无其德，不敢作礼乐焉。"其旨甚微，即微示非奉
教主为国教、以国教名义不能制服天下。《春秋》方从拨乱世而反之正，
大权不在天子，但又从何措手？自先从内国下手，假定为诏举国中有公
卿之分际者即命为公卿，有大夫之分际者即命为大夫，因其分际而加以
其名。孟之所谓"国君进贤，如不得已，将使卑逾尊，疏逾戚"，不如
是不足以有为也。今世语谓之"公开"，在前明有廷推，亦类似于此，
不足异也。第如何发端宣传，则因于时势现象，同此方略而有差别，思
则得之，不思则不得也。次即内诸夏，《春秋》始元，即书"公会戎于
潜"、"公及邾仪父盟于蔑"。据《公羊传》，戎即晋献，晋献虽以无礼
降为夷，而公以邦交之义会戎，书地，其词无贬。邾子克由其贤而
进，后为邾子。此即揭示建国亲侯之政策方略，因其所原有占有之分
际，加之以名。邦交之远近内外大小，举此括其两端，以起后例，即
是开宗明义。假设为新王建国亲侯之两等，此所谓以"《春秋》当新
王"也。

今日割据之势已成，惟以地丑德齐，又同假共和民国为名，相顾莫
敢称尊耳。虽自相推戴而势埒者愈多，武力无可恃，势不趋于国际共管
不止，诚欲各分据地而世守，苦于无人能为主议。试观《春秋》拨乱
世，进伯讨以匡天下，累书兵车衣裳之会；即在升平世，仍须重朝觐会
同，其形式相同，而作用有异。在平时天子上国颁行条约，载在司盟，
太师职之；及其失政，诸侯能会合诸侯，以奖王室，即可代主司盟，称
为盟主。譬如满蒙当日，东西四盟亦设盟长也。是则所同，今外域海牙
罗尔仍推主席，虽无大力，亦有可观，均为先例。与其万难而同归于无
奈何，何如出奇而决于一策？简质言之，割据者无礼之联邦，联邦乃有
礼之割据；联邦无道乃成割据，割据有道即是联邦，联邦乃有道之割
据，割据即无道联邦也。自古建国皆为民，先圣述先王之道，传之后
王，谆谆教诫者在此。今日一切名分已破坏无余，元帅、总统，互相通
缉；阁员、贩竖，同一先生。高下在心，自由起灭，名义不能存立，国
体又安立何处？正可悟世界变化，天之所启，必当重新建立，然则从何
起点？既曰为民建国，自当以保境安民为功；论功行赏，正可因而封建
五等或三等，多其附庸，同为建国，一新壁垒。以时事比例古事，姑作
说经解颐。会潜之戎，后为晋国，继霸而为盟主，假立为军阀伟人。邾
仪父，大夫称字之例，后为邾子，列于诸侯，假定为名流政客。托王于

鲁，而鲁无命霸讨专封国之权，然《春秋》因鲁史而加王心者，假定为设政府于鲁也。王纲解纽，人无所适从，如饥渴之易于饮食，不必其为强有力之政府，但使明于国度与国际交争之点，在于名分之关系。仍以议定国是为名，就用宣传主义，据此为条约草案，因其各有之分而进之以名，虚荣因实际而加，实际亦因虚荣而固，托于有实力而主张名分者，宣布执行。诚不免由兵，而后能返礼，亦必先认定师出何名也。师出有名，天下响应者必多，所谓"得道者多助"，"不战而屈人之兵"也，葵邱之"五禁"是也。试观葵邱之"五禁"，所颁者是何等条件？此管子天下才之所以连诸侯也，非战国联诸侯之论也。自向戌弭兵，其策已下，迄之无效。至苏秦之所以说赵肃侯而合纵缔交，其策益下，亦因六国相持无策，遂得乘机赚取六国相印，乃仅逾年而纵约解，游客从此诪张于纵横捭阖长短之说。实政客之利用诸侯王，非诸侯王之能利用策士也。卒并归于秦，而六国绝矣，其得失岂不明哉？

此吾所以发明《春秋》正名分之义，所谓"先王经世"之志在，因国度而建联邦，建联邦以拨乱世，即化割据为封建，乃经纶天下之大经也。且夫联邦尚属无礼之封建，封建乃成有礼之联邦。三代封建，即是有道之联邦；外域联邦，未免犹无道之封建也。知建国为经世之大谟，即当知正名分必自建国始也。建国者，天下之大名也，名莫大于封人以爵，实莫厚于分人以国，此有不乐受者乎？但已有其分而不恤其名者，绝之勿与。正告天下，有不服者，以其所顺，攻其所叛，是谓王者之师，有征无战，无敌于天下者，天吏也。天吏者，王官之大伯也。五官之长曰伯，入于天子之国曰天子之吏，即管仲相齐桓，创霸业所依托王官之制，亦即《书》载《文侯之命》，天子所以命晋文也。孟子言既称斯，而继乃曰："然而不王者未之有也"。

世或疑焉，不知六国之称王久矣，其得为政于天下，若文王固《春秋》之志也；即改玉改步，复行封建，兴灭继绝，为新王亦可也。天位无常，有德者居；皇天无亲，惟德是辅，乌有所谓种族之义乎？夫种族之见，乃外域初进于国度，未进于邦有道之言，以此见自生迷罔，窜身荆棘，抵死造杀人之劫，血糜其国土，乃今知悔而犹未澈悟所由。中国自春秋退化，至于战国，道术已为天下裂，不知先王之道，惟圣人能周知，见深见浅，取用无尽。百里必有一君，民气始能自固，地方始能自治。国土人有一分，民生始能自养，人格始能自存。后世学者，服亡秦之余毒，为史学所迷，视天下为一姓一代之私产，诚如黄黎州①氏所诃，而俗学犹不悟。又求诸野，不知自秦以来，君与臣民始各自分离，而皆各私于己，今且以简约明之：无分土之君，舍教养而专任法吏，公侯卿相无顷亩之田，而富民仍田连阡陌，贫者无立锥之地。农民瘠苦，士学荒芜，礼乐从此不兴，征兵亦不能复，饥寒流为盗贼，数十年而兵一起，人民与国家始为路人者，终为仇敌。而朝更一姓，由学者误认郡县之世界，为天造地设；不知封建之世，有都邑为分区分布，有郡县之治法在内。郡县以来无教养之政，即无地方自治可言。上无君臣之交，下有官绅之界，各自谋其家而皇皇惟日之不足，如是而日号国人以爱国，岂不亦远哉？

下 篇

自《春秋》大义传讹，《左传》家说为尊周攘夷，正坐不知《春秋》之元，通三统以大一统，系达天道。天道者，以元治春，即《洪范》之义，阴相下民，使遵王道以致天下有道。何谓有道？道在安民。由乱世而反于王道，由王道而进化太平，非可一朝而至。所以张三世，因其顺数以推逆数，始传闻世为拨乱；入所闻世，已返诸正，治著升平；入所见世，文致太平，则内外大小远近若一。夫"内外大小远近若一"者，即内诸夏与外夷狄进化相同，文化同等，乃天道之元所主使之然。故云：《春秋》以明天道。"大"者，拓而广之之谓，即广鲁于天下之义。就鲁国言，中国为一天下；就中国言，五洲为一天下。故云："《春秋》经世，先王之志。""张"者，弸张而引长之之谓。就素王高曾以来，至己身为小三世，顺数，故曰"所见异词"、"所闻异词"、"所传异词"。弸张引而长之，则拨乱为一世；三十年而道始更，进于王道，入升平为一世；如有王者，必世而后仁，再进于帝治之文明，是谓文致太平，为一世。是为张三世，大一统。顺数退化，是由治至乱；逆数进化，是由拨乱至治，至于郅治。所谓斯世愈乱，《春秋》愈治，至是夷夏之界泯而化合而为一，故曰"内外大小远近若一"。人人有士君子之行，是谓君子道长。世界至此乃复于天道之元始，即素王之业，至此乃告厥成功。故《春秋》之"元"，即《易》之"元"，故曰《易》本隐以之显，

---

① 原文如此，当作"梨洲"。

《春秋》推见至隐。

当拨乱之世，则天子失官，必当有诸侯代政，其事实则魁柄下移，强藩把持天下大政，出于自然之数。其义孔子窃取，师法文王，以诏后世王者。有值屯难之会，艰难兴复，必因其势而进退操纵于其间，必也审于名分之际，有建国亲侯之方略，以经纶天下。经世以建国为重心，建国以安民为中点，非必裂土而封，乃为建国，即因势而与亦是亲侯也。宜建侯而不宁之时，即是天造草昧，此时不但诸夏非其所统，并且四夷交侵，又必也深察名分，进退于夷夏之交。其实必有政府相依为固，以名分相结，然后可使王纲之纽，断而复续，内治名分，外张伯讨，始能拨乱而返正，由兵而反礼。简约而言之，即是师出以名，扱收伯讨之兵，皆为我用，若文王为西伯之时，故曰："王者孰谓？谓文王也。"乃假定鲁为行在政府，因而奖五伯之递兴，假以便宜，代行天子之事，加以王官二伯之名分，与内之一相，里应外合，平时朝聘以礼相接，会盟讨伐，以鲁公为政府首领，代表王朝。故在时际事实为据乱世，在《春秋》托王为拨乱世，非为二百四十年修史，褒贬其过去时代，乃以此假定其拨乱政策、建国方略，即结纳士心，以结纳民心。所谓加王心，非褒贬已往之天子、诸侯、大夫，可以谓之达王事也。后来《左传》家，因文王为周受命之兴王，《左传》解"王正月"为"周王正月"，所以视线缩短，见为尊周。值四夷交侵之会，自常先讨僭王之楚，以正名分。故《春秋》进伯，先奖齐桓攘楚。楚用夷礼，降于夷则夷之。因见《论语》有"微管仲，吾其被发左衽"，极称其"仁"，由此视线又微差，遂以攘夷为耀武穷兵之事。独不思九合一匡，不以兵车；召陵之盟，有征无战。昧于此义，乃反以启秦筑长城、汉犁穷幕，借扬国威为美名，流风被于四裔，征诸事实，感应捷于影响，夷夏争强，何渠不若？由此造成种族之见，牢不可破，报复相寻，而五胡之祸烈于西晋。从此南北分立，胡汉递为废兴，而中国亦新夷狄，实证于今矣。所谓差之毫厘，谬以千里，圣人先王经世之志，适得其反，又从而学为变于夷，犹恐不得当也，岂不可哀也哉！天道之与人心，由是显见离异，不知学者自未通微言，故昧于天道，以此种族之谬见，灌输于人之心理，人心自与天道乖离，非天道无知，用夷猾夏也。《春秋》即奉天道之元，以经纶世界，本为人群国土进化同化，使之同文同伦，是为天下有道。有道之界说，即在安民。由去人伦无君子，而进于中国，同人伦有君子，是即所以安民。特当拨乱之际，不与夷狄之干中国，不能不用兵裁压，所谓强制履行，正以驱而纳诸轨物之中国，使夷狄进于中国。故曰："进于中国则中国之。"夷夏之分，在礼教与非礼教；天下有道无道，在安民与不安民。小人道长，即相争之道，不能安民。礼教主人伦之教，即君子之道，出于礼者入于刑，大刑用甲兵，故曰由兵而反礼。大义微言，合诸天道，一丝不走，点滴不漏。

试观后代攘夷之说愈炽，则攘夷之祸愈炽，而北魏、辽、金、元之勃兴，亦愈昌愈炽。人群国土以天眼佛眼观，本然平等，特文明之化，有先进后进之序，后世惟杨子云、王仲淹心知此意。自杜元凯之《左氏春秋》行世以来，虽有间出通儒，亦不能破此迷纲。心理与天道穷而不能相通，乃穷之于数。邵康节发元世运会之微，名其书为《皇极经世》，知宋不久将乱，而不知辽、金与宋之相终始，亦未闻察往知来，发明夷夏代兴之故。黄石斋明于《皇极经世》之数，知《易》与《春秋》为治历之符，而曲推至元元年己未，为《春秋》历元己未逆数之终，不能明有元之何以奄有诸夏，广于黄帝九洲国土，实为受命；又自知生命终于丙戌，解似已知来，而曲解崇祯之元，应师之上六，开国承家，曾不能预测余闰将亡，或且为大清受命之符耶？但亦不能操为左验也。黄黎洲[①]献《明夷待访》，谓康熙圣祖当明夷之初，亦本《皇极经世》，似已知有道无道代兴之义，无种族之见存，惜乎未有发明天人之际，学人终古无闻矣。夷夏有界，不以国土为界，以礼义为界；种族无界，以有教为界；国界有界，以有道为界。有道何界？以安民为界。有王者起，必从吾言矣。

自汉师说纬，皆执著于孔圣为刘制作，致班氏《五行志》推《洪范》不验，纬书遭禁遂废。张平子知历数，盛称《太玄》，谓汉四百载后，玄其兴乎？后晋倡玄虚，宋帝立玄学，与杨子《太玄》，非离非合，是必谶文推测有差，故似是而非。黄石斋亦称《太玄》得《易》历之数，谓《皇极经世》，知又过半，而未言其得失之所以然。据所箸《易》、《春秋》、《诗》说，谓《易》为历象立元，而旁通于《诗》与《春秋》，依日月行度，与天行迟速进退互相证明，皆寓历法。引郭守敬说，用己法以推往历，每百年而天行差一度，知杜预据徐整长历，以疑《春秋》日食之非，正《五行志》举郡县灾异不足以当《洪范》庶征，皆识越前贤。然援《春秋》己未迄至元己未，除开有元一代不数，以有

---

① 原文如此，当作"梨洲"。

明为直接《春秋》，实通而蔽。学者服习名教，推重其本朝，亦臣子之情，故以其本朝当《春秋》新王，与班氏同于一失。愚谓《春秋》之元，纯系于王，不能举行王道，即是皇极不建，天人不能相应，推测乃由此而差也。

讲学与授徒课文之异[*]
（1924）

　　吾发心讲学，与初还山之组设函授社，绝界不谋。世或误以为一事也，今明辨之。函授社者，授徒以主课文为常，仍沿唐、宋以来之结习，其少别于流俗者，以通例教科而治经，兼及子、史、集部，寓有研究实学、融合新旧之意。所谓"藏之名山，传之其人"者，两利而俱存，而尚非后之发心欲与天下共明之也。十年来见斯世愈乱，因思夫《春秋》愈治，慨然发愤，垂死病起，乃发心讲学。本数十年所蓄积，沉思而关通，涣然而冰释，相引而深，乃澈地有见于历史古今治乱成败兴衰之故，由于孔圣所传人伦至教，王道圣治，百姓日用而不知，学者习其读而亡其义，日益晦盲否塞，甚至不知所云。过此以往，当不闻其语，力求变于夷而不可得，乃至夷狄之不如。吾为此惧，既有所知，夫是之故，不惮劳神苦思，必欲发明圣门经术之传道，而切切愿与天下共明之也。是以不复授徒。虽来者不拒而皆引之于学会，俾为学友；有乞为文者皆谢却之；有固请列于门藉者，亦但令温习经传，自课日记为答问，未尝课文也。

　　中国之文弊久矣。自魏、晋以来，以文词为学，以能文为成学。史学博览之家，不问书之美恶优劣，一例作"泛览《周王传》，流观《山海图》"，平视圣贤，任凭己意，以心为师，等夷古今中外，点窜《尧典》、《舜典》，涂改《清庙》、《生民》，悲夫！道术真为天下裂矣。而盗圣哲之法者，日至愈出愈奇，愈熟愈巧，愈趋愈下，而学者曾不一悟，蝗螟相续，扶服蛾伏，企踵帖耳，日为人歌功颂德，咬文嚼字，断断而争，刺刺不休，学殖荒落，文益卑靡，士节荡然，而士气殆尽。夫是之故，力矫其弊，不但不为生人作颂，且不为谀墓之文，甚至不愿与同人唱酬，与学者谈艺。不然，游艺者圣门所不废，平生所好，时人亦以此见推，何不乐取昌黎谀墓金，不乐为中州声气集，反为是聱隅欷歔，以招嫉取谤，自造原毁之状，而不作《释海》①、《解嘲》，亦不复近仿《释愁》之文，远摹《显志》之赋乎？（二语系年二十时南海谭叔裕学使师批其文稿云："絜似王筠，博如沈约，固当使张纮辍《枡榴》之赋，袁淑藏《鹦鹉》之篇也。抑闻楚平壹郁，秦非孤愤，斯皆境值厄迍，以故词多凄怆。今仁弟青年获隽，兰芬玉映，虽霜蹄暂蹶，终当坐致云霄，何必近仿《释愁》之文，远摹《显志》之赋，沉忧伤人，非所望也。鄙见如此，仍望鉴之。幸勖光仪，毋徒自苦。"知己之感，至今不忘，信笔记此。）

老子云："知我者希，则我者贵矣。"俗学不读"者"字，谓"知希则我贵"，如此有何理致意味？其谓知我者希，则我之所以为我者，其价值比较必其为最贵。人群普通常识，浅者易入，深者难识，非谓养生住世，生天受福之为贵也。孔子至圣而再称曰：学不厌而教不倦。看似寻常，然推到究竟最上，佛乘亦只如是。故曰："德之不修，学之不讲，是吾忧也。"为世道人心忧，非讲明学术不能救也。凡为圣哲皆必有忧天下之心，而孔子赞《易》，谓"鼓万物而不与圣人同忧，盛德大业至矣哉。"赵州有言，"佛"之一字，吾所厌闻。"佛"字诚难其解。以吾观绎经之云"佛"者，即孔子赞"易"之云"易"也，亦即老子不可得而名字之曰"道"也。圣人体无，故常言有。道家尚不能无，故勉其不足。王弼说《易》，吾独取此言为最精矣。《道藏》称孔子帝号为无量空虚天帝，隐合此旨。后世道流趋于出世，则以长生住世为初地，生天福报为归根。《楞严》拣十种仙人谓之七趣，则以其未及大道，原传道德宗之无为，故佛乘乃推其究竟证入常寂光，乃达到鼓万物而不与圣人同忧之境也，此之谓同归。吾向者谓孔教能扱收二教之精微，二教不能消纳孔教之政治，即是孔教之诚意正心能归纳佛、老之空寂能仁，二教之清净度世不能演绎孔门之修齐平治也，此之谓殊途。吾尝谓学术裂而天下乱，经术明而天下治，即是学说明而天下治，必然之理，无贰无疑。中国三教鼎立，为期已久。吾在六十以前，尚有韩、欧之见存，谓王道之政行，而二氏之教无所用，今澈地有悟，则又不然。内圣外王之道，

---

① 原文如此，疑为《释毁》。

仍必包举二氏教宗，支配悉当，一物无遗。所谓曲成而不遗，始足以称范围天地之道而不过，有互助之大用在焉，而非三教鼎立之所能为也。

圣人之于天道也，亦有命焉，其细微难知，而其粗迹易知，可得而言也。试言之。佛、老之上乘上德，本皆以授帝王。古道家之上士，皆必为王者师；佛乘称天人师，亦屡言灌顶受位，其乐可知也。其分别说三，与世推移，所谓随缘度化，始为普教庶民而设。以平等观之，则帝王之与庶民，亦何尝之有？契经后出之论，逮于语录；《参同》纬说之余，讫于丹经，曼衍支离，因以穷年，乃混合以为一矣。惟孔门《论语》，遗教截然，分中人以上可以语上、中人以下不可以语上。夫中人以下，则不得与于四选之列，章章明矣。自《孝经·开宗明义》之次，即次以天子、诸侯、卿、大夫、士、庶人，以公当诸侯，即分别四选之公卿、大夫、士、所持孝道，与教庶人之孝绝不同科。教孝且然，而况广之于家、国、天下者乎？修身且各于其等，而况进之为齐、治、均平者乎？自其身尚待受治于人者，必非能相与共治人者也。故《孝经》曰："谨身节用，以养父母，此庶人之孝也。"故《大学》曰："此谓身之不修不可以齐其家。"庶人在官者与下士同禄，下士可进为上士，以至于公卿，而其始为士也，与庶人在官同禄。夫庶人在官，与下士同禄，而终身仍为庶人，此即严君子、小人义利之界，先行诸事实，而非徒托之本言也。商贾之富豪，自古所有，王政所不禁，而《左传》、《国语》所述与贾人立约，使商人韦藩木楗以过于朝，此即所以严义利之防，辨君子、小人之界，乃所以为教也。

夫是故分别礼、乐、射、御、书、数之六艺，为乡三物普及之教科。礼、乐先其礼节、乐器、乐语，谓之践小节焉；其及选士，乃益以"顺先王《诗》、《书》、礼、乐以造士"，必至于践大节焉。夫乃后人之于士选，而得与国子齿。国子者，自王太子以率，至于元士之嫡子，皆邦君之储位也，即所谓学为君者也。其不在此位者，则学为师，谓官师也。一官之长，后世谓之堂官、上官、长官矣；而传学之师，亦与为同物。仅有进仕于朝、退教于乡之两途，而经制之归而教其乡里者，皆被朝命者也，其制则今之称为地方官者，《周官》名之为教职，后之称为教官者。《周礼》首长为大司徒正卿，次长为乡大夫贰卿，次为州长中大夫，以次党正下大夫。统而言之，谓之乡吏，与秦、汉来之官制，大有径庭。似乎不近人情焉，抑或见以为非常可怪也，其注重教民也如此，其为普及教育也如此。然而进于太学成均者犹不在此，又别加教科，限年及格，始得成其为四选初阶之士。其在乡学不及选士之格，大多数复归于亩。户田百亩，丰衣而足食，百室盈而妇子宁，为庶人者，亦复何睎而必欲求得进身出人头地乎哉？然而人情者，圣王之田也，人情有不安于畎亩，则有曲艺者命为郊人、国工，为贾者占市籍，有庶人在官之禄，又自权子母而取赢焉，又有仕于伶官以神仕者若干人员，巫医卜祝之长官次僚，且得与史官并称而同列，则何教不储人材，而何才之不宦达？故曰：王道无不赅，王政无不举也。

世俗所谈道在师儒，道在草野，沾沾自喜以为进化者，不知为实证其退化也。今慕欧风，甫言开通女教，而津津乐道羡慕女子参政服官权者，抑又未知夫王后理天下之阴教，世妇命于奠茧，不从男子之爵，自有宫卿世妇之位；其次所属之女史、女祝、女酒、女浆，同等于士，又若干人员；而诸侯、大夫、宗室之师傅、保姆又且无定员数，而以学行自致禄位者，其人数约与士大夫退而教其乡里之人数相等。夫女学在王政为家族之学校，未有进于国学之阶，如成均之造士也。巫医祝卜大率皆以其官掌之，长官为师，约如本朝之钦天监、太医院、正乙真人府、会司雍和宫，亦未设专门学校为之传学也。此自在国教国学之外，听人民有志于此学，信仰于他教者，任自为之，而国家设官，收其材以为辅助教民长人治民安百姓之用。

自秦、汉以来，以视三代盛时，迭为起伏，互为盛衰，自为兴废，神光离合，乍阴乍阳，只可谓之大同小异。要可概括而名，则均属于神教无疑也。夫人世为中界，其生所自来谓曰神，其后所往亦曰神，其为之人之生存，所以生亦谓曰神。固不得离乎神，而独曰有人道专，然亦不可离乎人而曰有神主之也。《左传》谓“国将兴听于人，国将亡听于神”者，斯言又何谓也？《论语》称“子不语怪力乱神”，而经籍所载子之称鬼神之德，言敬事鬼神，随处发见，不一而足，几于更仆数而不能终，此又何为者也？曰“敬鬼神而远之”，又曰“非其鬼而祭之，谄也”，既曰“远”，又何从而“谄”？既禁其“谄”，又何以“远”？岂非两歧乎？斯言又何谓也？最疑不能明，观于《国语》之解《尚书》“绝地天通”，可以解惑矣。问曰：若非绝地天通，则人将乘云而登天邪？答曰：非也，乃所述陈言，无过分命南正重司天以属天神，火正黎司地以属地祇，章明祀典云尔。当其九黎乱德，苗民乱行，家为巫史以相诅盟，亦不过曰人神杂糅，泯泯棼棼云尔。夫乘云而登天，后世道家固常常有之；佛氏之绍明净土宗者，且专以登天为教也，则安见九黎苗民之教不能乘云而登天？其修此者固当以礼拜祷告为必由之阶级，夫安得不家为巫史以相诅盟？颛顼之命重、黎，不过厘定祀典，如是如是焉矣；所操有何能力，乃能绝人乘云登天之路，遂使百神受治，万灵效顺乎？顾观于《尚书》大书特书，与郯子所答问官之大对："臣闻谨对"，一若古今天人人神之际。然而一大转关，此言又何谓也？方当盛周之隆，武王元女太姬，即好巫祝之事，其后则楚人鬼而越人禨，即复胎于此时。其前传说骑箕尾而上为列星，《书》称巫贤乂王家，时则有巫咸、彭铿为商贤大夫，屈原亦称彭咸传说；庄叟首称藐姑射之神人，其尘垢秕糠，犹可陶铸尧、舜；以次所称之鸿蒙、云将、卢敖，下至伏宓、几蘧，人邪非人邪？连犿如河汉之无有纪极。墨生明天鬼，至视圣人如聋瞽之比离朱也，是皆古道家所传。溯自无始以来，犹《法华》所说八亿万佛，同名姓号，过去东方一佛阿閦，至今尚存；而孔子惟于系《易》，以片言居要，橐括之曰"通乎昼夜之道而知"也。世界堕落，其来久如，因陋就简，所谓"蓼虫食葵茎①，习苦不言非。"譬犹生长夜即不知汉，大饭糗之夫难语太牢之滋味也。汉人之文理深，而后之词章家莫之能识者，其居之世使之然也。方其古之道盛时，人福与天福略同；及其衰久，神境与人境相等。故子路问事鬼神，"子曰：'未能事人，焉能事鬼？''敢问死。'子曰：'未知生，焉知死？'"乃明告之故，此又通乎昼夜之道而可知也。

自王道缺而祀典不修，家为巫史以相诅盟，有如陈草复生，萌而又始，而秀实魁奇之士，不得志于时，无所用于世，恍若寐思，忆夙命根，因离世厌世而修出世之学，复思乘云而登天矣。自周衰而有髭王，其太子晋，弃天子位，从浮邱仙去。张子房以名世之资，先受教于黄石公，戡乱而不图致治，脱屣从赤松子游。孟子称尧、舜以来至于孔子，所谓"夫天未欲平治天下也，"抑亦时或未至，世主无德以堪之耳。夫风云际会，云龙相从，自无始以来，不知凡几何代矣，而后儒乃欲以邵尧夫《皇极经世》一书括之，岂可得乎？亦其受传之所学，同归而殊途，闻风而悦者，各有因缘法，当如是故。由是宫中降上元，金门有大隐，民间祠王母，浮屠啗桑之教，白马东来，洛钟西应，三茅八公，后先相望，乘云登天；至于遮须夷魔国出现，阿修罗持世界，而家为巫史，泯棼杂糅，复还帝颛顼以前九黎三苗之旧。而古今硕学通人，曾未

---

① 按鲍照《代放歌行》，此句作"蓼虫避葵堇"。

澈悟，一指蔽前，泰山不见。明王不作，其谁能修之，人自为谋者亦固其所也。

夫人情莫不畏祸而希福，好胜而望高，顾视其上之所好，而效其上之所为者，亦人情也。后世帝王，自秦始、汉武以来，初未闻南面克让、恭己无为与夫上乘上德之道，而五欲之情盛，矜夸智能之念炽，降自等于齐民，几小德以求福报，自惟有乞灵佑于鬼神，学厌胜于方士，惟一以斋坛祈祷，钱财布施为力所易为，孙皓、萧衍、武曌、赵桓为最箸，其余不可胜纪也。神巫传语，自古以来，已有《真灵位业》、《玉格》之传钞，而月宫、地府显于唐明，阎罗、酆都、天子、三十三天、帝释、天王、龙宫、九幽、长夜之府，亦与《楚词·天问》、《招魂》相应，不典之祀，由人主与人民意想缘生，封号灵异，迭起迭灭。六朝祀蒋帝，狄仁杰毁淫祠，千数百年，遥遥反对。蒋侯崇拜于潘妃，怀英所事乃武后，举两端以概古今，所谓始于一念终成劫，皆缘众生心想生者，非乎？夫皆由经术不明之故，祀典不明之故。祭义之祀典，条例甚明，何不课而行之？抑闻之《孝经》曰："昔者明王事父孝，故事天明；事母孝，故事地察。……天地明察，神明章矣。"又曰："宗庙致敬，鬼神箸矣。"《周礼·大宗伯》职之条举天神、地祇、人鬼之祀，与《帝典》之命伯夷作秩宗，典天、地、人三礼，合于颛顼之命，南正重，火正黎，大义相勘，印证若合符节。夫是之谓协人神，和上下也。其在《大易》曰：天且弗违，而况于鬼神乎？老子曰："以道莅天下者，其鬼不神；非其鬼不神，其神不伤人；非其神不伤人，圣人亦不伤人。"谓祀典也。又曰："朴散则为器，圣人用之则为官长。"此虽非专言祀典，而五礼之重三礼为先，三百六十官之掌，礼典为重，概其可知矣。冠、昏、丧、祭、乡、相见之六礼，与臣庶共之；而吉、凶、宾、军、嘉之五礼，为国家所专主，非国君莫能举也。兹所谓协神人、和上下，通天人之际，乃可以望致于太平大同也。夫非复封建、行宗法、授井田，又焉能举之哉？此义甚深，而粗迹易知也。

祀典明而孝治天下乃可得言也。王者之孝达于祀天也，由报天而主日配以月，故《国语》曰：大采朝日，夕采夕月，以组织地德，纠虔天刑，及于山川四望，从祀地于方泽而主报社稷。俗学未常闻社稷之主名，故不解《孝经》之何义。诸侯之孝，亦以社稷、宗庙并重，祭其境为名山大川。又曰："家主中溜而国主社。"俗学又不闻社之主名，以为社公云尔，不知《礼》有明文，大夫亦立五祀，凡以为民之主，率其民而主祭，以祀天地神祇，乃所以报其先德，而孝道始完其分量。治人与事神，合一炉而治之，不为一己祈福也，岂有为民之主而颙颙为一己求福者哉？大夫亦民之主也，而况为国君乎？但为民立社，有祈年祈谷耳。

"大孝尊亲，其次弗辱，其下能养。"天子即以天下养，比于庶人，亦仅为能养。自秦以降，除天子外，皆降等于庶人，迄至今日，而天子亦已降为庶人矣，此其故为君者可不重思之乎！后世士大夫无庙，皆荐于寝，同于庶人，而自道学持世以来，合三教为一致，虽庶人亦口谈上德上乘正心诚意之言，虽诸侯亦仅能尽庶人谨身节用以养父母之孝。昔程子语人，必道正心诚意。或曰：正心诚意，上所厌闻。不知正当转告之曰：惟上则必须讲正心诚意也。刘、班释《易》之嗛嗛、尧之克让，谓人君恭己南面之术也。《礼记》说：王者斋明入庙，前巫而后史，王中心无为也，以处至正。此乃所谓正心修身也。自非颜子之圣，三月不违，其余日月至焉，以此洗心，退藏于密，其斯为"神明其德"。夫中人以下，固不足以语此也；然而士之学于大学，即语以帝王之学者。何也？夫士固取于中人以上，而且学为君者也，天子之元士视子、男，亦列在邦君之位，晋而为公卿，无论矣，为其嫡子者，始于为士储以为君，余皆为庶子，《礼》谓之"贵游子弟"，及于国之俊选所学同，而授位各于其等。其不及焉而为百司执事，亦谓之士，然犹可使闻而知之者，亦谓将与共治斯民也。而断不可以遍语途人，尤不能以责诸林林总总待治之民也。是何也？徒乱人心理，与所习行之事实相背而驰。夫是以盈天下之言，皆视圣教王道为制人之具，作伪之资，夫是故君子皆躬小人之行，而小人皆谈君子之道。而且三教之言并兴，有杂糅，有冲突，则各为彼此一是非，而以私心为主，于是视圣经不过劝世之文，以讲圣谕为沿街劝善之事。吾故曰：教民与造士不可同科，必须分别而教，断无疑义也。

普及之教育，不嫌其浅；人才之教育，必求其深。此又举教育家公知之界说，以明经术教育学之原理，断然可知者也。此吾所以孜孜讲学，而必欲与天下学者共明之也。惟为士学必依国教，学于国学；其诸众庶，听其信仰自由，正欲其习于二氏之学理，平其争竞，回向其善心，共为良民，亦适与教孝之理同归而殊途，所谓教民亲顺也。斯既有已成之效，其来久如，不必改造，但拔其诚修德行者，建为官掌，以此补苴庶民之教所不逮，所谓"小人学道则易使也"，正为今日言矣。惟士必制定礼服，庶民身体服式自由，而衣冠礼乐行乎士界，达于乡人矣。夫佛、老之上乘上德，本以教帝王；而其分别说三演为延年却病者，亦原以教庶民也。只一转移支配为庶民信仰自由之宗教，归纳于王政之中，即已收互助之效，而无杂糅之害，而祀典由此厘正，然后礼乐可以复兴。此又必由之程叙，必经之阶级，断无疑义者也。

然则中国独缺此日习而不知之国教，只在讲明国学焉尔矣。夫圣人知死生之变，幽明之故，鬼神之情状，《礼记》既明言之，而曰"子不语怪力乱神"者，为其理深微，不可以作答述常谈，平居相语也。其比例为"子罕言利，与命，与仁"，其对照为"子所雅言，《诗》、《书》、执礼"，其特文相起为"子绝四：毋意、毋必、毋固、毋我"，凡此孤章绝句，义法谨严，四毋为不共法，子所雅言为教育共法，子罕言、不语为讲学规则，比类而观，显然可见也。

"国之大事，在祀与戎"者，绝地天通之义在祀典也，此儒所以通天人之际，明王所为以孝治天下之源也。故曰学究天人。昔汉文宣室受厘，有感鬼神之事，召贾生而问焉，退而叹曰：久不见贾生，自谓过之，今知弗如也，谓道鬼神之事也。故曰：贾生有王佐之才，非俗学之见，以为策士之比也。今试思国家一大事，天下神祠所供俸神道，无不出于《封神演义》，此何以故？此岂学者所不必过问乎？新学界以迷信了之，旧学者岂得持无鬼论耶？然则听庶民之信仰自由，而不注重普及人民教育者，又非也。吾闻之矣，经术所传国学纲要，孔子从《周礼》，先以礼、乐、射、御、书、数六艺之科学，属于教民之教科，进以乐正崇四术，顺先王《诗》、《书》、礼、乐以造士。乃自孔门设科，传之后王，百世俟圣，先王《诗》、《书》、礼、乐，即雅言之《诗》、《书》、执礼，乐即组合于执礼之中，明矣。国教之达道，在于明伦：女教化成，人知守身之为节；男道从化，人知有后奉先之为孝。此正明王之所以借以为资，而今日犹得称为中国者也。第惟士与女皆失其学，士学则失之浮浅，而女学则亡矣，此吾所以孜孜讲学，并发起女学，且道及神学，由两家之学而究及绝地天通，辨其听于民神为治乱初关之故，而愿与天下共明之也，固非一部学案，自立门户之讲学，且非汉代传经，退居教授生徒之讲学云尔也。

政治学[*]
（1924）

《经学专门政治讲义》序

古今人左右世界者两派而已：旧名词曰讲学家，曰经济家；新名词曰学问家，曰政治家。政治家流为政党，自周末诸子已然。讲学家不规规于用世，而其用世之学，可传诸后世，俟之后来；经济家不用世则失所依据。此其大界也。经济之名，日本借此名为理财学之部分，失原义矣。起于唐以后；讲学之名，始于宋以来。持义皆甚狭，而其原质在焉。

推原三代盛时，则典司学术者在史官，执行政事者承宣国典而已。自周东迁，时入春秋，三代之王道缺，而孔子兴，祖述尧、舜，宪章文、武，继衰周为素王。今名词所谓讲帝王之学，近似之矣。在孔子以前，道家为自古相传之国教，举凡有物有则、可大可久者，统名之曰道；其注于作用者，名之曰术，故曰教术、学术、治术。而传之其人者，皆是学也，即无非道也。故道家为古来学术之统宗，重于治身而轻天下，而亦不忘天下。重治身者，言修德也。故曰：贵德而务施，言施教也。知施教虽户说以眇论，终不能化，见《史记》：夫耳目欲极声色之好，口欲穷刍豢之味，身欣富厚而心矜夸智能之荣，使俗之渐民久矣，虽户说以眇论，终不能化。故重施教于宰世之帝王。自黄帝问道于大瘣广成，而其后绿图、尹寿之伦皆为帝王师，故老子云道大、天大、地大，王亦大，域中四大而王居一焉。又曰："王侯得一，以为天下正。"又曰：虽建宗庙，立三公，驷马以先拱璧，不如坐进此道。所举乃天子觐诸侯之礼，言以

[*] 《国学月刊》（国学特刊）第四种。

礼辅人主，不如以道进之也。《庄子·应帝王》篇则言蘧伯玉傅太子、颜渊说人君之事，《汉书·艺文志》引"尧之克让，《易》之嗛嗛"，谓"此人君南面之术也"。《论语》："子曰：雍也，可使南面。"而仲弓问子，桑伯子论临民之事，道家主于授受帝王，比类而可见。然以身为主观，而位为客观，故不重用于世，无分乎出处，随时随地，皆可以隐。孔子备内圣外王之道，而以位为主观，身为客观，则随地随时，皆有自尽之道，故似独重于用世。方其为士，则皇皇而求仕，汲汲于得君，徒以其迹观之，则战国诸子游士之风，皆孔子启之，然而大谬不然。方其士而求仕，是其职所当然；及其退而设教，则传其学而无求于当世。出处之际极明。以此立儒行，而传为儒术以教者，本先王《诗》、《书》、礼、乐以造士，所传者内圣外王之道也。

自孔子没而微言绝，七十子卒而大义乖，《庄子·天下》篇乃言内圣外王之道不明，而道术将为天下裂。次举首称道、墨，而庄周亦自列其间，所谓"古之道有在于是者，某子闻而悦之"。称道家首关尹喜，而连文次以老聃，谓老子将隐，强为关尹箸书。此后所传，乃道家之流裔，关尹喜为之主也。关尹子首引《论语》正名，后有丹经名目，考据家目为伪书，但古子书皆主一家之言，不必一人说弟子述，其学者之言，皆可厕列书中，不必其为全伪，而要其书在孔门传记后出。墨子后于孔子而前于孟子，述夏道，略同于道家古教，亦以身为主观，位为客观，未尝仕也，而与人家国事，救民之灾，周游列国，上说下教以终身，实游客策士之初祖；然出以至诚恻怛之心，而无求于世。故庄生于词有贬，而曰"虽然"，"未败墨子道"；天下之好耶，将来求之不可得也[1]。次及名法诸家，则曰"田骈、慎到不知道"，其间惟名家之尹文、宋研[2]，抑扬其词，虽游客以终身，而洽汰于物，尚未离乎道也。至于荀子所列魏牟、它嚣，度不过假学说以贾声名，为庄子所不数。及申、韩之名法，苏、张之纵横家出，纯乎逞游说干诸侯王以猎取人间富若贵，其掺此术者愈多，而去道也愈远，道术真为天下裂矣。法家出而有政客，纵横家出而有政党。孟、荀当日之迹，亦略同于诸子。而史称荀卿晚出，三为祭酒，则亦退而传学；孟子周游不遇，乃退而与万章、公孙丑之徒讲论学术，出处亦甚分明，则学于孔子也。故述二帝三王之道，其要归纯乎

---

① 按此数句《庄子·天下》作："未败墨子道"；"虽然……墨子道天下之好也，将求之不得也。"

② 原文如此，当作"鈃"。

讲学，即不强与人家国事。《中庸》所谓"百世以俟圣人"，庄子所谓千载而遇一大圣，是旦暮遇之也。

班固《艺文志》引《论语》："吾之于人，谁毁谁誉？吾有所誉，其有所试。"① 释其义曰：先王之政，儒者之术，三代"已试之效"也。言孔子所述之政治，即儒家所传之学说，三代明王已试行之而效，非诸家言政治者所得而逾也。墨家其道太觳，使人忧悲，庄子即断其不能行。名、法蜕于道家，即名求实，必推原于道，理法因名而生，又依名义以为断，故史迁曰："申子卑卑，施诸名实，韩子引绳，批垦其极，惨礉寡恩②，皆原于道德清净③之意，而老子深远矣。"顾老子之言政治，亦有专篇，曰：小国寡民，使民有百什之器、舟车甲兵，皆无所用，国小至于邻国相望，鸡犬之声相闻，民各安居而乐业，则无所用其争。然必有大力者举而措之，必也广行封建而小其地，非德威极盛之王者作，莫之能举。故曰："我无欲而民自化，我清净而民自治。"④ 我者斥帝王也，我斥某诗古注通例。非一有德无欲之士于此，而人皆自正自化也。故尚道德而卑仁义，所以授人主南面之术也。然而孔子犹不称之者，书契以来，未见试而效也。尧、舜其犹病诸，其余诸子之政见政策，何足道哉？

夫讲学无求于世，而必蓥蓥而道政治者，释典上乘所谓离众生不成佛道之喻也。讲学与世无竞，而有时断断而排世论者，孟子所云"不直则道不见也"。今持讲学之狭义者，且未见其人；旧政界之谈经济者，又不能成理论矣。而政党政客发生于欧西，转流于东土。欧西各国，地丑德齐，莫能相下，固一战国之局也。顾吾闻欧之政党，一党进而为政，一党退而在野，常迭进而迭退，亦迭试而迭效。夫其政见政策，皆止于一时之效，无长治久安之效也。中国越二千数百年，乃遥接周末战国之局，大抵类似纵横之钩党，无一定政见政策之可言，而政客满天下，似政见而非政策之潮流，洋溢乎中国。有心人欲昌佛、老之教以救之，愚维孔子内圣之道与佛之上乘、老之道德不异，《论语》、《大》、《中》之微言，其不可解者，证以大乘上德，而皆通矣。而且佛说加详，老子尤

---

① 按《论语》原作："吾之于人也，谁毁谁誉？如有所誉者，其有所试矣。"《汉书·艺文志·诸子略》引作："如有所誉，其有所试。"

② 按《史记·老子韩非列传》原作："韩子引绳墨，切事情，明是非，其极惨礉少恩。"

③ 按《史记》原文无"清静"二字。

④ 按《老子》原作："我无为而民自化，我好静而民自正。"

密，宋以来之道学，本传自释、老，可不必深求。惟外王之道，为孔子所传特异，礼乐兵农并用，以为政教。老子贬礼，墨氏非乐，释氏出家舍身乞食，与兵农尤远，而今日分奔离析之形，生存竞争之说，非礼乐兵农之政教不能救也。独居深念，尊其所闻，发其所学，讲于学会，以证国人于孔人。外王之道，庶几万一，举其国制民生之荦荦大者，寻绝绪而引其端，殆所谓《诗》始萌芽矣。学问中有政治家，不必见用于当世，惟与好学深思之士共之足矣。"人不知而不愠，不亦君子乎！"

富顺宋育仁自序。

第一章　中国政治学之原理

第一节　中国为政教合一缔造以成之天下国家

国于天地，必有与立，故凡国皆有其国教以发生其国度。外域如耶教之国若欧美，释教之国若蒙、藏，皆政教分离，惟回国教统于政，与中国近似而实不同。清真立寺，别有教条训典，与其国家政刑不尽切合。独中国自伏羲制网罟、教渔佃、立十言之教；逮神农制耒耜井臼、教稼穑、尝百药、传本草；至黄帝作书契，制衣裳，正名百物以明民共财。创世教者即统治天下之圣人，见于孔子。《易系传》历序庖牺即伏羲。氏至黄帝、尧、舜垂衣裳而天下治，即序明中国创教立政之渊源，而删书始自唐、虞，即从政教发达最文明时代序起。首标"粤若稽古帝尧"，明其遥接创造时代圣皇之治统道统，近接黄帝垂衣裳明人伦之治法，故先以"钦明文思"等十八字述其内德之盛，次以"克明峻德，克明峻德、德即承上钦明等十八字，以身作则，《中庸》所谓本诸身，征诸庶民，建诸天地。以亲九族。九族既睦，平章百姓，百姓昭明，协和万邦"，而黎民乃由此于变，时乃雍和，所谓民气乐而颂声作也。下接《舜典》，即曰："慎徽五典，五典克从；纳于百揆，百揆时叙。宾于四门，四门穆穆。"乃所以明舜佐帝尧，辅理成化，睦九族，章百姓，和万邦之实际也。五典即五服之亲，高曾至曾元以五世，上推下推为九族，传所谓"亲亲，以三为五，以五为九"也。百揆即百官之长，百姓即百官之锡土赐姓者，约数为百。四门即宾接庶姓，边远之邦君。政教先于其君之家族，乃转相灌输于其民族也。一是皆以人伦之教，颁布政令，率而行之，天下翕然景从。"王"字之解说，所谓"一贯三为王"。三者，天、地、人之道也。又曰"天下归往谓之王"。"皇"之字义，从自、王。

"自"者古"鼻"字，犹言鼻祖也。沿及三代，而畿甸、男邦、采卫、要荒、蛮夷、镇藩、九服、封建之制由此规定，中国政教合一之缔造告成。以尧、舜为文明极则，传之夏、商、周三代，孔子论定，谓之四代。自司徒敬敷五教以治内之王畿，司马掌九伐之法以治外之侯国，政刑赏罚，皆以正人伦为纲要。究其纲要之主点，则在家庭。立爱自亲始，立敬自长始，以此为组织一切教条政纲之模范。故曰："尧、舜之道，孝弟而已矣。"以此画成轨道，各循各道而行，所谓各尽各道；推此定为法规，为法于天下实行，奉法而无有不法，所谓"舜为法于天下，可传于后世也"，所以为政教合一缔造以成之天下国家。若明其现象，则家庭即是一小国家，国家即是一大家庭也。故孟子曰："人有恒言，皆曰天下国家，天下之本在国，国之本在家，家之本在身。"董子《春秋繁露》，有《通国身》一篇，即发明此理。西人昔说中国自称为天下，其实只是一国，殊不知佛经称每一世界有四天下，彼特浅见寡闻耳。

第二节　中国政教合一缔造以成之国家以人伦为纲领

人伦何自起？即从人起。人何自起？即从身起。身从何自起？上溯由来为父，下传后嗣为子；父之父为祖，子之子为孙；祖之祖为高祖，孙之孙为元孙。由此血统正系旁推有伯叔兄弟、诸姑姊妹，至五服亲尽为九族之亲，由此旁推异姓婚姻为三党之亲，同食同居共财者统于家之尊长为家庭，异居异财者统于其宗为宗族，推之于乡党交际，始入于社会；再推而广其交际，出于其乡党，始直接于国家，与近人引外域由幺匿进于图腾即属国交比例之说，大有径庭，迥不相侔，又或如《社会真铨》等书，谬解图腾部落之野习为宗法，更相悬绝。

原宗法为中国三代以上所独有，后世已无，何况外国。其法固起于家庭，而广为宗族，然其法规组织甚密，即是封建之原点。自命士以上至于天子，皆以嫡长子传宗。有家有国，有采有地，皆传之嫡长，谓之传重，称为宗子，管理其田产，继续以统系。其九族之亲，所谓"有五世则迁之宗"，"有余则归之宗，不足则资之宗"是也。比而拟之，略如后世之捐助、蒸尝、焚献，与设义庄、义田约略相似。

由宗族推而广之，至于乡党，始略合于今学界名词所谓"社会"。但"社会"字本中国经传所由名词，"社"字尤为中国所独有。《礼记》曰："家主中溜而国主社。""社"字从土从示，主祀土谷之神，以先农配祭，使民知以食为天，明乎报本重农之意。因就此社，岁时聚会，示民以普通条教政令。外域只有会而无社，缘日人用汉文之文以译西法政名词之意，附会以成"社会"名词。中国自封建废而宗法不行，社亦几亡矣，惟各姓宗祠、各地庙会，依稀仿佛，略沿其余习，略存其遗意，而漫无统系，视古法距离甚远。

四裔之兴，起于秦代，皆由个人集合为部落，部落集合为国家，既进化为国家，即以部落之原质组为社会之分质，由其无家庭之原点，故从起初一步即分为歧路。若论中国之原则，则国家为具体，家庭为抽象，据其现象则似由家庭集合而成为国家，究其真源，乃由最高地位、最大势力之家庭，先行自立模范，以渐摩其贵族、华族、士族，以至于民族。渐摩解以白话，即是传染。贵族、华族、士族系东洋阶级名词，古名词谓之同姓、异姓、庶姓。使其观感而兴起观感兴起解以今名词即激刺之对待反比。以此立为政条，即以此设为教典。先就其服从归往、就我范围之贵族、华族，如法施行，由亲近以及疏远，由贵族以及庶民，悉以纲纪人伦为缔造国家之元素，而扶植民群之进化，所谓"至德要道，以顺天下"者，实由圣人人伦之至教，扱收之力也。《诗经》义之言化家而成国，《春秋》义之言型于四海，皆发明此也。

第三节　中国人伦政教之设置以分土而治、分田而食为主要

前节举宗法有五世而迁之宗，乃专就大夫士之立宗而言。究之宗法，由天子而下达于士，亦即是由士而上达乎天子。《礼记》所谓"有百世不迁之宗"，系指天子、诸侯有天下有国者而言。由宗法推广而为封建，乃直接关系，是一家机轴。《易经》所谓"建国亲侯"，建国乃分土而治，亲侯者自王者亲之，由同姓以亲异姓，由异姓以亲庶姓，世俗语所谓因亲及亲。使之来助祭奉天子为大宗。内而其国公、卿、大夫以至于士，外而列邦邦君于其国之卿大夫、士亦为大宗，皆视王国为例，此为百世不迁之宗。

天子三公之田视诸侯，卿视伯，大夫视子男，元士视附庸，与邦君一例；至诸侯之公子，则其等视。诸侯之大夫所受采地既狭，其所资以赡族者，田产有限，至五世以往，则力不给矣，其士则惟以圭田以守祭祀，故五世而迁。天子王畿千里，四面距王城四百之内为县地，其内则诸侯即指公、卿、大夫，位比诸侯。之禄取给焉，其外则以封公、卿、大夫之有功者为国，即与列邦一例，传代立嗣。故《礼·王制》曰："天子之县，内诸侯，禄也，外诸侯，嗣也。"

天子只自占藉田千亩，此外九共、九赋、九贡，各自典司收储，以待九式之支配应用，而王宫之俸，亦在支配限制定额之中，无私藏也。亦属庶人佃耕。

此外公受大都之田百里，卿受小都之田七十里，大夫受家稍之田五十里，元士受一终之田三十里，庶士受禄一邑四井，皆如后世之田主收租，而其田皆分给与农民耕种收获，其受采受禄之田主，但取其什一之租，即准国家之税，所以《周礼》以"九两系邦国之民"，其一曰"主以利得民"，即指公卿、大夫、士受采食禄者为田主也。故《左传》曰："天子有田以处其子孙，诸侯有国以处其子孙，卿大夫有采以处其子孙。"天子虽有一圻千里之地，其实皆分授与人，按公、卿、大夫之等，以别其所授多寡之数；而其分受成国及分受采地者，不过衣租食税而已。虽为采地之主，不过收租代禄，仍依井法分授与农，非永定为己有以遗子孙也无论，外诸侯一国之地，又须分授采地圭田，以与其国之卿、大夫、士，即王国公、卿、大夫所受之采地，仍须分授与其境内之公邑、家邑之宰士，与及庶人在官之俸给，其所自食之租税，足其本等之用而止，而滴滴归源。田主所受之地，又皆由国家据公法分授与畎亩之农民，田主之取税于农民，略如今之佃户，纳租于田主，无分半之租，与押贷之息，亦无擅行与夺之条。

凡国中农民，每一丁成户，占田百亩，自耕自得，但带作公田十亩以完国课。其立法先就国之中段，画为井字之形制，其井疆阡陌沟洫方里为一井，一井九百亩，八家各占百亩，以其中为公田，又分出二十亩为八家之田庐井灶场圃，而八家各分种公田十亩，实算纳税，系取十分之一，所谓什一之征。据《周官》，壤地之名，分为坟隰、沃衍、丘陵、山林、川泽，坟隰、沃衍可以画井，丘陵则不能治。井疆正方如图，故又设有两法，一易之地家二百亩，再易之地家三百亩。其近山林之地，又设一法：上地家百亩，莱五十亩；中地家百亩，莱百亩；下地家百亩，莱二百亩。其山林、川泽别设虞衡以掌之，分授与其地。土箸世业之民，谓之山泽之农。故曰："井者法也。"以中段画井，分区之上田为法，而以方田之法算之，期于支配均匀其受采地。为田主者，在其界内，亦责成其协同国家地官管理补助教养之务。

农民三十受田，六十归田，及其转徙迁移、割户转户、振灾恤患种种繁细，时时督察，非分国建侯设官分治不能为力。所以须行封建之制，分土而治。一国大不过百里，设有朝廷政府，养成卿大夫士若干人，各有官守考成，始足以言教养，乃所谓地方自治也。管理民事者如田主，俸给皆取于田，所谓分田而食，其法从一夫起算。夫者对妇之称，娶妻生子，然后谓之成户。故法定三十而娶，所以三十受田，虽有早娶者，亦所不禁，而归入余夫之例，只授之以二十五亩，及至法定娶妻之年，始分授之以一户之田百亩，此为分田之单位，即是分田之本位。

以本位为率，有出于农业而服公役者，谓之"庶人在官"。《周官》谓之府史胥徒，即后之典史、书办、领班、差役，此外有贾人、邦工及比长、里长，则如后世之盐茶官、店伙计与公厂匠，目及乡约、地保、甲长，有公食而无品秩，统谓庶人。禄足以代其耕，定其俸给，所收入与农民百亩所收入之数相等。其侯国之下士，与此类庶人在官者同禄。既称为士，则已有品秩，而其禄仍与庶人在官者同。《周官》王朝亦有旅下士，盖如今下级科员，分科执事，无管理人民之权职，故仍依普通人民之本位，以为俸给。由此等而上之，则有中士，禄倍于下士；上士，禄倍于中士。再等而上之，则有下大夫，禄倍于上士。一国之中，其大夫之上必有执政之卿，则其禄四倍于大夫；其一国之君，则所入十倍于其国之卿。《孟子》"周室班爵"一篇言之最晰。以此为率，天子以天下之土地，公分之于公、卿、诸侯、大夫、元士，使之各君其国，各主其民；诸侯又以其封内之土田，公分于其国之卿、大夫、士，使之管理农民，而归根以多数之农民为分田之本位，此所谓分土而治，分田而食也。

第二章 中国政治学之原则

第一节 人伦政教以封建、井田为二经，兴学、起徒为二纬

中国既属政教合一演成之人伦政治，如前所说。伦者，理也，即人道所以立于天地世间之条理分理也。统人群而纲理之，必有一定之原则。广土众民，不能独治，故须分土而治。天之所生，地之所长，人力之所治，以田为衣食资料出产之大宗，自应人人各占有分，因此理由，定不动之土地为众共之公产，用人力以出此地产之人民，为天下人民最多之数，非使其人人有田可耕，自食其力，则无以给其求而养其欲，故须分田而食。若不为之疆理而听其自占，势必至苦乐不均，强弱相夺，故必为之分授管理，而分国之法从此立，分田之法即由此一时成立。乃从一人一户衣食之所资生，力作之所能给，平均计度审量，制为一夫百亩。古尺小，积百亩只当今田二十七亩有奇，约三十亩。积至百里，提封万井，得九万夫之田，足供九万户人口衣食之出产。统计人丁最盛之区，家约八口，则七十二万人约，封以大国百里；人口最减之区，家约五

人，则四十五万人量，封以次国小国，方七十里，如五六十里，故曰："列爵惟五，分土惟三。"

田地不必正方如图，封疆亦属截长补短，而大要以民族之多寡为准率。王朝专设司空主地政，职方主巡方，匠人主营造，均见《周礼》。建置已定，乃量地制宜，分别其受国之等位，以封建为列邦。故《礼记》曰："司空量地以制邑，度地以居民。地邑民居，必参相得也。"又曰：凡制邑，以其室数制之，从四井，制为邑，积至四邑为邱，四邱为甸，四甸为县，四县为都，皆以管理农田户口为主政。论其体积，则自农一夫，受田百亩，积而至受封成国，广狭多寡之分数悬殊。究其分子之原子，实以一户人力所出衣食之资给，足以供其家之养生送死而无憾为其本位。从士食四井以上，至于邦君受国，皆为管理农田户口而设也。自天子之田，至士之采，悉皆分授与农民。全国之国用俸给无过取其什一，量入为出，绰然有余。所以乃能使上下共谋，相生相养，相安于无事。分土而治者，正以长保此分田而食，此之谓"德惟善政，政在养民"。

又曰："圣人养贤，以及万民。"此井田、封建之原则。所以三代政治之大经，人得相养相安相生相续而成世宙，但非有教化则人伦之政治不成，故必设为庠序学校以造少数之士，而教多数之民。是以《周官》之地官，命为教职；而春官所掌造士之国学，命为礼典，造士所以预备教民治民。士之职务，其主要在执行礼典，礼典之主要在于宗法。宗法者何？以亲亲而仁民，立礼典之大法也。有百世不迁之宗，天子、诸侯是也；有五世而迁之宗，受采之大夫，士是也。其组合之主要在祭祀，祭祀之礼，天子统天下同姓、异姓、庶姓之诸侯，故《孝经》曰："得万国之欢心，以事其先王。"邦君统其国之同姓、异姓、群姓之卿、大夫、士，故《孝经》曰："得百姓之欢心，以事其先君。"卿、大夫统其五服之亲族，及室老家臣，至于士，只统五服亲族，而同姓之无宗者亦附焉，其助祭则有异姓之宾友，故《孝经》曰："得人之欢心，以事其亲。"故《礼记》曰：国有五经，莫重于祭。① 传曰："国之大事，在祀与戎"。《论语》曰：所重民食、丧祭。其组合祭典之主要在制丧服之五服，以教亲亲之等，使其利害相及，哀乐相关，而弟道乃从孝道之具体

---

① 按《礼记·祭统》，此句当作："礼有五经，莫重于祭。"

而抽象，广之于社会国家，为敬老尊贤之等。故《礼记》曰："圣人能①以天下为一家"者，此也。故孟子曰：圣人人伦之至也，尧舜之道，孝弟而已矣。皆指宗法之重心点而言。后世不明其旨，以为圣贤专顾家庭，讲道学而已。

试观四代之制度，文为委曲，而繁重巨细靡有遗，"孝弟"二字，何以括之？要知从孝弟之中心点，制为宗法之型模，就此型模规为一定之法式，颁行天下，以授圻内公、卿、大夫、元士之采，以封圻外内五服、外九服之列邦，建万国而亲诸侯。又令其国之卿、大夫、士各受采地，施行其宗法之治教。故《诗》曰："君之宗之。"对于所统之族姓，即是君道，立君承嗣，对于所继为之后者，即是宗子。《礼》曰："有余则归之宗，不足则资之宗。"《记》曰："尊祖故敬宗，敬宗故收族。"以其有田禄者，命之统摄其族，即责令收恤其族，非如后世之宗祠，立宗子之空名，但主祭而已也。此为教化之提纲，凡为士大夫皆必先使知之而能行之，由井田、封建二经以发生兴学、起徒二纬，先养而后教，而宗法之法则，综教养为一条，所以贯通经纬。其设党、庠、序以下三等学校，以普及教民者，详备于《周礼》，别具图说大要。

六乡为设学之区，选士由此起，征兵亦在其中。六遂为教农事之区，以征兵为主，有愿出于农亩而志于学者，亦可就学于六乡之学、《王制》不变移之郊，不变移之遂，可见。王国六乡六遂，侯国三郊、三遂，郊即是乡。广狭不同，而制同一律。据《周礼》明文，公受成国，则大都之田已备郊、遂之制，卿所受小都，当亦略同，但制不必备耳。此其分土而治者，亦即分地而教也。其学校教科，据《周礼》揭明，为六德、六行、六艺，六艺者，礼、乐、射、御、书、数，书、数为普通所共习，礼、乐属文学之科，射、御即古之武学。文武本不分途，故就学征兵，谓之起徒。王国六军，凡六乡，每乡万二千五百家，通率家一人，得六军为正卒，即前备兵也；六遂户数人数同征，率亦同得六军，为羡卒，即续备兵也。此外民兵则有邱甲之法，尽民皆兵，即后备守兵，制亦详于《周礼》，别具表说。

第二节　封建、井田与兴学、起徒又互相为经纬

既行封建，则诸侯、卿、大夫无不席丰履厚，士农工商无不家给人足，安居乐业。正惟其富庶，安享太平，尤不可不兴学，一则以造士，

---

① 原文如此，当作"耐"。

一则以教民。人情无不好逸恶劳，自私自利，若无国学以造士，则邦君世袭，公子皆为大夫，势必逸乐豪奢，不事其事，习惯见惯，忘乎所以，必且视一国为一家私产之挚息，篡夺分争，各营其党，各私其家。即封建之制，且日虞破坏，不能常保，又何望其能以礼让为国，与百姓相亲？

是以立之国学，登进国之秀良，命为造士，与王太子、诸侯世子、卿大夫元士之适子同班共学，一律考成，谓之成均。其学科则以《诗》、《书》、《礼》、乐为主课，《礼记》所谓"顺先王《诗》、《书》、《礼》、《乐》以造士"。《诗》即《诗经》，注重家庭伦理，及于国政得失，《书》即《书经》，注重国家政治大纲大法；《礼》即《周礼》、《仪礼》，注重研究义法，习行典礼。及其学成，用以为政教民，一是皆以执礼为主。士为执行典礼之本位，执行典礼为士之天职，故公、卿、大夫、士称为"四选"，见《董子》。而《仪礼》十七篇谓之"推士礼而致于天子"。汉师说，故曰："天子之元士皆士也①，天下无生而贵者也。"见《礼记·冠义》。如此则天子、诸侯皆系由士出身，公、卿、大夫更无论矣。为士者，四十五十命爵为大夫，有功加爵位，晋公卿，见《礼记·尚书大传》。其未出而长民者，其先代为大夫，则自为宗子；未为大夫，亦为族塾之少师，自治其本宗之教务，一是秉之于礼，亦复如是。

冠婚丧祭，礼有等级，财物称是，故曰：君子有财，用之行礼。其所受之俸给，适足以赡其所居等位行礼之用，则逸乐豪奢之念不生，而恶劳不事事之行亦有所不敢。其庶民所入，则只足以资养生送死，使养其老衣帛食肉，见《孟子》。为多数人民本分之愿欲，如此便足，不能责之以隆礼。由礼故有士冠礼、士相见礼，而庶民不与焉。其昏丧之制，大法从同，而礼节单简。无先庙则无祭，但荐于正寝，见《礼记·祭义》，即今家堂。同在二十五家之间者，有公用之祭服丧服，三年之丧，虽自天子达，然不绩者不衰躬亲，而事行者面垢而已。见《周礼》、《礼记》。故曰："礼不下庶人"。此士民之分界也。

然若使无教民之普及教育，则虑其逸居，流于下流，而近于禽兽。由自私自利而损人利己，由游手好闲而草窃奸宄。所谓民恶其上，盗憎主人，见《左传》春秋时代。故必立为族塾党庠，以教民为主体，是即普及教育。以大夫士之致仕者为之师，闾胥为之监督，所谓农事毕登，余

---

① 按《礼记·士冠礼》，当作"天子之元子犹士也"。

子皆入学。百家为一塾，无人不入族塾，限年毕业，移入党庠；限年毕业，散归田里。此属普及教育，不以造士为主体，故不以升学为本位。其有由党正就党庠中随时考察，书其孝友睦姻、敬敏有学者，始特别升之于乡，选之于射。详见《周礼》及《礼记·文王世子》。其庶民之老者，年至五十已上，亦得预于乡饮酒入班行礼，其少者则乡饮乡射时，就其在党庠之地，令其随同观礼，使晓然咸知君子有财用之于礼，既无其才能，自不能有其财力，无可妄觊，自然安分，不敢为非，则各安其田里。

教以出入相友，守望相助。岁时属之以读法，誓之于社，以警暴民妨害治安，而邱甲起徒之法，即从田猎讲武，就地教练，不劳费而易行。党庠教科，既有射御，则成童以上，于武学教科兵式体操，均已习成膂力。邱甲之法，亦由四井为邑起算，制详《周官》，别具表说。于四时农隙，师田讲武，由乡吏征而致之，编为伍两，卒旅即是操练，谓之起徒。其正卒、羡卒称师，邱甸之甲称徒，师徒即师徒也，以今世语约要言之，即是征兵。乃合团防、国防为一事也。军制以防为主，而禁椎埋之窃发，防暴民之结煽，亦在其中。所谓"禁民为非曰义"，所以保卫平民之和亲康乐，而非防人民之反叛国家也。三代之时，并无此事也。井田废则征兵不能行，学校废则民兵不能用，封建、井田废则教育万难普及，征兵仍属游民，故曰：封建、井田、兴学、起徒，又互相为经纬。

第三节　封建即联邦制度，井田即公产主义

封建、井田，析言之为分土而治，分田而食；合言之，同是一条政纲，古名词谓之政经。归重在分田而食。其中间过脉，以宗法、采地为关键，亦即推广授田，为分国之模型也。宗法者，即设法分田，立为宗族，分田管理，以养赡平民之法也。再切近而言之，受采地一终三十里者，即是附庸之国，其等级比于天子之元士，其管理本境人民之规则，附属于领土之诸侯。其立宗之士大夫，对于其宗族，固有君道，对于其采地境内之农民，亦称为主。《左传》大夫称主，其内子称内主可证。由此广之，为五六十里、六七十里至百里，即成为大国。所谓大国一同，同方百里也。其制度以大司马代天子巡狩职方，率其属之五官，五官之长曰伯，即是司马，见《礼记》：其属曰天子之五官，五官之长曰伯，是职方；其摈于天子曰天子之吏。即所谓天吏。统王师涖其地，宣天子命，设坛位，㩊以黄土，苴以白茅，画图指界而封授之，谓之封略。故《左传》曰："封略之内，谁非君土?"① 其旧有之国，则因其旧爵而加封之，故《春秋》有唐、虞之侯伯，故《大传》曰：君子不以无功益人之地，不以无故贬人之爵。因其原受之爵土而加以锡命，有如后世藩属，如藏卫、朝鲜、安南、缅甸、车臣、土谢图汗之属，土司之比例矣。其新封之国，则大司空命其属官及匠人之属为之度地以制邑，量地以居民，是之谓建邦启宇，详见《周官》。如此自然与王朝相联，是谓联邦制度。而且画分内五服、外四服详见《周官》。朝觐远近之期，箸为定制。近圻者每岁一见，最边远者每世一见。即袭封时来朝，详见《仪礼》、《礼记》。天子五载一巡守，群后四朝，间岁一小聘，三年一大聘。见《书经》、《周礼》、《仪礼》、《礼记》。平时礼貌优隆，享赐甚厚，情义接洽，此之谓邦交。则春官大宗伯及大行人主其官，联接待交际之政。其列邦之讼狱，则大司寇分遣其属，为之巡审；详见《周官》。其有所诛赏，则大司马掌九伐之法，等次其罪状轻重，率王师涖境。所过之国，大国以师从，小国以旅从。至其国，宣天子命，行其赏罚。详具《周官》及《尚书大传》。是以怀德畏威，无敢携贰。此乃真正联邦，惟德意志帝国时联邦仿佛似之，特其军国民主义则大谬相远，未脱部落之余习。其合众民主国之北美联邦、瑞士联邦，则其开国之始，形实均迥不相同，所当别论，后再详说。至有误以后世汉之分王子弟、日本之旧封诸侯为比者，汉封则太大，倭封则太小，而皆出于私利土田。汉于国立相，以代郡守之职，仍是一郡，不成国制；倭立太阁，以统部落，仍是土酋耳，粗疏已极，不可相提并论。唐之藩镇是割非联，更不待言。

三代封建之制，则地不过今一县之大，而政治文明之发达，具有后世一朝统治之规模，乃所谓分土而治也。但虽分土而治，而不以所分之土为邦君田主之私产。在一国境内之土田，为一国之公产；在一封境内之土田统为一国之公产。后世官吏人民上下之争夺，一言以蔽之曰：为财产也，即为生计也。分土而治者，即为人民管理支配财产，筹其生计也，故举国之公产，其归宿皆以一家百亩分授农民，而借用民力，一夫治公田十亩以供给采地之主、受国之君及其所统属服公事者衣租食税之用而已。譬之于旧识所共知，如一大义庄，天子是创义庄之宗子，农民是义庄之公佃户，佃由公上招退，而指分田庄某股归某房收租，帮同管理，不得由私人任意加减予夺，有国家总管理各事务人职掌之。譬于新

---

① 按《左转》原文，后句作"何非君土"。

识所共知，则如一大公司。天子如创办公司之家，庶民如多数株主，共有公司产业，五官所掌如董事会之监督，分地而治之，邦君及其所属之卿大夫士，如公司之总理及诸职务员，在职务一日，即取俸给一日，取消职务即销去俸给，与后世中外政治之现相略同。惟销去管理职务，仍有退归之田，里人占一分，其本人曾为士大夫者，仍退为父师、少师，见《春秋》说井田什一之法。其家人仍受百亩之分，所以与后世绝异。故云：井田即公产主义。公产者，一国中之土田，一国中之人民，各人占有一分也。故士大夫居官不必为子孙忧，退休不必为身家计，而庶民之封殖盘算，规占良田广宅以贻子孙者，其路自绝，妄念不生。老者归田受养，儿孙自各有分授之田原也。

第四节　自黄帝画井分州，至虞、夏、商、周统为封建、井田时代

中国历史，称为万世一系，自是特色，非外域历史所能及，即此征其文明发达最早可知。故谈外国政治，求之于新，言中国政治，只当稽古。西人共知学说理论为政治事业之原母，殊不知学理有深浅精粗之别：常识、博识、通识。据一方一隅一事一物发挥之学说理论，其发为政治事业，只适于一时，不适于悠久，必须求之于圣人已行之效，又经圣人讲求稽考而论定者，乃可以为政治学之原则。

《论语》称子曰："吾之于人也，谁毁谁誉？吾有所誉者，其有所试也。"[1] 注家误解为泛论人物。据《汉书·艺文志》班氏说引此云：吾有所誉，其有所试。论三代王政已试之效。故夫子称之，学者述焉。《论语》本属六经总汇，所存皆大义微言，《论语》、《孝经》，列七略六艺之终，为六经之总汇，原出刘向氏《七略》，班《志》所引，或系刘子政说。《志》称弟子六十四人共成《论语》，盖颜渊、季路、宰我、伯牛诸子先卒者不数，然则系七十二子全体合定之书也。非小方之论。知学术为政事之原母，即应知稽古为复古之导线。孔子删《书》，始于唐、虞、帝尧之上，冠以"粤若稽古"，《皋陶谟》亦首冠以"粤若稽古"。汉师师说：皋陶圣德，禹让帝位于皋陶，故题篇"曰若稽古"。《大传》称曰若稽古，周公旦亦以摄王定太平，以上均见《尚书》今古文注。然则二帝三王之授受，非宋学家所谓十六字心传，乃此四字之薪传耳。

中国史虽称万世一系，然亦自经孔门论定以来，始足传信。如《通鉴》前编外纪所载，采自《淮南》、《吕览》、罗泌《路史》、谯周《古史

---

① 按《论语》原文，"吾有所誉"当作"如有所誉"，"其有所试也"当作"其有所试矣"。

考》、扬雄《帝王世纪》、马骕《绎史》等，荒远难稽，原委不贯，无足征信。惟《史记》托始于黄帝，然犹考信于六艺，折衷于夫子。其序称曰：《宰予问五帝德》及《帝系姓》详矣。而《尚书》独载尧以来，据《大戴礼·五帝德》篇：宰我问黄帝人耶，非人耶？则黄帝以前，更难言之也。故孔子不述黄帝，而特于《易·系传》序黄帝以前，只上溯庖牺、神农，箸其教佃渔耕稼之事，民食所本也；次述黄帝属词，与尧、舜连文，曰："黄帝、尧、舜垂衣裳而天下治，盖取诸乾坤。"《史记》云百家之言黄帝，其文不雅训，乃择其尤雅，箸于《史》本纪。其称画井分九州，即创造中国文明，建置之始。郑康成《周礼》说地形不能正方如图，特用井字形为法，以虚线标画国界，如步天之立法，为六衡七间也。盖当时黄帝既造指南之车，使大章、竖亥用车轮步法，步知南北东西面距及周径之率。旧误解步为步行，此等迷谬可笑之旧学，甚多由不通今古文字故也。《周礼》所谓"以土地之图，周知地域广轮之数"①，广即堳圜，轮即圜半径，正谓半球形也。因用井字形为纪限腹地，则因其平方敛缩如图，开以平方，为内九州，边荒则就其陂陀堳即"拖"上声，读为《论语》"加朝服拖绅"之"拖"。圆，因圆为侈，正字当作"多"，读为俗语"哆口"之"哆"。外加三州，不用井法开方也，合为十二州。见《周礼》、《职方》、《尔疋》、《九州》，与《禹贡》不同，拙箸《尔疋讲义》。以天子所都为中点，四面大略等边，是为"弼成五服"。此外以薄于四海，为中国界。不得如弼成五服之等边，与封建侯、甸、男、邦之整齐，则为之咸建五长，俾相统属而已。《书经》正文原甚明晰，都被后人说乱。即《王制》"五国以为属，属有长"之制，但无"十国以为连，连有帅"，以至卒正、方伯上级之统系，约如今归版图之东西四盟矣。当时封建万国，其国域等制，不必一定整齐。至禹会诸侯于涂山，尚有执玉帛者万国。据此推知，高阳、高辛、颛顼、帝佶五帝相承，无所改异。至禹佐唐、虞平水土，仍用井法，定九州，制五服，益加详密。而封建之法，"列爵惟五，分土惟三"，亦由此制定。则三代之所承也，分州是大井字，封国是中井字，疆田是小井字，故曰"提封万井"、"殊厥疆井"、"大营包小营"，只是一条法，此四代圣帝明王时代之政治原则也。《禹贡》治水浚く、《②距川，即加工治沟洫井田，故《算经》云大禹以句股治水，《论语》称禹尽力乎沟洫。

第五节　春秋破坏封建、井田，至秦政大改革以后为郡县、民田时代

封建之天下，贤愚贵贱上下各得其所，本不易于亡其制，更不能坏。故厉王虽暴虐，被放于彘，而宣王中兴，易于反掌。乃天生妖孽以亡周，国史记载烽火戏诸侯之事，《诗经·变雅》所云"赫赫宗周，褒姒灭之"，即指此事。从此犬戎入寇，举烽火而诸侯不至，宗周遂亡，而周辙东矣。孟子称"武丁朝诸侯有天下，犹运之掌"，《诗经》载宣王之雅，犹历历言。王师征讨之迹，皆由兵制尽善，王师所涖，诸侯之师从，故曰"王者之师，有征无战"也。至举烽火以召勤王，何等重要之事！而以此为戏，当然诸侯解体，自此举烽不至矣。宗周既灭，平王东迁，其实形已与列邦无异，特尚有名义仅存。故以晋、郑为依。见《国语》、《左传》。其时一相处乎内者，即郑武公，而大司马统王官为一伯治，外诸侯之制已废，诸侯互相剪灭吞并，王朝不敢过问，而齐桓乃发起合诸侯匡天下之政策，因假王官二伯之名义，以兵力征讨不庭，禁诸侯之私相灭亡，以翊戴王室，是为创霸。"霸"即"伯"字，《释名》云"霸者，把也"，把持天下之政也。宋襄谋继齐桓而起，为楚所败，春秋五霸，仍数宋襄，托二王之后爵，为上公班，在诸侯之上也。齐桓亦称先王之命曰"五侯九伯，汝实征之"，而未请朝命。晋文代兴，《书经》载《文侯之命》，其后继世，犹得主盟者，亦借锡命之名义，以号召天下也。迄晋之霸业衰，而楚庄、吴阖闾相踵而起，亦仍用周之班制，纠合诸侯，虽属假名，而《春秋》亦与之。故五霸谓齐桓、宋襄、晋文、楚庄、吴阖闾，示若盛时旧制，统王官，治诸侯之大伯，以次受代也。故《春秋》传曰：上无天子，下无方伯，诸侯有相灭亡者，桓公不能救，桓公耻之。及三家分晋，田氏篡齐，纵横家之政客群起交煽，不复有名义思想，惟有权利主义。而七雄竞相角逐，并灭于秦。六国以吞并篡夺而来，秦与六国为寇仇，本属吞并而有之，而统一集权之政策自然成矣。

秦并天下，本力战经营而后得之，久已不恤，糜烂其民，自应无真实爱民之思想，亦无从发起亲侯建国之理由，惟有因积渐已然之势，合九州为一国，分天下为四十郡，集权于一朝廷，无论数千里万里之遥，天子遣一吏治之；无论其地方治与不治，凭左右近习之毁誉为进退，谓可朝拜而夕罢之耳。此柳子厚《封建论》之语，彼云封建非圣人之意也，殊不知郡县非治天下之法也，势也，如所云朝拜而夕罢之者，果出于察吏之贤否？则岂能以朝夕见功罪乎？从此君与民隔绝不相通，上接于君下接于民者惟有官

吏，不得不惟吏之是听，而严刑峻法之事起。张汤、赵禹以严酷晋位公卿，《史记》郅都、董宣列于酷吏者，《汉书》视为循吏。从此吏治江河日下，由于建置太大，官制太疏，势必趋于苟且之政。推原其制，系仿效春秋时楚之县尹。郡即朝廷之分体，故至汉时犹称为郡朝；县邑为郡之分区，其下惟有三老、功曹、亭长、里魁均见《史记》、《汉书》。为乡吏，与《周官》之所谓乡吏贵贱悬绝。《周官》制，州长、中大夫以下皆名为乡吏。自是人品悬殊，地方不能治矣，即黄黎州①氏所斥言后世帝王以天下为私产之孳息矣。见《明夷待访录》。

　　无论其本无为民、爱民、养民之心，即假设如有此心，既改成郡县，设为流官，官系浮寄于民上，诚欲仍如三代之计口授田，亦无从着手。是以集权政策之下，惟有用开放主义，除收为官产之外，令民田自相买卖。有权势者，规占膏腴；有财力者，结连官吏，则争夺财产之狱繁兴。故自秦重用治狱之吏，焚《诗》、《书》以愚黔首，专为保障中央集权之政策，而郡县之制遂成。除收税、听讼之外，国之与民各不相涉，由是未几何时而富者田连阡陌，贫者无卓锥之地，虽平民揭竿而起不旋踵而亡，而局势已成。

　　由于田各有主，是以汉初定鼎，仍沿其制。比至文帝、武帝时，董仲舒欲限民田，而无法可施；贾生疏陈，欲众建诸侯，而少其力，其策不用。官民悬绝，则讼狱繁多；度日贫难，则椎埋夺掠。于是酷吏以武健用事，游侠乃激而起，朱家、郭解之流，先以义任侠，反对官吏豪家，杀人报仇，出财以济人之急，继乃劫民取财，朋党宗强，侵凌孤弱。酷吏只知峻法严刑按治，而民与官吏为仇，归怨于国，乘朝政不纲，则群起而作乱矣，皆由财产不平而盗贼日滋之故。西汉之末，乘王莽之变，赤眉、黑山、白波、青犊同时并起，探丸斫吏，皆游侠遗风。东汉党锢之祸兴，黄巾亦激于不平而起，张角、张鲁犹有侠风，而其后新市、平林、下江之兵，亦专以劫财为事，可以知矣。

　　郡县之天下，治日少而乱日多，学者所共叹，而莫知推究治乱之由。民田之时代，豪强兼并日多，而贫民思乱者愈众。所以郡县民田之时代，近或数十年，远不过百年，必有一次人民造反，焚家劫舍，杀人流血，蔓延兵祸。而又易一朝，仍蹈前非，再蹈覆辙。魏、晋、南北以至隋，皆属乱朝、乱国、乱世，已无所谓治矣。唐、宋、明少安之日略

---

　　① 原文如此，当作"梨洲"。

久，然以比三代国度之治乱盛衰、人民之苦乐，尚不可以道里计。此封建、井田时代与郡县、民田时代之比较，概其可知者也。民无叛国之理，君无仇民之理，自无用兵征服百姓之事也。孟子云"征者，上伐下也。敌国不相征"，正谓用兵者以讨不服王化之列邦诸侯，与其国之人民无涉也，所谓"有分土无分民"也。

第三章　中国人伦政治之制度应用

第一节　封建即井田之积分，井田即封建之起点，二不相离

封建、井田合为一制，大者受国，小者受田，其间过渡以受采，立宗为之代表，使之各收其族，即各治其族，采地即是分国模型，前已略说，今再发明其制度应用。系以一国之面积，勘合井里为容积，以百亩之微分，借根为一国之积分，而和较户口民食准为平均之法，俾上下晓然于家天下之制，系人人各有其家，各安其业，故须先治疆井，步百为里，方里为井，井容田九百亩，以此为积算之起点。除公田百亩，八家各占百亩，古尺一里当今三分，百亩当今二十七亩零，约三十亩。而通率算亩连公田合并立算，故曰夫三为屋，一井得三屋，为九夫之地也。见《周礼》。从此积算，约大国百里，则提封万井；约小国五十里，得大国四分之一，则二千五百井，皆约城郭、沟洫、道途，三分去一，算其腹段区域。除名山大泽不以封，其余山林丘陵瘠土以为间田，均归王朝，设虞衡掌之，统于职方，见《周礼》、《礼记》。大国提封万井，则当九万户；小国二千五百井，则当二万二千五百户。每户通率一壮丁，合余夫中小并计平均五人，其人力只能给耕作百亩。今三十亩。昔主江南南菁学堂，曾以发题，实算得二十七亩有奇，加分治公田，故今约为三十亩，详见讲学汇钞，后再附出。故制为百亩之分剂，以处多数本业之农民，而其所收入谷石，已当今日六十石，给农家一家之衣食充足有余矣。由此比例，下士与庶人在官者同禄，禄足以代其耕，则取于公田百亩之收入，哀多益寡，以为俸给。中士倍下士，上士倍中士，然则士食四井者，诸侯之上士也。公田除二十亩为田庐、井灶、场圃，公给农人之外，实收八十亩。四八三百二十亩，中率亩收二石，得六百四十石。以三率减之，则合今谷石一百九十二石。

侯国通例无中士，大国间有置者，亦不命，即非命士，其上士一命通额只二十七人。见《礼记》。凡此命士在朝，则掌一官，署职务在外，

即为邑宰。故俸给稍优，始敷其应用。此尚无采地，然有圭田五十亩，与卿、大夫同为祭田，以供其一庙之祭祀。侯国例无中大夫，其下大夫亦尚无采，惟上大夫、卿乃有采地，立宗传重，始称为有家，大率一成之地。《国语》少康为有仍陶正有田一成，即受其上大夫之采也。成方十里，容积得百井，为田九万亩，以取什一之税。一井九百亩，收入九十亩，率之亩收二石，则采地之主，得收入万八千亩之租税，似已过丰，仍以三率减之，得合今六千石。但地有一成，官吏事繁，必建设家邑，置邑宰，立官府，用下士与庶人在官，分科执事，一应俸禄于采地征税之内取给焉，则除供亿之外，其私家所实入者，约计亦无过于四倍下大夫之禄。据《孟子》，下士得百亩之分；中士倍之，约二百亩之入；上士倍之，得四百亩；下大夫倍上士，得八百亩之入；卿禄四大夫得三千二百亩之入。而有三庙四时之祭祀，宗燕宗室之女学教育支应，及族人之不给者，资之于宗，并不听其厚殖以自封，更非使之厉民而以自养也。由此等而上之，大国边廉之境，约三十里为一终，以封附庸，附属于大国。《诗》所谓"乃命鲁公，俾侯于东，锡之山川，土田附庸"，是其制也。再等而上之，则如五六十截长补短，封为子、男小国，专以农政牧民为主。故曰："子者，孳也"；"男者，任也"，谓其能孳息任养万民也。见《白虎通义》、刘熙《释名》。等而上，为方六七十里，建为次国，得七千井，为田六十三万亩。至于百里，则建为公侯大国，而其计户分田之法，颁之于王朝，考之于司空，纠之以职方，统之于大伯。一相处乎内，兼一伯统东方诸侯；一伯处乎外，统西方诸侯。故曰分天下以为左右，曰二伯。二伯一人亦称大伯，外一伯即是大司马。故其属有六大五官、六府五工，统治外诸侯之事，详见《礼·王制》、《文王世子》。顜若画一，通国之田，通归农民，均分均作，自耕自获，其管理之君、卿、大夫、士均借用民力，收公田之入为国家税，其分剂以次而差，惟封建分治始能施行井田之法，亦惟井法授田始能维持封建之法，故取譬于佛典所说：金之与色二不离。

第二节　封建制度与分藩割据绝异，与欧美联邦有同有异；井田主义与外域农仆部落不同，与新说公产潮流迥异

秦废封建、井田为郡县、民田时代，三代制度已荡然无存。汉起于闾巷，以兵力取天下，萧何所收者，皆秦之图籍，只知秦法，无所取则，乃分封其功臣及子弟为王，各拥数十城，为之置一相以代郡守之职，地广权轻，愈不能治。诸王专恣，卒之先后以次皆反。由于不知

三代封建原则，曾未略具上国统治、列邦分治之规模，本无法守，何堪建国？至贾生出，始约要而言三代治状，议请众建诸侯而少其力。文帝方主黄老休息政策，事不得行。东汉光武亦以兵力中兴，说不到此。汉以后并此学说亦绝响无闻。而十六国、南北朝、东西魏分崩离析，接踵相望，地虽有广狭，时虽有久暂不同，总而言之，皆割据也。至于有唐统治稍久，而中叶以后，叛民四起，专恃武将兵力以压制乱民，而悍将骄兵，群起角胜，遂成积重尾大不掉之势，割据之事又兴。迄于五季三十六国①，穷而无所复入，乃复归于统治，然辽、金、夏之变相，即发生于其间，均但见其争国，并不足以言治国也，与三代之建国亲侯分土治民，绝界不邻，不可以同年而语也。

其分界之所以然：三代系立宪制度，后世系集权政策。"宪"字首见于《书经》："慎乃宪钦哉，屡省乃成钦哉"；次见于《周礼》：布宪、司宪、掌宪，不一而足。《周官》一部，即治王朝之宪；《王制》一篇，即治列邦之宪。而凡属朝聘会盟之礼，见于经传者，一切皆是王朝列邦通行之宪法，即共守之宪法，《春秋》因此推广为公法。所谓联邦制度，以分治地方为主义，而预防割据分崩之患，亦在兵、刑两制之中。比于欧美联邦，除瑞士联邦又当别论外，如德之普鲁士譬若王圻，此外联邦则各自分治其国之内政；美之华盛顿譬若王圻，此外各市府则各自分治其境内之民政。而列邦与中央政府之交际，则联之以国会及地方议会，其中央主权则总之于军制、海关、巡审，而统治与分治之权限制定于宪法，各奉为法守，略得封建列邦统于上国之形式。而其列邦分王国、大公国、侯国，领土列邦总统、大小市府市长，领土政府，等级亦略具。大次小国，及疆以戎索，别设附庸，世掌虞衡各等，分别治法，尚无上国列邦平时交际之礼文周至，临事治军行法之规则谨严，而即足以维持不坏，曷尝见有国内战争，日寻干戈者乎？

学者未深求井田之制度，或误认为外国部落农仆之现象，此大惑矣。农仆之制，系以土地为主体，而人民为其附属物；井田之法，系以农户为主体，而田里为其附属品。井法乃制其田里，以百亩之分，为农户应占之分子；部落则通计领土以服田之役，支配农仆应役之数。封建之井地、人民为国家是以通称曰国家，明其通国为一家，合家而成国。所共有，部落之领土、农仆为酋长所私有，岂得并为一谈？至于最新公产

主义，本此心理所同，求其法而不得，乃欲并其浮产动产而均分其现有，姑且设法为互换利益，共谋生计于将来，而反将不动产之根本计等视于浮产之消耗品，率天下为惰为乱而已矣，又乌可同年而语者哉！

第三节　兴学分造士、教民二类，与现行新制有异，与欧洲旧制略同；征兵有常备、续备、后备三种，与外国征兵略同，与后世召募绝异

《国语》："家有塾，党有庠，州有序，今文作'术'，系借字。国有学。"《周官》之制，划六乡为学区，六乡名为近郊，四面距王城只百里，故亦称为"国中"、"邦中"；见《周礼·地官》及拙著《周官地域表说》。六遂，名为远郊，四面距王城二百里，以次渐远，以达于畿，统称为"野"。六乡以教学为主，六遂以教稼为主。学校区在乡，盖藏区在野。即仓廪储胥。六乡学区仍主教民，而造士由此而选。教民者，即今名词之普及教育也，造士乃属今之人才教育。

六乡之制，五家为比，五比为间，四间为族，五族为党，五党为州，五州为乡。四间合百家为一族，族设族塾，即《国语》所谓"家有塾"；五百家为一党，党设党庠；五党凡二千五百家为州，州设一序。序乃考试场，只有厅堂，无学舍，故名之为序。序者，东西墙之名也。在庠之学子，经党正书其贤能者升之于序，由州长以射考校其进退。其前党庠教科所支配礼、乐、射、御、书、数之六艺，文武合教，届年毕业，人皆习射，党正书其贤者能者，乃荐拔其尤，举行乡饮酒之礼，而宾兴之，《记》所谓耆老皆朝于庠，习射尚功，习乡尚齿。又从而经过练习，乃进而校之于州序，射中者与于选，射不中者不与于选，以此为升入国学之资格程度次第，谓之造士。六乡兼辖于六卿，不别设学校，征于乡者，即征于国。由此乃入国学，分四时，加课礼、乐，增课《诗》、《书》，所谓乐正崇四术……顺先王《诗》、《书》、礼、乐以造士。三年小成，谓之俊士，通称为俊选；七年强立而不反，谓之大成，乃为进士。再由司马辨论官材，谓作官之材，今所谓人才教育也。论定然后官之，官定然后禄之，先行试用，次乃试俸。此选士入仕之大较也。以上均见《礼记》。其先未经存记于党正贤能之书者，不与于州序之考试，学至党庠而毕，仍归田里。再其前未经族师间胥书其孝、弟、睦、姻、任、恤及敬敏有学者，居其大多数，原在田亩，三时服农，一时入学，学至族塾毕业而毕，不得进于党庠，即不得养于米廪。在党庠虽未成为士，而有公膳供给其在学期间之需，故党庠谓之米廪。故孟子曰："庠

者养也"、"序者射也"。此尤造士教民之分界，章明较箸者也。

计一州五党庠六乡，三十州有一百五十党庠、七百五十族塾。在党庠就学者五万五千人；在族塾入学者七万五千人，合两等学校在学者十三万人，统计六乡七万五千家学，年自八岁至成童十五岁，七年周转，尚有不入党庠者，缩短学期，教育无不普及者矣。六遂规制与六乡同，而其治地之官，自遂人、遂大夫以次，皆降乡官一等，不预选士之典，惟以教农为主，教法略于学而详于耕。故遂人掌邦之野，以下剂致氓，以田里安氓，以兴锄利氓，而教之稼穑。管子所谓"处农就田野"是也。教农学者，须练习实行，必须就田野课其实效也。庠之不率教者，可移之于遂；遂之尤秀异，亦可升之于庠，谓之兴氓。以上均详见《礼记》、《周礼》及拙箸《三十表》。

欧洲各国皆注重普及教育以造成民格，是以小校林立，同文馆旧译为蒙馆；此后则为入大学专门之预备学校，各分种类，旧译为经馆，教科支配不同，乃各预备其入大学专门应用之学科，以期深造而省日力。我国误采东洋学制，增中学一级，以致支配教科凌杂于高等小学，头上安头，专注行政人才教育，学界皆志在求官，已塞普及教育之途，而人才卒未见有专门之学，此即古今中西学校之反比例也。

六乡主于教，而六遂主于养，其普及之教，则统于大司徒。正月之吉，布教于邦国，都鄙悬教象之法于象魏，使万民观教象。小司徒正岁帅其属而观教法之象，徇以木铎，是即《管子》所云处农就田里之教法，不别立学堂也。征兵亦以六乡为根据，学区在此，将弁之材出于其中也。其军制之编置，则六遂与六乡一律属小司徒。五人为伍，五伍为两，四两为卒，五卒为旅，五旅为师，五师为军，以起军旅。凡起徒役无过家一人，以其余为羡。六乡凡七万五千家，家一人为正卒，合得六军，其余为羡卒，以备更番，如今之前备兵。

六遂亦七万五千家，距王城渐远，统名为野，谓之都鄙。其授民田，有不易、一易、再易，通率二而当一，则用井牧之法。故小司徒于制兵起徒，文下重提，乃经土地而井牧其田野。九夫为井，四井为邑，四邑为邱，四邱为甸，四甸为县，四县为都，即稍人所分掌令丘乘之政。所谓起徒，其法以三夫起算，不除公田，通计以三夫为屋，三屋为一井，四井为一邑，四邑为一邱。邱出兵车一乘，故谓之邱乘。其粮饷辎重，皆随车乘附加为副税，故谓之赋。赋从武从贝，谓兵赋也。其牛马辇辇，与辎重称其运用，以车乘为准。详见穰苴《司马法》。兵器则领发于司兵，分领于遂人及酂长、里宰。粮饷则掌之于旅师，聚野之锄粟、屋粟、间粟，见《周礼》、郑注、王笺说有异同，要之皆谓饷糈。颁其兴积。而遗人掌邦之委积、野鄙之委积以待寄旅，寄旅谓调来之客军。又掌其道路之委积。凡田野之道，十里有庐，庐有饮食；三十里有宿，宿有路室，路室有委；五十里有市，市有候馆，候馆有积。其征赋之法则，总其成于县师，而受法于司马。临事则司徒以大旗致之，而县师会其所属之车人卒伍，使皆备旗鼓兵器，以帅而至；以上均详见《周礼·地官》。从酂长、里长五宗为邻，五邻为里，四里为酂，五酂为鄙，五鄙为县，五县为遂。各率其管理之百家，二十五家集合而受征调，无事则仍散归田里，各领其车乘辇辇、牛马兵器以各还其邱甸。所治酂长、里长，以岁时简稽报于司徒及县师，约如后世之保甲，而直接于国，则非其比。比而拟之，如今欧洲征兵，各国之续备兵矣。此据六遂，经有明文，举其法式。此外面距王城三百里为稍地，有家邑；面距王城四百里为县地，面距王城五百里为疆地，皆有公邑，与士之禄田、公卿大夫之采地，名为大都、小都之田者，壤地相错，亦统于遂大夫。经云："凡为邑者以四达戒其功事。"其制固同邱甸一律，即采地，亦仍由司空量地制邑，掌固治其地域，而封沟之统属于司徒，通用邱乘之法，征兵可知。但距国愈远，征调愈稀，约而拟之，如今之后备守兵也。

自春秋井田坏而征兵之制不能行，训练征调无时，饷糈辎重无度，不得不总揽其权于官吏，已启召募之渐。至战国李克、白圭之流，夷沟洫，开阡陌，而井田之法废，军制益坏，而召募大兴。秦之突骑、驭骑，韩、魏之苍头、奋击，皆召募之兵，而师行粮食，筹饷纷纷，与务尽地力者相需为用，兵家辈出而纵横家之政客来矣。孟子引《诗》释之云："居者有积仓，行者有里粮也，然后可以爰方启行。"今者师行而粮食，饥者弗食，劳者弗息，正谓此也。自汉以来皆用召募，国乃穷于养兵。唐之府兵，并非寓兵于农，乃寓农于兵，若屯田实边耳，说者以为古制，诬矣谬矣。

第四章　中国古今治乱之成效与其变迁之现象

第一节　中国古代之国体、政体与封建、井田之关系

国体既定，然后发生政体，西学者所共知，中国学者汨没于史家言，反不明此理。然史家须分别论之。纪、传之体，始于《史记》，乃

上溯黄帝，历五帝及唐、虞、三代，至于汉初而止。其例系通史，其所述详于三代以前。所以天子列本纪，诸侯列世家，天子之公卿比诸侯，亦有世家，大夫士为列传，特别立《孔子世家》、《仲尼弟子列传》，为收结三代，传法后王，揭明旨要。《汉书》虽断代，为本纪、列传，主于续《史记》之书，乃自班叔皮创始，孟坚修之，班昭又踵成之，实私家著述，非开局所修之官书，由凑集而成也。范晔《后汉书》亦成于一手。而时入晋代，文盛而学衰。班《书》如《沟洫》、《食货》、《刑法》、《郊祀》等志，皆原本四代，深究源流，明著得失，可觇其学识，即可为修史之楷模。范蔚宗辈只规其纪、传，可谓买椟还珠，与谢承、袁松《后汉书》等夷伯仲。司马彪、韦昭虽有志补之，亦仅记载一朝掌故，无关政治也。惟荀悦《汉纪》，注意论列政治得失，但理论多而条理少。自《晋书》开局修史，大臣领馆，又不如刘骝骏等修《东观汉纪》之妙选才俊，盖不足观矣。

孔、孟所传治道政纲，皆主封建、井田。夫子之论季氏伐颛臾；论礼乐征伐自天子出、自诸侯出；自大夫出，以至陪臣执国命；答哀公问："凡为天下国家有九经"；《孝经》分《天子》、《诸侯》、《卿大夫》、《士》、《庶人章》；及《广孝治》、《广至德章》；及《礼·王制》详矣，大含细入，无非指封建国体而言。孟子论周室班爵禄；答毕战问井地，称文王，述王政，黜霸功，谆谆以必正其经界、暴君污吏必慢其经界，为治乱之要点；称天吏，称王者无敌；贬诸子兵家、农家、纵横家，谓"善战者服上刑，连诸侯者次之；辟草莱任土地者次之；""我能为君辟土地，充府库"，约与国战，必克——今之良臣，古之民贼；深恶搂①伐兴而封建之制坏，夷沟洫、开阡陌、务尽地利，而井田之制坏，由此学校废而游客兴，军政废而召募起，乃相因而必至之势。国体与政体，犹栋宇堂阶，房室之间架，相承构造，各为一式也。

第二节　古代封建、井田与兴学、征兵之关系

说已见前第二章第二节及本章第一节。如前所说，其纲要尤在职方氏所掌，凡邦国大小相维，而王设其牧，制其职。其属之训方氏、形方氏，布训四方，使小国事大国，大国比小国；外史达书名于四方；太史采诗以观民风；大小行人分治邦交，使节相望。侯国之官制，三卿五大夫，有司徒、司马，司徒掌邦教，司马掌军政，但缩小范围，而规制与

---

① 　原文如此，当作"搂"。

王朝无异。三乡三遂，面距都城十里二十里，分设为学区、征兵区，一如王制。其退老明农之父师、少师，不支脩费管理之。里长、闾胥以上，兼官不兼俸给，并无开支。比共吉、凶二服，闾共祭器、族共丧器，党共射器，乡共吉、凶、礼、乐之器。旅师、遗人掌其仓储、委积、井乘，随带收赋，供其车辇牛马，无辎重粮饷之需，随处皆以本地之公财给本地之公用，故普及之教育易施，而征兵之烦费皆省。以封建为管理地方自治之提纲，以井法授田为平均制民之产，然后兴学、征兵，可坐而致也。

第三节　中国后世国体、政体与郡县、民田之关系

天下既改为郡县，当然用统治之政策，集权于中央政权，魁柄一有下移，立见太阿倒持，势成尾大不掉。汉之七国，唐之藩镇，与夫王莽、曹丕、司马氏之篡夺相仍，与历朝相终始。直至元入主中国，始易其局。此其所以不能不偏重吏权。故无论数千里之遥，一省之大，皆天子遣一吏治之而已。由此百政废弛，因循苟且，敷衍蒙蔽，百弊丛生。一大吏所治数千里，一县宰所治数百里，不能不有辅助行政之人。汉、晋犹自辟功曹、掾①史从事，以后渐废，至宋而绝。明以来即用刑名、钱谷幕友，不负责任之员，而其下则惟有司簿书期会之吏胥，略知各科掌故法程，官乃以吏为师，迄成为吏胥之天下。朝廷与官吏相隔绝，官吏与士民相隔绝，何从而问民间生产，为之谋教养乎？据此政体之规定，其对于天下人民，惟有用开放主义，令民田自相买卖，听其自为消长，自生自灭。

史公《平准书》、《货殖传》立"素封"之名，谓无封土之职位责任，而有封君之禄奉，故曰此其人皆与千户侯等最上者，乃与王者同乐，此所谓素封者耶？盖嗟叹之也。富人以此交结权势，官吏以此诈取富财，游侠因此煽动平民，贫民因此椎埋劫掠。司马史称挟其富厚，交通王侯，布衣之权，能役大将军，自西汉已然。官吏聚敛，与罢民饥困，二者相寻，黠桀者挺而弄兵，遂成一次大乱。赤眉、白波、黄巾、新市，两汉之末，杀人无艺，皆由此起也。此郡县时代国体演成之政体，其现象固宜有此，应当如此也，非不幸也。

第四节　中国后代国体、政体与考试、募兵之关系

郡县之国体，自然成统一集权之政体，以统一天下之权力为世传产

① 原文如此，当作"掾"。

业之孳息。只有统治之大君，一人一家，有天下，有国，有家，其次无封建分国之诸侯，则在朝之公卿大夫不但不能有国，并不能有家，而士无论矣。不过皆来自田间，不安畎亩，趋向权势最大之朝廷，以求一身一家之利益。进则有官，向朝廷乞分其权利；退则无家，与庶民等耳。

自汉有素封之家，即兴民爵十七级，可至关内侯，其后仕途日杂，不能分别其为士庶之等。所谓争名于朝者，无异于争利于市也。天子为寄居于民上，公卿大夫仍流转于民间，各自为谋。国家不能问及人民教养之事，又不能不用人以分理国家之务，逼而出于考试之一法，以奔走天下之豪杰，由朝廷操纵。唐太宗放进士榜，喜曰：天下英雄入吾彀中矣。可以想见。汉用辟除征名，得失参半，而患中于人竞仕宦之时；见《汉书》及王符《潜夫论》、仲长统《昌言》。魏晋行九品中正选举，得少失多，而弊极于世族寒门之论；见《魏志》、《晋书》及《文选》左右冲诗注。至隋乃兴考试，见"三通"及《大学演①义》。唐乃因之。积久相沿，习非成是，学者眼光所注，心理所发，从之而移，遂以不兴学而选士，无学校而考取为进用人才之正轨。决于一日之短长，一人之去取，则惟有趋于文艺之一途。由是私家之教授，以利禄为先；国选之人才，无政治之学。无论试以帖经、诗赋、策论、八比文、科学问题，总之所学非所用，其趋一途，其效一揆也。

文武从此不能不分途。武科习武技，不明文理，并不能胜将弁之任，于是于武场考试，加试以《武经》等书。唐武试有《六韬》、《三略》、《孙子》、《吴子》，唐、宋尚于此有所得人才，明以来又成具文。武选益轻，学者不知军旅，武士未尝学问，惟有召募游手椎鲁之民众，而粮食之，以为兵矣。临事而召募，事罢而散遣，筹饷筹械，派夫派役，胶扰骚然。富民习惯厚殖自封，平民逃死而恐不暇，虽有团练保甲，不能守望自卫。习成倚赖偷安，惟有平民游手，募则来充兵，散则去为匪。国之与民，反覆推刃，相杀无已时也。郡县、民田时代，与封建、井田时代，绝对为反比例，而考试、募兵之政策，习行二千余年，积而不返也。

第五节　今日最新之独立自治与公产主义之误说与其流极

地方自治，乃组合为一之名词。据论理名学，"地方"为词主，"自治"为所谓合成文句，转为含有意识之法律名词。"地方"为专名，未

———————

① 原文如此，当作"衍"。

含有何种意义，"自治"又别为一意义，以"自"字为主词。今以军部之脱离中央独立，假名于地方自治，殊不知"军部"与"地方"，各为小别之专名，组合不能成名词，尤与自治之名义相冲突。军部独立，别为一事，地方自治，又为一事。即是两种名词。地方自治，乃法治国家立宪政体之下，应有此种人民自治其地方之分体。"地方"名词与"国家"为对待，地方所治，依人民为主体，即就人民所住居之地方分区自治，就地方分区所住居之人民自治地方。军部独立，乃法治国体破坏，宪政不能成立一时之现象，与地方自治，绝不相谋。设谓改为联邦，则一邦之内，仍应有分区之地方自治，与军政界之统治分治绝不相涉。

浸假而言议会制宪，浸假而言联省自治。夫省制乃帝国之名称，实中枢政府之分体，朝廷分命一部堂领治某省等处地方；而地方之名，仍属所领分治州县域内之乡村市镇，自元设某处中书行省，同平章，始有省制。明以来因之称名，若巡抚四川、巡抚湖南等处地方，若湖北、江苏等处地方承宣布政使司，均有"等处"字样，而知县及分驻县丞分司巡检，乃称为地方官也。不得以一省治之全境，蒙地方小别之专名，乃望影而躁，举国盲从。究其心理之所争，仍属旧来之习惯，争在本境人作本境官，依然本境官管本境百姓耳。再简质言之，无非政界依倚军界势力，包揽地方权利，由少数异等之官吏支配多数同等之人民，实施其寡头专制之政策，与武断乡曲无异。而绅商学界或误认为推举官吏，或误解为各人自修，外人所讥，盲人瞎马，夜半深池，殆非刻论。持此以往，势必至劳工老农过激，党派乘其隙而起于其后，贫民从而为之驱，兵士释兵以嬉，官绅商学界抱头鼠窜，听其所为而已耳。同归于尽，尚复何说。

今之最新公产公栖，与古之井田公产固绝对不能相入。但就其表面，则以公产为主义，似属同一理由，惟彼求其故而不得，无可设法，以谓欲求公产，必先破坏家庭。疑若破坏家庭始能实行公产。不知圣王遗法，建设家庭，正所以制民之产。为欲均民之产。既竭心思，乃规为井田、封建以建立家国，成其国家。今破坏家庭，必先破除婚嫁，男女皆苟合，父子不相识。化人群为禽兽，已属丧心病狂。即且姑就其说曰：人生为衣食住耳，其他非所计。如其通计平均全国之钱币，公分以财，仍是善计画省用度者财货日增，浪费用无计画者资生日困。若设为平均分与浮产，譬如性不饮酒者分给酒，弃之无所用；未尝学问者分给与书，视之若无睹。如量其所欲所求而为之给求养欲，则是自乱其例。由此胶扰纷拿，主持建设者，纵有千手千眼，不能办也。土木劳苦之工，必规避无肯作；庖厨烦辱之役，必推诿不能为，衣、食、住三必要已去其二。就曰一切皆由汽机制造，而掌机炉之黑轨，必无人承任，此后无人学习此种劳役，更不待言矣。其术立穷，枉自变身为禽兽，并衣、食、住亦不能保。男女任便，随其所止，而自由栖宿，则争妒谋杀，习惯寻常，将致禽兽食人，去毁劫之末日不远矣。如其持最新主义，乃专在破坏，则不可与之言。如谓公产主义为发大愿心者，曷亦反其本矣？

《周官》地官教职主于教民分乡遂两等教法表附学校

大司徒、少司徒总治乡、遂，故所掌有统教法，有分教法。乡大夫以下各分所职，乡主教学，遂主教稼，而属民读法，为普及同一之教育，今世语所谓通俗社会教育者。是其五官皆有岁时悬象法于象魏，使民观象之典。天官谓之治象之法，春官谓之礼象之法，夏官谓之政象之法，秋官谓之刑象之法。象者，图也。各官所掌，若天官所掌为统治立法，地官所掌为授地教民，春官所掌为执礼造士，夏官所掌为行政治军，秋官所掌为听讼除暴。凡前代国初之故事，与及现行之规则，关于劝诫、使常识所共知者，均有绘图贴说，悬之于两阙，宫门、城门皆有两阙，谓之两观。于正月之吉始和，谓年节天气晴和之时，民得任便游观，浃日而敛之，谓一旬十日也。俾观其图象，每事皆有说明理由，故云某象之法。惟司徒掌邦教，名为教职，主任教民，故于悬象法之外加以属民读法，约比而例之，如旧之讲圣谕，今之开演说矣。今条引经文次表如左：

大司徒施十有二教：

一、祀礼教敬，二、阳礼教让，三、阴礼教亲，四、乐礼教和，五、以仪辩等，六、以俗教安，七、以刑教中，八、以誓教恤，九、以度教节，十、以世事教能，十一、以贤制爵，十二、以庸制禄。

六条以上，重在教乡；六条以下，重在教野。此即读法之纲。

正月之吉始和，乃悬教象之法于象魏，使万民观教象。

以乡三物教万民而宾兴之。

以乡八刑纠万民。

以五礼防万民之伪，而教之中；以六乐防万民之情，而教之和。

提明乡字，专指六乡学校教科训条。

小司徒正岁则帅其属而观教法之象，徇以木铎。

小司徒即以使民读法，为教野之主任，故帅其属而徇以木铎，其条文谓之教法之象，以读法为主义，略于观图。

乡大夫正月之吉，受法于司徒，退而颁之，于其乡吏以考德行道艺，退而以乡射之礼，以五物询众庶。

乡射之礼，亦主于乡，然云众庶，则有遂人所兴之氓咸在。

州长正月之吉，各帅其州之民而读法，以考其德行道艺。

若以岁时祭祀州社，则属其民而读法，正岁则读教法如初。

州社即王为万民所立之社，惟为社事，单出里则，六遂之民，往者咸在。

党正孟月吉日，则属民而读邦法，春秋则祭禜亦如之，正岁亦如之。

族师月吉则属民读邦法，春秋祭酺亦如之。

党正主学校，遂之兴氓，亦入学于党庠，故统曰属民，不曰其民。

闾胥凡春秋之祭祀，聚众庶，既比则读法。

遂大夫三岁大比，则帅其吏而兴氓。

大比兴氓，既比读法，则乡遂三年合校。野有邱甲，则射御为普习教科，书数为家庭教育。见《礼记》。

"九两系民"释义

地官"以九两系邦国之民"，先后郑郑兴、郑众为先郑，郑康成为后郑，因郑康成注《周礼》，依郑兴、郑众注为师说，故称郑兴曰"郑大夫"，郑众曰"郑司农"，经学家因称为先郑后郑。说有异同，王侍讲笺亦与先后郑有同有异。余本师王湘绮楼先生，为经学绝出大师，育仁所从受学，今依汉人箸书例，于本师称官而不名。详释经文，尚有疑义，此条属统治与分治，古今政治离合之分途，即世道国度升降之关键。兹举列经文，解证名义，不尽同于先师，先别次经文如左：

《地官·司徒》：以九两系邦国之民，一曰牧，以地得民；二曰长，以贵得民；三曰师，以贤得民；四曰儒，以道得民；五曰宗，以族得民；六曰主，以利得民；七曰吏，以治得民；八曰友，以任得民；九曰薮，以富得民。[①]

一曰牧，以地得民。九州之长曰"牧"，《礼》九命作牧，故师说以牧伯当之。按"牧"字之名，起于牧人，其称诸侯之长为牧，乃借小以名大，即《书经》说天生民而立之君，使司牧之。遂人职乃经土地而井

---

① 按孙诒让《周礼正义》，系六官大宰之职。

牧其田野，正谓以牧人部分畜牧之法，而参于井法之中。然则此云九两以系邦国之民，乃别立条文，以民系事，"两"者，师旅部分之名。五人为伍，五伍为两，如今一团而少。故九纲皆目聚众合群而言。比以今名词，即谓群体，通俗谓之团体。是以别立名称，盖统谓诸侯之受国有地，及地官乡遂大夫之亲民治地职者，故曰"以地得民"。侯国亦有司徒之官，视此一例。

二曰长，以贵得民。六官之长，与其贰及分职之中下大夫，虽不亲吏事，不预地政，然大夫为在位之尊，民皆仰之，故以其贵，得以聚民。

三曰师，以贤得民。谓典守专门学业之长官，若医师、舞师，上至载师、闾师，其族师亦即大夫士之致仕，称父师少师者为之。下暨世掌之官，凡称人称氏者，皆属此例。此类专官，非行政，又不司法，不预议法，其所守专门之职，必优于其所掌之学业，始能胜任，而率其属，故多用世守其官者，乃其所优，故名之以师。天文家若保章氏、冯相氏，农家若遗人、稍人，工贾尤然，故若贾师、肆师、匠人、梓人皆其属，佐之师也。学业必贤于徒众，斯谓"以贤得民"矣。

四曰儒，以道得民。按儒之称，首见于《周礼》。荀子称文王、周公为大儒，然则其名称出于周公，《礼记》"孔子答哀公问儒行"一篇之所由昉也。道即德行道艺之道，盖有学成而不仕者，亦有致仕而不为族师者，以其道堪为师，人所趋仰，以为矜式，《乡饮酒》义所谓"告于先生君子可也"。学而不仕者称先生，仕而不教授者称君子，故于乡饮之明日息司正，延请入燕，司徒之职又曰"联师儒"，则其先典族党正之教而退休者，亦在此列。《礼》，男子十年出就外傅以前，属家庭教育之期。女子"十年不出，姆教婉婉听从。"郑康成注以妇德、妇容、妇言、妇工立解，即是四德之教科名目。姆即女师，《诗序》所谓诵《窈窕》、《德象》、《女师》之篇，即其教科书，《葛覃》之"言告师氏"，谓此女师也。王家则有宫卿世妇，见《周礼》及拙箸《三十表》。教九嫔以下。国君卿大夫家则统为师氏，亦曰女师，亦曰傅母。见《诗》毛传及刘向《列女传》。士庶家则称为姆。择于寡妇年老无子者为之，令以采诗，夜则同巷相从夜绩，教以歌唱，劳者歌其事，饥者歌其食。见《春秋》传说、《说苑》。此为普及教育，士庶同之，皆教以诗歌。既曰"联师儒"，则此女师、傅姆亦在其数，皆得合群教授，故曰"儒以道得民"也。

五曰宗，以族得民。宗者，统上下而同一名称，乃对"族"而名之也。有百世不迁之宗，天子、诸侯是也；有五世则迁之宗，卿、大夫、士是也。天子之卿视诸侯，大夫视伯，元士视子男，此据爵级之比例。天子之公视诸侯，卿视伯，大夫视子男，元士视附庸，此据等秩之比例。附庸上比于公之孤，则元士下比于大国之卿，故《礼》统言卿大夫士，通为五世则迁之宗。诸侯五庙在本国国君五服之内者，与国君同祖庙，谓之祖庙未毁；与本国国君出五服之外者，不与国君同祖庙，谓之祖庙既毁。国君之子为公子，以其别立一宗，名为别子。别子分受采地，则为其后之祖，而为之后而传重者，即是族人之宗。故曰："别子为祖，继别为宗。"但在国君五服内之亲，男女皆就公宫之学，故曰："小学在公宫南之左。"见《礼记》。祖庙未毁，教于公宫；祖庙既毁，教于宗室。见《诗》毛传。宗室者，宗子之家，世守先大夫之宫庙采地，故能立学校，比于公宫。自宗伯以次，都宗人、家宗人，皆用其同姓之长。汉时犹知此义，故宗正、卿皆用同姓。"顺先王《诗》、《书》、礼、乐以造士"，即春官宗伯所掌，平时典教，临事诏礼，无非伯叔兄弟、诸姑姊妹，即男女合校不嫌。以庙统宗，以宗统族，有余则归之宗，不足则资之宗，尊祖故敬宗，敬宗故收族。主祭归于宗子，收恤亦责于宗子，族人对于宗子有君道焉，故曰"宗以族得民"也。

六曰主，以利得民。谓卿、大夫、士受采世宗，为其采地之田主也。《礼》：大夫有宰士、室老、家臣，称大夫为主，大夫妻为内主。其采地之民，对于其大夫亦同此称。上士有采者，立宗亦为其采地之田主。亦谓之"田畯"。畯者，俊也，降于大夫之称，其为采地之主，则义同。受田亩者为一夫，义取于有夫有妇为当户。大夫受采领地若干户，故名为大夫，其妻称世妇也。天子之士，与诸侯之上士，有一命至三命，皆为命夫、命妇，例从大夫治农田之地，政固分属于司徒之属官，如县师、稍人、稻人、廪人、舍人之属，详见《周礼》。而与锄合耦，视丰耗，谨盖藏。春省耕而补不足，秋省敛而助不给。与及荒政聚民之十二事，承宣施发，皆其采地之主，分任而赞助之。田主与佃客亲近，故不劳而事易举。不似后世，一官之所统治，主家各为其私，层层隔阂，一匿灾而流离满野，一议振而百弊丛生。放贷青苗，乃至于乱天下。荆公之青苗与朱子之社仓，皆自试于一县一乡而效，推广即不利于行，而反为害者，郡县之制谓之梗塞其途也，理势所必然，而举世千年莫名其故，可悲也！惟汉之循吏，亲课农桑者，略为近古，而收暂时之效。于是"有治人无治法"之学说，独盛于代，至唐分遣典农、督农之使，而毫无成绩可睹矣。国家兴发，补不足之利于民者，其行庆施惠，皆各就其采地之主，奉宣朝廷德意而分布之，则齐陈氏豆、区、釜、钟之谋无敢作，而汉以来豪强兼并之患亦绝无矣。故曰"主以利得民也"。

七曰吏，以治得民。此即后世吏治之名词所由起。古义分别治民事者为吏，今所谓行政官。故《地官》乡大夫、州长受法于司徒，退而颁之于其乡吏。谓党正至比长等，详见《周礼》。五官之长曰伯，入天子之国曰天子之吏，见《礼记》。其专掌一官者，称名为士臣、司寇。三询之法，一曰询群臣，二曰询群吏，三曰询万民。外朝之位，亦分群吏、群士。均详见《周礼》。今所谓司法、立法，故皆以三公及六官之长领之，而太史分司立法，司寇分掌司法。故天官统治典，有达吏之专条，见《周礼》。谓治民行政之官，略重其权，以达其所行之政也。后世只能重吏治，仅行得达吏一条耳。《尚书》屡目言。分别列名目说经家，谓之"目言"。卿士、师尹，卿士目司法、立法、议法之官，师尹目行政之吏也。

八曰友，以任得民。任即六行孝、友、睦、姻、任、恤之任，友即"乡田同井，出入相友"之友。井田则九家，沟洫则十家，十家为联，使之相恤相友。见《周礼》乡、遂之官，互详其制。农田虽均授，有丁口少而财谷有余，有丁口多而财谷时乏；守望疾病，急难不常。有能周人之急，扶人之危，令其先自邻近相友，而司徒悬任、恤为教科，闾胥、族师书其敬敏任恤为贤能，以相董劝，故有后世任侠之义、而无其害。此所谓"友以任得民"也。

九曰薮，以富得民。薮即《尔雅》"十薮"之薮，谓山林川泽出产财富之区。以上八联，皆以人为主名，此变言以地区为主名，谓之曰"薮以富得民"者，山林川泽，虞衡所掌，然非虞衡所能专主。如矿产则卝人为之厉禁，非时不采；木产则斧斤以时入山林，邦工入山，抢材不禁；獭祭鱼然后渔人入泽梁，皆有兼司监督。虞衡只属世职，仍隶于地官，故以地区之薮为主名，不曰虞衡也。《天官》九职云："虞衡作山泽之材，薮牧养蕃鸟兽。"条文相连。牧有在郊、在野，在郊则兼有家人牲畜，在薮则专谓野群水族，惟其职务所掌阜蕃见《周礼》，兼指薮牧，皆主蕃息牲畜以阜财。之事略同。故于彼经并为一条，于此别出薮名，以括虞衡所职。缘九两系邦国之民，世居薮地者，有山泽之农也。薮之能富国，以及万民者，无论金玉、矿产、鱼盐美利，即禽兽、木石，为一切材贡所出，今所谓制造之原料也。故名山大泽不以封，而特设虞衡世官为之掌。春秋时士夫犹闻其故而知其务，故管仲治齐，官山府海备，知出金之山所在。《春秋》传曰："羽毛齿革，则君地生焉。"楚有梗、楠、豫章，《左传》、《国语》。征材鸠工，制造成器，而国富裕如也。岂有禁矿开矿，胶扰丛弊；盐纲引案，攘狱不休；森林大木，穷于为薪；羽毛齿革，贱输于外？如此之理财，无术者乎！界山泽之区以为薮，设虞衡之世职以掌之，山泽之农属焉。其山泽之农亦世习其业，故能与掌薮之官相得。国之富出于此，而其薮之民均沾利赖焉。是之谓"薮以富得民"也。自汉以来，学者不知此务。晋干宝说此经，以"薮"为"叟"。干亦文学家，有《易经注》，并说《周礼》，而其说乃有此等支离可笑。盖自魏氏王肃、何宴①、王弼辈出，而经学荒芜久矣。以意说经，望文生义，两汉传经，皆各守师法，虽不能尽得，然皆各有传受之精要。至许、郑晚出，均先尽得师法所传，然后博取。以经证字，以字证经，通今古文之学说。许有《五经异义》，乃存古文学以待后；郑有《驳五经异义》，乃折一衷以求是也。许《说文》引经，皆主古文；郑注群经，多说字，是其铁案。王肃乃博览家数，不知师法，只欲排郑君以取名。班史《艺文志》所谓"苟以哗众取宠"、而"务碎义逃难"，汉时已开此种风习。何宴②《论语》杂采齐鲁古师说，而就其浅显已所能解者，钞撮成《集解》。王弼以清谈说《易》，更不足论。益以梅赜所献《尚书伪孔传》，而经学晦盲。唐修《正义》，孔颖达杂采六朝义疏，此后沿习，殆二千年，遂成无用之学。而小学又疏，顾野王《玉篇》已是俗字典，孙恤以下无论。于经文句义且不能通，更何望于通经术乎？圣为天口，贤为圣译。见《尸子》。孔子内圣外王之道，悉在于经，未尝学译，固不能解圣言，何能为圣译？惟有以讹传讹，归于不解所谓而已矣。

附：经术政治学后序

右《经术政治学》，凡四章十六节，余师富顺宋芸子先生之所作也。先生昔尝言：学术明而天下治，学术晦而天下乱。当是时，若国体，若政体，以及治教礼律兵刑理财诸大端，皆本经术之学，著述论列若干卷，体用明达，徇铎当路，卒之未见行于其时，而满清之亡，民国之乱，不幸皆为其言所中。成箸具在，足资征信。今日学说庞杂，政教纷歧，自治公产之说，腾于国中，故又箸封建、井田论以明其正轨，当头棒喝，切中肯綮。此论一出，爝火蛙鸣，夫亦可以息矣！夫三代封建井田之制，在国家为行政之两大政纲，在学校为教学之两大学案，自黄帝

---

① ② 原文如此，当作"晏"。

历尧、舜、禹、汤而至文、武、成、康之际，圣哲接踵，以不忍人之心行不忍人之政，运天下于掌上，所以体国经野，设官分职，使列邦内足图政教兵刑之治强，外足同朝聘会盟之和好。征辞执礼，讲信息民，小大相维，各安分域，扶持人类之幸福，促进万国之和平，以开数千年文明之治，臻进于太平大同之世，皆权舆于封建井田得道本之故也。自秦政不胜其利欲之私，变为郡县民田之天下，后之言政言学者，遂谓古今异势，南北异宜，聚讼不已，以此制难于再行，视若既陈之刍狗。又有志希复古之士，乃拘牵文义，未解通方，胶柱鼓瑟，而怪弦之不调，是尚不能安弦，焉知鼓瑟？是犹管窥而蠡测，岂能穷高而极深？为虑一人一姓之祸福，不顾国家生民之大计，此所以三代以后，乱日多而治日少，祸辙相循，前覆后继，所以激成今日无君无父之民国。南北争政，号称以国家为前题，而不识人民为何物，日寻干戈，以竞权利，日异而岁不同，又所以酿成今日之自治主义、公产主义之潮流。天下滔滔，狂澜孰挽？然《易》称"建侯行师"大豫随之义，孟子言井田经界重润泽之旨，孔子作《春秋》，本先王周公之典礼，以救当时之祸乱。故救时虽贵于变通，而取则必在于法古。今此篇之作，发明封建、井田之利用，允为国是民生之原则，于故纸堆中化朽腐为神奇，震雷音于渊默，穷端竟委，条分缕晰，陈古义以鉴今，兹准中国而推欧美，别其利弊，辨其是非，披除荆棘，示以坦途，则此大经大法之宏模，信为救国救民之长策。本斯志也，虽推行于五洲可也，又何疑乎中国？道在迩而求诸远，事在易而求诸难，数典忘祖，有识所讥，投此夜光，幸勿按剑，是所望于豪杰之士览者，其亦河汉斯言，以为迂阔而远于事情否耶？受业龚道熙登三敬序。

宋评《封神演义》[*]
（1925）

序

《封神演义》者，刘伯温之所作也。曲谱传奇始于元，而章回小说始于元末。刘伯温与施耐庵少同学时，相约创为此体。耐庵书先成未出，而元已大乱；伯温佐明帝定鼎，先已久更名，流转江淮不通闻，耐庵无从知也。及微服访耐庵，出质其所作《水浒》，伯温亦诡言所著已得，容五日记出。耐庵乃大惊，谓其囊括宇宙，必立功业来者始能道此。而伯温固五日急就，不暇完全组织，参合雅言俗语为通俗文句，别有《楔子》一篇，详述缘起，列后。故于两军之战甚草草，以赋为证，皆粗浅语，意不在此也。其间"有诗为证"者多精理雅言，而亦多参俚句，为求浅学易解也。事后不著其名，伯温以文学子家成大勋，讳言有此书，故朝野罕知其事。按《六韬》载武王伐纣，雪深丈余，有五车二马行雪中无辙迹，武王以问太公，对曰此五方之神来受事也。而古文《泰誓》，且载白鱼跃舟、赤火流乌之异，太公殆受有异术，盖自古道书下藏传来，伯温之所托也。周家八百，而刑措者二百余年，故托于此以为天人定命之符，上动诸天，星辰易位。据《国语》史苏所言：六百岁周与秦复合。则太平已将六百年，实宇宙间一大事。所谓如来降世为了生死大事因缘，东迁而时入春秋，孔子生于其际，继衰周为素王，以圣皇之资而创为教主。道家为古原教，即是旧教；孔子修订原教以立修教，即是新教。原教主教帝王以被及万民，故谓之"阐教"；修教主辅帝王

---

　　* 《问琴阁丛书》外著小说，乙丑（1925）春刊于成都，四川省图书馆藏。

以治定太平，而归重于道德则同，惟致用则异耳。观于孔子亲受学于老子，既自言"窃比于我老彭"，据《史记》，老子、彭祖是一人。而修订六经，专主礼教，系《易》则首提仁义礼为纲领，与老子之言不合，即是与旧教截然分为两宗，故此书名之为"截教"。阐教贵德而务施，以救民为主，果其为吊民而伐罪，虽征战之事亦可身预其间；截教主礼而务施报，为之臣者临难固不得不为其君，为之民者非无故被戮亦不得轻叛其国。故此书以夷、齐起，以夷、齐结，而中间事事牵入比干，为君为国为民兼尽其道，乃人伦之至也。以太公吊伐始，以周公封建终，非此不能致六百年太平、千亿万生民幸福。则诸真安位天宫，诸佛自居净域，何必与人间一代兴之事乎？所以先提上帝欲令十二大弟子称臣，于是玉虚门下道德罢讲，三教乃共立封神榜，子牙背榜下山到人间试场会场考验一次。碧游知其门徒由神道去者居多，故戒门徒以毋多开口，至门徒相争不已，累及祖师亦下灵山。惟西方净教有无净三昧，无计较心，惟因欲度有缘是其大愿，故亦入红尘，每次必度人以去。如是我闻，一时佛在某国土，即系佛家微旨，为修出世者说，非为入世者言也。学者不明其寓意深，或目为虚荒妄诞村盲演说，一览弃之。旧有前明钟伯敬评，钟惺亦文人，出于嘉靖时代。纯以常言世情借题作文，殊不足观。坊刻本有褚学稼序一篇，意有可采。今以为学之暇信笔加评，有嫌其意过深者，因揭全书宗旨为序，庶本此意观之。抑犹有赘者，小说家者流，源出于稗官，汉使黄衣使者虞初，乘轺传采民间小说，此亦采诗之遗。《两京赋》所云"小说九百"，本自虞初者也。小说不嫌近戏，而要归以动人观感，有裨化俗为主，即通俗教育是矣。评语多引书，或过于典雅，苟能会通其意，摘取回中一段用白话文诠而说之，是有望于新学界之博闻者，补其缺憾焉。是评成于甲寅、乙卯、丙辰间，时有作辍，为被放还山发心而作。今以付印，先与讲学家正襟危坐而质明之，世界之守旧、维新，世间、出世间法，概括略见一斑于此也夫！

开 篇

中国系三教并立，无人不知。但从自古以来，原是道教持世，孔子出世，才立儒教。比之于欧化，道教如摩西以来所传之原教，即是旧教；儒教如耶苏出世修改之新教，是为修教。在本书名为阐教、截教，即是此意。摩西创教，领众出埃及，立为国主，即是掌教权。中国自古以来，亦复如是。自伏羲、神农、轩辕三皇首出，信而有征，即是表明圣人为天子之本位，天子为圣人之本位，其继世象贤，亦如教皇之继代传位，但彼系传之法裔，此系传于血统，略有不同。在别教亦有此例，譬如天方回教，由阿丹传至谟罕默德，先传法裔，后乃转传血统。反比正比，古今中外，不出两例。孔子以至圣而不得在天子之位，故继衰周为素王，传三皇、五帝、三王之道，加以修正，立为修教，本书谓之截教，其法裔则广传于儒者，仍托帝王代掌教权。故孔子没，后世称为儒教。道教原教以天为主体，人世任以天演；儒教修教以人为主体，顾视天命，奉若天道而行，质言即是看准天道，奉顺而行。此其间即发生异点。阐教从气运劫数观念，见得一代兴亡颇轻，害道虐民者，自当诛灭；吊民伐罪者，自当受命代兴。截教从挽回气数观念，要人各尽彝伦，乃所谓尊重人道，若用兵征伐，仍是以暴易暴，且以臣叛君，端不可开，渐不可长。汤、武虽出于伐罪救民，不免尚有惭德。后世叛乱之徒，必借以为口实，世界堕落，必由于此。试观两军骂战，谁不振振有词，终究不免有多少架砌。所以本书揭出眼目云，上帝欲令十二代弟子称臣。论十二弟子中，瞿留孙系过去一佛，广成子乃黄帝之师，慈航真人乃阿弥陀佛无上天之右弼，观世音与大势至菩萨均系释迦如来之前辈，太乙真人即天神最尊之太乙，试思欲令一律称臣，是何道理？却是实有道理能通。《法华经》佛说有少年指百岁人，谓是其子，心印便知，不可思议，不可言说，所以于此玉虚宫罢讲，实是难于解决，才引出一段大公案。三教共立封神榜，姜子牙背榜下山，斩将封神，成就周家八百。试思为争称臣大案，玉虚罢讲，乃用武力解决，三教共立封神榜，抑是何说？即是孔子云"论之空言，不如见诸行事"之说。见诸行事，抑又何说？即是《春秋》大义，由兵而反礼。礼之大经，国之大事，在祀与戎，即是功成治定，制礼作乐，尊重祀典，以协人神、和上下之说。三千大世界众生，凡种一因，必结一果，果又生因，所以西方佛说，寄语众生，切莫造因。星辰神祇之起因，皆是截教门徒之果。人天世界，因果相寻，皆是如量相还，法如是故。碧游一老知其门徒在此果位者居多，未免历劫，多经苦难，法如是故，所以榜门示戒，毋多开口，亦是无法，法如是故。至玉虚门下仍应五百年余劫者，主张吊伐是为民。然为民仍就不能澈地到头，而杀劫为此而开，仍是造因，始于一念终成劫，尚须烦准提接引，才悟真空，得大清净。燃灯以过去一佛，尚来亲提桴鼓，乃显金刚义，应以天大将军身得度者，即现天大将军身而为说法。人间世界从周家八百前五百年，人民是享太平美满之幸福，为空前绝后文明时代，其聚精会神之要点，只在隆重祀典，以孝治天下，分封建国，以亲兆民。故以太公封神，周公封建作结。而伯夷、叔齐犹以为不可，扣马而谏者，初意一戎衣而有天下，永清大定，立万年太平之基，谁料五百年后，时入春秋，王道先缺，诸侯搂伐相寻，兵戈不息，流为战国，卷入暴秦。夷、齐道高，眼光至远，若云早知后日，悔不当时。故本书入题以扣马始，以采薇作歌而终。玉虚太上先行下世，托失老聃，直待碧游教主亲身降世，修正教案，想当相视而笑，早知今日，悔不当初。然此公案至今未了，今三教并行，尚在调和期间也。

四大观

中国宗教观

道教本中国古教，儒教为孔子修教，即中国新教。即本书所谓阐教、截教。佛教西来，虽说三千世界，而仍以阎浮提世界婆娑国土为中心点。所谓人身难得，中土难生，佛乘参合孔、老之精微，始起信于中国，传于学者；二乘以下乃传彼中沙门耳。故称三教别国，惟只一教，此其所以异。

世界进化观

孔子称唐、虞之际于斯为盛，谓周公监于二代思兼三王礼乐，致太平文明达极点。及周衰而孔子生于其际，继衰周为素王，修明六经，制作以俟后圣。列星诸真均当受此范围，奉为科律。所谓天地立心，精义入神，以致用也。然阴阳之疑，必战竞胜始能进化，故于兴周之际，先伏其根，神仙纲鉴，说通天教主，转世为孔子，即为将来世进化说法。

天演如是观

宇宙间自三十三天、上至种民四天，自无始以来，尽未来际，除一佛乘与太上至圣门下上首诸尊大哲了澈本来无一物，体认到无以为，始能心溥万物而无心，此外人天一理，一切圣凡众生，不过各办前程而已。前程之真灵位业尚非究竟，究竟以道德为最尊，舍却众生，又无道德，是以燃灯尚须代子牙手提桴鼓。万仙一劫广或且不究，再来洗髓伐毛，放大眼光，始悟四句偈语当作如是观。

通俗教育观

世界即戏场，戏场即世界。大造无心，应缘成化，演成剧本，各由本角生、净、旦、末与掌鼓板排头凑拍而成。一部一本一出，即是一元世运会间事。两间有各执难解之理势，必以武力解决，但看他对阵骂战，有何话打入观者心坎，便知是社会普通教育要言。截教门徒一灵不昧，尽都魂往封神台，阐教仙灵日后成其为期尚远，各走一条路。社会听者，雷声普化天尊天雷无妄。我看大众，莫要妄想，不如循着平坦一条直路，各奔前程去罢。

第一回　纣王女娲宫进香

混沌初开……治事尝百草……

太昊以前只上溯有巢、燧人。

鲜食用《尚书》马义。

未入本题，先谈古史，以明博学。

若崩厥角……

"若崩厥角"用《孟子》引书。

……太白旗悬……

"太白旗"用《史记》。

……号尚父，封神坛上……

封神乃帝王奉天而行之事，掌在祀典，今托于天书，是陶宏景《真灵位业图》一卷。

……玄鸟之祥，遂生契……

本《史记》。

用兵以定天下，起于黄帝，但当时称自然氏，系崛起于昆仑之墟，非炎帝后代之臣，所以征伐之局，自成汤为始，故全书处处提出成汤。

……桀王怒，囚汤于夏台……汉南闻之曰：汤德至矣……因桀无道，大旱七年……

进之天子，用《书·序》、《鸠①》、《汝方》。

人君擅杀大臣，已是罪案，杀忠良更是应当坐罪，无道当亡。

---

① 原文如此，当作"汝鸠"。

用《尚书大传》"至于大坰"故事。

尧、舜以前之天子皆出于各地之邦君推戴，至尧、舜乃揖逊，前此未有，故《书》称"克让"。

退就诸侯之位，表明征伐仍依古道之推戴，所谓朝觐讴歌者皆归之。

用《路史》、《书传》、《白虎通义》。

> 成汤—太甲……帝乙—纣王

述商之亡国，乃列其世系，表明三代以礼为国，王者封二王之后，使自行其本朝天子之礼乐。……□□□□

> 纣王乃帝乙之三子……寿王托梁换柱，力大无比……随立寿王为天子，名曰纣王……风调雨顺，国泰民安……

托梁换柱隐语，驳殷太史执简而争，以为夺嫡，亦合史称纣膂力过人。

商容、梅伯是真名，赵启是托名，其事迹亦真假相间，小说之例如是。

揭明乙立少子，太史争之，为过生分别，舍质用文，致君老子少，以有托孤之任。

西宫、馨庆宫之名，皆明朝制度，托言"风调雨顺"二句，亦自明朝民间口传到今，着眼揭明继世以有天下。天之所废，必若桀、纣。国不易亡，惟至无道，必欲自亡乃亡也。

沿四岳之制用《大传》。

> 但见：瑞霭纷纭……

本无其事，假丹道之家寓言。鲲起于北海，隐贬丹家元神专注北海心王，反失明察，亦暗射六州归化朝周。

袁福通隐寓刘福通，洪武先属其部下称小明王。

闻仲盖隐射费仲，史称费仲助纣为虐，《演义》则全写闻仲忠贞无恶，盖疑以传疑，点明史不可信，托为闻仲。庄子所谓"闻之副墨之子，副墨又闻之某"云云。

经传谓"如是我闻"，以明儒家正义，人臣无贰，为截教提纲，说见总评。

> ……纣王不来还好，只因进香，惹得四海荒芜……有诗证曰

……武成王黄飞虎保驾……

此亦明代朝仪。女娲系古皇，据《路史》尚在伏羲之前。《山海经》云为蛇身，或说即九天玄女。按祀典须有功德于民，故此问"有何功德"，商容所对亦据祀典正理。但称圣诞日期，则寓言祀典紊乱。王道废弛之后，民间口相传说，以致祀典不昭郑重，乃启昏主骄慢之心。

刘青田诗才敏妙，此书中多以诗为证。泥沙并下，或上句好，下句并无稳，意甚好而用字草率。视此首尾例，想见其信笔写下，五日而成，故如此也。

御林军亦明制。武成王黄飞虎无其人，而乡野民间皆心目中以东岳为此公，道光时始相传有迁转云云。

闻仲为儒家伟人，商容乃道家巨子。提开闻仲，揭出商容，明纣败君德之发端。写宰相依违承旨，不能正色立朝，以启人主之骄纵。胡广之中庸，即孔子之乡愿，揭明截教特立之理由，为两教异同疑战之张本。此上诸评，证明作者之博，尚未入正意。

……忽一阵狂风卷起……非天子巡幸祈请之礼，愿主公以水洗之……

狂风何自而来？富贵骄盈，心狂所召，为人君深戒。

石破天惊，只在色身一现。乃悟色界天其上乃有无色界天，非想天其上乃有非非想天，以至非想非非想天。奇幻之想，以纣之不善不如是之甚也为脚注。如不善而莫之违也，不几乎一言而丧邦乎！

主公亦元末明初起兵未称王者其下之相称。

天子驾回，升龙德殿……

报应因果，如是如是。

……享国六百余年，气数已尽……殷洪是五谷神……

报应须应气数，始能显灵。刘青田知此理，所以有《东陵侯问卜》[①]一篇，云"鬼神何灵，因人而灵"。

此为影照社稷配人鬼之礼。

揭出社稷托名殿下，作者明于祀典，知鬼神之故。

……名曰招妖幡

---

① 刘基原题为《司马季主问卜》。

女娲圣母，却有招妖幡，阴道无阳为统，故有履霜坚冰之戒。

> 这三妖一个是千年狐狸精……托身宫院，惑乱君心，俟武王伐纣，以助成功，不可残害众生……

定质皆能成精化人，此与石仙姑相映。神与妖之别，只在德行上分界。凡物皆有本能，人由意生身，物从何起意？启母石尤人身，又能化石造物，不可思议，惟佛能知。

语病在此，所以后来三妖反唇阐教不能圆满，用夷居，弗事上帝神祇，加倍坐重"夷居"二字。

> ……上就宠费仲、尤浑二人……大抵天下将危，佞臣当道……

尤浑譬语罔念，必至尤浑也。

小人道长，即君子道消，古往今来，不过如是。

二语简括，括尽一部廿四史兴亡。

影射唐明天宝之事。

第二回　冀州侯苏护反商

> ……陛下后宫美女，不啻千人……

三千殿脚，隋炀始有此；侍女八千，唐明始有此。若三代时，则多不过八十一女御。作者知之，故为略隐射之词。

> 尧、舜与民偕乐，以仁德化天下，不事干戈……

点明世界主义，为全书两教争执是非立案。

> ……今北海干戈未息……

北海兵戈未息，正喻人君南面之道未得，自身尚不免阴阳之疑战，故云正宜修其德。《汉书》称道家为人君南面之术，即孔子所称："无为而治，其舜也欤？夫何为哉，恭己正南面而已。"后世王者不知此道，故东晋倡玄虚，乃造《五子之歌》，以警告人主。有云："余临兆民，凛乎若朽索之驭六马。"道家之道，乃王者之道。今散在庶民者，乃杨朱之道也。

元神失舍，不能反躬，国家之败由官邪。"权归臣兮鼠变虎"数语，亦括尽古今兴亡。

费仲附伏奏曰……

此为费仲开脱，史称助纣为虐，本无事实。

陛下宫中，上有后妃，下至嫔御，不啻数千……

嫔御数千，古时无此现象，系影射隋、唐。故古有女官，少太监。有外庭臣家命妇或士家女，受皇后使命服官。《国语》所云"内官不过九御"也。其女子可以被选，不定被选，命妇则为九嫔之属官，品秩优崇，非所谓美人充下陈也。

……臣闻人君修德勤政，则万民悦服……

正心修身，亦是王者之学，作者知此，后儒误以为普通。

苏护所说一篇，都是东晋时梅赜所造，添入伏生所传的《书经》，皆道家之言也。

纣王听苏护之言，勃然大怒……

据史知足以饰非拒谏。

苏护直言极谏，纣王便引个大不敬就可着随侍官拿出午门，送法司勘问正法，全是明朝人行径口吻。

……以遂二贼奸计

神不守舍，则二尸为害。

吾闻君不正则臣投外国……

"君不正则臣投外国；父不正则子奔他乡"二语，从明朝学界传来。后来孔有德、尚可喜、耿精忠在明末投奔大清，即是此话的结果。看他说自守一国，就是题诗午门，也只表永不朝商之意。作者眼光看透，见得封建时代，诸侯便反了无道，还是从容有礼有度。

征诛开国，亦以此终。然犹封建之代，无德易亡，点明世道升降，而况不及征诛者乎？

……即命宣殷破败、晁田、鲁雄等统领六师……

贤奸并立，阴阳交战。

发难之初，即提出殷破败、鲁雄，均是假名寓意。鲁雄为后来最终结战殉难张本。

鲁雄在侧自思……

写鲁雄低首暗思，附伏出奏，在侧自思，表出忠良情节，心中先有西伯姬昌，口中逗出西伯姬昌，提出仁义素闻，为全书眼目。得天下保天下以仁义，失天下以不仁不义，如是如是。假以节钺，不劳矢石，秉节钺得专征伐。作者知三代军制，可谓识高于项①。自战国以来军制无一善者，后世儒生，皆为兵书所误。

此一节非国家之祥瑞……

写文王为民心事，乃社稷臣语。

……率领诸将出郭迎接……

侯者明斥堠于外，以守封疆，即是将帅，乃古义也。

第三回　姬昌解围进妲己

世界上惟有打仗是最无情理的事，两边的主将各有所为，试问两阵的兵士所为何来？俗话说：唱戏的是呆子，看戏的是痴子。打死敌家便欢天喜地，还唱其凯歌，打死自家人马却又不蒢②感伤。同是一样抛尸流血，又明知道胜负军家常事，到其间不由不觉变成二岁孩子打架性质，忽涕忽笑，这个就是无明。但是帝稷天王，均所不免，圣人亦不得已而用之。所以说无无明还要无无明尽。一部《封神》，诸尊出马，也要作歌而来，即是表明本不要战。

……黑虎武艺精通，晓畅玄理……

一部《封神》，打仗都用着法术。看官知道是小说瞎凑神话，我却听见李丹翁道长说来，南公老祖，就是鬼谷先生，为得孙膑、庞涓同门相杀，累及老师真灵位业籍上除名，上帝就命收了此派不传，只传粗浅的小术与单纯的剑术。我向来看《汉书》列有兵家四种，第一种为"兵阴阳"，不解所谓。后人以孤虚时日、风角万③位等当之，未免太浅。又按《汉书·艺文志》列有《南公》几篇，今其书不存。明末沈士庆即《蜀鉴》等书所称之老神仙。遇异人授异书，上卷是玄理，中卷是冃兵，下卷是治死伤接命，即此书所本。

---

① 原文如此，当作"顶"。
② 原文如此，当作"胜"。
③ 原文如此，疑当作"方"。

……苏全忠不知崇黑虎幼拜截教真人为师……

先逗出截教，指神道而言。

……乃是铁嘴神鹰……

背后神鹰，影用蒋侯神鸦故事。蒋子文自言青骨成神，六朝崇祀甚隆，相传有神鸦之卫。

崇黑虎言曰……

黑虎所谈，一片都是世情所应有，想得甚为周到。可见善类生长乱世，思前虑后，工于趋避，过事规卸各种情形。

苏护一段，可见英雄生于末世，误投祸乱，以枉其才，只做得一个烈士殉名而止。一转念顺风倒雨坛，仍还走上李陵颓其家声一条路上，枉为豪杰一场。到此环境时间，人理已无定则，惟有神祇魔鬼成有形或无形，成有想、无想，作人间祸福，天道亦若明若昧，诸真仙灵，以此因缘，现世救世，乃应运而出也。

黑虎曰：不必攻打，徒费心力……

黑虎一片好心，全忠不识得，其父又不识得。好人难做，又为恶人之弟，暗中调处，好人尤为难做。看他为乃兄画策甚周，就是困其粮道，便使苏侯束手待毙。接上督粮官来到，苏侯便道，此粮虽来，实为无益。刘伯温运筹帷幄，所以出色，是熟读《史记》过来。

苏护听伦之言……

郑伦所特蒙提挈，玉带垂腰，是感恩图报话头。元、明以来，普通士流，胸襟卑陋，念念在此，何况武人。

……有异人传授秘术，即此是他法术……

儒门本无秘术，容或遇方外异人，传授法术者有之，道门始有此一脉师承，故统谓之异人，不必指出本师为某也。

……叱退左右，亲释其缚……

天上神仙，亦不能轻藐人间富贵。所以圣人作为礼以教人，是叫人保享富贵。既是不轻富贵。便要知得礼，有君臣然后有上下，要如此才能保守富贵，要先知得富贵从何而来，有个与者，有个受者。苏侯提挈郑伦，还要向王朝保举。要知得富贵须从有功有德挣来，不是抢到手就算数，若是抢来就算，此能抢，彼亦能抢，抢个不休，就不成个富贵的现象，亦安得稳？如何是有德，如何是有功？必定要讲个施报。所以郑伦擒了黑虎，苏侯亲解其缚，郑伦不敢有言。

……只见散宜生素服角带……

《老子》：兵胜，以丧礼处之。

文、武二辅佐之首领，即是太公望、散宜生。太公为此书之主，散宜生是主中宾。未出太公，先出散宜生，自此至登坛命将，分建册封，凡用词令之处，均离散宜生不得。书中随手写出，篇篇词令皆好，自是伯温自写本色。

……百姓无涂炭之苦，三军无杀戮之惨……

揭明大义。

……真心为国为民……

真心为国为民，须仁义兼尽着眼。

第四回 　恩州驿狐狸死妲己

……二人彼此相谢……

彼此相谢，圣人之礼教如是，佛典之原理如是。

……妲己魂魄已被狐狸吸去……

妲己摄去正魂，妖狐夺舍，元神不守，恶念纷乘，不能返躬，天理灭矣。所谓黑风吹船舫，飘堕罗刹国。人之丧心如是，道之败道如是。

第五回 　云中子进剑除妖

……千年妖狐，岂足当吾宝剑……

作世间事，须用世间物，明不轻亵三宝。

……君有诤臣，父有诤子，士有诤友……

顾氏所谓"匹夫与有责焉"，义亦如是。今人乃误以天职为无等无差，谬哉！

……传旨宣云中子进午门……

云中子义主调和与人家国，意欲补完天地残缺，无补于前，又失败于后，所持仅一木剑耳。

……纣王乃聪明智慧天子……云散皓月当空……

道心在此，禅机在此。

……比截教今……

点明儒者即截教，为全书眼目。

……陛下若知道有妖魅，妖魅自不敢至矣。……

物来要识过，揭明儒修致知为入道之门，三教所不可缺。

……吾不思理正事……

用周亚夫叱尚箸故事，与丁谓、司马长卿、潘安仁作平等观。结用《解嘲》、《楚词》、《庄子》，拉杂用之，自成文趣。

不觉惊出一身冷汗……竟于美人作祟，乃此子妖术……

阴阳疑战。

持之有故，言之成理，隐微不觉，终身不悟，如是如是。

第六回　纣王无道造炮烙

……经不得火……

五行之用，必有相胜，不过如是。

……一则是成汤合灭，二则是周国当兴……

全书纲领。

……也是贫道下山一场……

下山一场，只落得点头一叹。

……次日至文书房，不知是何人看本……

朝房值日看本，是首相商容。有首相商容引前，杜元铣始得随入。近时演《二进宫》，即套此排场。看他进过四重正殿，到分宫楼，进去就是寿仙宫，禁闼所在。又看奉御内监说"外臣不得进此"，商容答道"我岂不知"几句话，是首相身分。纣王虽暴，却还精理，说是三世老臣可以进见。交接周到，看官可以知得内廷外廷大小官员体制，后来小说无此在行。

……纣王看毕……

夫谏有五，孔子取其讽，此不讽之为患也，正为妲己所持也。

……皆是朋党惑众……

持之有故，言之成理，由辨之不早辨也。

……元铣无辜受戮，望陛下原其忠心，怜而赦之。

达心而懦，不能强谏，词气一步步软，为胡公中庸一辈写照。

……老丞相燮理阴阳，调和鼎鼐，奸者即斩，佞者即诛……

一篇责备的是儒家正论，反衬道家之任自然，主推移于泊世，有不足。

……商容俯奏曰：臣启陛下，天下大事已定……

至此已晚，由辨之不早辨也。《易》曰：履霜坚冰。盖言顺也。《春秋》谨始，故曰经世。

……将炮烙铜柱推来……

机器实杀机也，道家忌之。

……纣王大怒，将梅伯剥去衣服，赤身将铁索绑缚其手足……

史传醢梅伯，又作炮烙之刑。今将醢移为炮烙，虚虚实实，极形容国家昏乱有忠臣也。

有诗叹曰：血肉残躯尽化灰……

诗沉痛，戒暴君者深矣。

……是此炮烙乃治国之奇宝也……

纣之恶，至造炮烙之刑为已极，而醢梅伯，脯鬼侯，史传有其事，却不见经传。看他将纣王一切非法大恶，均消纳在造炮烙一回中，疾风暴雨，暗无天日，又都将一场事堆在妲己身上，坐定十恶不赦，皆缘于女娲庙题诗，嫚渎至尊神圣而生。《华严颂》云：始终一念终成劫，皆缘众生心想生。此东晋梅赜所以增丛书引道经"人心惟危，道心惟微"，以儆戒人主。其意不可厚非，但不知教亦与行，不可徒作劝世文观念耳。古义云：守道不如守官。后人不解此语，圣人设官掌，各有所执所守，至死不挠，天子那得恣行不法，实实时语所谓"公开"也。

第七回　费仲计废姜皇后

"纣之不善，不如是之甚也。是以君子恶居下流。"诗语点明此回系加倍写照，非实录史书。

……但以眼观鼻……

道家静观。

……播弃黎老，昵比匪人……

用古文《尚书》。

……姜皇后奏罢辞谢毕，上辇还宫……

一段用周宣姜后故事，写出贤处乱朝，只能完己之义，不能责效于君。妻道臣道一也，了结一已，各尽其道，为死为生一也。不如此，是为长恶，是为助虐，法当连坐。一部公案，截教重尽伦，阐教主救民，先行揭出尽伦即尽性之要，以明神道设教之旨。

……那人忙向前叩头曰：小的是姜环……

写鲧娟①、姜环，粗中有细，活现出下等人见过世面，长出见识神情。一味希望富贵，心中别无挂念，起心害人便害人，直捷了当，与费仲心下踌躇又是一样。

"老爷"、"小的"称呼，亦起于元、明朝，相沿至今，宋朝以前尚无此称。此回系暗指用《焚椒录》辽萧后故事。

……看官此是费仲、妲己之计，岂是好意……

谗邪计害贞良，多用此术。就贞良之正论，加砌影构，以成其狱，而人主不悟，由于贤奸并进，辨之不早也。至于贤奸并立于朝者久，邪正必不相容，而君子之祸烈矣。汉、唐、明之党祸以亡国，未有不由此

---

①　原文如此，疑为"捐"。

者，悲夫！

> ……有一人乃是封神榜上有名，官拜总兵，姓鲁名雄……

一句提纲全书摄起。

先写封神榜上一位忠良。

暗点随费仲混大。

> 费仲奏刺客姓姜名环……

费仲得妲己密封，翻来覆去，颠倒梦想，无非为一身得失祸福，从未萌念及陷君弑后，倾危国本，所谓不能返躬，天理灭矣。

> ……内有上大夫杨任，对武成王曰……

又写一位忠良，若非仙风卷去，开口便入封神榜。

> ……身为太后，未有父为天子而能令女宸负太庙者也……

此又反用武曌故事，理之所无，乃为事之所有。

> ……即姜后至愚，未有父为天子而女能为太后……

此回全借武曌故事写妲己惑纣种种，卒成弑主夺嫡公案。夫以此借镜，纣尚不如此之甚，而后史犹谥曰高宗，称为天后，是尚可与言哉！

> ……黄妃之言甚是明白，果无此事，必有委曲……

微阳未绝，回光返照。

> 黄妃在旁言曰：苏妲己毋得如此，皇后乃天子之元配……

八议有赐死，而刑不上大夫，儒术之义也；三尺法，天子与庶民共之，道家之理也。阐教、截教一场公案，在此分经。

> ……况妻刺其夫，有伤风化，败坏纲常……

极写伦理之重，点出名字，是为名教，即截教真骨。

> ……这是生前作孽今生报，岂可有乖大义……

勘透无余。

义是伦理真源，名是伦理标准，教以名系，实即了义。即了即空，本无生死。

> ……姜后大哭曰：纵死，岂有冒认之理？奉御官百般逼迫，容

留不得……纣王沉吟不语，心下煎熬，似羝羊触藩，进退两难……

孔子贵名，故曰"疾没世而名不称焉"，故曰"立身行道，扬名于后世"。然其称尧，又曰"民无能名焉"。盖置法众人，以名为系，即以名为教；议道自己，故"遁世无闷，不见是而无闷"。老子《道德》开宗亦先以"道"与"名"并举，而推本于"无名"为天地之始。又云"至人无名"①，其归趣一也。置法众人者，与众生同度；议道自己，先见如来也。本无生死，人见为生死，即为之治生死；本无名，亦既有名，则治其名。此名教之所以立。夫名教所以存身，亦所以亡身，观于人伦之变，可悲也。故二氏更求无始。

成佛是藏识，作业受报亦是藏识。凡大恶者，皆有知识过人。故曰："惟圣罔念作狂，惟狂克念作圣。"看纣王轻听妲己，溺于所爱，下此毒手，转念已后悔，即孟子所云："乃若其情，则可以为善矣"。妲己索性进逼一层，揭穿利害，甚是辣毒，正是武曌从屏后转出，厉声叱褚遂良"何不扑杀此獠"，同一光景。纣王沉吟不语，心下煎熬。佛家所谓无明，此种是也。

《易》"羝羊触藩"，正当作如是解。

……后人观此，不胜伤感，有诗叹曰……

痛哭古人，留赠后人。君国宫闱之祸，流及苍生，此出世之教所由立也。

第八回　方弼方相反朝歌

……皇天后土，必杀汝……

屡呼皇天后土，帝有醉焉，呼日月而诉之，莅北辰以取正，此《变风》、《离骚》之所以抚膺捶心而泣血也。

……言罢大叫一声苦死我也，呜咽而绝。

屈原有云："哀独苦死之无乐"。长痛短痛不同，而要归苦死一也。

……黄妃大喝一声……

黄妃有智有勇，不愧黄飞虎之妹。看他喝退晁田、晁雷，放走太

---

① 按《老子》原文："圣人无名"。

子，临危不乱。但妃嫔位分身分，亦只能作得到如此。说到头，终竟要望大臣谏救，方保无事。此正是古义。大臣者，与君共治天下者也，责任之重，去人君只差得一间。后世大臣失道，不知所云，十分可耻，亦复当诛。所以严子陵答侯霸书曰："辅义怀仁天下悦，阿谀顺旨要倾绝。"痛乎其言也。

黄氏《明夷待访录·臣道》篇连小臣、远臣，一概同论，虽陈义过高，但责备大臣却是理该如此。

……今又听妲己谗言，欲杀我兄弟二人……

戾园望思之悲，黄台瓜辞之咏，唐明一日杀三子之诏，皆始于女祸。是以圣人既立人伦之教，又必严并后匹敌之防，箸去谗远色之戒。《春秋》于此条杀子公案，判曰：晋侯杀其世子申生，科以路人，罪当论抵。故《春秋》传发其义曰："杀世子母弟目君。""目"者，胪传也。胪列某侯伯子男，乃对上之词，示若天子，鞫其狱，决狱之词也。后世儒行不兢，史官又焉知礼乎？

……君昏臣暗，杀子诛妻，大变纲常，人伦尽灭……

人伦之教，所以安人安百姓，及其变也，只令人悲耳。故大雄氏开解脱门，以大悲度世。虽然，特患不修己耳。如得修己，上乘则维摩诘厚集因缘，同登胜果，何吊民之足云。

……杨妃寻思半日，凄惶自伤，掩了深宫，自缢而死……

杨妃才智逊于黄妃，但放却太子，寻思自尽，亦是了悟解脱。

三纲绝矣，是明海刚峰强谏之语。此书在前，海忠介殆见此欤？三纲道消，则二氏教出，显于世。自晋迄唐，历历可指。三纲失道，则人伦解纽，愚下者顺从魔力，高尚者愿逃苍莽。故释出世以弥缺陷，亦是因缘和合，法相缘生。间①浮提世界，婆娑国土为三千世界之中心点，是一大会场，即是大试验场，亦是一大市场，一大战场。是以中国独成三教共持世界，迭为盛衰。天道无心，却似有意。《中庸》先有预言："道并行而不相悖。"此天地之所以为大也。

……三纲已绝，大义有乖，恐不能为天下之主，我等亦耻为之臣……

社稷为重，义极是，特如何辨法，亦见择新君，非武人所得专耳。

---

① 原文如此，疑当作"阎"。

方弼、方相所持立论：君臣以义，君为臣纲，君既不纲，耻为之臣，本无可驳。徒以反出朝歌一语，为武成王所叱，科以乱臣。惟天吏则可以伐，有伊尹之志则可，精义之学，其理甚深微，此回即为全部公案作影。

……可怜成汤社稷……

"社稷次之，君为轻"，从杨任口中先行逗出。

……纣王无道，杀子而绝宗庙，诛妻有坏纲常……

言弥近理。

……相比干近前曰：黄大人，方弼反了……

飞虎典兵武臣，谏非其职，故以此言照比干。然比干实非亚相，本无言责，此系暗写比干之仁，乃为民为社稷而死，非死职也，皆精义之学。

反射居乱朝而不去，亲与其亡，则当殉国，故云迫于忠义，造此罪孽。

……有镇殿大将军方弼、方相听见，不忿沉冤，把二位殿下背负，反出都城……

《周礼》：王之大丧，前驱有方相氏，黄金四目，其制甚奇，必有出处。今云方氏弟兄长三丈四尺、六尺，亦怪相，即《周礼》之方相氏可知。姜后惨戮，其人其事皆托词，但史传九侯有女，纳于纣，女不喜淫，见怒于纣，因醢。九侯不明，其故事亦甚奇。殷郊无其人，而其后封神为太岁，今俗犯太岁，巫者用压胜名为制煞，援《封神》故事，用犁铧插土，果能有验，又奇，亦必皆有出处。其或远古有此故事欤？《庄子》寓言，即是开小说家之祖。寓言者，有其事而隐其人，别托假名，如借寓逆旅之比。凡古史皆作如是观。

……见庙门一匾，上书轩辕庙……

再点轩辕庙，征诛之局所由起，叙明成汤三十一代孙，点出揖让之后，重起征诛，惟有惭德。

第九回　商容九间殿死节

……商容原是殷破败座主……

隐讽张禹、孔光一流与世推移，贤奸并进，为道家下一针砭。

商容出处，书缺有间，本属疑案。但子史有传，其"舌柔久存、齿刚先亡"之语，确是道家宗旨。此书借以标示道、儒两家异同。前回写其辞朝，无道则隐，道家正义，不可则止，亦不失大臣人格。此回借以写照于人伦，则大臣与国同体，千载而后，但观晚节。于道家则暗点至阴之极，化为纯阳。佛乘亦复如是。又借其写本，直谏伏后，撞死金阶，从其口中骂出"爱爵贪名，尸位素餐，成何世界"，责备臣道，雷音普震。大众听者，士夫听者，小人伎俩，偏有一派假正经的话，千古一邱。

……列位谏议定夺，吾乃武臣，又非言路……

守道守官，精义分明。

……内外不同，君臣阻隔……

一部廿四史，亡国之征，尽于二语。

第十回　姬伯燕山收雷震

……止留忠孝于人间……

名教之义。

伯夷、叔齐本无事纣朝事迹，而孟子云"伯夷避纣"、"太公避纣"，似本书所托，亦有根据。先出三仁，次出夷、齐，次即出去殷事周之胶鬲，次叙了然，非其它小说可比。先开言交代过微子，有首相商容上前谏救，让过比干、黄飞虎上前喝住殷雷、交代黄飞虎，间出赵启扯旨，用阳城裂白麻故事。写商容缟素伏阶一段，神采奕奕。百官面面相觑。暗写微子从此谋去，下回明写箕子从此佯狂，伯夷、叔齐避纣，亦从此伏根。再陪一位赵启，重逗炮烙之刑，以甚独夫之罪。独夫者，天子革职之名词也。

……枭首号令，斩草除根……

此亦权谋手段，残唐五季，群雄之惯技，数见不鲜，然置之三代时间历史，则为咄咄怪事。

……你在西岐，须是守法，不可改于国政，一循旧章……

上文虚写让畔让路，此段文王口谕，写治岐之政，融入《孟子》。

……你等专心守父嘱诸言，即是大孝……

文母太任、文妃太姒、武后邑姜，作者既述周称三母，安得不知《诗传》，而变乱其辞，似不学人耳食而误者之语，其传本误字耶！

……平时知道崇侯虎会寅钻刺，结党费仲、尤浑……

国家之败，由官邪也；官之失德，宠赂彰也。

……全无大臣体面，剥民利己……

将废之朝，乱政佞臣，千古一辙。

……不提防被鄂崇禹一壶酒劈面打来……

鄂侯被杀，史不明其故，此借使酒骂坐，暗用灌夫、盖次公事，以明《酒诰》。

第十一回　羑里城囚西伯侯

……只见左班中有上大夫胶鬲、杨任等六位大臣……

胶鬲去商，亦道家之学，故配出杨任以显名教。

费仲毒计是六朝、五季王敦、朱泚等皆所优为，作者盖知古代诸侯封建国体是行不去的事，故于上回插出姚福漏语，四镇各有准备，先用一反笔，已拿下姜桓楚，次回紧接三镇连章奏本，却先将费仲保奏崇虎，同恶相济，纣王本是心照不宣。以情事而论，费仲之谋，只防后患，本就只要威压姜桓楚。纣王心目中却忌讳姬伯，要羁留他。大家心照不宣，却都用反笔。四镇一齐拿下，黄飞虎执笏出版，亚相比干连出三仁、二义，七人同班执奏，将就费仲保奏崇虎，趁势入题。当暴君甚怒之下，有例可援，轻轻拨转。此系经过朝廷大事，始得有此文心周密，卒之不能救。姜、鄂二镇，为二州反纣张本。

……此时姬伯酒已半酣……

文王之盛德，尚有酒后失言致祸，却是羑里七年之厄，乃天数前定。德为圣人，犹有酒失。莫或使之，若或使之。所以卫武公称为睿圣，犹有抑戒悔饮酒之过，康叔贤才犹谆谆以《酒诰》垂训。子言"不为酒困"，与"丧事不敢不勉"，并列为言。佛作家遮戒，由此而作，此亦断魔之一也。但《楞严》说到得行阴消尽，尚有四魔，此理似难明，而亦可思。所谓虚明晦昧，相扇成摇，大地山河，由此发现，即阴阳互为其根也。

……纣王见大臣力谏，只得准奏，命姬昌演目下吉凶……

文王圣德，无可形容始终。以演先天卦，从空写照。看去似浅，其实至诚之道，自然发现，便是如来无诳语者、实语者。如语者《大庄严论》有鹅误吞珠，菩萨受拷，亦复如是。霹雳一声，火从天降，如其妄语，作何收局？虚写圣人之德，是画远山用淡墨法，绝妙文心。

第十二回　陈塘关哪咤出世

道本中国古教，不出家逃世。世运降而三教分立，各有主旨，然实相辅而行。此书特立阐教、截教之名，示人天之准。如是我闻，一时佛在某某国。

……长曰金咤，拜五龙山云霄洞文殊广法天尊为师……李靖因东伯侯姜文焕反了……

文殊、普贤，是佛未出世以前诸大菩萨之上首一尊，与大势至、观世音为阿弥陀佛之两首座同等。及释迦如来出世，文殊、普贤来至释迦如来处为上首，助佛说法，即儒家所谓先天之神。太乙为帝座一尊，道家称东皇太一。《易》纬家亦传"太一下行九宫"。《礼记》目云礼始于太一，皆先天尊者。

反了姜文焕，用虚写，应上回杀姜桓楚，为八百诸侯反商张本。宝融系隋、唐之际举兵一家，此云游魂关，用《京氏易》游魂归魂之说。游归乃生死之常，于游魂关交战，喻言炼气夺命求长生术。借用宝融，融后归唐，喻儒门正果。

李天王所守在东海口，喻夹脊双关，混天绫喻中丹田。

《法华经》佛说法，诸天光明，帝释诸天寻光而至，比喻水晶宫震动略同。

……哪咤曰：打出这小龙的本像来了……

由肆生妄。

……吾与你也有一拜之交……

李天王与海龙王有一拜之交，是在无量无边阿僧祇劫中，不知何劫。

　　……哪咤急走来至大厅上前施礼……

先兵后礼，直下承当，在名教中不失为义勇，但去仙路渐远，入死途甚近，故必行到杀身剔骨。

　　……料敌光怎的敌我，我如今往乾元山上问我师尊……

由肆生竞。

　　……哪咤无知，误伤敖丙，这是天数……

为报滈池君"明年祖龙死"寓言。乾坤震荡，龙种当死，哪咤是误杀龙子，戮死乃系前定。

老子贵德而务施，其次乃务报，阐教、截教分门在此。

　　……见那南天门，碧沉沉瑠璃造就，明晃晃宝鼎妆成，两边有四根大柱……

四海龙王为敖氏兄弟，人人皆知。虽皆由此书而来，但作者博学兼通，其喻言皆有依据。古史传女娲断鳌柱以立四极，即天柱之说。《楚词》传应龙沉冀之事，即天柱倾地维折之说。其神为四海龙王，盖即鲧入羽渊，化为黄熊之类。此云四根大柱，即喻此也。

　　哪咤到了宝德门……

宝德门表出"德"字，就是指明古今宇宙有一个主体，问是何物，名之曰德。却问德是何物？饥不可食，寒不可衣，修德只有吃亏。佛说是饶益，便非饶益，即是饶益，所以要到究竟舍。"上德不德，是以有德。"但是除却此点，太虚只就太虚，故揭明为实。

第十三回　太乙真人收石矶

　　……哪咤被他骂得性起……

由肆生嗔。

前因后果，元化先定。既入人世，必有竞争，又必有贪嗔痴爱，圣凡同历此苦。孔教但求喜怒哀乐之中节，是身入地狱，求度众生。仙、佛则力求出世，先灭四情也。

……哪咤将敖光朝服一把拉去了半边……

由嗔造恶。

……哪咤进前跪而禀曰：老爷、母亲只管放心……

表明不是私自投胎，乃奉玉虚宫符命，来保明君，连四海龙王都坏了也不妨什么事。可见明君出世，即同一佛出世。明君听者，《楞严》说社稷神祇，到菩萨云集，世界都归销陨。世人不解，沉迷鬼趣，其志气高尚者，不过欲登天界，作仙官；回向佛门者，只求生净土，享福报。不知此皆常人之情，不足以知圣哲也。若问圣哲如何，答曰：上圣则究竟舍，有天下而不与；大哲则用之则行，舍之则藏，精华既竭，褰裳去之。

……今日哪咤拿起了射了一箭，只射到骷髅山白骨洞……

是截教委形去路，即是斩将封神死所。

……石矶娘娘怒曰：李靖你不能成道……

点逗截教渊源。

……石矶娘娘曰：李靖，你仙道未成，已得人间富贵……

仙道未成，退转得人间富贵，此是抑截教扬阐教。

轩辕以前丹宝并传，颛顼以来不能及远，传宝不传丹，故云随世人君镇关之宝。

……夫人曰岂有此理……

人伦之变，实有无限之难相随而至。

骷髅山白骨洞是太阴炼形术。道家古传宗门极多，唐小说相传颜鲁公真卿得此传，使于李希烈，凑为其部所逼杀。后有人见其侍者于山谷小村家，戒勿言，云鲁公养复百日，即仙去。但此种长生术亦各有修短之数。《楞严经》说十种仙寿命延长，或千万岁，然报尽还来，散入诸趣。石矶之复遭杀劫，由无修持，故不能逃劫数。佛说亦须活看十二部经，只是要人安心修德，惟此可久，并非独标佛门，排压外道。为下乘者说，不得不仍以器界尘根所希福报，引之上路。此《法华》三乘，喻言以羊鹿车哄小儿上牛车，大路大道，即修德，非有他求也。钝根中人，不能解此苦恼，出家希求福报，死于句下，落到人心机械，失却灵珠，渐入死徒途。

由肆生竞，由竞生嗔，由嗔造恶，由恶行凶，由凶造孽。

……太乙真人曰：你这孽障……

太乙为上天贵神，下行九宫，主人间运数。为运数，故纵哪咤亦为运数，自开杀戒，至此始悟为孽障。

……哪咤奉御敕钦命出世，辅保明君，非我一己之私……

到此明知孽障已成，但数皆造化前定，莫能自主，故云非一己之私。

独阳不生，独天不生，三合然后生人。虽人心惟危，而世由心造，终不能无人界，即终不能绝阴道，故此起结。四句点明此旨，是扬截教。

截教所言是阴阳合撰，阐教所主是阴尽则仙，炼神还虚，独求玄珠，不堕诸趣。二七句点逗此旨。

太乙主持运数，致纵灵珠，至此不得不自开杀戒，下拜告罪，如是我闻。

万物显晦有时，无非数定。

……哪咤听得此言，满眼垂泪……

既托血气之伦，当尽人伦之道，了结哪咤投生一世公案，下起二世三世。

……把娘娘真形炼出，乃是一块顽石……

借启母化石事完结石矶，引入佛教四大皆空，化分无有。
孝至通于神明，光于四海。

第十四回　哪咤现莲花化身

……政官对曰：半年前有一神道在此感应显圣……

周、孔圣人设立祀典，以崇德报功。所谓神道设教，条律严明。所谓德施于民则祀之，以劳定国则祀之，能捍大灾则祀之，能御大患则祀之，以死勤事则祀之。非此类也不在祀典。老子曰："以道莅天下者，其鬼不神。非其鬼不神，其神不伤人，非其神不伤人，圣人亦不伤人。"

人道自治，则祀典崇报，以示劝化而已。无祸可禳，不求鬼神以禳祸。贤者在位，能者在职，生为士大夫，没而祭于其宗庙，有功于国者享于太常，有德于学者祭于乐祖。庶民饱食安居，天下和平，灾厉不作，无福可祈，亦不向鬼神求福。故曰"其鬼不神，其神不伤人。"生人之营营求福，为无福可享，惧祸之临也。借香烟血食以接既死灵气，亦炼形之一端，而非祀典所应有。李总兵既为兹守土，毁淫祠亦是正办，但纠之朝所未可行耳。

一念患失，遂绝父子之恩，犹幸不走邪径，守截教中乘，得以下学而上达，证天王位业。

······真人曰：李靖毁打泥身之事，其实伤心······

太乙此番教哪咤，石破天惊。但上回太乙教以殉死救亲，虽祸由哪咤而起，然已剔骨刳肠，报恩已尽。魂求香火，李靖不得无父子余恩，徒以患失一念，重粉其身，则父子之恩，绝于再世。今为第三世，乃师父再造化身，是师父再生之而生父再死之也。提出"师父在上"一句，哪咤明言报仇，太乙却不答话，末乃教以陈塘关走一遭，说来轻巧，看去危险，只缘莲花化身，知是佛门弟子，不过黑风吹船舫，一时飘随罗刹国耳。

······木咤上前大喝一声：慢来，你这孽障······

木咤所知，太乙岂不知？重提孽障，即太乙前日语孽障有时不得解脱，如是如是。

重提孽障，数其大逆，点示修道家危险。

······只见祥云缭绕，紫雾盘旋，一物往下落来，把哪咤罩在玲珑塔里······

《西游》紧箍咒孙悟空头上金箍是束着自己的心，此玲珑塔是束着人的身。先收拾哪咤，用遁龙桩喻言龙性难驯。《华严经》普贤说法，先度天龙，即是此意。此番塔里火发，喻言既入火宅，受生为人，便有五热焚身，须当忍受。尽极其现量，亦至人天感动。《华严》说善财入法门品，指引到婆罗门五热焚身，诸天震动，即是此意。

佛说苦集灭道为四圣谛，甚深难解。细释《楞严》，印证身境，积思数十过，乃悟十二因缘中触受为苦，苦即人世所谓生机生趣。人之乐生者，即是乐此。觉悟生之为苦为初步，故苦为一谛。生机所动，凡人所作，为之生趣，觉知为苦集而成，是二谛。乘悟并销，因次第尽是为苦集灭，故苦集灭为第三谛。乃入内修行路，是集灭道为第四谛也。

第十五回　昆仑山子牙下山

……又因昊天上帝命座首十二称臣，故此三教并立谈，乃阐教、截教、大道三等……

最要着眼，一部提纲在此。　　　　　　　　　　．

……此时成汤合灭，周室当兴。又逢神仙犯戒，元始封神……

以此三因，实生诸果，归结运数，以五百年名世归纳。上应运数，下立人纪。判结全部公案，即《庄子·人间世》、《应帝王》两篇主义，隐示扶截教之意。

……南极仙翁上前言曰：子牙，机会难逢，时不可失……

揭明两教上乘殊途同归。

太公八十遇文王，屈子云九十乃显荣，十有三年大会孟津，《诗》称"维师尚父，时维鹰扬。"爕伐大商，适符此数，卒年百有一岁，故知作者通晓古今。

……有一结义仁兄宋异人……

宋异人者即佛说之维摩诘也。

……子牙不是久挑担子的人……

借漆室叹鲁马伤园葵之事，写"鲂鱼赪尾、王室如毁"之伤，风人之旨也。

史传吕尚困于棘津，趁此加入娶马氏一段描写后世家人生计琐细情状。说来马氏本无大恶，不过见小。周衰，女教既失以来，秦朝改变授田公产为民田自相买卖以后，平民百姓之家庭，生计艰难，妇女之志识浅短卑陋，只知嫌贫爱富，历三千年有如一日。其出群超众之女流，一代不如一代，一代又稀少一代。此书写此，却是返射周家八百年太平，封建井田，文化优隆，殆过唐、虞之际，是以惊天动地，姜子牙背榜下山，斩将封神，才得成此大业。

……一则子牙乃万神总领……

如此不利，偏说万神总理。鬼不上门，贤人不遇。明是国家将亡，故说年庚不利。所谓"国将兴听于人，国将亡听于神"，如是如是。明知奉命辅周，不向西岐去，偏向朝歌来，三界惟心也，要等机缘成熟，如是如是。

……朝歌半年不曾下雨……

上失其政，天时人事，相因而至，其祸害必波及百姓，古今一辙，完结吕尚困于棘津一段故事。

第十六回　子牙火烧琵琶精

……子牙曰：卦帖批与你去自验……

占卜乃道家推谶之遗传，圣人郑重而用之者，与众人共之，甚间之有验，亦为众人所共见。可以通天人之交际，而不致有人神杂糅之患害。所谓"人谋鬼谋，百姓与能"。后来扶乱，亦是一路。但无官掌，则亦成家，为巫史九黎乱德之现象，而妖言煽乱，皆从此起。

第十七回　纣王无道造虿盆

……一日纣王在摘星楼与妲己饮宴……

朝野之乱，皆由于颠倒黑白。纣王认定姜后谋逆属实，妲己咬定姜后谋逆，以怀旧主慕公义者为党逆，此所以奸臣之言无不听，而忠义之士必尽戮而后已，而后国从而亡也。悲夫！数也。

……众民日日进于朝中，并无内外，法纪全消，朝廷失政，不止一日……

一朝未亡，未有不始于淆乱黑白，而终于法纪全消者，古今一辙。悲夫！是非者，法纪之后盾也，是非既乱，法纪何恃以存乎？

……胶鬲奏曰：人之四肢，莫非皮肉，虽有贵贱之殊，总是一体……

我肉众生肉，只是一体。先仁民而后爱物，孔、佛虽有有差等无差等之殊，同归也。

……胶鬲大喝曰：昏君无道，杀戮谏臣，此国家大患，吾不忍见成汤数百年天下，一旦付与他人……

胶鬲本去而适周，此回故易其事实，以为尸谏而死，亦示人臣无贰之义，为怀贰心者痛下箴砭，扶持截教者深矣。

胶鬲虽贤，不得为仁。二句点醒此回反射本事之意。

……妲己曰：妾有一图画，献与陛下一观……名曰鹿台……

鹿台敛财，书有明证；瑶台璇室，史有明证。但皆不如此之甚，夹入求仙一层，可见秦皇、汉武与纣同科。王者不作，霸世相承，不知其非矣。自周后无王者，亦无名世。此回特标姜尚，引孟子语，明此书之所由作。

……比干曰：先生又非谏官，在位况且不久……

非谏官，在位不久，以顺为是，精义之言，儒家之理。

第十八回 子牙谏王隐磻溪

……子牙曰：承奉官，不必赶我，莫非一死而已……

明高忠宪识得此理，原无生死。

……见天子所行，皆桀王之道，不忍社稷丘墟……

中国立君之义，尺地莫非其有，故土木淫巧，息息与民生关系。如外域之君主，别有私产，民生各自为计，则无甚关系。但惟其如此，故君民争权，必制定权限乃可。而今之论政者，不知其原引外国为比，纵兴土木，奖进淫巧，而国以亡矣。悲夫！

……今且未能返国，胜败未分……

元神不守，明堂瞀乱，虽有股肱耳目，日与人心交战，卒至不能返躬，而天理灭，大命倾矣。

……一道怨气，直冲在青峰山紫阳洞清虚道德真君面前……

其为气也，至大至刚，入道之门在此。

……杨任听罢拜谢曰……

杨任系影射胶鬲，胶鬲不闻谏纣而去适周，于臣道未尽，故《演义》不与，身不得度，使如杨任直谏以尽其义，则得度矣。

《汝坟》之诗曰："鲂鱼赪尾，王室如毁。虽则如毁，父母孔迩。"王室谓纣，父母谓文王也。作者明经义矣。

> ……马氏曰：你又不是文家出身，不过是江湖一术士，天幸做了士大夫……

马氏所言，俱是常识。阅者须知，一部史名臣传中，如张禹、孔光、胡广之流，所见不过如是，今之旧界大官僚、新界大人物，所见不过如是。

> ……命崇侯虎督工，岂意彼陷虐万民，贪图贿赂……

道家普救心长，故不择人而施。

> ……吾受命执掌关隘，自宜尽臣子之节……

据名教之理论，边将武臣，不得论列朝政得失。朝政之乱，责在大夫，疆臣守疆，此理甚正。况闭关而不执，亦不失其仁民之心，宜子牙之无可置喙而已也。此亦扶持截教之义。

> ……话说众民等待天明，果是西岐地界……

两句点睛，却开二义，除却伐罪救民，惟有守义尽伦一义也。伐罪救民，只在一时；守义尽伦，乃在万世。则须过了金鸡岭，进一境便是首阳山。

第十九回　伯邑考进贡赎罪

老子念亲情切，故不择地而蹈。

> ……只见一位大臣骑马而至，乃亚相比干也……

比干直谏而死，《演义》偏处处借重比干周全，乃加倍写比干之仁于为民，仍完成其忠于事主，所谓完人。

> ……比干听罢，此宝虽妙，今天子失德，又以游戏之物进贡，正是助桀为虐……

为国为民，为君为友，寸肠百转，寸心千结，只此一片话，写尽忠良影子。

> 邑考奏曰：娘娘在上，臣闻父母有疾，为人子者不敢舒衣安

食……

写伦教本色，为神道最高位业张本。

伯邑考为紫微星，殷洪为太岁，此即果以求囚①之义。此书所言后果，大概即指前因。《法华经》说过去无量劫中有二万佛同名姓号，又有八亿万佛同名姓号。并非同名姓号，即是同名姓号。总是要求真理，以道德为宇宙无始以来，尽未来际，惟一主宰，却是离不开"忠"、"孝"二字。在西方佛为主教，婆纳摩为助教；在中国孔门为主教，三宝菩提又为助教也。

……纣王静听琴内之音，俱是忠心爱国之意……

用《绎史》伯邑考诲妲己琴，妲己不慧，伯邑考怒妲己故事。而参以白猿，则又用偃师故事。以白猿被纣一拳打死，合史称纣力大翘关，可证作者之博。

……就将此残躯以为直谏，就死万刃之下，留之史册，也见我姬姓累世不失忠良……

极写伦教。

第二十回　散宜生私通费尤

……姬昌谢恩言曰：姬昌犯罪当死，蒙圣恩赦以再生，已出望外……

写内文明而外柔顺之至德，乃因圣人难矣形容其德，故作加倍写法，小说家固当是如此弄笔。词章与小说只分雅俗之别，亦惯用加倍写法，如韩文公羑里操为世诟病，其实亦加倍写法耳。

……费仲奏曰：姬昌外有忠诚，内怀奸诈……

奸诈是人中小智，圣人包周身之防，未有不能奸诈者，特非不得已时不用耳，鼠辈焉知之。

……我等主公遭囚羑里，虽是昏乱，吾等还有君臣之礼……

言是儒门精理，唤醒世间，应知文王至德，及孟子所论，天之所

_____

① 原文如此，疑当作"因"。

废，必若桀、纣。

> ……散宜生对诸将言曰：此等乱臣贼子，陷主君欲不义，理当先斩，再议国事，诸公只知披坚执锐，一勇无谋，不知者大王克守臣节，硁硁不贰……

儒门精义，笺注所不能传者，不意欲《演义》中得之。

> ……演先天之数，七年之殃，灾满难足，自有荣归之日……

法孝直若在，必能制主上东行，散宜生有通权达变之谋，而未至其间，仍不能用数也。

> ……且说太颠、闳夭扮做经商，暗带礼物……

权术行贿，亦人间世所必有，为作用之一端，但须分别以道德为重心、以不道德为重心耳。后世认理不明，朝野由此交乱。

> ……费仲乘机奏曰：臣闻姬昌素有叛逆不臣之心，一向防备……

说明了竟逃不脱，况未说明者耶？所以孟子说圣人之于天道也，命也。但阴阳互为其根之理，即人定胜天之理。自降衷之初，阴阳互根，即层层包匝，如蕉叶包心，即万物一太极，物物一太极。佛说前因后果，如是如是。哲人闻而知之，圣人证而明之，凡愚不知，只怨天矣。

> ……话说比干、微子、箕子在朝，大小官员无有不喜……

此处专提三仁，撇清上文八谏议陪客，下文单接黄飞虎，仍是影射太公。唐封太公为武成王，本《书·武成篇》为义，孟子于《武成》只取二三策，不能尽信，故此离合其词。

第二十一回　文王夸官逃五关

第二十二回　西伯侯文王吐子

人间都是可怜悯者，是以如来发大悲心，誓度众生，以了生死大事，谓证明各有来因后果，安心修德便是，故云佛不能度众生，众生始能自度也。

　　……文王曰：大夫之言，岂是为孤之言，亦非臣下事上之
理……

　一段写文王至德敬止，纯亦不已，扬截教抑阐教。

　　……昌因直谏于君，君故囚昌于羑里……

　太乙以修真，自诚明而明运数；文王以蒙难艰贞，自明诚而亦通运
数。惟其知运数所主，故太乙于哪咤仇父一段事，各不能自主，不甚分
明。文王于驳难仇王一段，亦不甚分明。孟子云："智之于贤者也，圣
人之于天道也，命也。"谓有不能自主者也。

　　……耳不闻兵戈之声，眼不见征伐之事，身不受鞍马之劳，心
不患胜败之忧……

　归到仁民，写视民如伤之意。

第二十三回　文王夜梦飞熊兆

　　……只听得一人作歌而来……

　此段与前后不称，似为扮剧而设，为访贤一节太板重，故添一配脚
打诨耶？

　　……似此等钓，莫说三年，便百年也无一鱼到手……

　此亦用钓璜故事，特其语近戏。然子书所传，亦有此种。如"下屠
屠牛、上屠屠国"云云，太公对文王之语岂非戏乎？

第二十四回　渭水文王聘子牙

　　……子牙见武吉来意虔诚……

　前回设渔樵问答一段，乃为此回反衬，写英雄未遇，暗夫得而侮
之。又以星术逗出访子牙，援引虽非事实，然《太平御览》引载散宜生
学讼于太公，太公察其非常人，乃切酒脯，除师弟之礼，约为兄弟。孟
子称"名世"，即今谚所谓"英雄造时势"者，其本原固闻道，其作用
亦有钩巨之术焉。凡作用皆参用术，只问目的何在。目的在道德仁义，

即是道德仁义之助动力；目的在权利贪暴，即是凶德。凶亦名之曰德者，有得于己之谓，世语所云"本领"也。权术害人，固是行凶，却不能不谓之有本领。

　　……文王曰：善。随取金钱，占演凶吉……

回映厌星加论误杀一层，以见术不离道，亦表文王之仁。

压①胜之术，道家叙余，却是驱使魔鬼，与婆罗咒术同源。世传《万法归宗》一书，其法不完全，小试而无大害者，习之皆有验，有大关系者，又有大神压制也。

　　……林内清奇鸟韵，树外氤氲烟笼……

《易》言："天地氤氲，万物化醇，男女构精，万物化生。"数点梅花天地心，即是造化生机，无此则乾坤亦毁。但由此以往，实生爱水，佛经所谓"纯情即堕"。故道诗有云"道情淡薄世情浓"也。

此即道经"人心惟危，道心惟微"之分界处，宋学谈道，引此为心传。原本梅氏伪《书》系出于玄学大兴之时，造伪经《尚书》者有心窜入，亦正如今日道家普传，欲挽救人心之意。彼意在引人主入道门也，不知其无益徒乱，孔门经术成绝学矣。

　　……话说文王，见这样个光景，忙问上大夫，此是一个围场，为何设于此山……

写围猎一段，引入伏羲、风后一段故事。风后为黄帝之佐，故知此是托词，非故实。但本书于黄帝、汤王皆屡见微词，明征诛之局，开于轩辕，成于成汤，非至道所与，目为杀劫。就文王口中议论，以显文王至德，仁及鸟兽，亦以影合所猎非龙非螭非熊非罴，而王者之辅也。

田猎之事，与佛理最为冲突，但亦不冲突。禽虫之命，法应如是，结果所云。六祖答裴休云：杀是解脱，不杀是慈悲。至于如《礼记》所说，凤凰、麒麟在郊薮，龟、龙在宫沼，鸟兽鱼鳖咸若。此时人世间已化为天境，人自不思食肉，亦自不行田猎。到得此时，人与禽虫生殖皆稀，此亦相因而至之理。

实写与民同乐，伊尹就汤而说以伐夏救民，此亦使之闻之。故明王之兴名士为主动，后世无明王作，则名世为学界主持矣。

---

① 原文如此，疑为"厌"。

……吾乃帝尧，今见大贤有德，欲将天子之位让尔……

渔歌用"洗耳"二字，逗出文王演说巢由一段故事。借"一瓢饮"点逗出圣贤精义之学。颜子与禹、稷易地皆然，为《孟子》作注。结以一言曰："当时高洁之士如此。"降而后世，及再降而后征诛，明吊伐之事，出于不得已。借污耳、污牛口过渡入世道隆污，故樵歌二句，即点明治世有隆污。历引伊尹、傅说，不过明王，同于左徒，终于麋胥。至于世道愈降愈污，政治去道愈远，迄于《水浒》之思乱，而民主之议由此兴，社会之说又起于其后矣。巢由之事，史迁且疑焉，只在《演义》中一语点破曰："当时高洁之士如此。"醒快之至，怀疑顿破。袁枚疑四皓并无其人，亦眼光短耳。

……散宜生复劝，文王方随众文武回朝……

记散宜生一段话，可见作者胸襟超迈，学理亦深。所云"学古人求贤，破拘挛之习"语扣两头，直揭穿说。古之人君皆要屈己求贤，后世尊君卑臣，一笔抹倒，不过拘挛之习耳。如今日之欲贤人自售，直以后世关防考试为非矣。当文王与纣之世，是四海鼎沸，贤人隐遁。后世学者读书卤莽，不解夫子系《易》所云"当文王与纣之事"其旨险、其词危，及《诗经·汝坟》之言"王室如毁"，于意云何。

第二十五回　苏妲己请妖起宴

……比干随行在台，观看台上，不知费几许钱粮……

以一人治天下，不以天下奉一人，此古义也。残贼仁义谓之独夫，此尤古义也。古义亡而人主纵恣于民上。世有汤、武则吊伐，与世无汤、武则民主之说起而道术裂矣。俗学不知，只吟一将功成万骨枯。

及野哭千家闻战伐，唯之与阿，相去几何！

……如今天子造完鹿台，要会仙姬……

此段影射求仙妖妄，似与本书主旨违反，但白深意。离开道德而求仙术，即是妖异，狐家有太阴炼形仙术，而不免为妖，更历若何年一遭雷劫。

故必先学人道，初入人道，世味自较于人更浓，所以深羡慕深院皇宫无穷之福。一语写出鬼趣图，妖在人鬼之间也。

第二十六回　妲己设计害比干

……妲己曰：想必喜妹踏风云而来……

桀宠妹喜无多故事，今添砌妲己引喜媚一段，为比干剖心助纣为虐插一重公案，即将妹喜之名倒改。剖心一事，是千古暴君奇闻，所以加倍一层，妖异伪作道姑，表拌辱没道家，却不辱没，无非世见颠倒。

……外官不知天子不理国事……

明官守之义，隐证比干非丞相，亦非谏臣，乃谏而死，表忠之至。

……纣王曰：玲珑心谁人知道……喜媚曰：惟亚相比干……

此段写比干剖心，搁开强谏正文不题，偏编派一段医病，固然不近情理，但是史上所传，亦出乎情理之外。比干如何强谏，史不得而传，而纣大怒，云：彼自谓为圣人，即吾闻圣人心有七窍。剖而观，果然玲珑七窍。意揣当日纣之智足以拒谏，辨足以饰非，想必拿着比干强谏，书中可以文致死罪，而助纣为虐，廉来一班群起而议，以罪当坐死。譬如明之海刚峰讦谏明帝云：陛下三纲绝矣，不肖盈廷。遂拟其罪比于子骂父，先处以死刑，而后剖心耳。

此处点明亚相系托词，《书》称王子，盖无官守，故于此回称千岁，称大王，称父王。微子，纣庶兄；比干，纣诸父，故托词比干之子为微子德。

……微德在傍泣曰：父王勿忧……

于无情无理中逗出一点似近情理的影子。比干对夫人说：欲取吾心作药，岂有生还之理？即暗指古时异术甚多，到世道一坏，自然就谎言妖术出于其间。试观《三国演义》华元化托言医头风，要割曹操的头，必谎言。取心合药，用药护心，仍可以不死也。引逗下文子牙有术可救起死回生，原来道家古传法术，本有起死回生及不死之药，借此点明哀莫大于心死。阅者注意注意大注意。

……今昏君听新纳妖妲之言，赐吾摘心之祸，只怕比干在，江山在，比干亡，社稷亡……比干拔剑在手，望太庙大拜八拜，泣曰：成汤先王，岂知殷受断送成汤二十八世天下，非臣之不忠耳……

借心一片无伤于事，正回照前文作者盖闻道家异术，但不肯昌言惑世。古之良史，每于害人心理之事，均用顺带公文之法，不愿刻画无盐，后来小说家愈趋愈下，正如细娃听说熊家婆，日本教科书演说桃太郎，真堪笑煞。比干在江山在，比干亡江山亡，雷音普震，唤醒世界。败国暗君，误国庸臣，听者听者。

望太庙大拜八拜，作者真明学理，指点世人，比干非殉君而死之比。

第二十七回　太师回兵陈十策

点破天数人事相为因果。

接命长生与乘化归尽，各遂人所愿耳。

……纣王笑曰：自古以来，那有臣弑君之理……

伦教本平，而世主盗圣哲之法，曲学又从而阿世，故假夏招引经为比，再提成汤之法者，征诛而有天下，必致君权过重，因果相缘，俗儒不解。

……太师传令，百官暂回，午门相会……

写国乱景象逼真，非历过其境者，不能状出，伯温亲见元氏乱亡也，见比干之枢，见鹿台铜柱，触目皆非，亡国大夫同来看者。

……闻太师听得此言，心中大怒，三目交辉……

当中一只眼睛，白光现尺余远近，是正法眼已开，虚室生白，尚不能止止，所以北溟未化，犹约远征，未如澹然独与神明居，尚恐亢龙有悔。此系丹道家大还之说，亦即方术家之易理，故全部以北海为眼目。

忠良隐遁四句包括一部廿四史乱国亡天下原因，是真命脉，是真死证。

……臣闻尧受命……

必称尧、舜，作者之旨。

……闻太师立于龙书案傍，磨墨润毫……

层层逼写，一写闻太师身分，二写闻太师威风气魄，三写闻太师心思智略。始而大怒，继而且从容。总以心中甚是不平，"乃大言曰"；终乃急得大叫"有这等反常之事"，先自坐罪："我负先王，有误国事，老夫之罪"。逼紧到十分又十分，始以鸣钟鼓请登殿，卒以上本请诛妲己杀费仲、尤浑。照本书妲己此时是皇后，费仲、尤浑是当大权，既说废皇后，又叱武士将二人推出午门问斩，加倍写法，到此实在无地转身，掩卷试思，再想不出，看他直用着费仲、尤浑正面撞上来，硬转直下，可谓神笔。

……太师灭君恃己，以下凌上，肆行殿庭，大失人臣之礼……

天人交战，不能决断，三尸终归神道血食，道家所忌也。

闻太师言称先王在天之灵，固然气盛言宜，费仲、尤浑偏责以眼前君臣之礼，亦复理直气壮，可畏。

利口覆邦，持之有故，言之成理，古往今来，如是如是。

直言敢谏之间，自不觉易露不顾而唾之气象，此鸷拳之所以自刖，而先轸之所为赴敌而死也，悲夫。

第二十八回　子牙兵伐崇侯虎

……子牙令毛公遂、周公旦、召公奭、吕公望、辛免、南宫适六将齐出……

复出吕公望，颇离奇，但《楚辞》称太公九十乃显荣，又称"吕望之鼓刀遭周文而得举"，与子家所述"上屠屠国，下屠屠牛"殊不合。就养西岐，后车载归，太公之出处，似是又一人也。

第二十九回　斩侯虎文王托孤

……盖闻人臣事君，务引其君于正道……

精理名言，均述孟子精义之学，乃是人臣正轨，后世史学家乌乎知之！新学家更乌乎知之！

……且说崇侯虎人马，不一日到了崇城……

崇虎武臣，当时虽云党纣之恶，但未与朝政，此回所写数语，恰成后世武臣只知效忠于一主的本色。一部廿四史，始自章邯，迄于王彦章之流皆是也，其责任只在封疆，不能深于苛责。

本书于恶来、黑虎皆列入封神，亦持平之见。

崇黑虎见地却高，但坐实其兄之罪，亦只有监造鹿台一条，所云"得罪祖宗犹可，岂肯得罪于天下"，自取灭族之祸。两义并重，理始完足，但顾一边不得；如但顾一边，宁可得罪祖宗，不可得罪于天下，权于轻重，亦当如此。

第三十回　周纪激反武成王

……君不正臣投外国……

是正论，为君者听诸。

……黄氏一门，七世忠良，享国恩二百余年，难道为一女人造反……

又是名论，为臣听者。

造反者必掳掠，必逞野心，革命伟人听者听者。

……百官在旁齐言：太师处之甚明……

闻太师初见甚明，只转关一语，全局俱翻，但看徐荣所言，亦是正论，至此始见绝后计之毒。

元神与识神交战，终见制于识神，不守静笃，终入轮回，如是如是。

第三十一回　闻太师驱兵追袭

……且说清风山紫阳洞清虚道德真君……

清虚道德真君出来，将封神案由重提，混元幡一罩，即踪迹全无，指轮劫一转，前因顿昧。

……倒出神砂一捏，望东南上一洒……

洒豆成兵，正面是用疑兵以撤回闻太师，却背影则从此太师、武成隔绝、无回向之路，所谓数该如此。

……张凤曰：黄飞虎你的父与我一拜之交，你乃纣王股肱……

长者之言，持平之论，苟非暴君乱朝，非无转圜之地，但由情理过得来，则不至有此，是以无君臣之狱也。礼法苟未荡亡至尽，固不能有君臣之狱也。既构成君臣之狱，必出乎情理之中，所谓人伦道尽。

　　……黄飞虎将手中枪架住曰：老叔息怒，我与老叔皆是一样臣子……

　　本书脉理甚细，处处逗笋，若无□陛称戈出奔，但是闻太师一断变了，那有后来种种发生？出奔去国，《春秋》所许，礼之正经，便是解决君臣大狱之明律。

　　飞虎为黄明所激，向阙称戈，一时失足，遗憾终身矣。真绝后毒计。

　　……今点临潼副将，我岂敢忘恩，忍令恩主一门，反遭横祸……

　　一方面说人伦，一方面说天道。张睢阳骂贼云"未识人伦，焉知天道"，人伦看得细处，便合天道，天道看得粗浅，则未识人伦，所以要依据圣人所指方针，为天地立心也，本书法意在此。

　　……陈桐笑曰：黄飞虎你指望成汤王位，坐百千年，一般也有今日……

　　乱世人心心理，如是如是。

第三十二回　黄天化潼关会父

　　……送入中黄，走三关，透四肢，须臾转八万四千毛窍……

太虚一片落黄庭，则生气长存矣。

　　……天化曰：父亲既反朝歌，兄弟都却带来，独不见吾母亲何也……

　　天化身出家而心未出尘，但遭此人伦大变，感痛是人情之正，所以归神道一路。

　　……天化忙将背上宝剑，执在手中……

道家剑术，即正一明威之道。

　　……天化曰：师命不敢有违……

　　真君命其救父，却不令同反出五关，要辅佐西岐相会，是点明继志述事，虽死犹存，干蛊盖愆，从治命不从乱命。

第三十三回　黄飞虎泗水大战

……纣王无道，乃失政之君……

无道之君听者。

……飞虎笑曰：似足下坐守关隘，自谓贵职，不过狐假虎威……岂知朝政得失祸乱之由，君臣乖违之故……韩荣曰：吾既守此关隘，擒拿叛逆，不过尽吾职守……

说得职守分明，如闻伍子胥与申包胥语，史学家乌呼知之，乱世为人臣听者。

第三十四回　飞虎归周见子牙

……黄门七世忠良，未尝有替臣节……

影射微子归周存祀。

……韩荣曰：老将军你要天祥出关，末将除非也服从叛亡之人……

写得周到，一滴不漏，到此地步，仍写出黄老将军身分，是神笔。

……黄滚在陷车中，看见帅府厅堂依旧，谁知今作犯官……

补此笔尤周到，后来小说无此心思。

……但凡神仙，烦恼嗔怒爱欲，三事永忘，其心如石，再不动摇，心血来潮者，心中忽动耳……

非有真婴附体之刘伯温，不能道此。

……久后你与他俱是一殿之臣……

哪吒后来仙真归入佛果，偏说是一殿之臣，显重伦教。

……旗幡招展，戈戟森严而来……

仙乎仙乎，一部相砍史数语道破。

……昨日老君从此过，也须送我一金砖……

石破天惊。金砖是何物，试思之。

……不论官员皇帝，都要留些买路钱……

出以游戏世界语言，皆是戏论，戏论成真，即是花落结果。

……黄家乃西岐栋梁，正应上天垂象，尔等又何违背天命，而造此不测之祸哉……

违天必有大咎。

……看西岐景致，山川秀丽，风土醇厚，大不相同……

社会看者太平之世大不相同，世人不要忘了。

……子牙官服迎至仪门……

汉官威仪，社会注意，久不知矣。
造次颠沛，仍是彬彬威仪，此礼教之力也。

……君不正臣投外国，此礼之当然，故此反了朝歌……

再点此言，以明古义。
扶持社稷，即是为民。

……武王曰：黄飞虎可是朝歌国戚……

天子必有父，诸侯必有兄，如是如是。

第三十五回　晁田兵探西岐事

……闻太师这一会阴阳交错，一时失计……

错过一时，成败立判，古往今来只如此。

书中屡点成汤，固为开征诛之局，明天道好还，人道以此始者亦以此终。此处发端，直云成汤起兵来侵，系暗点周室乃唐、虞之侯伯、后稷之世及。夏衰弃稷官弗务，故《国语》称先王不窋，用失其官，越在戎狄，乃自辟土地而建国，特入贡于商。太王值商政之衰，有剪商之志，未为不可。文王为诸侯所推戴，亦不讳称王，特不取兵争。此夷齐之志，即文王之至德，非后世私于一姓之义，但尤不可私于二姓也。

武人贪功，败坏大局。

……南宫适笑曰：晁雷，纣王罪怨深重……

词令妙品，人只知《三国》演戏科白交接，能使人眉飞色舞，不知《封神》尤妙。惜演《封神》戏者只注意斗法，乃买椟还珠。

……昔伊尹乃莘野匹夫，后辅成汤为商股肱……

抽入俗情，引出经传，作者微意，俗人正坐不明经传大义耳。

第三十六回　张桂芳奉诏西征

……哪咤笑曰：此术非是正道。哪咤用手一指，其烟自灭……

一切炼气遇乾气，自归消灭。

……一个是封神榜上一丧门……

先出丧门、吊客二星，兵凶战危，不祥之器，张桂芳全身是白，表丧门之象。

第三十七回　姜子牙一上昆仑

……但凡精血成胎，有三魂七魄，被桂芳叫一声，魂魄不居一体……

声、光二学，理极精，西人亦自知尚在幼稚，咒术即用声学进步。

……仙翁曰：子牙乃忠厚君子，显些儿被这孽障惑了……

世间无非障惑，即是孽之所造。

……当时子牙看来，原是五路神来接……

五方之神来受，事出《六韬》。

第三十八回　四圣西岐会子牙

……话说四位道人到朝歌……

点碧游宫主者为圣人，指孔圣也。

……左道之内俱用荤①酒，持斋者少……

道教古传不戒荤②酒，兼有法术一门，后来正一、南公、剑仙皆旧教支派，其出家守五戒，乃传染僧家沙门像教之遗也。

……又命南极仙翁，取一木鞭……

打神鞭是脊，有二十一节，缘督以为经。

……贫道将此中央戊己之旗付你……

取坎填离，流戊就己。

……话说二将大战，哪咤使发了那一条枪，与王魔方敌……

武技与法术互相辅助，所以哪咤亦有倚仗武成救护之时。武成打下坐骑，乃用着龙须虎出现。作者盖心知古兵法四家，有兵阴阳一家，非盲编瞎凑，无如演戏者只编变戏法一场，讲《水浒》者只知跳打，白莲教造反，义和团作乱，又只想全仗法术，皆由社会教育太低了。

……复取开天珠望后心一下……

开天珠打中后心，谓夹脊双关通不过。

……乃五龙山云霄洞文殊广法天尊……

文殊即是佛家文殊师利，说法第一。
现种种身而为说法。

……王魔动了无明之火……

文殊虽广大说法而无无明亦无明，盖波若③实难。

宋道君改佛号为天尊，此称文殊师利菩萨为广法天尊，普贤为真人，虽本于史，然文殊向王魔云："吾阐教犯了杀戒"，又叙述玄门为遁龙桩久后在释门为七宝金莲，又称你截教中"逍遥自在，无拘无束"，前后回屡见此语。然则阐教与释教二而一，阐教与截教一而二，指点甚明。原孔子访礼柱下，而述尧、舜人帝治世之道，上述禘郊，迄于黄帝，为天人分界。黄帝以上，丹宝并传，黄帝以降，传宝不传丹。《传》所谓颛顼以来不能及远，《书》所谓"绝地天通"是也。丹宝并传之道，

---

① ② 原文如此，疑当为"荤"。
③ 原文如此，当作"般若"。

自此截断，故名曰截教。而老子西出流沙，发生佛教，转流东土，专修出世，两教正同也。

修出世而不能离脱世间，故云修世。出世间法所谓借假修真，更离不得婆娑世界阎浮提国土，所以杀却不能不犯，且以报尽还来，散入诸趣，仍就人天一转以来，截教微无拘无束，乘化归尽，物与我等无尽也。

第三十九回　姜子牙冰冻岐山

……话说金咤一剑把王魔斩了……

金刚努目一剑斩魔。

菩萨低眉倒身下拜。

如来有惭藏愧藏。

……子牙暗想，吾师所赐打神鞭，何不祭起……

一试打神鞭，初通泥丸，金光一现。

……黄天祥走马杀到军前……

显武艺可胜法术。

……吾等共享太平。张桂芳大骂：叛逆匹夫，捐躯报国，尽命则忠……

百忙中再点两教主义。

……我乃九宫山白鹤洞普贤真人徒弟木咤是也……

金咤、木咤佛门高弟，现身说法，故引出"孽障"二字。

……话说木咤大战李兴霸，木咤背上宝剑两口……

借古来名剑之名点明剑仙一流来历。

……木咤将兴霸尸骸掩了……

仍用掩埋不用火化。

……为将行兵，先察天时，后观地利，中晓人和，用之以文，济之以武，守之以静，发之以动……

书中屡引此言，是指明《孟子》此章乃谈兵也。

......传令命费仲、尤浑为参军......

凡奸人必有才，至此闻太师亦不能辨奸，则知人之难，古今同叹。未尝不知人，但知人则哲，维①帝其难。

......话说子牙见雪消水急......

冬造热夏造冰，古有此术，见于《列子》，今科学专门能小试之。

第四十回　四大天王遇丙灵公

......鲁雄站立，费、尤二贼跪下......

反照上文鲁雄论天时地利人和，此仍归重在人和，阅者知否。

......五万人马，冻死三二千......

若林之旅，罪从末减，令其冻杀。

......武王大惊曰：相父祭山，为何斩人？牙曰：此二人乃成汤费仲、尤浑也。

鲁雄是忠，费仲、尤浑是奸，此处统目为奸臣，为逗出魔家四将。

......太师听言喜曰：非此四人，不能克此大恶......

太师喜曰，称为大恶，是亦颠倒。

......大笑曰：太师用兵多年，如今为何颠倒......

如今颠倒，即回应上文。岂但太师颠倒，子牙亦颠倒，四将亦颠倒，所谓众生颠倒。

......四天王乃是释门中人，打不得，后一千年，才受香烟，因此上把打神鞭也被伞收去了......

像教一千年，末法一千年。此云千年后乃受香烟，话有来历。
龙汉、大赤、延康、开皇四个道经年号，阅者知否，注意注意。
六牙象王，亦佛宝物。

---

① 原文如此，当作"惟"。

……千方守御，日夜防备……

仍要用着守御兵法，不能专恃法术，义和拳请想。

……把琉璃瓶中静水，望西岐一泼，乃三光神水，浮在海水上面……

吠琉璃中明月珠是虚空，藏菩萨本体，中有净水，佛经未明言，但于《楞严》问阿难：方诸取水于月，是从何来？处处皆破法，二亿万佛皆号日月燧明，最在无始以前，列初佛名定光佛，四大之地水火风，已属后起之后起。混元脱胎生人，又在其后。四大先有水轮，是乃海面，点明三光神圣，乃推重乾元。

此理难明，却是可明；此话似虚，却是不虚。阅者思之，谈佛者更思之思之。

……那日来了两位道童……

此书之道者、道童即是普通书中之学者、学生，注意想有何本领。

……道童将豹皮囊中，取出碗口一大个斗儿……

西书载摩西领众出埃及，与耶稣行教，皆有此事，不足为奇。其实在行军之要，与法术合写一回，作者用心注重军食之要点，不待烦言。李义山诗云："猿鸟犹疑畏简书，风云犹护储①。"萧何、寇恂、冯异皆以此立功，无此并作法亦不能作，不必细表。但戏不毂，神仙凑，虽假谲，实属实事。真戏文道不成功，必有神仙来凑，最拙，而后者如《花笺录》所传宋野人救江西之事也。进此一层，外有《约书》摩西、耶稣两事，但可暂不可常耳。

……随风变化，不可思议……

"不可思议"四字，如此用入文字，乃有神。世人禅藻，只是拳打笨伯。

第四十一回　闻太师兵伐西岐

……话说黄天化发出攒心钉……

---

① 后句应作"风云常为护储胥"。

四天王皆死于攒心钉，此物见心才过，魔家四将在人道为死义，国家将亡，兄弟同难，固是攒心刺骨，日后归佛门，则过去心不可得。

……太师曰：大夫差矣。人臣将身许国而忘其家，上马抢兵而忘其命……

闻仲此番出师，安心尽命报国，毅然不听，非不知先机之兆也。

第四十二回　黄花山收邓辛张陶

……成汤丧乱日偕亡……

再将与日偕亡故事归狱成汤。

……兹尔西土，敢行不道，不尊国法，自立为王……拒敌天吏证文王不称王。

天吏得解，用《礼记》：称于诸侯，曰天子之吏。

……然子袭父荫，何为不可……

此又暗引文王受命称王，两存其说。

第四十三回　闻太师西岐大战

第四十四回　子牙魂游昆仑山

第四十五回　燃灯识破十绝阵

第四十六回　广成子破金光阵

为学日益，非有不能成能。但既有能，则烦恼强暴之累害即相缘而生，所以又须进步，为道日损。损之又损，以至于无为，故老子又曰：
"或损之而益，或益之而损。"

　　……一点灵台只自由……

只有灵台可自由，非身可自由，听者听者。

　　……燃灯叹曰：天数已定，万物难逃……

厌胜之术，用人以殉，如黄河大王、将军，亦关其人前因后果。

　　……四只眼睛，甚是凶恶

方相黄金四目，见《周礼》。

　　……吾今已得长生术……

无生乃长生。

　　……吾辈逢此杀戒，尔等最是逍遥……

孔门主张顺德，随化归尽，故云最是逍遥。道门主造化，自下承
当。书中屡提此旨。

改易原偈之语云，西土译言与东方有异同之处。

嗔心一动，杀戒遂开。

　　……便叫你们十二位之内，乃是上仙名士……

仙家如名士，佛家如理学，究竟高一筹。

　　……振动镜子，连转数次，放出金光……

此即转接日光之回光镜，热力能烧若干度。

　　……忙将八卦仙衣打开……

八卦乾坤六气阴阳平均为保合太和，故热力极高度不能透入。

　　……乔坤抖擞精神曰：吾来了。仗剑在手，向前问曰：尔等虽
是截教，总是出家人……

截教亦云是出家人，固是此书照小说套子，然亦寓意天地闭，贤人
隐，与道家同为一致。

　　……只见黄龙真人乘鹤而至……

此番诸真自行出马，黄龙两番出阻，闻太师禳解实力，已形不敌，

但恃天命耳。闻太师泣请四友还山，亦知天命有归，但自完其鞠躬尽瘁而已，五丈原禳皇亦复如是。

……你享人间富贵，受用金屋繁华，全不念道门光景，清淡家风……

崇高莫大乎富贵，要享富贵，须担责任，死而后已。

第四十七回　公明辅佐闻太师

……赵公明不防备，早被哮天犬一口把颈项咬伤……

放狮子猊翻棋局是解围一法，亦是外科放烂药伎俩。

一鞭打死在后心，为后世未来世人心指点。

……子牙大叫一声："痛杀吾也"……

广成能起死回生，而子牙不免痛杀，已是轮回一劫。

……三教原来总一家……

点明两教同补真全降中从先天来，原属一道。

……后来天地生吾后，有甚玄门道德仙……

二句精微，上文燃灯自天皇证果，至今难脱红尘，对照点明有天地以后所生之人，均同一致，重玄之理，可传而不可得也。

……明明指出无生妙，无奈凡心不自捐……

末二句与公明二句机锋相对，点出无生则复合先天，故又曰"道可受兮而不可传"也。

……公明连发此宝，打伤五位上仙……

定海珠打伤五位上仙，玉鼎诸位败回蓬莱，则是缘督为经，都不用著，后归佛门，须得无生始复。玄珠本体，本不可见，自万物相见乎离，已失玄珠，故《庄子》玄使离朱求之不得，乃使罔象求之。①

……乃仗武王洪福，姜尚之德耳……

---

① "玄"字似衍文。又"罔象"似当作"象罔"。

武王洪福，姜尚之德，此言系惑乱军心，听者听者。

……缺行亏功俱是假，丹炉火起道难成……

末二句点得最明，缺行即是亏功，丹炉便有火起。

……俺兄弟闲对一局，以遣日月……

汤、武征诛一局棋，原本为以为天下利。利者，义之和也，所以和合二仙，有落宝金钱。

……不知鞭是兵器，不是宝……

兵事凶器，打破金钱。

……公明叹曰：一家如此，何况他人……

主张伦教，故再再提出一家之关系。

第四十八回　陆压献计射公明

……事事事通非事事，神神神彻不神神……

为无为，事无事，炼神须炼不神神。

……道人不语，掐指一算，早解其意……

公明来历甚大，道法极大，陆压用咒术，亦靠天命耳，再提"此书抢去，吾等无生"。可见诸真法力非其敌手。

……杨戬下马，忙将土草抓一把望空中一洒……

圣药无病不治，香草可以返魂，但虽秘术无穷，仍要靠真命之主，才能随时响应。

第四十九回　武王失陷红沙阵

……话说道德真君领燃灯命……

道德是道家上乘正脉，老子所传。此道德真君作歌，即影射严子陵不佐光武一段公案。

……道德真君双脚踏在莲花瓣上，任凭红水上下翻腾，道德真

君只是不理……

莲生于淤泥而不染，古之道家亦以此为喻。

似烟非烟，是曰庆云，圣王之应，恃有天命也。

　　……张天君进营来看赵公明，正是有力无处使……

"有力无处使"一段语，说得十分明透。古往今来只如此，此所以圣人制成丧礼，顺凶变吉，须知即是逢凶化吉，遇难成祥，大众听者听者。

　　……武王曰：列位道长此来，俱为西土祸乱不安，而发此恻隐……

仁人之言，听者听者。

　　……琼霄忙乘鸿鹄，碧霄乘花翎鸟出洞……

太上忘情，非是无情，要先到得忘我。琼霄责备得是，若俗公修公得，婆修婆得，各修各得，便先落得一个我。

　　……吾自从天皇悟道，见过了多少逆顺……

道家者流，其源出于史官，即是见过多少顺逆。

第五十回　三姑计摆黄河阵

此诗直近丹鼎，非谈《参同》、《悟真》、《慧命》，诸家听者。

　　……子牙忙将杏黄旗招展……

子牙仗着杏黄旗，靠圣王上受天命，幸而免。

第五十一回　子牙劫营破闻仲

　　……元始天尊曰：今日诸弟子削了头上三花，消了胸中五炁……

《楞严经》说十种仙合六道为七趣，报尽还来，散入诸趣。

　　……且说南极仙翁破了红沙阵……

黄河阵已归结神仙公案，尚有肉体，圣人肉团内灵珠肉趑龙种红

砂，热症可死，经炼仙术者，自运龙雷之火，可愈肉身。圣贤则有赖仙
童一丸药，能起死回生，但接命仍须天命凑合。燃灯道事百日灾难，武
王复苏，亦只一言省去千言万语。说不尽言，传写生而复生，神情
亦有。

……成汤军士在西日久，又见八百诸侯归周者甚众，兵乱不由
主将……

为前徒倒戈摄影。胜国忠臣，至此惟堪堕泪，当恨同朝之贼甚于敌
人也。

……大呼曰：赤精子，吾乃是截教门人，总是一道……

如是而来，如是而去，前因所造，非天所强定。
再点明原教、修教本属一教。

第五十二回　　绝龙岭闻仲归天

……回首青山两泪垂，三军凄惨更堪悲……眼前颠倒浑如梦，
为国丹心总不移……

"顾此耿耿在，仰视浮云白。"
鞠躬尽瘁，死而后已，如是如是。

……闻太师出帐观看，见山上是姜子牙同武王……

惟其方寸已乱，神魂颠倒，故为幻术所弄。

……太师喘息不定，方欲算卜……

方欲算卜，已来不及，明明是演的幻术，但兵败至此，方寸已乱，
此言正是刺心，臣力竭矣。

……不知云中子，预将燃灯道人紫金钵盂磕住……

紫金盂钵，佛门传宗之器，至禅宗六祖而断。雷声普化，上不到无
色界非想天。

……太师忠心不减，一点真灵，借风径至朝歌……

封神台上独写一段余波，表闻太师之忠，为截教注脚。

第五十三回　邓九公奉敕西征

……子牙欠身答曰：邓元帅，卑职少礼……

侯国大夫入王朝如士之位，子牙、宜生对纣朝皆自称卑职，以明制下级官对上级官之称为此例。

……邓婵玉不知龙须虎发手有石……

大家乱打石头，今之枪筒似之。

第五十四回　土行孙立功显耀

……杨戬祭起哮天犬把邓婵玉颈子上一口……

打石头着狗咬，正作打诨打趣。棘门、灞上之军儿戏耳。

……土行孙盗了惧留孙师父捆仙绳在这里乱拿人……

惧留孙系过去一佛，有捆仙绳，被土行孙盗用，手到擒拿，是反照非超入佛乘不得解脱。

……奉老爷法牒送符印将此绳解去……

得大解脱。

……只见武王同嫔妃奏乐饮宴……

再写杨戬变化声色，但只太滑稽。

第五十五回　土行孙归伏西岐

……道姑曰：土行孙乃惧留孙门人，你请他师父下山，大事可定……

人间世一大会场，有从谪降而来，历劫而去；有从四生精灵中来，证果而去，各随所造。因循环皆必阴阳配合，以体天地之撰，但乾道变化，各正性命，其旨甚微。圣人有作，乃范之于礼。自伏羲定嫁娶而仲尼赞乾坤，人伦从此正，人道由此立，龙吉、禅玉两两写照，非闲文也。

……惧留孙赶上一把抓住顶瓜皮，用捆仙绳四马攒蹄捆了……
即以缚人者自缚，天道好还。

第五十六回　子牙设计收九公

……邓九公曰：大夫你与我今为敌国，未决雌雄，彼此各为其
主，岂得徇私妄议？大夫今日见谕，公则公言之，私则私言之，不
必效舌剑唇枪，徒劳往返耳。予心如铁石，有死而已，断不为浮言
所摇……

邓九公词严义正，但恰有漏语。私则私言之耳。

……因申公豹与姜子牙有隙……

只说有隙，巧于措词。

……宜生不辞劳顿，特谒元帅，恳求俯赐人间好事……

此处称名不称卑职，私则私言之。

……被不过借此为偷生之计，辱吾女耳……

九公亦巧于赖婚。

……大丈夫一言既出驷马难追，况且婚姻之事，人之大伦，如
何作为儿戏之谈……

点明此回非是闲文，此书之作，是重人伦之教。

……子牙如不来便罢，再为之计……

不来便罢，了此公案。西岐若无子牙，不攻自破，均要言不繁。

……主帅方有体面，然后再面议军国之事……

然后再议军国之事，补乾始圆，兼为邓九公归周伏线，文心绵密。

……子牙曰：我知邓元帅乃忠信之士……

子牙此语，亦属真话，并将一片机谋绾合无痕，日近长安远，话分
两头，实同一致绝妙文情。

……邓九公升帐……

邓九公只顾是用计，公尔忘私，不想到坐实赖婚，往后无去路可走，只有投降。

……邓婵玉曰：孩儿系深闺幼女，此事俱是父亲失言，弄巧成拙……

八个字批评乃父，直是无言可答。

……今纣王无道，天下分崩……

提出正论。

……只见探马报入汜水关韩荣，听得邓九公纳降……

将引出苏护，先逗出韩荣，为后回张本，与上回将出九公，逗露孔宣，同一手眼。孔宣表截教之能力，韩荣表儒教之庄严。

第五十七回　冀州侯苏护伐西岐

……诏曰：朕闻征讨之命，皆出于天子……

肃括得体，信笔写来，虽兼带小说家言，但看得出是知制诰好手。

……赵丙曰：黄飞虎，你身为国戚，不思报本，无故造反……

是造反而非无故耳。

……郑伦在旁曰：君侯在上，黄飞虎自恃强暴，待明日拿来，解往朝歌，免致生灵涂炭……

两边俱说要免生灵涂炭，而不免涂炭者，各持主义，骑虎不得下也，不似今人所谓人道主义，只责旧朝。

……黄飞虎你这叛贼，为你屡年征伐，百姓遭殃……

处处点眼。

……西岐山下遇明主，留得芳名照汗青……

此句用文信国"留得①丹心照汗青"，吴梅村诗"一代红妆照汗

---

① 原文如此，当作"取"。

青"，却是从此诗拾得。

　　……郑伦闻言，正色大呼曰：君侯此言差矣，天下诸侯归周，君侯不比诸侯，乃是国戚，国亡与亡，国存与存……

　　此乃儒教中乘简单之理，所谓君子道四，子、臣、弟、友是也。由此再进暗德，亦入上乘。故曰"君子胡不勉之？"终身诵之，则只属中乘神道

　　……我忠心不改，此颈可断……

　　此言直捷了当，如闻伍员与包胥语。

第五十八回　子牙西岐逢吕岳

　　……一个是肉身成圣的木咤，施威仗勇，一个是瘟部内有名的恶煞，展开凶光……

　　吕岳率其门徒，为争教而来，遂殉教而死。嗔心重，故位业卑。神为恶煞，职司罚恶，瘟疫之灾，亦业由人造。道家以道德为宗，故此为左道。

　　……把吾四个门人困住，声叫痛哭，使我心下不忍……

　　正好用着药王解结瘟疫，佛经说药王菩萨，即谓药中之王，非人身也。

　　……命金毛童子，拿金丸在手……

　　只用仙童一丸药。
　　黄天化亦有针术疗病耶。

　　……话说郑伦见西岐城上人马轩昂骁勇……

　　空城计本属弄险，亦犹障眼术，不能持久，必为明眼人看破。

　　……玉鼎真人方架纵地金光法而至……

　　回映上回纵地金光法。
　　此时黄龙玉鼎已同凡夫，重在洞中修复，但能用长房缩地法、《淮南》、《肘后方》救人间病苦耳。

第五十九回　殷洪下山收四将

潘岳赋云："古往今来，邈矣悠哉。"

> ……吕岳立身言曰：来的道者是谁？其人答曰：吾非别人，乃金庭山玉屋洞道行天尊门下韦护是也……

韦护即韦陀。西方婆罗门旧教有法力之神，其后释迦出世，四韦陀皈依护法，证此位业。瘟部正神，专主罚恶，与专皈护世主旨，自成反对，但明刑亦以弼教，所以有佛居魔宫，魔居佛殿，刑期无刑，尚在遥远，无余涅槃亦尚在遥远。故《道藏》说出家修行者，凡有过犯，均付三官大帝之下官受考。魔帝为三官下官，亦不能废也。故此两贤相厄，有一场大战。

> ……且言太华山云霄洞赤精子……

赤精子在洞中保养天元，忽又惹是生非，凭空要殷洪出马，甚奇。须知堕落黄河阵以后，已成肉体凡夫，不过仍想济外功以自赎。

玉虚宫持札来到，是要结果殷洪，亦是无法。佛说法应如是故。

> 少时见一道者，飘然而来，白面长须……道人正色言曰：岂有此理……

白面长须，是《演义》正生脚色，俗演误作丑脚，大非。

正色而言，一语判定曰岂有此理，如闻其声。

> ……申公豹笑曰：你乃愚迷之人，执一之夫，不知大义……

揭明大义。

> ……申公豹笑曰：怪人须在腹，相见有何妨……

此却用老阅历滑头语哄少不更事人。

第六十回　马元下山助殷洪

此扬截教抑阐教之旨。

郑伦是此回之主，殷洪又是主中之主，引去马元两人后，皆入佛、道。开篇诗暗点佛、道上乘与孔教合符，贬阐教之意甚显。

"你为何降周"一句问倒黄飞虎，幸有"三分有二归周"留条去路。

……殷洪笑曰：黄将军昔日救我弟兄二命，今日理当报之……

殷殿下亦甚明白了当，此所以位业甚高。作者眼光四射，见垣一方。

……子牙欠身曰：殿下此言差矣，为君者上行而下效，其身正，不令而行，其身不正，虽令不从……

子牙却背得《礼记》、《论语》，须知是作者自表。

……赤精子曰：子牙公，贫道得罪……

赤精子见过大阵，前两次作歌皆极超妙，但是出家人本色，未有阅历，已失着于前，到此时尚看得轻易。

……古云：子不言父过……

点明正旨，大众听者，不要妄想。

……马元唉①曰：殷洪乃纣王亲子，反说他逆天行事，终不然转助尔等叛逆其君父，方是顺天应人……

二语如铁石两不兼容，所以圣人轻轻加一考语曰：有惭德，未尽善。

……忽哪咤来报，文殊广法天尊驾至……

文殊广法，是二文殊。到头须悟，无量空虚。天帝有言，天下何思何虑，天下同归而殊途，一致而百虑，天下何思何虑？

第六十一回　太极图殷洪绝命

此诗微妙。日食修德，月食修刑；天主施德，地主司刑，故地祇主阐恶罚罪。殷洪为社稷草莽，亦起而效忠，但以纣恶贯盈，余殃莫谶，故云"一木安能挽阿谁"，兼指马元而言。

……马元忙将剑从肚脐内刺将进去，一腔热血，滚将出来……

一腔热血，似寓马元摸不着心，似普谓世人，又云"只是一腔热

---

① 原文如此，疑为"笑"。

血，并无五脏"，意谓绝无心肝。决不是说马元，不知何指。此一节最离奇。

……不意肚皮竟长完了，把手长在里面……

此更离奇，不可了解，意是谓食色性也，众生依食而住食味，别声被色而生非，阿弥陀佛亲身自度，不能得解脱空耶？解脱空者，乃三空门最后一境，并解脱而空之也。

……与天同寿庄严体，历劫明心大法师……

即无量寿阿弥陀佛。惟释迦牟尼得到此天乃见此佛，所以文殊亦不识为何人。无量寿译语即阿弥陀，历成住坏空天地，又始至此一阐提均成佛、道。此理甚难立晓。观此云，马云"根行且重"，亦谓一阐提孽报报尽，回复重论无始以来前劫根行，其斯之谓不二门耶？

……殷洪如梦寐一般……

"一切有为法，如梦幻泡影，如露亦如电，应作如是观。"

……赤精子看看他师徒之情，数年殷勤，岂知有今日，不觉嗟叹……

"六爻发挥，旁通情也。"未到太上，岂能忘情？不善治情，所以左右为难。

……赤精子曰：此时迟了，你已犯天条……

太上忘情，所以太极图才可收拾起山河社稷。赤精子岂得不留恋？煞是难以解决，到头还是天命不敢违收结。司天者谁耶？孰主宰是，孰纲维是？

……马元封神榜上无名，自然有救拔苦恼之人……

佛说法应如是故。

……邓九公与刘甫大战……

四将草泽效忠，并无修积功行，亦同上封神榜，固是显重名教，亦示草泽之臣，不关朝政，处于无过。

……郑伦立而不跪，睁眼不语……

此即写人世事实，极为周匝合拍。小说家未见过大事来，断无此意，想亦无此手笔。

> ……残贼之人称为独夫，今天下叛乱，是纣王自绝于天……

引经断狱，书生听者。

> ……子牙忙降阶扶起，慰之曰：将军忠心义胆……

看子牙到此，尚有回护，可知汤、武革命，有不得已之苦心。

> ……孤守西岐，克尽臣节，未敢逆天行事……

再写文王至德所遗，如是如是。

第六十二回　张山李锦伐西岐

> ……今主上所居之地，乃是西方，此地原自属金……

兵阴阳家已失传，俗士只知五行生克，此偏用火克金。

> ……只见天下八百诸侯又表上西岐……

反证不期而会。孟津是八百诸侯请期而会，极写天下归周。

> ……哪咤听罢大怒……

此是无明风火轮动，哪咤到底孩气……

> ……又命四偈谛神，把西岐城护定……

下回要出正文一篇大道理，此处间中一樑，大鹏出现，水击三千里，扶摇而上者九万里。庄子说奇谐志怪，道家常谈。

> ……道人揉眉擦目言曰……

此道人何人，并忘名氏，以德报怨，始合老子《道德》，其余都不及此，故当削去头上三花。

第六十三回　申公豹说反殷郊

> ……这道人乃是灵鹫山元觉洞燃灯道人……

燃灯授记为佛导师，虽以德报怨，仍用棒喝下乘。好人恶做，所以尚须一百零八个念珠，大家念佛，拴着心才能忏悔杀戒。

……且说九仙山桃园洞广成子，只因犯了杀戒……

广成同赤精一样，白鹤童子来到，仍要符到奉行，送葬太岁，只顾济外功，顾不得徒弟，即抑犹是大义灭亲，事同一理。

……此恨时时在心，刻刻挂念，不能有忘……

念念不忘，此便是嗔恚痴。贵老师头上削去三花，正为此也。但据华严贤者赞唱，摩酰首罗尚有嗔恚痴，何况太岁。

……况吾父得大罪于天下……

岂吾家故业，暗合殷受夏，周受殷，非充类至义之尽，所以云有惭德未尽善。

……道人曰：却又来……

北直、山东人说"却又来"，即是蜀人语"好道"。

……你原是东宫，自当接成汤之胤，位九五之尊，承帝王之统……

说得郑重周详，好生利害，如何可言。

……申公豹曰：殿下有所不知，吾闻有德不灭人之彝伦，不戕人之天性，不妄杀无辜，不矜功自伐……

大义灭亲，说来本与欲邀己功不顾一切形迹相同，原向人说不清的。所以子曰："君子内省不疚，无恶于志。君子之所不可及者，其唯人之所不见乎？"

……殷郊一路上沉吟思想……

却写殷洪心事，与前回又是，则样文变化莫测。

……哪咤暗笑，三人九只眼，多了个半人……

孩气呆气，却显乳虎有全牛之气，但即此可以妙印无心。

……子牙不知其中缘故……

子牙到此，只得说蛮话装傻子，系事到其间顾不得，不知所云，如何可言。

……军官见是黄家父子……

黄氏父子此场更落没趣，邓九公又来讨没趣耶。

 ……广成子曰：前日令殷郊下山，到西岐同子牙伐纣好，三首六臂么……

"三首六臂么"，语太含胡，殆为南极仙翁转传玉旨所慑，明知是要结果殷郊，要把人间宝位让与治世明王，换与太岁天子一座。此例如伯邑考遭难，替父而死，后到封神，换与紫微帝座。殷郊亦事例相符。特一是以死赎父，一是干盅盖愆。文心奇辟，从舍伯邑考而立武王，先从泰伯逃之荆蛮，探求远脉，以此对照，生出奇文奇闻。

 处处用着杨戬，为后来女娲付托山河社稷图张本。

 ……韦护曰：世间有三处有三盏灯……

《法华》说有亿万佛同名姓号，均名日月灯明佛。此三盏灯，即说传灯，明此为出世教。

 ……杨戬进元觉洞，倒身下拜，口称老师……

燃灯为过去佛，授记与释迦如来，即是继续日月灯明佛之过渡，自犯杀戒，璃琉光王佛已不知去向。

 ……广成子随即出城……

 广成自招前评，似已猜着。

第六十四回　罗宣火焚西岐城

 ……弟子不敢有违天命，只吾幼弟，又得何罪，竟将太极图把他化作飞灰……

此回幸亏是作者弄笔头，假造龙门阵，若使果真有此事，此岂以德行仁之主？百口莫解，放声一哭，人天震动，子牙当无地自容，武王从此休矣。

 ……殷郊曰：弟子知道，就受了此厄，死也甘心……

直捷了当，不愧太岁爷。事隔千载，为黄帝爷向广成子反唇相稽，不好看相。再接再厉，乃一喷一醒，然不免逃走，不好看相。

 ……番天印传殷殿下，岂知今日打师尊……

点明天道好还。

……燃灯对子牙曰：连吾的琉璃，也来寻你一番……

不好看相，只得诿之天数，燃灯亦滑稽耶？

……仙灯得道现人形，反本还元归正位……

日月灯明佛、八亿万佛归结以前，从新传灯，授记释迦出世，人天代谢，如是我闻。

……燃灯曰：子牙公，你去得，你有杏黄旗，可保其身……

又要告箸杏黄旗作护身符，就是《左传》齐伐鲁，诘问"何恃而不恐"，答曰："恃先王之命。"此亦恃天命。既是如此，此后十二代弟子，只得称臣，已结前案。

……不知哪咤也有乾坤圈，也祭起来，不知金打玉，打得纷纷粉碎……

物性相制，即是俗传五毒图作用。但问物性从何而来，便知大造不言造，万物自受造。仙家欲逃造化，所以作者怀疑，余亦怀疑。圣人乃出，为天地立心，为万物立命，其斯之谓？姑妄言之。

……众弟子曰：截教门下，古怪者甚多……

所谓夫子之门何杂也。

……罗宣对刘环曰：这也是西岐一群众生，该当如此，非我定用此狠毒也……

罗宣吃素，到头下毒手，还要假惺惺，暗点除却中道，无有是处。看官听者，一群众生，该当如此，业由自造，亦是不差。刘环再赞，不过自圆其说。

……武王跪在丹墀，告祈后土皇天曰：姬发不道，获罪于天，降此大厄，何累于民……

到底圣人是圣人，情见乎辞，所以诸真虽有万能，还须仰托洪福。

……只见燃灯曰：子牙忧中得吉，就有异人至也……

燃灯此言，固是借花献佛，但亦未免滑稽，不记前回说无筹可治，奈何奈何耶？

……打点焚香净室，与公主居住……

玉皇公主，且以有功社稷，自赎前愆。上下神祇，那得不一齐俯首？

第六十五回 殷郊岐山受犁锄

……空负肝肠空自费，浪留名节浪为题……

名节须析义精，乃为正果。

……广成子曰：弟子愿往玄都，见师伯走一遭……

此处广成向燃灯称弟子，盖黄河阵以后，诸真皆复为凡夫，位业已降。

……广成子见一道人身高丈六，面皮黄色……

丈六金身，如来出现。

……广成子曰：道虽二门，其理合一，以人心合天道……古语云：金丹舍利同仁义，三教元来是一家……

直揭金丹舍利，无非仁义。试思仁义是何物，可悟仁至义尽，则朝闻道夕死可也。接引答云，言虽有理，只是青莲宝色，染不得红尘，点醒西方原教，直修解脱门，须来东土参合神明圣王之道，始发《大乘起信》。故准提赞化，重言申明之曰："若论起来，此宝借不得，如今不同，亦自有说。"即下语所云"借东南大教，兼行吾道"也。

……此旗一名云界，一名聚仙，但赴瑶池会，将此旗拽起，群仙俱知道……

庄子说西王母不知其始，不知其终，与《山海经》、《穆天子传》所称不同。帝舜之朝，来献益地图，亦似有异，惟汉武时与上元夫人同降，是合瑶池之说。

……话说南极仙翁，俯伏金阶，口称小臣南极仙翁，奏闻金母……

暗点十二弟子称臣，已结原案。金母出现，何天之衢。位为主观，人为客观。天地之大德曰生，圣人之大宝曰位，如是我闻，我闻如是。

……日不能安食，夜不得能寝，怎能得静坐蒲团，了悟无生之妙……

无生之悟，自安生而来，无明因明之旨，如是如是。

……言罢把番天印打去，只见响一声，将山打出一条路来……

余波未阑。坎为北方劳卦，万物皆归焉，重造玄黄，帝出乎震，又是一重天地。元会运世，一部《皇极经世》，如是如是。

第六十六回　洪锦西岐城大战

……龙吉公主笑曰：此乃小术，叫做旗门道……

奇门隐语。

第六十七回　姜子牙金台拜将

……武王曰：既是他三路欲伐成汤……

直言欲伐成汤，语中有棱。

……只见上大夫散宜生上前奏曰：丞相之言，乃为国忠谋，大王不可不听……

"只见"二字有神。爕伐之谋，吕主之，而散宜生成之，故并称"望散"。

……话说军政司将印剑捧至子牙面前……

先行推毂。礼用《司马法》，合以登坛拜将，用汉高、韩信故事。

第六十八回　首阳山夷齐阻兵

……首阳芳躅为纲常，欲树千秋叛逆防……

揭明一部正旨。

……土行孙也来问惧留孙……

过去千佛，惧留孙为首，见《华严经》。

……大周十二年，孟春月扫荡成汤……

再提成汤，为于汤有光，作一反比例。

……军政司辛甲，启元帅，放炮竖旗……

辛甲七十谏而去纣，见《汉书》。

……夷、齐曰：臣闻子不言父过，臣不彰君恶，故父有诤子，君有诤臣，只闻有德而感君，未闻以下而伐上者……

影照比干为忠，为商容辈下一箴砭。

一部《封神》所云学道修道，即兼赅孔门经传所谓，不专属道家之谓道。故此标出夷、齐，为二位道者，尤可印证截教门人所持之道。读者须知。

……惟天矜民，民之所欲，天必从之……

天之爱民甚矣，岂其使一人肆于民上。《左传》古义，如是如是。

第六十九回　孔宣兵阻金鸡岭

……孙合笑曰：姜尚乃是一渔翁，你乃是一个樵子……

古往今来，只如□《三国演义》起首，《桃花扇》煞尾，如是如是。

……身似黄金映火，一笼盔甲鲜明……

佛经迦楼罗即孔雀明王，谓金翅鸟，乃《说岳传》大鹏金翅鸟所托为岳武穆前身者是。

……孔宣曰：你以下伐上，反不为逆天，乃架此一段污秽之言，惑乱民心，借此造反……

为后世打天下者顶门一针。

第七十回　准提道人收孔宣

……孔宣被郑婵玉一石，打伤面门……

诸无所畏，人亦只怕伤面耳。

……使六十万军士，抛撇父母妻子，两下忧心，不能安生……

蔼然仁言。

  ……燃灯问曰：贫道闻西方乃极乐之乡，今到东土，济渡众生，正是慈悲方便……

点明佛教亦从道家化分。

第七十一回　姜子牙三路分兵

  ……且说准提道人，将孔宣用丝绦扣着他颈下……霎时间现出一只目细冠红孔雀来……

至阴肃肃，至阳赫赫。肃肃出于天，赫赫发于地。至阴之极化为至阳，是准提被摄入光中，忽地雷声变相而出。据《孔雀明王经》，孔雀吞佛入腹，须臾产出，佛即认为历劫一转，如住母胎，立度孔雀，即证孔雀明王果，此即准提于孔宣五色光中复现也。

燃灯乃释迦牟尼受记之师，乃不识准提，问曰"西方乃极乐之乡"，准提答曰："前日广成子道友在俺西方借青莲宝色旗，会过贫道。"明先天之道，自元始以来，同出一门，同谓之玄。《华严经》十玄门即《道德经》"玄之又玄、众妙之门"也，孔门统谓之神。《易经》所谓"神"也者，妙万物而为言者也；又曰"阴阳不测之谓神"，即孟子曰"圣而不可知之谓神"。此准提特来请孔宣赴极乐之乡。据《佛说阿弥陀经》极乐世界，准提即阿弥陀佛，据《内经·上古天真论》称"有圣人者"，其究亦归于真人，《山海经》所云帝喾、后稷潜神太阴之旨也。

得大解脱。

得解脱空，得无相空。

  ……道服儒巾，尽是玉虚门客……

点出儒家即是截教。

  ……胡雷大骂曰：反国逆贼，你不思报国大恩，反助恶成害……

点眼。

  ……不过救此一郡生灵耳，岂是贪生畏死之故。火灵圣母曰：这也罢了……

从古如此说，所谓这也罢了。

……莫待吾怒起，连累此千万生灵……

人道主义，亦复如是。

……生生化化皆因火……

万物皆从火化，太阳火教所主。

第七十二回　广成子三谒碧游宫

……火灵圣母笑曰……贪功网利，鼓弄愚民，以为己功，怎敢言应天顺人之举……

听者借口兴师大都如是。

……广成子是犯戒之仙……

佛说释迦牟尼出世为浊劫，对过去贤劫、未来贤劫而言，为现在世。即《皇极经世》所推，自天开以来，至于亥会之十二会，一混沌也。广成虽处世一万八千岁，仍在此一浊劫之中，故不免犯杀戒。

……话言申公豹，赶上子牙，打一开天珠来……

一画开天，从此太阳流珠，常欲去入，众生烦恼，纷纷有事矣。

……惧留孙分付黄巾力士曰：我拿至麒麟崖去……

据《华严经》过去贤劫，千佛以惧留孙为首，故战胜而不犯杀戒，优于现在浊劫仙真也。

……话说惧留孙见掌教师尊出玉虚宫来，附伏道傍，口称老师万寿……

自无始以来，穷未来际，道生天地，周而复始，故过去贤劫千佛第一尊亦称弟子。

……命黄巾力士揭起麒麟崖，将这业障压在此间……

点醒世间有净，无非业障，即得无净三昧。

……我如今把你压了，你说我偏向姜尚，你如再阻姜尚，你发一个誓来。申公豹发一个誓愿，只当口头言语，不知出口有愿……

道无偏倚。

佛不能度众生，众生始能自度，作如是观。

始于一念终成劫，皆缘众生心想生。

　　……话说广成子来至碧游宫外……

顿觉即是金仙，人天自分凡圣。

　　……不意师叔教下门人火灵圣母，仗此金霞冠前来阻逆大兵……

庄子称伏羲、几蓬①，即丹宝并传时代，帝王御世现象。据《玉皇本行集经》，传此者乃三清之灵宝天尊也。

　　……通天教主曰：吾三教共议封神，其中有忠臣义士上榜者，有不成仙道而成神道者，各有深浅厚薄，彼此缘分，故神有尊卑，死有先后，吾教下也有许多，此是天数……

揭明全书大旨，如是我闻。

　　……众弟子心下甚是不服，俱在宫外等他，傍边有最不忿的是金灵圣母……比时恼了龟灵圣母……

一念嗔起，即犯杀戒。《华严》偈云：始于一念终成劫，悉缘众生心想成。作如是观。

据《法华》即多宝佛，从地涌出听讲《法华》，而释迦只能分其半席。

　　……道友言替他报仇，真是不谙事体……

佛乘所说，爱憎取舍皆不能有，更何仇之可言，真是不谙事体。

　　……广成子自思，吾在他家里，身入重地……

广成道高，犹不免门户之见。据庄子答黄帝空问②道之语，词气激昂，故作者以此段写照。

　　……通天教主曰……正是尊吾法旨，不敢擅用吾宝……

揭明大宝曰"位"。

　　……两傍恼了许多弟子，私相怨曰……

---

① 原文如此，当作"蓬"。
② 原文如此，疑当为"崆峒"。

嗔心一起，众生烦恼浊起。

第七十三回　青龙关飞虎折兵

……子牙曰：听你之言，真是反复不定……

持反侧者请看。

……话说这青龙关镇守大将，乃是丘引……

黄帝梦见大蚓，是兵事之始，丘引其斯之谓欤？

第七十四回　哼哈二将显神通

……郑伦鼻子里两道白光出来有声，陈奇口中黄光也自迸出……

鼻出白光者视鼻白，道家炼息所成，《楞严经》艳喜菩萨视鼻息出入如烟，经七日，息化成白。口出黄光者，道家持金光咒，体有金光，而佛家持咒，亦用金刚，故今佛寺均奉哼哈二将为护法。

第七十五回　土行孙盗骑陷身

……长生不老，只在壶中一觉……

一切如梦，诸菩萨如影，见《华严经》。

……忽报陆压道人来至……

陆沉者，其声也销。正容以悟之，使人之意也消，如是如是。

……如今余道长已亡，再无可敌周将者……

成功者退。老子云功成事退，遂身退天之道。

第七十六回　郑伦捉将取汜水

……韩升兄弟二人上马，各披发仗剑，口中念念有词……

兵阴阳家传于南公、鬼谷，绝于孙膑、庞涓。作者盖有所闻，故一部书都说神仙打仗。《周官》军礼有"吹同律以听军声",《管子》剸令支、斩孤竹、作铙音以召天神,必定口中也念念有词。

……韩升大呼曰:父亲不可献关,你乃纣王之股肱,食君之重禄,岂可惜子之命而失臣节也……

张奎有妻,韩荣有子,全节而终,加倍写名教互相维系之力,乃成世界。

……父存臣节孤猿泣,子尽忠贞老鹤愁……

好诗!穆王征戎,其君子化为猿鹤,喻比远走高飞,临阵败逃,用典入化。

……这法隐隐现现,但凭你自己心意,哪咤感谢师尊恩德,太乙真人传哪咤隐现之法……

隐现凭心,菩萨变□□意生身,但是从何起点,须有根因,仍不免是受造,太乙金光,原是造化。

……且说哪咤,现了三首八臂……

菩萨变相,所谓佛处魔宫,抑即魔居佛殿也。

……只见广成子来至,赤精子随至,次日惧留孙、文殊广法天尊、普贤真人、慈航道人、玉鼎真人来至,随后有云中子、太乙真人、清虚道德真君、道行天尊、灵宝大法师俱陆续来至……

上古仙真。
过去一佛。
西方三大菩萨。
后世修真。

……众仙知是燃灯道人来了……

贤劫过去佛。

……内中有十二代弟子,到有八九位要去,燃灯道人阻不住……

燃灯为释迦牟尼受记之师,阻不住众仙,所谓报尽还来,散入诸趣。

第七十七回 老子一炁化三清

……诛戮散仙根行浅，完全正果道无私。须知顺逆皆天定，截教门人枉自痴。

绝妙好词！又桶底脱。诛戮浅根，完全无私，报尽还来，道无终始。截教固用箸痴，然佛如空拳哄小儿，亦用箸痴。借书一痴，遗书一痴。

……只听得里面作歌曰：兵戈剑戈，怎脱诛仙祸；情魔意魔，反起无明火……

《华严》说摩酰首罗以次，皆不能免贪恚痴。上文众仙贪看，此回开篇点出"枉自痴"、"无名火"，故知意业难除，圣仙不免，此如来所以有十八不共法也。

……次日果见碧游宫通天教主来了……

孔子出现。人生于寅，故崇效天卑法地，立三才之道，以孔子为主，教育英才，虽无量劫，仍是金身，故佛经号为儒童菩萨，道经称为无量空虚天帝也。

点明易道。

……况此恶阵立名便自可恶，只"诛仙"二字，可是你我道家所为的事……

为辟佛、老托于攻异端者下一针砭。

……通天教主曰：广成子你曾骂我的教下，不论是非，不分好歹，纵羽毛禽兽，亦不择而教，一体同观……

所谓夫子之门何杂也。

……元始曰……其实你门下胡为乱做，不知顺逆，一味恃强，人言兽行，况贤弟也不择是何根行，一意收留，致有彼此搬斗是非，令生灵涂炭……

庄子所谓盗圣哲之法者至矣。

……截、阐道人皆正果，方知两教不虚传……

点明天人之际

······虽是元始顶上，还飘飘落下一朵莲花来······

三花削一，所以佛教来东土，只是一花五叶，便合为三教一源也。

······如要我释怨，可将广成子送至我碧游宫，等我发落······

以直报怨，视老子以德报怨，固有一间不同，然而佛说真妄和合，非一非异。

······老子曰······你就动此念头，悔却初心，有逆天道，不守清规，有犯嗔痴之戒······

佛大乘经说诸天帝释不能免嗔恚痴也。

······老子自思，他只知仗他道术，不知守己修身······

黄帝问广成以治国之道，所以被呵。孔子见老子所云："是皆无益于子之身也。"

第七十八回　三教会破诛仙阵

······话说老子，一炁化的三清，不过是元炁而已，虽然有形有色，裹住了通天教主，也不能伤他。此是老子炁化分身之妙，迷惑通天教主竟不能识······

"及其至也，虽圣人亦有所不知焉。"

······好多宝道人，仗剑飞来直取······

《法华经》说，佛说多宝佛从地涌出，从宝塔发大声音赞叹，佛以两指开宝塔门，与佛说《妙法莲花经》，即此段因缘也。

······准提道人曰······贫道借此而来，渡得有缘，以兴西法······

极乐世界与婆娑世界对治，所以《大乘起信》东来，始有传人。

······准提曰：道兄我与你俱是自在无为，岂有不能破那有象之阵······

老子云："天下至柔，驰骋天下之至坚，无有入无间。"如是如是。

······老子曰：今日敢烦，就是三教会盟，共完劫运······

所谓机缘成熟，法应如是。

……只因东土多英俊，来遇前缘结圣胎……

人身难得，中土难生。

……混元正体合先天，万劫千番只自然……

"善《易》者不言《易》。"如是如是。

……箕子上台拜罢，将徐盖本进上。纣王览本，惊问箕子……

过脉处简括，连叙带议，只此数语，双方心事身分皆恰合地位，是曾亲历过来，方能道此。

……妲己笑而奏曰：陛下不知下情，此俱是边廷武将，钻刺网利，架言周兵六十万来犯关庭，用金贿赂大臣，诬奏陛下……

衰乱元朝，确有此种情事，非亲见乱国景象，官吏贪污蒙蔽，亦不能道。

……况且还有四关之险，黄河之隔，孟津之阻……

非知得地理形势，亦不能代写此饰非拒谏之言，色色在行，声情毕肖。

第七十九回　穿云关四将被擒

……法戒曰：我乃蓬莱岛炼气士，姓法名戒……

头陀法戒，韩升兄弟之师，本是佛教门徒，却为殉难忠臣。应以何种身得度者，即现何种身而为说法。

……徐芳大喝一声，命左右拿了，两遍跑出刀斧手，将徐盖拿下绑了……

直写大义灭亲。

……此圈名曰四肢酥，此宝有叮当之声……

闻隔墙镮钏响音便思出定耶？

第八十回　杨任下山破瘟皇

……话说哪咤，又现出三头八臂，祭起乾坤圈……

乾坤圈只一圈太极也，连环圈是两圈结不解，是为情缚，古诗：
"著以长相思，缘以结不解。"

……李靖、韦护、哪吒，众门人一齐拥上前来，将吕岳困在垓
心……

四围陀经即是婆罗门教，故胜炼气一尘。

……吕岳曰：尔乃小辈之言，我自用堂堂之阵，正正之旗，岂
有用暗器伤你之理……

揭明主旨有义战。

……云中子笑曰：特为此阵而来……

云中子是历数家，先知殷家历数将终，到此推知有一人来破此阵，
代子牙掌百日剑印，亦推数当然，今数家推命，亦历数中之微分也。

……武王曰：闻相父破阵，孤心不安，往往争持，致多苦恼，
孤想不若回军，各安疆界，以乐民生……

以太伯、文王至德推之，此番不免多事。

……云中子曰：贤王不知上天垂象，天运循环，气数如此，岂
是人为，纵欲逃之不能……

庄子所谓：此天刑之，乌可解？

……此天之所以灭商汤也，武王乃当世有德之君，上配尧、
舜，下合人心，是运应而兴之君，非草泽乘奸之辈……

听者。

……吕岳笑曰：李兄差矣，我来诛逆讨叛，正是应天顺人……

分明顺逆，谈何容易。

第八十一回　子牙潼关遇痘神

……子牙曰：吾师有言，谨防达兆光先德，莫非就是此余德
也……

"兆"字音如"孝"，盖影语达孝光先德也。主张伦教忠孝承先，乃

吊民伐罪一方之劲敌也，安得不愁？

　　……余德步罡斗法，用先天一炁，忙将符印祭起……

遍地皆是五行作用。太乙下行九宫，人间祸福所始，此后天之先天，非先天之先天也。

　　……玉鼎真人……点首叹曰：虽是帝王之师好容易，正是你……

帝王师好容易！此孔子所以叹凤嗟麟，孟子曰："然而无有乎尔，则亦无有乎尔。"

　　……话说杨戬，看罢景致，不敢擅入，少时见一水火童子出来……

后天全是水火二用，所谓后天而奉天时，却自有先天而天弗违者在，故碧游宫亦须水火童子。

　　……杨戬至蒲团前倒身下拜……将书呈上，伏羲展玩，书曰……

已是奏书体裁，特称弟子而不称臣耳。

　　……伏羲看罢书，谓神农曰：今武王有事于天下，乃是应运之君，数当有此厄难……

严重典则，已是世上纶音。

　　……伏羲曰：此疾名为痘疹……

唐以后始有痘疹。

第八十二回　三教大会万仙阵

　　……今日万仙总会，一面满其红尘杀戒，再去返本还原……

因缘须了，业报须还，如是如是。

　　……众道人见子牙稽首曰：今日之会，正完其一千五百年之劫数正是……

佛灭度，正法五百年，像法一千五百年。

……一齐来看万仙阵，只见门户重选，杀气森然，众仙摇首曰：好利害，人人异样，个个凶形，全无办道修行意，反有争持杀伐心……

缘佛性而有造业，因涅槃而有生死轮回，如是我闻，我闻如是。

……人笑马遂是痴仙，痴仙腹内有真玄……

莫寿于殇子，而彭祖为夭，其歌中之意欤？

……马遂祭起金箍，把黄龙真人的头箍住了……

黄龙饶舌，亦落偏见，故不免金箍之厄。

……见是南极仙翁，急架云光，至半空中来阻住去路……

因驾云头，却阻去路。

……只见后面仙乐一派，遍地异香，马遂知不可争持……

无为而民自化，无欲而民自正。

……元始用手一指，金箍随脱……

一落边际，便不能自解脱。

……老子拍掌曰：周家不过八百年基业，贫道也到红尘中来三番四转，可见运数难逃……

着眼点明。佛说劫无长短，区区八百年，乃劳道祖三番四转，已是可笑，而圣人之于天道，亦不惮为其难如是。

……通天教主曰……必定与他见个雌雄，以定一尊之位……

分黑白而定一尊，儒家之理，如是如是。

……定光仙上得蓬来，见左右立着十二代门人……

响应玉皇令十二代弟子称臣，因而玉虚罢讲，共立封神榜。

……前后排山岳修行道士与全真……

儒门兼收四众，于此点明。

……徒众三千分左右……

徒众三千后随万姓，影射孔子。

······腾腾杀气自氤氲······

礼乐兵刑不能免杀，其旨亦微。

······元始笑曰······就把你胸中学识舒展一二，我与你共决雌雄······

把胸中学识施展一二，是儒门本色，其流为好事喜功，为福先者亦为祸始，老子不敢为天下先。

······老子大笑曰：此乃是吾掌中所出，岂有不知之理······

顺则生。人即世界所由生，故不可磨灭，但老子欲归于无极，故不同尔。

······一位道人，长须黑面······

孔子为水精黑帝，黑不代苍，故先现乌云仙。

······准提曰······特来化你归吾西方，共享极乐······

极乐世界与娑婆世界对治，出此入彼，始为究竟。

······吾乃是大慈大悲，不忍你现出真相······

老子云："以道莅天下者，其鬼不神······其神不伤人；非其神不伤人，圣人亦不伤人。"

第八十三回　　慈航收伏狮象吼

······大道非凡道，玄中玄更玄，谁能参悟透，咫尺见先天······

只一劫先天。

乃无劫无始以前之先天。

······万仙阵内夫妻绝，天数安排不得差······

寓言证佛境界即无男女。

······乃是按二十八宿之星······

据《楞严》说，二十八宿皆为凶星。

第八十四回　　子牙兵取临潼关

······俟你封过神，从新再修身命，方是真仙······

均归大觉，乃是金仙。

……子牙与元始众仙下得芦蓬……

万仙阵九星二十八宿一时归天，乃据《楞严经》说。金灵圣母似即指斗姥而言，故云在七猪车上，唐小说有七猪应七星北斗之说，世说为人皇九兄弟，不知其说所始。据《路史》，天皇、地皇、人皇三氏均有前中后三纪，而所述之疏仡纪、蜚循纪、因提纪、禅通纪，又不知几何年，约如《法华》、《华严》所说，过往古世，历若干劫，有劫何名，有世界何名，要自无始以来，非人世之数可纪。庄子称"维斗得之，终古不忒"，然则七曜二十八宿正是先天自然成就之星辰，昭布森列，而元始悉目为无根行之人，煞是可怪。老子云："吾不知谁之子，象帝之先。"又曰："有物浑成，先天地生，吾不知其名，字之曰道。"又曰："古之得一者，天得一以清，地得一以宁……谷得一以盈"，指天地为古之得一者。盖自无始无量无边阿僧祇劫，由空而始，由始而成，由成而住，由住而坏，由坏而空，周而复始，不知周历几何级数劫。就现今浊劫昭布森列之星辰，其在过去恒河沙劫之根行成就，各有因缘深浅。至于封神完劫，果位各自不同。除一佛乘，余二即非真，故可加以贬词。

此书错综其词，原以元始、老君、通天教主为三，今又以西方教主参入，暗点教本一源，由合而分，由分而合。盖必嗔痴净尽，始能与道合真，特悬一佛乘之的，以明至道之符至乎其极者，本无分别，程度相等，即是无上正等正觉。"无上正"断读，"等正觉"为句。

准提盖影射无量寿阿弥陀佛，即是俱卢遮那佛之本体，接引又在其前。佛说众生本统四圣六凡，六道四生，同于一名，古云佛即众生，众生即佛，是法平等，无有高下，所以来度有缘，皆称道友。

一瞑不视，亦无他说。

第八十五回　邓芮二侯归周土

第八十六回　渑池县五岳归天

……话说子牙将所用之符画完……众将听毕，领了符命，无不欢喜……

符是用电力，故能制白骨孤阴死气。

皆大欢喜，作礼而去。

······丹心枉作千年计，死到临头尚不知······

再表孤忠为人所卖，与郑伦相映。

······欧阳淳大怒骂曰：食君之禄，不思报本······

何不早去？欧阳淳"食君之禄，不思报本"，看似百忙激愤时发急语，但已扣住两头。

······欧阳淳大呼曰：陛下误用奸邪，反卖国求荣······

换笔写生，正所谓"凌烟功臣少颜色，将军下笔开生面"。

······为国忘身全大节，二侯察理顺天心······

再表孤忠，却用平还，仍是侧注，伯温曾中进士，想必曾作八股来。

······傍有金、木二咤欠身曰：弟子不才，愿去取游魂关······

游魂归魂，用《京氏易》说。佛经木咤本作木叉，或云即十字架，故法宝为遁龙桩。《景教流行碑》"判十字以定四方"，称"三一妙身，无源①真主"，据传仍是老子西出流沙之遗传，"三一"即一气化三清，《无源②》乃《道德经》篇名也。

······武王闻知丧了二弟，掩面而哭······

补此笔方无漏义。

······崇黑虎······大呼曰：张奎，天兵已至······

直称天兵，寓恭行天罚。妄人不信天命，不知宇宙间大事非称天不可。点出弑兄，表明名教。

······忠肝化碧犹离血，义胆成灰尚结丽······

地祇领班一齐同上封榜，三将皆绝于兰英太阳金针。离为中女，克制艮山少男。

······杨戬叹曰：黄氏一门忠烈，父子捐躯······

---

① ② 原文如此，当作"元"。

黄氏一门忠烈，却有代谢之悲。征诛改朝换代，不得与皋、夔为比，只有封神一条去路。

……只见左右将杨戬斩讫，持首级号令……

徒柳针，茅神医之术，亦咒术也，相传南宫之法传于鬼谷。

……高兰英用符印毕，先将血粪，往杨戬头上浇……

兰英甚毒，杨戬可危。谁知杨戬更毒，但不能移于兰英，乃毒其母，仍是欺软怕硬。虽然各有来因，有不可解。

张奎临敌，动念先有贰心，故遭此惨报，如其是王陵之母，自不遭此作弄，虽死犹荣。

第八十七回　土行孙夫妻阵亡

……留得两行青史在，从来成败总由天……

成败由天，青史由人，故云穷达有命，吉凶由人。死得其所，即化凶为吉也。

……只因被杨戬可恶，暗害吾老母，惑乱吾心……

杨戬毒手，正欲乱其方寸。然徐元直方寸已乱，便一切舍去，张奎此时却是去也去不得，来也来不得。

……不知杨任眼眶里长出来的两只手，手心里有两只眼……

是天眼通。

此回是伯温先看过耐庵《水浒》一丈青一段故事，套他文章。

……夹龙山下亡身处，反本还元正在兹……

明神上鬼同是反本还原。

……孟津未会诸侯面，今日夫妻丧渑池……诸将俱要防备，故此按兵不动……

夫妇两人结果夫妇两人，天道好还，物必有偶，如是而来，如是而去，正好作一结束，故此按兵不动。

阐教门徒凡有夫妻子母之属者，亦同上封神榜，暗点阐教只宜于独修之士，此所以后来道家全真派出现，同效西来佛教一例出家。

……且说张奎，又修本往朝歌来……

本书交接，无不逗笋，亦无不落教，是曾经过国家大事来。阅者注意此等处，眼熟耳熟，遇事可充在行。故宋评此书四观，一为通俗教育观。

……微子曰……改过恶而训军民，修仁政以回天变，庶不失成汤之宗庙也……

表微子心存宗庙，所以抱祭器归周。

……陛下可出榜招贤，大悬赏格……

色色在行，处处周到，是谓通俗教育。

……先往飞廉府里来参谒，门官报入中堂……

各还分际，色色在行，通俗教育。

……三人将一手本呈上，飞廉观看，原来是梅山人氏……

先序来历，笔调改换，与飞廉、恶来一朋出现，亦寓廉、来助恶之才，亦有根器，大抵自精灵中来。

……王曰：卿等此来，有何妙策可施……

亦实有策，非其它小说不谙事理，任意搪塞，有仙凡之别。

……拒守孟津，阻臣粮道……

地理粮道亦甚在行。

第八十八回　武王白鱼跃龙舟

……忙与夫人高兰英共议……

兰英韬略智过其夫，张奎狐疑不定，先有贰心故也。

……土行孙合该于猛兽岩死于张奎之手，理数难逃……

俗士只知理不胜数，不知数理精蕴，数中有理。
张奎善于守城，兰英之力也。

……雷震子又早展开二翅，飞上城来……

世间成败只分在须臾，如是如是。

……全节全忠名不朽，女中贞烈万年扬……

哪咤、雷震两神勇才能收拾得一个高兰英，义烈凛然，谁谓截教可轻耶？

……话说韦护祭起降魔杵，把张奎打成齑粉……

张奎为妻所制止，始能全节，战死沙场，殁于王事，亦得入封神榜，而位业颇低，司煞而非罚恶，魔道。

……每只俱有工食银五钱……

明初银价甚高，五钱当今数两。写此笔为白鱼跃舟作引，轻描时雨之师。

……子牙知武王乃仁德之主……

《史记》：汤自号为武王。此用《史记》为故事。

……子牙曰：列位君侯，见武王不必深言其伐君吊民之故，只以观政于商为辞……

太公《阴符》之谋耶？

加倍写观政于商。武王承文王之盛德，明圣人之心，非后世所可假托。汤至于大坰之野，惟有惭德，是其自出本心，亦让而不居也，可补史文之缺。

……且说武王同西方二百诸侯，来至孟津大营……

列举四伯当四岳，增为八伯，用《尚书大传》，独缺西北，盖取《周易》乾居西北，避大君之位。夷门者东门也，用《春秋公羊传》。分天下为左右二伯，用《诗谱》远近二伯。谓州方伯，取《春秋》传大国称齐楚、小国称江黄之例。作者胸有万卷，信笔拈来，可谓玉经纷纶。武王仍列在西伯，正写观政于商。

三代上情事后世久已不知，俗士读书只作相砍史一例观，谬矣。看他写此段有声有色，彬彬文质，是何等气象。

全用《书经》集句，有太史迁手笔。

……彭祖寿曰：天命靡常……

彭祖寿者影射老子。《史记》：尧、舜时有彭祖，即《论语》之称老彭，《列子》亦称老子为老商，非好学深思者不能心知其意。

第八十九回　纣王敲骨剖孕妇

……天道悠悠难究竟，且将浊酒对花奴……

"作《易》者其有忧患乎！"

……彭祖寿已不知人事，被吴龙一刀挥为两断……

彭祖寿先即绝命，似不近理，且独写明挥为两段，更不可解，此隐寓"莫寿于殇子，而彭祖为夭"。久住于人世，可知老即是彭，已未便认彭是者，世续已两断也。

……鲁仁杰曰：此正所谓国家将兴，必有祯祥；国家将亡，必有妖孽……

化为青光、赤光，好不利害！鲁仁杰只看得国家将亡必有妖孽，是多读书人语。

……鲁仁杰曰：总来吾受成汤三世之恩，岂敢有负国恩之理……

缩笔短笔包括全题，即是全书关键，是作"四书"题文好手。

……此时正值仲冬大寒，严威凛冽，寒气侵入……

将斫胫刳孕残贼之行插在闻捷赏雪时间，点缀风景，安得恰合，绝妙文心。

……故精血充满，骨髓皆盈……

《灵兰》秘旨，今日医家所不知。

……妲己又曰：陛下何不差官去拿来，便知端的……

斫朝涉之胫，断不是凭空想起，定有事由，非情理之情，文思入妙。

……至如妇人怀孕，一见便知他腹内有几月，是男是女……

顺手带入刳剔孕妇，化板为灵，非俗手小说所能辨。

……箕子听罢，大骂昏君……

《微子》之篇，箕子指纣为孩子；《麦秀之歌》，目为姣童；此斥昏君妖妇，是老辈子语气。

……军民与陛下作仇，只恨周武不能早至，军民欲箪食壶浆以迎之耳……只可怜二十八代神主，尽被天下诸侯之所毁……

忠贤之士，身遭乱朝，心境实有此现象，留赠后人，为人主者当为炯鉴。

真情实话，起下文托微子抱器归周，化板为活。

……纣王见微子等齐来谏诤……

倒摄武氏"何不扑杀此獠"故事而语，比武氏更巧。

……妲己曰：依臣妾愚见，且将箕子剃发，囚禁为奴……

正为箕子为之奴作注，而他书所传箕子被发佯狂，亦始有根，可补史书之缺。

……微子等三位殿下，封了府门，不知往何处去了……

补叙周密，只用虚写，仍是实写，真妙笔。

……那日招贤榜篷下，来了二人……

招贤榜成了招妖幡，但招来梅山七圣，岂只于贤，特用俗称灵异为显圣，隐寓襄城失道，七圣俱迷。

第九十回　子牙捉神荼忧郁垒

神荼、郁垒出处在前，与方相遥遥相映，封神榜一齐带上。禹铸九鼎，使民知神奸百物而为之备，谓山魈木魅，人非人等身，谓之百物。夫子赞《易》亦曰："其道甚大，百物不废。"始悟黄帝正名百物，是谓此种，故知鬼神之情状。学《易》甫见端倪，尚未明其究竟。

……四将交锋在孟津，人神仙鬼孰虚真……

"人神仙鬼孰虚真"？粉碎虚空，真桶底脱。罔两问影曰："吾有待而然。"影既待形，罔两又待影，孰知形又有所待神，神又有所待而然耶？推勘到究竟尽头，只得说不可思议。但《易》曰：圣人"拟之而后言，议之而后动，拟议以成其变化"。

……袁洪化白光而去……

五毒图是其明证。至其所以然，大概在五行生克。细微剖解，则夫声光电化作雾者，只能作雾兴云，拥水者只能拥水，人各有能有不能，世人动想万能，无非妄念。

……子牙命李靖，领东帖，你在八卦阵正东上，按震方，书有符印……

子牙出此下策，又且不验，似属笑柄，煞是可怪。刘伯温虽有婴儿附体，到底己身仍是肉身，只能按本宣科，步罡踏斗，行使符箓，闻之修炼，出神之术，时合时离，或现或否。盖已有觉二竖为桃、柳之精，特未知有千里眼、顺风耳互为凭依，为二竖先闻预见，准备抵制，所以无效，疑为泄露。子牙者，伯温之所自托也。

……大怒曰：岂知今日，本营先有奸细……

不知千里眼、顺风耳先已听见看见，疑为私漏军情，仍是凡夫。

……童子进洞内，见玉鼎真人启曰：师兄杨戬，在洞府外求见……

玉鼎何以能知？煞又可怪。灵素之术，究于岐黄之初，在神农以前，先有咒病之法，故曰古之医者，祝箍而已，即后世祝由科之所祖。所以药上能问，药王能知。凡事须问本行才能探得根脚，传语世人不少。三妖藏于轩辕墓，二鬼又出轩辕庙，又煞可怪。黄帝正名百物，普召人非人等身，始能见而名之。后世言神怪者皆托之轩辕，忧喜一门，吉凶同域，如是如是。

……布起一坛，设下五行方位……

仍用五行八卦符箓镇压，故知前此作法，原已半知来历，非贸然作法，如端公道士，收鬼无效，但贻笑柄。

……子牙在将台上，披发仗剑，踏罡布斗……

仍旧用着披发仗剑，步罡踏斗，回应前语，"既然如此，吾自有治度"，非夸海口。

第九十一回　蟠龙岭烧邬文化

……杨任正欲取五火扇扇袁洪……

系用有形之火攻，故不能烧元神。

……弟子今往终南山，借了照妖镜来照……

终南，仕官之快捷方式耳，司马承祯即是照妖镜。

……袁洪大笑曰：料尔不过是磻溪一钓叟耳，有何本领，敢出此大言……

仙家既要论根行，则儒家亦要论出身，故诸将屡以钓叟相薄。

……邬文化笑曰：你是一个畜生，全无一些人相，难道也是姜尚门徒……

远骂阐教一句。

……周将睡熟，被邬文化将排扒木两边乱扫，可怜为国捐躯，名利何在……

除却封神榜上人，只此二句了之。一将功成万骨枯，故曰："佳兵者，不祥之器也。"

第九十二回　杨戬哪咤收七怪

……朱子真大笑曰：成汤相传数十世，尔等世受国恩，无故造反，侵夺关隘，反言天命人心，真是妖言惑众，不忠不孝之夫……

豕人立而啼，亦复作人语。

……吾乃玉泉山金霞洞玉鼎真人门徒杨戬是也，今已在你腹内……

杨戬是药品，故能变化入腹，对时发动。

……此犬乃是仙犬，看见此珠，十分凶恶，竟让过他的珠，来奔戴礼

狗宝，狗可以食。

……金大升乃是牛怪，腹内炼成一块牛黄……

牛黄大凉，能泻肺气，故哼鼻公致败而死。

第九十三回　金咤智取游魂关

第九十四回　文焕怒斩殷破败

……话说鲁仁杰一马当先，大呼曰：姜子牙请了……

鲁仁杰早知纣不可辅，见于前回与殷破败私语。此番出马，乃坚守"谋人之军师，败则死之"之义，故正责子牙。

……今纣王罪恶贯盈，人神其怒……

天之所弃，必若桀、纣。

……昔日成汤德日隆盛，夏桀暴虐，成汤放于南巢，伐夏而有天下……

揭明汤、武革命，孟子发明《易》旨。

……鲁仁杰大怒曰……独不思以臣伐君，遗讥万世耶？……

重点夷、齐之语。

……旁有殷破败奏曰：今社稷有累卵之危，万姓有倒悬之急……舍死至周营，晓以君臣大义，劝其罢兵……如其不然，臣愿骂贼而死……

办一死而出，明料不生还也。
忠良不遇主，投身乱国，先既未能引去，到头只得如斯。

……子牙忙欠身迎曰……

子牙见鲁仁杰、殷破败不能不敬。

……子牙曰：老将军有何事见教，但有可听者，无不如命；如不可行者，亦不必言……

正责之言，子牙亦不忍再三闻之，故曰："不可行者亦不必言之。"

殷破败……坐而言曰……昔成汤以至德，沐风栉雨，伐夏以有天下，相传至今，六百余年，则天下之诸侯百姓皆世受国恩，何人非殷纣之臣民哉……

《诗》、《书》之言，一则曰"罪浮于桀、纣"，再则曰"于汤有光"。二语固非殷之臣子所忍出口，惟有称"成汤至德"、"累世国恩"，以隐隐反对二语，为尊者讳，冀以解免独夫之罪耳。

……率天下诸侯，相为叛乱，残贼生灵，侵王之疆二……

亦实不免残贼生灵。

……以末将愚见，元帅当屏退诸侯，各还本国，各修德业，毋令生民涂炭，天子亦不加尔等之罪，惟厥修政事，以乐天年，则天下受无疆之福矣……

文王之意如此，见武王未尽善。
揭明古谊，用盖宽饶语。

……子牙笑曰……成汤以大德，得承天命……

至德须如文王，故此只许以大德。

……岂意纣王，罪甚于桀，荒淫不道，杀妻诛子……三纲尽绝，五伦有乖……

为君者先灭人伦放弒，乃起海刚峰云"陛下，三纲绝矣"。

……语云：贼仁者谓之贼，贼义者谓之残，残贼之人，谓之一夫……

点明《孟子》及《诗》、《书》大义，为千古人主炯戒，然又非乱贼所能借口。

未闻暴君之过，扬父之恶，尚称为臣子者也。元帅以至德称周，以至恶归君，而尚谓之至德者乎？昔汝先王，被囚羑里七年，蒙赦归国，愈自修德，以达君父知遇之恩，未闻有一怨言及君，至今天下共以大德称之。不意传之汝君臣，构合天下诸侯，妄称君父之过，大肆猖獗……
此文王所以为羑里之拘。昌黎所拟乃名言也，直抉经心。
盗国奸雄草泽豪杰一齐听者。

……只见东伯侯姜文焕带剑上帐，指殷破败大言曰：汝为国家大臣，不能匡正其君，引之于当道……

畿内大臣，固当受此责备，但非殷破败一人之责，又非其官守之专责耳。

……殷破败被姜文焕数语骂得勃然大怒……

因为也骂着痛处，故骂得勃然大怒。

……子牙曰：不然。殷破败乃天子大臣，彼以礼来讲好，岂得擅行杀戮，反成彼之名也……

第九十五回　子牙暴纣王十罪

……子牙答曰……陛下居天子之位……今陛下不敬上天，肆行不道，残虐百姓，杀戮大臣……陛下无君道久矣……今奉天明命，行天之罚，陛下幸毋以臣叛君自居也……

暴君暗主听者，实系对不住人。
此语不恶而严，实属自取。
语隽而严。

……臣虽能言之，陛下决不肯悔过迁善，肆行荼毒，累军民于万死，暴白骨于青天，独不思臣民生斯世者，竟遭陛下无辜之杀戮耶……

将殷破败语反坐，诚然虽出自伐者，亦由伐者有以召之也。

第九十六回　子牙发柬擒妲己

第九十七回　摘星楼纣王自焚

……女娲娘娘曰：吾使你断送殷受天下，原是合上天气数，岂意你无端造业，残贼生灵……

因业相缠，世人不知，颠倒迷惑。即此点明，言下当悟。事皆前定，业由自造，人畜之死是前定，习其业者有余殃，故劝人忏悔，急早回向。

……今日难逃天鉴报，轩辕巢穴枉思量……

再点轩辕。

……妲己俯伏，哀泣告曰……

一派花言巧语，欲以掩天下耳目，今世之士亦复如是。

……诸侯听妲己一派言语，大是有理，皆有怜惜之心……

常识为巧言所欺，往往如是。

……子牙笑曰……众诸侯岂知你是九尾狐狸，在恩州驿迷死苏妲己，借窍成形，惑乱天子……

即是寓言，即是正面。灭天理而穷人欲者，即元神出窍，魔入心府，借窍成形也。

……将至摘星楼来，忽然一阵旋窝风，就地滚来，将纣王裹住……

昔时业报，今朝齐现。

……朱升听罢，披泪满面……奴婢恨不能以死报国，何敢举火焚君也……

私臣对君，理则如是。

……朱升将柴堆满，挥泪下拜毕，方敢举火……

完结私恩，理则如是。

……可怜朱升忠烈，身为宦竖，犹知死节……

人臣惟以道事君，不可则止者，不到此地。既到此地，则其次之；安社稷臣与，又其次之。事君人也，理当如是。

……武王闻言，掩面不忍看视……

公族死刑，素服哭之，如其伦之丧，仁至义尽。

……只听得一声响，摘星楼塌倒，如天崩地裂之状，将纣王埋在火中，一霎时化为灰烬，一灵已入封神台去了……

着眼须知改朝换代，原属天崩地裂之事。
临终绝命，三称悔不听忠谏之言，便是回向，故一灵仍往封神。

第九十八回　周武王鹿台散财

……武王曰：善哉……纣天子可谓残忍之甚……

继世以有天下，天之所弃者必若桀、纣，故重提一番。

……子牙曰：纣王无道，人神共愤，今日自焚，实所以报之也，今大王以礼葬之，诚大王之仁耳……

一方面是报应分明，一方面是仁至义尽。

……子牙曰：古今之所以丧亡者，未有不从奢侈而败，故圣王再三叮咛垂戒者，宝己以德，毋宝珠玉……

来者察此，人主多藏，则人臣聚敛；人主奢靡，则人臣贪墨。一定不移。汉、唐、明之所以亡，具在史册，不外《左传》数语，曰："国家之败，由官邪也；官之失德，宠赂彰也。"

……孤愿与众位大王共体之，切不可枉行杀戮也……

表武王达孝，体文王之德，称诸侯为大王，无利于为天子之心。

……况且天不可以无日，国不可以无君，天命有道，归于至仁，今武王仁德著于四海，天下归心，宜正大位以安天下民心……

如此方是应天顺人，乃可以言革命。

……惟日兢兢，求为寡过，以嗣先王之业而未遑，安敢妄觊天位哉？

写圣人之心，明文王之德。

……旁有东伯侯厉声大言曰：大王此言羞矣……

是故孟子曰："以天下与人易，为天下得人难。"尧、舜让而王之，哙让而灭，遗天下羞矣，况学说不明，妄称人道，贻万世羞乎？

……甚非大王吊伐之意，深失民望，非所以爱之，实所以害之也……

并表明轩辕诛蚩尤之后，遂代榆罔为帝，亦出于为天下兆民。

……子牙曰……俟后有大贤，大王再让位未迟……

倍写圣哲吁谟，存太公身分，证明唐、虞禅夏后，殷、周继其义一也，逗出周公旦于后来摄王践祚，成文、武之德，定礼乐，致太平，一并摄入。倒影凌虚，写神之笔。

……话说周公旦画了图样，于天地坛前造一座台……

说《礼记·月令》、《明堂位》。

……周公旦高捧祝文，上坛开读……

题衔甚当，可以释文、武称王不称王之疑义，解说经家聚讼之纷。

……只见伯夷、叔齐掩面涕泣大呼曰：伤哉伤哉，以暴易暴兮，予意欲何为。歌罢拂袖而回，竟入首阳山，作《采薇》之诗，七日不食周粟，饿死首阳山……

用夷、齐归结全案，点明本书宗旨。

……马氏……不觉羞惭，再有何颜立于人世……

有死心者亦是回向。

……话说次日子牙入朝见武王奏曰……

子牙自家亦寻解脱。

极乐世界与婆娑世界对治，如是我闻，一时佛处魔宫，一时魔居佛殿。

第九十九回　姜子牙归国封神

无论三千大千世界，总以阎浮提为中心点。

佛说劫无长短。

……昔为轩辕黄帝大帅，征伐蚩尤……

自有兵戈，即有死绥之将帅，为忠义之开先。

……子牙传令，将飞廉、恶来拿下……子牙笑曰：你这二贼，惑君乱政，陷害忠良，断送成汤社稷，罪盈恶贯，死有余辜，今国破君亡，又来献宝偷安，希图仕周，以享厚禄……

亡国贰臣听者听者。

第一百回　武王封列国诸侯

……后唐人有诗，单道早朝好处……

录杜诗作结，唐家不足以称此，惟周家足以当之。

……武王垂拱而治，海内清平……真一戎衣而天下大定，不逊尧、舜之揖让也。后武王崩，成王立，周公辅相之，戡定内难，天下复睹太平。自太公开基，周公赞襄，以成周家八百年基业……

收拾全书。

补　评

《〈封神演义〉评》已出书，复阅，应指点留增后人之处，遗漏尚多，补刊不及，总论数篇，加入首卷之末、末卷之终，阅者先阅此总论，加批触目易晓。本书阅者只目眩于神话，粗通文句者不解国家兴亡代谢为何事，读书人则谓殷、周之事余既已知，只听款天话，不问人世事，同一买椟还珠。殊不知作者于国家兴亡三致意焉，而且于国家政界、官界、上流社会之交际，色色当行，处处合笋。阅者注意于此，强如投身国家政界阅历练习。尤其特色者，依据后世朝代体统，摹写三代时间影事，而于古代封建、上国列邦制度礼文大段切合，距离不远。以视旧学之但知后汉、前唐，俗宦之但知眼前、现世，问以三代时是何景象，则瞠目茫然，其程度相差尚远。且可显然见得是亲身经验大事过来，所以描写争论朝纲，提点兵马，投递国书战书，陈奏启事，下诏下教，发号施令，处处皆有交接，篇篇皆合分际。譬如驰驿供差，是后世制度，但苏侯赎罪纳女于天子，亲送至王朝，礼亦当有行人劳问，传节送达，如诸侯以礼来朝之典，与后世之乘传办差相去不远，实可比附。夸官三日是元朝故事，但西伯释囚即拜斧钺专征之命，特旨游街三日，以表恩荣，亦合于情势所有。又如姜环分宫楼冤案，是假托装入后世史事，而描写情景逼真，一步紧一步，构成此狱，亦使廷臣争无可争。太子在逃被执，告休之元老跋涉入朝拼命，以死力争，是反用戾太子、刘屈氂史事，显出三代时贤臣之节，人格之高，亦非史学家所能想到。黄飞虎本不反，逼到不得不反，又一步紧一步，直激到称戈殿陛，与天子交手，黄明、周纪明说是绝后计，诚然是绝后计。到末后来纣王又亲自与外臣诸侯交战，为鄂顺打一鞭，武王悲惧，便说成何体统。从礼上一想，真是成何体统。就此将《史记》所传悬首太白之斧旗，从姜子牙口中说过就是，却仍用纣服宝衣自焚，武王望楼泣拜，完此一段大公案，以存君臣体统。纣王临死尚屡次分付朱升，不可辱于他人之手，即隐然点出三代有桀、纣之恶，然后有此汤、武非常之事，是惊天动地，为不得已，非如后世春秋射王中肩以后，撞杀车下，血溅帝衣，种种恶状，不成体统，视若乡邻有斗，各于其党，任渔樵闲坐说兴亡，以为常谈也。最难写处，均曲折写到，其余平常国际交涉，政界勾当，官场词令，正传旁榫，无不合宜。能阅此书三五遍，益人智识不少，固胜于览十七史、《通鉴纲目》也。

本书神话天话系假托，其主旨在宗教，却就人间大事业权衡轻重，实属难以解决。虽有天命，亦必待战胜而决。神之位号，是有所本，神之姓名多分是依托，是用借宾定主文法，纯为殷、周之际特别出色人物写照。俗眼只见神仙打仗，目迷五色，不知其依托神天，全是为扶助宗教说法，即全是为阎浮世上人说法，亦即是表彰。圣贤豪杰之士，与仙、佛平等，各有来因去果，各有其品级造就之高下，不能以教为轩轾高下，其重心点处处注重在人格，即以殷、周之际有数之非常人物为人格之主体，诸仙真乃各以过去因缘互助其成就结果。俗生不解，误认反主为客，以致喧宾夺主，只见法宝奇异，法力无边，看得太公似村翁，文王似学究，武王似痴子，散宜生似巧宦，伯夷、叔齐是乡党自好之腐儒。不知写圣贤最难箸笔，只在心境不与人同，其行事仍在人间世界，借形画影，不但文、武之圣难于写状，即素位而行，惟所志不与人同耳。须知本书将神仙说得天花乱坠，多半是寓言圣哲己身发现之性光心神，神光于肉体相较然见绌，第就此书中发现迹象，细心寻求其神理已能影照出圣哲心事，非其它小说所能望其后尘。

商王一面，但有十分理论并无一位真人，书中须得出一正脚，假托闻太师为纣朝柱石，应是第一流人物，写得有声有色，却是位置布局甚难。既有此人，如何纣王弄到这个田地？恰用箸道家寓言，前后皆虚写征北海，将闻仲脱开；到得纣恶已稔，实写回朝一段，已无转身地步，即用子牙拜将，引入西征，极妙。

成汤气运将终，《山河社稷图》原掌在炼石补天女娲娘娘之手，是此书来源。周公制礼作乐，封建诸侯，定太平之大业，是此书去路。故说到周公封建为止，非将人伦之道做到极其尊重，亿兆人民即不应有此幸福，同享太平。所以每回必铺写忠义，极尊人道。太平幸福，必要有一方积德累功，又必有一方天演淘汰，即是天道。栽者培之，倾者覆之；积善余庆，积恶余殃。亦是人道。自作自受，所谓欲知前世因，今生受者是；欲知来世因，今生作者是。古往今来，如是如是。在子牙拜将时间，元帅帐下，周公旦只夹在四贤、八俊、太颠、南宫适队里，到结题提出周公封于齐国，召公封于燕国，当时提兵元帅，至此序班只不过在众诸侯一列。此系作者胸有经传，明明指点：位为主观，人为客观。并叙封三恪与唐、虞二帝之后，此属经传正文，即孔教之主点，一部《封神》成立祀典之大结案。小说说到此为止，二教之翊运助教，从此销去前案，此是何等眼光。小说九百，此书为集大成矣。

本书系殷、周之际非常人物写照，以散宜生、比干两人为线索，随事现前，真人物参以假事，假人名又插入真事，用小说体裁组合经传，化板重为神奇，就此指点三教之同点异点。人神仙、佛一望无涯，如行山阴道上，令人应接不暇，细按之却各有来踪去迹，前因后果，各归方位，连封神榜亦须逐一披读，方知其线索井然，并非《五杂组》跳乱弹之可比。如归位在星辰者，是其前因本从星精谪堕，大抵都为历劫而来。若问前世因，今生受者是。伯邑考、比干为其首领，而纣王、姜后一真一假，作如是观。封位在神祇者，是其后果自办前程，归结从神道而去，还债者还债，销业者销业。若问来世因，今生作者是，如是如是。闻仲、黄飞虎为之领袖，通榜皆假托姓名，至末乃添上飞廉、恶来无事踪之真姓名，以示假即是真，真即是假。而所写其人之品节、能力、程度与所封之位业隐相印证，功罪分明如量相偿，无有差忒。归于仙、佛者，不知其始，不知其终，燃灯、广成为首座，而哪咤、雷震、杨戬均现人非人等身，显出寓言，在非想非非想天无色界无想天，求之远矣。人天自果全属考终，潜神太阴，不在话下。

世传刘伯温有出舍婴儿附体，前知五百年，后知五百年。证以《纪事本末》所载，一日与客醵饮，见有红光烛天，举酒醻地语坐客曰：后几何年，东南有真人出，吾当辅之。事实有因。俗传《烧饼歌》，同治以前皆确有证验，过此以往语即支离，可解不可解，约五百年其所能知，此后非所知也。今人俞曲园殁于民国初年，已属纩复苏，索笔录诗十首，见《舆论报》，诗意甚显，系咏秦灭封建，今又将改郡县，即谓改郡县复还封建也。本书演说至周公封建为止，殆后知五百年，如佛家之授记欤？熊开元出家，称黄蘗禅师遗传谶诗，自光绪以前每首现年号，至宣统则惟现一统字，末首亦云："老僧从此休饶舌，后事还须问后人。"俗人推测误解此首首句"日月推迁似转轮"，以为明朝复兴，不知明朝建号之来历，先由刘复通称小明王，洪武帝隶其部下，刘伯温劝其自立称大明以胜之，此亦有推谶前知，如刘秀之改名以应图谶也。余晚学《易》，窥见夫子赞《易》，示现三世，最后三陈九卦，即留下预言，系隐显天道循环，失得之报，百世后有明王，作先王之道，失而复得，与临终遗言"夫明王不兴，而天下孰能宗予"相应。至此明王复兴，则其道大行。明王之以孝治天下，将推而放之四海而准，无思不服，莫不尊亲，三统归于一元，一元复通三统，而大一统即《春秋》之三世，文致太平也。故自"履"以和行，"谦"以制礼，至"井"以辨义，"巽"以行权，即示明王之大政也，非指有明复兴也。黄石斋讲《易》，明邵康节之学，亦误测《春秋》三世之统者为明朝，其说不验，可以知矣。无量无边阿僧祇劫，八亿万佛同名姓号，皆曰日月灯明佛，是无始以来尽未来际之大循环；十二万年复现一盘古，是世界转变之小循环；《大易》明失得之报，溯自庖牺王天下，以迄三陈九卦，是此世劫一大因缘果报。孟子所述一治一乱，是过去世一小因缘果报，其间天人神鬼，六道四生，个人一身之生死轮回，不过因果中之微点积，正是万物一太极，所含之物物一太极也。道家理学，释教高僧，仅眼光到此而止，愿持此小说与人天一切学无学者其证明之。

太师回朝，万壑千岩，到此一结，写到十分精彩，神光四照。大臣久劳在外，重入都门，见景象变迁，不胜咤叹。同朝故旧来谒，详询朝局，自思为国重臣，固当负罪引慝，痛恨奸邪误国，又不禁发指。两念交萦，忠义愤发，竟即草奏，直请废皇后、清君侧、拆鹿台三桩大事，不但纣王所不能从，即暗懦之主亦所不从，激而出此不顾而唾之举动，真所谓万不得已，纯以"托孤大臣"四字作注。所以太师明目张胆而言，纣王亦且惕息婉言开解，余条从谏立改，只此三条再作商量。试观后史，如武氏屏后转出，厉声"扑杀此獠"，悍后优为之，而妲己不敢；借清君侧为词，放手斩杀朝臣，贾充、王敦、桓温辈奸雄优为之，而闻仲不能，一时忠愤填膺，然中情耿耿，一心仍守臣节，此先轸之所以赴敌自尽，而鬻拳所以自别为刑人也。眼光存注三代礼法所遗，非后世乱朝可比。直到手濡御笔，逼令纣王签字，箭在弦上，间不容发，费仲、尤浑心中辘轳万转，已非一刻时间，急则智生，乘机即发，直出反攻一箸，拈到鹅头，竟责以大不敬，无人臣礼，推开自身罪案，一句不提，写得出奸臣机智，看透忠亮之臣，作到此是尽头。正想有回翔余地，恰好借风转帆，移花接木，劈面问"尔是何人"，"原来是你，正要勘问"，一掌打倒，便教拿下。纣王此时亦默无言。原来被劾首恶大罪，不能越职讦奏原劾大臣也。后史例案熟于胸中，寓言假托说三代末王乱朝故事，情景逼真。学者只想作大官，读《纲鉴》滑眼过去，执笔修史，犹患学识不足，何能身当大任，论列上下千古乎？读此寻思，眼光当出牛背上，益人智识不少。

王湘绮师晚年阅佛经，有笔记云：佛家只是一部小说，然亦不敢出以示人。余见而怀疑，曾微叩之，亦不置答。今悟古往今来原是一部小说，真真假假，虚虚实实，实推到究竟尽头，只有道德一物，却又看不见，不能持来，不能持去。别教皆归之于神，惟孔教之主道德，则见之于行，故曰德行，所以重在精义入神以致用。《庄子》云：《易》以道神。正谓孔子之《易》，所道者孔子所主精义之神也。本书说神话五花八门，却落点专注在人间世事，仙、佛是旁衬，即点明二教是补助，不是主体。一方是天道，一方是人伦，非坚持人伦之教不能尊重人道，以合于天道也。汤、武革命，是顺乎天而应乎人，但就道德极点说来，充类至义之尽，尚不免取非其有。故此书眼目在以夷、齐起结，而中间以务光作陪衬。陆压之请宝贝转身，即影射务光。务光丑汤之伐夏，沉渊而死，其神长七寸，见《道藏》。此书所托之神仙、佛，一边是顺天命，一边是扶名教。扶名教者死而为神，顺天命者功成身退，自寻去路。阐教、截教门徒，互有穿插，以教为主观，人为客观；人间世事则依截教为宗，以位为主观，人为客观，所以然灯亦须亲提桴鼓，云中子亦来一回代掌剑印，才能行得元帅职权，瑶池公主，玉皇驸马，均来听令。武王既一行登坛拜将，则阃以外将军主之，军中只知将军令，不闻皇帝诏。军礼：凿凶门而出。太公固不能幸生辞死，死去几番。武王既载主东征，亦不免死去一回。论真正事实，当曰一戎衣而有天下，本无此艰险困难及死伤枕藉诸事，作者有忧伤世运之心，故构此形似之言，隐隐点明如后世打天下，不但武王不为，太公亦不愿为。故用反词，曲写圣贤心迹，曲折构成三十六路，先伐西岐，逼到武王拜将，中途又两次三番请相父班师，而势成骑虎，不得下背，不但子牙挨了多少责备辱骂打死，即仙、佛亦挨箸呵责，硬着头皮，死去活来，撒地到底。还是靠着天命，只为周家积功累德，须得至宰八百年天下，人民积善余庆，须得享五百年天下太平，世德名实，须得分受千七百年余国世守茅土，此便是天道天命之所以然。纣恶本不如此之甚，本书系将后史前起自高演，后至金主亮，一切恶行败德，添砌进去，亦于世运升降特有会心，以三代时间国际国度，与后世双方比较，反衬吊民伐罪必不得已。但说到先王社稷宗庙，不但鲁人杰一篇大论，义正词严，若非鄂顺报杀父之仇，一刀割断，子牙几无容喙之地，即申公豹之大放厥词，辩才无碍，谁能折之。

今世界一场学战大公案，即是科学非科学，宗教不宗教，两问题合来是一问题。阐教、截教，即中国之原教、修教，世所认为道教、儒教，约要言之，即是科学之与哲学，一进一退，一屈一伸。哲学进而科学退，即是人权进而神权退。西学者所公认为世界进化之公例，但知其一，不知其二。神权嬗为人权，科学蜕为哲学，佛教、耶教之国与中国正同。婆罗门演为佛教，摩西教演为耶教，固属哲学进化，神权蜕嬗。第古代之科学，原出于神学，均重法术。佛教以前，则四韦陀经，沙门梵志，皆主神权，持咒作法；摩西领众出埃及，亦屡施神术。释迦出家，尚习其法，今红教喇嘛传为别宗；耶苏驱鬼治癫，亦数显神奇。欧洲晚出科学家，始专求之物理，不道神术。中国古之道家，以神学演为科学，其科学胥出于神学，有如医卜星象、阴阳、历数、堪舆、南公禁咒皆是也。《封神》所演斗法，固不能按实，却不全虚。既属科学，习者不难，传者亦伙。但法术之用，生时则灵，其人死则亦随化归尽。且两军相攻，有不容作法，措手不及之时，故相视不甚惊奇，亦不足以为恃，此兵阴阳家所以与权谋、形势、技巧，只得平列为四家，亦不必河汉其言，惊怖无据也。况此寓言托于殷朝之末，科学正昌，神权尚盛，未出周公制礼，祀典固犹缺略，际此人间易代，天曹异议，一大公案，构成三教共立封神榜，子牙背榜下山，完结一大事因缘，亦与颛顼时代绝地天通，使南正司天以属天神，火正司地以属地祇，遥遥相应。说古代科学，即是神学，今欧洲科学，却是离开神学，且反对神学，不知不觉，却要渐渐走到神学路上去。中国新旧原教、修教，孔子出世亦可说是哲学伸进，神学退嬗，但有不同。佛是无神教，耶是一神教，道教与儒教却同为多神教。周公制礼定祀典，孔子修之，正所谓合一炉而冶之，即是《封神》传命意之所本。哲理发挥在其同之政教，是经学；科学分布在各家之专门，是纬学。在政教上完全扱收科学为其所用。天文地理，巫医卜祝，无往不存。其所以日形退缩者，由于政教紊乱以来，科学失其统系，宋学崛起，走入佛教禅宗，回复到道教哲理，此即本书三教其议封神榜，天人交战，至今未解。玉虚罢讲，灵山一会，至今未散。自理学持世，亦是哲学一伸，科学一屈，乃大巡环中一小巡环，实属两同退化。巫学家传言，今日实大封神，语非无因。自从老子传礼，西去流沙，孔门修教，此一大巡环至今世纪当须结案也。

孔教是共办前程，公开酬报；别教是自办前程，各修各得。此其截然不同，大约即此书题名截教之意。共办前程，以位为主观，人为客观，各人就其现在所居之地位，各尽其职，就是各尽其道。依人伦之教，虽属以位为主观，位却是活的，人生必是先为子弟，后为父兄；先为人下，后为人上；先为人臣，后为人君；先为人弟，后为人师。一身有全历其境，有不全历其境，总非一境。所以公开酬报之中，仍包括有各修各得，尽道与未尽道，酬报合量与不合量诸多债务，免不得有轮回转世。孔教门徒尚未产出明王宰世，大众心理自然归向神教而去。但舍却众生不成佛法，说到修成大觉，再来度世，此乃生于浊世乱世，不得已而发愿之极思，不可认为持世之主旨。若无周家八百之天命，诸真又从何去济外功？抱朴子为仙家巨子，其自叙谓生不逢盛世，始学仙道。后来丹家乃云：辛勤三五载，快活数千年。眼光缩短，并缩小心境范围，不但佛家三乘、下乘三品莲台被蚊虫蚀去，暗暗点明即是龟灵圣母为佛度去，只在下三品莲台仍属鬼趣，即七趣仙真，报尽还来，仍须在婆娑世界大舞台扮演脚色，求得自觉圣趣，才能与道合真也。噫！帝失玄珠，求之赤水，竟不可得，此孔子赞《易》所以云"作《易》者其有忧患乎"！

南极仙翁，玉虚首座，首先屡次朝参玉京金阙。女娲后帝，瑶池公主出宫，亦排銮驾。黄巾力士、大鹏雕从何而来？青狮、白象、金毛犼又从何而去？菩萨变相，与下乘棒喝何殊？老君扁拐，与圣人怒不见色何分高下？可想三千大千世界，均以婆娑世界为中心，正为"未知生焉知死"下一注脚。

宋评《明夷待访录》[*]
（日期不详，疑为 1916）

余常疑孟子一治一乱之言，何三代而下之有乱无治也？乃观胡翰所谓十二运者，起周敬王甲子以至于今，皆在一乱之运；向后二十年交入"大壮"，始得一治，则三代之盛犹未绝望也。前年壬寅夏，条其为治大法，未卒数章，遇火而止。今年自蓝水返于故居，整理残帙，此卷犹未失落于担头舱底，儿子某某请完之。冬十月，雨窗削笔，喟然而叹曰：昔王冕仿《周礼》著书一卷，自谓："吾未即死，持此以遇明主，伊、吕事业不难致也！"终不得少试以死。冕之书未得见，其可致治与否，固未可知，然乱运未终，亦何能为"大壮"之交？吾虽老矣，如箕子之见访，或庶几焉，岂因夷之初旦，明而未融，遂秘其言也！癸卯，梨洲老人识。

原　君

有生之初，人各自私也，人各自利也；天下有公利而莫或兴之，有公害而莫或除之。有人者出，不以一己之利为利，而使天下受其利，不以一己之害为害，而使天下释其害。此其人之勤劳必千万于天下之人。夫以千万倍之勤劳而己又不享其利，必非天下之人情所欲居也。故古之人君，量而不欲入者，许由、务光是也；入而又去之者，尧、舜是也；初不欲入而不得去者，禹是也。岂古之人

---

* 本篇出版日期不详。据文中"民生之痛苦，五年于兹也"一句，疑作于民国五年即 1916 年，然亦未敢必，暂置于全书最后。

有所异哉？好逸恶劳，亦犹夫人之情也。

眉批：此其言深也，乃"舜、禹有天下而不与焉"之注脚。夫惟圣王之心，为天下服勤劳而己无所与，故菲饮食而致孝鬼神，恶衣服而致美黻冕，自奉甚薄而以民力所出之余财，率天下以隆礼，由礼所以立教立政也。所谓"形民之力，而无醉饱之心"，此之谓帝王之道。孔、孟之书所谓"有道"、"无道"以为准，后世帝王未闻道也。夫惟人君有道，施勤而不望报，此所谓"议道自己"。而后圣有作，据天下之公理，当有崇德报功，而世及、世封、世采之典礼由此立。故曰："唐、虞禅，夏后殷、周继，其义一也。"后世人君以未闻道之故，离而日远，渐成权利观念。正谓当明帝王之道，世乃治耳，而洋学者流，谬托于此，以为无君则治，适以证成无主乃乱，岂不可哀也哉？

后之为人君者不然，以为天下利害之权皆出于我，我以天下之利尽归于己，以天下之害尽归于人，亦无不可。使天下之人不敢自私，不敢自利，以我之大私为天下之大公。始而惭焉，久而安焉，视天下为莫大之产业，传之子孙，受享无穷，汉高帝所谓"某业所就，孰与仲多"者，其逐利之情不觉溢之于辞矣。此无他，古者以天下为主，君为客，凡君之所毕世而经营者，为天下也。今也以君为主，天下为客，凡天下之无地而得安宁者，为君也。是以其未得之也，屠毒天下之肝脑，离散天下之子女，以博我一人之产业，曾不惨然，曰："我固为子孙创业也。"其既得之也，敲剥天下之骨髓，离散天下之子女，以奉我一人之淫乐，视为当然，曰："此我产业之花息也。"然则为天下之大害者，君而已矣。向使无君，人各得自私也，人各得自利也。呜呼，岂设君之道固如是乎？

古者天下之人爱戴其君，比之如父，拟之如天，诚不为过也。今也天下之人怨恶其君，视之如寇仇，名之为独夫，固其所也。而小儒规规焉以君臣之义无所逃于天地之间，至桀、纣之暴，犹谓汤、武不当诛之，而妄传伯夷、叔齐无稽之事，乃兆人万姓崩溃之血肉，曾不异夫腐鼠。岂天地之大，于兆人万姓之中，独私其一人一姓乎！是故武王圣人也，孟子之言，圣人之言也；后世之君，欲以如父如天之空名禁人之窥伺者，皆不便于其言，至废孟子而不立，非导源于小儒乎！评：史家所主，确是如此，夫当其代之为人臣者，所守如此是也。然而经所垂教，可以先去，至异代为论定，前史仍守此见，则谬矣。

眉批：不私一姓是也，天之所兴废，孟子论之详矣。至汤、武、夷、齐，则道并行而不悖。据天下之公理，汤、武执行者甚正，所谓执法众人。然而君道之隆，议道自己，即谓舜、禹之有天下而己不与焉，其称不及汤、武。圣人人伦之至，乃不得已而用兵，则庸有未尽乎？夷、齐以让国避纣，受养西伯，泰伯、文王俱称至德，夫子称其"求仁得仁"，与称"殷有三仁"同词。朝觐讴歌之世，未闻以兵取国也，此与禹下车而泣罪人同意，则圣人之心也。

虽然，使后之为君者果能保此产业，传之无穷，亦无怪乎其私之也。既以产业视之，人之欲得产业，谁不如我？摄缄縢，固扃鐍，一人之智力不能胜天下欲得之者之众，远者数世，近者及身，其血肉之崩溃在其子孙矣。昔人愿世世无生帝王家，而毅宗之语公主，亦曰："若何为生我家！"痛哉斯言！回思创业时，其欲得天下之心，有不废然摧沮者乎！是故明乎为君之职分，则唐、虞之世，人人能让，评：既明乎此，则无可致疑于夷、齐。许由、务光非绝尘也；不明乎为君之职分，则市井之间，人人可欲，许由、务光所以旷后世而不闻也。然君之职分难明，以俄顷淫乐不易无穷之悲，虽愚者亦明之矣。

原 臣

有人焉，视于无形，听于无声，以事其君，可谓之臣乎？曰：否。杀其身以事其君，可谓之臣乎？曰：否。夫视于无形，听于无声，资于事父也；杀其身者，无私之极则也。而犹不足以当之，则臣道如何而后可？曰：缘夫天下之大，非一人之所能治，而分治之以群工。故我之出而仕也，为天下，非为君也；为万民，非为一姓也。吾以天下万民起见，非其道，即君以形声强我，未之敢从也，况于无形无声乎！非其道，即立身于其朝，未之敢许也，况于杀其身乎！不然，而以君之一身一姓起见，君有无形无声之嗜欲，吾从而视之听之，此宦官宫妾之心也；君为己死而为己亡，吾从而死之亡之，此其私昵者之事也。评：既引晏子之言，即不得漏社稷之前一义。宋、明人读经多不能贯彻前后，是以通经者希，而道术为天下裂矣。是乃臣不臣之辨也。

眉批：论陈义固精，然准以孟子所称臣道四格，则所举专属大人、天民之间。夫贤能之程度与爵位之等差，未可以一概而论也。设官之古义，以位为主，以人为客，即前篇所谓"天下为主，君为客"。为天下之故，乃设天子、诸侯之凡五等，君、卿、大夫、士之凡六等。在主其政者，则量贤授位，量能授职；在承其任者，则量而后入。有大人、天民之学者，出为天下万民，斯既然矣。下此程度有不及，则孟子所次"有安社稷臣者"，不必其不为一姓也，但使社稷不危，然后可以国治而安万姓也。下此则群吏执事之才，王顺、长息之流，则事人者，其程止此，则其所应授之职分，亦止于此。故贬其词，谓之容悦，此立政之原则也。至于乱世，虽有圣人，不遇明主，而为禄仕，则夫君子之自处，思不出其位焉。故孔子为委吏乘田，亦会计当、牛羊茁而已矣。此谓位为主而人为客也。

世之为臣者昧于此义，以谓臣为君而设者也。君分吾以天下而后治之，君授吾以人民而后牧之，视天下人民为人君橐中之私物。今以四方之劳扰，民生之憔悴，足以危吾君也，不得不讲治之牧之之术。苟无系于社稷之存亡，则四方之劳扰，民生之憔悴，虽有诚臣，亦以为织芥之疾也。

夫古之为臣者，于此乎？于彼乎？盖天下之治乱，不在一姓之兴亡，而在万民之忧乐。是故桀、纣之亡，乃所以为治也；秦政、蒙古之兴，乃所以为乱也；晋、宋、齐、梁之兴亡，无与于治乱者也。为臣者轻视斯民之水火，即能辅君而兴，从君而亡，其于臣道固未尝不背也。夫治天下犹曳大木然，前者唱邪，后者唱许。君与臣，共曳木之人也；若手不执绋，足不履地，曳木者唯娱笑于曳木者之前，从曳木者以为良，而曳木之职荒矣。评：此段专指明一代之失，与汉、唐、宋朝不甚切合。有明一代，自永乐、仁宗以后之主，皆未尝学问，政权妇寺、廷臣党哄于下，人主憨嬉于上，可哀也。

嗟乎！后世骄君自恣，不以天下万民为事，其所求乎草野者，不过欲得奔走服役之人。乃使草野之应于上者，亦不出夫奔走服役。一时免于寒饿，遂感在上之知遇，不复计其礼之备与不备，跻之仆妾之间而以为当然。万历初，神宗之待张居正，其礼稍优。此于古之师傅未能百一，当时论者骇然居正之受无人臣礼。夫居正之罪，正坐不能以师傅自待，听指使于仆妾，而责之反是，何也？是则耳目浸淫于流俗之所谓臣者以为鹄矣，又岂知臣之与君，名异而实同耶！

眉批：斯言是也。以天下之大，万民之众，主政与佐政之人，缺一焉不可也，斯君臣之名与位所由立也，今之政客何所托足而立根乎？

或曰：臣不与子并称乎？曰：非也。父子一气，子分父之身而为身。故孝子虽异身，而能日近其气，久之无不通矣；不孝之子，分身而后，日远日疏，久之而气不相似矣。君臣之名，从天下而有之者也。吾无天下之责，则吾在君为路人。出而仕于君也，不以天下为事，则君之仆妾也；以天下为事，则君之师友也。夫然，谓之臣，其名累变，夫父，子固不可变者也。

原 法

三代以上有法，三代以下无法。何以言之？二帝三王知天下之不可无养也，为之授田以耕之；知天下之不可无衣也，为之授地以桑麻之；知天下之不可无教也，为之学校以兴之；为之婚姻之礼以防其淫；为之卒乘之赋以防其乱。此三代以上之法也，固未尝为一己而立也。

眉批：礼以防淫，未闻自由者也；军以防乱，未闻以兵争国者也，况以兵争政者乎？

后之人主，既得天下，唯恐其祚命之不长也，子孙之不能保有也，思患于未然以为之法。然则其所谓法者，一家之法而非天下之法也。是故秦变封建而为郡县，以郡县得私于我也；汉建庶孽，以其可以藩屏于我也；宋解方镇之兵，以方镇之不利于我也。此其法何曾有一毫为天下之心哉，而亦可谓之法乎？

眉批：着眼注意，尝谓曹元首《六代论》、柳子厚《封建论》、方正学《深虑论》，皆反覆于国祚兴亡，而不闻治乱。文人棹笔头，未闻道也。今俗学又误以汉王庶孽、唐列方镇为封建，试诵梨洲此文。

三代之法，藏天下于天下者也。山泽之利不必其尽取，刑赏之权不疑其旁落；贵不在朝廷也，贱不在草莽也。评：三代之法，乃君国宪法。立宪政体，本产出于中国三代之世，此节尚未明透。在后世方议其法之疏，而天下之人不见上之可欲，不见下之可恶，法愈疏而乱愈不作，所谓无法之法也。后世之法，藏天下于筐箧者也。利不欲其遗于下，福必欲其敛于上；用一人焉则疑其自私，而又用一人以制其私；行一事焉则虑其可欺，而又设一事以防其欺。天下之人共知其筐箧之所在，吾亦鳃鳃然日唯筐箧之是虞，故其法不得不密，法愈密而天下之乱即生于法之中，所谓非法之法也。

论者谓一代有一代之法，子孙以法祖为孝。夫非法之法，前王不胜其利欲之私以创之，后王或不胜其利欲之私以坏之。坏之者固足以害天下，其创之者亦未始非害天下者也。乃必欲周旋于此胶彼漆之中以博宪章之余名，此俗儒之剿说也。即论者谓天下之治乱不系于法之存亡。夫古今之变，至秦而一尽，至元而又一尽，经此二尽之后，古圣王之所恻隐爱人而经营者荡然无具，苟非为之远思深览，一一通变，以复井田、封建、学校、卒乘之旧，虽小小更革，生民之戚戚终无已时也。评：诚哉是言！一一通变，久渐而复，世人乃河汉斯言，乃又妄欲别求师法于法、于美、于荷兰，不知其不足法也。生民之痛苦，五年于兹也，不但戚戚无已时也。

眉批：眼光迥卓。后世之敝，承秦一统郡县之敝，非君主之为敝也。中书行省，中央集权，今日之敝，即省制所由来，承元之敝，非不统一之为敝也。

即论者谓有治人无治法，吾以谓有治法而后有治人。自非法之法桎梏天下人之手足，即有能治之人，终不胜其牵挽嫌疑之顾盼；有所设施，亦就其分之所得，安于苟简，而不能有度外之功名。使先王之法而在，莫不有法外之意存乎其间。其人是也，则可以无不行之意；其人非也，亦不至深刻罗纲，文害天下。故曰有治法而后有治人。

眉批：有治法而后有治人，此言即指承上文复井田、封建、学校、卒乘之大法也，时流谬托此言，以为一切放任，又从而一切法洋，读《尔疋》不熟，死未知冤者乎？

置 相

有明之无善治，自高皇帝罢丞相始也。

原夫作君之意，所以治天下也。天下不能一人而治，则设官以治之。是官者，分身之君也。孟子曰："天子一位，公一位，侯一位，伯一位，子、男同一位，凡五等。君一位，卿一位，大夫一位，上士一位，中士一位，下士一位，凡六等。"盖自外而言之，天子之去公，犹公、侯、伯、子、男之递相去；自内而言之，君之去卿，犹卿、大夫、士之递相去。非独至于天子遂截然无等级也。昔者伊尹、周公之摄政，以宰相而摄天子，亦不殊于大夫之摄卿，士之摄大夫耳。后世君骄臣谄，天子之位始不列于卿、大夫、士之间，而小儒遂河汉其摄位之事，以至君崩子立，忘哭泣衰绖之哀，讲礼乐征伐之治，君臣之义未必全，父子之恩已先绝矣。不幸国无君长，委之母后，为宰相者方避嫌而处，使其决裂败坏，贻笑千古，无乃视天子之位过高所致乎！

眉批：梨洲此言，注重在礼。君崩，百官总己以听于冢宰三年，见汉文短丧之非，母后听政之谬，仍属规复三代制度之意，所以不嫌自居。箕子尝论，母后听政，乃乱世之法，以邑姜之贤，备于十乱，然但闻周公负扆，未闻邑姜垂帘。自吕雉作俑，而新室之篡，成于文母，东汉窦、梁诸后，坏法乱纪，终以亡国，至胡灵、武曌而极。惟和熹、宣仁，世或称之，其实两朝党祸，皆原于两后听政之朝，直有百非而无一是也。

古者君之待臣也，臣拜，君必答拜。秦、汉以后，废而不讲；然丞相进，天子御座为起，在舆为下。宰相既罢，天子更无与为礼者矣。遂谓百官之设，所以事我，能事我者我贤之，不能事我者我否之。设官之意既讹，尚能得作君之意乎！古者不传子而传贤，其视天子之位，去留犹夫宰相也。评：谓尧、舜，非投票之总统。其后天子传子，宰相不传子。评：谓三代，非谓秦以来。天子之子不皆贤，尚赖宰相传贤足相补救，则天子亦不失传贤之意。宰相既罢，天子之子一不贤，更无与为贤者矣，不亦并传子之意而失者乎！

或谓后之入阁办事，无宰相之名，有宰相之实也。曰：不然。入阁办事者，职在批答，犹开府之书记也。其事既轻，而批答之意，又必自内授之而后拟之，可谓有其实乎？吾以谓有宰相之实者，今之宫奴也。评：此则专谓有明一代。盖大权不能无所寄，彼宫奴者，见宰相之政事坠地不收，从而设为科条，增其职掌，生杀予夺出自宰相者，次第而尽归焉。有明之阁下，贤者贷其残膏剩馥，不贤者假其喜笑怒骂，道路传之，国史书之，则以为其人之相业矣。故使宫奴有宰相之实者，则罢丞相之过也。阁下之贤者，尽其能事则曰法祖。亦非为祖宗之必足法也。其事位既轻，不得不假祖宗以压后王，以塞宫奴。祖宗之所行未必皆当，宫奴之黠者又复条举其疵行，亦曰法祖，而法祖之论荒矣。使宰相不罢，自得以古圣哲王之行摩切其主，其主亦有所畏而不敢不从也。

宰相一人，参知政事无常员。每日便殿议政，天子南面，宰相、六卿、谏官东西面以次坐。其执事皆用士人。凡章奏进呈，六科给事中主之；给事中以白宰相，宰相以白天子，同议可否，天子批红；天子不能尽，则宰相批之，下六部施行。更不用呈之御前，转发阁中票拟，阁中又缴之御前，而后下该衙门，如故事往返，使大权自宫奴出也。

宰相设政事堂，使新进士主之，或用待诏者。唐张说为相，列五房于政事堂之后：一曰吏房，二曰枢机房，三曰兵房，四曰户房，五曰刑礼房，分曹以主众务，此其例也。四方上书言利弊者及待诏之人皆集焉，凡事无不得达。

学　校

学校所以养士也，然古之圣王，其意不仅此也，必使治天下之具皆出于学校，而后设学校之意始备。非谓班朝，布令，养老，恤孤，讯馘，大师旅则会将士，大狱讼则期吏民，大祭祀则享始祖，行之自辟雍也。盖使朝廷之上，闾阎之细，渐摩濡染，莫不有诗书宽大之气。天子之所是未必是，天子之所非未必非，天子亦遂不敢自为非是，而公其非是于学校。是故养士为学校之一事，而学校不仅为养士而设也。

三代以下，天下之是非一出于朝廷。天子荣之，则群趋以为是；天子辱之，则群擿以为非。簿书、期会、钱谷、戎狱，一切委之俗吏。时风众势之外，稍有人焉，便以为学校中无当于缓急之习气。而其所谓学校者，科举嚣争，富贵熏心，亦遂以朝廷之势利一变其本领，而士之有才能学术者且往往自拔于草野之间，于学校初无与也，究竟养士一事亦失之矣。

于是学校变而为书院。有所非也，则朝廷必以为是而荣之；有所是也，则朝廷必以为非而辱之。评：此专指宋、明两代，始于东汉之末，今则此风亦不可见。伪学之禁，书院之毁，必欲以朝廷之权与之争胜。其不仕者有刑，曰："此率天下士大夫而背朝廷者也。"其始也，学校与，朝廷无与；其继也，朝廷与学校相反，不特不能养士，且至于害士，犹然循其名而立之，何与？

东汉太学三万人，危言深论，不隐豪强，公卿避其贬议；宋诸生伏阙植鼓，请起李纲。三代遗风，惟此犹为相近。使当日之在朝廷者，以其所非是为非是，将见盗贼奸邪慑心于正气霜雪之下，君安而国可保也。乃论者目之为衰世之事，不知其所以亡者，收捕党人，编管陈、欧，正坐破坏学校所致，而反咎学校之人乎？

眉批：此尚非探本之论。吾闻之经训，坐在君德先未养成，相辅亦非其人，不能量贤授位，量能授职，在位者不能职思其居，斯在下者思出其位也。

嗟乎！天之生斯民也，以教养托之于君。授田之法废，民买田而自养，犹赋税以扰之；学校之法废，民蚩蚩而失教，犹势利以诱之。是亦不仁之甚，而以其空名踳之曰"君父，君父"，则吾谁欺？

郡县学官，毋得出自选除；郡县公议，请名儒主之。自布衣以至宰相之谢事者，皆可当其任，不拘已未仕也。其人稍有干于清议，则诸生得共起而易之，曰："是不可以为吾师也。"其下有五经师，兵法、历算、医、射各有师，皆听学官自择。凡邑之生童皆裹粮从学，离城烟火聚落之处士人众多者，亦置经师。民间童子十人以上，则以诸生之老而不仕者充为蒙师。故郡邑无无师之士，而士之学行成者，非主六曹之事，则主分教之务，亦无不用之人。

眉批：此所拟学校办法尚疏。吾闻之《周礼》乡、遂为学校之总，区为小学八千七百所，中校三百所，由此选举，升于国学。乡、遂两级之学，致仕与国学考成而未仕者，皆可为之师，三公六卿为典选。百家共一塾，族师为之监督；五百家共一庠，党正为之监督。归教其乡者，皆其党之人，故曰吾党弟子。自行束修以上，丰俭各随其意，别无开支经费之事。学于庠者有廪食，故谓之米廪，使之相共相受，无取乎予夺为也。吾闻之："三公在朝，三老在学。"三老或即三公兼之，不与吏事，坐而论道，即王者之师也。国子小学在宫南之左，毕学期入太学，王太子、诸侯卿大夫元士之嫡子，与国之候选，皆入学以齿。此与古合。郡县朔、望讲学，此为郡县时代设法，于古无征，窒碍难行。于《周礼》乡、遂学校，则属于州长、党正、族师、闾胥属民而观象读法之事也。其甸、稍、县、都公邑家邑之法，则未闻以例推之，公受成国，卿大夫出封，加一等者，在近畿五百里亦立乡、遂之学，此外学区统于乡矣。

学官以外，凡在城在野寺观庵堂，大者改为书院，经师领之；小者改为小学，蒙师领之。以分处诸生受业。其寺产即隶于学，以赡诸生之贫者。二氏之徒，分别其有学行者，归之学宫，其余则各还其业。

太学祭酒，推择当世大儒，其重与宰相等，或宰相退处为之。每朔日，天子临幸太学，宰相、六卿、谏议皆从之。祭酒南面讲学，天子亦就弟子之列。政有缺失，祭酒直言无讳。

天子之子年至十五，则与大臣之子就学于太学，使知民之情伪，且使之稍习于劳苦。毋得闭置宫中，其所闻见不出宦官宫妾之外，妄自崇大也。

郡县朔、望，大会一邑之缙绅士子。学官讲学，郡县官就弟子列，北面再拜，师弟子各以疑义相质难。其以簿书期会，不至者罚之。郡县官政事缺失，小则纠绳，大则伐鼓号于众。其或僻郡下县，学官不能骤得名儒，而郡县官之学行过之者，则朔、望之会，郡县官南面讲学可也。若郡县官少年无实学，妄自压老儒而上之者，则士子哗而退之。

择名儒以提督学政，然学官不隶属于提学，以其学行名辈相师友也。每三年，学官送其俊秀于提学而考之，补博士弟子；送博士弟子于提学而考之，以解礼部。更不别遣考试官。发榜所遣之士，有平日优于学行者，学官咨于提学补入之。其弟子之罢黜，学官之生平定之，而提学不与焉。

学历者能算气朔，即补博士弟子。其精者同入解额，使礼部考之，官于钦天监。学医者送提学考之，补博士弟子，方许行术。岁终，计其生死效否之数，书之于册，分为三等：下等黜之；中等行术如故；上等解试礼部，入太医院而官之。

眉批：此与《礼记·王制》、《周官》官制变通而合。

凡乡饮酒，合一郡一县之缙绅士子。士人年七十以上生平无玷清议者，庶民年八十以上无过犯者，皆以齿南面，学官、郡县官皆北面，宪老乞言。

眉批：乡饮酒于《仪礼》详其议，于《周礼》详其制，视此所拟为密，四川尊经书院曾课而行之。

乡贤名宦，毋得以势位及子弟为进退。功业气节则考之国史，文章则稽之传世，理学则定之言行。此外乡曲之小誉，时文之声名，讲章之经学，依附之事功，已经入祠者皆罢之。

凡郡邑书籍，不论行世藏家，博搜重购，每书钞印三册，一册上秘府，一册送太学，一册存本学。时人文集，古文非有师法，语录非有心得，奏议无裨实用，序事无补史学者，不许传刻。其时文、小说、词曲、应酬代笔，已刻者皆追板烧之。士子选场屋之文及私试义策，盅惑坊市者，弟子员黜革，见任官落职，致仕官夺告身。

民间吉凶，一依《朱子家礼》行事。庶民未必通谙，其丧服之制度，木主之尺寸，衣冠之式，宫室之制，在市肆工艺者，学官定而付之。离城聚落，蒙师相其礼以革习俗。

眉批：宋学家于礼学甚疏。光绪末开礼馆，宋育仁有《礼书》稿，其士礼通行臣庶之家者，已定冠、昏二篇，丧、祭尚未具。会为儿行冠、昏礼，有《宋氏习行冠》、《昏礼节》二篇，后遭弟丧，补《士丧虞礼节》一篇。名山吴伯竭有《礼事图》，全据《仪礼》，《宋氏冠昏》、《虞礼》，则兼取《温公书仪》。

凡一邑之名迹及先贤陵墓祠宇，其修饰表章，皆学官之事。淫祠通行拆毁，但留土谷，设主祀之。故入其境，有违礼之祀，有非法之服，市愚无益之物，土留未掩之丧，优歌在耳，鄙语满街，则学官之职不修也。

取士上

取士之弊，至今日制科而极矣。故毅宗尝患之也，为拔贡、保举、准贡、特授、积分、换授，思以得度外之士。乃拔贡之试，犹然经义也，考官不遣词臣，属之提学，既已轻于解试矣。保举之法，虽曰以名取人，不知今之所谓名者何凭也，势不得不杂以贿赂请托，及其捧檄而至，吏部以一义一论试之，视解试为尤轻矣。准贡者用解试之副榜，特授者用会试之副榜。夫副榜，黜落之余也，其黜落者如此之重，将何以待中式者乎？积分不去赘郎，其源不能清也；换授以优宗室，其教可不豫乎？凡此六者，皆不离经义，欲得胜于科目之人，其法反不如科目之详，所以徒为纷乱而无益于时也。

唐进士试诗赋，明经试墨义。所谓墨义者，每经问义十道，五道全写疏，五道全写注。宋初试士，诗、赋、论各一首，策五道，帖《论语》十，帖对《春秋》或《礼记》墨义十条；其"九经"、"五经"、"三礼"、"三传"、学究等，设科虽异，其墨义同也。王安石改法，罢诗赋、帖经、墨义，中书撰大义式颁行，须通经有文采，乃为中格，不但如明经墨义粗解章句而已。然非创自安石也。唐柳冕即有"明六经之义，合先王之道者以为上等，其精于传注与下等"之议。权德舆驳曰："注疏犹可以质验，不者有司率情上下其手，既失其末，又不得其本，则荡然矣。"其后宋祁、王珪累有"止问大义，不责记诵"之奏，而不果行，至安石始决之。

故时文者，帖书、墨义之流也。今日之弊，在当时权德舆已尽之。向若因循不改，则转相模勒，日趋浮薄，人才终无振起之时。若罢经义，遂恐有弃经不学之士，而先王之道益视为迂阔无用之具。余谓当复墨义古法，使为经义者全写注疏、《大全》、汉宋诸儒之说，一一条具于前，而后申之以己意，亦不必墨守一先生之言。由前则空疏者绌，由后则愚蔽者绌，亦变浮薄之一术也。

或曰：以诵读精粗为中否，唐之所以贱明经也，宁复贵其所贱乎？曰：今日之时文，有非诵数时文所得者乎？同一诵数也，先儒之义学，其愈于饾饤之剿说亦可知矣。非谓守此足以得天下之士也，趋天下之士于平实，而通经学古之人出焉。昔之诗赋亦何足以得士，然必费考索，推声病。未有若时文，空疏不学之人皆可为之也。

取士下

古之取士也宽，其用士也严；今之取士也严，其用士也宽。古者乡举里选，士之有贤能者，不患于不知。降而唐、宋，其为科目不一，士不得与于此，尚可转而从事于彼，是其取之之宽也。《王制》：论秀士，升之司徒曰选士；司徒论选士之秀者，升之学曰俊士；大乐正论造士之秀者，升之司马曰进士；司马论进士之贤者，以告于王而定其论。论定然后官之，任官然后爵之，位定然后禄之。一人之身，未入仕之先凡经四转，已入仕之后凡经三转，总七转，始与之以禄。唐之士，及第者未便解褐，入仕吏部，又复试之。韩退之三试于吏部无成，则十年犹布衣也。宋虽登第入仕，然亦止是簿尉令录，榜首才得丞判，是其用之之严也。宽于取则无枉才，严于用则少幸进。

今也不然。其所以程士者，止有科举之一途，虽使古豪杰之士若屈原、司马迁、相如、董仲舒、扬雄之徒，舍是亦无由而进取之，不谓严乎哉？一日苟得，上之列于侍从，下亦置之郡县；即其黜落而为乡贡者，终身不复取解，授之以官。用之又何其宽也？严于取，则豪杰之老死邱壑者多矣；宽于用，此在位者多不得其人也。

流俗之人，徒见夫二百年以来之功名气节，一二出于其中，遂以为科目已善，不必他求。不知科目之内，既聚此百千万人，不应功名气节之士独不得入，则是功名气节之士之得科目，非科目之得功名气节之士也。假使士子探筹，第其长短而取之，行之数百年，则功名气节之士亦自有出于探筹之中者，宁可谓探筹为取士之善法耶？究竟功名气节人物，不及汉、唐远甚，徒使庸妄之辈充塞天下。岂天之不生才哉？则取之之法非也。吾故宽取士之法，有科举，有荐举，有太学，有任子，有郡邑佐，有辟召，有绝学，有上书，而用之之严附见焉。

眉批：今之投票，与探筹无异，而尚无探筹之公。一代不如一代，唐不如汉，宋不如唐，明又不如宋，其余皆过渡时代等之，自桧无讥。尝论汉为经学持世时代，唐为文学持世时代，宋为理学持世时代，其人才之盛衰，由于教授之方异也。

科举之法：其考校仿《朱子议》，第一场《易》、《诗》、《书》为一科，子、午年试之；"三礼"兼《大戴》为一科，卯年试之；"三传"为一科，酉年试之。试义各二道，诸经皆兼四书义一道。答义者先条举注疏及后儒之说，既备，然后以"愚按"结之。其不条众说，或条而不能备，竟入己意者，虽通亦不中格。有司有不依章句移文配接命题者，有丧礼服制忌讳不以为题者，皆坐罪。第二场周、程、张、朱、陆六子为一科，孙、吴武经为一科，荀、董、扬、文中为一科，管、韩、老、庄为一科，分年各试一论。第三场

《左》、《国》、"三史"为一科，《三国》、《晋书》、南北《史》为一科，新旧《唐书》、《五代史》为一科，《宋史》、《有明实录》为一科，分年试史论各二道。答者亦必撅事实而辨是非；若事实不详，或牵连他事而于本事反略者，皆不中格。第四场时务策三道。凡博士弟子员遇以上四年仲秋，集于行省而试之，不限名数，以中格为度。考官聘名儒，不论布衣、在位，而以提学主之。明年会试，经、子、史科，亦依乡闱分年，礼部尚书知贡举。登第者听宰相鉴别，分置六部各衙门为吏，管领簿书。拔其尤者，仿古侍中之职在天子左右，三考满常调而后出官郡县。又拔其尤者为各部主事，落第者退为弟子员，仍取解试而后得入礼闱。

荐举之法：每岁郡举一人，与于待诏之列，宰相以国家疑难之事问之。观其所对，令廷臣反覆诘难，如汉之贤良、文学以盐铁发策是也。能自理其说者，量才官之，或假之职事，观其所效而后官之。若庸下之才剿说欺人者，举主坐罪，其人报罢。若道德如吴与弼、陈献章，则不次待之，举主受上赏。

太学之法：州县学每岁以弟子员之学成者，列其才能德艺以上之，不限名数，缺人则止。太学受而考之，其才能德艺与所上不应者，本生报罢。凡士子之在学者，积岁月累试，分为三等：上等则同登第者，宰相分之为侍中属吏；中等则不取解试，竟入礼闱；下等则罢归乡里。

任子之法：六品以上，其子十有五年皆入州县学，补博士弟子员；若教之十五年而无成，则出学。三品以上，其子十有五年皆入太学；若教之十五年而无成，则出学。今也大夫之子与庶民之子同试，提学受其请托，是使其始进不以正；不受其请托，非所以优门第也。公卿之子不论其贤否而仕之，贤者则困于常调，不贤者而使之在民上，既有害于民，亦非所以爱之也。

郡县佐之法：郡县各设六曹，提学试弟子员之高等者分置之，如户曹管赋税出入，礼曹主祀事、乡饮酒、上下吉凶之礼，兵曹统民户所出之兵、城守、捕寇，工曹主郡邑之兴作，刑曹主刑狱，吏曹主各曹之迁除资俸也。满三考升贡太学，其才能尤著者，补六部各衙门属吏。凡廪生皆罢。

辟召之法：宰相、六部、方镇及各省巡抚，皆得自辟其属吏，试以职事，如古之摄官。其能显著，然后上闻即真。

绝学者，如历算、乐律、测望、占候、火器、水利之类是也。郡县上之于朝，政府考其果有发明，使之待诏，否则罢归。

上书有二：一、国家有大事或大奸，朝廷之上不敢言而草野言之者，如唐刘蕡、宋陈亮是也，则当处以谏职。若为人嗾使，因而挠乱朝政者，如东汉牢修告捕党人之事，即应处斩。一、以所著书进览，或他人代进，看详其书足以传世者，则与登第者一体出身。若无所发明，纂集旧书，且是非谬乱者，如今日赵宧光《说文长笺》、刘振《识大编》之类，部帙虽繁，却其书而遣之。

建　都

或问：北都之亡忽焉，其故何也？曰：亡之道不一，而建都失算，所以不可救也。夫国祚中危，何代无之？安禄山之祸，玄宗幸蜀；吐蕃之难，代宗幸陕；朱泚之乱，德宗幸奉天。以汴京中原四达，就使有急而行势无所阻。当李贼之围京城也，毅宗亦欲南下，而孤悬绝北，音尘不贯，一时既不能出，出亦不能必达，故不得已而身殉社稷。向非都燕，何遽不及三宗之事乎？

或曰：自永乐都燕，历十有四代，岂可以一代之失，遂议始谋之不善乎？曰：昔人之治天下也，以治天下为事，不以失天下为事者也。有明都燕不过二百年，而英宗狩于土木，武宗困于阳和，景泰初京城受围，嘉靖二十八年受围，四十三年边人阑入，崇祯间京城岁岁戒严。上下精神毙于寇至，日以失天下为事，而礼乐政教犹足观乎？江南之民命竭于输挽，大府之金钱靡于河道，皆都燕之为害也。

或曰：有王者起，将复何都？曰：金陵。或曰：古之言形胜者，以关中为上，金陵不与焉，何也？曰：时不同也。秦、汉之时，关中风气会聚，田野开辟，人物殷盛；吴楚方脱蛮夷之号，风气朴略，故金陵不能与之争胜。今关中人物不及吴会久矣，又经流寇之乱，烟火聚落，十无二三，生聚教训，故非一日之所能移也。而东南粟帛，灌输天下。天下之有吴会，犹富室之有仓库匮箧也。今夫千金之子，其仓库匮箧必身亲守之，而门庭则以委之仆妾。舍金陵而勿都，是委仆妾以仓库匮箧。昔日之都燕，则身守夫门庭矣。曾谓治天下而智不千金之子若与！

方　镇

　　今封建之事远矣，因时乘势，则方镇可复也。自唐以方镇亡天下，庸人狃之，遂为厉阶。然原其本末则不然。当太宗分置节度，皆在边境，不过数府。其带甲十万，力足以控制寇乱。故安禄山、朱泚皆凭方镇而起，乃制乱者亦借方镇。其后析为数十，势弱兵单，方镇之兵不足相制，黄巢、朱温遂决裂而无忌。然则唐之所以亡，由方镇之弱，非由方镇之强也。是故封建之弊，强弱吞并，天子之政教有所不加；郡县之弊，疆场之害苦无已时。欲去两者之弊，使其并行不悖，则沿边之方镇乎！

　　眉批：此言非矣。夫封建之弊，强弱吞并者，孔子一言断之曰："天下无道，礼乐征伐自诸侯出"也。天子自弛其方伯、连帅、卒正、庶长，隶军政于大伯之权，王师不出，巡狩无闻，所谓上失其道也。故曰：天保治内，采薇治外；厉虐其民，以流于彘；宣王中兴，由反掌也。制度未废，王师所在，诸侯各以方伯、连帅、卒正、庶长之职，出师以从，此采薇治外之一效也。幽以烽火戏诸侯，乃自破坏其军政；申后、宜臼又召戎自寇，而军制荡然乎；又弃社稷而东迁，是周已亡。而后封建之流弊乃出，非封建原有之弊也。

　　宜将辽东、蓟州、宣府、大同、榆林、宁夏、甘肃、固原、绥延俱设方镇，外则云、贵亦依此例，分割附近州县属之。务令其钱粮兵马，内足自立，外足捍患；田赋商税，听其征收，以充战守之用；一切政教张弛，不从中制；属下官员，亦听其自行辟召，然后名闻。每年一贡，三年一朝，终其世兵民辑睦，疆场宁谧者，许以嗣世。

　　凡此则有五利：今各边有总督，有巡抚，有总兵，有本兵，有事复设经略，事权不一，能者坏于牵制，不能者易于推诿，枝梧旦夕之间，掩饰章奏之上，其未至溃决者，直须时耳。统帅专一，独任其咎，则思虑自周，战守自固，以各为长子孙之计。一也。国家有一警急，尝竭天下之财，不足供一方之用，今一方之财自供一方。二也。边镇之主兵尝不如客兵，故尝以调发致乱，天启之奢酋、崇祯之莱围是也，今一方之兵自供一方。三也。治兵措饷皆出朝廷，尝以一方而动四方。既各有专地，兵食不出于外，即一方不宁，他方宴如。四也。外有强兵，中朝自然顾忌；山有虎豹，藜藿不采。五也。

田制一

昔者禹则壤定赋，《周官》体国经野，则是夏之所定者，至周已不可为准矣。当是时，其国之君，于其封疆之内田土之肥瘠，民口之众寡，时势之迁改，视之为门以内之事也。

眉批：三代虽有与时变通，而其原则则一也，孟子论之详矣。郑康成《周礼》注引《孟子》，误解"野九一而助，国中什一使自赋"，互移其义，问琴阁《周官三十表》附有《地官释地制》一篇，详哉言之。

井田既坏，汉初十五而税一，文、景三十而税一，光武初行什一之法，后亦三十而税一。盖土地广大，不能缕分区别，总其大势，使瘠土之民不至于甚困而已。评：此由郡县之故，不得不为卤莽粗疏之政也。是故合九州之田，以下下为则。下下者不困，则天下之势相安，吾亦可无事于缕分区别而为则壤经野之事也。夫三十而税一，下下之税也。当三代之盛，赋有九等，不能尽出于下下，汉独能为三代之所不能为者，岂汉之德过于三代欤？古者井田养民，其田皆上之田也。评：非也，皆一国所公有也。自秦而后，民所自有之田也。上既不能养民，使民自养，又从而赋之，虽三十而税一，较之于古亦未尝为轻也。

眉批：质而言之曰，以田为一国之公产而分授之，自上也无买田之本价，又不计押田之花息，而家占百亩之分，收其所获，约百石，而取其十石焉，犹今田主取佃家租谷，作对半分租为一成纳租，则凡为农者无不愿争为之佃也。秦以后之田，田主费买本而来，佃客又安押租于上，佃客乃真农人也，收入百石即当分半以完租，再折算其押田之本息，则耕之所获以强半纳于田主，即等于以强半纳为租税也。田主积财以置产，形同放赀以收息。通国之率田息七厘，校他息为轻，又纳卅一之税于国，则其息六厘有奇耳。又益以官耗私争，民奈何不穷且盗也？此就今日天下之通率而言也。若梨洲所举，每亩一岁之收，不过一石，而有三斗至于七斗之科，则明季江南之为田主者，不堪命矣，其亡宜矣。

至于后世，不能深原其本末，以为十一而税，古之法也；汉之省赋，非通行长久之道，必欲合于古法。九州之田，不授于上而赋以十一，则是以上上为则也。以上上为则，而民焉有不困者乎？汉之武帝，度支不足，至于卖爵、贷假、榷酤、算缗、盐铁之事无所不举，乃终不敢有加于田赋者，彼东郭、咸阳、孔仅、桑弘羊，计虑犹未熟与？然则十而税一，名为古法，其不合于古法甚矣。而兵兴之世，又不能守其十一者。其赋之于民，不任田而任用，以一时之用制天下之赋，后王因之。后王既衰，又以其时之用制天下之赋，而后王又因之。呜呼！吾见天下之赋日增，而后之为民者日困于前。

儒者曰：井田不复，仁政不行，天下之民始嗷嗷矣。孰知魏、晋之民又困于汉，唐、宋之民又困于魏、晋，则天下之害民者，宁独在井田之不复乎？今天下之财赋出于江南，江南之赋至钱氏而重，宋未尝改；至张士诚而又重，有明亦未尝改。故一亩之赋，自三斗起科至于七斗，七斗之外，尚有官耗私增。计其一岁之获，不过一石，尽输于官，然且不足。乃其所以至此者，因循乱世苟且之术也。吾意有王者起，必当重定天下之赋；重定天下之赋，必当以下下为则，而后合于古法也。

或曰：三十而税一，国用不足矣。夫古者千里之内，天子食之；其收之诸侯之贡者，不能十之一。今郡县之赋，郡县食之不能十之一，其解运至于京师者十有九。彼收其十一者尚无不足，收其十九者而反忧之乎！

眉批：闻之《周礼》，甸、稍、县、都皆无过十二。畿内方千里，二百里为甸，三百里为家稍，四百里为县，五百里为都。《王制》曰："天子之县，内诸侯禄也，外诸侯嗣也。"只一征国家税而无重征。其九贡之法，则外诸侯各以其物，与《禹贡》相表里，约如近代茶马之贡，殆不及百一焉，可以知矣。

田制二

自井田之废，董仲舒有限民名田之议，师丹、孔光因之，令民名田无过三十顷，期尽三年而犯者没入之。其意虽善，然古之圣君，方授田以养民，今民所自有之田，乃复以法夺之。授田之政未成而夺田之事先见，所谓行一不义而不可为也。或者谓夺富民之田则生乱，欲复井田者，乘大乱之后土旷人稀而后可，故汉高祖之灭秦，光武之乘汉，可为而不为为足惜。夫先王之制井田，所以遂民之生，使其繁庶也。今幸民之杀戮，为其可以便吾事，将使田既井而后，人民繁庶，或不能于吾制无龃龉，岂谓之不幸与？

后儒言井田必不可复者，莫详于苏洵；言井田必可复者，莫切于胡翰、方孝孺。洵以川路、浍道、洫涂、沟畛、遂径之制，非穷数百年之力不可。夫诚授民以田，有道路可通，有水利可修，亦何必拘泥其制度疆界之末乎！凡苏洵之所忧者，皆非为井田者之所急也；胡翰、方孝孺但言其可复，其所以复之之法亦不能详。余盖于卫所之屯田，而知所以复井田者亦不外于是矣。世儒于屯田则言可行，于井田则言不可行，是不知二五之为十矣。

眉批：斯言是也。吾闻之《周礼》，遂人、匠人之治沟洫，固有十夫、九夫两法，而井牧其田野，又有授莱之变通，至其山林川泽之农，授法又异。故曰："井者，法也。"不皆方里而井也。愚往者主江南南菁学堂，以中国农商之比较发题，因就英人赫德所算中国之地亩，约以外人所举人民四万万之大率，据江南之田亩，率以周尺百亩为较，则当今二十七亩有奇，加以所共治之公田之分，则当三十亩，适为一夫所任种田之数，所授之余田，尚二十倍于所授之数，不患寡而患不均矣。

每军拨田五十亩，古之百亩也，非即周时一夫授田百亩乎？五十亩科正粮十二石，听本军支用，余粮十二石，给本卫官军俸粮，是实征十二石也。每亩二斗四升，亦即周之乡、遂用贡法也。天下屯田见额六十四万四千二百四十三顷，以万历六年实在田土七百一万三千九百七十六顷二十八亩律之，屯田居其十分之一也，授田之法未行者，特九分耳。由一以推之九，似亦未为难行。况田有官民，官田者，非民所得而自有者也。州县之内，官田又居其十分之三。以实在田土均之，人户一千六十二万一千四百三十六，每户授田五十亩，尚余田一万七千三十二万五千八百二十八亩，以听富民之所占，则天下之田自无不足，又何必限田、均田之纷纷，而徒为困苦富民之事乎？故吾于屯田之行，而知井田之必可复也。

难者曰：屯田既如井田，则屯田之军日宜繁庶，何以复有销耗也？曰：此其说有四：屯田非土著之民，虽授之田，不足以挽其乡土之思，一也。又令少壮者守城，老弱者屯种，夫屯种而任之老弱，则所获几何？且彼见不屯者之未尝不得食也，亦何为而任其劳苦乎？二也。古者什而税一，今每亩二斗四升，计一亩之入不过一石，则是什税二有半矣，三也。又征收主自武人而郡县不与，则凡刻剥其军者何所不为，四也。而又何怪乎其销耗与！

眉批：洞见本原。

田制三

或问井田可复，既得闻命矣，若夫定税则如何而后可？曰：斯民之苦暴税久矣，有积累莫返之害，有所税非所出之害，有田土无等第之害。

何谓积累莫返之害？三代之贡、助、彻，止税田土而已。魏晋有户、调之名，有田者出租赋，有户者出布帛，田之外复有户矣。唐初立租、庸、调之法，有田则有租，有户则有调，有身则有庸，租出谷，庸出绢，调出缯纩布麻，户之外复有丁矣。杨炎变为两税，人无丁中，以贫富为差，虽租、庸、调之名浑然不见，其实并庸、调而入于租也。相沿至宋，未尝减庸、调于租内，而复敛丁身钱米。后世安之，谓两税，租也，丁身，庸、调也，岂知其为重出之赋乎！使庸、调之名不去，何至是耶！故杨炎之利于一时者少，而害于后世者大矣。有明两税，丁口而外，有力差，有银差，盖十年而一值。嘉靖末行一条鞭法，通府州县十岁中夏税、秋粮、存留、起运之额，均徭、里甲、土贡、顾募、加银之例，一条总征之，使一年而出者分为十年，及至所值之年一如余年，是银、力二差又并入于两税也。未几而里甲之值年者，杂役仍复纷然。其后又安之，谓条鞭，两税也；杂役，值年之差也。岂知其为重出之差乎？使银差、力差之名不去，何至是耶？故条鞭之利于一时者少，而害于后世者大矣。万历间，旧饷五百万，其末年加新饷九百万，崇祯间又增练饷七百三十万，倪元璐为户部，合三饷为一，是新饷、练饷又并入于两税也。至今日以为两税固然，岂知其所以亡天下者之在斯乎？使练饷、新饷之名不改，或者顾名而思义，未可知也，此又元璐不学无术之过也。嗟乎！税额之积累至此，民之得有其生也亦无几矣。今欲定税，须反积累以前而为之制。授田于民，以什一为则；未授之田，以二十一为则；其户口则以为出兵养兵之赋。国用自无不足，又何事于暴税乎！

眉批：户口即丁身，丁身即庸、调也。古谓之布缕力役之征用，其粟米之征而缓其二，除以公均之法均常役而外，留其二以为邱乘军赋之用，使乡吏督其民自备兵而听调发于国。所谓无事则统之司徒，有事则统之司马。故军需谓之"赋"，字从武也。有举国之军，而无筹饷征饷之事也。

何谓所税非所出之害？古者任土作贡，虽诸侯而不忍强之以其地之所无，况于小民乎？故赋谷米，田之所自出也；赋布帛，丁之所自为也。其有纳钱者，后世随民所便。布一匹，直钱一千，输官听为九百；布直六百，输官听为五百。比之民间，反从降落。是钱之在赋，但与布帛通融而已。其田土之赋谷米，汉、唐以前未之有改也。及杨炎以户口之赋并归田土，于是布帛之折钱者与谷米相乱，亦遂不知钱之非田赋矣。宋隆兴二年，诏温、台、处、徽不通水路，其二税物帛，许依折法以银折输。盖当时银价低下，其许以折物折者，亦随民所便也。然按熙宁税额，两税之赋银者六万一百三十七两而已，而又谷贱之时常平就籴，故虽赋银，亦不至于甚困。有明自漕粮而外，尽数折银。不特折钱之布帛为银，而历代相仍不折之谷米，亦无不为银矣；不特谷米不听上纳，即欲以钱准银，亦有所不能矣。评：奸宄百出，悉由于此。仕商两界所食之利，无非盘算折合取之于此。夫以钱为赋，陆贽尚曰"所供非所业，所业非所供"，以为不可，而况以银为赋乎？天下之银既竭，凶年田之所出不足以上供，丰年田之所出足以上供，折而为银则仍不足以上供也，无乃使民岁岁皆凶年乎？天与民以丰年而上复夺之，是有天下者之以斯民为仇也。然则圣王者而有天下，其必任土所宜，出百谷者赋百谷，出桑麻者赋布帛，以至杂物皆赋其所出，评：《周官》之制，与《禹贡》相表里，详哉其言之矣。斯民庶不至困瘁尔。

眉批：古今中外银钱与物价之低昂，盖不啻几何递乘之相远也。据称熙宁税额才六万两有奇，而至乾、嘉以来，逮咸、同间税额，已八千万两，其较已增千三百倍，今增至三万万，则视宋熙宁乃五千倍矣。外域之言国计岁入多至十万万磅，其视中国今日又多五十六倍，所谓"或相倍蓰而无算"也。然以熙宁视咸、同，以咸、同视今日，以今日之中国视外域，国用之多寡不具论，物价之低昂自悬绝，而多数平民之衣食，无古今中外，其常调一也，则银钱与物价之互为低昂如桥衡也，不能外于多之征贱、少之征贵之理也。银钱愈多，则其值愈贱，百物乃因之而桥，而世人独诧于物价之贵，生活程度之高，岂不异哉？

何谓田土无等第之害？《周礼》大司徒，不易之地家百亩，一易之地家二百亩，再易之地家三百亩，是九则定赋之外，先王又细为之等第也。评：《周官》更有田百亩外加授莱二百亩、百亩、五十亩之法，又有一易之地加百亩，再易之地加二百亩之法。今民间田土之价，悬殊不啻二十倍，而有司之征收，画以一则，至使不毛之地岁抱空租，亦有岁岁耕种，而所出之息不偿牛种。小民但知其为瘠土，向若如古法休一岁、二岁，未始非沃土矣。官府之催科不暇，虽欲易之，恶得而易之？何怪夫土力之日竭乎？吾见有百亩之田而不足当数十亩之用者，是不易之为害也。

眉批：卓见名言。

今丈量天下田土，其上者依方田之法，二百四十步为一亩，中者以四百八十步为一亩，下者以七百二十步为一亩，再酌之于三百六十步、六百步为亩，分之五等。鱼鳞册字号，一号以一亩准之，不得赘以奇零。如数亩而同一区者不妨数号，一亩而分数区者不妨一号。使田土之等第，不在税额之重轻而在丈量之广狭，则不齐者从而齐矣。是故田之中、下者，得更番而作以收上田之利。如其力有余也而悉耕之，彼二亩、三亩之入，与上田一亩较量多寡，亦无不可也。

眉批：此亦变通一易、再易暨莱二百亩、百亩、五十亩之率，以求合井法，可谓往来井井矣。学者注意，法古者如是如是。

兵制一

有明之兵制，盖亦三变矣。卫所之兵变而为召募，至崇祯、弘光间又变而为大将之屯兵。卫所之弊也，官军三百十三万八千三百皆仰食于民，除西北边兵三十万外，其所以御寇定乱者，不得不别设兵以养之。分兵于农，然且不可，乃又使军分于兵，是一天下之民养两天下之兵也。召募之弊也，如东事之起，安家、行粮、马四、甲杖费数百万金，得兵十余万而不当三万之选，天下已骚动矣。大将屯兵之弊也，拥众自卫，与敌为市，抢杀不可问，宣召不能行，率我所养之兵反而攻我者，即其人也。有明之所以亡，其不在斯三者乎？

议者曰：卫所之为召募，此不得已而行之者也；召募之为大将屯兵，此势之所趋而非制也。原夫卫所，其制非不善也。一镇之兵足守一镇之地，一军之田足赡一军之用，卫所、屯田，盖相表里者也。其后军伍销耗，耕者无人，则屯粮不足，增以客兵。坐食者众，则屯粮不足，于是益之以民粮，又益之以盐粮，又益之以京运，而卫所之制始破坏矣。都燕而后，岁漕四百万石，十有二总领卫一百四十旗，军十二万六千八百人，轮年值运，有月粮，有行粮，一人兼二人之食，是岁有二十五万三千六百不耕而食之军矣。此又卫所之制破坏于输挽者也。中都、大宁、山东、河南附近卫所，轮班上操，春班以三月至八月还，秋班以九月至二月还，有月粮，有行粮，一人兼二人之食，是岁有二十余万不耕而食之军矣。此又卫所之制破坏于班操者也。一边有事则调各边之军，应调者食此边之新饷，其家口又支各边之旧饷，旧兵不归，各边不得不补，补一名又添一名之新饷，是一兵而有三饷也。卫所之制，至是破坏而不可支矣。凡此皆末流之弊，其初制岂若是哉？

眉批：卫所、屯田相表里，近于古邱乘之制矣。然而绝异者，邱乘起徒乃以农为兵，所谓寓兵于农；卫、屯则以兵为农，则是寓农于兵也。农既为寓矣，其不能持久而销耗破坏，宜也。管子之"作内政寄军令"亦犹是，如易其政纲为作军令寄内政，则适成为军人政府也。外域行之，其结果为欧州惨战，流波及我而已成今日现象矣。此军国民主义之不可为也。

为说者曰：末流之弊，亦由其制之不善所致也；制之不善，则军民之太分也。凡人膂力不过三十年，以七十为率，则四十年居其老弱也。军既不得复还为民，则一军之在伍，其为老弱者亦复四十年，如是而焉得不销耗乎？乡井之思，谁则无有？今以谪发充之，远者万里，近者千余里，违其土性，死伤逃窜十常八九，如是而焉得不销耗乎？且都燕二百余年，天下之财莫不尽取以归京师，使东南之民力竭者，非军也耶？

眉批：末流之弊，由其初制之不善所致也。诚哉是言也。经训所垂先王之制，乃一切政制之原则也。规矩者，方圆之至。工作之为方圆者，不必尽能如规矩仪器之至圆而极方，然必以仪器之精为原则。故曰："为政不因先王之道，可谓智乎？"闻之《周礼》，兵工辎重器械出于邱乘，粮食就于委积。十里有委，则尖站也，三十里有市，市有候馆，候馆有积，师行日三十里也。兵出于民，有抽调而不分畛域，是以无养兵之费也。

或曰：畿甸之民大半为军，今计口而给之，故天下有荒岁而畿甸不困，此明知其无益而不可已者也。曰：若是则非养兵也，乃养民也。天下之民不耕而待养于上，则天下之耕者当何人哉？东南之民奚罪焉！夫以养军之故至不得不养及于民，犹可谓其制之善与？评：一言蔽之曰：厉民而以自养，厉民而以自卫耳。

眉批：闻之《周礼》，正卒、羡卒起徒于近郊、远郊二百里内之居民也，即今之常备、后备，并包前代之禁军、羽林在焉。近郊、远郊即乡、遂之地，学校之总区，教练在其中，郊里之委积，以待寄旅，即践更宿卫之军旅粮食，亦在其中矣。其于馈军食也，犹家人之饷耕也，乌有竭天下之财力以养畿辅之卫兵者乎？

余以谓天下之兵当取之于口，而天下为兵之养当取之于户。其取之口也，教练之时五十而出二，调发之时五十而出一。其取之户也，调发之兵十户而养一，教练之兵则无资于养。如以万历六年户口数目言之，人口六千六十九万二千八百五十六，则得兵一百二十一万三千八百五十七人矣；人户一千六十二万一千四百三十六，则可养兵一百六万二千一百四十三人矣。夫五十口而出一人，则其役不为重；一十户而养一人，则其费不为难。而天下之兵满一百二十余万，亦不为少矣。王畿之内，以二十万人更番入卫，然亦不过千里，假如都金陵，其入卫者但尽金陵所属之郡邑，而他省不与焉。金陵人口一千五十万二千六百五十一，则得胜兵二十一万五百。以十万各守郡邑，以十万入卫；次年则以守郡邑者入卫，以入卫者归守郡邑；又次年则调发其同事教练之兵，其已经调发者则住粮归家，但听教练而已。夫五十口而出一人，而又四年方一行役，以一人计之，二十岁而入伍，五十岁而出伍，始终三十年，止历七践更耳，而又不出千里之远，则为兵者其任亦不为劳。国家无养兵之费则国富，队伍无老弱之卒则兵强。人主欲富国强兵而兵民太分，唐、宋以来但有彼善于此之制，其受兵之害，未尝不与有明同也。

眉批：此亦为郡县之世设法变通乡、遂起徒之原则，而兵额较多，方域较远。据《周礼》，正卒六军得七万二千五百人，羡卒又六军合十四万五千人也。军籍所调，面距王城各二百里，合四面远征至四百里而止，视此尤密矣。今设权法不失先王之意，而适合于外域军制之善者，所谓常备、续备、后备征兵之制也。

兵制二

国家当承平之时，武人至大师者，干涉文臣，即其品级悬绝，亦必戎服，左握刀，右属弓矢，帕首袴靴，趋入庭拜，其门状自称走狗，退而与其仆隶齿。兵兴以后，有言于天子者曰："今日不重武臣，故武功不立。"于是毅宗皇帝专任大帅，不使文臣节制，不二三年，武臣拥众，与贼相望，同事卤略。李贼入京师，三辅至于青、齐诸镇，栉比而营，天子封公侯结其欢心，终莫肯以一矢入援。呜呼，毅宗重武之效如此！

眉批：此则不成制度。平时犬马而土芥之，及危乱之际，乃从而尊重之，宜其拥兵自卫，与贼为市，反戈相仇也。君之视臣如犬马，则臣视君如国人；君之视臣如土芥，则臣视君如寇仇。文武何以异焉？洪武之不学可哀矣。常推论之，光武之学优于明太甚远，徒以起自兵间，故其制法用人，纯以刻核掺纵。和、顺以后，人竞仕宦，是非乱于朝野，颠倒百余年，以成黄巾之大乱。善乎！严子陵之答侯霸曰：辅义成仁天下悦，阿谀顺旨要领绝。人之言曰：子无乐乎为君，唯其言而莫予违也。即此一言而可以丧邦，即此一念而终于此灭，为人君者可不戒哉！观于光武立法之凉，然后悟咄咄子陵不肯相助为理也，可以观于君子之出处矣。所论不与文臣以兵柄是矣，又谓承平之时，待武臣以徒隶未为非者，非也。夫先贱视其职矣，安有将与偏裨不相习而能收指臂之效者哉？不见史可法、何腾蛟之督师乎？

然则武固不当重与？曰：毅宗轻武而不重武者也。武之所重者将，汤之伐桀，伊尹为将；武之入商，太公为将；晋作六军，其为将者皆六卿之选也。有明虽失其制，总兵皆用武人，然必听节制于督抚或经略。则是督抚、经略，将也；总兵，偏裨也。总兵有将之名而无将之实，然且不可，况竟与之以实乎！夫安国家，全社稷，君子之事也；供指使，用气力，小人之事也。国家社稷之事，孰有大于将？使小人而优为之，又何贵乎君子耶？今以天下之大托之于小人，为重武耶？为轻武耶？是故与毅宗从死者，皆文臣也。当其时，属之以一旅，赴贼俱死，尚冀十有一二相全，何至自殊城破之日乎？是故建义于郡县者，皆文臣及儒生也。当其时，有所借手以从事，胜负亦未可知，何至驱市人而战，受其屠醢乎？彼武人之为大帅者，方且飙浮云起，昔之不敢一当敌者，乘时易帜，各以利刃而齿腐朽，鲍永所谓以其众幸富贵矣，而后知承平之时待以仆隶者之未为非也。

然则彭越、黥布非古之良将与？曰：彭越、黥布，非汉王将之者也；布、越无所藉于汉王而汉王藉之，犹治病者之服乌喙、藜芦也。人见彭越、黥布之有功而欲将武人，亦犹见乌喙、藜芦之愈病而欲以为服食也。彼粗暴之徒，乘世之衰，窃乱天常，吾可以权授之，使之出落钤键哉！然则叔孙通专言斩将搴旗之士，儒生无所言进，何也？曰：当是时，汉王已将韩信，彼通之所进者，以首争首、以力搏力之兵子耳，岂所谓将哉？然则壮健轻死善击刺者，非所贵与？曰：壮健轻死善击刺之在人，犹精致犀利之在器甲也。弓必欲无漪，冶必欲援胡之称，甲必欲上旅下旅札续之坚，人必欲壮健轻死善击刺，其道一也。器甲之精致犀利，用之者人也；人之壮健轻死善击刺者，用之者将也。今以壮健轻死善击刺之人而可使之为将，是精致犀利之器甲可以不待人而战也。

眉批：今日乃欲专恃枪炮以为武力，又梨洲之所笑也。

兵制三

唐、宋以来，文武分为两途，然其职官，内而枢密，外而阃帅州军，犹文武参用。惟有明截然不相出入，文臣之督抚，虽与军事而专任节制，与兵士离而不属。是故涖军者不得计饷，计饷者不得涖军；节制者不得操兵，操兵者不得节制。方自以犬牙交制，使其势不可为叛。夫天下有不可叛之人，未尝有不可叛之法。杜牧所谓"圣贤才能多闻博识之士"，此不可叛之人也。豪猪健狗之徒，不识礼义，喜卤掠，轻去就，缓则受吾节制，指顾簿书之间，急则拥兵自重，节制之人自然随之上下。试观崇祯时，督抚曾有不为大帅驱使者乎？此时法未尝不在，未见其不可叛也。

有明武职之制，内设都督府、锦衣卫，外设二十一都司、四百九十三卫、三百五十九所。平时有左右都督、都指挥使、指挥使，各系以同知、佥事及千户、百户、镇抚之级，行伍有总兵、副将、参将、游击、千把总之名。宜悉罢平时职级，只存行伍。京营之兵，兵部尚书即为总兵，侍郎即为副将，其属郎官即分任参、游。设或征讨，将自中出，侍郎挂印而总兵事，郎官从之者一如京营。或用巡抚为将，巡抚挂印，即以副将属之参政，参将属之郡守，其行间战将勇略冠军者即参用于其间。苟如近世之沈希仪、万表、俞大猷、戚继光，又未尝不可使之内而兵部，外而巡抚也。

眉批：闻之《周礼》，军官皆临时置之。司马职云：其军将皆命卿，其师帅皆中大夫，其旅帅皆下大夫，其国司马皆上士，其两司马皆中士，事毕而罢。四时之蒐田讲武与出军征讨，皆同此议，与经制符合，然非征兵于农不可为也，为其与行伍之士卒不相习也。

自儒生久不为将，其视用兵也，一以为尚力之事，当属之豪健之流；一以为阴谋之事，当属之倾危之士。夫称戈比干立矛者，士卒之事而非将帅之事也，即一人以力闻，十人而胜之矣。兵兴以来，田野市井之间膂力稍过人者，当事即以奇士待之，究竟不当一卒之用。万历以来之将，掩败饰功，所以欺其君父者何所不至，亦可谓之倾危矣。乃只能施之君父，不能施之寇敌。然则今日之所以取败亡者，非不足力与阴谋可知矣。使文武合为一途，为儒生者知兵书战策非我分外，习之而知其无过高之论；为武夫者知亲上爱民为用武之本，不以粗暴为能。是则皆不可叛之人也。

眉批：此又在于教矣。《周官》之教射御干舞，所以造士。而又乡射、大射，四时蒐乘讲武以练习之，春而振旅，夏而茇舍，秋而治兵，冬而大阅，凡出队、收队、札营、列陈、简车徒、验器技，临时命卿、大夫、士为将帅，士在行间为军司马，凡鼓铙、进退、作坐、击刺，岁有四次演习。夫是以能文武一途，而兵车为军礼也。其武力之士，别属于虎士冲锋之队。王者之师，有征无战，盖备而不用也。

财计一

后之圣王而欲天下安富，其必废金银乎！

古之征贵征贱，以粟帛为俯仰。故公田赋税，有粟米之征、布缕之征是也；民间市易，《诗》言"握粟出卜"，《孟子》言"通工易事，男粟女布"是也。其时之金银，与珠玉无异，为馈问器饰之用而已。三代以下，用者粟帛而衡之以钱，故钱与粟帛相为轻重。汉章帝时，谷帛价贵，张林言："此钱多故也，宜令天下悉以布帛为租，市贾皆用之，封钱勿出，物皆贱矣。"魏明帝时，废钱用谷。桓玄辅晋，亦欲废钱。孔琳之曰："先王制，无用之货以通有用之财，此钱之所以嗣功龟贝也。评：六朝议礼，此类甚多，此辈当置之不论之列，梨洲引之过矣。谷帛本充衣食，分以为货，劳毁于商贩之手，耗弃于割截之用，此之为弊者，著自于囊。"然则昔之有天下者，虽钱与谷帛杂用，犹不欲使其重在钱也。梁初唯京师及三吴、荆、郢、江、湘、梁、益用钱，其余州郡杂以谷帛，交、广之域全以金银为货。陈用钱兼以锡铁粟帛，岭南多以盐米布，交易不用钱。北齐冀州之北，钱皆不行，交贸者皆绢布。后周河西诸郡或用西域金银钱，而官不禁。唐时民间用布帛处多，用钱处少。大历以前，岭南用钱之外，杂以金银、丹砂、象齿。贞元二十年，命市井交易，以绫罗绢布杂货与钱兼用。宪宗诏天下有银之山必有铜，唯银无益于人，五岭以北，采银一两者流他州，官吏论罪。元和六年，贸易钱十缗以上参布帛。太和三年，饰佛像许以金银，唯不得用铜。四年，交易百缗以上者，粟帛居半。按唐以前，自交、广外，上而赋税，下而市易，一切无事于金银，其可考彰彰若是。

眉批：九府圜法虽成于太公，而《周官》不著其制，惟廾人之守，非时不采，国凶荒札丧则令无征而作布，则平时无采廾作布之务。周景始以铸钱名于代，已属周道将衰之世。秦政更益货布，亦以郡县统一为京师控御四远之术，不久而亡，民间尚未习惯通行。孝武事于边，而三品之币益兴。吴濞、邓通以后，已偏重于铜币，钱之数最多故也。由此世乱市乱而财政乃难为矣。

此段所举，皆衰世之政，头痛医头，脚痛医脚，如折袜线，无一条长，不足论也。今世搭用几成之谬种，所以流传无已也。梨洲引此，特为不用生金生银作证，亦非以为可法，读者勿误。

宋元丰十二年，蔡京当国，凡以金银丝帛等贸易勿受，夹锡钱者以法惩治。盖其时有以金银为用者矣。然重和之令，命官之家，留见钱二万贯，民庶半之，余限二年听易金银之类，则是市易之在下者，未始不以钱为重也。绍兴以来，岁额金一百二十八两，银无额，七分入内库，三分归有司，则是赋税之在上者，亦未始以金银为正供，为有司之经费也。及元起北方，钱法不行，于是以金银为母，钞为子，子母相权而行，而金银遂为流通之货矣。

眉批：此与上篇引熙宁税银额不能勘合，盖兼税钱谷，本色折色无常，而合折金银，故史但纪金银税额，不能算钱谷之时价低昂，故不能举其都数，据此税额为数甚鲜，则金银贵而物价贱，可知也。据宋初赵普监铸钱，岁得十万，谓之横财。宋祖讥赵普曰：措大眼孔小，给与十万钱，塞破屋子矣。则今之百缗耳。史学家书汗牛充栋，而无人能言之，则学者为无用之考订文字久矣，宜乎西学者挟其兔园册，称为经济学而傲旧学以不知也，悲夫！

明初亦尝禁金银交易，而许以金银易钞于官，则是罔民而收其利也，其谁信之？故至今日而赋税市易，银乃单行，以为天下之大害。盖银与钞为表里，银之力绌，钞以舒之，故元之税粮，折钞而不折银。今钞既不行，钱仅为小市之用，不入贡赋，使百务并于一途，则银力竭。元又立提举司，置淘金户，开设金银场，各路听民煽炼，则金银之出于民间者尚多。今矿所封闭，间一开采，又使宫奴主之，使宫奴专之，以入大内，与民间无与，则银力竭。二百余年，天下金银，纲运至于燕京，如水赴壑。承平之时，犹有商贾官吏返其十分之二三，多故以来，在燕京者既尽泄之边外，而富商大贾、达官猾吏，自北而南，又能以其资力尽敛天下之金银而去，此其理尚有往而复返者乎！

眉批：《日知录》撮举史文所见金银钱谷币帛之价，可谓知本，惜其不具。余尝欲备钞诸史记载小说诗词所有钱值物价，以审民生国计之变动盈虚。往者箸《经世财政学》，仅就所记立论，未暇捡书也。其古今中外货与物交易之低昂，已具于是书《币制篇》，兹不具论。夫用金则必广采铸，不裕其采铸之源，则宁废金银，此固征贵征贱一定之理，而民生国计之本，衣食为实，钱币为权，此又不易之道也。但今日四海交通，则惟有广采铸而定币制矣。如欲复谷帛之征，则须先求之封建矣。

夫银力已竭，而赋税如故也，市易如故也，皇皇求银，将于何所？故田土之价，不当异时之十一，岂其壤瘠与？曰：否。不能为赋税也。百货之价，亦不当异时之十一，岂其物阜与？曰否。市易无资也。当今之世，宛转汤火之民，即时和年丰无益也，即劝农沛泽无益也，吾以为非废金银不可。废金银，其利有七：粟帛之属，小民力能自致，则家易足，一也。铸钱以通有无，铸者不息，货无匮竭，二也。不藏金银，无甚贫甚富之家，三也。轻赍不便，民难去其乡，四也。官吏赃私难覆，五也。盗贼胠箧，负重易迹，六也。钱钞路通，七也。然须重为之禁，盗矿者死刑，金银市易者以盗铸钱论而后可。

财计二

钱币，所以为利也。唯无一时之利，而后有久远之利。以三四钱之费得十钱之息，以尺寸之楮当金银之用，此一时之利也；使封域之内，常有千万财用流转无穷，此久远之利也。后之治天下者，尝顾此而失彼，所以阻坏其始议也。

眉批：昔在西安行在，建四币之议。铜币以四钱得十钱之息，纸币以寸楮当金银之用。然原疏主义在改定币制，而铸息之权制附著其间。且原议以基金权楮币三而加一焉，其至多限行钞实银之半。乃后全议不行，仅节取其一，曰试行铜币，则成为铸当十钱之政策，与本议相谬矣。民国以来，乃放手造票无艺，不问基金有无，即又甚谬哉，非建议之咎矣。

有明欲行钱法而不能行者：一曰惜铜爱工，钱既恶薄，私铸繁兴。二曰折二折三，当五当十，制度不常。三曰铜禁不严，分造器皿。四曰年号异文。此四害者，昔之所同。五曰行用金银，货不归一。六曰赏赉、赋税，上行于下，下不行于上。昔之害钱者四，今之害钱者六。故今日之钱，不过资小小贸易，公私之利源皆无赖焉，是行钱与不行等也。诚废金银，使货物之衡尽归于钱；京省各设专官鼓铸；有铜之山，官为开采；民间之器皿，寺观之像设，悉行烧毁入局；千钱以重六斤四两为率，每钱重一钱；制作精工，样式画一，亦不必冠以年号；除田土赋粟帛外，凡盐酒征榷，一切以钱为税。如此而患不行，吾不信也。

眉批：前之四害尚在离合之间，后之两害诚币制之要害也。定币制之中心，其即此二端之反比例也。虽然，今日四海交通，若仍以铜钱为币制本位，未可也。说见《经世财政学·币制》附篇。凡交易之媒介，以信用为其价值，收放为一，则未有不行者也。

有明欲行钞法而不能行者，崇祯间，桐城诸生蒋臣言钞法可行，岁造三千万贯，一贯直一金，岁可得金三千万两。户工侍郎王鳌永主其说，且言初年造三千万贯，可得五千万金，所入既多，将金与土同价。上特设内宝钞局，昼夜督造，募商发卖，无肯应者。大学士蒋德璟言，以一金易一纸，愚者不为。评：当收一金者，亦收一纸，则智者亦从之矣。上以高皇帝之行钞难之。德璟曰："高皇帝似亦神道设教，然赏赐折俸而已，固不曾用之兵饷也。"

眉批：此等乃所谓言利之臣，商贾驵侩之技也。夫安有为通国理财而赚民者哉？善乎司密亚丹之言曰：天下大利所在，必其两益者也。

按钞起于唐之飞钱，犹今民间之会票也，至宋而始官制行之。然宋之所以得行者，每造一界，备本钱三十六万缗，而又佐之以盐酒等项。盖民间欲得钞，则以钱入库；欲得钱，则以钞入库；欲得盐酒，则以钞入诸务。故钞之在手，与见钱无异。

眉批：此与《经世财政学》附篇之奏议原旨相合。

其必限之以界者，一则官之本钱，当使与所造之钞相准，非界则增造无艺；一则每界造钞若干，下界收钞若干，诈伪易辨，非界则收造无数。宋之称提钞法如此。即元之所以得行者，随路设立官库，贸易金银，平准钞法。有明宝钞库，不过倒收旧钞，凡称提之法俱置不讲，何怪乎其终不行也？毅宗言利之臣，不详其行坏之始末，徒见尺楮张纸居然可当金银，但讲造之之法，不讲行之之法。官无本钱，民何以信？故其时言可行者，犹见弹而求炙也。

眉批：今见弹而求炙而居然各省行之，而民间之受害无穷矣。

然诚使停积钱缗，五年为界，敛旧钞而焚之。官民使用，在关即以之抵商税，在场即以之易盐引，亦何患其不行？且诚废金银，则谷帛钱缗，不便行远，而囊括尺寸之钞，随地可以变易，在仕宦商贾又不得不行。德璟不言钞与钱货不可相离，而言神道设教，非兵饷之用。彼行之于宋、元者，何不深考乎？

财计三

治天下者既轻其赋敛矣，而民间之习俗未去，蛊惑不除，奢侈不革，则民仍不可使富也。

何谓习俗？吉凶之礼既亡，则以其相沿者为礼。婚之筐筐也，装资也，宴会也；丧之含殓也，设祭也，佛事也，宴会也，刍灵也。富者以之相高，贫者以之相勉矣。

何谓蛊惑？佛也，巫也。佛一也，而有佛之宫室，佛之衣食，佛之役使，凡佛之资生器用无不备，佛遂中分其民之作业矣；巫一耳，而资于楮钱香烛以为巫，资于烹宰以为巫，资于歌吹婆娑以为巫，凡斋醮祈赛之用无不备，巫遂中分其民之资产矣。

何谓奢侈？其甚者，倡优也，酒肆也，机坊也。倡优之费，一夕而中人之产；酒肆之费，一顿而终年之食；机坊之费，一衣而食夫之暖。

故治之以本，使小民吉凶一循于礼；投巫驱佛，吾所谓学校之教明而后可也；治之以末，倡优有禁，酒有禁，除布帛外皆有禁。今夫通都之市肆，十室而九，有为佛而货者，有为巫而货者，有为优倡而货者，有为奇技淫巧而货者，皆不切于民用，一概痛绝之，亦庶乎救弊之一端也。此古圣王崇本抑末之道。世儒不察，以工商为末，妄议抑之。夫工固圣王之所欲来，商又使其愿出于途者，盖皆本也。

眉批：物有本末，名为虚位。工商对于农为末，对于其他非正业为本也；商对于工，工又为之本也。

胥　吏

古之胥吏者一，今之胥吏者二。古者府史胥徒，所以守簿书、定期会者也，其奔走服役，则以乡户充之。自王安石改差役为雇役，而奔走服役者亦化而为胥吏矣。故欲除奔走服役吏胥之害，则复差役；欲除簿书、期会吏胥之害，则用士人。

眉批：据《周官》之职，有守藏者有府，有簿书者立史，有趋召者有徒。徒十设胥一。然胥者，徒之什长，犹公役领班矣。诸官职掌察而可见，惟乡官兼官，无府史胥徒，则其乡户轮值供差其本属吏胥给使矣。府为库吏，史为书吏，胥为领班，徒为公役，皆为庶人在官，俸给得农百亩之分禄，足以代其耕。见问琴阁《周礼庶人在官表》。后世之为民害者，乃逮捕讼案与盗贼之差役也，此于《周官》属司寇之胥徒。又四隶之所掌，专为刑事，不关于民事。其民事之属于地官者，组织尤密，无须带目捕人也，比长、邻长趋召之耳。次则粮房差役之患，此欲易为坊里长者是也，在《周官》属地官司稼，委人、稍人等之一部分下士与庶人在官者同禄，率同而趣敛之，无折色之征，自无后世之弊也。

何谓复差役？宋时差役，有衙前、散从、承符、弓手、手力、耆长、户长、壮丁、色目。衙前以主官物，今库子、解户之类。户长以督赋税，今坊里长、耆长。弓手、壮丁以逐捕盗贼，今弓兵、捕盗之类。承符、手力、散从以供驱使，今皂隶、快手、承差之类。凡今库子、解户、坊里长皆为差役，弓兵、捕盗、皂隶、快手、承差则雇役也。余意坊里长值年之后，次年仍出一人以供杂役。盖吏胥之敢于为害者，其故有三：其一，恃官司之力，乡民不敢致难。差役者，则知我之今岁致难于彼者，不能保彼之来岁不致难于我也。其二，一为官府之人，一为田野之人，既非同类，自不相雇。差役者，则侪辈尔汝，无所畏忌。其三，久在官府，则根株窟穴牢不可破。差役者，伎俩生疏，不敢弄法。是故坊里长同勾当于官府，而乡民之于坊里长不以为甚害者，则差与雇之分也。治天下者亦视其势，势可以为恶，虽禁之而有所不止；势不可以为恶，其止之有不待禁也。差役者，固势之不可以为恶者也。议者曰：自安石变法，终宋之世欲复之而不能，岂非以人不安于差役与？曰：差役之害，唯有衙前，故安石以雇募救之。今库子、解户且不能不仍于差役，而其无害者顾反不可复乎？宋人欲复差役，以募钱为害，吾谓募钱之害小，而胥吏之害大也。

何谓用士人？六部院寺之吏，请以进士之观政者为之，次及任子，次及国学之应仕者。满调则出官州县，或历部院属官，不能者落职。郡县之吏，各设六曹，请以弟子员之当廪食者充之。满调则升之国学，或即补六部院寺之吏，不能者终身不听出仕。郡之经历、照磨、知事，县之丞、簿、典史，悉行汰去。行省之法，一如郡县。盖吏胥之害天下，不可枚举，而大要有四：其一，今之吏胥，以徒隶为之，所谓皇皇求利者，而当可以为利之处，则亦何所不至，创为文纲以济其私。凡今所设施之科条，皆出于吏，是以天下有吏之法，无朝廷之法。其二，天下之吏，既为无赖子所据，而佐贰又为吏之出身，士人目为异途，羞与为伍。承平之世，士人众多，出仕之途既狭，遂使有才者老死邱壑，非如孔、孟之时，委吏、乘田、抱关、击柝之皆士人也。其三，各衙门之佐贰，不自其长辟召，一一铨之吏部，即其名姓且不能遍，况其人之贤不肖乎！故铨部化为签部，贻笑千古。

眉批：佐贰、佐杂以及刑钱幕友，正可仿两汉之辟除，不必废也。

其四，京师权要之吏，顶首皆数千金，父传之子，兄传之弟，其一人丽于法后而继一人焉，则其子若弟也，不然，则其传衣钵者也。是以今天下无封建之国，有封建之吏。诚使吏胥皆用士人，则一切反是，而害可除矣。且今各衙门之领首官与郡县之佐贰，在汉则为曹掾之属，其长皆得自辟，即古之吏胥也。其后选除出自吏部，其长复自设曹掾以为吏胥。相沿至今，曹掾之名既去，而吏胥之实亦亡矣。故今之吏胥，乃曹掾之重出者也。吾之法，亦使曹掾得其实，吏胥去其重而已。

眉批：此更衰末之乱法，实行立宪则无，何况复古乎？冯桂芬之《抗议》多出于此书绪论，而设治不得其本，以启横流之祸，可不慎欤？

奄宦上

奄宦之祸，历汉、唐、宋而相寻无已，然未有若有明之为烈也。汉、唐、宋有干与朝政之奄宦，无奉行奄宦之朝政。今夫宰相六部，朝政所自出也；而本章之批答，先有口传，后有票拟；天下之财赋，先内库而后太仓；天下之刑狱，先东厂而后法司；其他无不皆然。则是宰相六部，为奄宦奉行之员而已。人主以天下为家，故以府库之有为己有，环卫之强为己强者，尚然末王之事。今也衣服、饮食、马匹、甲仗、礼乐、货贿、造作，无不取办于禁城数里之内，而外庭所设之衙门，所供之财赋，亦遂视之为非其有，哓哓而争。使人主之天下不过此禁城数里之内者，皆奄宦为之也。汉、唐、宋之奄宦，乘人主之昏而后可以得志；有明则格局已定，牵挽相维。以毅宗之哲王，始而疑之，终不能舍之，卒之临死而不能与廷臣一见，其祸未有若是之烈也！

眉批：汉宋奄宦之祸原于母后临朝，唐之祸则原于女后专恣，而明之所以尤烈者，由于人主不学，与外廷隔绝也。夫男子不学，其智不能过女子，一定之原理也。故人主无学，后嫔必专，而奄人弄柄矣。

且夫人主之有奄宦，奴婢也；其有廷臣，师友也。所求乎奴婢者使令，所求乎师友者道德。故奴婢以伺喜怒为贤，师友而喜怒其喜怒，则为容悦矣；师友以规过失为贤，奴婢而过失其过失，则为悖逆矣。自夫奄人以为内臣，士大夫以为外臣。奄人既以奴婢之道事其主，其主之妄喜妄怒，外臣从而违之者，奄人曰："夫非尽人之臣与？奈之何其不敬也！"人主亦即以奴婢之道为人臣之道，以其喜怒加之于奄人而受，加之于士大夫而不受，则曰："夫非尽人之臣与？奈之何有敬有不敬也！盖内臣爱我者也，外臣自爱者也。"于是天下之为人臣者，见夫上之所贤所否者在是，亦遂舍其师友之道而相趋于奴颜婢膝之一途。习之既久，小儒不通大义，又从而附会之曰："君父，天也。"故有明奏疏，吾见其是非甚明也，而不敢明言其是非；或举其小过而遗其大恶，或勉以近事而阙于古，则以为事君之道当然。岂知一世之人心学术为奴婢之归者，皆奄宦为之也。祸不若是其烈与！

眉批：尝怪有明诸臣争气节体制名誉，植党于朝，而无人议及典学之事。夫岂有生知之明圣乎？尝推论之，世界之明主，亦学界之生徒也，学界有帝师之人才，而当师傅之位，则君道之隆，不难立致。人主无不足，则贪竞倾诈之凶德易使之无，但广其公德之心，明于政治之学，即明主矣。贾生陈三代之遗，《保傅》篇所陈教太子之法，即周公之所以辅导成王也。主德未成，当其典学亦如此，宁独太子时乎？当创垂之际，有不召之臣，虽明主犹如此，况冲主乎？故《帝典》"钦四邻"而虞、夏、商、周设四辅。《记》曰："设四辅及三公，不必备，惟其人。"三公增一孤为四辅，即四邻也。

奄宦下

　　奄宦之如毒药猛兽，数千年以来，人尽知之矣，乃卒遭其裂肝碎首者，曷故哉？岂无法以制之与？则由于人主之多欲也。夫人主受命于天，原非得已，故许由、务光之流，实见其以天下为桎梏而掉臂去之。岂料后世之君，视天下为娱乐之具。崇其宫室，不得不以女谒充之；盛其女谒，不得不以奄寺守之。此相因之势也。

眉批：禹思天下由己溺，责在司空也；稷思天下由己饥，责在上相也。是以八年三过其门而不入，人君之责任，推例可知。是以揖让之朝，量而后受，巢、许之所由逃隐也；是以之哙让而灭，汉哀欲法尧禅舜而亡。故曰：天子不能以天下与人，必天与之。夫安有纠聚数百人，号称亿兆人代表，投票数十张而即可授以天下之任乎？

　　其在后世之君，亦何足贵？而郑玄之注《周礼》也，乃谓女御八十一人当九夕，世妇二十七人当三夕，九嫔九人当一夕，三夫人当一夕，后当一夕。其视古之贤王与后世无异，则是《周礼》为诲淫之书也。评：此因《记》写误女字作妾，又倒为御妻。郑推《毛诗》义"五日之御"而为之说，然亦称女御，不曰御妻。夫妻之言齐，岂有后宫之位次极卑者而称曰御妻之理？既明"妻"为误字，即不疑于世妇为王后。宫世妇者命妇之名也。孟子言："侍妾数百人，我得志弗为也。"是时齐、梁、秦、楚之君，共为奢僭，东西二周且无此事。若使为周公遗制，则孟子亦安为固然；得志弗为，则是以周公为舛错矣。苟如玄之为言，王之妃百二十人，评：嫔之训乃为妃，则其称妇称女者，非妃也，经文一字之训不可苟也。妃之下又有侍从，则奄之守卫服役者势当数千人。后儒以寺人隶于冢宰，谓《周官》深得治奄之法。夫刑余之人，不顾礼义，凶暴是闻。天下聚凶暴满万，而区区以系属冢宰，纳之钤键，有是理乎！评：《周礼》奄之称士者有明文，仅十数人，此外给使与各官府之府史胥徒同列，属庶人在官，不与士齿，分隶于世妇、女御，而统于冢宰、宗伯，都数百数十人耳。经制甚明。梨洲未深考，谈空无益也。此自汉以来学者之疏也。且古今不贵其能治，而贵其能不乱。奄人之众多，即未及乱，亦厝火积薪之下也。

眉批：礼家说天子一娶九女，或云十二女，王后敌体至尊不数之三。夫人比于天子，三公不必备，惟其人，有则特进，无则缺之，不从王后以进，故亦不数，惟备九女以佐后，分理阴教。故曰："内有九室，九嫔居之；外有九列，九卿朝焉。"《春官》有宫卿世妇，每宫卿一人乃女官之长，佐王后者九嫔，并受教焉。其佐九嫔治妇功宫政者，亦统称世妇，盖于王后亲桑临时命之。《记》曰："惟世妇命于奠茧，其他则皆从男子。"乃简内外命妇之贤明者命之，其品位不从夫爵，故云此为九嫔之佐，以三辅一，如王官治职方之制。其属女官，亦以三辅一。故二十七世妇八十一女御，乃宫省女官，而非王之后宫也。故曰：内官不过九御。女御者，其统名，则女史、女祝，酒浆之属其分职矣。

吾意为人主者，自三宫以外，一切当罢。如是，则奄之给使令者，不过数十人而足矣。议者窃忧其嗣育之不广也。评：汉学说尚能明之，曰：九而无子，虽百无益也。夫天下何常之有？吾不能治天下，尚欲避之，况于子孙乎！彼鳃鳃然唯恐后之有天下者不出于其子孙，是乃流俗富翁之见。故尧、舜有子，尚不传之；宋徽宗未尝不多子，止以供金人之屠醢耳。

评：结论与首篇《原君》首尾相成，所以明君道也，不愧明夷利贞矣。圣人之大宝曰位，谓天子之位也。三代之创业垂统者，皆圣人也。其继世以君天下者，德非圣人，则曰继体守文而已。有不守垂统之文，而敢为残贼者，义所当黜也，乃先圣王之意也。故汤曰"缵禹之绪"，武曰"于汤有光"，周公之营洛曰使后世有德易以兴，无德易以亡也。夫君天下者，务以天下之心为心。故《孝经》言天子之孝，须合万国之欢心，以事其先王，非仅庶人之孝，分地利以养父母，为富翁斯可也。故曰：天子者，圣人之位也，非富翁之比也。

宋育仁年谱简编

咸丰八年（1858）戊午　一岁

十一月二十三日，生于四川省富顺县大岩村倒石桥。父宋时儒，母高氏。排行第三，有两姊，两妹，一弟。

同治二年（1863）癸亥　六岁

父宋时儒以从六品布政使司理问衔升用知县，远赴浙江镇海县任县丞一职，全家随行。

同治四年（1865）乙丑　八岁

七月初五日，母高氏病殁。

同治九年（1870）庚午　十三岁

父宋时儒殁于镇海县县丞任上。

同治十年（1871）辛未　十四岁

二伯母陈氏遣人前往镇海，将宋时儒、高氏灵柩以及遗孤六人接回四川富顺老家。回乡以后，又前往四川广汉，随堂伯父汉州训导宋时湛读书。

同治十三年（1874）甲戌　十七岁

七月，应童子试，考中秀才。四川学政张之洞到叙州府主持院试，当时富顺归叙州府管辖，故张之洞恰好任宋育仁童子试的主考官。

光绪二年（1876）丙子　十九岁

入成都尊经书院就学。

尊经书院始建于光绪元年春，由在籍丁忧的工部右侍郎薛焕领衔投牒四川总督吴棠、学政张之洞，倡议创设，薛焕担任首任山长。宋育仁入学之时，尊经书院同学尚有井研廖平、汉州张祥龄、绵竹杨锐、仁寿毛瀚丰、华阳顾印愚、江津戴孟恂、成都曾培等人。

光绪四年（1878）戊寅　二十一岁

十二月二十七日，王闿运受四川总督丁宝桢之邀入川，于翌年就任尊经书院山长。作有课卷《拟何仲言七召》一篇，《新丰客》、《渔阳鼓》、《双庙行》、《击泚笏》、《崖州贬》咏史诗五首，收入时任四川学政谭宗濬主编的尊经书院课艺集《蜀秀集》。

光绪五年（1879）己卯　二十二岁

参加乡试中举。尊经书院学生亦有多人上榜，共有正榜二十一人，副榜二人，廖平、丁树诚、曾培、顾印愚等人皆在其列。王闿运在日记中称宋育仁等人中举，"皆余所决可望者"。四川学政谭宗濬撰写《尊经书院十六少年歌》，其中称赞宋育仁"短宋词笔工雕搜，华熳五色垂旌斿"。

光绪六年（1880）庚辰　二十三岁

入京参加会试，落第而归。

娶富顺县自流井豆芽湾进士陈仲信之妹为妻。

光绪七年（1881）辛巳　二十四岁

伯母陈氏丧，"为伯母行服在家"，报答伯母养育之恩，守制三年不应试。

光绪九年（1883）癸未　二十六岁

被资州（现四川资中）知州高培谷聘为艺风书院主讲。

完成《说文部首笺正》初稿，著《周礼十种》、《周官图谱》等用作书院课本。

光绪十一年（1885）乙酉　二十八岁

作经解一篇《祫祼禘一牷一袷解》，策问一篇《问：天子七庙五庙时祭，同日则日不足，异日则敬不专，如齐十日，则五庙四时齐当二百日，七庙齐当二百八十日，宿视涤及次日绎共三日，又当六十日，尤迂于事。遣官行事，又违亲之之义。其祭二祧及太庙隆于四时，祭当何时行？何以祭统独言春禘、秋尝，不及祠烝？各考礼以对》，收入王闿运编选《尊经书院初集》。

光绪十二年（1886）丙戌　二十九岁

中丙戌科三甲第四十六名进士，授翰林院庶吉士。

光绪十五年（1889）己丑　三十二岁

任翰林院检讨。

时光绪皇帝成年、亲政、大婚。宋育仁上《光绪三大礼赋》，朝中评价甚高。工部尚书潘祖荫称赞其文"雅管风琴，忠爱之忱，溢于言表"，翰林院编修冯煦称"典丽矞皇，直逼汉京，文颖再编，必以此篇为冠"，协办大学士徐桐则称"嘉庆以后，献赋久无，难于兴废，可告清秘堂刻入馆阁赋钞"，由是文名盛于京师。

光绪十七年（1891）辛卯　三十四岁

简放广西学政，任广西乡试副主考。

著《时务论》，从政治、法律、财政、工商等诸多领域，对比中西制度的优劣，指出圣人论治，其始亦在富强，非西人独专，外国富强缘由，亦"隐合于圣人经术之用"。

光绪十九年（1893）癸巳　三十六岁

作《守御论》，详加论证中国面临的边疆危机，指出中国外患最剧者在于俄国与英、法；德国、美国相距甚远，虽然足以争衡诸国，但不能成为外患；日本虽足为外患，但不足与宇内争衡。守御边疆之法，应当经略西藏以制衡印度，控制帕米尔以巩固西藏，争暹罗以恢复越南，保存缅甸以屏蔽滇粤。并进一步指出为今日之计，当全力以保朝鲜，惩日本，大治军旅，以重边防。四境均应重加整治：东面应在吉林、奉天练兵屯田，以备规复朝鲜；西面应开矿代耕，设重镇于四川，以为西藏后应；南面应在云南练兵以指暹罗，制约英、法在缅甸、越南等地谋划。且重立海军，南北洋联合一气，归重于旅顺、威海卫、烟台。

光绪二十年（1894）甲午　三十七岁

由兵部尚书孙毓汶举荐，被派充任驻英、法、意、比四国二等参赞官，随公使龚照瑗出使欧洲。三月出发从使四国，四月越海至巴黎，五月移驻伦敦。

二月二十五日，于出国前拜访户部尚书翁同龢，呈送《时务论》，翁私下评价"此人亦奇杰，惟改制度、用术数，恐能言而不能行耳"。

甲午中日战争爆发，在英国结识王丰镐译官，与英国水师候补兵官哈格雷、前美国水师副将夹甫士、电线公司总办麦福尔等人共同商议购买船舰，试图从南美洲智利、阿根廷两国购快船等舰艇若干，向英国银行借款作军饷，编为一旅，以保护英国商会名义，由原北洋水师提督、英人琅威理统率，自澳大利亚出发经菲律宾北上，潜师袭击日本长崎。后得南洋电奉旨张之洞电奏，称和议已定，船款一切报罢。事后著有《借筹记》一篇，记谋潜师袭长崎之事，文中归咎于公使龚照瑗作梗，多有怨言。

著《泰西各国采风记》，分"政术"、"学校"、"礼俗"、"教门"、"公法"五卷，详细记述欧洲政治、教育、宗教等状况，并加以评论。后因中日战事日益加剧，辍笔不作，"公法"一卷未写完。

在欧洲期间，与日本留学书记生望月小太郎交往，并通过望月小太郎介绍，与英国学者、牛津大学博士麦克斯·穆勒结识，"因与讨论文字，相与甚欢"，与之共同讨论修订各国通行字典之事。提出应当以中国六书为造字根本方法，发明通行文字，使学者阅览其文就可直观其意。并提出若以此种通行文字翻译各国书籍，开卷了然，学者便可以遍读各国之书，广交四海之士。有《与英国麻博士议修各国通行字典说例》一篇附于《采风记》中。

为陈炽《庸书》作序。

光绪二十一年（1895）乙未　三十八岁

借款购舰一事被公使龚照瑗知悉，清廷下旨交卸职务回国。七月初十日，由英国港口启程归国，行四十七日至上海。

十一月，由上海赴京。归国之后，将前所著《时务论》"稍加点次，附《采风记》后，进呈御览"。

上《翰林院代奏呈请理财折》一篇，以开矿、铸币、设行、行票为纲要。上谕交户部议奏。

参加康有为、梁启超所组织的"强学会"，到会发言。

河南巡抚刘树棠、湖北巡抚谭继洵、侍郎唐景崇、侍讲学士张百熙等人多次上奏称荐，但因每次奏保率与康有为、杨锐或梁启超名列相次，守旧官僚怀疑为康党中人，新人欲引与为援不可得。

有感于甲午后朝士群起谈洋务，守旧者视谈时务者为狂躁不安分，喜功名者亟欲效仿欧洲、日本政策以变法维新，著《广业学程》一篇，以经术为主，意在讲明中外学术异同得失之故，始议更张。主维新者不以为然，刑部主事沈曾植亦戏言称作"乾坤一腐儒"，宋育仁因自名"腐史"。

光绪二十二年（1896）丙申　三十九岁

三月，经国子监前祭酒张百熙举荐，前往四川办理商务。五月出京，十月入川，十二月经川督鹿传霖奏请旨派入商务局会同办理。

光绪二十三年（1897）丁酉　四十岁

二月，入商务局。

三月，由四川总督鹿传霖聘为尊经书院山长，至次年八月卸任。在尊经书院掌教期间，设置伦理、政治、格致三科，以类比于欧洲大学专门学科。并从上海等地采购大批书籍，共计书103种，1040册；舆图3部，18张。其中西学书籍包括李提摩太《时事新论》、博纳《四裔编年表》、马恩西《泰西新史揽要》、白尔捺《井矿工程》、赫士《声学揭要》与《光学揭要》、蒲陆山《化学分原》、白尔格《汽机新制》、惠顿《万国公法》、代那《金石识别》、冈本监辅《万国史记》等。

十月，赴重庆开设商务局，详订招商开设公司章程。同时在重庆发行《渝报》，任总理。该报为四川近代第一份报纸，仁寿杨道南为协理，巴县潘清荫为正主笔，巴县梅际郇为副主笔。每十日出报二十余纸，订为一册，实际共出版十六期。《渝报》宗旨以卫教为主，明政为要，论列教、政、学、业四端。教必以明人伦为宗，切中时局始录；政必参考经训，不录空言誉西者；学取中西切于实用者；业取能出种植、畜牧、制造、贸易之新法者。于次年停刊。

作《复古即维新》一文，刊于《渝报》，申明其对待维新变法的基本观点："今天下竞言变法，不必言变法也，修政而已；天下竞言学西，不必言学西也，论治而已；天下竞言维新，不必言维新也，复古而已。"

另作有《学报序例》、《原学校》，以及此前所上诸奏折《宋检讨育仁债式议》、《车里界议》等，刊于《渝报》。在《渝报》重刊《守御论》，因甲午战事已经结束，朝鲜被日本吞并，故删去"谋倭争鲜"一段。

光绪二十四年（1898）戊戌　四十一岁

正月，清廷下诏设立"经济特科"，四川推荐经济特科人才四人，出使外洋人才五人，均名列其中。湖北巡抚谭继洵亦举荐宋育仁为出使人才。

三月，为响应杨锐在北京四川会馆成立的蜀学会，即与廖平、吴之英等人在成都依托尊经书院设立蜀学会，"慨济时艰，振兴蜀学"，"期以通经致用为主，以扶圣教而济时艰"。在成都为总会，各府厅州县为分会。

闰三月十五日，蜀学会学报《蜀学报》创刊，任总理，杨道南为协理，吴之英为主笔，廖平为总纂，共出版十三期，内容分类与《渝报》相仿，每期增载蜀学会讲学讲义。

十一月，奉上谕不再办理川省矿务，即时交卸商务，赴京供职。请将已办之煤油、煤矿、锑砂仍归川商公司专办，未开之五金始归矿务，听由华洋合办。

光绪二十六年（1900）庚子　四十三岁

十月，因庚子事变，准备草拟奏折，拟请提调军务处奏派委员前往各省晓谕军政机宜，从侍郎于式枚处得知袁昶、许景澄被杀一事，被告知宜外出暂避风头，因借川籍进士曾鉴车马避于北京西山。在西山与王佑遐、朱古微、刘伯崇等人唱和，作若干感怀词，次年刻印成书，以《庚子秋词》为名。

光绪二十七年（1901）辛丑　四十四岁

三月，得知光绪帝、慈禧太后已离开北京，因此奔赴西安寻访两宫行在。

在西安上理教务、理财政两疏，拟改革币制，所列有四条纲要：确定金本位制，整饬银本位制，铸造铜圆，银行发行纸币。称"国计与民生，不可误分为二事；理财与聚敛，不可误合为一事"。两封奏议仅采用铜币一策，饬各省自筹试行，不了了之。

以道员身份外放湖北任职，任宜昌土药税局督办。

光绪二十九年（1903）癸卯　四十六岁

得工部侍郎唐景崇、礼部侍郎张亨嘉举荐，入京参加重开经济特科考试，因被弹劾与康、梁有牵连，故未被录取。由此"仕念已绝"，在京居一月余后出都南下。

光绪三十年（1904）甲辰　四十七岁

至上海，入工部尚书、会办商约大臣吕海寰幕府。

其时美国"会议货币专使"精琦（Jeremiah W. Jenks）来华向清政府提出币制改革方案，即《中国新圜法觉书》（*Memoranda on A New Monetary System for China*）。宋育仁撰驳议七十余条，并在精琦与南洋官员会议上，加以诘问。吕海寰接受宋育仁意见，上奏建议中国以自身实际为衡，确定理财政策和金银本位制，张之洞亦于同时上奏称仿西方金币本位制不可行，此议遂罢。

任江苏南菁高等文科学堂总教习，"设演讲，复纠正学制，指陈东洋学制比较欧美增中学一级之非"。

出版《经术公理学》，分"明德"、"原律"、"正辞"、"知新"四章，宗旨在于"循公理为公德，衍公德为公律"，求之经术以明公理，以经世为主义。

光绪三十一年（1905）乙巳　四十八岁

出版《经世财政学》，分"本农食"、"权工商"、"明士学"、"立平准"、"制泉币"、"正权量"六卷，并附诸多与财政、币制相关的奏折、说帖，详细阐述其财政思想。

光绪末年，曾将《经术公理学》、《经世财政学》两书用私人名义送呈学部，学部官员允暂以《经世财政学》作为各学堂参考书，而《经术公理学》一书宗旨不获认同，遭驳斥。宋育仁对学部要人不以为然，怨言闻于学部尚书荣庆，两书均被撤销。

光绪三十二年（1906）丙午　四十九岁

会办电政大臣吴重熹调任江西巡抚，邀约同行。

至江西后与前臬司杨文骏共同总办文案，分刑、财二科，又掌综核本省财政之职。同时任江西造币厂总办，整顿积弊。"督厂六阅月，钩稽影漏，综权出纳，增进公帑一百余万两。"

在江苏南京茅山创办江苏茅簏树艺公司。

作《夷陵述感》、《至金陵有感》两诗，刊于《广益丛报》第九十九期。

光绪三十三年（1907）丁未　五十岁

御史赵启霖奏请将顾炎武、黄宗羲、王夫之三人从祀孔庙，工部尚书潘祖荫主之，协办大学士徐桐主驳。宋育仁因而代礼部侍郎张亨嘉起草覆奏稿，力主将三儒一并从祀。

光绪三十四年（1908）戊申　五十一岁

北上入直隶总督、北洋大臣杨士骧幕府，任天津北洋造币厂总参议。此后又分别兼任学部一等谘议、礼部记名丞参、民政部图志馆总纂、邮传部二等顾问、度支部顾问，"带职五部"。

川汉铁路有限公司拟成立，川籍京官发起四川铁路议会，被公推为议长，负责公司董事局成立前的铁路筹备事宜。

宣统二年（1910）庚戌　五十三岁

七月，就京师大学堂经科教员，其间以所作《说文解字部首笺正》、《尔雅今释》充当课本。

参加北京世界教育会，在会上讲《春秋》"三科大义"、"文质大义"。

出版诗集《哀怨集》。

宣统三年（1911）辛亥　五十四岁

在学部所组织的中央教育会上，就新旧两派废经、读经的争论发表见解，提出应当分别学级，从中学校起开始读经，以后每级分程递加，"遂得改从此议表决，得多数可决"。然尚未颁行，即因辛亥革命中辍。

在礼学馆任总纂，主编皇室典范。就礼法之争提出礼律交涉根本解决论，赞同除去亲权丧失、无夫奸不论罪两条，修订法律馆主任日人冈田为此愤而辞职。修订法律大臣调停，礼学馆坚持不可，"空而置之"，未及施行，礼部取消，改为典礼院，执行权力归民政部。礼部裁撤后，宋育仁改任典礼院直学士。

六月，与内阁侍读大学士甘大璋等人联名上折，称赞同将川路公司款项收作国股，并将此费用作修筑渝万铁路段。川汉铁路股东总会、四川保路同志会等均致电北京，称并未委任呈部附股，指责甘、宋等"窃名送款"。

九月，代典礼院直学士曹广权主笔奏折，要求将资政院所拟《重大信条十九条》交总理大臣会同资政院，再加审酌，"俟各省代表群集，公同研究审订覆奏，然后宣誓，庶足以定国是而坚信守"。

十一月初一日，清廷解散皇族内阁，十三日颁布《宪法重大信条十九条》。十一月初八日，资政院推举袁世凯为内阁总理大臣，十六日，袁内阁名单公布。宋育仁因四川保路运动、武昌起义诸事起，上疏自劾，呈递内阁，称："推原夫祸始之所始，虑应坐以不应为而为。俯首何辞，痛心在咎。抑人臣之义，有罪不逃刑，良史有言，为法当受恶，举朝当坐，请以身先。乞免所居官，即予革职，书昭炯戒，以明比户之可诛，重予薄惩，长为农夫以没世。"

民国元年（1912）壬子　五十五岁

二月，在法源寺讲《大学》。

四月，从京师大学堂离职。

民国二年（1913）癸丑　五十六岁

二次革命后，与蜀人谢无量讨论时势政策，于是数日内草就文章，发联邦之议，抵制袁氏称帝篡位阴谋，且分头抄送汤寿潜、张謇、伍廷芳等人。

投入张勋幕府。

作有《上长沙张公牍》、《再上长沙张公牍》，刊于《庸言》第一卷第七期、第十八期。

民国三年（1914）甲寅　五十七岁

六月，王闿运在京主持国史馆，遂应邀赴京，最初委以协修之名，后转为纂修。

十一月十三日，得见劳乃宣《共和正解》、《续共和正解》、《君主民主平议》等文。其时劳乃宣将上述诸篇付印成册，且交赵尔巽代呈袁世凯。劳文大意，在比附共和政体为周召共和，以此督促袁世凯仿效周、召，还政清室。宋育仁阅后与同僚评论劳文得失，结果被告密，称有复辟清室嫌疑。

十一月十七日晚，被步军统领衙门传讯，一夜未归，有警察前往住处搜拿行李，友人"皇皇如临大敌"。

十一月二十二日，上书袁世凯，讲明评论劳乃宣文的宗旨所在。呈文认为劳乃宣所解释共和名义固然确实，但未曾考虑民国建立之主义并不主张中国复有君主之制发生，只见一方面的难易得失，却没有预计双方利害是非，"徒欲就名词以改政体，为事实上所决不能行"。主张"就政体以改名词"，指出清室亲贵失政，王纲解纽，群推袁世凯为大总统，与东周托王于鲁情事最为契合；清室优待条件，即春秋诸侯共奖王室，"尊孔法圣之大义镇服中国新旧之人心，援《春秋》托王称公之义，定名大总统独称公，则其下卿、大夫、士有所统系；援《春秋》共奖王室之义，酌易待以外国君主之礼，为待以上国共主之礼，朝会有时，是即育仁所主之复辟"。

十一月二十三日，袁世凯就复辟案发布申令，严饬宋育仁、劳乃宣等遗民意图复辟行为"妨害国家，倾覆清室，不特为国民之公敌，且并为清室之罪人"，以后再有复辟言行发生，即照内乱罪从严惩办。

十一月二十六日，内务部以"年老荒悖，精神瞀乱"为由，未对宋育仁严加惩治，令人遣送回四川富顺原籍，以示保全。

十一日三十日晚十时，步军统领衙门派员护送，自北京启程，乘火车至武昌，交由湖北巡按使接收，再由彰武上将军巡按使派员用官轮护送至宜昌，换坐商轮，解赴重庆，交川东道接收，听候川将军巡按使派员赴重庆接收。沿途地方官吏均从优待遇。宋育仁此次回川有总统给银一千两，湖北段巡按又给川资二千元。

十二月二十八日，抵达重庆。

民国四年（1915）乙卯 五十八岁

一月初七日，到渝半月余，巴县周知事得将军巡按使覆电，称应派员护送到省城。

一月十五日，由渝起行至成都。

四川督军陈宧为鼓吹袁世凯称帝，要求四川士绅联名劝进，宋育仁被迫逃往蒙顶山吴之英处躲避风头。

民国五年（1916）丙辰　五十九岁

袁世凯洪宪帝制失败后，返回成都，改号"道复"。

任四川国学院主讲。

作有《宋评〈封神演义〉》，对明代神魔小说《封神演义》加以评述注疏，"世界之守旧、维新，世间、出世间法，概括略见一斑于此也夫"。书中多有影射、非议清末民初革命党人、袁世凯等处。

作有《诗经异文补释书后》，收入蜀人张慎仪《蓬园丛书》。

民国六年（1917）丁巳　六十岁

暂任四川国学学校校长。

民国八年（1919）己未　六十二岁

富顺县成立修志馆，聘宋育仁为监修，主持县志编撰。

作有《春秋经世微》，刊于《国故》第三期。

民国九年（1920）庚申　六十三岁

时任四川省长杨庶堪、督军熊克武会商出面成立四川通志局，聘宋育仁、骆成骧、林思进等乡贤共商修纂通志事宜，拟定有《征采纲要》十项，因兵事日亟而作废。

为吴之英遗著《寿栎庐丛书》作序。

民国十一年（1922）壬戌　六十五岁

鉴于欧美学会"成专门有用之学，皆成于学会，非成于学校"，遂在成都开国学会。创办《国学月刊》，至1924年共出版二十三期，提出该刊的四项特色：一是于学说发前人所未经道，二是于时论道国人所未及知，三是艺文谈苑取于国家掌故有关，四是社记选言必于人群心理有益，"抱定宗旨，述先圣先师之言，非从己出"。另出版四期"国学特刊"，"取消杂志性质，专为发皇内圣外王之道，以见国学之博大精深"。

在《国学月刊》上发表《学战概括论》、《古篆沿革举隅隶古写经序》、《陈北京总统府国务院保定会议曹吴巡阅使意见书》、《函授社史学讲义》、《庚子国变记（连载）》（以上载第一期），《君子、小人界说》、《君子、小人界说与经术政治直接关系》、《国是原理论》（以上载第二期），《中国政治原则讲义引论》、《国是原理论（续）》、《致总统意见质问书》（以上载第三期）；《论中国学源》、《同文解字序》、《同文解字释例（上）》（以上载第四期），《概论孔子以前学术缘起》、《正论孔学之统系》、《国学会致北京总统府国务院保定议会书》、《箴旧砭时》、《同文解字释例（下）》（以上载第五期）等。

民国十二年（1923）癸亥　六十六岁

正月，四川省行政会议召开，到会发言，主张保境息民，为废督裁兵之先声。

八月，日本关东大地震发生，致电旅京四川同乡，望其捐助钱财以济日本人民。

为四川省署顾问。

国史馆向各省名宿致信征集乡土文献，宋育仁因而在成都少城公园设文献征集处，搜罗巴蜀文献。

在《国学月刊》发表《推论孔子以后学术流别》、《说史四纲（转载国学社史学讲义）》、《益部两汉经师表序》、《益部先贤士女人物表序》、《宋君西女子哀志》（以上载第六期），《礼运大同小康确解》、《致四川制宪处概略意见书》、《再致制宪处军政四条》、《周官地域彪蒙》（以上载第七期），《〈孟子·王霸〉章斠解》、《名学释例》、《易经卦名隶古定释诂》（以上载第八期），《君子小人决义》、《必也正名新义》、《周易经别卦名隶古定解诂序》、《代人民呼吁》（以上载第九期），《古今指迷辨惑篇结论》、《宣告不能承认国会议员理由书》、《代国民电政府》（以上载第十期），《周礼孝经演讲义后序》、《孝经正义钩命决》、《声讨民国国民叛国之宣言》、《四川地方自治筹备会宣言》、《说文质疑广诂叙》（以上载第十一期），《辨学》、《覆旅京川同乡告济日炎电》、《遍告国人书发起地方自治宣言书书后》、《国家学决论》、《文史校雠匡谬正俗（附国学文选例）》（以上载第十二期），《商榷书（附自序）》、《讲论孟谈国是寄何晓生书》、《广谈丛说例》、《仿宋格言》（以上载第十三期），《明夷后访录》、《辨言》、《存伦篇补义平议》、《倡兴普及教育改良学制方法》、《宋君西女子遗文序》（以上载第十四期），《费氏易（释出处）》、《国是揭言》、《续文史校雠匡谬正俗》（以上载第十五期），《圣人之言（成都青年会演讲）》、《成言乎艮解》、《更化篇议学制》、《共和钩沉平议示子书》、《驳梁启超清初五大经师说》、《建国宪法讨论通告国人书》、《评胡适国学季刊宣言书》、《评梁启超国学入门书要目及其读法》、《甲子春学会演讲社致词》、《前感旧诗》、《后感旧诗》（以上载第十六期），《周易筮法举隅书后》、《部议取缔蓄妾案短评》、《改良学制议》、《国家大论警诫议员李夔阳等》、《国学学制改进联合会宣言书》、《国学研究社讲习专门学科》、《民国国民叛国一篇书后》（以上载第十七期），《论世变》、《国学尊经辨惑》、《广乡于国谈》、《笔余闲话》、《里昂见闻杂记感言》、《〈诗·国风〉子夏传说论救国》、《咏怀古迹尔疋台一首答观澜同社》（以上载第十八期），《道古》、《国是学校根本解决论》、《稽古篇上下（概括中西史学、概括中西政见）》、《孔教真理》、《浅近教科说》、《熄杨墨（斯世怪骇感言）》、《辛亥自劾疏》（以上载第十九期），《释文化（论中国古今一教三教文化源流）》、《论史学（统释文史校雠源流得失并致章梁）》、《致省长督理厘正铜币书》、《尚书发微》（以上载第二十期），《学源上（兑命学而）》、《宪法沿革挈要》、《真古文尚书发微》、《致孔教总会论规复夏正书》、《癸亥川兵事起国学会暨三会会议拟告国民并请仲裁书》、《国民请愿喤引》（以上载第二十一期），《驰告段执政卢嘉帅张雨帅吴玉帅唐外长各省总机关暨讨冯各师旅长并通讯国人书》、《达诘（上下篇）》、《答何雨辰问李澄波以侄为姊嗣称贞女否》、《答颜伯秦赠翰礼问》、《覆谢子厚问学程书》、《古今一大公案》、《国教宣言致国民会议》、《国学会质问救国会议理由书》、《读吾五族人民痛言讨论书》、《夏时传》、《致张雨帅王聘帅段临时执政书》（以上载第二十二期）等。

民国十三年（1924）甲子　六十七岁

重修四川通志局成立，受命任总裁，陈钟信为助手，张森楷、周翔等人为编纂，主修《四川通志》。

在《国学月刊》第二十三期发表《〈春秋〉大义（上下篇）》、《读黄石斋书感言》、《讲学与授徒课文之异》、《评蒋竹庄讲佛学大意》、《说文部首笺正序》、《谈丛括论》、《问琴阁评朱阖章周秦诸子叙录》、《续讲文学》、《续讲学篇分别六艺九流》等。另有《国教宣言》、《原学》、《再宣国教》、《礼乐萌芽》、《王道真宰卷上》、《易经预言》、《政治学》等文，以《国学月刊》（国学特刊）形式，分四期发表。

民国十九年（1930）庚午　七十三岁

《四川通志》初稿草成，共 300 余册。

民国二十年（1931）辛未　七十四岁

《富顺县志》付印。

作《刘光第传》，收入《富顺县志》中。

十二月初五日，病逝，葬于成都东山。门人私谥"文康"。

中国近代思想家文库

丁文江卷	宋广波	编
钱玄同卷	张荣华	编
张君劢卷	翁贺凯	编
赵紫宸卷	赵晓阳	编
李大钊卷	杨琥	编
李达卷	宋俭、宋镜明	编
张慰慈卷	李源、黄兴涛	编
晏阳初卷	宋恩荣	编
陶行知卷	余子侠	编
戴季陶卷	桑兵、朱凤林	编
胡适卷	耿云志	编
郭沫若卷	谢保成、魏红珊、潘素龙	编
卢作孚卷	王果	编
汤用彤卷	汤一介、赵建永	编
吴耀宗卷	赵晓阳	编
顾颉刚卷	顾潮	编
张申府卷	雷颐	编
梁漱溟卷	梁培宽、王宗昱	编
恽代英卷	刘辉	编
金岳霖卷	王中江	编
冯友兰卷	李中华	编
傅斯年卷	欧阳哲生	编
罗家伦卷	张晓京	编
萧公权卷	张允起	编
常乃惪卷	查晓英	编
余家菊卷	余子侠、郑刚	编
瞿秋白卷	陈铁健	编
潘光旦卷	吕文浩	编
朱谦之卷	黄夏年	编
陶希圣卷	陈峰	编
钱端升卷	孙宏云	编
王亚南卷	夏明方、杨双利	编
黄文山卷	赵立彬	编

图书在版编目（CIP）数据

中国近代思想家文库. 宋育仁卷/王东杰，陈阳编. —北京：中国人民大学出版社，2014.12
　　ISBN 978-7-300-20454-3

Ⅰ. ①中… Ⅱ. ①王…②陈… Ⅲ. ①思想史-研究-中国-近代②宋育仁（1858～1931）-思想评论 Ⅳ. ①B250.5

中国版本图书馆 CIP 数据核字（2014）第 302299 号

中国近代思想家文库
宋育仁卷
王东杰　陈阳　编
Song Yuren Juan

出版发行	中国人民大学出版社			
社　　址	北京中关村大街 31 号		**邮政编码**	100080
电　　话	010－62511242（总编室）		010－62511770（质管部）	
	010－82501766（邮购部）		010－62514148（门市部）	
	010－62515195（发行公司）		010－62515275（盗版举报）	
网　　址	http：//www.crup.com.cn			
经　　销	新华书店			
印　　刷	唐山玺城印务有限公司			
开　　本	720 mm×1000 mm　1/16		**版　　次**	2015 年 1 月第 1 版
印　　张	30 插页 1		**印　　次**	2025 年 1 月第 3 次印刷
字　　数	480 000		**定　　价**	104.00 元

版权所有　　　侵权必究　　　印装差错　　　负责调换